W0341451

Margot, la reine rebelle

Les épreuves et les jours

Du même auteur

Aux éditions Jean-Jacques Pauvert

La Femme buissonnière, roman, 1971.

Aux éditions Bernard Grasset

La Dernière Femme de Barbe Bleue, 1976, traduit en allemand.
La Marie-Marraine, 1978, Grand Prix des Lectrices de *Elle*, le Livre de Poche, diverses collections, traduit en plusieurs langues. Adapté à l'écran sous le titre *L'Empreinte des géants* par Robert Enrico.
La Guenon qui pleure, 1980.
L'Écureuil dans la roue, roman, 1981, diverses collections. Adapté à l'écran par Alain Maline sous le titre *Ni avec toi ni sans toi*, 1984.
Le Bouchot, roman, 1982, prix du Livre Inter, le Livre de Poche, diverses collections.
Le Tournis, roman, 1984, le Livre de Poche, diverses collections.
Jardins-labyrinthes (avec Georges Vignaux), 1985.
Capitaine Dragée, roman, 1986, Grasset/Pauvert.
La Fille du saulnier, roman, 1992, Grand Prix de l'académie de Saintonge, le Livre de Poche.
La Jupière de Meaux, roman, 1993, traduit en tchèque.
L'Arbre à perruque, 1995.

Aux éditions Bayard

Saint Expédit, le jeune homme de ma vie, 1996.

Aux éditions Flammarion

Le Diable blanc (le roman de Calamity Jane), 1987, J'ai Lu, réédition « Grandes Biographies », 1998.
La Garde du cocon, roman, 1987, J'ai lu.
Le Château d'absence, roman, 1989, J'ai lu.
Comtesse de Ségur, née Sophie Rostopchine, « Grandes Biographies », 1990, « Biographies historiques », 2000, J'ai lu, diverses collections. Réédition 2007.
Cléopâtre, la fatale, récit, 1998, J'ai lu, diverses collections.
Moi, Néron, biographie historique, 1999, J'ai lu.
Marie-Antoinette, la mal-aimée, biographie, 2001, J'ai lu, diverses collections.
Au vent fou de l'Esprit, roman, 2002, J'ai lu, diverses collections.
Sissi, les forces du destin, biographie, 2003, J'ai lu, diverses collections.
Le Bois des abeilles, roman, 2005, diverses collections. Finaliste prix Jean d'Heurs (Verdun), et prix des Mouettes (prix du Conseil général de la Charente-Maritime), 2006.
Ce que l'océan ne dit pas, Flammarion, 2008.

Aux éditions du Rocher

Salve Regina, roman, Le Rocher, 1997.
Eléonore par-dessus les moulins, Le Rocher, (textes inédits), 1997.
Le Perroquet de Tarbes, roman, Le Rocher, 1998.
Colette, la vagabonde assise, Grande Biographie, Le Rocher, 2000, Prix de la culture bourguignonne, J'ai Lu.
Un si grand objet d'amour, roman, Le Rocher, 2001.
George Sand, la somnambule, Grande Biographie, Le Rocher, 2002, J'ai Lu, traduit en tchèque.
L'Ange rose, roman, Le Rocher, 2004.
Marie Stuart, Grande biographie, Le Rocher, 2007.

Aux éditions du Seuil

La Cinquième Saison, récit, dessins de Marc Daniau, Seuil Jeunesse, 1996, Prix Enfantasia de la ville de Genève.
Charivari, roman, dessins de Blutch, Seuil 1998.
Mademoiselle Noémie, roman, dessins de Blutch, Seuil, 2001.
Mon vieux Léon, roman, dessins de Blutch, Seuil 2003.

Hortense Dufour

Margot, la reine rebelle

Les épreuves et les jours

Flammarion

© Flammarion, 2010
ISBN : 978-2-0806-8533-9

À G.V.

À Thierry Billard,
François Guillaume,
Guillaume Robert

À Daniel Arsand

LA POSTÉRITÉ DE FRANÇOIS Ier

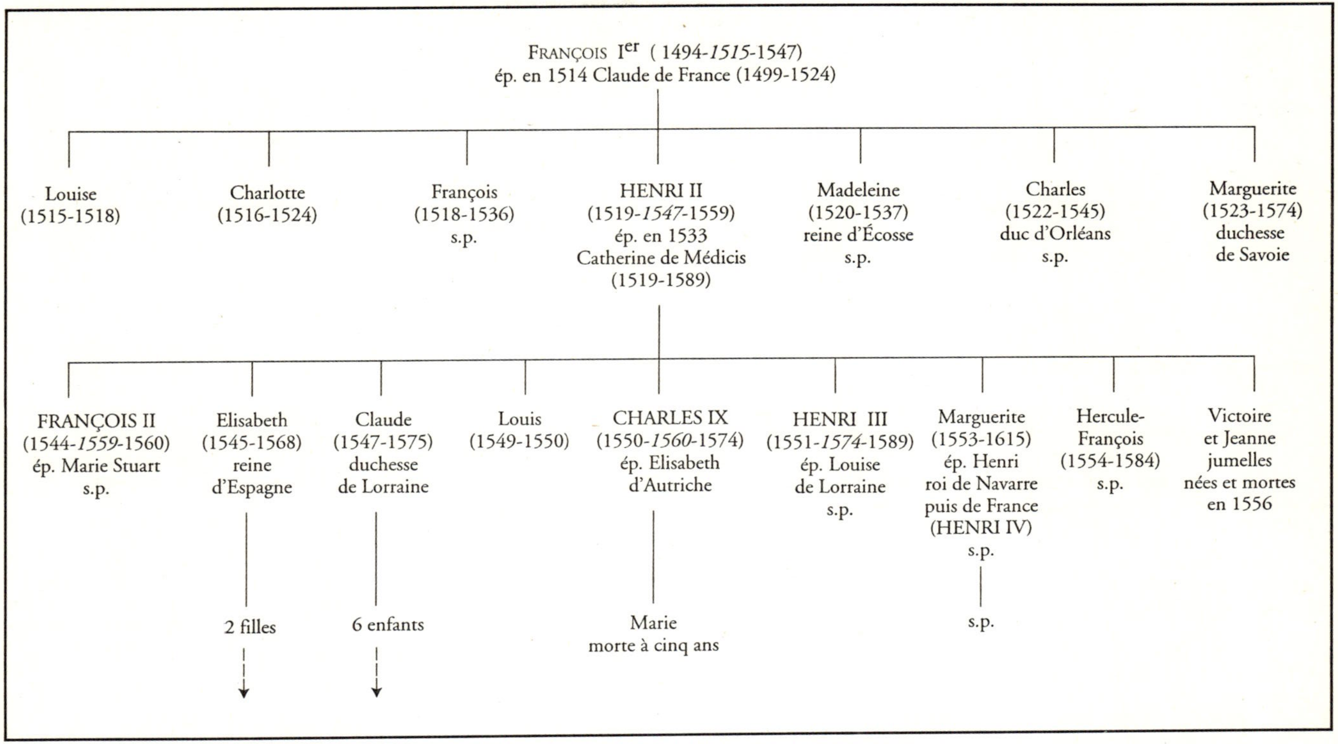

LES MÉDICIS

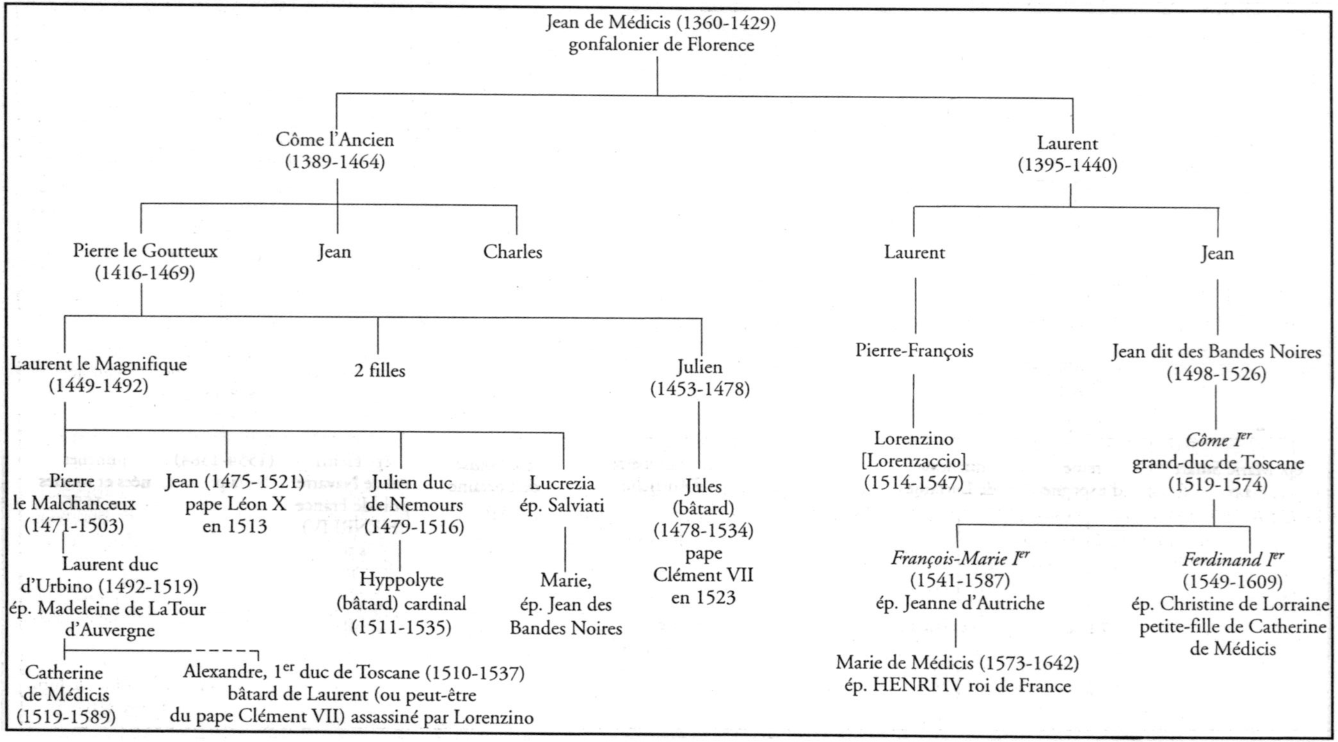

Jean de Médicis (1360-1429)
gonfalonier de Florence
Côme l'Ancien
(1389-1464)
Laurent
(1395-1440)
Pierre le Goutteux
(1416-1469)
Jean
Charles
Laurent
Jean
Laurent le Magnifique
(1449-1492)
2 filles
Julien
(1453-1478)
Pierre-François
Jean dit des Bandes Noires
(1498-1526)
Lorenzino
[Lorenzaccio]
(1514-1547)
Côme Ier
grand-duc de Toscane
(1519-1574)
Pierre
le Malchanceux
(1471-1503)
Jean (1475-1521)
pape Léon X
en 1513
Julien duc
de Nemours
(1479-1516)
Lucrezia
ép. Salviati
Jules
(bâtard)
(1478-1534)
pape
Clément VII
en 1523
Laurent duc
d'Urbino (1492-1519)
ép. Madeleine de LaTour
d'Auvergne
Hyppolyte
(bâtard) cardinal
(1511-1535)
Marie,
ép. Jean des
Bandes Noires
François-Marie Ier
(1541-1587)
ép. Jeanne d'Autriche
Ferdinand Ier
(1549-1609)
ép. Christine de Lorraine
petite-fille de Catherine
de Médicis
Catherine
de Médicis
(1519-1589)
Alexandre, 1er duc de Toscane (1510-1537)
bâtard de Laurent (ou peut-être
du pape Clément VII) assassiné par Lorenzino
Marie de Médicis (1573-1642)
ép. HENRI IV roi de France

ANCÊTRES PATERNELS DE MARGUERITE DE VALOIS

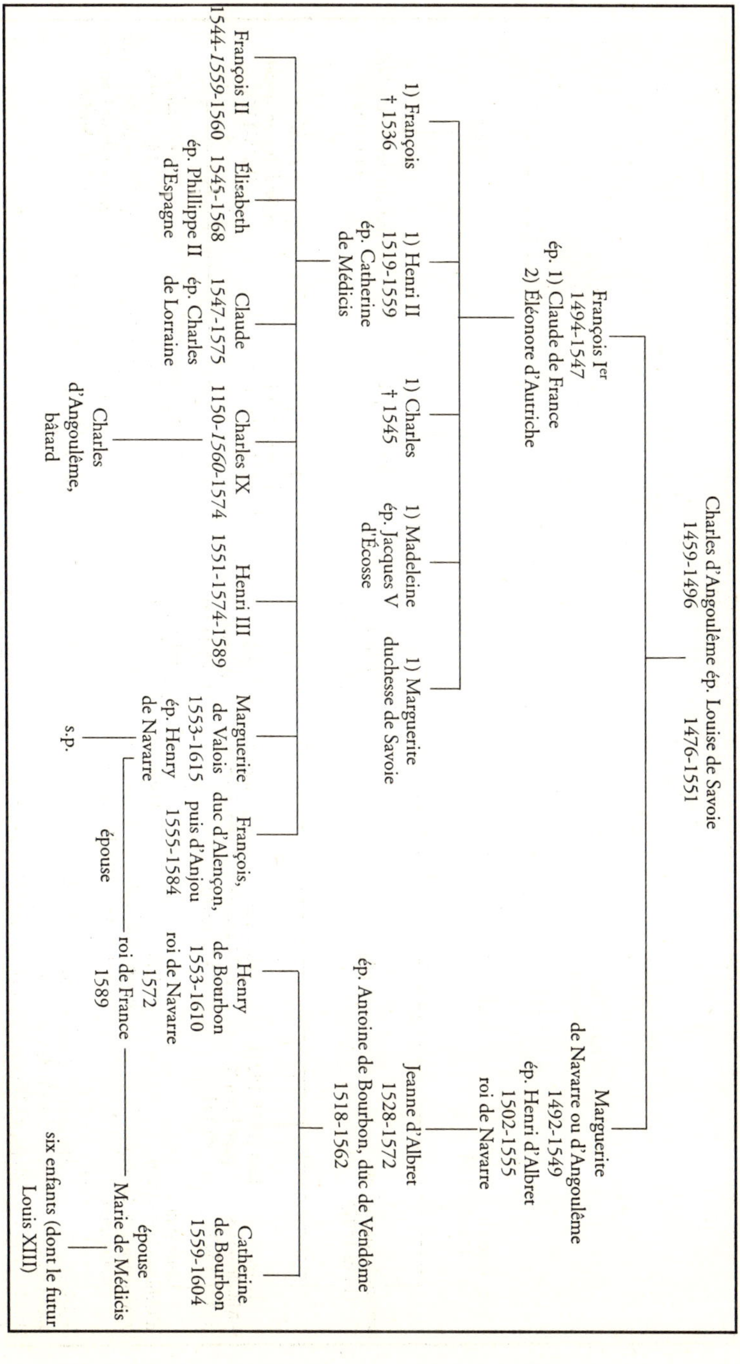

« Qui offense ne pardonne jamais. »

Marguerite de Valois

Préambule

Marguerite de Valois a traversé le siècle turbulent de la Renaissance. Alexandre Dumas, dans son célèbre roman *La Reine Margot*, publié en 1845, lui a donné ce charmant sobriquet. Ses contemporains la nommaient « la reine Marguerite ». Ses ennemis, parfois ses frères, ses amants peut-être, disaient « Margot ». Manière de la réduire ou de lui chuchoter quelques tendres affronts. En ce livre, nous alternerons.

L'appeler « Margot » permet de la démarquer des deux autres « Marguerite » qui séduisirent cette époque. Son siècle, mélange de faste et du sanglant tumulte des guerres de religion, connut, rare exception, dix reines. Certaines ont exercé un vrai pouvoir.

Marguerite de Valois fut la dernière de ces reines.

Elle appartient à une double culture. La France et l'Italie. Cette ardente fille d'un Valois, le roi Henri II, et de la Florentine, Catherine de Médicis, est la petite-fille de François Ier et du duc d'Urbino.

Marguerite fait partie du beau trio, ces « Trois Grâces » qui inspirèrent sans doute le sculpteur Goujon. Il convient pourtant de ne pas confondre « les trois Marguerite ». Certes, elles ont, de tante en nièce, des points communs. La culture, l'intelligence, le charme. Elles furent l'ornement spirituel de la Renaissance, à la façon dont tout artiste exalte son œuvre. Mais les réalités furent souvent autres. L'Histoire et le temps modifient les êtres et les choses. Margot, du luxe à la chute, de la beauté à la disgrâce, est ce « portrait » qui évolue au rythme des massacres et des splendeurs de son époque. Ne nous leurrons pas sur les splendeurs. Les pires tensions surgissent.

Trois femmes, trois Marguerite, ont participé à embellir ces années brillantes et furieuses. Ces années des extrêmes. Les trois Marguerite inspirent les poètes de la Pléiade. « Marguerite », *margarita* en latin, signifie « perle ». Trois grandes princesses, trois « créatrices », trois femmes, trois perles, chacune à sa manière. Toutes les trois sont issues de la Maison régnante de France. On les nomme « Marguerite de France et de Valois », d'où la confusion.

Margot est la cadette. Sa vie s'achève au début du XVIIe siècle. Ronsard groupe en poésie ce glorieux bouquet de femmes, intrépides, éprises de culture, d'entreprises – en général laissées aux hommes. La Renaissance serait-elle « une femme » ? « Marguerite » offre à la France, en ce prénom floral, selon Ronsard, ses plus nobles mérites :

> Que dirons-nous encore, France, de tes mérites ?
> C'est toi qui as nourri trois belles Marguerites[1].

L'aînée est Marguerite d'Angoulême, sœur de François Ier.

Elle est la grand-tante de Margot. Veuve du duc d'Alençon, elle épouse Henri d'Albret, roi de Navarre. Mère de Jeanne III d'Albret, protestante, épouse d'un Bourbon. Jeanne accoucha d'Henri de Navarre. Il fut l'unique époux de Margot. Il devint le futur Henri IV.

Marguerite d'Angoulême vit en Béarn, pays protestant. Cette catholique a l'allure austère. Elle s'habille en noir. Elle n'aime pas les toilettes qui entravent le corps et ruinent la bourse. Joyeuse, subtile, charitable, le malheur du peuple la touche. « Corps féminin, cœur d'homme et tête d'ange. » Ainsi est-elle perçue par la coterie mâle, point tendre aux femmes d'action et qui osent l'indépendance de la pensée... Amie de Clément Marot, protestant, elle est l'auteur de *L'Heptaméron* que l'on attribue à tort à la reine Margot. Elle laissa des vers, *Miroir de l'âme pécheresse*, dont la hardiesse religieuse inquiéta la Sorbonne et ses théologiens. Catholique, elle comprend les protestants. Cette religion « réformée » la fait réfléchir. Elle en ressent une certaine connivence. Elle écrivait en litière, lors de ses nombreux déplacements. Femme d'action, elle n'hésita pas à rendre visite en Espagne à son frère François Ier, prisonnier de Charles Quint. On disait son frère au bord de la mort. Un voyage lourd de risques. Elle trouva François Ier dans le coma et le veilla. Son « abcès au cerveau » creva soudain en saignements et sanies par le nez. Il ouvrit les yeux. Il était sauvé. Sa sœur, Marguerite, lui souriait. Elle eut le courage de franchir à nouveau les hostiles barrages espagnols.

La seconde Marguerite est sa nièce, Marguerite de Savoie. Elle est la fille de François Ier et de la modeste reine Claude. Elle est la sœur d'Henri II. On la nomme « Marguerite de France », cette épouse de

1. In *Œuvre poétique*, Pierre de Ronsard, Librairie Marcel Didier, 1967. Les vers de Ronsard à mesure signalés proviennent de cette édition.

Philibert de Savoie. Coquette, elle aimait le faste italien. Les jeux de l'esprit. « Hôtelière des muses », selon Ronsard, le grec et le latin l'enchantaient. On la nomme aussi « Minerve », « Pallas », comparaison flatteuse avec la déesse de la Sagesse. Elle voue une affection sincère à sa petite belle-sœur, la délaissée, la mal aimée : Catherine de Médicis. Elle apprécie sa culture et sa vive intelligence. Elles lisent Platon dans le texte. Elles tentent de composer des nouvelles. Marguerite se consolait mal de son veuvage. Du Bellay lui voua une passion chaste. Dans ses *Regrets* perce celui d'avoir soupiré en secret pour Marguerite...

La troisième Marguerite, fille, sœur et épouse de roi, « la reine Margot » est sa nièce. La plus éclatante et tumultueuse des « Marguerite ». Marguerite de Valois puis de Navarre, après son mariage avec le Béarnais, diffère de ses tantes sur certains points. Elle transgresse le grand interdit fait aux femmes : elle ose avoir des amants. Beaucoup d'amants. On a dit cent, on a dit une citadelle. Âgée, elle séduit toujours. Cette ardente aime l'amour dont elle possède la science. Gloire et bannissement sont liés aux imprudences de la reine Margot.

La dernière fille des Valois a un destin d'héroïne de cape et d'épée. Elle est, du moins en sa jeunesse, la plus belle des « Marguerite ». « Si belle, écrit Brantôme, que rien n'existe de si beau au monde[1]. » Sa vie amoureuse est liée à l'impensable liberté des sens. Le corps d'une reine se doit d'être sacré, honoré du seul époux. Coucher ailleurs est encourir le risque de quelque bâtard. C'est, à une reine, non à un roi, un crime. Margot couche au vent fou de ses routes... et de sa fratrie. Elle osa, toute jeune, l'inceste. Elle y puisa plus de plaisir que de traumatisme. Ses « mœurs », sa nature inquiétante lui ont ôté tout respect, toute crédibilité. On devine un reproche machiste en ces vers que Ronsard, à mesure des frasques de Margot, écrit à son sujet :

« Elle avait la tête près du bonnet et le bonnet volontiers de travers ».

Sa parentèle, les uns, les autres, l'hypocrisie qui la cernait, eussent préféré qu'elle se contentât de sa beauté et de sa culture. Qu'il y eût un épais silence sur « les jeux » de ses frères impurs. Stérile, on lui aurait peut-être pardonné ce marasme rédhibitoire pour une reine, si elle avait ployé aux ordres de ses frères, de sa mère et de son époux. Que faire d'une épouse stérile et libre à outrance ? Lui trouver une élégante répudiation en quelque château isolé, mieux encore, la mort symbolique d'un couvent ? Le silence. L'oubli. Nenni ! La rebelle

1. In « Marguerite », Brantôme. Les extraits au sujet de Marguerite écrits par Brantôme sont puisés dans *Vie des dames illustres*, Éditions Garnier Frères, 1873.

s'expose, agit, complote avec la Ligue, ennemie du roi. Elle couche avec qui lui plaît, jette ce fameux « bonnet » par-dessus les moulins des convenances, entraînant à grand fracas sa fragile couronne. On ne réduit pas ainsi celle qui suscita l'éloge du perspicace, et peu influençable, président Étienne Pasquier, considéré un grand esprit du XVIe siècle. Il avait compris qui était Marguerite.

« De vous promettre cette reine non fautive, je serais un sot : car encore que Dieu l'ait créée grande princesse, toutefois elle est composée de même pièce que nous tous ; conséquemment, il faut considérer en elle la perfection… et crois qu'entre toutes les grandes dames celle-ci sera la moins imparfaite[1]. »

Son enthousiasme (en était-il épris ?) va jusqu'à souligner sa si libre manière de vivre : « Vivre à la franche Marguerite… » Il est des rares hommes de son temps qui l'eussent volontiers adoptée comme souveraine régnante. Il eût bousculé pour elle la pesante loi salique, qui interdit à une femme de régner.

L'opinion de certains historiens lui fut sévère. Michelet voit en elle « une *catin* ». Il n'aime pas son menton, « bas, fuyant », signé Médicis. Il souligne ses défauts. La ressemblance sous-jacente avec l'ingrat visage de sa mère Catherine, aux yeux bombés, lourds de noirs calculs. En cette Belle, il décèle la déchéance. Point ébloui de sa culture, il la fustige. Elle lit *L'Astrée, L'Amadis de Gaule, Le Lazarille de Tormes* ? Ce sont là récits espagnols, « picaresques », selon Michelet, « romans de mendiants et de voleurs ». Michelet, il est vrai, est rarement partial en son *Histoire de France*, dès qu'il s'agit d'une femme qui ose se mêler de pouvoir et d'aimer à son goût. Il abomine, sans nuance, Catherine de Médicis. Il méprise Margot avec violence. Elle a osé coucher *pour le plaisir*. C'est une « fée *fatale* », terme dont il flétrit Marie Stuart, reine d'Écosse, fugitive et tragique belle-sœur de Margot. Le portrait de Margot s'anéantit dans ce rejet. C'est une femme, donc une « *sorcière* ». Sa mission est d'entraîner tout mâle à sa perte. L'Histoire, cette affaire d'hommes, s'est souvent arrangée de cette humiliante lapidation.

1. In *Mémoires de Marguerite de Valois*, Mercure de France, 2004, p. 16. À mesure des références liées aux *Mémoires de Marguerite de Valois*, nous écrirons *Mémoires*. Il s'y trouve, outre l'introduction d'Yves Cazaux, les mémoires et les écrits de Marguerite, ses lettres. La bibliographie établira à nouveau la référence complète de ce texte essentiel qui accompagne au plus près cette biographie de Marguerite de Valois. Par souci de clarté, les textes ont été modernisés. Quand, par moments, le texte adopte l'italique, c'est aussi dans le but de souligner l'intensité émotionnelle des personnages.

Don Juan d'Autriche, lui, fils bâtard de Charles Quint et d'une blanchisseuse, n'est pas dupe du charme de Margot. Son jugement frôle le blâme. Brantôme, quoique amoureux d'elle, semble confirmer dans ses *Dames illustres* la sévérité de Juan d'Autriche : « Combien que la beauté de cette reine fût plus divine qu'humaine, elle était plus pour perdre et damner les hommes que pour les sauver... »

La riche nature de Marguerite de Valois, bien dirigée, mieux aimée, eût sans doute accompli les grandes choses dont elle se sentait digne. Marguerite est, bon an, mal an, trop jeune, soumise à ses frères, à sa mère régente, à son époux béarnais. Ses pouvoirs sont minces. Sa beauté ne fut qu'un appeau politique vite retourné contre elle. On l'entrave durement quand elle tente son grand rêve : intervenir en politique. À la cour, à toutes les cours où elle fut présente, on l'admire, en bel objet, en parure de luxe. On refuse d'entendre ce qu'elle tente d'obtenir pour les siens. On ne lui offre que des faux rôles. Les vrais pouvoirs sont à son frère Henri III et surtout à sa mère. On relègue au dernier plan ses interventions. Sa famille la rudoie, son époux la pousse de côté. On la tient dans l'ignorance de l'essentiel. Lors du massacre de la Saint-Barthélemy, pendant ses noces affreuses, témoin lucide et impuissant, elle écrit dans ses Mémoires : « Pour moi, l'on ne me disait rien de tout ceci. » Cette petite phrase résume bien des choses à son encontre.

Contrariée, blessée, elle traverse quelques maladies, souvent psychosomatiques. Dans l'ensemble, sa santé est puissante. Son humeur est gaie, elle a hérité de sa mère sa grande énergie.

La passion et l'amour entrelacent un éperdu jeu de confusion et de drames. On assassine souvent ses amants, y compris sous ses yeux. Marguerite, faite pour « *perdre et damner les hommes* »... Margot, folle de son corps, de l'apparence immédiate et éblouissante, costumes et parures, travaille sa beauté. Elle a, il est vrai, été éduquée « au beau paraître » dès son plus jeune âge. Elle y excelle. C'est un gage, une force. Sa vanité s'en repaît. Elle œuvre à son image dans l'espoir que ses talents culturels, ses idées soient reconnus.

Qui est la vraie Margot ?

Brantôme décrit ainsi Marguerite :

> « Pour parler de la beauté de cette rare princesse, je crois que toutes celles qui sont, qui seront et jamais ont été, près de la sienne sont laides et ne sont point beautés ; car la clarté de la sienne brûle tellement les ailes de toutes celles du monde, qu'elles n'osent ni ne peuvent voler, ni comparaître aux abords de la sienne... La mère Nature, ouvrière très parfaite, mit tous ses plus rares et subtils esprits pour la façonner... ses traits

sont beaux, ses linéaments tant bien tirés, et ses yeux si transparens et agréables, qu'il ne s'y peut rien trouver à dire : et qui plus est, ce beau visage est fondé sur un corps de la plus belle, superbe et riche taille qui se puisse voir ; accompagnée d'un port et d'une si grave majesté, qu'on la prendra toujours pour une déesse, plus que pour une princesse de la terre[1]... »

Le dithyrambique seigneur de Bourdeille trace à son sujet ces lignes éblouies. Brantôme en était amoureux et ne fut jamais son amant. Il convient de se méfier des sempiternelles redondances du poète. On y puise, certes, quelque vérité, sur le visage et la silhouette de Margot. Clouet – sa beauté est l'affaire des poètes mais aussi des peintres, dont François Clouet – est, lui, plus proche de la réalité.

L'artiste l'a souvent peinte. Une jolie femme, c'est probable. Une femme sensuelle, c'est certain. Les jolies mains dont elle prendra longtemps un soin extrême. Elle a des engelures quand, durant les longues années de captivité à Usson, cingle le froid. Elle obtient un manchon de martre et des longs gants doublés de satin parfumé. Elle oint sa peau d'onguents. De sa mère, elle a hérité le goût profond, italien, des arts, du faste et des belles-lettres. Sa mère ! Clouet dut trembler en peignant Madame Catherine. La Florentine travaillait son image de veuve éternelle. Elle se moquait de son absence de beauté. Elle avait dépassé le temps humilié. De son visage ingrat, ses formes lourdes, ses éternels voiles noirs, elle fit ses atouts. Une incontournable veuve, « régente, » « Mère » de ses fils rois, ses filles, « reines ». La reine *mère* de la France... Son intelligence n'eût pas toléré, pour son portrait, quelque falsification bassement flatteuse.

Margot est physiquement, c'est sa chance, plus Valois que Médicis. Elle est grande et mince, les yeux brillants, longs, couleur de châtaigne mûre. De sa mère, elle a la fâcheuse hérédité d'un menton trop bref, vite empâté. Elle prendra du poids. Le peintre a-t-il redessiné ces sourcils un peu trop parfaits ? Le front est vaste, le nez mal fait, trop long, la narine trop large, mais sauvés par une bouche spirituelle. Les lèvres rosées prêtent au sourire, à la parole aimable et au baiser de l'homme. L'ovale de la joue repart, avec grâce, vers l'oreille bien faite, destinée aux boucles précieuses. Margot est une adolescente de quatorze ans. Une robe bleue, décolletée, ouvragée de dentelles. Les manches foncées présagent l'harmonie des bras, du poignet. Le cou est bien tourné. Un long cordon de diamants court d'une épaule à l'autre. Épaules joliment rondes, en

1. In *Vie des dames illustres, op. cit.*

harmonie avec la poitrine haute et formée. La peau est un peu trop éclatante et blanche. Clouet a su respecter ses menus défauts. Quelques ombres, des taches de rousseur – ou des rougeurs et de l'acné camouflée ? Poètes et peintres osaient-ils abîmer une figure royale ? Margot avait des cheveux noirs et rutilants. Le portrait la montre blonde, de ce blond « vénitien », plus roux que doré. On l'obtenait, par la teinture, ou les perruques. Le parfumeur de sa mère, René, outre sa science des poisons, confectionnait la teinture. La terre de Sienne, du sang de hibou, des essences de romarin, de camomille... La mode était au blond. Vénus n'a pas les cheveux noirs. On prête du maléfice aux brunes et aux vraies rousses. Margot tente d'égaler les déesses de l'Antiquité. Elle est coiffée haut, en nattes et boucles mêlées des mêmes diamants que ceux de ses parures de cou et d'oreille. Le fer à friser l'embellira longtemps avant de brûler à jamais sa chevelure. Marguerite, âgée, épaisse, à demi chauve, peu à peu édentée – elle souffrait des dents –, ne perdra cependant jamais sa belle humeur ni, scandale, sa sensualité.

La sensualité se greffe à ses portraits.

La mode de la « fraise », cette grande collerette volumineuse, dissimule aux portraits suivants ces espaces de chair que le peintre avait évoqués de la jeune Margot. Elle aimait, aux riches velours et dentelles, les teintes vives. Les couleurs sont liées à des symboles. Marguerite et les siens y sont attachés.

Le rouge, l'enfer, la passion, l'éloignement progressif de l'incarnat, ce rose si vif, chez Margot, lié au regain de l'amour ? Le noir trouble tout le monde. Châtiment des âmes brisées, liées au Mal, pétries de la sensualité interdite. Dualité. Finalité. Le violet est le deuil. Peut-être aussi la sagesse. Le blanc est le deuil des reines. Une mariée se devait d'être vêtue en bleu... On habille les fous en vert.

On jouait de ces teintes sur les habits, y compris pour l'intérieur des litières royales. On mêlait aux tissus, à la chevelure, joyaux et perles. Une seule robe de Marguerite de Valois coûtait plus de mille livres. Le vivre d'une famille paysanne pendant une dizaine d'années.

Margot fut autant que sa mère, une dépensière sans limites. Une constante endettée. Qu'importe ! On emprunte. Les financiers florentins, vénitiens, de France, concluent souvent avec ces princesses, à taux lourds, de bonnes affaires. Ils y perdent parfois, on les paye en monnaie de singe. Un titre, une entrée à la cour. Le vent doré de la poudre aux yeux. D'autres, plus malins, volent. Les Médicis et les Valois ne lésinent pas sur le costume. Il a son rôle social : imposer, éblouir. Madame Catherine le sait. Elle encourage le tapage de la toilette dont s'enivre Marguerite dès l'enfance. Frapper le regard, être cette flamme au vitrail, aux imposantes cérémonies : deuils, sacres, mariages, bals, réceptions… Dès son plus jeune âge, Marguerite excelle à ce dur et royal exercice d'endurance. Sourire, avoir de la grâce, ne jamais se plaindre. La petite fille, puis la jeune reine, se plie admirablement au paraître. Elle aime qu'on l'admire. Elle eut vite la conscience de son rang. Quelque chose *d'inné* guide ses pas, légers, pourtant grèvés de quelque traîne au poids impensable. L'enfant, l'adolescente, la femme, conduit d'instinct cet attelage de pesantes étoffes et de joyaux. On la voit éblouir la foule, misérable crédule qui a besoin, plus que les rois, d'images. Le peuple les gobe et s'en gave à défaut du pain quotidien. Madame Catherine, à travers Margot et ses atours, n'hésite pas à lancer aux foules l'illusion de cette pitance. L'illusion de croire entrevoir des dieux, une déesse. Elle leur coûte leur sang et leur pauvre nourriture.

Margot raffolait du rouge dit « incarnadin ». Sa litière, à l'extérieur en tissu noir, était doublée de satin rouge. Du rouge, à sa domesticité, puis du jaune et blanc. Du rouge, à sa haquenée, son cheval de promenade, du rouge aux harnachements de ses mulets et autres montures nécessaires à sa maison personnelle.

Le portrait et la toilette qu'elle préfère, celle qu'elle porte aux imposantes occasions, hors l'éclatante fraise blanche amidonnée à l'eau de riz, est rouge. Ce portrait, cette tenue, elle les a élus entre tous. Elle est alors au comble de ses beaux vingt-cinq ans. Elle veut fixer à jamais cette belle image. « *La reine Marguerite.* » Vêtue et coiffée ainsi, elle a séduit la cour, aux Tuileries, lors du festin offert par sa mère à la noblesse polonaise. Elle fascina chacun, quoique dépourvue du véritable pouvoir. Elle sait marquer les mémoires, et n'hésite pas à remettre « la tenue rouge », sa suave cuirasse de guerrière.

La description de Brantôme, pour une fois, correspond au portrait signé Clouet.

> « Elle était vêtue d'une robe de velours incarnadin d'Espagne, fort chargée en clinquants, et d'un bonnet du même velours, tant bien dressé de plumes et de pierreries que rien plus ; elle parut si belle ainsi, comme lui fut dit aussi, que depuis elle le porta souvent, et s'y fit peindre : de sorte qu'entre toutes ses diverses peintures celle-là emporte sur toutes les autres[1]… »

La belle en rouge a gagné sa légende, à défaut de stratégies efficaces.

1. In *Vie des dames illustres, op. cit.*, p. 191.

On la désire, on l'adore, on la hait, on l'entrave, on la manipule, on la réduit, on la menace, on l'enferme. Elle excite toutes les passions.

On a souvent voulu s'en débarrasser. Sa mère y songea. Son frère Henri et son époux béarnais aussi. Un assassinat, tuer une femme... Qu'est-ce qu'une femme ? Rien.

Son malheur a été son excès d'éclat, l'ignorance des choses importantes. La vanité et l'orgueil. La stérilité. Elle n'a ni la ruse, ni la patience dissimulée de sa mère. Pasquier se trompe : elle ne sait pas régner. Elle écoute ses passions, ses amitiés. Elle ne sait pas, telle sa mère, machiavélienne convaincue, qu'il convient au prince de ne pas trop user de la clémence. « *Le prince ne se doit point soucier d'avoir le mauvais renom de cruauté pour tenir tous ses sujets en union et obéissance*[1]. »

Marguerite, de nature clémente, refuse la cruauté. Elle en fut témoin et ne s'y attarde guère. Elle oublie promptement toute barbarie pour une belle image, un nouvel amour, une toilette rutilante. Égoïste, inconsciente ou sauvagement vivante, quitte à faire ébouler une cité si on l'enferme, sans se soucier de ruiner ni écraser nombre d'habitants.

Elle fait sans cesse des choix fâcheux en commençant par ses frères. Elle préfère aux aînés, le pire, le cadet, le « Moricaud », cet Hercule, ce François d'Alençon, le pire en médiocrité, hideur, débauche, déséquilibre. L'incessant trublion. Ils ont été élevés, il est vrai, longtemps ensemble. Parqués à Amboise, comme oubliés. Des pions à l'échiquier politique de leurs aînés et de leur mère. Ils se sentent, se savent, exclus, vaguement méprisés par leurs aînés et leur mère. L'influence de ce frère débile, dangereux, participe au désastre de Marguerite. Elle osera, un jour, comploter avec lui contre sa mère et Henri III. Elle mise sur des êtres de hasard, peu sûrs.

Ceux qui la passionnent, la perdent et se perdent. Elle se fourvoie et fourvoie en toute imprudence. Elle ne domine ni ses passions ni ses révoltes. Elle erre plus qu'elle ne se fixe. Elle tâtonne vers le grand rêve, à mesure désolé, de sa vie : devenir une reine reconnue. Respectée. « La reine Marguerite ». Elle a cru que son titre royal suffisait. Elle n'a pas intégré que régner c'est défendre âprement sa couronne, sans répit menacée. Elle croit qu'on ne peut rien contre une personne royale. Marie Stuart, belle-sœur de Margot, pensait ainsi, et paya de sa tête ses folles convictions. Marguerite est convaincue qu'il lui suffit

1. In *Le Prince et autres textes*, Machiavel, Folio, 1999, p. 103.

d'apparaître. De jeter son nom, son titre, à connotation d'opérette : « la reine Margot » et tout doit s'arranger. Cette quête bâtie sur des sables mouvants, cet affront aux hommes qui règnent – son époux, ses frères rois, la régente sa mère –, la font trébucher du luxe à l'errance, en des chemins peu sûrs.

La rebelle ne s'attendait pas à dix-neuf ans de semi-réclusion à la citadelle d'Usson.

La France, au XVIe siècle, est estimée être le plus beau royaume du monde. Elle est, en ce royaume, la perle des Valois. Cela ne suffit pas à berner ceux qui veulent sa perte. Le public du pouvoir n'est pas dupe. Quant à l'autre public, celui des admirateurs, il s'amenuisera avec le temps et les disgrâces.

Elle n'est pas un homme. Son ventre est infécond. Elle a peut-être pensé que pour toujours, sa beauté serait le « Sésame » à ses désirs. À trente ans, elle est déjà trop grosse. Le miroir se déforme. Le miroir devient une offense. Là voilà obèse, ridée, chauve.

Elle a la nostalgie des splendeurs perdues, celles de la cour de ces Valois d'Angoulême que décrit Madame de La Fayette dans *La Princesse de Clèves*. Marguerite, déchue par ses erreurs, n'a jamais oublié ce temps d'enfance et de jeunesse où « la magnificence et la galanterie n'ont jamais paru en France avec tant d'éclat que dans les dernières années du règne d'Henri le second... C'était tous les jours des parties de chasse et de paume, des ballets, des courses de bagues, ou de semblables divertissements... Le goût que le roi François le premier avait eu pour la poésie et pour les lettres, régnait encore en France... Tous les plaisirs étaient à la cour ; mais ce qui rendait cette cour belle et majestueuse, était le nombre infini de princes et de grands seigneurs d'un mérite extraordinaire...[1] »

Où sont-ils, ces grands seigneurs *au mérite extraordinaire,* dont certains l'aimèrent à se perdre ? Dispersés, vaincus, suppliciés, morts.

La force de Margot est d'adorer la vie, l'art, les belles-lettres. Elle a la volonté farouche de vivre – survivre – et de gagner à nouveau le confort dû à son rang. De quitter la terre avec son titre de reine.

La gaillarde y parvint.

À mesure des années, des épreuves, elle récupère, de sa mère, l'entregent machiavélien. Elle apprend à duper. Unique survivante de sa famille, indispensable au Béarnais, futur roi de France qui a besoin de son accord pour divorcer, elle redeviendra une grande Médicis.

---

1. In *La Princesse de Clèves*, Madame de La Fayette, Folio, 1972, p. 129-130-131.

Catholique convaincue, elle eût été capable, telle Marie Stuart, de mourir pour sa foi. Elle n'aima jamais les protestants. « Ce sont mauvaises gens », écrit-elle. Âgée, magnifiquement logée et rentée, vieille dame indigne, elle accumula les jeunes amants. Vindicative, rancunière, à la façon florentine, elle obtiendra une cruelle vengeance de qui osa attenter encore à la vie de ses amours. Elle créa un cercle de beaux esprits et de belles-lettres, à la façon des « précieuses » chez Molière. Tournant à la dévotion et malade, elle tourbillonne enfin dans des angoisses métaphysiques.

Des trois Marguerite, dernière des dix reines que compta le XVIe siècle, elle eut assurément, entre toutes, le plus fou des éclats.

Prélude

Une petite scène de son enfance a enchanté pour toujours Marguerite de Valois.

Elle a six ans.

Son père l'a assise sur ses genoux. Au bout des genoux solides, elle voit la botte haute du cavalier. Il revient de la chasse, ou du jeu de paume ou d'un autre jeu qui rend son regard doux et tendre son baiser. Il caresse les boucles de l'enfant de ses mains de grand jouteur. Il porte l'anneau des rois. Il a penché contre le charmant visage à fossettes, son grand et grave visage d'homme, au collier de barbe noire. Elle respire le troublant encens de sa peau de mâle aimé des femmes, dont la plus belle, sa favorite, est cette Diane qui vient sans cesse à la nursery.

Madame Maman est si terne auprès d'elle…

Cette femme lui fait peur : grosse, les yeux fixes. Madame Maman n'a d'élan d'amour que pour ses frères et, de manière plus modérée, pour ses deux sœurs.

Madame Maman ne l'aime pas.

Sur les genoux de Papa le roi, elle est dans l'enchantement. Près d'un homme séduisant, penché sur vous, à la voix de miel sombre, elle est dans l'enchantement.

Elle s'en souviendra. Elle recherchera, sans cesse, cette suavité troublante. L'odeur du pourpoint de velours, la sueur de la chair guerrière, le souffle viril. Il baise son front, ses joues, lui au cœur lent à s'embraser. Il aime plus que tous ses enfants, cette petite fille. Quand il est épris, c'est la passion. C'est absolu.

Elle est vêtue de bleu, de dentelles, le cou si blanc orné de perles, les oreilles aussi. Son fin bonnet ouvragé laisse aller les boucles noires. Il les enroule sur ses doigts. Il reconnaît, ravi, en sa chevelure, la sienne, en ses yeux, la forme des siens, en la vigueur de ce corps bien fait, son ardeur. Il adoube cette ressemblance. Son fils aîné, lui, est si laid !

En Margot s'insinue le goût de l'homme. Le goût de ses baisers. Ils sont chastes mais laissent courir un feu lent à s'éteindre. Il est rare que le roi tienne ainsi sa fille. Il ne lui a jamais parlé ainsi. Sa voix sourde, caressante, demande ce qu'il sied de dire aux princesses plus âgées, à marier.

Elle retient les détails de ce visage attentif. Les ardents yeux noirs qu'il rend si durs, quand il est mécontent. La bouche rouge sous la courte moustache. Le nez long, le front vaste. La douceur du bras habile au tournoi, à l'épée, à la guerre et aux caresses.

Il l'a prise sur ses genoux « *pour me faire causer* », écrit-elle dans ses *Mémoires*[1].

Ils parlèrent ainsi :

— Qui voulez-vous, ma petite mie, pour votre serviteur et époux, monsieur le prince de Joinville, futur duc de Guise ou le marquis de Beaupreau, fils du prince de La Roche-sur-Yon ?

Elle rit, la ruse déjà si féminine dicte sa réponse. Quelque chose en elle est fasciné par le futur duc de Guise. Quelque chose lui souffle toutefois qu'il est mieux d'avancer le nom que l'on n'attend pas.

— Monsieur mon père, je voudrais le marquis.

— Pourquoi ? Il n'est pas si beau.

Le prince de Joinville était blond et blanc, le marquis de Beaupreau avait le teint et les cheveux bruns.

— Le marquis de Beaupreau est plus sage, l'autre ne peut durer en patience qu'il ne fasse tous les jours du mal à quelqu'un, et veut toujours être le maître.

Henri est satisfait de sa sagesse. Ils se turent, heureux l'un de l'autre. L'un avec l'autre.

Aux genoux de son père, elle était au ravissement d'aimer et de l'être.

Peu de temps après, il était tué dans un tournoi.

Elle ne s'en consola jamais.

*

Une autre scène pèse d'un poids plus lourd qu'il n'y paraît. Elle a eu lieu une année auparavant.

---

1. In *Mémoires, op. cit.*

Henri II tient sur ses genoux un autre enfant. Il a cinq ans, Marguerite aussi. Il s'agit d'Henri de Navarre, futur époux de Margot et, un jour, roi de France.

Henri II et Catherine de Médicis avaient reçu au Louvre, en février 1557, le roi de Navarre, Antoine de Bourbon, et son épouse, Jeanne d'Albret. Henri de Navarre est cousin issu de germain des enfants Valois ; cousin de Marguerite. Sa mère, Jeanne d'Albret, est la fille de Marguerite, sœur de François Ier. Il comprend le français mais ne parle que le béarnais. Henri II le prend sur ses genoux et le câline, façon de faire alliance avec ses parents.

— Voulez-vous être mon fils ? dit-il à l'enfant.

Le petit garçon désigne son père, Antoine de Bourbon, l'instable coureur de filles, et l'enfant reprend cet illustre roi, inconnu et bienveillant :

— *Aquet es lou seigne reï*[1].

Henri II est charmé.

— Puisque vous ne voulez pas être mon fils, voulez-vous être mon gendre ?

— *Obé*[2], s'exclame le petit garçon.

Henri II est le parrain de ce futur roitelet qui pourrait bien, ma foi, devenir son gendre.

1. « Mon père est le seigneur roi qui est là », traduit du gascon.
2. « Oui », traduit du gascon. Cf. *Henri IV*, Jean-Pierre Babelon, Fayard, p. 53.

Première partie

Portraits et sortilèges

I

LES ALLIANCES ET LES NAISSANCES

Marguerite de Valois, puis de Navarre, est la septième enfant du roi Henri II et de Catherine de Médicis.

Le hasard fit de son père, Henri d'Orléans, le roi de France Henri II. Il n'était qu'un cadet. Son aîné d'une année, François, né en 1518, mourut suite à l'absorption d'une boisson glacée. On le crut empoisonné. On accusa un malheureux gentilhomme italien de sa suite, Montecucculi. On le supplicia sauvagement à Lyon.

Ce fils préféré de François Ier laissa ainsi sa place de futur roi à Henri, âgé de dix-sept ans. Les deux frères avaient supporté les prisons espagnoles. François Ier, en rançon de sa liberté, avait troqué ses fils à Charles Quint. Les geôles espagnoles se refermèrent sur les enfants royaux. On les humiliait, on les traitait mal. Henri, secret et rancunier, ne pardonna jamais. Il haïssait l'Espagne dont il parlait la langue. Il conserva sa nature sombre. « Il rit ou fait signe de rire bien rarement », selon Matteo Dandolo, l'ambassadeur vénitien. De belle prestance, tout en muscles, la chevelure et la barbe noires, l'œil ardent, ce laconique est aussi physique que son père. Excellent cavalier et chasseur, bon jouteur à l'escrime, la lance et l'arc, il joue au ballon, aux jeux de paume. Son intelligence est profonde, mais non intellectuelle. Il réfléchit longtemps avant d'agir. Il est maître de lui et, rarement, la colère l'enflamme. Il a l'envergure d'un bon roi. Il sait ce qu'il veut. Catholique convaincu, il est aimé des Guises et des Lorraine. Il n'hésitait pas à faire condamner au bûcher, place Maubert, les plus notoires hérétiques. Perturber la religion catholique est une offense au pouvoir royal. Quand il aime, il est fidèle sa vie entière. Gare à qui oserait le trahir. Sa sensualité a été éveillée, cultivée, par Diane de Poitiers, duchesse de Valentinois. Elle est son aînée de vingt années. Son exceptionnelle beauté et sa jeunesse surprenante ont frappé le tout jeune Henri. Elle lui donna un baiser sur le front avant que les Espagnols ne l'emmenassent en otage. L'enfant fut ébloui des longues nattes blondes, déployées jusqu'à ses pieds. Le visage et le corps parfaits de cette dame penchée vers lui... L'homme qui se formait en l'enfant si triste sera marqué par ce baiser. Et, lorsque les enfants royaux revinrent enfin en France, Diane et Henri se retrouvèrent. Diane initia – et avec quel art ! – son tout jeune amant.

Il l'aima sans mesure.

*

François Ier avait marié Henri à une princesse de Florence, Catherine de Médicis. Nés, l'un et l'autre, en 1519, ils ont quatorze ans à leur mariage. Le roi assista et guida leur nuit de noces. François Ier voulait s'assurer que le mariage avait été consommé.

Catherine est la nièce du pape, Clément VII. Sa mère était une princesse française, Madeleine de la Tour d'Auvergne. Son père, le duc d'Urbino. Ses parents moururent à sa naissance. Catherine, enfant née de la mort... Elle n'est pas d'essence royale. Sans son immense fortune, dont l'Auvergne, elle n'eût pas même intéressé un « cadet » de la Maison de France. « Médicis » signifie en italien « médecin ». Le blason de ces immenses banquiers et négociants comporte plus de pilules d'apothicaire que de lys. Elle est de la lignée d'une « aristocratie » mercantile, richissime, non liée au sang et aux armes comme en France. Leur richesse les mena à prétendre à de hauts mariages.

Cela créa, à la cour de France, le dédain envers celle que l'on nommait « *la Duchessina*[1] », ou, selon les mépris, « la fille des marchands ».

Dès l'enfance, Catherine avait traversé la peur et la souffrance. À Florence, lors du soulèvement, cachée chez les sœurs « *Murate*[2] », on faillit l'assassiner, la jeter à la soldatesque. Elle avait huit ans. Elle n'oublie rien. Ni les offenses ni ceux qui l'ont rarement aidée et aimée, dont ses chères *Murate.* Ni les humiliations nouvelles à la cour de France.

Sa force fut l'obéissance, la douceur, la dissimulation. L'empire sur soi. Elle ne se permettra les colères que des années plus tard. Elle en eut de terribles contre Margot.

1. « La petite duchesse », traduit de l'italien.
2. « Les emmurées », traduit de l'italien.

À son mariage, elle redoubla de prudence. On ne soupçonna pas l'ampleur de sa culture et de son intelligence. Elle devina où situer les urgences. Se faire aimer, ne pas déranger, ployer devant Diane, la maîtresse adorée de son époux. Diane est une veuve habile et magnifiquement rentée. Son empire sensuel sur Henri et ses calculs font d'elle la vraie reine. Henri ose porter ses couleurs – le blanc et le noir –, graver son chiffre à celui de Diane. Le *H* et le *D* (Henri et Diane) inversés donnent l'illusion d'un *H* et d'un *C* (Henri et Catherine). Cela ne trompe personne, surtout pas Catherine. Elle tait sa honte et sa jalousie. Elle n'a pas le choix. Elle est trop jeune, point belle, les yeux et le nez épais, courte, de formes mesquines. Un visage lourd et sans expression. Elle répugne à ce bel époux qu'elle aime. Tant qu'elle n'a pas d'héritier, elle tremble. On la méprise. On la néglige. On ne s'en méfie pas assez. Elle lit et relit Machiavel. Elle a retenu ses leçons du pouvoir. Elle a observé autour d'elle les raisons des fortunes effondrées.

« Un prince qui s'appuie totalement sur la fortune s'écroule quand celle-ci change[1]. »

Elle parle parfaitement le français même si elle ne l'écrit qu'en phonétique. Elle lit le latin, le grec et leurs grands auteurs. Elle enrichit à mesure une vaste bibliothèque où, plus tard, Margot puisera ses lectures. Catherine fut sans doute la dame la plus cultivée de son époque. Elle adore apprendre ; c'est aussi une consolation. Elle lit Platon et Pic de la Mirandole. L'Antiquité lui est corne d'abondance. Homère, Plutarque, Hérodote, Tacite, Tite-Live. Sa curiosité la pousse à lire le Coran, le Pentateuque hébraïque. Elle n'hésita pas, plus âgée, plus sûre d'elle, à s'entretenir avec les adeptes de la religion nouvelle. La fille des Médicis transmet à sa descendance Dante et Plutarque. Margot parlait l'italien et l'espagnol. Margot est la plus sensible des enfants de Catherine à cette boulimie de livres. Elle ne sut jamais le grec mais lisait les traductions de Platon en latin. La mère, plus tard sa fille, ont lu Virgile, Sophocle. Catherine et Margot croisent leur rare alliance à travers ces lectures. Catherine, éprise de sciences, s'est intéressée à Archimède, Pythagore et au traité d'Hippocrate. La géographie, l'astronomie et surtout l'astrologie la passionnent. Son engouement est immense pour son mage Ruggieri et, un jour, pour les prédictions du Provençal Michel de Nostre-Dame[2].

Marguerite doit à sa mère cet héritage culturel.

---

1. In *Le Prince*, Machiavel, *op. cit.*
2. Nostradamus.

Catherine est douée en musique, au luth. Elle a la passion des peintres et des bijoux. Grande cavalière, une belle santé ajoute à ses atouts. Elle injecte à la cour de France la mode italienne. La politesse vient de son pays et elle y tient. Jusqu'à la fin du XVe siècle, on ne se découvrait pas devant les rois. Charles VIII, l'époux d'Anne de Bretagne, fut surpris et charmé qu'à Naples, on se découvrît pour le saluer. Il mena cette mode en France sur laquelle veilla Catherine. Superstitieuse, elle puise son optimisme dans la prédiction de Ruggieri. *Ses enfants régneront.*

Encore faut-il que son époux cesse de dédaigner sa couche...

Patiente, elle redouble d'alliance avec la favorite et attendrit ses rares alliés. Elle se rend aimable et gaie. Elle est de tous les banquets, des tournois. Spirituelle, jamais de mauvaise humeur. Elle cache ses peines et sourit à chacun. Promenée en litière, dans Paris, elle est avenante avec le petit peuple. On se met à raffoler de la *Duchessina.* On la plaint, mais que faire d'une future reine stérile ? Sa dot a été en partie dilapidée par son oncle le pape. « *On a eu la fille toute nue* », se serait écrié François Ier. Catherine n'est rien, presque plus rien... la répudiation la fait frémir.

Elle joue son va-tout. Elle se jette à genoux, en pleurs, devant le vieux roi. Elle le supplie de ne pas la chasser. Elle avait su s'en faire aimer. Ému, François Ier la releva, la rassura. Il appréciait sa compagnie à la chasse, parmi quelques dames qu'il nommait « *sa petite bande* ». Elle avait mis à la mode une selle d'amazone, à l'italienne, qui permettait enfin le galop aux femmes. On entrevoyait sa jambe qu'elle savait bien faite et fit confectionner, pour la décence « *les calessons* ». Avant la selle d'amazone, cuir solide et corne où glisser une jambe pour assurer la sécurité, les dames se contentaient d'une planchette où poser les pieds. Il leur était impossible de galoper et de suivre une chasse.

Malgré ses bonnes grâces, le sort de Catherine n'en est pas moins précaire. Elle accepta ouvertement le ménage à trois. Elle dissimula sa désolation, quand, d'un trou au plancher, elle observa, à la chambre en dessous, les ébats des amants. Les amants, « *du lit au tapis, faisaient grandes folâtreries* ». Elle n'avait jamais vu ça ni imaginé une telle sophistication. Elle feignit encore et encore la plus vive amitié pour Diane qui avait reçu, outre le château d'Anet, Chenonceaux. Diane avait intérêt à conserver près de son royal amant une épouse aussi terne. Elle ne serait jamais sa rivale. Quoique âgée, Diane est jalousée par les dames de la cour. Catherine répudiée, qui dit que la nouvelle épouse, fertile peut-être, belle, jeune, n'éliminerait pas Diane et les autres ? Catherine n'était dangereuse pour personne. Aussi Diane encouragea-t-elle Henri à coucher davantage avec son épouse. Il serait bon qu'elle enfantât.

Il se forçait. Il détestait son corps et sa peau. Diane savait faire oublier à son amant un bénin handicap : un hypospadias[1]. Le corps des rois et celui des reines ne leur appartiennent pas. Or, on imputait la stérilité à Catherine. Et si c'était Henri ? Diane avait passé l'âge d'être mère. On tâtonnait.

Henri partit en campagne militaire au Piémont. Il eut une courte liaison avec la jeune Filippa Duci. Une fille naquit, aussitôt ôtée à sa mère, ce qui était le sort de tout bâtard royal. Elle porta le nom de « Diane ». On fut rassuré, soulagé. La stérilité retombait sans cesse sur la petite dauphine de vingt-quatre ans. On ne s'attendait pas à ce qu'elle enfantât de dix enfants durant les douze années suivantes.

La naissance de Marguerite et des enfants Valois ne tient pas du miracle. Diane encouragea les époux à consulter le grand médecin – on disait physicien – Fernel. Il les examina et les conseilla. La verge du roi, légèrement déviée, le canal vaginal de la dauphine aussi, mais dans l'autre sens, tout était affaire d'un « bon emboîtage ». Fernel trouva une étrange et fructueuse solution. Une certaine position « à la cavalière », pour que la semence mâle arrivât au plus loin de « l'organe féminin ». Une position singulière, qui, pour Henri et Catherine, relevait du devoir d'engendrer et non de quelque « folâtrerie ». Catherine subit le coït, renversée, la tête en bas. Henri l'enfourchait avec austérité. Diane était au courant de « ce devoir sacré » qu'elle avait encouragé. Après avoir donné son sperme, Henri, étalon mené à la jument, ne s'attarde jamais au lit de l'épouse. Catherine devait alors conserver le plus possible cette position, la tête en bas. Il lui fallait s'assurer que la semence royale ne s'échappât point de son ventre. Il était hors de question de se laver. Ce n'était pas dans les mœurs et la graine à héritiers était trop précieuse.

C'est ainsi que naquit, le 19 janvier 1544, au château de Fontainebleau, le dauphin François.

Stupeur et triomphe, Catherine devint une machine à faire des enfants.

Elle sera grosse jusqu'en 1556.

Élisabeth naît le 2 avril 1546. Son parrain fut le roi d'Angleterre Henri VIII. Suivent en bon ordre Claude, le 12 novembre 1547, Louis, le 3 février 1549. Il meurt en bas âge. Charles-Maximilien,

1. Il s'agit, d'après le Larousse, d'une « malformation de la verge, dans laquelle l'urètre s'ouvre à la face inférieure de celle-ci et non à son extrémité ».

futur Charles IX, le 27 juin 1550. Alexandre-Édouard, qui deviendra Henri III, le 20 septembre 1551, Marguerite, le 14 mai 1553, au château de Saint-Germain. Hercule ou François, duc d'Alençon puis d'Anjou, le 18 mars 1555. Deux jumelles, le 24 juin 1556, achèvent le grand labeur de celle que l'on nomme désormais Madame Catherine : Victoire et Jeanne.

Les jumelles furent à Madame Catherine une épreuve atroce.

C'était au château de Fontainebleau. Fernel démembra l'enfant mort, morceau à morceau, dans l'utérus de sa mère. De sexe féminin, on baptisa « Jeanne » cette charpie. Madame Catherine hurlait et tenait bon. Victoire mourut peu de temps après.

Marguerite, elle, naquit à Saint-Germain-en-Laye, le dimanche 14 mai, à quatre heures et quart de l'après-midi. L'accouchement des reines est public. Il s'agit de contrôler qu'aucun enfant n'est substitué à un rejeton royal. Henri et les principaux personnages de la cour regardent, y compris « tout ce qui vient avec la naissance ». Madame Catherine porte une lourde chemise et un bonnet. La sage-femme et Fernel sont là. Deux femmes tiennent les genoux ouverts. La houle du ventre, résultat de la semence royale, et le « passage » bénis par l'Église, seuls, sont exposés.

Dix enfants, dont sept de vivants... Henri ne fut pas davantage amoureux de son épouse, capable d'une telle prouesse. Il lui fut reconnaissant. Il eut de l'amitié et du respect pour elle. Il la baisa sur le front. Diane et lui la veillèrent quand elle eut la scarlatine. Il cessa tout rapport sexuel. Elle ne comptait pas. Elle n'était pas gênante.

Madame Catherine raffolait de ses fils. Mystère du cœur ; elle n'aimait pas Marguerite, l'enfant préférée d'Henri.

François Ier mourut de la syphilis en 1547. Henri d'Orléans devint le roi Henri II. Madame Catherine, reine régnante, couronnée, n'avait cependant aucun rôle politique. Henri vivait hautement sa royauté et sa passion pour Diane. Il la mettait dans les confidences de l'État.

Madame Catherine cacha ces affronts nouveaux et se tourna vers ses enfants. Elle savait attendre.

Les mages dont s'entourait Madame Catherine utilisaient les signes et les symboles. Madame Catherine, en bonne Italienne, aimait les mystères, le sens de l'invisible. Elle faisait davantage confiance à ses mages qu'à ses espions.

Ils lui dirent : Marguerite, Margot, l'enfant du mois de mai, appartient au signe du Taureau. Elle fut conçue à la mi-août quand le soleil flamboie au plus haut. Son ascendant est le Lion. Taureau : signe de terre lié à l'orage, la lune, la pluie. La chance éclatante et les ombres longues. La fécondité et les entraves à la fécondité. La terre fumante, la souveraineté guerrière. Vénus tourne sans cesse en son cercle intime. Vénus la hisse jusqu'aux royautés terrestres et aux faiblesses qui perdent. Marguerite, reine de Navarre et de France, est la plus belle enfant de ces Valois pourrissants. Liée par le sang et le mariage à tant de souverains, elle est la plus robuste des enfants du roi menacé et de la reine menaçante. Un lot de fées, de goules, rôdent autour de son berceau.

Le Lion appartient au feu, à l'orgueil. C'est la soif du paraître. Les folles dépenses… La plus belle princesse en ce royaume… On l'a dit, écrit, chanté… Elle veut que continue la Louange à son unique gloire. Elle sera une Déesse-Terre-Reine, boulimique d'amour charnel. Elle hume, palpe, pétrit le corps de l'homme, s'abreuve à la fontaine de son sperme. Elle sera le Scandale. La soif de vivre. La Prédatrice. La Nymphomane. Le Feu-Lion et ses flammes. La Perdante et la Souveraine. Elle guérira toujours. En ce temps d'épidémies féroces, elle n'attrape rien. Immunisée. Rien ne la détruira, elle détruira par excès de vitalité. Reine, qui ne régnera point, ou si peu, si mal.

Marguerite fait partie de cette race qui veut laisser un sceau, une trace percutante.

II

Les fléaux et les jours

La France au temps de Marguerite de Valois est un royaume convoité. On dit sa terre riche et belle, son climat clément, son peuple divers et attrayant. Il compte à peu près vingt millions d'habitants. Les croquants en composent la majorité. Les ennemis de toujours sont l'Espagne et l'Allemagne, dominées par le ténébreux Charles Quint, puis par son fils Philippe II. L'Angleterre de Henri VIII, ensuite d'Élisabeth Ire, appartient à la religion réformée. On ne s'aime guère. On s'est souvent fait la guerre. *The Auld Alliance* n'a de sens qu'en Écosse. Et encore.

Ces heurts européens n'empêchent pas Madame Catherine, infatigable marieuse, de quêter, aux viviers redoutés, des époux et des épouses pour ses enfants.

Venise, Florence, Rome et la France dominent l'Europe de leurs richesses. Venise a quelque chose d'oriental. Les grands marchands chrétiens, dont les navires dominent la Méditerranée, s'y rendent sans cesse. Le commerce par la mer est une histoire aussi ancienne que l'Antiquité. Au temps des Valois, le commerce va grand train. Les navires ramènent en ces cours d'Europe d'étranges et somptueuses marchandises. Soies, tissus rares, perles, pierres précieuses, vaisselles, tapis… Ces luxes viennent d'Égypte, d'Istanbul, de Syrie et d'Afrique du Nord. On n'ose affronter cette inconnue redoutée, la mer du Sud. La route portugaise, au cap de Bonne-Espérance, devient la précieuse brèche qui permet aux navires de regagner l'Europe.

Les divisions religieuses enténèbrent le siècle de Marguerite. Elle traversa, pour le moins, huit guerres civiles. Catholiques et protestants s'entretuent. La pensée de Luther, celle, plus dure, de Calvin, « le pape de Genève », a divisé les chrétiens en deux mondes. Ils se déchirent avec une férocité inouïe, une contagieuse folie ; une épidémie ronge les âmes.

En 1560, Calvin écrit *L'Institution chrétienne.* Cette « somme » de la religion réformée est plus coupante que les idées de Luther. Elle alimente le conflit entre les deux religions. Calvin développe en un français ferme, clair – traduit du latin –, les idées principales de la Réforme, source de trente années des pires violences.

Trois idées essentielles :

– La vraie Foi consiste à s'en tenir directement à l'Écriture, jamais à l'Église papiste, pervertie.

– L'homme est déchu par le péché originel.

– L'enfer est son lot si Dieu ne vient pas à son aide.

On aboutit à ce qui déchaîne, pour toujours, les catholiques : la Prédestination et le Salut qui repose non sur les œuvres de l'homme mais sur le choix divin. Le seul secours de Dieu est d'offrir à certains hommes la Grâce. Ils n'ont que le recours de la Foi.

Calvin mourut en 1564. Il avait demandé la fosse commune. Avec les pauvres.

Madame Catherine, profondément papiste, fit sculpter à Saint-Denis son catafalque. Son époux, elle-même, en gisants à demi dénudés, signés Germain Pilon. Une injure à la pureté protestante.

La Grâce, Dieu, pour Calvin et les huguenots, peut élire le plus pauvre entre les pauvres. Abandonner le riche, le roi, aux enfers. Le contraire est possible. Dieu seul décide. Les Valois, quels que soient leurs péchés, ne s'imaginent qu'en un ciel rutilant, tels leurs trônes et atours. Ils feront dire force messes et paieront les « indulgences ». L'or, c'est Dieu.

Le pasteur ergote et crachote de la morale, l'évêque postillonne de l'onction. Chaque monde déroge, jusqu'à plus soif de sang versé, au commandement suprême : « Tu ne tueras point. »

*

Le petit peuple tremble et survit.

Des cabanes, des granges. Une seule pièce où s'entassent les hommes et les bêtes. Le sol est en terre battue. Le « carrelage » n'existe qu'aux demeures du bourgeois, même modeste. Ce sont des céramiques, parfois plombées, c'est-à-dire recouvertes d'un émail à base de graphites. Le parquet est le luxe des châteaux. Au monde paysan, l'âtre est un foyer au centre de cette pièce unique. Au mieux, on l'entoure de briques. C'est un « brasero ». On y cuit la maigre pitance. La chaleur diffuse mal et on suffoque. On est loin d'imaginer les vastes cheminées des demeures princières. On brûle quelques fagots péniblement glanés aux forêts du seigneur. Le pauvre n'a rien, pas même sa vie. On meurt de froid quand manquent le bois et la flamme. On ne sait pas refouler la fumée par le système extérieur. La porte, si étroite, ne laisse passer qu'une personne. Elle s'ouvre vers l'intérieur. La fenêtre est un seul volet en bois plein. Point de vitres. Le vitrail appartient aux églises. Au Louvre, aux Tuileries, aux Tournelles, aux demeures des Valois, dont Blois, Amboise, Chambord, Fontainebleau, Anet, Chenonceaux, Saint-Germain, Montceau, la vitre, peu à peu, devient transparente. On en orne les portes.

Rien de tout cela, dans les campagnes.

Gel, pluie, vent, canicule, tout traverse le torchis mêlé de bois, de terre, de chaume des granges et chaumières. En hiver, on jonche de paille la terre trop rude. En été, on suffoque. Les outils, maillet, marteau, faux, sont frustes. L'eau vient de la pluie. On la recueille en citerne. On se contente de la rivière et de ses bacilles. La chance est de posséder un puits, une fontaine commune au bourg. La nourriture, quand la disette ne réduit pas l'homme à manger de la terre et brouter l'herbe, est frugale. Le lait est transformé en *jonchée* ou lait caillé. On en fait du fromage aigre, de la caillebotte. On le baratte en beurre. On se contente du lait de brebis. Les œufs sont précieux. On les mange crus ou durcis. Ils servent de médecine. La soupe de fèves, un oignon cru, le gibier braconné à grand risque (la pendaison)... En bord de mer, la morue, nourriture de « carême », est à l'année, celle du pauvre. Tout appartient au seigneur qui règne, ce féodal, qui convoite le trône du roi. Le petit peuple, illettré, ne sait rien de la forme de son pays. Il est dans l'immobilisme, ancré à une province dont il ne connaît rien et parle la langue. Il est rivé à son bourg, sa chaumière. Le pain est l'essentiel du quotidien. De la prière quotidienne. *Panem nostrum quotidianum da nobis hodie*... On demande, à genoux, chaque jour, à Dieu, ce pain, cette galette noire, d'orge, cuit au poêlon, à la flamme des bûches.

Madame Catherine eut le génie d'entreprendre un « tour de France » avec ses enfants rois, dont Marguerite. Le génie de faire découvrir les provinces à ces souverains qui ne connaissaient pas leur pays. Ils allaient, ces rois, guerroyer en Italie, en Espagne, ils traversaient parfois la mer, mais savaient peu de choses de la France. Le roi demeure à Paris, ou aux somptueuses demeures, alentour ou en Touraine. La religion sépare les hommes du XVIe siècle, la géographie davantage.

La féodalité est un règne dans le règne.

On croit au Dieu des chrétiens mais la superstition est partout. On a peur des sorciers, des envoûtements, des sorts, des voleurs, des bandits. De la Femme. On boucle tout au premier signe de la nuit. Le passage d'une comète terrifie. Quel malheur est-ce là ? On prie sans cesse, de l'aube à la nuit. Angélus et complies. On se rend aux fontaines dites miraculeuses, aux églises sans chaise ni banc. On se signe quand, au carrefour des chemins, on croise la statue du saint, de la sainte, de la Vierge, protecteurs du village, des labours où coasse le corbeau, signe de mort…

Que croissent la luzerne, le blé et l'orge ! Que l'eau ne tarisse point et que le soleil aide la terre à germer ! La moindre ombre est une menace. Tout est menace. On craint le galop sourd, inconnu dans la plaine. On craint le hululement des loups. On a peur des loups. Le loup est la bête, un Démon camouflé qui dévore le poulailler et l'imprudent. On redoute également d'être surpris, massacré par les adeptes de la religion nouvelle pour qui ces statues, ces églises, ces messes, sont le sacrilège d'une « idolâtrie papiste ». Ils n'hésitent pas à les briser, uriner dans les ciboires. Incendier le lieu de prières et ses officiants. À leur tour, ils se vengent et vengent leurs saints, leur seul Dieu Vrai.

En son nom, tous ces chrétiens se font assassins.

Ils enterrent vivants une huguenote avec son époux, son enfant. Ils éviscèrent, au sol, qui a osé un tel blasphème. Ils ouvrent au couteau le ventre de la femme et en sortent en riant les entrailles. Les huguenots empalent avec un pieu le catholique surpris en prières. Et tout devient cette chaîne abominable, sans fin. Sans loi. *Sans Dieu.*

Aux campagnes et dans les villes, on craint aussi la nuit. Les mondes invisibles. Les mondes visibles. On craint la pluie trop abondante. Serait-ce le Déluge envoyé par Dieu, à nouveau lassé par ses créatures ? On craint la forme de certains nuages qui s'effilochent en lambeaux sanglants. On craint l'excès de soleil qui brûle les précieuses semences et tarit les sources. Mourir de faim. Mourir de soif. Mourir des fièvres. Mourir, péché suprême, de désespoir. Se pendre à la poutre. Se jeter à la rivière. La peur, germe du Démon, peu à peu, étouffe l'âme. Devenir une âme errante. Celle qui gémit, aux orées de la porte trop mince, jamais suffisamment close.

Gabelle et impôts ponctionnent jusqu'à la maigre pitance des campagnes. Le roi a sans cesse besoin d'argent pour ses guerres. Il le puise à la sueur de son peuple. Il a tous les droits sur le sel. Cet or gris qui ronge les poumons des sauniers.

Le petit peuple ne sait rien de ces Valois, ces catholiques. On les confond avec des astres, des demi-divinités.

Marguerite ne sait rien des croquants.

Les femmes, de tous les milieux, redoutent l'accouchement. Elles en meurent souvent. Peu de nouveau-nés survivent. Elles craignent l'homme, son rapt. Le viol est fréquent, aux champs, quand passe la horde des soldats – ou qu'une fille a l'imprudence de croiser, trop isolée, le coupeur de paille... La semence du mâle rend grosse et tue. Terrifiée, elle ose parfois l'infanticide. Se faire piétiner le ventre par la « *faiseuse d'anges* », âgée et torse, qui risque le bûcher. Ou bien la fille accouche, cachée dans un bois. Elle jette le fruit du péché au puits, à la rivière. Elle l'enfouit sous les racines. Au sillon creusé par le piétinement du sanglier sauvage. Dénoncée, elle est punie de mort par l'Église et la loi. Condamnée au fouet, le crâne rasé, aux quatre coins du préau de la prison, avant d'être pendue. Seule la pitié du bourg, si rare, peut sauver la Coupable, la Maudite. Elle servira de serve à ces êtres eux-mêmes asservis. Péché des femmes mais aussi des hommes : la « *bougrerie* » – ou sodomie, dont ne se privaient guère ces Valois et autres grands seigneurs –, est punie de mort. La copulation avec la bête est dite « *abomination* ». On pend la chèvre, la chienne, la bête souillée par la *bête-homme,* coupable, vouée à l'enfer.

La pauvreté est un *crime.* C'est le lot du soldat estropié qui revient de guerre. Le lot des survivants d'un bourg après un assaut, une disette, une épidémie. Plaie d'argent est mortelle. Une punition qui n'a pas de fin, pour des siècles et des siècles. La famine entraîne le cortège des maladies endémiques. Elles font partie du châtiment lié au Mystère du Ciel. À la volonté de Dieu qui, *sur la terre comme au ciel,* bénit ou punit ses créatures. Les fièvres, que l'on ne sait nommer, emportent en premier les enfants – scarlatine, varicelle, oreillons, rougeole. La diphtérie étouffe, arrache l'aboiement rauque d'une toux déchirée. Le choléra, cette hydre, cette danse macabre, épouvante. On nomme « fièvre pourprée » ou « pourpre », un ravage qui enflamme corps et visage. On ignore qu'il est transmis par un virus lié aux poux. Les têtes, jamais lavées, pullulent de vermines. Le pou, la vermine, qui donne la gale, viennent, croit-on, du sang, ils sortent de la peau tels les vers du cadavre... On « s'épouille » à la manière des singes entre eux, mais on ne sait où situer l'origine de ces « puces blanches ou noires » qui envahissent la tête, rongent la peau.

À la cour, chez le bourgeois, il existe des « épouilleuses » professionnelles. On ne se lave pas les cheveux. On craint des maladies plus graves : la variole et la petite vérole sont maux ordinaires et contagieux. Plus d'un visage rescapé est gâté, borgne, y compris celui de hauts personnages. François d'Alençon ou Hercule, était défiguré par la petite vérole. La typhoïde, la mastoïdite, la méningite, exterminent les habitants de régions marécageuses. La poliomyélite, foudroyante, déforme une jambe, ou les deux. Elles pendent, maigres, mortes. On se traîne entre deux bâtons coincés sous les aisselles... La variole a été ramenée en Europe, de Saint-Domingue, par les conquérants espagnols, genevois, ainsi que la dysenterie, le typhus. La lèpre est confondue à une malédiction. La peste, ce fléau de Dieu, condamne une ville entière. L'aine, la gorge, les aisselles gonflent d'œdèmes. Tremblements, douleurs cardiaques, respiratoires et articulaires, on expire, en peu d'heures, dans de grandes souffrances. Le rat est porteur d'une puce qui transmet la peste à l'homme. On l'ignore.

Le manque d'hygiène, la faim, favorisent la propagation de l'épidémie à une vitesse folle. On ne voit pas d'autre issue pour lutter contre ce fléau que « la fermeture » de la ville, du village, de la chaumière atteints. Marquer d'une croix toute porte suspecte, celle de la ville atteinte. Porter cagoule et long masque blanc, une protection dérisoire. Brûler les cadavres. Si « la fermeture » finit, croit-on, par tenir prisonnier le fléau, le corps aussi doit demeurer « enfermé ». Le baigner, c'est l'exposer. L'eau, on le pressent, porte de la mort... Si on s'y baigne, les pores, ouverts, multiplieront le mal. L'eau des fleuves, des rivières, charrieurs de cadavres, animaux ou humains, en cas de représailles, est aussi souillée d'étrons, d'urine. On croyait qu'une femme pouvait tomber enceinte si elle entrait en quelque « bain » où un homme avait sans doute égaré son sperme. L'eau est un mal. Une peur de plus. On n'a pas l'idée de la faire bouillir. On s'épouvante d'une fièvre inconnue qui abat, fait tousser, et n'a pas de nom : la grippe. Elle emporte en premier les vieillards et les petits enfants. La tuberculose atteint tout le monde, dont tous les Valois... sauf Margot.

Abcès, purulences, gangrènes, forment le lot des blessures non soignées. Les cancers, ces innommés, sont de tout temps. L'autopsie du cerveau de Jeanne d'Albret – qui était tuberculeuse – et celui de Madame Catherine – dont un « poumon est gâté » –, révèle, chacun, un « énorme abcès ». On ne dit pas « tumeur ». Les tremblements, la mémoire égarée, c'est « faire de l'enfance », ou le sort des vieillards. On méprise les « maux de femmes ». L'idée ne les effleure pas, ni aux sages-femmes, de se laver les mains à tout accouchement. La fièvre puerpérale va bon train. On peut compter la grossesse parmi les « maladies » souvent mortelles.

Et le macabre cortège des maladies d'empirer : la coqueluche, la cholérine, « la maladie verte », (le foie), la jaunisse, l'épilepsie confondue à la « danse du diable ». La folie, cette malédiction, est vouée aux gémonies, à la maltraitance. On enchaîne et on fouette le fou. On l'arrose, nu, en hiver, d'eau glacée. On l'étouffe parfois, tel celui qui a la rage. La dure et répandue gravelle ou « maladie de la pierre », les coliques néphrétiques, sont monnaie courante. Elles torturaient Montaigne et tant d'autres. Dans *Les Essais,* Montaigne souligne : « Je me tiens à cheval sans démonter, tout coliqueux que je suis... » Le stoïcisme devient un art de survivre face à tant de douleurs. Tout le monde souffre de rhumatismes.

On redoute les maladies vénériennes. La syphilis, cette purulence, est imputée au pays des Médicis – qui en accusait la France. « Le mal de Naples » putréfiait l'organe précis, le sexe, source de tout mal. Cet éternel fléau triomphait. Ce mal s'achevait en une plaie généralisée et des crises de démence. Il contaminait, d'après les huguenots, les catholiques. *Une maladie catholique.* Elle était un signe du vrai Dieu mécontenté. Punir par où l'hérésie a péché. Le péché mortel d'un peuple destiné aux enfers immortels. Les catholiques imputaient la syphilis aux protestants. Les corps et les bûchers flambaient. À la cour, on intriguait, on dansait, on mourait des mêmes maux en les nommant parfois. Les barbiers-chirurgiens de l'Hôtel-Dieu tentaient de soigner la syphilis en brûlant au fer rouge les parties génitales. Malherbe, le grammairien poète, inventeur de la césure du vers, surnommé « Père Luxure » écrivait « J'ai sué trois véroles[1] ».

Chacun a une malformation quelconque. Les bossus, les boiteux, les aveugles, les sourds, les nains, les malformés sont fréquents. Madame Catherine s'entoure de nains et de naines pour se distraire. Sa préférée se nommait « Folle-en-jambe ». À peine mieux considérée que ses singes et animaux exotiques. L'obésité ou la consomption sont fréquents. On ne vit pas longtemps. Diane atteignit soixante-six ans, Madame Catherine soixante-dix ans, et Marguerite soixante-deux années. Cela tient de la prouesse. La santé de Diane et sa beauté sont liées à son hygiène. Elle avait lu Érasme. Érasme avait écrit un traité de civilité où il conseillait de se laver chaque jour le visage à grande eau[2] et de se frotter les dents. On mourait d'une dentition mal soignée qui évoluait en abcès incurables. On ne savait qu'arracher, à vif, avec une tenaille, une dent gâtée. Diane se baignait chaque jour à l'eau

1. D'après Fernand Braudel, cf. bibliographie.
2. Ces renseignements ont été consultés dans l'excellent ouvrage d'Ivan Cloulas, *Les Châteaux de la Loire au temps de la Renaissance*, Hachette, coll. « Vie quotidienne », 1999 – y compris ce qui concerne le vêtement.

froide. Une eau bien choisie, à ses fontaines les plus vives, aux eaux renouvelées. On lavait sa chevelure au jaune d'œuf. Elle faisait, tôt le matin, du cheval, de la marche. Elle mangeait peu, avec soin. Des fruits, du poisson. Elle découvrit la sieste. Les bals et les réceptions ne la fatiguaient pas. Cet amour de soi, mené avec réflexion, est une exception. Elle pourvut à sa beauté et à son exceptionnelle longévité.

Marguerite prit des bains. Diane les introduisit à la nursery royale. Marguerite, reine de Navarre, alla en cure, à Spa, dans les Flandres, où « les eaux guérissent ». Elle souffrait d'un érésipèle, une sorte d'eczéma. Elle n'aurait jamais fait le lien entre l'eczéma et ses angoisses. Elle ne suivit pourtant jamais l'hygiène si moderne de Diane. Les rares établissements de bains publics, les étuves, dit « bordeaux » – *bord-de-l'eau* ou *bordelages,* ou *bordel* –, étaient, hors de la ville, des lieux de prostitution. On les trouvait aux berges de la Seine. Des barques larges, immobiles, fermées, ou encore des petits établissements tenus par une mère maquerelle. Quelques chambrières ravagées de maladies vénériennes s'y dévouaient. Les femmes honnêtes et les jeunes mariés ne s'y aventuraient pas.

C'est un temps où la propreté du corps est liée à l'angoisse. La religion tient pour suspect ce corps, surtout celui des femmes. La honte, l'infamie de le dévoiler. On brûla vif, au XVIIe siècle, un groupe de jeunes gens qui, en signe de rébellion, coururent nus, lors d'une procession religieuse.

Le pouilleux clergé catholique et les austères pasteurs qui empestent le bouc abominent la chair. Il convient de la maltraiter.

Le seul péché à laver est la souillure de l'âme. Quelle eau, hors celle du baptême, ou de quelque fontaine dite miraculeuse, en cas de stérilité, peut avoir un sens ?

Les maladies de l'enfant sont aussi imputées au lait gâté de la mère, de la nourrice.

C'est un temps où tout est puanteur, y compris la dépouille des rois trop longtemps exposée. À la cour, sous les atours, on inonde la crasse de lourds parfums. Henri, roi de Navarre, époux de Marguerite, empestait, y compris l'ail. Il détestait les bains. Il prétendait à ses maîtresses que l'eau eût « ôté son fumet », destiné à exciter les ébats amoureux. Avant de se jeter au combat, « il chiait dans ses chausses ».

Les grands médecins, le protestant Ambroise Paré et Fernel, songent à changer de linge, à se rincer le visage, les mains et la bouche. Absorbés par les autopsies, l'étude du corps, les maladies, les blessures, ce sont des *chercheurs*, non des hygiénistes.

On croit aux « humeurs », aux saignées et aux purgations.

Marguerite traverse des fièvres, des rhumatismes, des abattements parfois dangereux. Vers la fin de sa vie, elle a été ébranlée par les aléas de sa vie. Bronchites, fièvres... Âgée, elle renonce à se laver. L'excentrique se vante « de ne pas s'être lavé les mains d'une semaine ».

La fougueuse n'eut pas la syphilis, ou ne s'en aperçut pas.

III

Enfance et abondances

Au monde du riche, à celui de la cour et de l'enfance de Marguerite, des images plus riantes se mettent en place.

Les dames de la cour ont lu *Le Roman de la Rose,* de Jean de Meung. Les conseils de l'auteur leur sont précieux. Marguerite, d'une folle coquetterie, ne manqua pas, dès ses charmants quatorze ans, d'apprécier ces savoureuses suggestions :

> « Une femme doit avoir dans ses appartements, bien cachées, des boîtes de fards et d'onguents, au cas où elle aurait le chagrin de perdre ses belles couleurs ; mais que nul de ses hôtes ne puisse les sentir ni les voir. Si elle a un beau cou et une gorge blanche, qu'elle commande à son tailleur des robes décolletées de telle sorte qu'il y ait un demi-pied de chair appétissante devant et derrière. Qu'elle porte des robes de drap fin si elle a de larges épaules. Si elle n'a pas les mains belles et nettes, qu'elle fasse ôter verrues et boutons ou qu'elle porte des gants ; si elle a les seins trop lourds, qu'elle se serre la poitrine d'un bandeau de soie. Qu'elle tienne nette la maison de Vénus, n'y laissant toile d'araignée ou touffe moussue sans les brûler, les raser ou les enlever. Si elle a de vilains pieds, qu'elle les garde constamment chaussés ; à grosses jambes, fines chaussures… Si elle a mauvaise haleine, qu'elle se garde de parler à jeun, d'approcher sa bouche de trop près du nez des gens. S'il lui prend envie de rire, qu'elle laisse deux fossettes se dessiner de chaque côté de ses lèvres, mais que ses lèvres ne s'ouvrent pas pour découvrir ses dents[1]… »

Diane, Madame Catherine et la dévouée madame d'Haumières, ont veillé avec la plus grande attention sur la nursery. On envoyait les enfants royaux, jusqu'à l'âge de dix ans, surtout au château de

1. In *Le Roman de la Rose*, Jean de Meung, Folio 1999, p. 228-229. Gageons que la duchesse de Valentinois et, plus tard, Margot, prirent un soin particulier de « la maison de Vénus ».

Blois. Ils changeaient de « nursery », le temps du grand nettoyage de chaque demeure qui les abritait. En cas d'épidémie, on les menait à Amboise. Les murailles épaisses entravaient toute épidémie. Madame Catherine le pensait. L'air était en Touraine, disait-on, le meilleur qui fût.

Diane a immédiatement régenté la nursery. Madame Catherine cacha colère et déchirure. La rivale haïe s'emparait aussi de ses enfants. Elle imposait ses conceptions de l'hygiène et de l'éducation. Diane avait ôté sa fille Claude à Catherine, deux jours après sa naissance, pour la mener à Amboise.

Au décès de monsieur d'Haumières, Madame Catherine ose sa première émancipation. Elle renvoya sa veuve, madame d'Haumières. Elle était compétente mais Madame Catherine évinçait le choix de Diane. Elle délégua près de ses enfants une Piémontaise, madame de Pierrevive, choisie dans son entourage italien. Madame de Pierrevive épousa monsieur de Gondi, un seigneur italien. Madame de Gondi, grande financière, s'occupait fort bien des affaires de Catherine.

Gouvernante du futur Charles IX, ses privilèges augmentent. Son fils sera fait maréchal de Retz. Catherine agissait en son cercle privé. Diane n'osa pas intervenir. Henri non plus. Madame Catherine avait donné dix enfants à la France. Cela lui conférait une autorité, limitée, certes, mais nouvelle.

Elle écrit chaque jour à la gouvernante des enfants. Une volumineuse correspondance. Elle veut tout savoir de leur quotidien. Nourriture, vêtements, distractions, santé. Madame Catherine, à mesure du temps, tint le carnet des premières règles de ses filles. C'était le signe du mariage possible. La majorité du futur roi correspondait à l'âge de treize ans révolus, selon la loi capétienne liée aux signes de la puberté virile.

Madame Catherine souffre de ne pouvoir assister au développement quotidien de ses enfants. Il faut neuf jours, de relais de poste en relais, pour se rendre de Blois à Paris. Les enfants vont peu au Louvre hors les grandes cérémonies. Madame Catherine demande à François Clouet de croquer, vite et bien, leurs portraits. Le crayon suffit. Elle est impatiente de voir les détails de leurs visages.

Diane se mêle sans répit de cette nichée, issue de son auguste amant. Elle joue à la marraine des contes de fées. Madame Catherine ne bronche pas. Ses enfants sont magnifiquement reçus à Anet, où les goûters sont fastueux.

Parmi les enfants de la nursery, il y eut une autre fillette, à la chevelure d'un roux ardent.

Elle avait été reçue en France, avec grands honneurs, en 1548. Elle avait six ans. C'est Marie Stuart, la fille de Marie de Guise et du défunt roi d'Écosse Jacques V. Elle avait été sacrée reine d'Écosse à l'âge de neuf mois. Point de loi salique en Angleterre et en Écosse. Une femme peut régner[1].

Henri II chérit cette belle enfant aux yeux noisette. La petite reine d'Écosse est fiancée au futur François II. Elle apportait à la France la couronne d'Écosse et ses droits sur celles de l'Irlande et de l'Angleterre. Madame Catherine était enchantée pour l'avenir de son aîné. Marie Stuart a deux ans de plus que François, onze années de plus que Marguerite. Elles se connurent peu. Margot n'eut pas le temps d'être jalouse de la tendresse que son père portait à la gracieuse petite reine d'Écosse – ni de la passion que son frère aîné vouait à « sa mie ». Marie Stuart eut en Touraine – son Touraine, selon elle –, à la nursery des enfants royaux, avant Marguerite, une jeunesse de lys et de roses[2].

Marguerite aussi.

Elle jouit de tout. Entourage, nourriture, bon air, jeux avec ses frères. Elle a le goût inné du faste, où, à grands frais, elle est rapidement éduquée. Diane la prédatrice, s'avérait, il est vrai, utile. Madame Catherine le comprenait. Elle utilisait *une nouvelle fois* la favorite. Elle est au service de ce qu'elle a de plus cher : ses enfants. Diane veillait fermement à l'hygiène. Elle sut convaincre de la nécessité des bains. Elle contribua en partie, grâce aux bains, à la belle santé de Marguerite. Érasme avait compris l'importance de l'hygiène dentaire. Le cure-dent existait sous forme de bâtonnet destiné à ôter le maximum des restes d'un repas. Le conseil pour désinfecter la bouche et les dents était de mêler du vin et du vinaigre et de se gargariser. Diane introduisit cette hygiène buccale à la nursery. Encore faut-il savoir user d'un cure-dent et en changer à chaque usage… L'amiral de Coligny, selon Brantôme, après s'être servi du même cure-dent, le glissait dans sa barbe.

Les nourrices veillent au bain des enfants. Le bain de Marguerite. Madame de Gondi, Madame Catherine, Diane surveillent les ablutions. On emmenait Marguerite et les autres, chacun son tour selon

1. La loi salique, imposée par le roi Louis X le Hutin, refusait en France toute couronne régnante à une femme.
2. Au sujet des évocations de Marie Stuart et de la vie quotidienne relatées dans ce chapitre, cf. *Marie Stuart*, Hortense Dufour, Le Rocher, 2007.

son rang et son âge, enveloppé d'une robe de mousseline dans la *salle aux bains*.

Marguerite entrait, au moyen d'un petit banc, dans un cuveau tapissé d'une toile blanche. Il est rempli d'eau tiède. On y dissolvait un peu de sel. La « baignoire » est entourée d'un rideau à glissière. On sèche longuement l'enfant. On poudre ses aisselles et sa peau à la manière florentine. Madame Catherine y tient. La poudre est mêlée d'un parfum entêtant. On secoue, on brosse les vêtements difficiles à entretenir à cause de leur luxe. Excepté pour Diane, les bains ne sont pas quotidiens, mais hebdomadaires. On craint les rhumes, la toux. Chaque jour, on passe le visage de Marguerite à l'eau de rose. On essuie au linge humide son cou, ses épaules, ses bras, ses mains, ses pieds. Un petit bain de siège parfois précédé d'un clystère est recommandé. Ces soins, inconnus du petit peuple et du modeste bourgeois, ne suffit pas à chasser la vermine et les poux. Chaque enfant royal a son « épouilleuse ». Il a sa « chaise ». Le médecin-physicien observe longuement la consistance et la couleur des excréments. Les familiers du château défèquent dans les « latrines », ou les « chaises » confiées au grenier. On déverse les souillures dans les jardins à titre d'engrais. On vide par les fenêtres le fond des « chaises » des altesses. L'urine grave sa trace jaune sous les escaliers, aux recoins des tourelles, des salons.

Aux déchets de l'homme se mêlent ceux des animaux de compagnie. À la fin d'un trimestre, tout château était une immense puanteur aggravée par les parfums.

*

Diane enseignait aux enfants le protocole curial. Elle avait l'art du savoir bien modeler, du « paraître » royal. Diane connaît parfaitement le *Traité du courtisan,* allié indispensable de la noblesse de cour. Depuis François Ier, la noblesse raffolait de cet ouvrage signé Castiglione. Un mode d'emploi protocolaire à l'usage chevaleresque et courtois. Margot, jeune femme, le relisait.

Marguerite doit sans doute à Diane, éblouissante à ses yeux, et à ces jeux, cette manière inimitable de traverser un salon, en n'importe quel château. S'agenouiller avec grâce, aux cathédrales, lors des sacres, des mariages, des funérailles. Monter et descendre des marches sans baisser les yeux ni trébucher. Demeurer debout, écrasée d'atours, sous le soleil, dans le froid, avec un sourire ni engageant, ni glacé. Ne pas laisser paraître, si jeune encore, les émotions trop vives. Entrer dans la danse, où on a souvent d'yeux que pour elle. Marguerite, âgée de cinq ans, a su, sans broncher ni baisser le front sous le poids des parures, assister à d'interminables cérémonies, au regard de tant de monde.

Le 24 avril 1558, François, son frère aîné épouse, à Notre-Dame, Marie Stuart. Marguerite est vêtue de velours et de clinquants.

Sa sœur Élisabeth, fille élue de sa mère, est destinée, en juin 1559, au roi d'Espagne Philippe II. Il est veuf, sombre, vieux pour cette princesse âgée de treize ans. Elle ne l'a jamais rencontré. C'est un mariage par procuration. Le duc d'Albe représente son souverain. Catherine ne songe qu'à bien marier sa progéniture. Elle détourne sa pensée de l'effroi de la fiancée qui s'en va, en lourde caravane, vers l'Espagne et l'Inconnu... Le mariage, chez les princes, on en a vu d'autres. Un barbon épouse un bébé. Une vieille reine se fiance à un enfant. On peut épouser un roi ivrogne, dément, qui aboie à quatre pattes. On peut épouser une naine, un bossu, un cul-de-jatte, un roi crapaud, une princesse à six doigts. On peut épouser un assassin. On peut s'allier à une folle furieuse. Philippe II devint veuf de Marie Tudor, fille aînée d'Henri VIII : on la nommait « Marie la Sanglante ». À chaque coït avec le roi d'Espagne, elle prit pour le Démon cette convulsion entre les cuisses. Sa folie s'accrut. À chaque extase « des entrailles », elle fit brûler des centaines de protestants. Pas plus de chance pour Élisabeth Ire, sa demi-sœur, fille d'Anne Boleyn, qui avait six doigts et fut décapitée sous les ordres de son époux, Henri VIII. Elle, fut surnommée la « reine vierge ». Elle souffrait d'une malformation génitale qui faisait d'elle, selon ses dires « une femme tronc ». Catherine de Médicis tenta de la marier à François Hercule Alençon, de vingt ans son cadet. Rien n'est important : seuls, le titre, l'ascendance et la descendance importent. La fortune, surtout. Le pays à gagner, le pouvoir à assurer. Marie Stuart trouva, en sa corbeille de noces, ses pays de brumes, son petit époux trop jeune, malingre, impuissant, mourant...

Élisabeth de Valois devient à treize ans, en juin 1559, reine d'Espagne et perdait là son identité française. Philippe II la reçut à l'Escurial. La petite le toisait. Elle tourna autour de lui, d'un élan lié à la si proche enfance.

« Vous me trouvez vieux ? » sourit Philippe II en français.

Elle répondit oui. Elle lui plut. Elle était si jeune qu'il attendit avant d'aller à sa couche. « Il avait, [selon Brantôme] un avitaillement si grand et si avantageux, qu'il eût fait et peur et appréhension à une femme d'un plus grand âge[1]. »

Marguerite se souvient des munificences et de la longueur des cérémonies. À chaque fois, chaque noce, le souper, le bal, les fêtes ! On a fiancé Charles à Élisabeth d'Autriche, une cadette, oui, mais issue de la maison des Habsbourg… Madame Catherine n'avance aucun nom pour le mariage des plus jeunes. Elle cherche, elle y pense. Elle regarde Marguerite aux boucles brunes. L'étrange idée d'une alliance avec un époux protestant flotte derrière son front. Elle se penche vers l'enfant. Elle lui tend une bonbonnière remplie de dragées. La dragée fait une bosse dans la joue de Marguerite. Elle mettra longtemps à la savourer.

*

Ces enfants-là, destinés à régner, d'une manière ou d'une autre, ont « leur Maison ».

Ce train de vie royal est exorbitant. Des milliers de livres. Dès l'âge de six ans, Marguerite a « sa maison princière ». Plus de cent personnes, aux gages échelonnés. Diane régente, Madame Catherine surveille, mais cet escadron de « la maison princière » accompagne le quotidien de Marguerite et de sa fratrie. La gouvernante de la maison de Marguerite, est, dès ses six ans, Charlotte de Curton. Elle a autorité sur les femmes de chambre, femmes et filles d'honneur, nourrices diverses. Une nuée de laquais et de pages. Les pages sont en jaune et blanc, puis en rouge et vert. Madame Catherine veut tout savoir du précepteur Flamin, de la foule des secrétaires. Ces gens-là ont aussi leurs serviteurs. Le maître de la garde-robe, Morin, demeura des années au service de Marguerite. Madame de Curton aussi.

Des maîtres d'étude et d'écriture sont engagés avec le plus grand soin. Elle se devait de parler et d'écrire parfaitement le français. Un français né du génie des poètes de la Pléiade, du ton réfléchi de Montaigne, du français rudoyant des intenses images de Rabelais. Le français était la langue universelle, au même titre que le latin. Le français a été consacré, d'autorité royale, sous François Ier, comme langue administrative. Ce fut l'ordonnance de Villers-Cotterêts, établie en 1539. Le français devenait la langue obligatoire de tout acte juridique.

1. In *Brantôme*, Madeleine Lazard, Fayard, 1995, p. 33.

L'italien – Marguerite le parle couramment – est la langue diplomatique. À la cour, le dur protestant et poète Agrippa d'Aubigné, le grand ennemi de Margot, s'agace que le français soit italianisé. À la fin du XVIe siècle, le français achève son évolution triomphale. Langue littéraire, soit, mais aussi langue théologique lorsque Calvin écrivait son *Institution chrétienne.* Calvin et Montaigne ont manié le français d'une manière moderne, sobre, affirmée. La langue française mit du temps à unifier son orthographe peu sûre. Marguerite rédige ses *Mémoires* et autres textes en un français souvent chaotique. Il évoluera à mesure vers la pureté classique.

Marguerite apprit à jouer du luth. Elle eut maîtres de musique et de danse. L'équitation est enseignée tôt. Elle est autant nécessité que plaisir. Une grande princesse, une reine en visite dans une ville, y pénètre parfois à cheval. Toutes les reines montent parfaitement une haquenée. Madame Catherine possède une écurie de grande valeur. Elle a la passion de ses coursiers.

Les litières, les charrettes, les coches, tirés par des mulets, ou chevaux de races diverses, coûtent cher. Ils sont destinés aux déambulations de château en château. D'une ville à l'autre. Les carrosses, attelés de chevaux blancs, caparaçonnés de tissus somptueux, sont l'apanage des grandes cérémonies.

Les écuries sont un monde privilégié, essentiel, avec sa hiérarchie, son chef. Jean Gousse s'occupa longtemps des attelages de la litière de Marguerite. L'efficacité des expéditions, la majesté du cérémonial, la rapidité des courriers, dépendent de la bonne tenue des écuries par les maréchaux-ferrants, les bourreliers, les selliers. Le maître des écuries a une grande fonction y compris, curieusement, celle de donner le fouet aux pages, turbulents petits adolescents. Anne de Bretagne n'hésitait pas « à leur faire donner le fouet » quand ils s'adonnaient à quelque farce insolente.

Les vêtements de ces pages, mi-serviteurs, mieux nés que les laquais, sont onéreux. Ces enfants, que réussit à caser la petite noblesse, sont au service d'un seigneur – fût-il un autre enfant. Ils portent les couleurs de leur maître. Ils tiennent plusieurs rôles, entre le subalterne, le familier des jeunes princes. Ils caracolent autour du coche. Ils partagent quelques jeux de plein air. Ils doivent savoir danser. Ils ont deux paires de chaussures, dont des sandales molles pour la répétition des danses de cour.

Ce sont, au fond, des garçons de course. On leur demande l'agilité du moineau, l'efficacité, la discrétion. S'ils ont une jolie voix, ils chantent à la chapelle. Certains laquais, à voix de castrat, chantent aussi. Margot s'entichera plus d'une fois de ses petits chanteurs.

Plus âgés, les pages suivent le seigneur à la guerre et aident à porter et ajuster l'équipement. Adultes, ils ont à leur tour un page.

On habille toute la « maison » des princes sans oublier les nains. La mode des nains venait d'Espagne. Les nains dont raffole Madame Catherine sont vêtus à la manière de leurs maîtres. Folle-en-jambe, engoncée d'un minuscule vertugadin, la tête énorme cernée d'une fraise, est la naine favorite de Madame Catherine. Sa meilleure espionne. Elle surveille les va-et-vient, dans la cour carrée du Louvre, juchée sur un tabouret. Elle connaît par cœur les noms et prénoms et surnoms des grands de la cour. Elle les désigne à sa redoutée souveraine qui la menace du fouet si elle ment. Folle-en-jambe est son singe, son chiot préféré. Elle a, en ce sens, droit à la familiarité.

La reine Margot s'entoura à la cour de Nérac de ses naines Lysande et Lyette et du nain Séraphin. On les maria, cela amusait follement leurs maîtres. Les nains portent bonnet, fraise, chaussettes, chausses, chaussures copiés sur ceux des princes. Ils ont un « chef » pas plus haut qu'eux et leur « maison » miniature. On les ennoblit parfois.

Que d'or, autour de cette constellation d'enfants royaux ! Dont Marguerite, une petite fille, qui se vit, se sait, se veut fille et sœur et, un jour, femme de roi... Que d'or pour gérer cuisines et nourriture, médecins et apothicaires, la chapelle, la garde rapprochée, les vêtements, tissus et brodeurs, les bijoux, tout le personnel de « la maison de Marguerite ».

Le Trésor royal ne cesse, pour y pourvoir, de s'endetter. Le peuple est saigné à blanc. Certains trésoriers, peu scrupuleux, détournent de l'or. On ne peut toujours payer les gages de la maison de Marguerite. Le luxe est inné en ces Valois. Qu'importe où puiser l'argent. Ils vivent. Sans le rembourser. Tout l'honneur était pour eux.

*

Marguerite joue avec ses frères les plus proches par l'âge. Charles, Henri et, son frère préféré, Hercule, futur François d'Alençon et duc d'Anjou. Ses sœurs ont été ces ombres délicates, gentilles, qui parfois baisaient ses joues roses. Marguerite bat des mains, mange volontiers, rit et s'amuse. À Blois, dans le parc aménagé, ses petites mains volent au-dessus de sa tête coiffée d'un bonnet de linon et dentelles. Elle rêve de capturer un rayon de soleil. Elle aime s'amuser à déchiffrer les nuages… On la mène souvent à Amboise. Elle joue avec ses frères à la marelle, au palet, au ballon, aux osselets. Elle préfère le petit attelage, digne de celui d'une fée, où elle va, aux côtés de son cher petit Hercule. L'attelage est mené par un poney ou une mule enrubannée. Un page ou deux accompagnent cet équipage, cette chimère, où les rênes, aux mains de Margot, sont incarnadins, garnies de rubans et de grelots. Ils s'en vont admirer un « zoo » où, à grands frais, on a fait encager des ours, des biches, des loups, des sangliers.

Margot et Hercule donnent des gâteaux aux oiseaux multicolores, dans des volières dorées.

Ils assistent au spectacle des baladins et des jongleurs. Ils jouent aux quilles, aux boules, à la pétanque. Ils jouent au « jeu du mail ». On dirige des boules en buis tout au long d'un trajet précis, à coups de maillet.

Ils s'amusent fort.

Ils ont des handicaps, les frères de Margot. Ils sont débiles de corps, de visage et d'esprit. Ils ont quelque chose de chafouin. La maladie mentale se déchaîne en crises diverses, furieuses. Charles aurait pu avoir un beau visage, mais la fièvre, les sautes d'humeur, la violence sanguinaire, les abattements défont cette grâce ébauchée. Henri, le favori de leur mère, est le plus beau – et de loin, le plus intelligent. Il a de la prestance, grand, mince. Un visage régulier, quelques traits de son père… mais le menton est bref, le regard fixe. Une fistule à l'œil le gêne, il a un front dégarni. Il souffre d'un abcès sous le bras. Fernel, à mesure des années, ouvrit « une fontaine » sous l'aisselle, afin que se déversent les sanies. Ce déplorable écoulement, cette incessante infection, n'arrangent guère les choses – dont la constante puanteur, les traces sur le vêtement. La souffrance, n'en doutons pas. Ils sont tous, y compris François l'aîné, douloureux, efféminés, agités, cruels par faiblesse. Une sexualité troublée. L'esprit troublé. Charles, futur roi Charles IX, pousse des cris hystériques, quand, à la chasse, coule le sang. Il aime égorger la bête vaincue. Il s'enivre de fouiller à pleins poings ses entrailles. Le sang le saoule, le rend fou. À peine adulte, déjà roi, son grand jeu fut de couper un âne en deux d'un grand coup d'épée. Il sonne du cor, y compris au Louvre. Mélancolique, il forgeait des armes, frappait l'enclume à coups furieux. Il composa une fanfare pour la chasse… Et dicta un écrit sur la chasse à son secrétaire, Villeroy. Il fut capable d'une seule passion. Il eut un coup de foudre pour la fille d'un juge d'Orléans, la calviniste Marie Touchet. Il la rencontra en 1569 à Orléans. Il l'adora. Il créa pour elle l'anagramme « Je charme tout ». Il lui troussa des vers à la manière de Ronsard, son poète préféré.

Un fils naquit de ces amours. Il le fit duc d'Angoulême, ce bâtard mourut sous Louis XIV !

Mais Charles a du désir pour le corps de Margot. Une forme d'amour. Il a de l'affection pour sa gouvernante, madame de Gondi et une vraie tendresse pour Nanon, sa nourrice calviniste. Il eut une vénération fascinée pour l'ennemi du royaume et des catholiques, l'amiral Gaspard de Coligny. Il l'appelait « mon père ». Charles IX, dans le même temps où il écrit des vers et aime sincèrement, court Paris la nuit avec des mignons et assomme des passants. La propagande calviniste le disait sodomite. Il répliqua en violant des filles calvinistes, accompagné de sa bande enrubannée. Charles ricanait « qu'il verrait bien si les hérétiques étaient aussi belles en dessous qu'en dehors[1] ».

Il est, comme ses frères, hanté de cauchemars et sous le joug de sa mère.

Le dernier mot, c'est elle. Toujours elle.

Hercule-Alençon piaule telle une volaille et brise tout si on le contrarie. Ni grandeur, ni charme, ni connaissance, ni courage. C'est un avorton. C'est la créature de Margot. L'épaule de travers, il lui arrive à peine au menton.

Henri, contrarié, éclate en furies. Il adora à la frénésie, sans le moindre bon sens, son épouse qu'il choisit lui-même : Louise de Lorraine, fille du comte de Vaudémont.

Il aimait se couvrir de bijoux. Coiffer lui-même la chevelure de sa femme. S'entourer de « mignons » ; il s'en composa une garde personnelle, criminelle, dite « les quarante-cinq ». C'était leur nombre et il les choisit selon son esthétisme. Il aimait s'habiller en femme. Il portait les robes de Margot et lui montrait, juché sur hauts talons, comment déambuler. Il lui empruntait ses perles. Il mélangeait des rivières de pierres précieuses aux plumes de son chapeau. Il mit les pendants d'oreille à la mode pour les hommes.

Sa mère l'adorait et ne disait rien de ces choses. Elle fut jalouse du favori de Henri, Lignerolles. Henri était au bord de le préférer à sa mère. Catherine le fit discrètement assassiner au fond d'une ruelle.

Marguerite a cinq ans quand son aîné, François, en a quatorze. Il est « majeur ». Un enfant nerveux, déséquilibré, malsain. Petit, malingre,

1. D'après Jean Orieux, cf. bibliographie.

mal fait, François a une épaule plus basse que l'autre. Mal formé des sinus, il a la bouche ouverte pour respirer. Il tousse. Un abcès au fond de l'oreille droite provoque l'écoulement de pus. D'une intelligence médiocre, il s'emporte en crises de nerfs. Il porte à Marie Stuart l'attachement d'un infirme. La saine petite reine d'Écosse adore chevaucher par tous les temps. Le froid ne l'incommode pas. François ne peut se passer d'elle. Il galope, dans le froid, à ses côtés. Son otite chronique tourne en mastoïdite. Sa tuberculose empire. Il crache du sang. Il a des pertes d'équilibre, il fait des cauchemars morbides.

Marguerite n'a jamais joué avec lui. Elle l'a toujours vu hanté par la fille des Stuart. Elle le dépasse de trente centimètres. Marie Stuart mesure 1,80 m… François a les parties génitales mal formées. Les testicules « non descendus », ce qui inquiète les médecins et Madame Catherine. On le pense non apte à consommer son mariage. Il mourut à dix-sept ans, certainement vierge, laissant veuve et vierge une jeune femme de dix-neuf ans.

Charles, devenu Charles IX, outre un fils de Marie Touchet, eut une fille de son épouse, Élisabeth d'Autriche. Il fut le seul à procréer mais un bâtard ne compte pas dans la succession, une fille ne règne pas.

Hercule-Alençon d'Anjou, dit « Monsieur », ne cesse ses complots et ses fugues. Triste rejeton, il échoue partout. Aucun souverain n'accepte de lui donner sa fille comme épouse. Quelle mission confier à ce misérable, jouet de Margot ? Vilenies, trahisons, bêtise proche de la folie…

Les fils de Madame Catherine, atteints de corps et d'esprit, soumis à leur mère, n'atteignirent jamais la maturité ou la maturité sexuelle.

À la nursery, Charles, Henri, Hercule s'emparent des châles et vêtements de femme. Ils se parent des bijoux de Margot. Henri s'enveloppe d'une courtepointe en soie. Marguerite rit aux éclats. Ses frères la roulent au sol. Les jeux, parfois, se transforment en quelque assaut troublant. Ils veulent danser « la volte » avec elle. La dernière figure les amuse. La dame saute et croise trois fois les chevilles. Son cavalier la saisit par la taille, d'une poigne solide. Charles et Henri jouent « à la volte ». Trop jeunes, malveillants, maladroits, sans force, ils se saisissent de leur jouet préféré : Marguerite. Ils la jettent au sol. Ils retroussent ses jupons par-dessus sa tête. Elle se débat sur le tapis. Elle roule sur le plancher à chevrons. Charles et Henri la chevauchent. Ils glissent leurs doigts bandits entre ses cuisses blanches, un peu grasses. Hercule tient ses chevilles. Un jeu amusant. La petite se débat. Elle étouffe, empêtrée de jupons brodés de dentelles de Bruxelles. Elle a entendu dire, qu'aux Flandres lointaines, les habitants sont des « gueux révoltés » contre la religion catholique. Les gueux révoltés font de la belle dentelle. Elle ne rit plus et tente de mordre les doigts de Charles surchargés de bagues. Il éclate en cris nerveux, comme à la chasse, pendant l'hallali.

— On tue ! On tue !

Les deux frères s'amusent à toucher cet étrange fruit rose, en haut des cuisses... Ils sortent de leur culotte bouffante, en satin rutilant, un modeste appendice à pendeloques.

— Touche, grosse Margot, touche !

Margot hurle, pleure. Hercule éclate en sanglots. Il veut délivrer sa sœur. Il ne faut pas lui faire du mal. Ses frères se retournent contre lui.

— On tue ! On tue !

L'arrivée intempestive de madame de Curton, de Morin ou de quelque ombre adulte fait cesser le jeu tortueux qui souvent reprendra...

Madame Catherine sait tout cela. Elle ne songe pas à tancer ses fils. Éprise de François et de Charles, sa passion est Henri. Elle aime moins Hercule, le Moricaud.

Elle en veut à Marguerite. Elle la tient pour responsable de leur « agitation » de tristes petits mâles.

Marguerite, dont la vanité, la coquetterie et l'orgueil s'épanouissent. Son narcissisme se développe en même temps que l'harmonie de son corps. Le charme de son visage. Marguerite vit le plein-temps de l'univers royal. Une fête qui n'aura pas de fin. Elle le croit.

Madame Maman est son secret tourment. Elle se tient si bien, parée, pour que sa mère la remarque. Qu'elle lui déverse la même adoration qu'elle voue, ostentatoire, à ses fils. Sa mère n'a jamais baisé avec autant de ferveur ses joues, comme elle l'a fait pour Élisabeth et Claude. Catherine s'inquiète d'apprendre en leurs courriers, qu'elles toussent et crachent parfois du sang. Marguerite n'a jamais perçu, à son sujet, cet éclair d'anxiété de sa mère.

Longtemps, Marguerite va tenter, parfois au risque de sa vie, de se faire admirer, *adopter*, par celle qui, à mesure du temps, l'utilisa, la méprisa et finit par la haïr.

Madame Catherine a détesté peu à peu, en cette enfant, la trop belle femme à venir. L'enfant favorite d'Henri et, par extension, celle de Diane. La rebelle à sa politique et à celle d'Henri III, son fils bien-aimé.

Marguerite écrit que dans sa petite enfance, elle ne se souvient de presque rien. Elle dit que tout est vague, une brume, un désert, elle dit que c'est un temps « où nous vivions plustôt guidez par la nature, à la façon des plantes et des animaux... et enfantines actions[1] ».

Elle se souvient qu'ils vivaient *à la façon des animaux.*

Elle fut à ses frères la bête et la plante. Elle ne savait pas où situer les interdits.

Marguerite cueille les roses des jardins si beaux. Hercule la suit partout. Il veut une couronne de roses sur ses cheveux noirs, mal plantés.

Elle pousse du pied, avec lui, le palet de la marelle jusqu'au ciel, au paradis, case après case. En riant. Toujours en riant. Réciter son *Pater* et son *Ave Maria.* La vie est cette fête perpétuelle où les étrangetés de ses frères font partie des jeux. Hercule est son compagnon à la façon dont François ne quitte jamais Marie Stuart... C'est charmant, d'avoir un compagnon à sa dévotion. Elle peut l'embrasser, le battre, jouer au cheval avec lui à quatre pattes. Il fait tout ce qu'elle veut. Il est si laid, ce nabot au gros nez ! Il n'aime qu'elle et Margot aime qu'on l'aime.

C'est l'heure de prier. L'heure de la messe. Madame de Curton et les abbés y veillent. Marguerite a grand goût aux rutilances de la chapelle, aux chants liturgiques. La messe et le cérémonial catholiques la charment.

Elle se sent, se vit, se sait, se veut catholique. À la communion, la présence *réelle* du Christ lui est douceur et certitude.

*

La garde-robe de Marguerite enchante ses frères et la ravit. Elle s'enthousiasme des robes qu'on lui confectionne à mesure qu'elle grandit. Elles sont de même style, en plus luxueux, que celles des dames à la cour. Quelle superposition de jupons avant que l'on ajuste la jupe lourde sur l'accablant vertugadin ! Le vertugadin, crinoline en fer horizontale, non ronde, est cousu au corset au niveau des hanches et supporte les kilos de tissu. Cette mode est espagnole. Marguerite ne renonça jamais au vertugadin qui disloque la silhouette et donne, à la manière des infantes d'Espagne, cette impression de femme-tronc. Madame Catherine, en vertugadin, est proche d'un tonneau ambulant. Elle était si grosse qu'elle ne pouvait plus, à mesure des ans, franchir un corridor trop étroit. On dut même une fois abattre un escalier et

1. In *Mémoires, op. cit.*, p. 41.

ajuster une échelle pour la recevoir, en province, dans une maison de prévôts.

La chemise est en fine batiste, les manches larges jaillissent du corset lacé serré. On glisse ensuite les manches, de même tissu que la robe, puis les longs gants de forme entonnoir. On ajuste la fraise, les joyaux. On superpose les jupons de percale, liés entre les jambes aux jours des règles. Les bas sont tenus par la jarretière, au-dessus du genou. La chaussure n'a pas de pied défini. Sorte de « mules » à talon, emperlée... Le béguin porte un long voile, le chapeau, à bords étroits, plumet et ornements. Où courir, comment fuir harnachée ainsi, plus lourdement qu'une jument de luxe ?

Diane, Catherine veillent aux robes de Marguerite et avant elle, à celles de Marie Stuart, Élisabeth et Claude.

Les frères de Marguerite rutilent de satin et d'ornements. On utilise, pour les hommes, des raffinements proches du costume féminin. Aux cérémonies importantes, les gentilshommes étaient aussi parés que les dames.

Henri II continua à se vêtir du style chatoyant de son père, François Ier. Des chausses collantes en soie cramoisie, une fine chemise dont les manches bouffantes sortent par l'ouverture du pourpoint chamarré, clouté de pierreries. Une « soubreveste », sorte de jupe plissée, finement ouvragée, atteint la naissance des cuisses. Plus la jambe est bien moulée, plus le costume est sensuel, dessinant au plus près la musculature et la beauté du prince. La « soubreveste », liée aux hanches par une ceinture d'or cloutée de pierres précieuses, supporte l'épée et le poignard. Ils sont gainés des mêmes joailleries. Ce ne sont pas des armes d'apparat. On tire souvent l'épée, on assassine aisément au poignard. On continue à danser sur le plancher à chevrons, parmi le chatoiement des costumes, quand saigne, en quelque cabinet obscur, l'ennemi égorgé. On n'a pas oublié le détail troublant de la braguette, ostentatoire à la culotte bouffante. Elle est largement suggestive par sa forme en coquille brodée, cernée de perles. Ces hauts-de-chausses fendus, à la claire doublure de soie orangée, livrent au regard cette pièce, avantageuse ou non, fermée sur le devant. Elle disparaîtra après les années 1570. La virilité ainsi exposée était « un joyau » de plus. Les robes de Marguerite enfant, ensuite adulte, atteignent, elles, le comble du baroque. Le comble de l'inconfort lié au luxe. La robe, ouvragée, orangée, coupe le souffle. Le tissu est à lui seul, une cuirasse de joyaux. L'ostentation comporte des symboles. Sur les manches gonflées, Élisabeth Ire fera graver, en or pur, un serpent, signe de prudence. Des oreilles ouvertes, valves de diamants, signifient qu'elle entend ce qui se passe en son royaume. La reine Margot eut des centaines de robes sur ce modèle, dont la fameuse « tenue en rouge ». Les robes de bal sont relevées derrière la nuque par des ailes en gaze. Les robes et sauts-de-lit sont pour Margot aussi compliqués et travaillés qu'une tenue de bal. Du satin, de la soie, des dentelles. La reine de France et de Navarre porte couronne « fermée » et la chevelure – ou la perruque – piquée de joyaux. La perruque s'avérait commode, en cas d'urgence, en voyage. Il y avait des perruques de toutes les couleurs. Rouge, rose, noir, bleu ciel, vert, doré… Marguerite possède une centaine de perruques rousses et bouclées. Le costume, ce défi, est sa folie, le goût de se détacher des simples mortels.

Diane, d'un goût très sûr, resta sobre. Du blanc, du gris, point de vertugadin. Elle lie intelligemment la souplesse de la robe à la santé. Respirer, aller aisément. Cette simplicité à crever les yeux soulignait la beauté de ses formes. Le tissu n'en était pas moins de grande valeur. Marie Stuart comprit l'élégance, de la même façon. Belle et bien faite, elle voyait à quel point le vertugadin écrase une silhouette. Ne pas ressembler à sa belle-mère, ne pas entraver son pas qu'elle veut léger. Elle osa se marier en blanc. Elle trouvait le blanc somptueux à sa beauté. Il le fut, ainsi qu'à son malheur.

La simplicité de Madame Catherine fut le choix de la couleur noire et, pour toujours, le béguin et les voiles de la veuve. Elle faisait exception aux noces, en portant des joyaux et du pourpre foncé. Unique lueur en tout ce noir : la collerette blanche. Elle conservait l'anneau nuptial et une énorme améthyste carrée.

*

Marguerite est initiée, à mesure, aux symboles de la vie galante. Un jeune homme porte une rosace verte lors d'un tournoi ou d'un bal : il espère une réponse. Si la Belle répond par un nœud bleu, c'est l'amour. Tout le monde observe ces signes charmants. On est friand des idylles. Elles tournent parfois à la mort si l'honneur est en jeu. Se rendre au bal avec une gorge largement découverte est, paradoxe, le symbole public de la virginité. Margot, ou la blancheur mamelue de sa gorge… et sa virginité de plus en plus discutable. On porte des gants, une coutume espagnole. On les enduit parfois d'un poison camouflé en parfum, pour se défaire d'un ennemi. Les gants, longs, frangés d'or, sont parfumés au musc, à la violette. Marguerite se couvre de bijoux. Sa mère, jeune, s'en parait. Ses frères en sont fous.

La perle domine. Tout doit être orné : le cou, les oreilles, la chevelure, les bras, les poignets, les doigts, la ceinture. Les perles glissent en plusieurs rangs sous la fraise empesée. Les cinq rangs offerts par Madame Catherine, au mariage de Marie Stuart, valaient le prix d'un bâtiment de guerre. Les plus belles perles du monde. Les cours d'Europe les convoitaient. Élisabeth Ire s'empressa de les récupérer quand Marie fut sa captive.

Les bas sont en soie, la chaussure est fragile, les gants et les manches couleur de feu... Parure de petite fille, parure de jeune reine de Navarre, parure de reine déchue. La fraise travaillée au fer tiède, met en valeur son visage, ce visage de femme, de fille.

Marguerite a observé ses frères, son père, les hommes à la cour. Une cape à mi-épaules et mi-cuisses complète l'habit masculin. La cape est parfois troquée contre une robe longue, fourrée d'hermine, de zibeline ou de vair quand il s'agit du roi et des princes. Le roi et ses compagnons portent de grands colliers ouvragés et, de plus en plus, des boucles longues aux oreilles. Sur les gants, des bagues précieuses. Le noir mettait en valeur l'exubérance du costume. Le noir venait de la cour d'Espagne. Les nains le portaient. Ce noir, spécial, était défini ainsi : « sang de bœuf mort, qui ressuscite, couleur de Judas ». Le noir n'était pas le deuil, c'était le violet pour le roi et le blanc chez les reines. Madame Catherine fit exception. Le noir était la coquetterie mâle... La toque des femmes et son plumet est la même pour les hommes. Une androgynie du luxe assortit ainsi dames et gentilshommes.

Les calvinistes abominent ces modes efféminées. Ils se distinguent par l'extrême simplicité du costume. Du noir, une collerette blanche, point d'ajustement, la chevelure courte. Leurs femmes et filles ne portent ni vertugadin, ni toilettes découvrant la chair. La calviniste va en robe simple, collerette, la chevelure nattée, serrée dans un béguin. Certaines vont voilées. Ils méprisent l'hérésie des ornements papistes. Point de croix et autres représentations religieuses. Ces silhouettes sombres croissaient et multipliaient, assorties au maroquin noir de leur Bible.

Marguerite de Valois s'est emparée de la couleur, des flammes roses, rouges, oranges, incarnadines, pour composer sa gloire.

Bourgeois et simples gentilshommes s'endettent pour se trouver parés au défilé d'une cérémonie royale. Henri II sait que le costume de cour est un gouffre d'argent.

À l'inverse de François Ier, il simplifia la parure des harnais incrustés de pierreries. Il promulgua à cet effet un édit. Il accordait aux princes et princesses royaux les atours luxueux, la soie cramoisie. Aux bourgeois et marchands de pratiquer l'économie, et ne porter velours et soie qu'en parures. Il accorda aux ecclésiastiques de la cour des robes de velours, sous réserve qu'ils fussent princes. Les hommes de guerre avaient droit à une seule pièce, à leur choix, de velours ou de soie. Les chevaux étaient caparaçonnés d'argent pour les batailles ou les tournois. Il était permis, aux grandes occasions, de déployer la munificence que l'on possédait. La foule admirait la garde royale ensevelie en ces armures malcommodes. On les fabriquait à Milan. Elles étincelaient d'incrustations et de pierreries. Piero Strozzi, cousin de Madame Catherine, conseillait à Henri II d'apparaître en un corselet d'or et de soleils gravés. L'or des pillages de guerre. Le costume du prince est doublé du sang des humbles.

Le linge de corps est moins opulent que le vêtement d'apparat et d'apparence. La toile est épaisse, les femmes ont une chemise plus fine. Un gentilhomme possède « quatre chemises et deux fraises, deux paires de caleçons de toile, trois paires de chaussettes, une douzaine de paires de bas-de-chausses, deux coiffes, dix mouchoirs, deux draps, une nappe, dix serviettes dont trois pour la toilette et une pour couvrir les fruits[1] ».

On dort dans un lit carré entouré de rideaux. On dort, chez le bourgeois, souvent nu afin de protéger le linge. Quand un hôte de passage frappe à la demeure d'un bourgeois ou d'un marchand, il partage le lit de ses hôtes. Les lits ne sont nombreux que chez les princes. Les hommes dorment ensemble quand la place vient à manquer ou que le seigneur a besoin de la présence de son serviteur ou de son page.

L'homosexualité était, au monde huppé, un signe de virilité. On ne châtie sauvagement que *le bougre* des campagnes. Les calvinistes, moralisateurs forcenés, chargeaient les catholiques de « ce crime ». Les catholiques affirmaient que Calvin aimait à enseigner la Bible à des petits garçons. Chaque parti souille l'autre de la grande obsession sexuelle, interdite.

Chez les Valois, on trouve souvent quelque beau gentilhomme à la couche du prince. Le « mignon » du prince prise tout autant les dames. Le « mignon » est un redoutable bretteur. Il ne dort que d'un œil. Il accepte et donne des caresses. Au lit du prince, au lit des dames. Il est là pour défendre son maître.

Margot et ses « mignons ». Margot allait agir en prince, en homme : s'offrir ce plaisir-là.

---

1. *Ibid.*

La peur est nichée en ces nuits royales où, en dépit de la veilleuse, flambeau en cire, qui dessine aux rideaux des figures fantastiques, l'ombre d'un poignard se confond à la lune trop rouge…

*

Que mange-t-on à « la maison de Marguerite » et celle de ses frères enfants ?

Quatre repas par jour sont établis. Un seul repas destiné aux enfants royaux comportait trois cents pains et une foule de pâtisseries. Les pâtissiers et les boulangers ont un grand rôle à la maison des petits princes.

On cuisine ainsi les viandes : une vingtaine de pièces de bœuf et autant de gibiers constituent le centre du repas. On mange du héron grillé, des oisons, des chapons, des poules, des pigeons, du chevreau et de l'agneau. C'est le « mets » : ces viandes sont cuites, grillées et présentées en un seul énorme plat. On y puise avec les doigts, ensuite à la fourchette, ustensile d'abord à deux fourches, introduit par Madame Catherine à la cour de France. Autour du « mets » assaisonné de sauces à la cannelle, au citron et aux aromates, on ajoute les légumes. Fèves, pois, artichauts, choux, potirons, citrouilles, asperges. Les épices masquent quelques gibiers trop faisandés. Madame Catherine croque avant chaque repas six melons entiers. L'obésité, la goutte, menacent.

On fait boire aux enfants un remède à mille vertus : le lait de poule. On bat du lait chaud sur un jaune d'œuf cru parfumé à la cannelle. On est loin de la soupe de fèves, de la bouillie de maïs, du gros pain noir du petit peuple.

Tout nourrisson royal est confié au lait de nourrices dont Diane, Catherine, la gouvernante examinent attentivement la qualité et soupèsent le sein. On ajoute dès les premières dents, des bouillies de lait, d'œufs, de farine. La viande, le vin rouge sont aussi des remèdes.

Margot et ses petits compagnons déjeunent vers huit heures le matin. Leur médecin spécialisé fut longtemps Simon de Vallembert. Il considère attentivement le rythme digestif entre ces repas. Il examine les selles et les urines. Le « dîner » est pris à dix heures du matin. Il correspond au repas de midi. Une collation est servie à deux heures. On « soupe » à cinq heures. L'abondance prime. Le médecin est favorable aux épices pour éviter les fièvres. On ajoute à la cannelle, le fenouil ou « la bonne herbe ». Les oignons et l'ail font partie des légumes guérisseurs. Les cuisiniers inventent les premières sauces au vinaigre, au vin, au sucre. On rehausse ainsi le goût amer des viandes. On farcit la carpe pêchée aux étangs du roi. Les enfants ont droit aux pois, les adultes aux poireaux, aux potirons, au chou que le médecin trouve trop indigeste aux précieux estomacs des enfants royaux. Il conseille vivement les fruits des vergers. Les fraises, les prunes, dont la plus juteuse porte le nom de *reine-Claude,* en souvenir de la douce épouse de François Ier. Les pommes, les poires, le raisin, la cerise... Le pays de Loire abonde de ces merveilles que l'on déchiffre aux tapisseries de l'époque. Le soleil, la température modérée font fructifier cette terre en abondance.

Les pâtisseries sont souvent cloutées de cerises. Les massepains sont pétris d'amandes pilées menu. On sucre tout au miel blanc, le plus fin d'entre tous, épais et subtil, vient du Languedoc.

À cinq ans, les enfants ont droit au vin rouge coupé d'eau de rose. Il y a le vin blanc, rosé. Margot se grise de sa première coupe de vin de Touraine. On sert aux enfants des sirops au jus d'orange, au lait d'amande. Les sucreries – dragées, bonbons fondants – adoucissent le goût trop fort des langues de bœuf fumées et de saucisses qui farcissent une belle pièce de sanglier. La laitue est mêlée de morceaux coupés menus de pigeons rôtis sous la braise.

Le troisième repas, à cinq heures, est riche en perdrix et lapins rôtis. Une friture d'écrevisses. On a découvert les vertus de l'oseille et du vinaigre aux câpres pour soulager les maux de reins.

Le dernier repas favorise le riz au lait, les gras fromages blancs. Les tartes diverses, fourrées de confitures, de dattes, de raisin. Les confitures ont leur rôle propre. Madame Catherine et ses enfants en raffolent.

Madame Catherine, par amour de sa progéniture est en avance sur son époque. Elle dîne parfois à la table de ses enfants. Ce plaisir est rare. Les enfants sont à Blois ou à Amboise. Madame Catherine continue la soirée à la table des adultes, le roi et sa suite. Manger est un de ses plaisirs, la table un lieu d'observation où, sous ses lourdes paupières, elle observe tout. Son oreille, sous le béguin, est fine. Folle-en-jambe, ses nains, lui rapportent les ragots.

Le service de la table des enfants copie celui du roi. La vaisselle, à la maison de Marguerite, est une pure joaillerie. Sur le dressoir, les mets. Un gentilhomme « de la bouche » apporte l'assiette garnie à chaque petit convive. Gare si un enfant tombe mort après avoir dégusté un mets. Le « gentilhomme de la bouche » sera torturé et écartelé. Il en est de même des découpeurs de viandes et des échansons. Ils servent les vins, les sirops après s'être assurés au prix de leur vie, que nul poison n'efface une vie supérieure à la leur. Un huissier annonce la suite des plats à chaque écuyer de cuisine. On déposa longtemps « le mets » sur le tranchoir, grosse tartine de pain. Madame Catherine, outre la fourchette, a introduit l'assiette. Manger avec ses doigts amenait des rusticités. Se frotter à la nappe. On baignait ses mains non essuyées dans un bassin ciselé. L'eau souillée servait à tout le monde. Marguerite profite d'un service de table subtil. On change les assiettes à chaque service, accompagnées de serviettes propres tendues par un page.

Marguerite adore ce défilé de récipients en vermeil, incrustés de pierres précieuses. Quelle rutilance sous la lumière des torches ! La lumière est le luxe suprême. Madame Catherine le sait.

Madame de Gondi, Charlotte de Curton, Catherine et Diane, l'éternelle mouche du coche royal, consultent le médecin des enfants afin de composer un menu en cas de maladie. Le conseil est valable pour les adultes. Fernel, Villemont, Ambroise Paré le chirurgien sont d'accord pour un menu allégé en cas d'infection. Une fièvre et un abcès ? Outre la cruelle lancette du chirurgien, il convient de se nourrir de chevreau pilé avec du vinaigre. Boire du sirop d'orgeat dans lequel on a laissé macérer de l'oseille, du verjus. Quelques grains d'opium si on souffre trop. Pour les maux de tête, couper les cheveux, appliquer sur le crâne et les tempes une compresse d'huile de nénuphar et de décoction de pavot. On connaissait le camphre. En cas de rhumes, de toux à crachements de sang – la tuberculose –, faire une inhalation d'huile de camphre chauffée à la fleur de jusquiame mêlée de vinaigre. On a trouvé que « le nez communique avec le cerveau ».

Après les repas, à la Maison des enfants royaux, ou au souper du roi, le sol est jonché d'herbes odorantes. On est prêt, les enfants à jouer, à s'instruire, à s'extasier. Les adultes à danser.

Marguerite a découvert, suffoquée puis alléchée, une crème jaune dont on enduit les viandes. On l'appelle « la moutarde ».

Marguerite ne s'attendait pas au « misérable coup qui priva la France de repos et notre maison de bonheur »... Elle ne s'attendait pas à la mort de son père.

Nul ne s'y attendait. Madame Catherine, seule, en eut l'intime prémonition.

Une main mystérieuse avait condamné Henri II.

Deuxième partie

Marguerite de sa jeunesse

IV

Un malheur

Madame Catherine tremblait pour son aîné, François. Il n'avait pas consommé ses noces et ses « maladies » empiraient. Vers quels gouffres seraient hélés ses fils sans qu'elle puisse les sauver ? Marguerite, seule, éclate de santé, de beauté, d'une saine vigueur. Sa mère n'avait pas interrogé impunément Nostradamus ni les forces occultes. Les mots du mage, rares, énigmatiques, ont la soudaine percutance d'une lance lancée à la volée, côté cœur. Madame Catherine apprend la peur. L'espoir et beaucoup de peur. Étroitement imbriqués, espoir, peur, tels le bien, le mal. Inséparables. Inséparés.

Longue est la barbe du mage. Il porte une robe. Ses doigts sont minces et nerveux, aux ongles croches. Peu importe à Madame Catherine qu'il soit juif, lié à ce qu'il faut bien nommer la sorcellerie, et qu'il lui coûte une fortune ! Elle ne croit qu'à ses prédictions et à celles de son rival, Ruggieri.

Michel de Nostre-Dame a rédigé, en 1555, dans son ouvrage *Centuries,* des prédictions obscures, dont l'une commotionne Madame Catherine.

Un instinct *lui dit* que ces mots concernent son époux bien-aimé.

> Le lion jeune le vieux surmontera,
> En champ bellique pour singulier duelle,
> Dans cage d'or les yeux luy creuvera,
> Deux classes ne puis mourirs mort cruelle[1].

Son époux est menacé. Henri II est friand de tournois, ce « singulier duelle ».

---

1. In *Marie Stuart,* Hortense Dufour, *op. cit.*, p. 114.

Les autres prédictions l'accablent. La paix, jamais, n'accompagnera ses jours, ses nuits. Ses songes. Le sang, le noble sang du roi. Le noble sang de ses enfants. Le sang absent des noces non consommées. Le sang des naissances qui vont tuer sa fille Élisabeth. Le sang dans les rues. Le sang, tache perpétuelle à l'ombre de la fille des Médicis. Le sang. Qu'a-t-elle fait, elle qui aime Dieu, (Dieu, n'est-ce pas Celui qui sait l'avenir de chacun ?), elle qui aime les siens, la paix, les alliances, qu'a-t-elle fait pour tant de sang ?

Quel est son péché ? Où est le péché de Marguerite dont la route souille de sang ses robes de soie et de velours ?

Les songes de Catherine... L'un d'eux la hante. Il date du 29 juin 1559. La veille du dernier tournoi d'Henri II.

Elle « songea », écrit Marguerite, qu'elle voyait « le feu Roi mon père blessé à l'œil comme il le fut », et étant éveillée, elle le supplia « de ne point courir ce jour-là[1] »...

Henri II ne l'écoute pas. Tout le monde se moque de la superstitieuse fille des Médicis. On osera bientôt ne plus rire de ses « visions » ni de ses actions. Son mage et ses prémonitions sont liés. Elle croit à la force des destinées. Marguerite le sait. L'amour qu'elle porte à son époux et l'instinct maternel sont, pour Catherine, sa double vue.

Elle dissimule de plus en plus ses épouvantes.

La peur, cette nuit 29 juin 1559, c'était un mercredi, la peur liée au ventre. La peur de son enfance, quand on voulait la livrer à une mort ignominieuse.

Marguerite rencontrera aussi la peur.

*

Juin 1559.

La canicule est ce nuage immobile, rougeâtre, cette chape de plomb fondu.

Peut-être, tout a été la faute de la canicule. Elle brûlait. Un brasier. Un bûcher d'inquisition. Un malheur.

L'année 1559, riche d'événements, avait convaincu Henri II qu'il menait au mieux les alliances et les rênes de l'avenir.

Depuis un mois, les festivités, à Paris, ne cessaient pas. Henri II s'enorgueillissait de ce qu'il pensait être des triomphes. Il ne songeait pas à la mort. Il était au comble de sa mâle prestance. Il le savait. Les

1. Sur les rêves de Catherine, cf. *Mémoires*, p. 71.

tournois étaient, outre son plaisir, une virile coquetterie de vaincre, d'être admiré. Diane aimait le voir jouter. Le tournoi présageait les autres saveurs, si suaves, de leurs corps épris l'un de l'autre.

Madame Catherine frissonnait. L'humiliation et la peur ne cessaient pas. Margot aimait voir son père lancer son cheval et sa lance. Vainqueur, sans cesse vainqueur. À chaque joute, les trompettes sonnaient. Un son pur, fier. Il prenait Margot à la gorge. Elle se redressait et se sentait « reine » à cette envolée vers le ciel trop blanc.

On fêtait les mariages de la famille, le traité de Cateau-Cambrésis.

Marie Tudor était morte. L'Angleterre, soulagée, redevenait calviniste. Le 15 janvier 1559, on sacrait Élisabeth Ire reine d'Angleterre.

Henri II manœuvra les intérêts de sa bru Marie Stuart. Il la fit déclarer héritière du trône d'Angleterre et d'Irlande. Il refusait et niait la couronne d'Élisabeth, cette protestante, fille d'Henri VIII et de l'infortunée Anne Boleyn. Henri II imposait un glorieux avenir à Marie Stuart et à son époux, son aîné, François. Ils deviendraient, au décès d'Élisabeth, reine vierge et sans postérité, les souverains d'Écosse *et* d'Angleterre. La France – Henri II – jetait à la face d'Élisabeth le triple blason de Marie Stuart. Qui révulsa l'Angleterre. La France, cette ennemie, voleuse de Calais, insultait leur reine. L'Angleterre se prit à détester Henri II, les Valois, Marie Stuart et son petit époux, les Guises et les Lorraine. On méprisait le traité que le roi avait signé en 1559, à Cateau-Cambrésis.

Une paix illusoire camouflant un volcan.

Élisabeth avait consenti à abandonner, pour huit années, Calais à la France. Si Calais n'était pas restitué à la date établie, la France lui verserait cinq cent mille couronnes d'or. Si entre-temps, elle entrait en guerre contre la France, elle perdrait Calais. Les événements entre la Savoie et l'Espagne s'amélioraient. Le traité était favorable à ces pays, constantes menaces pour la France. Philippe II reprenait ses citadelles et ses provinces. Il restituait à Henri II Saint-Quentin et quelques médiocres places. Il n'y avait pas de quoi pavoiser en ces festivités dispendieuses. La France perdait la Corse, le Milanais, la Savoie, le Piémont. On déplorait les pertes italiennes où le roi avait de grandes alliances. Comment reconquérir ces annexions ? À la manière dont avait toujours excellé Madame Catherine : la foire des mariages.

La sœur d'Henri II, Marguerite, âgée de trente-six ans, fut promise à Emmanuel Philibert, jeune duc de Savoie. C'était un allié du roi d'Espagne. Le mariage aurait lieu le 30 juin. Henri II voulut entourer de prestiges noces et traité. L'ambassadeur de Venise était frappé qu'on ne parlât, à la cour de France, que parures, coiffures, soupers, bals, tournois… L'illusion qu'un trésor tombait du ciel pour embellir cet enclos signé Valois, était parfaite. Madame Catherine avait la gorge serrée. Une *peur de vrai roi* l'assaillait. Son fils François s'affaiblissait, ses filles mariées s'en allaient loin. Henri II adorait Diane, plus que jamais. Le connétable de Montmorency et la duchesse de Valentinois avaient tous les pouvoirs sur Henri II. Absorbée, elle oubliait Margot. Margot qui craint le visage de sa mère : quelle tristesse au lieu de se réjouir tel son père, si gai au tournoi ! La réalité avait un goût de fiel.

Marie Stuart et François portent le titre de reine dauphine et roi dauphin. On fête, on fête. Marie a dix-sept ans. Elle est pâle, elle a des malaises. Serait-ce enfin une grossesse, le fiasco de leur nuit de noces serait-il résolu ?

On avait aménagé une chambre somptueuse pour les jeunes mariés. On avait dévêtu Marie d'un côté et l'on avait fait de même au dauphin François. Ils étaient en chemise légère. Il faisait froid en ce Louvre trop grand, cette chambre si vaste. Marie et François étaient étonnés que tant de monde assistât à leur coucher. La cour, en bon ordre, contemplait le lit. Le roi souhaita « la bonne nuit » aux mariés. Les rideaux se fermèrent sur deux enfants exténués. François s'acharna en vain sur ce grand et beau corps insensible.

Qu'importe.

On fête, on fête.

On fête le mariage de la fille aînée, Élisabeth, avec Philippe II d'Espagne. Le mariage de Claude avec le duc de Lorraine. L'imminent mariage de Marguerite, la sœur du roi, avec le duc de Savoie.

Emmanuel Philibert est à Paris, invité aux tournois. Le fait est rare, car on mariait les princesses par procuration. L'époux vivait souvent en un lointain pays. Henri II, fier, veut montrer aux Espagnols invités à quel point les Français sont, aux tournois, les meilleurs… On hua la maladresse des joutes espagnoles, raides et accablées d'armures trop lourdes.

La roue des fortunes tournait, tournait. Et le nuage de chaleur stagnait sur la ville. La rue Saint-Antoine où se déroulaient les tournois du roi devenait une étuve.

Henri II a quarante ans et quatre mois. Les ombres rôdaient autour de ses quarante ans. Ainsi parlait le mage.

Le roi et sa famille séjournent au palais royal des Tournelles, près de l'église Saint-Paul et de la rue Saint-Antoine. C'est, à l'époque, une des rues les plus larges de Paris. Elle va de la Bastille à l'église et au cimetière Saint-Paul. Elle sert aux grands défilés royaux. Ses riverains taisent leur contrariété. On ne leur demande jamais leur avis pour déployer aux meilleures façades force draperies. À l'endroit des tournois[1], on hisse des échafaudages pour bâtir les tribunes des invités. On aveugle ainsi portes et fenêtres. On se moque de savoir si l'obscurité et la chaleur entravent les habitants. Tout est bon pour le plaisir des Valois, le plaisir du roi. On alla jusqu'à ôter la croix devant l'église Saint-Paul. Elle gênait. On déracina un arbre très ancien. Il gênait aussi. La chaleur, écrasante, accentuait la puanteur. Elle venait, la puanteur, du cimetière autour de Saint-Paul, où gisait, entre autres, depuis 1554, Rabelais. Ce cimetière, aux tombes souvent mal closes, date du VIIe siècle. À ces pestilences, se mêlent les relents des égouts. Ils drainaient, en boue lente, les ordures du quartier. Cette coulée infecte suivait ce qui est, de nos jours, la rue de Turenne.

On a ôté, pour mieux préparer le terrain aux tournois, les pavés de la rue Saint-Antoine. Le roi portait les couleurs blanches et noires de Diane. Son cheval aussi était emplumé de blanc et de noir. Elle assistait aux joutes, assise près de Madame Catherine. À la droite de Catherine, Marie Stuart et François, et la rare amie de Catherine, Marguerite, sa belle-sœur, destinée au duc de Savoie. Non loin et par rang d'âge, rutilants d'atours et de brocards, Charles, Henri, Margot et François Hercule.

Le jeu consistait en des joutes violentes chères au Moyen Âge. Le cavalier, portant le heaume, galopait avec sa lance contre le cavalier adversaire. Chacun fonçait dans son couloir parallèle. Les jouteurs avaient la même allure. Le vainqueur était celui qui brisait en premier la lance adverse. La force du cavalier, celle du cheval lancé au galop sont, à la moindre maladresse, un risque mortel.

Il allait être midi. Le comble de la chaleur. Margot avait soif. Il y eut, ce jour-là, plusieurs joutes, cheval contre cheval, lance contre lance.

Le roi se grisait de ses succès. Il affronta en premier, par politesse, le duc de Savoie. Il riait, le roi, il plaisantait haut et fort :

— Serrez bien les genoux, car je vous veux ébranler sans respect de l'alliance et de la fraternité[2].

Ils s'élancèrent. Philibert de Savoie fut, en effet, « ébranlé ».

Henri II bouta le duc de Guise, vêtu de rouge. Le roi était fier. Le père du jeune Henri, futur grand amour de Margot, est un homme de guerre redouté, redoutable. On le compare à un chêne. Ce Lorrain n'a peur de rien. Il guerroyait toujours la face découverte. Il ne craignit pas d'en découdre avec une troupe de huguenots allemands. Il y

1. Aujourd'hui, le numéro 62 et l'hôtel Sully.
2. In *Catherine de Médicis*, Jean Orieux, Flammarion, 1986, p. 233.

gagna, suite à un coup de lance, une blessure sous l'œil droit, d'où son surnom, « le Balafré ». Le roi veut continuer en dépit de la chaleur. Elle est si dense qu'on ôte son casque, on essuie son visage. Henri boute ensuite le duc de Ferrara, en rouge et jaune, le duc de Nemours, si bien fait de sa personne, amoureux de la duchesse de Guise. Madame Catherine, en dépit de la canicule et des lourdes étoffes, sentait une goutte glacée le long de son dos. La peur. Elle ose supplier encore une fois son époux de cesser. Il a l'exceptionnelle galanterie de s'approcher et de lui répondre que c'est pour elle qu'il combat. Elle tourne un regard éloquent du côté de la favorite. Henri eût sans doute obéi à Diane. Elle reste impassible, sûre d'elle, sûre des triomphes. Margot est dans un tournis étrange. Son regard ne cesse de suivre ces allées et venues de cavaliers. Margot fixe le couloir où va courir ce père qu'elle admire…

L'après-midi avançait. Henri exigea une dernière joute à Jacques de Lorge, comte de Montgomery. Ce grand seigneur normand, de sang écossais, commandant de la garde rapprochée, intrépide, hésitait. Le roi, exaspéré, s'écria :

— C'est un ordre !

« La male fortune, écrit Brantôme, fut que sur le soir, le tournoi quasi fini, il voulut encore rompre une lance, et, pour ce, manda au comte de Montgomery qu'il comparût et se mît en lice[1]. »

Son écuyer, Vieilleville, osa supplier le roi d'interrompre les combats. Il avait aussi traversé un cauchemar : le souverain allait vers un coup fatal.

Les trompettes claironnèrent. Margot aime le son des trompettes, cette majesté aiguë, cet élan qui agite son sang heureux.

Madame Catherine était au bord du malaise. Le songe affreux prenait forme. Elle l'avait conté à la sage Marguerite.

— En ce songe, ma sœur, éclatant de trompettes et de couleurs, *une lance prenait toute la place et perçait l'œil du roi.*

Margot n'avait jamais vu sa mère, impassible en public, aussi agitée.

Montgomery était nerveux. Les chevaux galopèrent l'un vers l'autre, se croisèrent, et la lance fut rompue… dans l'œil du roi, sous son heaume. Un choc d'une violence inouïe. Le roi chancela vers l'encolure du cheval. Les tribunes ne sont qu'un cri. Les écuyers soutinrent la chute du roi. Vieilleville l'entendit murmurer « *Je suis mort* ». On ôta le casque, tout n'était que sang. Le coup avait brisé la lance de

1. In *Mémoires*, *op. cit.*, note 4, p. 314.

Montgomery. Un éclat aigu accompagné d'un morceau de bois, perçait l'œil jusqu'au cerveau.

Catherine et son fils François s'évanouirent. Diane, pétrifiée, voyait la fin de son règne. Quel serait son sort ? Elle ferma les yeux quand passa la civière où son bel amant semblait mort.

Montgomery était épouvanté. Il avait obéi à son roi à contrecœur, devant tant de témoins qu'il ne risquait rien. On l'arrêta par pure forme et on le laissa aller. Il s'enfuit en Angleterre. Il devint protestant. Rebelle, de retour en France, à la tête de huguenots au siège de La Rochelle, il fut pris, condamné et décapité en place de Grève en 1574… Madame Catherine se jura, ce 30 juin 1559 qu'un jour, elle *verrait mourir* celui qui avait brisé son unique, violent et désespérant amour.

On ne sait si Henri II entendit aux Tournelles les sanglots de son épouse et ceux de Diane. Le hurlement de Margot et de ses frères fut étouffé par ceux de l'assistance. On écarta des Tournelles les enfants les plus jeunes. Margot ne revit jamais son père. Elle n'eut à contempler que le ciel, si blanc, la chaleur intense, et le sang sur la terre…

Henri II allait traverser dix jours d'agonie.

Aux Tournelles, on le dévêtit. On s'épouvanta de la plaie affreuse qui semblait transpercer le crâne. Il demeura neuf jours dans un état proche de l'inconscience. Le chirurgien Ambroise Paré réfléchissait comment sonder la plaie. Il demanda à s'exercer sur quelques têtes fraîchement tranchées. Il voulait étudier le trajet de la lance. Qu'importait à Madame Catherine, à tous, quelques têtes ! Le bourreau décapita aussitôt trois condamnés qui attendaient leur jugement. On mena ces têtes à l'illustre chirurgien. Il s'absorba sur chacune, les perçant à l'œil d'un fer identique à celui qui torturait le roi. Ambroise Paré, à chaque exercice, ouvrait le crâne, triturait le cerveau, fouillait de son doigt la profondeur de la plaie. Il n'était pas content. Il demanda une autre tête. On la lui donna. Madame Catherine lui en aurait fourni autant qu'il lui plaisait. Il lui fut enfin possible de la percer de même manière que le roi avait été blessé. Il tenta de tirer le plus doucement possible cette odieuse attelle. L'hémorragie avait gagné le visage, enflé, bleui. Il n'y avait aucun espoir. Le roi se prit à balbutier et gémir. Le cerveau était atteint mais il vivait encore. Madame Catherine sanglotait avec violence. Diane se demandait comment sauver sa vie et sa fortune. Le roi eut un moment de lucidité. Il articula de marier sa sœur.

À l'église Saint-Paul, cette noce eut lieu à minuit. Elle avait l'apparence d'un enterrement. Une église quasi vide. Une cérémonie lugubre où dominaient les larmes. L'évêque de Toulon dit une messe basse.

Catherine, Marie Stuart et François n'y allèrent pas. Ils étaient près du roi. François, pauvre petit roi imminent, frôlait la crise de nerfs. Tout le monde oubliait les enfants. Margot rencontrait les ombres lentes de son premier malheur. Il prenait le sens du sang, de la brutalité et de l'abandon. Madame Catherine tentait de clore à nouveau son visage. Elle serait veuve. Son fils et sa bru deviendraient roi et reine de France. Un rôle nouveau l'attendait ; reine douairière, régente. Elle jouissait sourdement de l'angoisse de Diane. Ces deux femmes se haïssaient en se devant beaucoup. Madame Catherine ne l'oubliait pas.

« Je faisais bonne chère [bon visage] à madame de Valentinois, écrivit un jour Catherine à Margot. Encore je lui faisais toujours reconnaître que c'était à mon très grand regret, car jamais femme qui aima son mari n'aima sa putain.[1] »

On s'attendait au héraut annonçant la mort du roi.

Il trouva la force supérieure de dicter une lettre au pape. Qu'il prenne des mesures sévères à l'encontre de certains membres hérétiques de son Parlement. Il balbutia quelques mots à son fils. Il lui recommanda l'Église catholique, le bien du peuple. Il le bénit, à tâtons, engloba dans sa bénédiction la longue silhouette de Marie. Il ne voyait presque rien. Il suffoquait, les chairs déchirées. Il avait perdu jusqu'à la force du cri. Son martyre s'acheva dans la nuit du 9 juillet 1559. On annonça sa mort le 10 juillet : ainsi le voulait Madame Catherine.

On reculait devant l'enflure extraordinaire du visage, des mains, des membres, des pieds. L'infection avait gagné tout le corps.

*

Madame Catherine fit aussitôt le geste qui enseignait à sa bru les rigueurs du pouvoir royal. Elle s'effaça pour la laisser passer en premier. Une reine en deuil restait cloîtrée quarante jours dans sa chambre tapissée de noir, éclairée de flambeaux.

Ce drame faisait de Marie Stuart une reine de dix-sept ans. Son époux avait cessé de grandir. Il avait tremblé et pleuré à l'adieu de son père. À quinze ans et demi, il en paraissait treize.

Marie, sans instinct politique, est désormais le jouet de ses oncles de Guise et de Lorraine. Madame Catherine le sait. Elle avait suivi son fils au Louvre plutôt que de veiller le mourant aux Tournelles. En

1. *Ibid.*

tout malheur, elle avait appris, puissante élève de Machiavel, à se ressaisir. Sa seule faiblesse – qui pouvait passer pour une force d'autorité – fut de ne plus jamais passer par la rue Saint-Antoine. Elle fit raser les Tournelles qui lui rappelaient son effroi. Ainsi naquit façades blanches, bleues et tuiles rouges, « la place des Vosges ». Victor Hugo écrira qu'on doit cette place au coup de lance de Montgomery…

Les Guises et les Lorraine firent main basse sur deux enfants, François et Marie, prétexte à leur pouvoir. On néglige les jeunes enfants dont Margot.

On abandonna aux grands seigneurs le corps du roi. Il serait embaumé et préparé aux funérailles.

François monta le premier en carrosse, en présence des Guises. Marie monta en second, près de son époux, au signe discret de Madame Catherine. Elle se reléguait habilement dans son rôle annulé. Au Louvre, la délégation du Parlement attendait. Les Grands de la cour traitaient ouvertement avec les Guises. La jeune reine et le trop jeune roi n'étaient que des symboles. On les fit asseoir à la place d'honneur. Madame Catherine aussi. On se parlait, on décidait pardessus ces têtes couronnées. Madame Catherine, aussitôt cette réunion, assuma la clôture des quarante jours où défilèrent devant elle les ambassadeurs et leurs condoléances.

Marguerite s'effarait. Que faisait sa mère dans une chambre close, inaccessible ?

Madame Catherine, dont l'unique lumière était une fraise blanche, inclinait la tête à chaque visiteur.

Les funérailles furent grandioses. Elles se déroulèrent un mois après la mort du roi. Le 11 août, à Notre-Dame, parée de noir et d'or, eut lieu la messe. Le 13 août, on inhuma le roi à Saint-Denis. Les enfants, Marguerite, avaient du mal à supporter ces heures plus étouffantes que celles du tournoi maudit. Le cardinal Charles de Guise prononça la messe de l'inhumation. Les Guises se rengorgeaient.

Madame Catherine s'inquiétait de la fragilité de son fils. Supporterait-il l'épreuve du couronnement, cette couronne que les Guises convoitaient avec tant d'insolence ? Cette couronne que les Bourbons convoitaient aussi ? La passion pour son époux réduit en cendres fit place à celle, dévorante, fanatique, pour ses enfants. Régner dans l'ombre. Elle mènerait les rênes du royaume. Les rênes de ces princes.

En noir pour toujours, elle accentua la mortification de son deuil en renonçant aux tissus de soie.

On couronna, le 18 septembre, à Reims, François II. La robe de Margot était de drap argent sur fond bleu. Elle admirait la rutilance éclatante de Marie Stuart. L'ampoule miraculeuse du saint chrême. L'huile du baptême de Clovis. L'huile qui donnait au roi un caractère religieux, catholique : sacré. Il tremblait, le roitelet, sous ses atours d'azur, d'or, d'hermine. La lourdeur des symboles l'accablait. Marguerite se demandait s'il n'allait pas s'évanouir. La couronne, le sceptre le pétrifiaient. Il subissait le grand rituel. Nul signe de joie. Sa mère ne regardait pas Margot. Elle n'a d'yeux que pour le fils roi.

On écarta un moment de la cour, pour religion réformée, le connétable de Montmorency, Antoine de Bourbon, et son frère cadet, le prince de Condé. Margot avait peur du prince de Condé. De son épaule torve, sa bosse, ses ricanements, son regard aigu, sa cruauté légendaire. Il était avide de femmes et d'or. Margot et ses frères se moquaient davantage de l'aîné, Antoine de Bourbon. Le père du futur Henri IV. Ils le surnommaient, la cour aussi, cet époux volage de l'intransigeante Jeanne d'Albret, « la caille ». Il changeait d'avis à la façon dont la caille change la couleur de son plumage. « Caillette » ! criaient Charles, Henri, Hercule ou Margot. Elle n'aimait pas sa grosse chevelure rouquine, son bavardage, ses vantardises et sa puanteur. Il ne se lavait guère, il ressemblait en cela à son fils Henri. Non, elle n'aimait ni le père, ni le fils – encore moins leur religion hérétique. Elle n'avait d'yeux et d'attirance que pour le bel Henri de Guise élevé près des enfants royaux…

Diane semblait avoir disparu dans une trappe.

Madame Catherine se montra élégante. On s'attendait à ce qu'elle la fît tuer ou ruiner. C'est ce qu'eût fait la grande Sénéchale. C'était méconnaître la fille des Médicis. L'élève de Machiavel. La haine est sottise à qui veut régner. On ne la déploie jamais. On en économise les imprévisibles effets. Elle lui reprit Chenonceaux qui était un bien de la couronne, mais lui laissa Chaumont et Anet. La favorite avait fait connaître, dit Catherine, en ces lieux ravissants, à son époux « *de bien beaux moments* ». Diane lui envoya une lettre humble, qui dut grandement lui coûter. Elle lui remit en silence, le front baissé, les bijoux royaux. Catherine lui abandonna ceux offerts par son prestigieux amant. La grandeur de Madame Catherine étonnait. Elle était plus déroutante et cinglante qu'une basse vengeance, à laquelle, à tort, on s'attendait.

Diane de Poitiers mourut en 1566, à Anet.

Madame Catherine eut la satisfaction de la faire trembler un moment « pour détournement des fonds royaux » – crime puni de mort… Mais n'en fit rien. L'angoisse de Diane lui suffisait. Elle se fit amener un des derniers portraits de la duchesse. Elle était devenue laide. Édentée, les lèvres minces, le nez crochu. Une maigre vieille femme. Madame Catherine contempla longtemps ce désastre.

On l'oublia. Brantôme fut un de ses derniers visiteurs. Sa curiosité de commère n'avait pas résisté.

Les Guises s'emparaient des affaires de la guerre, des finances, des affaires étrangères. Ils se réunissaient souvent à huis clos, parfois dans la chambre de la régente, où étaient présents le jeune roi et son épouse. On écartait les autres enfants à Amboise.

Comment honorer les clauses du traité de Cateau-Cambrésis ? La France croule sous une dette de plusieurs millions de livres. Les guerres civiles reprenaient. Les réformés s'affirmaient. La France était moins catholique que Margot ne l'eût pensé. Les Guises voulurent un exemple que Madame Catherine ne contredit pas. C'était le désir de feu son époux. Les Lorrains, tout puissants, firent condamner au bûcher, le 23 décembre 1559, un conseiller clerc au Parlement, le jeune et brillant protestant Anne du Bourg. Place de Grève. Il dit à haute voix, ces mots qui prenaient le sens éclatant de la souveraine Grâce :

— Mon Dieu, ne m'abandonne pas de peur que je ne t'abandonne[1].

Trente-six années de guerres de religion les plus convulsives du siècle de Margot commencèrent…

*

Amboise. Les frères de Margot la taquinent.

— On a brûlé un réformé ! Il était tout noir et ses entrailles éclataient !

— On ne l'a pas brûlé par méchanceté, dit Margot, mais pour honorer Dieu, Jésus-Christ, la Vierge Marie et tous les saints.

— On tue ! On tue ! hurle Charles.

On ne nomme plus Hercule de ce prénom, on dit François d'Alençon et pour ne pas le confondre avec François, l'aîné, Margot dit « mon petit frère Alençon ». Ou quand, il la fâche, « le Moricaud ».

Ils poursuivent la petite. Les jeux douteux recommencent. Elle aime bien quand son frère Henri s'empare d'elle et lance des coups de pied aux autres. Elle le trouve beau quand il lui dit « ma mie » d'une bouche rose qui se colle soudain à la sienne. Elle préfère son ami le beau Lorrain, l'autre Henri, le fils du Balafré. Elle avait dissimulé cette première passion quand son père la questionnait tendrement… Au fond,

1. In *Histoire de France*, Marc Ferro, Odile Jacob, 2003, p. 183.

elle eût bien demandé tout bas à son père de l'épouser un jour. Le fils du Balafré et d'Anne d'Este, de trois ans son aîné, est blond d'or, l'œil d'un bleu brûlant. Il est si gentil quand il l'embrasse, aussi, à la dérobée avec sa bouche qui sent le sucre d'orge et la cannelle. « Je vous épouserai, ma mie », déclare-t-il. Elle est bien contente d'être « la mie » des deux Henri. « La mie » de tous ceux qui l'aimeront et baiseront sa bouche. C'est bien agréable, ce genre de baiser. Cela dégoûte un peu et ensuite une langue habile chatouille la sienne. Elle rit.

François II se perd en enfantillages, torturé de maux chroniques. Marie est agacée par son indolence. Agacée du tourment de son beau corps de fille dont il ne sait et ne peut rien faire. Il est à peine instruit. Il aime chasser et en revient brûlant de fièvre. Personne ne s'est sérieusement occupé de l'éducation du futur roi. Son père n'avait certes pas prévu son brutal décès. Madame Catherine ne croyait pas qu'il vivrait longtemps, ni qu'il engendrerait. *Le mage, le mage* avait dit... Tous ses enfants régneraient. Ni le corps ni l'esprit de François II ne se développaient. Mais le voilà roi. On lui propose d'assister à une austère séance du Parlement. Il bégaye. Son esprit se bloque. Il ne comprend pas ce qui se déroule. Il laisse les Guises démêler les affaires pressantes. Il laisse les Bourbons, Antoine et Louis de Condé, le bossu, ces réformés honnis, se mêler du Conseil. On encourage le roitelet à se rendre à la chasse, empirer sa fièvre, s'en défaire ainsi. Sa mère, désolée, impassible, fataliste, ne peut rien pour fortifier et sauver cet enfant. La tuberculose le dévore, l'abcès de son oreille empire.

Madame Catherine se rend à chaque séance, à sa place. En décembre 1559, au moment où s'embrasait Anne du Bourg, le roitelet se retirait à Chambord pour chasser et ne penser à rien. Loin de Paris, du Louvre et de ses oncles. Loin de son grand devoir de roi. Madame Catherine tenta de rompre un tel danger en lui envoyant le Conseil privé. François bouda. Il portait des vêtements à fanfreluches. Il assortissait les poignées de ses épées à ses vêtements. Il se couvrait de colliers, de bracelets. Il adorait palper l'étoffe des robes de Marie et de Margot.

À chaque mouvement insolite, ce peureux tremblait.

Il craignait d'être assassiné. Il lui était impossible de parler à une assemblée, assurer sa voix si faible, imposer sa volonté. Il fuyait. Il avait le besoin constant du rempart qu'étaient Marie et sa mère.

Laisser le pouvoir aux Guises était sa pauvre et dangereuse parade pour échapper aux tracas que lui causaient les Bourbons, les Condés. Il fallait un régent à ce misérable enfant. On nomma, au grand mécontentement des Guises, Antoine de Navarre et son frère, le prince de Condé. Le duc de Montpensier rôdait en ce triumvirat haï de Catherine. Des protestants. La crainte est grande que ces Navarre, ces Bourbons haïs n'assassinent ses enfants… Madame Catherine étudiait le caractère de chacun. Catherine, en secret, rassemble en conseil les Guises et des hommes de haute valeur. Michel de L'Hospital, proche des réformés, et l'évêque de Monluc. Les Bourbons lui reprochent ce choix. Elle les envoie au loin, en mission. Antoine est chargé d'accompagner Élisabeth en Espagne. Elle veut gagner du temps.

Le royaume de France a quelque chose d'une république de Florence. Quelque chose de pourri. Madame Catherine est l'unique véritable gouvernail de ce royaume, cette nef de fous et d'ambitieux. Sa vigilance est sans cesse en éveil.

Le temps des tumultes est arrivé.

À Amboise, Margot trouve ravissant le ciel, le chemin de ronde, les créneaux charmants d'où l'on voit, en bas, la rue, et, là-bas, le lacet argentin de la Loire.

Quelle paix ! Quelle aimable cité !

La douceur de vivre est tendre en cette demeure d'enfance, de jeux et de gourmandises. À Amboise, les pâtissiers déploient leur talent.

Soudain, un beau matin, un soir, peut-être, elle voit la cour arriver de Blois. Que de monde ! Que de monde ! Et ses frères et son frère le roi ! Et tous ces gens d'armes ? Elle ne comprend pas.

La citadelle d'enfance va devenir un repaire de cris et de sang.

Marguerite assistera aux cris et au sang. C'est bien autre chose que le malheur du tournoi. C'est la première fois qu'elle aura sous les yeux, en cet enclos de jeux et de sucreries, la barbarie.

V

Un tumulte

L'hiver.

L'hostilité protestante augmentait. Ils couvraient de pamphlets injurieux François le Balafré, duc de Guise, à l'indiscutable prestige. Des brochures malveillantes circulaient. Elles caricaturaient le cardinal de Lorraine en démon lubrique. Il fréquentait, disait-on, les maisons de plaisirs. On l'avait molesté à la sortie d'une nuit de débauche. On ne démêla jamais le vrai du faux. La rumeur se répandait. Les protestants complotèrent pour s'imposer.

En février 1560, un gentilhomme du Périgord, calviniste, le baron de la Renaudie, organisa le soulèvement. Il trouva nombre d'alliés dont Coligny et l'ambitieux prince de Condé. Le plan était audacieux. Une troupe de calvinistes en armes cernerait le château de Blois où la cour se rendait à la fin de l'hiver. Ils attaqueraient et tueraient les Guises et Lorraine. Ils imposeraient un nouveau régime religieux et politique. L'idée fixe était de se débarrasser des Guises honnis. François II était cet enfant condamné et peureux. Marie Stuart, une trop jeune femme jamais honorée. Madame Catherine n'était rien du tout. La supprimer serait bien. Son insignifiante progéniture et le reste de la cour étaient un mauvais jouet à réduire – ou à détruire.

Ils s'inventaient une grande histoire. Les Guises exterminés, ils se mettraient apparemment au service de François II. Ils n'en feraient qu'une bouchée. Ils l'obligeraient à se convertir et à imposer la religion nouvelle. Ils le laisseraient s'éteindre telle une bougie. Le prince de Condé se disait déjà « tuteur » du roitelet. Ils aboliraient les lois contre eux et imposeraient, par tous les moyens, leur belle religion.

Un complot de cette taille exige des ruses, des plans, du temps, de l'argent, des serviteurs soudoyés, une armée disciplinée.

La Renaudie et Condé ne soupçonnèrent pas que, déjà, circulaient des indiscrétions. Madame Catherine se doutait de la chose grâce à la qualité de ses espions. Les Guises furent au courant. Madame Catherine conduisit, à sa manière, la contre-offensive. Elle était à Blois avec la cour et ses aînés. Elle dissimula son épouvante et s'accorda avec les Guises de se retrancher au plus vite à Amboise. Elle laissa croire aux insurgés que Blois était toujours occupé par eux. Amboise et sa forte citadelle, ravissante sous le soleil d'hiver, était un abri plus sûr que Blois.

Chariots, chevaux, cela faisait bien du monde à Amboise. Margot est enchantée. Elle joue au palet avec Hercule. Elle ne comprend pas la crispation des visages, cette hâte et cet excès de cavaliers au chemin qui montait à la petite citadelle, le 22 février. Margot vit la peur se greffer sur chaque visage au matin du 15 mars. On n'était pas en « vacances ». Margot est stupéfaite de voir qu'on met tout le monde en armes y compris les marmitons. Le cardinal de Lorraine enfile une cotte de maille d'où dépasse sa soutane. On tient les enfants enfermés. Margot ne jouera ni au ballon ni au palet, mais les enfants voient tout. Son père lui manque, quelqu'un d'aimant lui manque. Sa mère lui manque. Hercule, excité, lui conte des récits effrayants. Madame Catherine couve Charles et François de ses ailes sombres. Pourquoi les gentilshommes se couchent-ils tout habillés ? Hercule est ravi. Plus de bain ni de clystère ! Il veut de la confiture. Madame de Curton a l'air glacé ; sa bouche tremble.

Les Guises envoyèrent de discrets cavaliers surveiller chaque issue de terre et du fleuve qui menait de Blois à Amboise. La moindre des ruelles d'Amboise fut également surveillée. Les remparts de la citadelle sont remplis d'hommes en armes. La panique se répand. On s'attend à quelque chose de terrible, mais quoi ?

Margot et Hercule regardent, d'une mince fenêtre basse, ces futaies de jambes, ces forêts de pics, d'ombres... Une peur sourde, liée à l'invisible. Le 16 mars, les pages de la vénerie ont galopé jusqu'à la citadelle. Ils crient des choses qui tirent des clameurs à chacun. Margot n'entend pas tous les mots.

— Un millier de protestants avancent sur Amboise !

Le prince de Condé feint l'ignorance.

Ce « tumulte d'Amboise » allait devenir « la boucherie d'Amboise ».

*

La Renaudie avait pour alliés Coligny, les princes de Bourbon, dont Condé, le duc de Montmorency.

Madame Catherine sentait venir ce fatal tourbillon qui entacherait l'avenir des Valois. Elle eût préféré, comme toujours, la conciliation. Il était trop tard.

La Renaudie avait fait un séjour en Suisse, chez Calvin. Il trouvait dans le système « des cantons » une sage organisation. La Renaudie et ses alliés raisonnaient. Pourquoi, une fois leur coup d'État réussi – ce dont ils ne doutaient pas –, ne pas transformer « en cantons » – c'est-à-dire en provinces précises – le découpage d'un pays mal connu de ses propres souverains ? Chaque canton aurait un « régent » qui rendrait compte de toute gestion à Paris et à ses rois.

— C'est une grande folie, avait persuadé Calvin, que le pays soit gouverné par un seul souverain[1].

Il avait dit aussi à La Renaudie :

— Tuez sans hésiter prêtres et Jésuites.

Théodore de Bèze, lui, avait soufflé à Madame Catherine ce conseil catholique :

— Tuer les hérétiques protestants comme on tue les parricides… les chasser, les calomnier, est un devoir sacré… *En finir.*

Les troupes de La Renaudie étaient trop dispersées au long de la Loire. Les Guises, plus guerriers que courtisans, surent les prendre en chasse.

La Renaudie s'était vanté trop tôt et trop fort. Il aurait pu gagner. La religion nouvelle avait agrandi ses troupes. Élisabeth Ire, malgré son avarice, au courant par Antoine de Bourbon, avait accordé une belle subvention pour aider cette opération.

On mura les portes d'Amboise. En mars, le ciel est mouvant, la bourre argentée des nuages n'apporte pas de chaleur. Madame Catherine a compris l'immense danger. L'affreuse nécessité du sang à verser. Elle se réfugie un moment à la chapelle où s'étaient mariés ses parents, une quarantaine d'années auparavant. L'assemblée enfermée entre ces murs est une composition étrange et angoissante. Le prince de Condé, Gaspard de Coligny sont protestants. Ils détestent Madame Catherine. Elle le sait, elle les utilise. Coligny ne cesse de prendre de l'influence sur ses fils – surtout Henri. Le Malheur est aux

1. In *Catherine de Médicis*, Jean Orieux, *op. cit.*, p. 254.

portes d'Amboise. Le Malheur ne fait que commencer. Sang, cendres, flammes.

La floraison surprenante d'une violette dans un champ de bataille.

La Renaudie encercle la ville, persuadé de la victoire. Cette démarche, sous la protection de Dieu, est juste et sainte.

Madame Catherine ne se fait aucune illusion sur Condé et Coligny, loups dans sa bergerie-nursery. Elle eut alors une formidable idée : faire venir Condé et le nommer « capitaine des gardes de corps du roi ». Un venimeux honneur qui soudain déstabilisait le guerrier voué d'un seul coup à son roi catholique.

L'urgence est à la chasse à l'homme, à la chasse aux hérétiques.

Le duc de Nemours en fait partie. La troupe royale ramena un groupe de paysans. Ils demandèrent à parler au roi. Ils sont une cinquantaine rassemblés dans la cour d'Amboise. Margot et Hercule ne voient et n'entendent que des bribes de la scène. Les prisonniers « tremblent comme des moutons ». Margot aperçoit son frère, François II, ennuyé, fatigué, se pencher à une fenêtre. Il les rassura mollement mais, poussé par Marie, il exigea d'en savoir davantage. Sa voix impubère flûtait. On lui désigna, là-bas, derrière, tout autour de la citadelle, l'invisible troupe destinée à les détruire. Le roi balbutiait. Il se retira d'un mouvement. Il grelottait.

On emprisonna quatre meneurs agressifs. On relâcha les autres. Un des meneurs hurlait à l'encontre de Madame Catherine, en désignant la fenêtre trop vite désertée par François II :

— Cette putain étrangère et hérétique a fabriqué de l'avorton en guise de roi !

Les autres renchérissaient :

— On va la mettre dans une cage en fer comme une sale bête et tuer les deux Guises, ces méchants sans foi !

Ils disparurent dans la profondeur souterraine de quelque cachot.

Le lendemain, on vit surgir des ombres inquiétantes tout au long de la Loire. Ils assiégèrent Amboise sans succès. Le troisième jour arriva le gros de la troupe menée par le flambant La Renaudie.

Il demanda à voir le roi. On refusa. La Renaudie le prit mal et eut la folie d'attaquer. De chasseur, il devenait gibier. Les Guises et les troupes royales poursuivirent jusqu'au dernier des conjurés. La Renaudie fut tué d'un coup d'arquebuse.

Madame Catherine comprit qu'à la tête du complot, il y avait bien d'autres noms que celui de La Renaudie – dont Condé et Coligny. Elle avait su composer une parade avec Condé. Serait-ce suffisant ?

Tout s'accélérait. Il fallait effrayer l'ennemi. Mettre en place « la punition ». Les exemples. Madame Catherine opinait.

— Une répression exemplaire.

Elle devenait sauvage si on tentait de toucher à ses enfants – à ses fils bien-aimés. François II tressaillait. Hercule sautait pour mieux voir. Margot découvrait la peur de sa mère. Peur d'être tuée, peur de ce tournis de pics, de pieux, de jambes, de nuques bardées de fer...

Les Guises firent écarteler le corps de La Renaudie et suspendre chaque morceau au pont de la Loire. Un écriteau sur ses membres et sa tête répétait ceci :

« La Renaudie, chef des rebelles[1]. »

La troupe entière, y compris celle qui arrivait du sud, fut massacrée, sous les ordres du duc d'Aumale. Madame Catherine fixait, irritée, son fils roi, apeuré, serré contre Marie. Ni lui ni Marie n'étaient de taille et de goût à priser des supplices. Ils étaient livides. Madame Catherine méprisait cette faiblesse. Elle mesurait sa solitude. On avait traîné et jeté dans la Loire des centaines de corps mutilés. On avait enchaîné les vivants pour offrir à la cour, Amboise et alentours, le spectacle de « l'exemple ». Madame Catherine savait que glacer d'épouvante les coupables, les témoins, la ville, toutes les villes, était le seul moyen d'imposer la royauté de son fils débile et celle de celui qui régnerait ensuite. Consolider leur dynastie. Imposer la religion catholique, se faire craindre et plus jamais moquer.

On mena les prisonniers à la citadelle. On avertit les villes voisines. Le peuple adore la fête abominable des supplices. Il y avait foule jusque sur les toits des maisons. Des badauds arrivèrent de Nantes.

François et Marie tremblaient. Madame Catherine et les Guises s'activaient. Ils firent monter une tribune pour que la famille royale au complet assistât aux représailles. On laissa enfermés les plus jeunes : Margot, Hercule et Henri. Hercule pleurait de rage : « Je veux voir ! Je veux voir ! » Ils virent, à leur manière, approchant quelque siège de la fenêtre mince. Ils virent des tronçons de corps, des têtes qui roulaient. Ils virent que le sang est plus brun que rouge. Ils virent des cordes ajustées aux créneaux et des corps que l'on précipitait dans le vide au moyen de ces cordes liées à leur cou. Ils entendirent des cris.

— Non, s'exclama Margot, ce sont des chants !

C'étaient des psaumes.

On hurlait des toits de la ville.

---

1. *Ibid.*, p. 256.

*

François II avait hurlé :

— Qu'ai-je fait à mon peuple ! On me trahit !

Il trépignait, frappait du poing, Il suffoquait. Il s'en remettait à Condé, il avait besoin d'un père, Condé simulait la colère et la protection.

— Il faut tous les pendre !

On feindrait, pour la forme, de le mettre en prison. On le relâcherait aussitôt. Il était utile aux plans de Madame Catherine.

Les pendre, les tuer tous... dont les quatre meneurs remontés de leur cachot.

Marie Stuart, raidie au fond de son fauteuil, est foudroyée du mépris de la régente. Le petit roi était vêtu de violet et de noir. On crut, plusieurs fois, qu'il s'évanouissait. Il se tenait entre sa mère et Marie, pâle et la bouche tremblante. « Un jour, Marie Stuart, un jour, ta tête roulera sous la hache du bourreau anglais, et il y aura tant de sang, tout ce sang et... »

À ses côtés, le duc d'Orléans, le frère de François, Charles, âgé de dix ans.

— On tue ! On tue !

Madame Catherine préparait ainsi le successeur de son aîné dont elle savait la fin inexorable. Près du futur Charles IX, le nonce du pape et derrière lui, Condé. Le véritable chef de la conjuration. La duchesse de Guise était sombre : le sang n'appelle que le sang.

Cinquante-neuf prisonniers vont mourir. Ils sont vêtus de noir, ils portent la barbe et la fraise. Ils s'inclinent d'un seul mouvement de dangereux respect devant Condé. Le bossu était ainsi dénoncé. On n'apprenait rien à ce sujet à Madame Catherine. Il était utile qu'un protestant voie périr les siens et comprenne la force des Valois. Sa force de régente. Qu'on cesse de croire que femme, seule, lestée d'enfants trop jeunes, instables, on puisse impunément oser désormais la manœuvrer. Ses astres lui ont confirmé que, mère de rois, elle régnera jusqu'à la fin en leur nom. Elle ne pense pas à Marguerite.

Condé, impassible, va assister au supplice des siens.

Le duc de Guise préside les exécutions. Au son des trompettes, les premiers conjurés montent à l'échafaud sur lequel on a posé un billot. Ils chantent le psaume traduit par le poète Clément Marot. Ce psaume était si tendre que la cour en raffolait, le petit roi l'aimait :

Car ce que Dieu mande,
Qu'il dit et commande,
Est juste et parfait ;
Tout ce qu'il propose
Qu'il fait et dispose,
À fiance est fait[1]...

Les têtes roulent, l'une après l'autre. Les fronts se posent sur la rigole ensanglantée du frère qui vient de mourir... Le sang déborde, coule en ruisseaux. Marie est au bord de supplier que cela cesse. Est-il possible d'endurer avec un tel courage d'avoir la tête tranchée ? Le bourreau, à force de frapper, perd de sa justesse. Il s'y prend parfois à plusieurs fois. Marie veut se lever. La poigne de sa belle-mère serre à la broyer son poignet à gant de soie. Marie restera jusqu'au bout. Son petit François a le regard fixe, la tête ballante. Le prince de Condé, sans pâlir ni frémir, dit au nonce :

— Les gentilshommes de France peuvent rater un complot mais savent mourir[2].

On pendait aussi, à mesure, d'autres rebelles, le long des créneaux de la citadelle. On égorgeait dans les ruelles.

Longtemps, Marguerite se souviendra des corbeaux qui coassaient au-dessus de la citadelle. Longtemps, Marguerite se souviendra du sang qui coulait à gros bouillons et séchait en une boue brune. Longtemps elle verra en ses songes osciller les pendus, aux créneaux de la citadelle de son enfance. Ils attiraient, les pendus, les oiseaux noirs ; on entendait sur leurs crânes le tap-tap de leur bec crochu. Certains pendus frémissaient encore quand les oiseaux les assaillaient.

Les Guises avaient fait jeter dans la Loire, une pierre au cou et aux chevilles, une grande partie de leurs prisonniers.

Et longtemps, cette odeur abominable, sucrée et fade, de la mort. Et longtemps, longtemps l'impossibilité de laver les traces de ce que l'on nommait à la cour « le tumulte d'Amboise ».

Le ciel était vide, muet ; tout, à mesure, était devenu muet.

La citadelle, la ville, le pont, la Loire empestaient.

*

Ce fut un énorme fracas mais d'autres suivraient. Le fracas du XVIe siècle n'épargnerait pas les chemins empruntés par Margot.

---

1. Œuvre de Clément Marot, Psaume XXXIII.
2. D'après Jean Orieux, cf. bibliographie.

Elle tenta de se consoler au plus vite, c'était sa nature, de cet affreux séjour à Amboise.

En mai, la famille royale et la cour reprend la route pour Chenonceaux. On passe de l'horreur à des festivités champêtres.

On traversa le nouveau pont qui enjambait le Cher. Les ouvriers acclamaient le cortège royal. Ils brandissaient des branches feuillues ornées de taffetas noir et blanc. Marguerite se penchait, applaudissait, riait. Quel effet charmant, ces rameaux et ces petits drapeaux ! Madame Catherine, le teint jaune, souriait à ce blanc et ce noir, couleurs de la favorite honnie exilée à Anet. Des paysannes, vêtues de couleurs vives, formaient une ronde sous les arbres. Elles portaient de larges chapeaux tressés aux couleurs vives. Henri aurait bien voulu en essayer un. Marguerite aussi. Hercule boudait. On chantait, on les acclamait. Margot riait. Il n'y avait jamais eu de sang ! La vie était ce frais tapis de fleurs dont on avait jonché le chemin… Les giroflées embaumaient et les muguets jaillissaient. Margot eût aimé rejoindre les paysannes sous les ormeaux, une rose dans la bouche et un collier de giroflées sur sa robe en taffetas rose.

Des dames, couronnées de lierre et de fleurs – l'Antiquité est à la mode –, reçoivent la famille royale. Margot est de plus en plus dans la fête, Henri aussi. Hercule s'ennuie. Charles roule des yeux, un peu fou, encore ivre de la sanglante fête d'Amboise. François a du mal à retenir sa toux. Il salue une des dames, qui au balcon, se met à chanter une ode délicate à ces princes qui viennent de faire égorger tant de monde. Elle récite à François II, « *si gentil roy de France* », une harangue et laisse tomber avec grâce un bouquet sur le roitelet. Il respire mal, la bouche ouverte.

On continue la route jusqu'à Tours. L'accueil est légèrement différent. Des mains irrévérencieuses et protestantes balancent des légumes sur le cortège royal.

L'été est là. Madame de Curton demande à Madame Catherine où vont aller ses plus jeunes enfants.

— À Amboise, naturellement ! répond la régente.

Il ne s'est rien passé à Amboise. C'est la résidence la plus sûre pour ses enfants. Il n'y a rien de changé.

On se quittera. Madame Catherine, François et Marie vont à Orléans. Margot se retrouve avec ses frères.

La Loire charrie encore du cadavre et les rues d'Amboise ont quelque chose de différent. Margot pousse le palet de la marelle sur les pavés qui ont retenu des traces brunes. Charles s'amuse des cordes qui pendent, liées à des lambeaux humains, sous le grand soleil d'été.

François II n'atteindra pas ses dix-sept ans. À Orléans, il s'obstina à chasser et laissa tout pouvoir aux Guises.

La maladie galopait. Il était incapable de contrôler ses rejets. Son oreille et ses sinus dégageaient de la purulence. Son visage, livide, était marbré de plaques rouges. La tuerie d'Amboise avait excité contre lui la haine des protestants. Les ragots couraient : sa mère faisait prendre des bains dans du sang de nouveau-nés protestants pour le soulager.

Les états généraux s'ouvraient en décembre 1560. En novembre, le roitelet grelottait de fièvre. On avait failli le tuer avec une dose massive de rhubarbe accompagnée de saignées. À partir du 30 novembre, il gémissait sans répit.

L'inflammation avait atteint le cerveau. Les Guises tremblaient de le voir mourir. La rumeur hostile s'acharnait contre Madame Catherine. Elle aurait laissé ses médecins user de la pierre philosophale. Le 3 décembre, le roitelet entra en agonie. Il gisait, sans force, fou de douleur, dans son lit. La Loire était gelée.

Nul ne pénètre en cette chambre de mort excepté Madame Catherine, Marie, les Guises et les Lorraine.

*

Madame Catherine quitte la chambre. Elle veut consulter, à Chaumont, ses mages dont Nostradamus et Ruggieri. Comment suspendre le temps et son maléfice ? Elle veut savoir. Tout savoir.

À Chaumont, Nostradamus occupe une chambre noire proche de celle où se meurt l'enfant. Madame Catherine, plus noire encore que ses ténébreux comparses, écoute. Elle ne croit qu'en cette puissance occulte. Elle n'est, au fond, ni catholique ni protestante : elle croit aux signes, au monde occulte, à l'écriture de cet invisible.

Elle n'oublia jamais ce 3 décembre, où le Temps tourna soudain plus vite qu'un vent fou. Le mage a tracé un cercle au centre de la chambre noire. On prie Madame Catherine de s'y tenir. Au milieu. Exactement. Elle obéit. En face d'elle, on dévoile un miroir. Ses quatre coins portent le nom de « Dieu » en hébreu. Nostradamus déclencha ensuite le « jeu » lié à tous les interdits religieux. Le jeu digne du bûcher. Le seul « jeu » qui persuade la reine si sombre.

Nostradamus commença des incantations incompréhensibles. Madame Catherine vit au miroir des ombres, des nuages, des cercles, un brouillard. À mesure apparut le visage de François, le visage de l'enfant en agonie.

Une roue se dessina. L'image de l'enfant en agonie fit le tour de la roue reflétée au miroir. Magie noire ; magie de mort.

L'image s'évada, raconte-t-on, dans la pièce obscure et tourna une fois et demie. Chaque tour égalait une année de règne. Le mage parlait nettement. L'image disparut. L'enfant couronné aussi.

Apparut au miroir l'image de son frère Charles. Elle tourna quatorze fois.

— Il régnera quatorze années.

Madame Catherine a du mal à ne pas tomber, sombrer, éclater d'un désespoir sans limite. Dans quatorze années, Charles mourra.

Elle attend, elle veut tout savoir. C'est plus fort que l'angoisse, que les ténèbres. Elle attend l'image de son fils adoré : Henri.

L'image tourna quinze fois et Catherine, crucifiée, attendait l'ultime apparition : son cadet, son pauvre petit Moricaud, Hercule-Alençon.

Point d'Alençon, point de nabot au rouet infernal.

À sa place, le visage détesté de l'autre Henri, celui de Navarre. Le fils des Bourbons et de l'hérétique Jeanne d'Albret.

Il régnera.

Les Bourbons régneraient parce que les Valois seraient tous morts et sans postérité.

Elle hurla, elle, si contrôlée : Non !

Un sauvage cri d'entrailles. La plus sauvage des douleurs. Le cri ; quand tomba son époux.

Elle veut savoir, elle veut tout savoir.

L'image honnie, Henri de Navarre, le Bourbon, tourna vingt-deux fois.

Elle sanglote. Elle veut peut-être à ce moment sa mort. Elle la demande au mage. Le miroir est redevenu un simple miroir et la chambre, si sombre, est une chambre tapissée de noir.

— Méfiez-vous de Saint-Germain, dit le mage.

Madame Catherine évita d'aller à Saint-Germain persuadée d'y périr assassinée.

Le fils des Bourbons régnerait. L'idée de survie la fulgura.

Elle ferait du fils des Navarre et Bourbons l'époux de sa fille Marguerite.

Marguerite était la seule issue pour sauver la couronne que ses fils, l'un après l'autre voués aux ombres, ne pourraient conserver.

*

Sa toux déchirait le silence, il hoquetait, il avait soif, il hallucinait, il pleurait, il avait peur. Il croyait voir flotter autour de lui les têtes coupées à Amboise. Il s'accrochait à la main de Marie Stuart. Il s'affolait dès que Marie ôtait sa main pour baigner un linge dans une eau fraîche et rafraîchir son front. Il y eut maintes processions dans les églises d'Orléans et de Paris pour sa guérison. La nouvelle de son état fut connue de la province.

Ses cauchemars le réveillaient de sa torpeur. Les remords. Il balbutiait, plus lucide qu'on ne l'eût pensé :

— Seigneur, pardonnez-moi mes péchés, et ne m'imputez pas ceux que mes ministres ont commis en mon nom et sous mon autorité[1].

La cour s'était installée à Orléans et on fit venir d'Amboise Margot et ses frères. Ils entendent hurler leur frère jusque dans la rue. Margot porte les poings à ses oreilles. Des rumeurs, au Louvre, assuraient que des serviteurs protestants auraient versé un poison mortel dans l'oreille du petit roi. L'infection gagnait la gorge, les narines. Il étouffait. Marie pleurait. Madame Catherine songeait au successeur. Amboise Paré proposa de trépaner le moribond. Marie et Madame Catherine refusèrent d'ajouter un supplice inutile à sa souffrance. Le chirurgien ne dit rien. Il eût bien tenté au nom de la science un acte qui l'eût éclairé sur l'état d'un tel cerveau. Il aurait fouillé par la tempe ouverte à vif, le plus loin possible.

Le 5 décembre 1560, quand descend la nuit, morne, froide, à cinq heures de l'après-midi, mourut François II, à quelques jours de ses dix-sept ans. Il reçut les sacrements vers midi.

Marie Stuart, sans enfant, si jeune, n'était politiquement plus rien. Elle porta le béguin blanc des veuves prolongé d'un long voile blanc. À son tour de s'enfermer pendant quarante jours. Madame Catherine noyait sa peine sous ses voiles sombres.

On inhuma François II à Saint-Denis. Son cœur fut porté dans une urne à Orléans. Marie Stuart, longue silhouette blanche, allait regagner l'Écosse. Elle pleura au long de la dure traversée de la mer du Nord : « Adieu France, jamais je ne te reverrai. »

Elle ne se trompait pas.

Madame Catherine rassembla ses enfants et réunit le conseil. Charles IX n'a que dix ans mais il occupe son fauteuil de roi. La place de François. À ses côtés, la reine mère a placé en bon ordre Marguerite, Henri qui devient duc d'Anjou, et le Moricaud, qui devient duc d'Alençon. Charles a voulu que Chicot, son bouffon, soit à ses pieds.

1. In *Marie Stuart*, Hortense Dufour, *op. cit.*, p. 117.

La cour porte le deuil. Marguerite est parée de violet, de guimpe blanche. Des perles aux oreilles, autour du béguin, sur le corsage aux manches bouffantes… Elle regarde d'un espoir craintif du côté de sa mère. Elle ne réalise pas le poids écrasant de son rôle. Le poids écrasant de ses peines. Les calculs. Margot a peiné et pleuré lors de l'interminable cérémonie mortuaire. Elle avait froid, elle avait peur et le cœur serré. La mort avait emporté son papa roi, son grand frère roi. À Amboise, Margot avait vu de près la vilaine mort. À Orléans, elle entendait François hurler de douleurs. Où était le plaisir de vivre ? Elle puise ce plaisir à rencontrer le regard de François de Guise, le fils du Balafré. Il est si beau avec sa tête d'archange, sa blondeur lorraine, ses yeux d'azur touché de vert… Il a vers elle, si petite, un regard de jeune homme épris. Il est grand pour son âge et bien plus beau que ses frères. Sa mère n'en a que pour Charles, le nouveau roi de France. Margot écoute ce que disent les grandes personnes.

— Je tiens à prendre la régence, décida sa mère.

Que les grandes personnes sont donc querelleuses ! Autant que ses frères avec elle. À quoi sert de devenir grand si on se dispute sans cesse ? Antoine de Bourbon émet une protestation. Le ton monte. Il veut être régent. Madame Catherine le toise.

— Je souhaiterais, madame, être au moins nommé régent suppléant. Je mettrai au service de Votre Majesté et de celle du jeune roi toute ma compétence.

On s'agite. Les Guises aussi. Hercule-Alençon a des bâillements nerveux. Margot entend des mots qui ne la touchent guère :

— Madame, la France a près de cinquante millions de dettes et…

Le petit roi de dix ans remue les jambes. Henri passe une main fine et longue dans son triple collier de perles. Le violet lui va, il est beau en dépit de sa fistule à l'œil droit. Margot entend le même Bourbon argumenter que si sa mère tombait malade, son rôle de co-régent serait indispensable.

Madame Catherine a pour lui un lent regard inexpressif : elle l'enterrera. Elle les enterrera tous. Hélas, même ses fils. Qui sait, ses filles. Pas Margot ! elle a besoin de Margot : pour s'allier avec l'ennemi.

Ce Bourbon-là n'est qu'un géniteur dont le fils sera nécessaire à l'enjeu d'un grand avenir. Sa fille sera reine et sa progéniture sauvera la dynastie.

Quant à cette France déchirée, Madame Catherine va essayer de concilier les uns et les autres. Tout se négocie. Les dettes, elle les règle en en faisant d'autres. L'important n'est pas là. On ne prête qu'aux richissimes.

Le fils des Guises est décidément très beau. Margot dormirait volontiers avec lui *dans un grand lit carré.* Nanon, la nourrice de Charles chante parfois cette chanson-là. Mais Nanon chante moins depuis le tumulte d'Amboise.

VI

Poissy et Wassy

Le pape Pie IV avait félicité Madame Catherine du tumulte d'Amboise. Le temps de la conciliation pour elle était venu. Ce fut le colloque de Poissy. Madame Catherine est sans cesse disposée aux plus étonnantes concessions envers ceux qu'elle a fait massacrer la veille.

Le colloque eut lieu le 9 septembre 1561, à Poissy, au réfectoire de l'austère couvent des religieuses. La régente emmène ses enfants. Théodore de Bèze, conseiller de Calvin, sait à quel point les deux doctrines religieuses sont inconciliables. Rejet et haine sont réciproques, *inconciliables.* La régente a fait installer une tribune ornée de tissus brodés de lis. Chaque siège respecte la place de chaque prince. Charles IX, onze ans, qui a éclaté en larmes lors de son couronnement, est assis au centre, près de sa mère. En rang dégressif, d'après leur âge, il y a Henri d'Anjou, Marguerite, ravie d'être parée telle une dame et son petit frère d'Alençon. Il ne comprend rien sauf qu'il ne doit ni bouger, ni courir, ni bâiller, ni manger. Antoine de Bourbon est là avec son épouse Jeanne d'Albret, reine de Navarre. Elle a pour ce volage infidèle à leur foi un violent mépris. Devant la tribune royale, une foule de prélats et de théologiens. Debout, séparés par une barrière, en noir, les pasteurs calvinistes.

Théodore de Bèze, prisé de la régente, ose attaquer l'Eucharistie. On ergote, on s'agite. Les Guises et les Lorraine sont furieux.

— Avec cette assemblée de prélats, on fera une *couillonnerie !* s'était exclamé le duc de Guise[1].

Le colloque excita tout le monde et justifia la colère du pape. Marguerite en conserve une impression de tourmente, huit jours

1. In *Mémoires, op. cit.*, note 4, p. 315.

querelleurs et ennuyeux. Sa mère retourna au Louvre et envoya Margot et son petit frère à Amboise. Margot, secouée dans sa litière, était accompagnée de sa gouvernante et de trois dames qui lui furent fidèles pendant des années. Madame de Villeclerc, sa dame d'atours, madame de Dampierre, née de Vivonne, veuve du baron de Dampierre. La duchesse de Retz, veuve et remariée à Albert de Gondi, duc de Retz, futur maréchal de France, est une femme d'esprit et de cœur. Sa conversation charmait la fillette aux gracieux huit ans.

Dans un chariot, huit mules tiraient les deux lits de Margot, un autre contenait les « chaises » de ces dames. Margot bavarde avec la duchesse pendant le voyage.

— Pourquoi mes frères ont-ils changé de nom ? Maximilien est devenu Charles, Hercule, sera « François » et mon frère d'Anjou, Henri ?

— Chacun de vos frères doit changer de nom à son avènement. Sa Majesté votre mère l'a décidé ainsi. Le seigneur de Brantôme m'a dit que « par *tels changements, Sa Majesté votre mère pensait faire baptiser la fortune meilleure et la vie plus longue.* »

— Et moi ? Aurai-je un autre nom ?

— Vous êtes et resterez son Altesse Royale la très ravissante Marguerite de Valois. Le titre de reine ne revient à une dame que si elle épouse un roi.

— Alors j'épouserai un roi, dit-elle et je serai « la reine Marguerite »...

Elle rit, contente de cet avenir. Confiante en l'avenir.

Margot aimerait bien que François Henri, le bel archange, fils des François de Guise, devienne roi. Elle l'épouserait et serait sa reine de cœur, la reine ! « La reine Margot ». C'est gentil, « Margot ». Son frère Henri la caresse de ce prénom quand il trousse ses jupons. Une ombre lui donne envie de pleurer. Les créneaux en cisailles de la citadelle. Le pâtissier n'a pas eu le temps de confectionner la galette au beurre dont elle raffole. Le souvenir poignant de la mort de son frère aîné l'assombrit. Le départ de Marie Stuart la dérange. Elle lui donnait des pralines et des petits rubans. Elle a disparu aux brumes de l'Écosse et nul ne sait quand elle reviendra. Madame Catherine n'en parle jamais. Elle ne parle jamais de ses morts ni de certains vivants.

Le colloque de Poissy, cet échec, ne découragea pas sa mère. Elle envisagea de faire signer au roi enfant un édit de tolérance, d'une extravagante mansuétude. Il en résulta, outre le mécontentement du pape, la colère de son gendre Philippe II.

À la cour, les Guises s'exaspéraient. Le colloque de Poissy signa *officiellement* la première guerre de religion.

Il y eut une autre conséquence. Le colloque de Poissy déclencha à la cour et parmi les fils de Catherine un grave snobisme : la Réforme fut à la mode !

Margot eut à subir les odieuses taquineries de son frère Henri. Elle conserva le pénible souvenir de « la résistance que je fis, pour conserver ma religion du temps du colloque de Poissy, où toute la cour était infestée d'hérésie[1]. »

Henri s'était entiché de l'amiral de Coligny, familier du Louvre. Henri persécutait Margot.

— Change de religion, Margot ! Les huguenots sont dans la religion vraie !

Elle crie et se bouche les oreilles. Est-ce un jeu, quel vilain jeu, avec lui c'est toujours jeux de mains, jeux de vilain, et maintenant ce jeu malmène sa foi. Sa voix de coquelet lance des mots qui révulsent la fillette.

— Si tu restes catholique, tu brûleras en enfer et au bûcher de la bonne hugoterie !

Elle s'échappe vers la chapelle. Il la rejoint d'un saut de singe, bouscule son livre de prières. Elle le poursuit à son tour. Elle s'épouvante du sacrilège : il a jeté au feu son livre de messe. Il met de force, entre ses mains, un livre noir, celui des psaumes protestants, cadeau de Coligny, « son père spirituel ». Charles aussi nomme l'amiral « mon père », appellation davantage liée à un usage de vénération que de sentiment.

— Lis-le jour et nuit, grosse Margot, ou tu grilleras en enfer !

Hercule s'en mêle. Ils s'amusent de sa terreur et de ses larmes. Ils l'obligent à ouvrir le livre noir. Hercule récite un des psaumes que chantaient les condamnés à Amboise. La petite éclate en sanglots. Madame de Curton surgit. Elle disperse les frères de la fillette.

— Vous devriez avoir honte, vous, baptisés en notre sainte religion catholique !

Ils ricanent et se moquent. Henri continue son méchant travail de terreur :

— La reine notre mère te fera fouetter, Margot !

— Qu'on me fouette, qu'on me tue ! Je suis et je reste catholique !

Madame de Curton a un regard outré et emmène la petite en larmes, qui a perdu sa jolie coiffure de perles dans la bousculade.

Madame de Curton la mène chez le cardinal de Tournon. Il saura la consoler. À voix murmurée, il la conforte dans sa foi :

1. In *Mémoires, op. cit.*, y compris ce qui va suivre entre guillemets quand nous donnons la parole à Marguerite de Valois.

— Votre Altesse Royale doit souffrir toutes choses pour maintenir sa sainte religion puisque Son Altesse royale a la grâce que Dieu l'ait faite catholique.

Il se lève, d'un pas d'homme gras au souffle court. Il ouvre un « cabinet » doublé de velours cramoisi. Il lui donne un livre d'heures et un chapelet à la place de celui qu'Henri a aussi lancé au feu.

— Hérétique ! hurle Henri quand elle revient, avec ses atours apostoliques.

Madame de Curton met au courant la reine mère. Elle se précipite. Henri pour une fois, essuie la colère maternelle. Elle lui fait une scène violente. Elle a failli le gifler. Un doute la hante : ses fils, outre la menace de régner si peu, méritent-ils le mal qu'elle se donne jour et nuit pour préserver leur avenir ?

— Gare ! crie-t-elle. Je vais toucher mot de vos sottises à vos gouverneurs.

Henri a peur de sa mère tout en se sachant son préféré. Il ne craint pas sa sœur.

Margot sanglota longtemps. Sa répugnance des huguenots augmenta. Elle crut son frère envoûté. Elle redoubla de chapelets, de prières à tous les saints.

Son frère Charles, le roi Charles IX, jouait à un jeu qui déprimait davantage Margot. Il se déguisait en prélat. Il chevauchait Hercule grimé aussi en prélat.

— Hue-da ! Hue-da les catholiques ! Hue-da !

Ils priaient en français et non en latin. Les Guises étaient ulcérés. Leur haine contre Coligny, Condé, Théodore de Bèze, les Bourbons, augmentait. Ils voyaient l'emprise que l'amiral prenait sur le jeune roi et son frère. Ils songèrent à enlever Henri en Lorraine, sous prétexte d'un gracieux séjour. Ils l'élèveraient dans le catholicisme dominateur. Si Coligny, Condé, ces maudits, s'emparaient de cette royauté chancelante, menée par cette Italienne entourée de mages, de nains, de guenons et de protestants, c'en était fait. Ils feraient du roi enfant un protestant, son frère aussi. La France serait vouée à l'hérésie. Le duc de Nemours tenta une approche auprès d'Henri. Était-il devenu calviniste ? Le fils de Catherine, plus rusé qu'on ne l'eût pensé, répliqua, mi-grave, mi-moqueur :

— Je suis de la religion de la reine ma mère.

Tout le monde a oublié Margot pendant ces turbulences brutalement aggravées avec le massacre de Wassy.

*

François de Guise, ce 1er mars 1562, venait de Joinville, où il avait rendu visite à sa mère. Il s'arrêta dans la modeste cité de Wassy, sise sur une terre de sa famille. Où on se doit d'être catholique. Il veut entendre la messe. Il met pied à terre avec ses hommes. Un groupe de villageois accourt.

— Monseigneur, deux cents hérétiques, « arrogants, blasphémateurs » célèbrent leur ignoble prêche dans cette grange, près de la sainte église.

Le Balafré voit rouge. Nul calme en lui depuis Poissy. Nul esprit de conciliation quand il se souvient d'Amboise. Il se précipite vers la grange, suivi de sa troupe armée et de cette foule.

Deux gentilshommes du Balafré pénètrent dans la grange. Des hommes, des femmes, des enfants, modestes, sont là. Un pasteur lit la Bible. Tous chantent un psaume. Ils sont paisibles, avenants, loin de cette insolence dont on les a accusés. Ils accueillent les arrivants avec bienveillance.

Ils s'empressent de faire place aux hommes du Balafré qui prennent l'invitation pour le comble de l'insolence.

— Par le sang de Dieu, vous vous moquez de nous et de la sainte religion !

Un brouillard rouge semblable à celui qui les excitait lors de la tuerie d'Amboise les éblouit. Le cri fatal résonne.

— On va vous tuer ! Tous !

Ils sortent de la grange et tout va vite. Ils font barricader la porte et les issues. François de Guise approuve. De l'intérieur, les réformés lancent des pierres. L'une d'elle atteint le Balafré au visage. Sous son ordre, sa troupe réplique à coups d'arquebuses. La porte de la grange ne résiste pas. On fonce à l'intérieur. On tire, y compris l'épée, on tue, on blesse hommes, femmes, enfants. Le Balafré résume ainsi le massacre : « l'inconvénient de Wassy ». « Inconvénient », au XVIe siècle, avait un sens plus fort qu'aujourd'hui mais « l'inconvénient » – ou le tumulte – est pour les protestants « la tuerie de Wassy ».

Une centaine de morts, les autres grièvement blessés.

Du côté des hommes de François de Guise, un seul mort, quelques blessures. Quelle ovation quand on brûle la grange ! Les protestants appelleront désormais François de Guise « le bourreau de Wassy ».

La seconde guerre de religion est déclenchée. Le massacre de Wassy prépare la Saint-Barthélemy. Margot a neuf ans. La France a basculé dans l'irréparable.

Pas un seul bourg, une seule campagne sans exaction. Pas un seul fleuve qui ne charriât des cadavres. Des pendus aux ormeaux, sous lesquels dansent parfois, la chevelure ornée de fleurs, des paysannes qui accueillent le cortège royal. Les bûchers flambent. On brûle aussi sorciers et sorcières.

Paris avait acclamé François de Guise comme un sauveur, suite à ce vulgaire assassinat au fond d'une pauvre grange.

Madame Catherine changea radicalement d'attitude : elle manifesta un catholicisme ostentatoire. Ses espions lui avaient susurré que, non seulement Les Guises, tout-puissants, complotaient d'enlever son fils Henri, mais que Condé comptait aussi faire la même chose de Charles IX.

Elle obligea ses enfants à écouter plusieurs messes par jour en latin. Elle obligea ses fils à renoncer à leurs jeux imbéciles. Il y va de leur dynastie. Il y va de leur vie. L'« escadron volant » de Catherine, ses dames des plus aguicheuses, ces espionnes destinées à soutirer les renseignements sur l'oreiller de l'ennemi, les naines et laiderons, toute la cour, jusqu'au dernier des muletiers et des marmitons, tout ce qui était au service des Valois, se doit d'assister aux offices catholiques. Être vu en ostentatoires postures catholiques. On feint d'ignorer les calvinistes d'importance, ministres et hauts gentilshommes. *Pater*, *Credo*, *Ave Maria* sont dans toutes les bouches. Nanon, la nourrice huguenote, chante les psaumes au secret de son cœur. Le soir, Charles suce encore son pouce avant de s'endormir. Il soupire d'aise, contre elle. Elle a pour lui une vive et désolée affection. Elle frissonne de le savoir *damné*. Elle frissonne quand elle l'entend tousser (déjà !) et qu'elle essuie du sang au coin de sa bouche. Peut-être Dieu prend-il en pitié les enfants dont on a mené la conscience malgré eux. Elle prie tout bas pour cette pitié qui n'a aucun sens chez Calvin et l'amiral de Coligny.

Margot tâte son petit torse bombé, sous la dentelle de sa chemise. N'y a-t-il pas déjà l'ébauche de jolis petits seins ? Elle rêve d'avoir la blanche poitrine de la belle duchesse de Nemours. Vénus est son modèle.

*

La réplique protestante au massacre de Wassy ne tarda pas. Condé haïssait les Guises et les Valois. On l'avait depuis longtemps fait sortir de prison, vague simulacre politique suite au tumulte d'Amboise. À la fin de mars 1562, le petit bossu recrute une forte troupe, d'environ deux mille hommes. Le 2 avril, il prend d'assaut Orléans. Il y a des cris, des coups, du feu, l'éternel déploiement sanglant.

Qui entraîne aussitôt, à Sens, ville protestante, l'atroce réplique.

Un moine jacobin tient la tête du massacre. Il sonne lui-même de la trompe.

À Sens, on noie. On jette à la Seine tant de cadavres que, pendant des jours, ils dérivent jusqu'à Paris, lamentables charognes, charrieurs de maladies, d'effroi, du goût de la vengeance.

Condé sillonne avec sa troupe Angers, Tours et Blois : ces villes saignent jusque dans la pierre. On brise tout ce que l'on trouve dans les églises, à grands fracas s'écroulent les statues des saints, les croix et leur Christ. On souille les ciboires. On se taille des pourpoints dans les chasubles. On détruit les tombeaux de ces églises. On crache, on insulte, on brise les vitraux. On dépose des excréments à la place de ce qui fut l'autel. On traîne au sol, liée à une corde, une statue de la Vierge jusqu'à ce qu'elle se brise en éclats. On crache dessus.

À Tours, les reliques de saint Martin sont jetées aux ordures avec celles de saint Gratien.

La colère augmente à mesure du saccage. On bouleverse de la même façon l'église d'Orléans, on se saisit de l'urne qui contenait le cœur du malheureux François II. On piétine ce cœur, on le jette aux ordures.

À Cléry, on ouvre le tombeau de Louis XI. On disperse ses os.

À Vendôme, sous l'œil impassible de Jeanne d'Albret, on ouvre les tombeaux des rois de Navarre. On piétine les restes.

Condé, à chaque combat précédant ces ravages, galope avec ce cri destiné à galvaniser sa soldatesque :

— Nous portons les armes pour obtenir la paix religieuse !

Il caresse un grand projet. Éliminer les Valois. Les faire égorger, tous. Il se fera sacrer roi de la lignée des Bourbons.

François de Guise rêve aussi de la couronne de France. Il marierait son fils Henri à Marguerite. Il ferait tomber la tête de Condé et celle de Coligny, responsables de cet infâme désordre. Coligny est plus dangereux que Condé, sans cesse insinué à la cour, dans la confiance du jeune Charles et celle de son frère Henri. Il les a influencés, fait inadmissible, du côté de la Réforme. Coligny a rejoint Condé lors du siège et du saccage d'Orléans. L'armée royale et son chef le Balafré ont établi leur campement au bourg d'Olivet, entouré de bois, d'eaux vives, de hameaux. François de Guise s'installe avec ses proches au châtelet avec son épouse, la duchesse de Joinville, leur fils, le bel Henri. « Un jour, je le tuerai ! », grince le frère de Margot.

Henri de Guise portera à son tour, suite à un combat, tel son père, une balafre au visage. On le surnommera aussi « le Balafré ».

Le 18 février, François de Guise, accompagné de quatre hommes fait un repérage du côté d'Orléans où sévissent ses pires ennemis : Condé et

Coligny. Il galope au milieu de ses fidèles, dont François Racine, un page de la vénerie, et son maître d'hôtel, le sire de Crenay. Ils s'aventurent jusqu'au bac de Saint-Mesme, indispensable au passage vers Orléans. On voit nettement, au-delà des moulins, les murailles de la ville. Le crépuscule est tombé. Un des gentilshommes propose de rejoindre la duchesse de Joinville : elle risquerait de s'inquiéter.

— Je serai là pour le souper, répond le Balafré.

Il avance vers le hameau les Vaslins, au-delà du fleuve, dans les bois. C'est à s'y perdre. Au croisement des chemins, éclate soudain un formidable coup d'arquebuse. On l'a pris pour une explosion de poudre à cause de la lueur qui accompagne l'éclat. Le cri du Balafré donne la réponse.

« Je suis mort ! »

Il s'affaisse au col de sa monture. Un homme, malingre, avec une arquebuse fumante, surgit sur le chemin. Il gesticule, désigne l'épaisseur du bois.

— Attrapez-le ! Je suis poursuivi par un *paillard !*

Il saute sur une monture, disparaît dans les futaies. Racine le prend en chasse, se doutant que c'est l'agresseur du Balafré. Personne. François de Guise est appuyé contre un arbre. Il chancelle, a du mal à remonter en selle. Ses compagnons l'entourent de près et à la nuit, on rejoint le châtelet. Il a glissé à terre. On se précipite. Quelque chose de gluant coule sur sa poitrine, côté droit. Le sang. On le déshabille. La duchesse et son fils dissimulent leur inquiétude. La blessure est affreuse et étrange. Les médecins n'en ont jamais vu une semblable. Sinistre béance par-devant, achevée, dans le dos, d'un trou moins large. La balle a traversé la poitrine du Balafré mais le dessin n'est pas celui d'une balle ordinaire.

— On croirait voir plusieurs balles, d'un volume inhabituel.

On s'est jeté à la chasse du petit homme bizarre. On envoie un messager à Blois où s'est réfugiée la cour afin de prévenir la régente. On arrête l'assassin. Il attendait, sur le chemin. Il souhaitait devenir le martyr de la cause protestante et venger son cousin La Renaudie. Ce seigneur calviniste, du nom de Poltrot de Méré, est mené rudement au châtelet. Point besoin de tortures. Madame Catherine est arrivée dans la nuit. Elle l'interroge elle-même avec une redoutable douceur. Il s'exalte et explique, rengorgé, l'étrange blessure du Balafré.

— J'ai chargé mon arme de trois balles. J'en ai déchiqueté deux, liées avec deux fils en métal. L'amiral vous hait et tuera tous vos enfants… Faites-moi supplicier, je suis sûr d'aller au ciel !

Il dit avoir reçu cent écus de l'amiral et un excellent cheval.

La blessure est mortelle. Le duc fait venir son fils près de lui. Il a du mal à parler. Une soif dévorante le tourmente.

— Henri, mon fils, n'ambitionnez pas les hautes charges. Elles sont trompeuses, difficiles. Tout est trompeur. Voyez, je suis un grand soldat que vient de tuer un misérable de la religion honnie.

La duchesse pleure et prie. L'agonie est longue. Douloureuse. Le duc mettra une semaine à expirer. Madame Catherine mesure, consternée, la gravité de l'impasse. De retour à Blois, elle écrivit une belle lettre à la duchesse. Un sous-entendu effarant flottait entre les lignes. Dieu pardonnerait *ce qu'elle serait obligée d'accomplir* pour venger un tel forfait. « L'amiral tuerait ses enfants », avait menacé le misérable assassin. Il fallait *se défaire*, *vite*, de Coligny.

La mort du duc de Guise a été l'antichambre de la Saint-Barthélemy.

Coligny, interrogé, haussa les épaules, arrogant. Il osa éclater de joie avec les siens.

— La mort de François de Guise est une bénédiction pour notre Église et les nôtres ! Ce Poltrot ? Oui, oui, un petit espion à ma solde !

Un mois plus tard, à Notre-Dame, il y eut les grandes funérailles du Balafré. Son fils, devenu duc de Guise, menait le deuil. La foule, impatiente, attendait le lendemain, un autre spectacle : l'exécution de Poltrot du Méré.

On l'avait « tourmenté » et il était devenu fou. On lui dit de ne pas parler de Coligny sous promesse de vie sauve. Il le crut et renia tout. On le jeta place de Grève. On le lia à quatre chevaux après voir coupé son poing droit, arraché des lambeaux de peau, versé du plomb fondu sur ses blessures. Les chevaux tiraient mal, lentement.

Il hurlait « Coligny ! » Madame Catherine s'était contentée, pure forme et stratégie, de faire « arrêter » l'amiral… par Condé. Elle savait l'impact de régaler un foule d'une spectaculaire exécution. Le malheureux mit des heures à mourir sous l'œil de la cour et du jeune duc de Guise – qui se promit de tuer Coligny.

Margot ne pensait qu'au jeune duc de Guise. Le 19 mai 1563, elle eut dix ans. Sa taille s'élevait, sa chevelure brillait, son sourire ravissait. Elle n'entendait rien à ces tumultes ni aux soucis de sa mère. Les vilenies lui venaient par tronçons, de la bouche de ses frères. Ils lui contaient, exprès, des tableaux à faire frémir. La tête de Poltrot vivait encore quand il n'avait plus de membres… Elle se bouchait les oreilles et s'enfuyait.

Le 12 mai, on avait publié à Paris l'édit signé à Amboise. Les pourparlers furent menés entre Madame Catherine, la présence inexistante du roi enfant, le connétable de Montmorency et Condé à qui la reine mère fit restituer son épée. La paix, on n'avait que ce mot à la bouche malgré la rage à l'âme, la « paix » se nommait « l'édit d'Amboise ». Il accordait aux protestants – châtelains et gentilshommes – la liberté du culte sous condition qu'il ait lieu en leurs demeures fermées. Le menu peuple n'aurait aucun droit au culte, sauf aux incommodes faubourgs des villes. Coligny explosa contre le bossu et le traita de « misérable traître à leur cause et à Dieu ».

Madame Catherine s'occupa des urgences : reprendre Le Havre aux Anglais et donner du poids à Charles IX. Elle fit prononcer, le 17 août 1563, sa majorité par le parlement de Rouen. On n'osa répliquer qu'il n'avait pas quatorze ans.

*

Margot fait de grands progrès au luth et en chant. Elle danse de mieux en mieux. Elle a lu *Aucassin et Nicolette.* Elle s'essaye à la versification. Elle se passionne pour le latin. Elle raffole, telle sa mère et son époque, des modèles antiques. Elle veut ressembler à la *Vénus* de Milo. Ah, la blondeur de Diane ! Elle demandera au parfumeur de sa mère comment devenir blonde.

Le bel Henri de Guise lui a jeté un œil tendre. Il lui a fait compliment de ses bras charmants, ses boucles noires. Ce fut pour elle un enchantement de recevoir ces compliments destinés aux dames.

Madame de Curton lui annonce une grande nouvelle.

Elle sera du grand voyage que sa mère compte faire autour de la France, avec trois de ses enfants. Hercule, son petit frère, est trop jeune. On le laisse à Amboise. Il éclate en hurlements contrariés. Il se roule à terre. Margot saute de joie. Henri est-il du voyage ? Non, mais il y aura le terne fils des Bourbons : Henri de Navarre.

Elle ne l'aime pas, ce laid, ce huguenot, ce malodorant, dont la taille est presque celle d'un homme fait avec une bouche en arc dur et malicieux.

VII

Tour de France

Marguerite va s'émerveiller de son tour de France. Elle sait, partiellement, que catholiques et protestants se livrent à un « jeu » d'horreurs réciproque. Au fil des années, les pires informations ne lui furent pas épargnées. Sa nature éprise d'art, de beauté, de passions d'amour et d'ambition liée à son titre plus qu'au goût austère de gouverner, écartait vite les images atroces engendrées par la contagion sanglante qui détruisait le royaume.

À mesure du tour de France, on apprenait, outre la munificence des paysages si divers, la monotonie sans défaillance des horreurs. Coligny fait pendre les moines d'un couvent entre eux. Ses soldats enfilent en riant leurs oreilles coupées en collier. Les mercenaires du prince d'Orange transforment en baguettes de tambour les os de religieuses écartelées. Le baron des Adrets fait griller dans le Dauphiné, à la manière du supplice de saint Laurent, tout « hérétique papiste ». Ses reîtres embrochent, de l'anus à la gorge, un village entier surpris en procession.

La réplique catholique et apostolique est immédiate. À Carcassonne, en 1563, le bourreau se saisit d'un soi-disant protestant, le scie en deux et mange son foie devant une foule en délire – on apprit que le supplicié n'était pas un protestant mais le bourreau convoitait son champ. Partout, flambent les bûchers sur fagots d'épines et on n'étrangle pas les condamnés. Ils grillent *vifs*.

Cela n'empêche pas la plupart de ces gens de pleurer aux vers de Ronsard, à la danse gracieuse d'une dame, et d'éprouver la délicatesse d'un sentiment partagé.

Margot a vu, pendues aux créneaux, des têtes de suppliciés mais elle s'émerveille des lais de Marie de France, que madame de Curton lui a donné à lire.

— Voilà fine poétesse du XIIe siècle, protégée par la reine Aliénor d'Aquitaine, dit sa gouvernante.

Marguerite s'enthousiasme pour le *Lai de Laostic* qui commence par ces mots :

« Ils s'aimèrent ainsi, longtemps, d'amour réciproque, jusqu'à un soir d'été quand les bois et les prés reverdissent et que les vergers sont fleuris[1] ».

Cela lui donne envie de reprendre l'écriture de stances sur l'amour et la beauté des roses...

Le tour de la France est la plus vaste tentative humaniste que tenta Madame Catherine en une France où, selon Hugh Ross Williamson, « chacun baigne dans le sang des autres... et chacun espère la complète extermination de l'autre[2] ».

La vive nature de Margot butine le meilleur de tout. Sa seule tristesse est de se séparer du beau François de Guise, et de son petit frère Hercule. Il baise ses joues, ses mains, sa gorge à peine formée et lui dit l'aimer « bien fort ».

— Moi aussi, monsieur mon frère, je vous aime fort.

Ils sont dans la confusion d'un sentiment amoureux qui va croissant.

On s'en va ainsi, lotis de ces tortueuses et puissantes conditions familiales. Madame Catherine est secrètement ravie de voyager « avec ses trois mignons ».

Ce tour de France, au cours de l'histoire des rois, est inédit. Un coup de génie de Madame Catherine. La rencontre du peuple avec son roi et du roi avec la variété de ses peuples. Les provinces de France sont aussi diverses que nombreuses. Les langues, coutumes, costumes, nourriture divergent.

On quitta Paris à la mi-janvier de 1564.

Margot, au fil des mois, retiendra des images vives, non au début du voyage. Au départ, elle a onze ans. Elle en aura treize au retour.

« J'étais lors si jeune que je n'en ai conservé le souvenir que grossièrement, les particularités s'étant évanouies de ma mémoire comme un songe[3]. »

Le bonheur de Margot tient en une petite phrase où la mémoire enfantine a tout retenu :

> « La reine ma mère me fait revenir à la cour pour ne plus bouger d'elle[4]. »

---

1. In *Le Lai de Laostic*, Marie de France, XIIe siècle.
2. In *Catherine de Médicis,* Hugh Ross Williamson, Pygmalion, 1997.
3. In *Mémoires, op. cit.*, p. 44.
4. *Idem.*

Margot est prête à faire le tour de la terre pour un regard de sa mère. Comble de joie : elle partage son chariot-carrosse avec ses frères, le roi Charles et Henri dit « Monsieur ».

Et mille personnes suivirent, dont la cour. Des kilomètres de chariots, de carrosses, de litières, de cavaliers. Le voyage est inconfortable, lent, lourd. Le carrosse de sa mère, bâti tel un chariot, est surpeint d'or, d'allégories. Il est tapissé de velours vert et bleu, meublé de banquettes rudes aux reins mais aux tissus raffinés, ainsi que les couchettes. Il est bondé de commodités gourmandes. Coffres à confitures, bonbons, vin doux, liqueurs. Les lits sont dans trois ou quatre chariots attenants. On les déplie la nuit si on ne loge pas en quelque château d'une ville importante et bienveillante. Le chariot royal est chauffé par un poêle, au centre, au risque de périr brûlés si un vent contraire, un cahot de la route, contrarie ce feu trop proche du plancher camouflé d'un tapis d'Orient. Si l'on verse, incessante probabilité, on se brise les os, on se tue. On avance lentement, tiré par dix roussins de race bressuire ou charolaise, gros chevaux solides qu'il faut souvent changer. Le maître des écuries a fort à faire. Les routes, les chemins sont défoncés. Le froid, le vent, la lenteur, la fatigue, les reins secoués en tous sens ne composent pas une incessante partie de plaisir. La joie de Margot est d'aller ainsi avec sa mère et Henri, son troublant compagnon. Charles est souffrant, tout en sautes d'humeurs, lié à Chicot son bouffon, son espion. Chicot, noiraud, a un profil d'oiseau à barbiche noire cernant un visage en lame aiguë, où brille la flamme malveillante de petits yeux. Chicot est bon cavalier en dépit de sa petite taille. Il chasse avec le roi et apprécie autant que son maître d'éventrer la bête vivante. Chicot, habillé tel un seigneur, la courte épée au côté, le poignard empoisonné glissé dans la botte taillée pour une jambe d'un enfant de huit ans, méprise les nains de Catherine, grande distraction du « chariot » royal. Chicot est *un favori*. Il le sait. Chicot n'est pas un nain. Il a une tête de plus que monsieur de Bezon et tous les autres, même s'il atteint à peine la taille ceinturée de pierreries de son maître. Folle-en-jambe, elle, est amoureuse de lui, mais Folle est restée fille. Chicot brûle d'un feu sournois pour la belle pâtissière au chariot des panetiers. Les filles de l'escadron volant de Catherine le rendent fou. Il n'y doit pas songer, excepté si Madame Catherine en délègue une pour obtenir les secrets de son fils Charles. Elle épie ce qu'il chuchote à Chicot. Tout cela amuse Margot et, hors les crises du petit roi, souvent malade, on est gai au fourgon royal. Madame Catherine est la moins allègre. Elle est trop responsable et soucieuse des affaires du royaume qu'elle traite sans relâche. Dès que le temps s'améliore, elle reçoit en litière ses ambassadeurs de toutes les provinces. Elle écrit et répond aux courriers. Le vrai « roi », c'est elle. Charles peut gémir, grogner, chasser, dormir, chuchoter avec Chicot : elle veille. Elle surveille. Elle travaille. Ses nains qu'elle chérit autant que sa guenon en laisse et ses petits épagneuls, la reposent des courtisans et de leurs mensonges. De ses enfants et leurs roueries.

Le voyage a quelque chose de fou quand on songe aux chemins de boue, de cailloux, aux attaques de huguenots, de bandits de grands chemins. Il y a aussi les bêtes sauvages, les loups, l'imprévisible tempête, les grêlons, le vent, la pluie, la neige, la canicule. Maladies, fièvres, épidémies, tout est possible. Margot adore cette immersion dans les folles équipées. Elle est, à la manière de sa mère, une authentique aventurière. Qui peut abattre la reine Margot, qui sa vie durant connaîtra des périples hallucinants ? Que craint Catherine, hors la perte de ses enfants ? L'astrologie, hélas, l'a tragiquement renseignée sur leur sort. C'est pour eux qu'elle va, intrépide, exhausser ainsi l'image de la royauté si éprouvée. Espère-t-elle, Catherine, détourner par ce voyage les Astres funestes ?

La courbe du voyage étudiée de près par ses géographes, va de l'est à Marseille, et tout au long de la côte à la frontière espagnole. On reviendra par l'ouest.

Bayonne est le grand but. Catherine verra sa chère fille Élisabeth, reine d'Espagne, éloignée depuis six années. Elle a écrit à Philippe II et l'a prié, quel honneur et quel bonheur, de bien vouloir accompagner son épouse à Bayonne. Élisabeth a dix-neuf ans. Le premier arrêt affectif est prévu en Lorraine où Claude, autre fille aimée, duchesse de Lorraine, est sur le point d'accoucher. On assistera au baptême de l'enfant.

La caravane ressemble à un grand cirque. Madame Catherine, à la joie de Margot, a aussi emmené outre ses ours dressés, ses chiens de compagnie, sa guenon, sa volière, ses musiciens et des jongleurs. Folle-en-jambe commente ce qu'elle voit. Monsieur de Bezon a laissé au chariot si petit de la « maison des nains », tiré par six mulets, sa dolente épouse, leurs enfants et leurs serviteurs. La minuscule madame de Bezon a « mis bas six fois », selon Chicot. Sa santé n'est point bonne et elle est couchée sur un lit de poupée. Ses filles sont près d'elle, sauf, l'aînée, « la Turque », qui a quinze années. Elle a rejoint le chariot royal. Margot en raffole.

La Turque est nommée ainsi à cause de sa belle tête si sombre que l'on eût dit, selon Chicot, « une Sarrazine ». Monsieur de Bezon a jeté à Chicot un regard farouche à ce sobriquet, un regard où flotte une mâle douleur humiliée. Il a porté la main à son épée minuscule. Charles s'amuse des combats de nains autant que ceux des coqs. Le bouffon de Charles a ricané :

— Parfaitement, une Sarrazine ! Le monneton a même dû la baptiser trois fois !

Le monneton, moins haut qu'une potiche, rieur et tonsuré, dont le chapelet frôle le sol et la bedaine craque sa bure, l'a, en effet, baptisée « trois fois », par précaution.

Madame Catherine a paré la Turque d'un turban multicolore, d'une culotte bouffante et de clinquants aux oreilles. Elle l'a parée comme elle le fait de ses épagneuls couchés à ses pieds.

Le rôle des nains est d'engendrer le précieux rire. On leur permet tous bons mots, même les plus graveleux. On les encourage aux plaisanteries les plus insolentes qui souvent camouflent de grandes vérités. Ils reposent les princes des éternelles flatteries de l'entourage. Leurs insolences et leurs bons mots font rire. On ne leur fera point de mal. Leur rôle est aussi d'espionner. Au Louvre, ils ne se gênent pas d'informer Madame Catherine des va-et-vient des uns, des autres, des complots et des idylles en cours, des plus hauts seigneurs au menu fretin.

Margot leur accorde une âme. Charles dit que son lévrier en a davantage. On s'esclaffe. Chicot en premier.

— Il n'est point sûr, sentence le monneton, que Dieu Tout-Puissant ait accordé une âme à l'engeance femelle, fût-elle épouse, fille, mère de roi ou simple chèvre.

*

Margot est impressionnée par la mâle beauté de la cavalerie guerrière.

Quinze mille chevaux. Destriers, roussins, haquenées, palefrois, mules, mulets, ânes. On va de la bête qui porte, tire à en mourir ces quintaux de gens et de choses, à l'animal noble que montent, pour se dégourdir, princes, dames, seigneurs divers et gens d'armes. Les mulets sont accablés de coffres solides, rebondis. Ils cèlent, dûment gardées, la vaisselle en or et vermeil, l'argenterie, tout ce qu'il faut pour assurer les banquets prévus par la régente. Une foule de coffres sont remplis d'étoffes, tapis, fourrures, cristaux. Ce sont les cadeaux. Les prestigieux bijoux ne sont pas oubliés, en coffres particuliers, jour et nuit entourés de cavaliers armés. La garde-robe du roi et de

Monsieur, celle de Catherine et de Margot – une foule de robes d'azur, de satin blanc, incarnadines, brodées de « clinquants », les sombres zibelines, le vair, les toques, le linge, composent une partie imposante de la caravane. Vingt chariots regorgent d'atours royaux veillés par les couturières et les tailleurs. Ils sont responsables de l'entretien, la confection, à mesure que grandissent ces princes à la limite de l'enfance. « La mercerie », sa multitude de rubans, agrafes, broches, fuseaux à broder, collerettes à gaufrer, boutons de nacre, perle, jais, est aussi précieuse que des bijoux.

Les bijoux, les colliers du roi, sa couronne sont au « carrosse » principal, gardés telles des châsses par les archers.

On va, magnifiquement paré. Aucune négligence. L'éternelle robe noire de la régente n'exclut pas, sous la collerette blanche, les rangs de ses perles inestimables. Elle impose le luxe, cet appeau indissocié du prestige royal. Margot respire, au cœur du luxe, son meilleur oxygène.

Madame Catherine a laissé à Paris, pour « gouverner », Coligny et les Guises, parce qu'ils se haïssent. Ils sont incapables, elle le sait, d'unir leurs forces pour renverser son pouvoir et celui de son fils le roi lors d'une telle absence. Elle a emmené ses conseillers et le traître prince de Condé pour les mêmes raisons grimées en tolérance religieuse.

Montjoie est le seigneur qui marche en tête de la cavalerie.

Margot, Monsieur son frère n'ont pas vu en détail la foule de gens armés qui ouvrent le cortège. Folle-en-jambe, juchée sur les épaules du monneton, trompette :

— Catherine la prudente a prévu deux cent cinquante gentilshommes dits « à bec recourbé », voyez-les ! Manteau sur l'épaule !

Margot aperçoit la garde royale. Monsieur pousse des petits cris d'admiration.

— Quels beaux sires, ma mère, que notre garde royale ! Margot, voyez la grâce de nos archers à pied et ceux à cheval !

— Ils sont six cents ! piaule le monneton hissé à son tour sur les épaules de monsieur de Bezon.

— Vous pesez lourd, monneton ! Votre bedaine est aussi belle que celle de Catherine !

— Prie pour ton salut, vieillard ! Catherine a pensé aussi aux soldats de la prévôté, au corps redoutable des Cent-Suisses ! Leurs hallebardes forment une forêt de pics.

— Je veux les voir ! s'écrie Margot.

Elle monte sur la banquette, Henri près d'elle. Charles souffre de mal respirer. On lui donne du sucre imbibé d'eau de rose. Il sait qu'il y a des armes en abondance. La poudre et les balles à mousquet. Ces guerriers enchantent Margot : un ballet rutilant de couleurs vives, de plumets multicolores. Un arc-en-ciel guerrier issu tout droit de l'Olympe. Éperdus, stupéfaits, les passants des bourgs se demanderont s'ils n'ont pas rêvé et en parleront leur vie entière.

— Vos peuples, Charles mon roi, dit monsieur de Bezon, verront la plus incroyable des processions puisque le carrosse principal contient le symbole mythique, sacré entre tout : le roi de France.

— Le mythe ! hurle Chicot, mon beau Charles, mon chéri, tu es le mythe !

La Turque dédaigne ces cris et se met à jongler avec des balles : elle est fort habile. Elle joue du tambourin « pire que bohémienne », criaille Folle qui la jalouse.

On profitera des arrêts, en n'importe quel bourg, village, ville, pour dégarnir le pain des fours, piller les étals, augmenter le ravitaillement.

— Pour le roi ! Pour le roi !

Le petit peuple donne tout. A-t-il le choix ? Il ne refuse rien à ces divinités, qui le ruinent pour des années.

— Passent les dieux et les chiens n'aboient plus, conclut le monneton.

Quand le voyage se faisait trop lent et que les princes s'ennuyaient, les nains lâchaient des pets et le rire revenait. Margot se bouche le nez.

— Vos pets empestent plus que ceux de Gargantua ! se pâme Henri.

— C'est que nous avons entrailles plus puissantes que celles du roi d'Espagne !

— On dit que Philippe dit le II, époux de la belle Élisabeth, ne pète jamais à l'Escurial mais en ses terres de Flandres, pour mieux étouffer les hérétiques, conclut le monneton.

— Il suffit ! clame Madame Catherine qui fait les gros yeux.

Monsieur de Bezon sort un petit fouet et le brandit en l'air. Les nains se jettent sur leurs coussins aux pieds de Catherine. La Turque joue un air italien sur une minuscule mandoline. Margot espère bien que sa mère lui donnera la Turque.

Immense chenille sur roues, plus de six kilomètres, au contenant et contenu innombrable. Gens de la chapelle, prélats divers et leurs ornements sacerdotaux, suivent aussi. La messe est dite chaque jour. Les protestants admis au voyage se tiennent prudemment à l'écart. On les laisse réciter leurs psaumes, discrètement, en leur chariot fermé.

— Ils disent des choses assommantes ! rapporte Folle-en-jambe. Ils sont impatients de voir la reine de Navarre et son coquelet de fils qui pue l'ail et la crotte… Ils encensent Coligny le Fourbe et Condé le Bossu.

L'aumônerie a une grande importance autant que les secrétaires de la régente, les physiciens, les barbiers, les apothicaires. L'incontournable service de la bouche.

— Ce sont les offices de l'Hôtel, ma sœur, s'exclame Henri. Ils nous servent au Louvre et à Blois. On a emmené les meilleurs pâtissiers d'Amboise.

Il a un rire déplaisant.

— C'est bien fait pour ce goulu d'Hercule !

— Hercule au pain sec ! stridule Charles que ses sinus taquinent moins.

Il a envie de chasser, nuire, s'agiter.

— C'est méchant ce que vous dites ! s'écrie Margot.

Madame Catherine reprend :

— Vous voulez dire votre frère d'Alençon, messieurs mes fils ? Quant à vous, ma fille, vous n'avez pas à répliquer aussi vivement au roi, fût-il votre frère.

Les meilleurs pâtissiers, panetiers, les cuisiniers des « mets »… Un poulailler entier a été mené pour les œufs et la volaille fraîche. Les échansons ont fait « cave pleine ». Les gens de la bouche, dans des charrettes améliorées, sont organisés pour pétrir, cuire, préparer des centaines de bonnes choses chaque jour et plusieurs fois par jour. Une prouesse. Ils ont avec eux nombre de marmitons et aides en tout genre. La fruiterie, les coffres à confitures, les liqueurs, le chocolat, le lait des vaches, des chèvres en cages aménagées et que l'on fait paître le temps de repartir. Quand elles crèvent, on les laisse au bord du chemin et on ravit tranquillement une vache au hasard d'un champ.

— Pour le roi ! Pour le roi !

Margot et ses frères sont gourmands. Comment vivre sans gâteaux, fruits frais, confits, bonbons de toute espèce ? Madame Catherine est vorace. Les nains aussi. On mange presque sans cesse. On ne se passe guère de danses et de chansons. On fait venir « la musique » du roi. Violons, luths, guitares, tambourins, violes et les trompettes plus guerrières quand on annonce son arrivée aux portes d'une cité. Derrière la voiture des musiciens, il y a les pages, les huissiers, les valets, chacun en livrée selon « la Maison » impartie.

Charles réclame son cor et souffle à étourdir le cortège. Les nains se bouchent les oreilles.

Charles somme de chasser et on lui accorde de temps à autre une chasse avec Chicot, un entourage armé et son maître fauconnier… Il pousse parfois un cri aigu. Il tousse, suffoque, crache du sang. Son physicien et son apothicaire lui confectionnent une boisson à la cannelle, à la poudre d'herbes diverses. On le saigne. René le parfumeur est resté à Paris, ainsi l'a voulu Catherine, en sa maison croche, sur le vieux pont Saint-Michel où les boutiques parfois s'écroulent sur leurs habitants. Il a loti Madame Catherine de pastilles d'opium et de gants parfumés. On glisse quelques grains d'opium dans le vin chaud où nage un jaune d'œuf et du poivre noir. Le roitelet boit le remède quand ses douleurs et ses cauchemars le tourmentent. Souvent, les médecines empirent ses maux.

On a emmené tout ce qui compose le tournoi. Heaumes, lances, casques aux plumes rares, boucliers ouvragés, lourdes épées, couloirs de bois et de tissus, étendards. On n'a pas oublié tout ce qu'il faut pour monter des arcs fleuris. On les ajuste à l'entrée de chaque ville. On a ce qu'il faut pour organiser un spectacle aquatique, un ballet de nymphes, un bal.

L'ultime chariot, après celui des ours dressés et des jongleurs, déborde de filles de joie destinées à « soulager la troupe ». Madame Catherine a pensé à tout.

Margot n'a pas le droit de s'aventurer au char des filles. Ses frères et Chicot pensent bien y mener quelques raids nocturnes.

— Vous y gagneriez, mes princes, grande vérole de Naples ! s'écrie le monneton.

*

Henri souffre de son abcès sous le bras, son œil trop fixe pleure tout seul.

— Le physicien de Charles va baigner votre œil d'eau de bleuet, dit Catherine.

Elle jette un rapide et dur regard à Margot qui fleurit d'une santé à toute épreuve. Ses fils, condamnés, fragiles, souffrants… Déjà l'aîné n'est plus. Catherine jalouse, au nom de ses fils, la santé de sa fille aux joues vermeilles.

Elle quitte le char branlant et demande sa meilleure haquenée.

— « La plus solide » ! crie Folle-en-jambe. Catherine, tu en as écrasé de fort belles capables de supporter le poids de l'empereur Charlemagne !

Catherine a besoin de trotter un moment. L'amour maternel, son incessante inquiétude sont un poids autrement plus tenace que son excès de graisse.

La Turque chante une mélopée. Elle berce Charles qui somnole, les poumons lentement rongés, le souffle court.

Catherine vérifie les deux chariots qui la suivent de près : son escadron volant. Le rire de ses jolies espionnes. Ses putains de luxe dont le seul crime, à ses yeux, est « l'enflure du ventre ». Isabelle de Limeuil, favorite de Condé, tomba enceinte du Bossu dont elle avait mission de soutirer les complots calvinistes. Le scandale fut immense quand elle accoucha lors d'un bal, en public.

— Elle a envoyé le bébé dans un panier à Condé ! s'amusa Folle-en-jambe.

Catherine remisa l'imprudente dans un couvent. Voilà pour « l'escadron » qui attire tous ces hommes pire que mouches – y compris les fils de Catherine ou Chicot.

— Attention à vérole de France, qui emporta votre aïeul le roi François ! Il n'avait pas résisté à la toute vérolée dite « belle Féronnière » ! susurre le monneton qui interrompt ses complies.

L'escadron volant trotte à cheval, dès que le temps le permet. Il est bon que les seigneurs de la cour, surtout les protestants, soient séduits – donc bavards – sur l'oreiller des filles. On leur a enseigné l'art de faire exulter tout mâle, sans recevoir la fatale semence.

— Point d'homme ne résiste à une bouche et des baisers habiles, s'esclaffent les nains. Ni protestants, ni catholiques, ni clergé, ni Infidèles, tous, tous vérolés, y compris tes juifs de banquiers, Catherine.

Margot est fascinée par l'escadron volant que sa mère lui interdit d'approcher. Elle aimerait bien donner et recevoir ces « habiles baisers ». Henri a une bouche charmante mais que dire de celle de monsieur de Guise ! Ah, grandir, aimer et être aimée !

Vingt-cinq dames d'honneur, des meilleures familles de France, suivent de près la reine mère et ses enfants. Elles méprisent l'escadron volant.

— Madame de Nevers est ravissante ! s'exclame Monsieur.

— Madame de Clèves, davantage, dit Charles.

— Avez-vous remarqué, au sein de l'escadron de notre mère, la taille si jolie de madame de Sauve ?

Margot est attirée par la fougue d'un gentilhomme qui approche de la dame et lui tend son gant. Vivement qu'un gentilhomme, plusieurs, tous, l'approchent et la couvent de ce regard brûlant qui présage de fort douces choses.

Madame Catherine a emmené Margot avec l'espoir de la « fiancer » à quelque grand prince étranger, si possible un futur roi. Ou pourquoi pas un Bourbon, lors de sa visite en Lorraine... Marier Charles à l'aînée des Habsbourg et Margot au cadet de la même maison, l'archiduc Rodolphe ? Ce sont là futurs empereurs et elle détournerait le destin fatal prédit par ses mages.

*

Madame Catherine compte sur ce qui ne manqua pas d'arriver : la stupéfaction de voir tant de monde et tant de luxe. Voilà de quoi rassurer et distraire un royaume déchiré.

La rumeur et les hérauts annoncent l'arrivée de la caravane royale. Catherine a gagné pour son fils l'adoration de ce peuple de France qui n'a jamais vu son roi. On le voit peu – voit-on la face divine ? – mais on le sait là. On entrevoit Marguerite et Monsieur sans cesse parés. On acclame, on s'émerveille. L'illusion reprend sa terrible farce. Certains tombent à genoux. Ils ont entrevu des dieux et des fées. Le tourbillon des icônes remplace celui des supplices où les corbeaux dépècent si longtemps les cadavres.

Quand il fait beau, et que l'on traverse une ville d'importance, Madame Catherine et ses enfants sont en litière découverte. Le roi est sous un dais, et on le « cache » à nouveau, telle une châsse. Les badauds s'émerveillent des dorures et scènes de l'Antiquité qui ornent tant de véhicules. Les bêtes peinent, enrubannées de couvertures à fleur de lis… Que de belles dames ! On n'en a jamais vu ni imaginé. On n'a jamais vu des guenons ni le monde des nains rieurs. On n'a jamais rien vu que les villes secouées de tumultes, les fleuves ensanglantés, *la peur* palpable, qui s'achève en bûchers, fumée, hurlements… On n'a jamais vu le Luxe et son adjointe camouflée en fille d'honneur : la luxure politique.

Margot est aussi dans un périple initiatique. Elle ne s'étonne plus des cadavres séchés au bout de cordes à la croisées de certains chemins. Elle ne s'étonne pas de surprendre quelques soupirs mêlés de cris étranges, la nuit, du côté des chariots obscurs où s'aventurent les mâles. Elle sait bien, jouet de ses frères, que les garçons approchent les filles pour trousser leurs jupons. Et ensuite ? Ensuite ?

Henri a son drôle de regard trop brillant quand il baise d'un vif élan ses mains, sa bouche mignonne.

Leur mère feint de ne rien voir ni entendre.

La toilette de Margot a lieu dans « le char » à cet effet, avec les dames de sa maison. Cuveau d'eau puisée aux fontaines et aux puits, aux rivières, chauffé sur des feux prévus à cet effet. Le linge sale s'entasse aux panières. Il est confié aux lavandières des avant-derniers chariots. Quand l'arrêt est long, elles s'activent.

Madame Catherine refuse que l'on s'attarde aux campagnes mal connues. Des cordées de linge sèchent, suspendues à des cordes, entre les chariots de l'intendance. La lessive donne à la caravane une allure bohémienne. Nul ne s'en choque. On s'étonne de voir flotter le linge mensuel des naines.

— Elles ont un corps humain, une âme, remarque Margot.

— Mes chiennes aussi ont leurs chaleurs ! ricane Charles accompagné du rire détestable de Chicot.

Margot n'a jamais vu la mer ni les montagnes, ni entendu les dialectes des provinces, ni vu leurs costumes.

Que pensait-elle du royaume de France, si souvent enfermée à Amboise ou à Blois ? Sans doute – et longtemps – elle eut du pays de France, et de son peuple, cette approche littéraire lue chez Machiavel :

« Les Français sont par nature friands du bien d'autrui, et à la fois prodigues tant du leur que de celui des autres. Un Français serait capable de voler avec le nez… À l'opposé des Espagnols… Les Français craignent fort les Anglais… Non les Flamands… Les populations de la France sont humbles et fort soumises, elles tiennent leur roi en grande vénération. Elles vivent à fort peu de frais, grâce à l'abondance des denrées, et aussi parce que chacun a quelque propriété à lui. Elles s'habillent grossièrement, d'étoffes à bon marché, sans faire jamais usage d'aucune espèce de soie, ni les hommes ni les femmes pour ne pas se faire remarquer des nobles. […] Ils sont ce qu'il plaît au roi… le roi perçoit ses revenus extraordinaires au moyen de tailles comme son bon plaisir, tantôt lourdes, tantôt légères. Si elles ne suffisent pas, il emprunte des écus qui sont rarement rendus[1]… »

Un peuple de voleurs qu'il s'agit de voler, soumettre et éblouir pour exaspérer cet attachement au roi. Car ce tour de France est destiné aussi à impressionner les grands féodaux. Les princes craignent les seigneurs de leurs provinces.

*

On avait une immense route à parcourir mais le premier arrêt fut Fontainebleau, symbole fortement royal.

Il comporta de belles fêtes, musiques, danses et jeux. Charles, son frère et Margot redevenaient des enfants enchantés et joyeux. Les vers de Ronsard sont à l'honneur ainsi que l'Arioste. Feux d'artifice, prise

1. In « Rapport sur les choses de la France », *Le Prince et autres textes*, Machiavel, *op. cit.*

de forteresses en carton, on « joue » à une mêlée de catholiques et huguenots qui finit en belle conciliation. Madame Catherine installe ce symbole dès ce premier arrêt.

Et l'on va, on va…

Margot somnole le long de la route vers Sens.

Sens se souvient trop du récent massacre qu'elle a subi des catholiques. L'arrêt est bref. L'accueil glacial. On n'y dort pas. Catherine donne l'ordre de continuer jusqu'à Troyes. Elle ne veut aucune effusion de sang. Négocier, négocier, toujours, et donner du rêve.

— Catherine, dit Folle, on ne sait jamais si tu dis ce que tu penses, si tu penses ce que tu dis et si tu penses ce que tu penses.

Margot non plus. Elle retient un très ancien sanglot.

Troyes est une bonne étape au bel accueil. On y demeure un mois : c'est la Semaine Sainte et les Pâques. Le roi lave les écrouelles aux pieds des hommes les plus pauvres. Madame Catherine fait de même des pieds des pauvresses. On profite de ce séjour pour faire nettoyer les chariots à la manière dont on le fait dans les châteaux.

Des arceaux fleuris embellissent chaque entrée de rue. Pâques est une grande fête. La ville offre à de tels hôtes une fête où dansent des satyres flanqués de chèvres et ânes enrubannés. Le 1er mai, on atteint Bar-le-Duc. Claude et son époux, le duc de Lorraine, les reçoivent en grande pompe. Margot retrouve mal en cette belle dame, un peu grasse, la sœur si gaie et affectueuse d'autrefois. Claude est distante, protocolaire, absorbée par son rang de quasi-souveraine. Sa mère l'embrasse à rendre Margot jalouse. Un fils est né, épaississant sa taille. C'est le futur souverain de Lorraine. On assiste au somptueux baptême. Catherine offre ses cadeaux, très fière que le roi d'Espagne soit le parrain de l'enfant. Philippe II est représenté par l'ambassadeur de Alvala. Il accompagne les voyageurs. Il est circonspect de l'excès de protestants au cortège royal et tient son maître au courant. Margot ne songe pas à tant d'ennuis, ravie du baptême de son neveu, fière d'être tante d'un futur roi lorrain. On se dit adieu, avec force larmes.

La jeune fille continue à s'instruire. Il n'est pas question de relâcher l'étude du latin, des langues, la lecture des grands auteurs de l'Antiquité. Margot brode en écoutant les dames de sa « Maison » lire les vers de son cher Ronsard. Catherine lui prête la Turque qui lui enseigne le chant et à perfectionner son luth.

Charles assiste avec sa mère aux arrivées incessantes d'ambassadeurs. Il lui faut lire et répondre aux courriers des prévôts des grandes villes. Le « voyage » a pris désormais sa tournure politique.

Dix jours de cahots, de poussière, vers Dijon. Mai est radieux. Les après-dîners sont longs, la route poudreuse, en dépit de ses vignes et de sa verdure. Madame de Bezon est souffrante. Catherine lui a accordé une visite. Elle est pâle, si petite et sans forces. Ses filles, six avec la Turque, l'entourent de soins. Lyette et Lysande, les aînées, se dévouent à leur mère. L'intendant de monsieur de Bezon, le nain Cuisse-de-nymphe, dit ainsi à cause de son teint rose, a quatre garçons. Il marierait volontiers son aîné, Séraphin, avec Lyette. Il le demandera à Madame Catherine. Monsieur de Bezon a les yeux humides et tient les mains de la malade.

Le monneton égrène chapelets et prières à son chevet. Loin de ses maîtres, parmi les siens, il a le sérieux visage d'un *homme de Dieu* préoccupé de l'âme d'une créature condamnée.

— Dame Bezon, faites-moi quérir si les sacrements sont nécessaires.

Le physicien, tout maigre, si menu, en robe et toque noires, a étudié la médecine tolérée par les barbiers de la cour. Il est doué. Il diagnostique le mal de madame de Bezon :

— Une langueur du sang. Ni saignée ni purge. Monsieur de Bezon ne doit plus la rendre grosse.

Le rapport est aussitôt remis à Madame Catherine.

— Prodiguez-lui les meilleurs soins, envoyez-lui la Turque lui chanter quelque douce berceuse. Ses filles lui sont gentille compagnie.

La route secoue sans ménagement ses passagers. Marguerite se réveille souvent. Il y a le cri des oiseaux inconnus, les odeurs nouvelles, quelques jurons de rôdeurs vite écartés. Charles rêve tout haut, avec des tremblements nerveux. Certaines nuits, Henri s'endort près de sa sœur, sa couchette est voisine de la sienne. Madame Catherine préfère souvent avoir ses « trois mignons » près d'elle. Au petit matin, Margot respire des parfums nouveaux liés aux fleurs et végétations inconnues. Cela fait oublier la malodorante corvée des « chaises » vidées par les valets en bord des chemins.

Le 20 mai, on s'arrête à Dijon. On fête les douze ans de Margot.

Prévôts, maires, harangues, la ville reçoit fort bien son roi et ses princes. Margot étrenne une robe nouvelle, au corsage brodé de pierreries fines et à la jupe poudrée d'or. Sa poitrine a légèrement forci, à sa grande fierté. Sa mère lui a offert un collier et des pendants de perles et rubis.

— Douze ans, ma fille, c'est presque une jeune fille. J'en avais quatorze quand feu le roi votre père m'a prise pour épouse.

Madame de Curton, à la demande de Catherine, surveille le linge de Margot.

À Dijon, le vieux maréchal de Tavannes, admirateur de Madame Catherine, la reçoit d'une courte et fougueuse harangue. Il a toujours vénéré le roi François Ier et Catherine, la *Duchessina.* Il offre ce qu'il a de mieux : une canonnade militaire à rendre sourde la caravane. La canonnade effraye les chevaux. Le maréchal est enchanté. Madame Catherine aussi. Charles fait assez bonne figure. Henri taquine Margot.

— Votre derrière a grossi, ma sœur ! Il a l'ampleur de la plus grasse de nos putains au dernier chariot !

Il se vante d'y être allé, avec Charles. Chicot a mené l'affaire, quelques compagnons du roi en étaient. Madame Catherine feint l'indulgence et négocie avec l'intendant de réserver quelques filles, fort saines, à l'usage des princes. Sa terreur est que ses fils aient eu commerce avec « Fosse commune », grasse Normande fort prisée de la soldatesque. Son physicien a prescrit des bains de siège à la fleur de nénuphar séché pour écarter « dangereuse vérole ».

On traverse la Saône pour atteindre Mâcon. L'air embaume les fleurs sauvages. La traversée n'est pas aisée et les barques plates secouent l'interminable cirque royal. À Mâcon, on reçoit une visite contrariante qui agite toutes les langues. Une guêpe noire, maigre, intransigeante, excitée de hargne anticatholique. C'est la reine de Navarre, Jeanne d'Albret. Elle revient de Genève, où l'on a enterré Calvin décédé le 27 mai. Logée dans un haut et fruste wagon en bois, aux roues grinçantes, tiré de rudes chevaux, elle a voyagé sans faiblir de ses montagnes à Genève. La voilà à Mâcon, jonction prévue entre les deux souveraines. Ni luxe ni confort, le minimum de linge dans un minimum de coffres. Une robe noire sans vertugadin, une coiffe blanche au voile terne, la collerette plus proche d'un col de pasteur que d'un gaufrage. Aucun bijou. Des bibles, et de quoi écrire. La reine de Navarre est entourée d'une quinzaine de pasteurs fanatiques. La bouche mince de la reine de Navarre ne s'ouvre que pour les psaumes, le blâme, les ordres, la récrimination. Elle ne se plaint jamais de ses atroces maux de tête dus à une tumeur au cerveau, de sa toux liée à ses poumons aussi détruits que ceux des Valois. Elle est accompagnée de son fils, Henri, douze ans, grandi et forci par la vie en plein air. Précoce, conscient dès le berceau de son rôle de futur héritier, enjôleur et moqueur, calculateur, il est déjà venu à la cour de France. Assis sur les genoux d'Henri II et à la demande du feu roi, il avait promis, on s'en souvient, d'un « *Obé* » – oui ! –, bien béarnais d'épouser sa cousine Margot… De sa petite enfance, il a conservé les épais cheveux bouclés, tirant sur le roux, les oreilles pointues, le grand front et cet arc d'un nez que le temps va recourber en classique nez d'homme à femmes.

La bouche est riante, destinée à la répartie, l'œil est aussi vif que l'esprit. Son arrière-grand-oncle est François Ier, son aïeule directe la sœur de ce roi. Henri, à la différence de la débilité de ses cousins, est un bon mélange de Valois et de Bourbon : subtilité et solidité.

Il est mal habillé de toile rude et noire. Il est probable que mère et fils (et les pasteurs) ne se soient guère lavés depuis des jours. Il a été convenu que Jeanne d'Albret confiait son fils à son oncle, ce « traître de Condé » qui fricote avec du catholique. Hélas, elle doit ajuster une alliance, hors le mépris qu'elle a de ces Bourbons, ces Valois, ivres de stupre et d'apostoliques ambitions. La « caravane » de Catherine, hérétique, baignée de luxure, quelle horreur, quel péché, ces filles de joie, tout ce monde clabaudant, quel appeau du Démon… La caravane est mélangée d'un assez grand nombre de huguenots. À elle de tenter à son tour une politique destinée à faire dominer la religion vraie. La reine de Navarre aussi compose. Non pas avec la souplesse ondoyante de l'énorme Catherine, gavée de sucreries – et d'arrière-pensées acides –, mais à coups de piqûres tatillonnes.

On a installé une tribune où trône Charles IX entouré des siens. Charles IX – une idée de sa mère ? – dans un souci de pacification, a eu l'idée de faire composer un défilé d'enfants du même âge, deux par deux, un catholique et un protestant. Le gouverneur de Mâcon est soulagé : tout se passe au mieux sans le harcèlement de celle que les nains nomment « la folle des Montagnes perdues ». La reine de Navarre abomine ce cortège d'enfants et le fait savoir.

— Hérésie ! se fâche-t-elle, invitée à partager avec son fils et les pasteurs la tribune.

— La voilà rouge comme un radis ! commente Folle-en-jambe. N'est-elle pas née vicomtesse de Limoges ?

— Qu'on la lotisse à Limoges ! piaule le monneton.

La reine de Navarre s'approche de la tribune où trône Charles.

— Sire, faites cesser cette mascarade blasphématoire !

— Madame, réplique Charles IX, je suis roi de France, que mon peuple soit catholique, huguenot ou même excommunié, ce sont là mes sujets.

Écœurée, Jeanne d'Albret plante là son fils. Elle s'en va, engoncée dans ce lourd chariot avec ses pasteurs hurlant leurs psaumes, vers son lointain et âpre petit royaume.

— Voilà une mouche que seul le vinaigre des psaumes attrape ! conclut le monneton.

Catherine ne fait rien pour retenir la sombre et dure mère d'Henri de Navarre.

Le fils des Bourbons est enchanté de rejoindre la caravane de ses cousins. Henri, aguerri par le rude et sain climat de ses montagnes, la vie en plein air, les privations, dissimule une nature peu déchiffrable en dépit de sa gaieté, son accent qui fait se pâmer les nains. Il enfouit avec soin ses appétits, ses projets, une ambition qui surprendrait la reine mère. Il est pauvre, mal vêtu parmi ses brillants cousins qui se moquent de son accent et de sa tournure. Il a une Bible, « votre vrai trésor » a dit sa mère après un sec baiser sur son front. Il s'émerveille de l'escadron volant et n'a pas manqué de remarquer les filles du dernier chariot. Il aime ce monde apostolique, ce grand bordel *romain,* où quelque chose en lui puise un futur et complet épanouissement. Sa première tâche est de séduire l'habitacle du char royal. Sa gaieté distrait fort le roi, puis Monsieur, Henri, dont le Béarnais a vite compris à quel point sa mère l'aimait. Provoquer le rire de Charles sans s'attirer la haine de Chicot est une prouesse. Du côté de Madame Catherine, il sait, toujours en riant, placer quand il le faut « qu'il est l'héritier du trône de Navarre et sera enchanté de les recevoir et inviter à la chasse en ses terres giboyeuses ». Les gros yeux inexpressifs de la régente vont de lui à Margot. Elle boude le Béarnais. Elle a rarement croisé un garçon si mal lavé.

*

Le 9 juin, on est à Lyon qu'appréhende Madame Catherine. Fief protestant, trop près de Genève, on y redoute le terrible baron des Adrets. Il se précipite à cheval, entouré de reîtres et la menace à la bouche. Le Cent-Suisses veillent, les archers aussi.

Lyon est suffisamment cosmopolite pour rassurer Catherine. Des Italiens, des banquiers florentins. Catherine ne manquera pas de les recevoir pour obtenir quelques prêts. Margot s'égaye de la foule en habits de couleurs, des toits et des murs roses. Charles IX est vêtu de velours vert, Monsieur envie ce velours et se contente de rose mais n'économise ni les bijoux ni les aigrettes. Marguerite est charmante en incarnadin et cela réjouit sa vanité. Le fils de Navarre est impassible dans sa tenue noire. Sa fierté et sa franche virilité se refusent à envier ses cousins et le mène à refuser le parfum que Margot tente de lui offrir. « C'est à moi, ma mie, de vous offrir ces douceurs, ce n'est point là fumet de guerrier », dit-il.

Le baron des Adrets, terrible mouche du coche royal, criait d'officialiser les temples dans la ville et toutes les villes. Catherine, pour une fois, ne louvoya pas : elle refusa. La haine reprenait. Catherine ne voulut rien négocier avec cet homme en noir, aux yeux fous, l'épée et les pistolets visibles. Henri de Navarre observe avec grande attention ce prédicateur qu'apprécie sa mère. Une dégaine d'assassin, des yeux injectés de rouge. Sa foi l'aveugle. Il s'éloigne, il hésite à cause du fils de Jeanne d'Albret. Catherine tient là un bon otage. On finit par visiter la ville, sous bonne escorte.

— Une des plus grandes villes de votre royaume, déclare-t-elle à son fils.

Margot adore ses boutiques. La visite de sa mère auprès du peintre Corneille la ravit.

— Cet artiste a fait du roi votre père et de moi une fort belle peinture lors de mon arrivée en France.

La grande joie de Catherine fut de revoir sa rare amie, la duchesse de Savoie et son époux. On prend quelque repos dans la demeure du prévôt. Charles IX assume mieux son rôle de roi. Il reçoit, affable, les délégations huguenotes, mais jamais le baron des Adrets. Cette réception scandalise l'ambassadeur d'Espagne. Il envoie son rapport à Philippe II.

Il déplaît au roi d'Espagne d'aller à la rencontre d'un roi et d'une belle-mère qui se concilient sans cesse l'inconciliable.

On va, on va…

Un grand malheur frappe Digne. La porte de la ville est marquée de croix. Il y a la peste. On fuit au plus vite.

La peste va-t-elle rattraper les uns, les autres, exterminer toute la royauté ambulante, ce fatras d'hommes, de femmes, qui composent la cour de France ?

— Lavez-vous au vinaigre, buvez de l'eau salée et croquez des gousses d'ail, dit le barbier approuvé par celui des nains. Portez des mouchoirs sur le nez.

— Prions !

— La fuite est le meilleur remède.

On va, on court, on trébuche, on fuit…

La Turque a poussé un cri affreux doublé de ceux de Lyette et de Lysande. Dame Bezon ne bouge plus. Elle est morte sur la route du Roussillon. Son coma la faisait croire endormie. Ses filles les plus jeunes jouaient à ses pieds. Monsieur de Bezon a éclaté en pleurs.

Il y eut un enterrement rapide, au premier cimetière sur la route, sur le terrain d'une petite église au clocher brisé. Les nains étaient en noir. Madame Catherine accompagna le deuil avec sa fille Margot et Henri de Navarre. Monsieur n'y tenait pas. Chicot s'en moquait.

Charles le fit taire avec violence quand il insinua que Dame Bezon avait la peste et qu'on devrait brûler ses restes.

— Je ne brûle ni mes chiens ni nos nains.

Le monneton récitait les absoutes en l'église déserte dont on avait brisé quelques statues. Le charpentier du chariot des ouvriers en tout genre avait confectionné une toute petite bière. Margot avait pitié des larmes de la Turque, de Lyette et de Lysande.

— Si la reine ma mère y consent, vous ferez partie de ma Maison, dit-elle.

Folle-en-jambe était pâle et triste. Margot s'étonnait que les sanglots de monsieur de Bezon, l'expression de son visage, fussent ceux d'un homme dont on arrache le cœur.

*

La chaleur est intense, les chevaux avancent mal. La route jusqu'à Salon-de-Provence est affreuse. Des cailloux rudes, hérissés et brûlants, ralentissent le convoi. Madame Catherine exige un arrêt à Salon pour rendre visite à Nostradamus, en sa curieuse maison trop haute. Veut-elle contrarier le destin ? Qu'il lui dise autre chose que les terribles prédictions de Ruggieri. Elle mène le jeune prince de Navarre à lui. Henri est offusqué qu'on le fasse mettre entièrement nu. Le mage tourne autour de lui. Il observe les « grains » éparpillés sur son corps. Il prédit encore à la régente :

— Il régnera.

Elle le hait, ce prince qu'elle nomme « mon fils ». Marguerite devient à nouveau l'issue : si nul roi important ne veut l'épouser, elle la donnera à ce prince du Béarn. Elle en fera la reine de Navarre puisqu'il régnera. Il régnera… Occultant ces mots : *Mes fils mourront sans postérité.*

La nuit suivante, le Béarnais a rejoint la caravane des filles. Il adore le vice papiste de la copulation. Sous ses rires, sa faconde, sa grande jeunesse, son vif regard, se cache un adulte *fait.* Une âme impénétrable et dure. Point de messe et point de psaumes. Faire alliance avec Charles IX qu'il nomme « Majesté », lui, l'héritier d'un petit royaume qui fait aussi de lui, n'en déplaise à tant de monde, un futur roi. Il a décelé le mépris de Margot et il a la mémoire longue. Celle des offenses et celle des bienfaits. Qu'elle ne s'imagine pas être la seule à dédaigner : il a grand goût pour la belle madame de Sauve. Et il a, davantage, grand goût pour un puissant avenir.

Aix-en-Provence… On ne s'y attarde pas. Michel de l'Hospital, calviniste modéré, visionnaire, comprenait l'indignation de cette ville, écrasée par les hordes catholiques.

— Continuons, dit Madame Catherine.

C'est un voyage de gloire, de paix, de prestige.

Charles IX grelotte de fièvre, de violentes coliques. Sa mère dissimule la terreur de le voir mourir. Aurait-il attrapé la peste horrible qui les tuerait tous ?

Médecins et apothicaires l'affaiblissent de saignées et de purges. On l'isole derrière d'épaisses courtines. Il boit du lait d'ânesse. Il respire mal. On a éloigné Margot dans son chariot, avec sa Maison. Marguerite est inquiète. Va-t-il mourir, tel son fragile aîné ? Elle est contente d'être éloignée de la puanteur du Béarnais. Il a, à ses yeux, les cheveux dressés en huppe de coq, la laideur de la hugoterie.

Il manque de vêtements et d'argent – d'où le mépris de Marguerite. Son escorte est pitoyable. Il croise le regard amical, furtif, de Nanon, la nourrice de Charles. Il confie au capitaine Bertrand d'Espalunge, protestant gascon qui lui est tout dévoué, une lettre pour sa mère et sa chère sœur Catherine de Bourbon. Il écrit au dos de sa Bible, parmi les cahots. Une Bible calviniste offerte par la gouvernante de sa sœur, madame de Tignonville. Le messager va galoper jusqu'à Nérac. Henri lui a finalement aussi confié sa Bible : c'est un danger de la conserver en ce si lent voyage, bondé de catholiques qu'il nomme « les Romains ». Henri de Navarre n'agit pas différemment que ne l'eût fait Catherine. Il ne l'aime pas mais il l'admire.

> À la Reine ma mère,
>
> Je vous prie de vouloir, joindre quelque argent qu'il vous plaira, n'ayant que bien peu de celui que vous m'avez laissé, et remerciez la bonne Tignonville de son présent mais je ne peux m'en servir ici, se devant effaroucher les Romains à pareille artillerie… je prie Dieu ma Mère, qu'il vous tienne en telle bonne santé et contentement qu'est présentement.
>
> Votre très humble, obéissant et affectionné fils,
>
> Henry.[1]

Charles réclame son cor de chasse. Il souffle de la force de ses poumons si faibles. On feint d'admirer – excepté Monsieur et Margot qui se moquent de lui. Il hausse les épaules et se plonge dans un ouvrage de vénerie. Il s'exerce à la versification.

On va, on va.

1. In *Henri IV, Lettres d'amour et Écrits politiques*, Jean-Pierre Babelon, Fayard, 1998.

Margot s'exclame d'admiration quand on atteint Brignoles. Cette fin d'octobre est d'une douceur merveilleuse. Marguerite admire les jeunes filles qui dansent en leur atours et ces orangers plantés en terre.

— Ces orangers, explique le précepteur de Charles, ont été plantés et apportés par les conquérants portugais. Ils viennent de la lointaine Chine.

On s'émerveille des palmiers, d'un exotisme délicieux, imprévu, de fragrances dont Margot se souviendra pour faire composer à René ses parfums. On ramènera des échantillons de ces plantes et de ces fleurs.

Et, tout à coup, au jour de la Toussaint : la mer ! Belle, bleue, violette. À Hyères, les orangers et la mer ! Marguerite, le Béarnais, les princes, une grande partie de l'escorte, excepté Madame Catherine, n'avaient jamais vu cette mer-là, ses calanques, son cristal.

La mer ; à Marseille. Charles exige de faire ses dévotions publiquement, non sans perversité : son cousin le Béarnais se tient à la porte des églises, en bon fils de Jeanne d'Albret. Charles lui arrache publiquement son modeste chapeau et le jette à l'intérieur de l'église. L'héritier du Béarn est obligé d'entrer, se baisser et ramasser son couvre-chef. Marguerite pouffe de rire. Le Béarnais sourit, salue et ressort de l'église. Catherine a frémi. *Tu ne vois pas, Charles, que c'est ta couronne que tu as jetée à ses pieds.*

Charles IX, repris par une crise d'ennui et de nerfs, exige une fausse bataille navale sur cette mer éblouissante et si traître. Chrétiens contre Turcs : Charles et son frère « jouent aux Turcs ».

— Nous préférons être les Turcs ! Leurs habits sont plus beaux que ceux des chrétiens !

L'ambassadeur d'Espagne, Alvala, prend très mal ces manières. Il fait avertir son maître. Philippe II décide de ne pas se rendre à la rencontre d'un tel cortège, d'un tel affront. Le roi d'Espagne hésite à accorder à son épouse de revoir cette famille qui ose ces jeux impies. Madame Catherine devinait la maladresse de ces jeux. Elle disait à Alvala :

— Ce sont là jeux de jeunesse. Ils eussent préféré aller au château d'If mais la mer est trop grosse.

Madame Catherine craint ce qui ne manqua pas d'arriver : le rapport d'Alvala à Philippe II raye à jamais dans l'esprit du roi d'Espagne la possibilité d'un mariage de Marguerite de Valois avec son fils don Carlos.

Invisible, le Béarnais marquait des points.

*

Montpellier, Nîmes, on va.

Une année est passée. On entre dans un nouvel hiver cinglant, en ce Sud mal connu. Le roi tousse, le poêle chauffe mal et asphyxie vaguement ses voyageurs.

Un événement de haute importance arrive à Margot quand on pénètre dans Carcassonne. Elle est repliée sous la couverture en zibeline, pétrifiée de froid et de malaises nouveaux. Elle ne voit presque rien de cette ville citadelle où les massacres ont été abominables. Il neige, ce 15 janvier 1565. Une neige mêlée de verglas. Une neige si dense que les arceaux fleuris s'effondrent. Henri et Henri de Navarre s'offrent une bataille de boules de neige. Marguerite a mal au ventre, quelque chose se passe, et l'effraye. Elle a du sang tout au long de sa jambe. Elle réveille madame de Curton. Va-t-elle mourir ? Elle a bien entendu, au chuchotement des femmes, ce que signifiait, aux filles, la modification de leur corps. *Même les naines saignent tous les mois.* Elle sait ces choses mais elle s'épouvante. Madame de Curton examine le linge et a un grand sourire.

— Son Altesse royale a ses règles. Cela autorise le mariage et la faculté de concevoir des enfants. Dieu soit loué !

La Turque, Lyette, Lysande, tout le monde s'agite. Folle veut être la première à annoncer la nouvelle à Catherine, qui, auguste et enchantée, examine à son tour le linge. Elle baise sa fille au front. Elle note en son carnet noir le jour, la date de cet événement majeur. Il accélère ses grands projets d'inlassable marieuse. Madame Catherine, généreuse à tout grand événement, a donné à Margot la Turque, Lyette et Lysande. Lysande aura Séraphin pour petit compagnon.

Henri est venu féliciter sa sœur. Il tâtonne vers sa poitrine gonflée, proche de celle d'une très jeune femme. Il baise violemment sa bouche pâlie.

On va, on va…

Bien du monde souffre d'arthrose, d'articulations douloureuses, de toux, de diarrhées, de mille maux… Un fourgon de meubles se renverse. On enterre à la hâte les morts sans importance. On laisse souvent un cheval mort en bord du chemin à la grande tristesse de Madame Catherine.

On traverse les pays protestants.

Arles ; le Rhône en crue. Il faut attendre. On campe, on attend. Tarascon, Beaucaire, en pays cévenol. Huées, cailloux lancés à la volée sur la caravane. Les Cent-Suisses abaissent leurs lances, les archers arment leurs flèches. Le Languedoc abomine les Valois et les catholiques. On ne s'attarde pas. On ne peut cependant accélérer ces kilomètres de fourgons et de mulets à demi exténués.

Bayonne est le grand but de Catherine. On approche, on émerge de la zone difficile. On décide un arrêt de quelques jours. Les précepteurs remettent les trois garçons au travail. Madame Catherine a eu vent des escapades des garçons du côté des filles. On a davantage cloisonné les chariots. Dames d'un côté, hommes de l'autre. Mais Chicot a creusé un trou dans la cloison côté « les dames de la cour ». Charles, Henri, le Béarnais se régalent d'une scène salace qui leur donne bien des idées pour l'avenir de leur plaisir. À tour de rôle, ils regardent, à la chambrette contiguë à la soi-disant « salle d'étude », le spectacle que voici :

> « [Ils virent] deux fort grandes dames toutes retroussées et leur caleçon bas se coucher l'une sur l'autre, s'entrebaiser en forme de colombes, se frotter, s'entrefriquer, bref se remuer fort, paillarder et imiter les hommes et dura leur échauffement près d'une bonne heure[1]... »

Henri trousserait volontiers Margot de cette manière. Il a déjà commencé. Il songe fort à « *l'entrefiquer* » de cette manière.

Toulouse, la belle, la Rouge, Montauban, Bordeaux ; des rumeurs contradictoires circulent pour empêcher la rencontre à Bayonne. Henri de Navarre, cousin du roi, mesure l'importance de sa présence à Bayonne où « il a été convié ». Le Béarnais écrit un courrier à monsieur d'Espalungue pour « lui tenir compagnie audit voyage... de Bayonne ».

Il ne veut pas rater Bayonne. Il s'impose, à sa manière, têtu, hors de toute innocence.

— Iras-tu à Bayonne, fils des Bourbons ? chantonne le monneton.

Cette rencontre connut plusieurs étapes.

Catherine envoie Monsieur son fils Henri à la rencontre de sa sœur, à la frontière, à Vitoria. Philippe II ne viendra pas, on le sait. Élisabeth a plaidé de revoir sa famille : son dur époux a consenti.

La canicule du 15 juin. Devant la Bidassoa arrive un pompeux cortège, tout en noir, de cavaliers espagnols casqués, bottés. Catherine tente de contenir son extrême émotion. La rencontre a lieu sur deux

1. D'après Jean Orieux, cf. bibliographie, p. 371.

bateaux plats, au milieu de la rivière. Sa fille bien-aimée ! Margot est stupéfaite du spectacle :

— Ciel ! s'écrie Folle-en-jambe, quel est ce somptueux pachyderme plus large que toi, ô ma vaste Catherine ?

— C'est la baleine de l'Olympe, la favorite de Zeus, commentent les nains.

— La reine d'Espagne ! crient les hérauts secondés de trompettes.

Margot regarde, interloquée, cette énorme femelle en noir, parée et transportée telle une châsse, à épaules d'hommes. Un double de sa mère en plus vaste, les bajoues tremblant de graisse, avalant la bouche, noyant les yeux, jadis si vastes, si beaux, devenus deux billes sombres et méfiantes…

— Quelle splendeur de chair ! commentent les nains. La reine d'Espagne, ô Catherine, est une déesse puisque la barque ne s'engloutit d'un aussi glorieux fardeau !

Madame Catherine en perd la parole. Elle reconnaît à peine Élisabeth, sa fille si jolie, à la taille élancée, au visage que Margot aurait pu autrefois lui envier. Déjà Claude a épaissi, mais comment gave-t-on en Espagne l'épouse du roi pour qu'elle soit devenue, à vingt ans à peine, cette masse cubique ? La sueur a traversé vertugadin et épais velours. Margot est interloquée. *Pourvu que je ne devienne pas comme ça.*

On se dirige lentement vers le rivage. Madame Catherine a fait installer un « pique-nique » de haut luxe, vaisselle d'or et couverts en vermeil. Catherine n'a qu'une hâte : embrasser sa chère fille. Les nains retiennent leur souffle.

Auguste, portée par huit bras pour se tenir debout, Élisabeth repousse l'élan de Margot qui veut l'embrasser.

— Élisabeth, ma chère sœur !

— Je m'appelle Isabelle, mon enfant. Reine d'Espagne.

Huit nains, de noir vêtus, au regard farouche, font partie de la suite espagnole. L'un d'eux n'est qu'admiration éperdue pour sa souveraine.

— Je m'appelle Folle-en-jambe, reine des naines, lui lance Folle, en lui faisant la révérence.

Les nains d'Espagne méprisent ceux de France. Une querelle est prête à exploser. Monsieur de Bezon tire sa courte épée et son fouet. Le nain amoureux de la reine d'Espagne sort un poignard. Chicot prend le fouet et tout rentre dans un ordre apparent.

La reine mère tente d'embrasser sa fille. Isabelle, épouse de Philippe II, la repousse d'un geste de doigts, très gras, surchargés de bagues sur ses sombres gants. Nul ne doit toucher la peau de la reine d'Espagne.

— La reine d'Espagne ne se livre à aucune effusion, madame ma mère.

La consternation se lit au visage de Catherine. Élisabeth, engoncée dans un tel excès de tissus, fait ajuster trois sièges pour l'asseoir au repas qui a tant fait rêver sa mère depuis des mois.

— Vous voilà devenue bien espagnole, ma fille, s'émeut Catherine.

Un petit signe de tête, c'est-à-dire de menton triple sur la collerette garrottée de perles, accueille la remarque. Tout le monde transpire. La chaleur est épouvantable. De temps en temps, on entend un bruit de ferraille en chute libre : un garde espagnol ou français, a cuit sous son heaume et sa cuirasse. Il tombe mort. On ne s'en occupe pas. Ce sont des vies sans importance. Les nains de France tirent la langue à ceux d'Espagne qui roulent des yeux fous. La reine d'Espagne les méprise.

— Je suis telle que l'exige le protocole de mon pays et j'obéis à la volonté de mon époux, le roi d'Espagne, réplique Élisabeth-Isabelle *en espagnol.*

Madame Catherine a totalement raté cette rencontre qui va lui coûter des années de dettes. Elle a perdu, vivante, une fille vivante. Philippe II l'offense à travers la dure présence de cette fille énorme, pétrie d'orgueil et d'indifférence. Le duc d'Albe accompagne la massive souveraine. Il ose faire remarquer à la régente et à ses enfants – à Charles, le roi – qu'il est intolérable pour son maître que la France tente sans cesse des alliances hérétiques. Marguerite est stupéfaite de la réplique de sa mère, qui la désigne d'un geste doucereux :

— Il nous serait tellement agréable de donner à don Carlos, fils bien-aimé de votre roi, notre fille Marguerite devenue apte au mariage !

Elle frissonne, Margot. Henri son frère lui glisse à l'oreille :

— Don Carlos est bossu, fou, assassin. Il vous fera jeter aux oubliettes. On dit qu'il traite les filles en petits garçons. On vous brûlera avec lui !

Margot s'effare. Va-t-on l'abandonner avec ces gens affreux, cette sœur égarée à jamais dans la graisse, l'orgueil et le rejet ? Son regard croise celui du Béarnais, logé en bout de table. On l'a installé loin des Espagnols. Il lui sourit de loin.

Madame Catherine feint la satisfaction. Elle a prévu un crescendo somptueux de réjouissances. Au banquet, on dévore. Élisabeth-Isabelle plus que tout le monde. Madame Catherine ose murmurer un conseil diététique à sa fille d'Espagne.

— Ma fille, si vous voulez ne point trop épaissir, ne mangez que six repas par jour et si vous avez faim, contentez-vous, entre ces repas, de tranches de pain.

Le plus grand des soupers spectacles a lieu sur l'Adour, le 23 juin, dans l'île d'Aiguemeau. L'échec de la rencontre espagnole prouve à la France la supériorité de l'Espagne sur le monde. La France, son roitelet, ne sont rien à côté de Philippe II. Le Béarnais se tait et observe.

Marguerite ajoute un admirateur à sa cour personnelle et reprend sa gaieté. Le jeune duc de Montpensier lui offre, devant tout le monde, un charmant cadeau. Une médaille d'or gravée de trois oisillons recevant la becquée de la mère : Catherine et ses « trois mignons ». Margot, ravissante, en rose et pendeloques diverses, s'enchante des festivités sur l'Adour. Dans cette île boisée, plus fraîche que l'autre, on a également aménagé tables et sièges dans des bosquets entourés de futaie. Les convives sont dispersés en tables rondes. La famille royale et l'incontournable reine d'Espagne occupent une estrade fleurie et gazonnée. Gentilshommes et dames se sont ruinés en toilettes éclatantes. Le service aussi est éclatant. On a vêtu les valets et servantes en fausses bergères et bergers représentant les diverses provinces de France. Tout ce monde est arrivé en barques magnifiquement ornées et accompagnées de musiciens. Marguerite témoigne :

> « L'on fut toujours accompagné de la musique de plusieurs dieux marins, chantant et récitant des vers[1]... »

Après le souper, Marguerite est éblouie de voir dans la clairière un rocher lumineux, « plus éclairé de beauté et pierreries des nymphes qui faisaient dessus leur entrée que des artificielles lumières ».

Un gros orage interrompt la fête.

La reine d'Espagne et son entourage se séparent de la famille royale avec une grande froideur. Marguerite reçoit un petit baiser sur le front. Charles baise sa main, Henri la salue, le Béarnais est dédaigné. Madame Catherine effleure, presque timide, la joue de sa royale et glaciale aînée, qu'elle ne reverra jamais.

En 1568, à l'âge de vingt-trois ans, Élisabeth-Isabelle d'Espagne meurt en couches et de son surpoids. La veille de son décès, Catherine avait eu un songe noir. Elle savait. Elle ne dit rien quand on lui apprit, avec précaution, la nouvelle. Elle était en salle de conseil. Elle ne pleura pas. Elle s'enferma dans sa librairie, le cœur une fois de plus déchiré. Infatigable, elle proposa à Philippe II la main de Margot.

1. In *Mémoires*, *op. cit.*, p. 45.

Il refusa. Il en avait assez des Valois, y compris des drames fous que déclenchait, en Écosse, Marie Stuart.

On est en juillet. Henri de Navarre a quitté Bayonne et la caravane pour rejoindre Pau et sa mère. Le Béarnais écrit de Pau à Charles IX son empressement à l'inviter avec sa cour à Nérac. Ils chasseront.

> Monseigneur,
>
> Je m'en irai attendre Votre Majesté à Nérac et reconnaîtrai tous les endroits où il y aura des perdreaux pour vous y servir de guide…
>
> Votre très humble et très obéissant sujet et serviteur,
>
> Henry.[1]

On traverse, non sans peine, la Garonne. Henri s'ennuie de son gai cousin du Béarn. Il rejoint le chariot de Margot. Il baise en cachette sa bouche, il soulève son jupon et s'enfuit. Un lien de plus en plus aigu, inavouable, les attire.

On va, on va.

Dans ce Sud-Ouest protestant, ravagé, c'est aux catholiques de craindre. La caravane royale rassure un peu les îlots catholiques. À La Rochelle, fief parpaillot, Charles IX, poussé par sa mère, impose sa falote autorité. Il signe des édits ordonnant la messe quotidienne catholique. Il fait condamner au supplice de la roue quatre dissidents. Margot ne dit rien de cette façon atroce de mettre à mort. Ces hommes liés chacun sur une roue, au Vieux Marché, dont on brise les membres et que l'on abandonne à des jours d'agonie…

On a hâte de s'en aller. On ne s'aventure pas du côté de Brouage, ses îles étranges, Marennes, Saint-Froult, leurs marécages pourvoyeurs de fièvres mortelles et de huguenots.

On va et à nouveau la pluie, le vent, sont revenus avec la toux du roi. En novembre, on est à Angers la blanche. On fait une courte halte dans la forteresse du roi René. On a besoin de ravitaillement. La caravane ruine tranquillement les Angevins comme elle l'a fait des autres villes.

— Pour le roi ! Pour le roi !

Mars, avril, on est à Bourgueil. Margot voit sa mère s'exclamer d'admiration à l'abbaye de ce lieu. « Je n'ai rien vu d'aussi parfait ! » L'inlassable bâtisseuse puise des idées pour faire construire un palais qu'elle nommera « Les Tuileries ».

On atteint la frontière de la Touraine, on a changé d'année. Marguerite a treize ans, le roi, seize ans, Henri, treize, Alençon, douze.

1. In *Henry IV*, Jean-Pierre Babelon, *op. cit.*

À Langeais, on se sent de retour. On se gave de petit vin, de bécasses, d'alouettes.

Il fut malaisé de traverser la Loire. Le cirque royal fait halte à Plessis-lès-Tours.

Madame Catherine et ses enfants tiennent à rendre visite à leur cher Ronsard. Il est radieux, honoré. La beauté émergente de Margot – un brin de lubricité sur la poitrine prometteuse de la fille des Valois – inspire ces vers, dans son recueil *Amours,* qui, un jour, enchantera Margot :

> Deux monts de lait qu'un vent presse et represse
> Qui sur son sein, sans bouger, s'ébranlaient,
> Comme deux coings gonflés se pommelaient
> En deux tétins messagers de jeunesse[1].

— Un jour, ma mie, dit Lysande dont la langue se dégourdit, vous aurez tétins aussi beaux que ceux de votre sœur d'Espagne.

Fin novembre, on est à Tours. Trompettes, sonneries diverses, harangue du maire à son roi. On passe sous des « arcs de triomphes », aux allégories diverses et flatteuses. On compare Marguerite à une biche, le roi à un cerf. Marguerite est ravie de changer si souvent de robe. Décembre, de givre blanc et de ciel bas, accueille la famille royale chez M. Jean Babou de la Bourdaizières, fidèle aux Valois, fils du surintendant favori de François Ier.

Ce gentilhomme, dévoué à la chambre de Charles IX, est entouré de ses filles. L'aînée, Françoise d'Estrées, vient d'accoucher d'une petite Gabrielle, futur grand amour du Béarnais…

On va, on va.

On n'en peut plus de ce voyage. À Moulins, il reste encore des jours avant de retrouver Paris et Margot… Amboise.

— Ma mère, emmenez-moi à la cour, avec vous !

— Bientôt, mon enfant. Je vous le promets.

Devant Amboise, Margot éclate en pleurs. La coupure est brutale avec ses frères et sa mère. Henri lui chuchote des promesses amoureuses. Elle ne va pas tarder à venir au Louvre. Il en fait son affaire. « Ma mère n'écoute que moi, d'ici peu de temps, ma sœur, nous ne nous quitterons pas. » L'arrêt est bref. Catherine embrasse « son Moricaud » et lui donne des présents.

1. In *Œuvres complètes, XVII,* première partie, Pierre de Ronsard, Librairie Marcel Didier, 1967.

Margot est à Amboise avec sa Maison, madame de Curton, la Turque, Lysande, Lyette, Séraphin. Elle se remet à la versification, à la musique. Elle se console de retrouver son petit frère et la promesse d'une nouvelle garde-robe.

Son cher petit Alençon la reçoit avec force compliments.

— Que vous voilà grandie et belle dame, ma sœur !

Il est agité. Il s'est ennuyé, il s'est vécu abandonné.

Madame Catherine attend avant de présenter « officiellement » Margot à la cour…

Une chrysalide qui promet d'être ce papillon radieux, nécessaire à ses plans.

Troisième partie

Marguerite de leurs nuits

VIII

Premiers amours

Monsieur, Henri, eut, c'est probable, une véritable relation sexuelle avec sa sœur Margot l'année qui suivit le retour du grand voyage. « C'est le premier qui m'a mise au montoir », sont ses propres mots, plus tard, quand viendra la féroce brouille. Elle avait quatorze ans, peut-être quinze. 1568 ? Sa mère l'a présentée à la cour. Sa beauté, de plus en plus évidente, déchaînait bien des ardeurs. Brantôme s'en émerveillait plus sincèrement que Ronsard. Dans la boursouflure de ses mots, flotte une part de vérité. Il rejoint Ronsard quand celui-ci évoque Marguerite, « la *Reyne* ». À ces poètes, ces hommes de cour, elle ne peut devenir que « reine » et elle est une indéniable « reine de beauté ». Le frère n'eût pas souffert qu'un autre osât avant lui posséder ce corps-là.

— C'est l'Aurore ! renchérissent platement Ronsard et le seigneur de Bourdeille.

— Elle est belle, exulte Brantôme, à « faire rougir Vénus, la despiter de jalousie, se plaindre à Jupiter du tort qu'il avait d'être allé former en terre une beauté qui faisait honte à celles du ciel, principalement à la sienne[1]... »

— Ah, ses blancs tétons ! insiste Ronsard... Il m'a été conté par sa naine Lysande, que deux dames de la cour, qui s'entrefiquent ensemble, adorent baiser les tétons de notre perle des Valois. Elle y prend grand plaisir et de doux baisers s'échangent entre elles.

Brantôme en délire.

— ... Si notre reine est toute belle de soi et de sa nature, elle se sait si bien habiller, et si curieusement et richement accommoder, tant

1. In *La Vie des dames illustres*, Brantôme, *op. cit.*, ainsi que les citations suivantes de cet auteur au sujet de Marguerite de Valois.

pour le corps que de la tête, que rien n'y reste pour la rendre en sa pleine perfection.

Amoureux aux aguets, avide de sa chronique mondaine, autant que Monsieur de l'Estoile, autre chroniqueur de la cour des Valois, Brantôme avait remarqué l'amour troublant de Margot et de son frère Henri. « *Ils paraissent s'aimer, comme s'ils n'étaient qu'un corps, une âme et une même volonté.* » Cela n'empêche pas Margot de songer avec ardeur à François de Guise aux éclatants dix-huit ans. Le monneton, Folle-en-jambe, les naines de Margot s'apercevaient aussi de ces choses. Fallait-il avertir la reine mère ?

— Catherine nous en voudra de ternir son chéri d'Henri, s'exclamaient les uns et les autres. Rien n'échappe à notre reine des mères.

— J'attendrai ses ordres, conclut Folle.

Elle espère que monsieur de Bezon l'épousera. Elle lui lance, sans succès, des œillades.

Madame Catherine crispe sa lourde mâchoire.

— Elle deviendra grasse comme sa sœur d'Espagne ! piaule le monneton.

C'est sans doute au Louvre qu'Henri a entrepris de très près son obsession : un grand bal en son honneur fut donné.

*

Le Louvre !

Folle-en-jambe, les nains, Chicot, les espions des grands seigneurs, connaissent par cœur le Louvre. Ils s'y faufilent, de l'entrée aux sorties diverses. On pénétrait au Louvre, qui datait de Philippe Auguste et ses tours de Charles V, par la trop petite rue de l'Autruche. Elle déboulait sur la rue Saint-Honoré, étouffante, jusqu'aux berges boueuses de la Seine. Le sombre passage de l'entrée du Louvre, sous sa voûte noire, était un véritable coupe-gorge. Bâti entre deux tours, rondes, médiévales, son pont-levis se situait au centre sud où se trouve de nos jours la « Cour carrée ». On franchissait un corps de garde, la cour pavée, plus petite qu'aujourd'hui. Madame Catherine, chaque fois, a le cœur serré. Son violent souvenir du deuil de son époux et l'anxiété d'un assassinat la hantent.

Le donjon du temps de François Ier a été abattu. On a conservé le rude espace, où s'amoncellent les appartements royaux. Un escalier abrupt, mal proportionné, jouxte cette aile. Le bâtiment le plus récent avait été conçu par François Ier, dans l'intention d'y loger le futur

Henri II. L'architecte Pierre Lescot, aux ordres de Madame Catherine, a su abolir une partie de l'aspect gothique qu'elle avait en horreur. On aligna des colonnes jusqu'à l'entrée. Entre l'aile méridionale et les vieux bâtiments, s'impose une lourde bâtisse carrée. On y loge le roi et sa famille. Ce côté domine la Seine. On a conservé, prudence oblige, un large fossé tout autour. Madame Catherine et Charles IX ont fait bâtir une longue galerie au rez-de-chaussée. Les arcades ouvertes donnent un mouvement respiratoire, *italien,* à tant de lourdeurs. Cette galerie aboutit à un jardin dont le projet de Catherine, est d'en faire un jardin à la manière des palais de Florence. Ce sera le futur jardin des Tuileries. Ce Louvre, en une époque aussi troublée, semble prêter le flan à toutes espèces de forfaits – dont celui du frère et de la sœur. N'importe qui peut pénétrer n'importe quand au cœur du Louvre. Une si petite porte ! Il suffit d'un peu d'astuce. Autour des galeries et du « pavillon » central des princes, trop de locaux, de cuisines, de communs, d'écuries, d'offices, le jeu de paume dont Charles IX est friand. On se contente souvent de simples passerelles sans rambarde pour franchir les fossés.

Au Louvre, parfois, quelque homme masqué traque quelque dame égarée. Certaines sont consentantes et, masquées – c'est la grande mode, le masque –, elles savourent cette étreinte rustaude. Contre un mur, derrière quelque portière… On écarte du pied les nains tel le lévrier encombrant. Il a été aisé à Margot et Henri de mener leurs jeux particuliers. Elle saura attirer son cher Guise, en ces lieux tortueux.

Au Louvre, l'inconfort est le fruit de cette architecture absurde. Point de séparation entre les appartements. Ils sont en enfilade sans vestibule. Ils sont liés à la trappe des escaliers souvent invisibles, qui eux-mêmes déboulent sur un autre ensemble de pièces identiques. La promiscuité est dangereuse, l'isolement, davantage.

On peut aussi s'y aménager des « cachettes ». Henri et Margot ne s'en privent pas. Le palier inférieur donne accès à la grande salle du bas, celle du bal et des grandes réceptions : les Cariatides. Que d'escaliers empestant l'urine et les déjections, quelle fatigue, ces escaliers, quand on les grimpe sous l'excès de la graisse, de rhumatismes, des armes et des avidités en tout genre… Qui monte ces étages ? La haine, la colère, la jalousie, le calcul, le meurtre, l'avarice, les catholiques et les huguenots, l'incessant espionnage, l'ambition, l'envie et la luxure…

Henri a choisi l'aile la plus éloignée de l'appartement de Charles, sis au pavillon d'angle. Loin du premier étage où logent les reines épouses, autrefois Marie Stuart. Loin du logement de Catherine, au rez-de-chaussée, à l'aile dite de « midi ».

Au grand bal de la cour, le succès de Margot est grand. La salle des Cariatides, ses quarante mètres de long, ses fenêtres toujours fermées, est illuminée. Les musiciens sont rassemblés dans une loge élevée, soutenue par quatre sculptures : des figures antiques, féminines, dénudées – ou *cariatides* –, signées Jean Goujon. Une large cheminée, œuvre du même sculpteur, est ornée d'un *H*. Le roi et les siens trônent sur leur estrade. Le plafond était alors en bois sculpté, peint d'allégories. À l'étage au-dessus, on trouvait, en plus sobre, la même pièce. Cette « salle des États », au plafond à dorures multiples, sert de tribunal royal et de salle de conseil.

Il faut voir comme elle dansait la volte, Margot, sur le plancher à chevrons, saisie à la taille par le beau Guise et tant de princes !

Catherine épiait l'agacement jaloux d'Henri. Il la prit soudain pour cavalière. Elle était vêtue d'une robe bleu clair, travaillée d'or et de clinquants par Alexandre de Prates, le brodeur de Catherine. Margot, couverte de joyaux, la taille si mince, la gorge haussée en « tétons blancs » attirait tous les regards. Il la lançait haut, Henri. Elle croisait ses chevilles, visibles, chaussées de mules emperlées. Il la rattrapait d'un bras solide, et soudain, entre les jambes gainées de soie, sa main s'égarait un peu haut, un peu loin, dans un froissement de jupons en dentelles des Flandres. Henri de Guise pâlissait. Chacun se demandait qui épouserait la fille des Valois. Chicot ricanait pour exciter davantage la haine du frère contre le frère :

— Charles, mon roi, Margot t'a oublié.

Alençon, au gros nez couvert d'acné, les vertèbres déformant plus que jamais son épaule en bosse, le cheveu crépu, s'amusait à contrarier sa mère. Il passa sa vie à le faire. En paroles, en ricanements, en complots avortés. Lui aussi est jaloux du succès de sa sœur auprès de l'aîné. Madame Catherine feint l'indulgence. Elle a besoin de son Moricaud pour s'allier l'Angleterre. Le bal continuait. À la foule des gentilshommes se mêlaient deux jeunes hommes de l'âge d'Henri. Monsieur de Lignerolles, grand favori-amant d'Henri d'Anjou, haï de la reine mère, et l'autre, l'âme damnée de Margot : Louis Du Guast. Ce petit seigneur à l'ambition démesurée avait su séduire le futur Henri III. Il en avait la faveur. Il n'était pas son amant. S'il l'avait fallu, il l'aurait contenté. Henri en avait fait son espion favori. Il le recevait en privé. « Cela fut assez, témoigne monsieur de Thou, historien du XVIe siècle, pour lui tourner la tête. » Son ambition dépassait son peu d'esprit. Il avait l'âme criminelle, l'allure et la force d'un brasseur de bière. Prêt à tout pour arriver aux plus hautes fortunes, il abominait Margot trop liée à son frère. Il jouait aux égaux avec les grands seigneurs. On le craignait, – excepté Henri de Guise – à cause de l'engouement du prince. Grossier, il traitait les dames de la cour, l'escadron volant, de « putains ». « Il eut même la hardiesse, témoigne monsieur de Thou, de faire porter la médisance jusque sur une grande princesse. »

Elle savait ces offenses, Marguerite. Quoi de plus bavard qu'une cage royale ? Son frère ne réagissait pas. À elle de se venger, se défaire un jour de « ce mauvais homme, né pour mal faire ».

Le bal battait son plein, les flambeaux pleuraient une lumière éclatante et blême à la fois. Les Valois s'y tenaient, éclatants d'atours et blêmes à la fois.

Les violons, les luths, les mandolines, les tambourins, les chanteurs décuplèrent de vigueur. On dansa, à nouveau. On feignit d'ignorer la disparition du frère et de la sœur. Catherine fit un petit signe à Folle, étonnante dans des atours de bal.

Elle devint cette ombre, ce cancrelat le long des murs, du tournis des salles, des escaliers sans fin, aux marches aussi hautes que ses jambes. Elle rejoignit une certaine chambre, close, isolée. La naine se tenait immobile, aguerrie à ce genre d'espionnage.

Elle n'en peut plus, Folle, de monter, descendre, tourner, raser les murs. Elle porte bien son nom, Folle-en-jambe, capable de parcourir ces kilomètres de parquets et d'étages.

Les princes résident, au grand arrangement de Henri, dans l'ancien logis, le médiéval espace au nord. Le jour, les gentilshommes s'y bousculent et Du Guast les écarte comme des rats. La nuit, Lignerolles donne au prince les plaisirs interdits. Nul n'oserait écarter les courtines de l'alcôve du prince ni celle du second cabinet, si petit. Il contient un lit camouflé sous force courtines.

— On est si bien sur cette couche, Margot-ma-sœur… n'est-ce-pas ce que vous souhaitez ?

Écouter, voir. Folle retient son souffle. Le frère dénude la sœur, la sœur ose tant de gestes. Leur cri mêlé, quelque chose de fou dans cette étreinte en présageait d'autres. Quelque chose qui ressemblait à une douleur si voluptueuse que Folle eût tout donné, son âme au diable, pour être grande, belle, telle cette *fille-là.* Elle n'avait plus rien d'une princesse mais tout d'une putain qui traîne au *bordel,* du côté de la Seine bleuâtre. Une *fille* qui attire les mâles, contre quelque sous, et les anéantit en une rumeur jamais apaisée. Avec quelle fougue abandonne-t-elle sa précieuse virginité !

Quelque chose d'aigu, de suave, là, au bas du ventre, là, où les dames lors du tour de France *s'entrefiquaient* si fort… Margot apprend vite, son corps réclame, avide, ce plaisir-là. Folle a tout vu, tout entendu, au risque de sa vie. Elle rêvait à en pleurer des mêmes caresses. Nul n'a prêté attention à cette ombre, glissée entre le mur et la tapisserie.

Marguerite de Valois ne pourra plus jamais se passer de cette convulsion-là qui porte de beaux mots outrageants que son frère impur lui enseigne. Elle entre dans le plaisir comme en pays connu. Elle a déjà été souvent *entrefiquée* par ses frères-amants. Henri est allé plus loin. Elle est si naturelle, à l'aise, douée, qu'Henri soupçonne qu'elle a peut-être déjà entrepris ces gestes avec ce Guise qu'il jalouse à mort.

« Un jour, je le tuerai. »

Margot, les hommes sauront la perdre et souvent se perdre pour elle.

*

Folle a parlé.

Madame Catherine l'écoute avec une grande attention.

Elle lui cingle les reins de trois petits coups de fouet et lui donne un cornet de pralines.

Sa passion jalouse pour son fils, ses rencontres incestueuses, augmentent son rejet de Margot.

Elle lance à sa fille un regard glacé. Margot a une peur accrue de sa mère, mêlé au désir éperdu de s'en faire aimer.

« [J'avais] une telle contrainte auprès de la Reine ma mère, que non seulement je n'osais lui parler, mais quand elle me regardait, j'étais transie de peur d'avoir fait quelque chose qui lui déplût. »

Henri d'Anjou va modifier cette donne, au nom de ses intérêts.

La dette de la France était énorme. L'entrevue de Bayonne, cet échec, durcissait la politique du roi d'Espagne et la haine des calvinistes dont leur chef, l'amiral de Coligny. On ne pouvait guère faire autre chose que de continuer la guerre. Madame Catherine et Charles IX approuvaient l'Espagne qui soumettait de manière atroce les Flandres protestantes au joug catholique. Charles IX, paradoxe dangereux, admirait Coligny et continuait à en faire son conseiller privé. Il l'appelait toujours « mon père » à la grande fureur des Guises. Catherine louvoyait pour s'allier Condé, Coligny et son frère, le richissime évêque de Châtillon. Or, qui prendrait la tête des armées ? Condé en rêvait, poussé par sa nouvelle épouse, mademoiselle de Longueville. Madame Catherine les contraria à l'extrême en faisant nommer, par la bouche de Charles, lieutenant général du royaume, Henri, son fils adoré.

Il était devenu beau, ce premier amant de Margot, ce frère chéri. Tout en finesse, en forces sournoises, le cheveu noir et brillant, la jambe interminable, bien moulée, la main blanche, habile à la caresse et à la dague, l'esprit souple, la culture plus brillante que profonde, l'audace que n'avait pas son frère. On le désignait pour mener les armées. Rien que cela, à dix-sept ans, lui qui couche avec sa sœur, et raffole de s'habiller en femme.

La veille du premier grand bal de Margot, il avait, devant elle, enfilé sa toilette. Il montra, en ses appartements, comment déambuler, haut perché en ses mules, devant la cour. Il avait vérifié sa coiffure avant son entrée dans la salle des Cariatides et ajouté perles et brillants à ses boucles noires. Les faiblesses de ce prince sont dans le déséquilibre incessant. Son précepteur Villequier l'a observé et accentue exprès ce déséquilibre. Il en tira grande fortune. Il le flatte et l'entoure de jeunes gens très beaux, voraces, assassins.

Margot était fascinée par son frère d'Anjou qui, au retour du grand voyage, était devenu un héros de guerre. L'armée, dont il est lieutenant général, va encore l'éloigner de la cour. Il a besoin d'une alliée de grand poids pour servir son dessein à l'encontre de son frère Charles qu'il déteste. Il a su y faire. Le corps d'abord, la manipulation mentale ensuite. Il va injecter à Margot le venin d'un vrai rôle actif. Il la devine avide de tout. Il avancera ce pion, sa catin de sœur, quand la guerre le mène loin de la cour. Elle est l'espionne idéale. Un jour, il renversera ce Guise haï. Elle vaut à elle seule, tout l'escadron volant.

Les complots religieux ne cessaient pas.

Coligny et Condé, les chefs calvinistes, préparaient un traquenard pour se défaire de la reine mère, son entourage et les Guises. Se défaire de ces catholiques, oui, enfin, puisque le roi d'Espagne a fait décapiter, à Bruxelles, les amis de Coligny, les comtes d'Egmont et de Hornes.

En septembre 1567, l'agression protestante eut lieu à Montceau. Madame Catherine, Charles IX et la cour n'eurent que le temps de se cacher derrière les remparts de Meaux. Sans l'armée suisse, en petit nombre, qui protégea l'attaque vers Lagny et l'astucieuse idée de Catherine de faire rouler des gros tonneaux de chaque côté du lamentable cortège à pied, qui sauva cette cour hagarde, Coligny et les siens eussent sans doute exterminé cette monarchie-là, sa religion honnie et régné à leur place.

Cette troisième guerre de religion se déchaînait partout. On n'en sortait pas. Les forces calvinistes, avec Coligny, Condé et l'appui de Jeanne d'Albret, convergèrent vers leur place forte, La Rochelle. Ils veulent s'emparer de Poitiers.

C'est en Saintonge qu'Henri d'Anjou mène la cavalerie royale et sa première prouesse. Il avait exposé son plan de guerre, à l'automne 1568, devant le roi, sa famille et les plus grands seigneurs de la cour. Une cour en deuil. Élisabeth, la reine d'Espagne était morte le 3 octobre suite à une fausse couche. Elle laissait deux petites filles.

L'idée d'Henri est de mener l'armée royale contre Condé et D'Andelot. Il part pour Chatellerault avec une troupe de huit mille hommes. Il bat Condé à Jarnac. Condé fut tué le 13 mars 1569, d'Andelot, le lendemain. Ne nous y trompons pas : c'est un spadassin de Monsieur qui fit la vilaine besogne d'assassiner Condé et D'Andelot. On clama le triomphe de Monsieur. La tristesse rageuse de Charles IX, jaloux de ce succès, fut tenace.

L'amiral de Coligny, fortement armé, fonça vers Tours. Charles IX veut prendre la tête des combats. De quoi épouvanter ses capitaines qui, à Saint-Jean-d'Angély, avaient pu jauger ce consternant guerrier. Il tirait, oui, mais sur son armée, blessant ses propres canonniers, hurlant comme à la chasse… La chance de Monsieur est que les armées de Coligny n'ont pas dépassé Chatellerault. Monsieur se rengorge d'une nouvelle victoire, à Moncontour, près de Niort. Quand il revient à Plessis-lès-Tours, sa mère fait chanter un *Te Deum* en l'honneur de celui que l'on nomme désormais « le vainqueur de Jarnac ».

La guerre continuait. Elle permet à un autre personnage de briller aux yeux de Margot et d'exciter la jalousie d'Henri d'Anjou. Le bel Henri de Guise. La cour campe à Tours, où la menace des reîtres allemands et de ceux de Coligny est grande. La population de Tours fut soudain rassurée par l'arrivée éclatante du beau Guise. Son étincelante virilité, son armure dorée, son cheval, ses discours rassurent tout le monde. Il a vingt ans, les épaules d'un homme aguerri, la prestance d'un roi, la séduction innée. Margot, en ses beaux seize ans bien initiés, admire ce gentilhomme à la tête d'archange… Il s'est juré de venger son père et de tuer Coligny. Il ira seul aux remparts de Poitiers. Il guerroyait bien, ce beau Lorrain, et ruina les plans de l'amiral. Il fit rompre les ponts et le camp de Coligny se trouva inondé, son armée en déroute. Margot fut éblouie. Il l'avait vue danser, Margot, avec son frère Charles et son frère Henri. Il l'avait aussi fait danser et ils ne tardèrent pas à éprouver l'un pour l'autre un violent désir, frôlant l'amour. Henri de Guise était sa première passion de femme. L'ambition, chez le jeune duc, tenait autant de place que le désir. Épouser cette fille et sœur de roi ferait bien son affaire.

— Il n'est pas de sang royal, piaule Charles, même si les Guises disent descendre de Charlemagne. Les Valois sont issus des Capétiens.

— Il veut nous renverser et régner à notre place, fulmine Henri d'Anjou. Nous ne lui donnerons jamais Margot. Monsieur Du Guast m'a laissé entendre qu'elle s'est toquée de lui. Je l'ai chargé de les surveiller de près.

La jalousie de Monsieur et celle de Charles IX est féroce. Charles a une maladive affection pour Margot. Il se sent relégué par elle, leur mère, son frère. Il le déteste, ce frère d'Anjou, qui a couché avec Margot. Chicot lui a tout dit. Il déteste l'amour que Guise, tellement mieux fait que lui, ose échanger avec Margot. On les a vus s'embrasser, s'isoler à la chasse. Il en a des cauchemars. Ce Guise, son frère d'Anjou, chacun à leur manière, rêvent de sa mort pour devenir roi. Il croyait voir des ânes, des sangliers et des sangsues à la place des hommes. Le sang pisse de ses poumons par sa bouche. Sa mère et Anjou gouvernent.

Pour Henri d'Anjou, il est temps de s'assurer de Margot. Le sort de Poitiers l'indiffère. Au beau Guise de s'en charger et, plût au ciel, d'y périr ! La cour se repose au château de Plessis-lès-Tours, dans l'attente des événements. Le héros de Jarnac aussi. Il y a du monde, en ce bel automne doré de 1569, dans le parc du château. Henri entraîne Margot dans une allée éloignée. Il veut être seul avec elle, même si les feuillages voient et écoutent.

Il mordille l'oreille de sa sœur où pendent des cabochons en rubis.

— Ma sœur, la nourriture que nous avons prise ensemble ne nous oblige moins à nous aimer que la proximité… Entre tous ceux que nous sommes de frères, j'ai toujours eu plus d'inclination de vous vouloir du bien qu'à tout autre, j'ai reconnu aussi que votre naturel vous portait à me rendre la même amitié. Nous avons été jusqu'ici… guidés par le seul plaisir que nous avions de converser ensemble. Cela a été bon pour notre enfance ; mais à cette heure il n'est plus temps de vivre en enfants. Vous voyez les belles et grandes charges où Dieu m'a appelé, et où la reine notre bonne mère m'a élevé. Vous devez croire que, vous, étant la chose du monde que j'aime et chéris le plus, je n'aurai jamais grandeurs ni biens à quoi vous ne participerez.

Margot frémit d'un vague espoir. Un sort meilleur, approcher son cher Guise, briguer quelque pouvoir près de sa mère. Henri appâte son gibier.

— Je vous connais assez d'esprit et de jugement pour me servir beaucoup auprès de la reine ma mère... pour me maintenir dans la fortune où je suis.

Elle, que sa mère dédaigne et qui rêve d'en être aimée ?

— Mon principal appui, continue le tentateur, est d'être conservé en sa bonne grâce. Je crains que l'absence me nuise... La guerre et la charge que j'ai me contraignent à l'éloignement.

Son regard, ce velours, sa voix, ce miel se durcissent. Il serre la main de Margot, avec une sorte de violence.

— Le roi mon frère est toujours auprès d'elle, la flatte et lui complaît en tout. Je crains qu'à la longue cela ne m'apporte préjudice.

Il a un petit ricanement de mépris irrité.

— Le roi mon frère devenant grand, courageux comme on le sait, s'amuse toujours à la chasse, mais devenant ambitieux, il changera son amusement des bêtes avec celle des hommes en m'ôtant la charge de lieutenant du royaume qu'il m'a donnée afin de se rendre lui-même aux armées. Cela me serait ruine et déplaisir si grand que j'élirais plutôt la mort...

Que peut-elle faire, Margot ? Son bel œil noisette interroge. Sa main presse le bras du fourbe dont l'œil a repris sa douceur.

— Il m'est nécessaire d'avoir quelque personne très fidèle qui tienne mon parti auprès de la reine ma mère. Je n'en connais point de si propre que vous qui êtes comme un second moi-même.

Il flatte, vite, mieux encore.

— Vous avez toutes les parties qui s'y peuvent désirer, l'esprit, le jugement, et la fidélité...

Elle palpite, Margot. C'est la première fois qu'on lui demande une mission auprès du grand favori de sa mère.

— Ma sœur, soyez toujours, en son cabinet, au lever et au coucher de notre bonne mère, cela l'obligera de communiquer avec vous...

Elle ne demande pas mieux, Marguerite. Sa mère l'écarte depuis si longtemps de l'enviable place de ses fils – dont celui-là, le bien-aimé entre tous.

— Je vais lui communiquer votre capacité, la consolation et service qu'elle tiendra de votre chère présence, je la supplierai de ne plus vivre avec vous comme avec une enfant ; mais de se servir de votre présence en mon absence comme de moi.

— Mon frère, si Dieu me donne la capacité et la hardiesse de parler à la reine ma mère, comme j'ai la volonté de vous servir, ne doutez point que vous n'en retiriez l'utilité et le contentement que vous demandez.

Il baise ses mains. Il ôte une petite feuille qui a glissé sur le col de Margot. Elle semble prendre en hardiesse. Elle apprend vite, Margot, elle comprend bien. Il est enchanté de l'entendre conclure, aimante :

— Je préfère votre bien à tous les plaisirs du monde. Vous avez raison de vous assurer de moi, car rien au monde ne vous honore et, je vous aime autant que moi.

Il baise cette bouche qui parle si bien :

— Je serai auprès de la reine comme vous y seriez vous-même. Je n'y serai que pour vous.

Elle bat des mains. Elle rit. Il lui dit la trouver adorable quand elle perd toute timidité. Le manipulateur s'empresse de semer encore son ivraie :

— Parlez-lui avec assurance comme avec moi. Cela lui sera agréable, elle vous aimera, vous en aurez grand bonheur, elle aussi.

Il la presse contre lui, qu'on les voie ainsi, cela sert son dessein.

— Vous ferez ainsi beaucoup pour vous et pour moi, je vous tiendrai, après Dieu, pour la conservation de ma bonne fortune.

Charles a encore traversé une forte fièvre. « La bonne fortune » du frère n'est pas si loin.

Margot palpite d'un espoir longtemps convoité. Sa mère, qui lui fait si peur, pourrait faire d'elle son alliée, sa confidente, sa fille bien-aimée ? Élisabeth est morte, la santé de Claude est ébranlée. Catherine n'a de fille, à sa cour, que Margot. Henri l'aiderait à tenir la place unique de fille et de favorite. Elle serait présente au lever et au coucher de sa terrible idole : sa mère. Il lui sera plus aisé de tenter d'épouser le bel Henri si elle entre en grâce. Margot devine qu'il faut occulter leur passion. Mais que peut-on dissimuler à la pieuvre des Valois qui épie sans cesse leur perle souillée par eux ?

Madame Catherine fait convier sa fille en son cabinet. Elle la regarde de la tête aux pieds, considère, amène, ses boucles et sa belle taille. La robe chatoie de tous les roses. Catherine se fait cordiale. Elle dissipe l'effroi qui glace l'enfant manœuvrée.

— Votre frère m'a dit les discours que vous avez eus ensemble, et ne vous tient plus pour un enfant ; aussi ne le veux-je plus faire. Ce me sera un grand plaisir de vous parler comme à votre frère…

La gorge de sa fille se soulève, une larme borde sa paupière. La savante joueuse sourit :

— Ne craignez pas, ma fille, de me parler librement car je le veux ainsi.

Margot se jette à ses genoux, baise la main si grasse, si douce, onctueuse telle celle d'un prélat. Sa main alourdie de grosses bagues. Margot n'a jamais éprouvé une telle suavité.

« Ces paroles, écrit-elle, firent ressentir à mon âme un contentement si démesuré qu'il me semblait que tous les contentements que j'avais eus jusqu'alors n'étaient que l'ombre d'un tel bien... »

Margot revoit sa jeune vie, faite de futilités, de chasses, de bals, de longue relégation à Amboise, où même l'étude est sans poids auprès d'un tel bonheur. Elle en oublie ses premières passions d'amour. Elle est – elle se croit – enfin adoubée par ce personnage énorme. Une vie nouvelle desserre enfin l'étau de l'abandon.

Soir et matin, Margot est à son chevet. À son coucher, c'est un bonheur à peine supportable. Sa mère lui parle « deux ou trois heures, tard dans la nuit ».

— Je suis si satisfaite de vous, ma chère fille, que je n'ai de cesse de vous louer auprès de mes femmes.

Folle-en-jambe est présente. Les nains observent ce qu'ils devinent être un jeu redoutable. La proie est la fille menée entre les mains du frère et de la mère.

— Eh bien, mon enfant, qu'avez-vous à me dire, ce soir ? demande Catherine qui a l'air d'une vieille louve métissée de truie sous son bonnet de nuit.

Margot lui conte les prouesses de son frère. Ce que dit Charles, ce que clabaude Alençon. Elle sait bien des choses, Catherine, mais le babillage de Margot perd de plus en plus Charles dans l'esprit maternel. Elle sait cependant y faire, Margot, et prendre à la glu de son ramage et de son plumage bien du monde. Monsieur peut partir tranquillement à la guerre. Margot maintient sa première place dans l'esprit de leur mère, contre le falot Charles IX.

Ces victoires ne sont que des illusions. La guerre continue. Au fond d'elle, Madame Catherine sait qu'Henry de Navarre, actuellement allié à leurs ennemis, régnera. Ses mages n'en démordent pas. Elle mariera Margot, ultime ressource, à ce prince détesté.

Henri de Guise est son amant depuis des semaines. Une telle audace, chez une princesse royale, dépasse l'entendement. La mère a fermé les yeux sur les ébats avec son ou ses frères. La passion de

Margot pour le Lorrain est une bombe. Elle ne va pas tarder à tout détruire.

*

La première vraie passion de Marguerite ! À en perdre l'esprit. Le fils des Guise aussi est amoureux. Il calcule, certes, c'est un Lorrain, un ambitieux, mais il est épris de Margot. Il devient imprudent. Le soupçon planait et Henri d'Anjou fit espionner Margot. Chicot aussi s'en mêlait. Charles se trouvait un droit amoureux, un cuissage très particulier, envers sa sœur. La jalousie mena les frères impurs contre les amants. On écartait Alençon, trop dévoué à sa sœur, hostile aux siens.

La haine des Guises excitait surtout Monsieur. Du Guast, qui avait tâté bien des filles à la cour, et agitait en Monsieur l'autre forme du désir, fut mandé pour surveiller Margot et le duc. Du Guast exécrait Margot afin de prendre sa place dans l'esprit du frère, y gagner rang et fortune. Il rapportait des vérités habilement tissées de mensonges. Les admirateurs de Margot, sous sa langue venimeuse, avaient tous été ses amants. Monsieur s'encolérait, Charles IX tapait du pied. Folle-en-jambe grésillait telle une guêpe. Catherine lui interdisait de courir les couloirs sans sa permission. On ne tenait pas de preuves suffisantes. Margot avait aussi organisé une « cachette » en ce Louvre tortueux. Un cabinet, délaissé, sombre, contre une fenêtre, au fond de ses appartements. Il est aisé au beau Lorrain d'en savoir le parcours. Margot a trouvé une idée simple, digne d'une comédie. Le bel Henri laisse son cheval dans la cour, et se hisse, la nuit, par la fenêtre ouverte pour lui. Un flambeau vite éteint donne le signal. Un lit aux courtines l'attend ainsi que sa belle en voiles de nuit blancs et mousseux, la chevelure éparse… Il grimpe, le duc, aidé d'une corde. Ils vont tout braver et oser. Le rendez-vous a été écrit de la main de Margot, le billet véhiculé avec adresse. Les naines de la princesse, une de ses filles d'honneur, mademoiselle Pic de la Mirandole, son amie la duchesse de Nevers ? Margot aussi a ses alliés de l'ombre. Le duc a franchi, à minuit – il faut bien ça, minuit –, la fenêtre d'un bond de loup. Il enlace l'agnelle, la fille des Valois. Un genou impatient, fougueux, glisse entre les frais genoux si peu vêtus. Ce lit de fortune est un champ de caresses et de soupirs. Un feu, une ardence sans répit. Que c'était fade, les assauts d'inceste à côté de cette suave fureur des sens, que c'était fade… Incomplet, vicieux. Elle sait désormais, à la manière dont *on la boute*, ce mâle qui cogne de tout son corps épris et violent, ce que signifie l'amour d'un homme.

Le duc s'émerveille d'une telle aptitude au plaisir. Il n'a jamais éprouvé une saveur pareille. « Ô ma mie, ma mie » semble sangloter le guerrier, le héros, l'amant enfin foudroyé contre le récif blanc, tendre et nu, où mousse à l'aine et aux aisselles le foisonnement qui rappelle la sauvage chevelure sombre… La passion les rend fous d'imprudence. Ils se revoient ainsi en dépit du danger extrême. 1570, la fallacieuse paix de Saint-Germain n'a convaincu personne. Les Guises la critiquent sans ménagement. Henri continue à grimper au mur, franchir la béance de cette fenêtre, ouverte pour lui. « Margot, dit-il, Margot. »

Combien seront-ils à soupirer « Margot, Margot, » avec ce regard mourant jusqu'à ce qu'ils disparaissent avec violence de sa vie d'amante ?

Du Guast a découvert leur cachette.

Il fait son rapport triomphant à Monsieur qui explose d'une rage mortelle.

Anjou ne peut plus faire de sa sœur la confidente auprès de leur mère. Il alla voir Madame Catherine. La jalousie déformait ce visage trop mince, contrarié.

— Ma mère, monsieur de Guise recherche Marguerite qui devient belle, ses oncles aspirent à la lui faire épouser. Il serait à craindre que Marguerite lui découvrît tout ce que vous lui direz… Vous savez l'ambition de cette maison-là… Il serait bon, ma mère, de ne plus parler à Margot d'affaire et que peu à peu vous vous retiriez de vous familiariser avec elle[1].

Margot a passé un long moment voluptueux, nocturne, avec son amant. Ils se croient en sûreté en ce cabinet si clos, si terne. Cette grotte aux délices.

Le soir où Monsieur a dénoncé sa sœur, Margot se rend, guillerette, au chevet de sa mère. Quel plaisir avant de retrouver l'autre plaisir et sa brûlance ! Elle prend sa place de favorite, dans la ruelle. Surprise, sa mère n'est pas couchée. Elle la reçoit froidement. Monsieur est là, un rictus mauvais au coin des lèvres. Une peur vague s'insinue.

— Allez vous coucher, ma fille, ordonne Catherine.

Margot est interdite. N'était-ce pas l'heure exquise des confidences ? Henri se tenait toujours là. Sa mère lui fit un petit signe. Il quitta la

1. In *Mémoires, op. cit.*, p. 53.

chambre avec brusquerie. « J'attendis qu'il fût sorti de la chambre ; puis m'approchant d'elle, je la suppliai de me dire si par ignorance… j'avais fait quelque chose qui lui déplût. »

Catherine a l'air de ruminer en prononçant les mots qui excluent la fille du privilège construit et saccagé par le frère.

— Ma fille, votre frère est sage ; il ne faut pas que vous lui en sachiez mauvais gré…

Et la mère de s'embarquer dans un long discours empêtré, où tomba la sanction. Elle lui interdit de répéter la moindre de ses paroles à son frère. Elle n'a plus rien à lui dire. La confiance mutuelle était brisée. Madame Catherine a l'habilité de ne point parler d'Henri de Guise. Ce sera la seconde étape. Elle ose, cette fille maudite, braver « l'enflure du ventre », elle ose se comporter comme Diane la Putain… Comment l'aimer ? Margot devinait vaguement que quelque espion – Du Guast, ce démon –, avait sans doute découvert ses rendez-vous. Marguerite est effondrée de sa disgrâce. La fin des confidences au lever et au coucher de sa mère. « Ces paroles me furent autant de pointes dans le cœur, que les premières, lorsqu'elle me reçut en bonne grâce, m'avaient été de joie. »

Elle a beau supplier, Margot, de conserver la confiance de sa mère, insinuer que le frère est peut-être jaloux, Catherine, courroucée, lui ordonne de se taire et de s'en aller. Le frère chéri n'a eu qu'un mot à dire pour réduire la sœur et reprendre sa place d'idole au cœur maternel.

Monsieur lui jette des regards furieux. Sa mère l'a répudiée de ses confidences. Henri de Guise est rappelé brusquement par la guerre et ne lui a pas même fait ses adieux. Marguerite a *perdu* sa mère, son frère, peut-être son amant, et déjà Charles repousse sa présence. Il n'y a que son petit Alençon qui la bouscule avec son amour turbulent, fantasque et malsain.

Marguerite se jette en sanglotant la tête dans son oreiller en dentelles.

On la trouva le matin suivant grelottant de fièvre. L'esprit submergé d'amertume.

Marguerite de Valois est tombée malade et traverse une dépression.

*

Une solitude mentale noire. Un corps grelottant. Les larmes ; l'abattement. Henri de Guise ruse pour la revoir. Les billets vont et viennent, mystérieusement interceptés. Madame de Curton est mise dans la surveillance. Elle a trouvé Margot évanouie dans son lit.

Madame de Curton frémit devant les plaques rouges qui ont envahi le visage de la princesse. Catherine, avertie, dépêche les médecins. Ils craignent le très grave *« pourpre »*. Cette fièvre couvrait le visage, le corps de plaques rouges. La fièvre était intense. C'était certainement la rougeole et on en mourait souvent. Margot gémit, désolée dans sa fièvre, ses maux de tête. Le *pourpre* s'étend. Son visage, ses mains, ses bras et son corps sont envahis de pustules. Elle peut à peine ouvrir les yeux. Elle a soif. Elle appelle sa mère. Elle retient le cri vers l'amant. Des mains précautionneuses ont changé son linge. On talque les marques ; on les badigeonne avec une lotion d'herbes mêlées. Va-t-elle perdre sa beauté, sa vie ?

Madame Catherine se décide à veiller elle-même sa fille. Elle l'inquiète à plus d'un titre. Elle est dans un état pitoyable. À ses maux s'ajoute le délire. La mort a tant de fois ravi ses enfants, les mages n'ont peut-être pas prévu ce décès. Le *« pourpre »* est contagieux, ceux qui approchent Margot ont peur. Catherine méprise cette crainte. Marguerite sent soudain sa présence. Elle y puise un goût de guérison.

> « Moi étant en cette extrémité, la Reine ma mère, qui en savait la cause, fit tout pour me faire secourir, prenant la peine, sans craindre le danger, de venir à toute heure me voir, ce qui soulageait bien mon mal. »

On empêche son petit frère d'Alençon de la voir.

Quelqu'un d'autre est entré. Une présence toxique qui réactive la fièvre et l'éruption. Son frère d'Anjou relaye sa mère au chevet de la sœur trahie. Sa maladie devient une violente somatisation.

> « La dissimulation de mon frère augmentait bien autant, qui après m'avoir fait une si grande trahison et rendu une si grande ingratitude, ne bougeait jour et nuit du chevet de mon lit, me servant aussi officieusement que si nous eussions été au temps de notre plus grande amitié. »

Elle devine son jeu odieux pour l'empêcher de renouer avec leur mère, et l'écarter à jamais de son bel amant.

Les jours et les nuits ont passé, passé. La robustesse de Margot semble triompher. Elle est encore languide, mais le *« pourpre »* redouté s'en est peu à peu allé. Elle a sombré dans un espace sombre, qui l'abat plus que la fièvre. La mélancolie.

En décembre 1569, elle est levée, mais faible. En Saintonge, c'est la capitulation de Saint-Jean-d'Angély. La cour se déplace à Angers. Madame Catherine emmène sa fille. Catherine la couve non par amour mais elle est le jeton nécessaire pour clôturer – ou apaiser – cette guerre détestable. Il faut la marier. Il faut qu'elle guérisse.

Catherine a compris l'impact de ses attentions pour aider à son rétablissement. Charles a aussi exigé qu'on emmène sa sœur. Il l'aime à sa folle manière, il ne veut pas la perdre. Il est inquiet quand en route, la fièvre la reprend avec violence. Il se précipite à son chevet. Monsieur repousse Alençon qui hurle de contrariété.

— Attention à la contagion, mon fils ! crie Catherine à Charles.

— J'ordonne qu'elle repose chaque nuit au chevet de mon lit ! a-t-il crié.

Il redevient possessif, épris, heureux de ravir cet amour d'enfance à son frère détesté. On lui a vaguement chuchoté ses amours avec Guise, il n'y a pas prêté attention. Un ragot de plus. Des fantaisies de nains clabaudeurs. Il est si peu, de fait, dans les confidences de sa mère et de son frère !

Margot a fixé son esprit sur la belle image qui l'attend à Angers. Henri de Guise est là-bas, avec l'armée royale.

À Angers, on a couché Margot encore dolente. Elle a interrogé son miroir avec terreur, apaisée de constater la disparition des plaques sur son visage. Le lit est recouvert d'une peau d'ours. On a allumé un grand feu dans la cheminée. Madame de Curton a peigné la longue chevelure noire. Lysande lit un poème. La Turque joue de sa minuscule mandoline. On entend des pas de cavaliers. Anjou, parfumé, paré de satin et de pendeloques, la ceinture armée d'un pistolet et d'une épée, est entré. Il a un large sourire entre son fin collier de barbe noire.

— Je mène à vous un ami, ma chère sœur. Mon frère Guise.

Le beau duc est là. Il a du mal à contenir l'élan qui l'a poussé tant de fois à jeter à bas la couverture, défaire, si vite, si bien, ce linge en satin blanc. Baiser et mordiller cette peau que la fièvre semble animer d'un éclat qui l'embellit… Les cheveux épars, Margot a tout de la fille qui émerge de ses bras d'amant, de leur fougue d'amants. Elle ferme les yeux. Le bonheur et la traîtrise sont trop grands. Elle a deviné le danger, la cruauté de ce frère qui ne rêve que de les perdre. La haine du frère remplace peu à peu l'amour qu'elle lui vouait.

— Nous viendrons vous voir chaque jour, ma sœur. Nous ne voulons pas vous fatiguer longtemps.

Monsieur ose embrasser Henri de Guise qui le dépasse d'une tête et de toutes ses épaules.

— Plût à Dieu que tu fusses mon frère ! s'exclame le traître.

Les amants ne sont pas dupes. Margot s'oblige à simuler l'indifférence quand l'ombre du duc s'incline devant elle. Quelle privation, leurs baisers ! Ils brûlent de se retrouver. Ils se le promettent d'un clignement des yeux. Un mot murmuré. Ils se retrouveront dans leur cachette. Le duc pense sans cesse obtenir d'épouser Marguerite de Valois. Le prestige et l'amour. Un tel duo est si rare au monde des princes. Marguerite est enfin remise. La cour retourne au Louvre. Sa première hâte, son premier acte de bien portante, est de faire passer un mot à son amant.

Qu'il la rejoigne ! La fenêtre sera ouverte.

Les voilà savants l'un de l'autre. Épris, sans doute. Leurs corps s'adorent. La chambrette est un champ d'amour, de chairs, de clameurs conjointes. Ils ont égaré toute prudence.

Henri d'Anjou ordonne de multiplier l'espionnage. Il est temps de les confondre. Il convoque madame de Curton.

— Madame, redoublez de vigilance. Je veux tout savoir des moindres faits de ma sœur, les écrits de sa main et ceux qu'elle reçoit.

Monsieur pressent que, outre sa haine jalouse, un terrible danger le guette si Guise réussissait à épouser Marguerite. Charles IX abomine cet ambitieux pour les mêmes raisons. Le duc est extrêmement populaire à Paris, et dans toute les provinces catholiques. On en a assez de Madame Catherine et de sa piètre progéniture. Assez de ces Valois et assez des protestants. Le duc de Guise, quel souverain idéal !

Les amants ne cessent de se rejoindre. De quoi tuer toute possibilité de marier cette *traînée* à un grand parti. Elle ose coucher, cette fille de roi, que seuls ses frères estiment avoir eu le droit de tripoter.

Monsieur est décidé : il se rend chez sa mère et se met à parler. Catherine sent une colère immense, incontrôlable, gonfler ses bajoues. Il faut à tout prix briser cette honte.

Margot a l'imprudence de confier à sa fille d'honneur, mademoiselle Pic de la Mirandole, les billets signés d'elle, plus que compromettants, pour organiser les rendez-vous dans la chambre à la fenêtre ouverte… Elle y nomme, en termes les plus brûlants, le duc de Guise. Du Guast a eu cette lettre. Voilà longtemps qu'il cherchait « une preuve ». Il a séduit mademoiselle Pic de la Mirandole. Amoureuse, elle a parlé et l'habile Du Guast a obtenu la lettre. Il a parcouru les corridors, les escaliers, il a repoussé Lysande et la Turque qui soupçonnent son jeu. Il a repéré la chambrette, écouté à la porte, entrevu par la serrure les ébats des amants. Il est cinq heures du matin. Il se précipite chez Monsieur. Anjou le reçoit, vêtu d'une chemise en dentelles de Calais. Du Guast donne la lettre, dit où se trouve la chambrette et ce qui s'y passe.

Anjou court chez sa mère. La voilà au courant, la voilà hors d'elle, enveloppée d'un saut-de-lit plus lourd que sa robe noire. Elle ordonne à un huissier de réveiller le roi et de le faire venir en sa chambre. Qu'il sache l'ampleur de ce désastre, et qu'il aide à y mettre bon ordre.

Chicot sur les talons, Charles arrive dans la chambre de sa mère, lui aussi en chemise. On le renseigne. Agité, stupéfait, se sentant trahi – ah, la garce, avec quel soin, il l'avait veillée à Angers ! – il se fait conter l'affaire par Anjou qui en tire un malin plaisir. Il égare ses pantoufles en satin. Il tremble, signe d'une grave crise à venir. Il y a des mois que cela dure. Des mois ! Anjou montre au roitelet la lettre brûlante de Margot à son amant. Catherine s'assoit, essoufflée devant la crise de nerfs qui convulse son aîné. Il se met à crier, « On tue ! On tue ! » Anjou, prudemment, s'esquive et ricane tout bas. Il ordonne à Du Guast de lui rapporter la scène qui va suivre.

Lysande et la Turque ont averti Margot.

— Vite, vite, belle, on vient vous chercher ! Le sire Du Guast a tout dit à votre mère et au roi. Votre frère d'Anjou a mené l'affaire !

Guise, à demi nu, a dégainé. Marguerite en hâte remet sa chemise de mousseline évaporée, son saut-de-lit en voile blanc.

— Je vous en supplie, mon bel amour, fuyez ! Je les connais, ils vous tueraient ! Je vais nier, les occuper, fuis ! Vite ! On monte, j'entends des pas brutaux.

Guise a compris qu'elle a raison. Il veut lui éviter le pire. Fuir.

— La fenêtre, souffle-t-elle. Vite !

Il glisse par la corde attachée à la fenêtre.

— Vite !

Lysande et la Turque ont le temps de remonter et de cacher la corde. Margot rejoint son lit, le cœur battant, simulant le sommeil. Une peur atroce la tourmente. Elle feint de s'éveiller, de ne rien comprendre. Elle se laisse emmener par madame de Curton doublée de cette ombre masquée, le sieur Du Guast. Ils l'encadrent. Cheveux à la taille, mousseline flottant autour d'elle, elle va, Margot, l'air candide d'une Vierge menée à l'arène. L'innocence même. Elle gèle de froid et de peur. Elle pénètre ainsi chez sa mère, l'air étonné, inquiet, fragile.

Tout va vite.

Charles IX crie à Du Guast de garder la porte et d'égorger le duc s'il s'aventure. Madame de Curton a les jambes qui flanchent. On la met aussi dehors.

Charles se jette sur sa sœur qui ne s'attendait pas à une telle violence. Il la piétine à coups de pied. Elle crie, elle tente de s'échapper. Il lui lance force coups de poing dans la figure. Madame Catherine pousse un cri de louve et à son tour seconde le fils pour corriger la fille maudite. Elle lui tire les cheveux par poignées. Elle lui arrache ses voiles, sa main si bénigne, armée de bagues, devient un redoutable battoir qui gifle Margot. Elle tombe. Charles la piétine. La mère la piétine. On la traite de tous les noms.

— Si jamais cette catin est grosse de ce Guise, je la noierai de mes propres mains ! hurle le roitelet.

Sa lèvre et son nez saignent, son œil bleuit, ses joues sont écorchées. Elle souffre de tout son corps. *Ils vont me tuer ! Ils vont me tuer !*

Charles fonce sur elle et commence à l'étrangler.

— Il suffit ! crie soudain Catherine. Il suffit !

Elle écarte rudement le fils que le sang et la violence rendent fou. Il écume. Elle fait mander Chicot et Du Guast.

— Accompagnez le roi chez lui.

Elle revient à Margot.

— Quant à vous, impudente, venez que je vous arrange au mieux. Les courtisans ne vont pas tarder à venir. Je ne veux point qu'ils vous voient ainsi.

Elle la pousse rudement dans un fauteuil. Elle a l'air, à demi évanouie, d'une poupée exsangue. Catherine va chercher dans son cabinet les lotions de René le parfumeur. Elle étanche le sang, les ecchymoses. Elle les camoufle de poudre ocre et de blanc de céruse. Elle passe certains baumes sur les membres bleuis. Elle n'a rien de cassé, mais respire mal. Elle a une côte fêlée. Elle peigne ses cheveux. L'enfant maltraitée sanglote.

— Il suffit ! crie encore Catherine.

Elle lui fait boire un verre de vin. Elle ôte la chemise déchirée, et l'enveloppe d'un large saut-de-lit en guipure. Elle lui passe au cou un collier d'ambres et de perles. Elle devient douce par calcul.

— Il suffit, restons dignes. Cette affaire ne regarde que nous.

Elle s'étend dans son lit et ordonne à Margot de s'installer dans la ruelle, sur le tabouret, selon l'habitude perdue de l'avoir à ses côtés à son lever. Quand les courtisans frappent, ils trouvent dans la chambre un charmant tableau familial. La reine mère est paisible, souriante, la main dans la main de sa fille bien-aimée, la tête un peu voilée, peut-être, mais d'un calme absolu.

Et le bel Henri ?

Il a chevauché de Paris jusque chez son oncle, à Reims. Le cardinal hoche la tête, irrité d'une telle inconséquence.

— Mon neveu, cette histoire est grave et vous faites bien de vous réfugier ici. La famille royale nous hait. Ils ne feront jamais clémence. Vous avez été d'une imprudence folle. Ces Valois sont faibles et notre sang est autrement vigoureux. Mais ils règnent encore. Ils ne vous donneront, bien entendu, jamais leur fille.

Il exposa à son neveu l'issue la plus sage.

— Je vais écrire à votre mère que vous êtes chez moi. Nous allons vous marier au plus vite.

Il a un sursaut désolé, le duc. Il est épris corps et âme de Marguerite. Quelle maltraitance subit-elle à cause de lui ? Le cardinal secoue la tête.

— Il faut vous marier sans traîner.

Henri de Guise possède la dure sagesse de sa famille. Le mariage se fit vite – au désespoir de Marguerite. Il épousa, en grande pompe, à l'étonnement soulagé des Valois, la riche et belle veuve de monsieur de Porcien, Catherine de Clèves. L'oncle cardinal était habile, la mère du duc, davantage. Madame de Clèves était la filleule de Catherine. Les Guises avaient verrouillé le scandale.

Ce somptueux mariage eut lieu à l'hôtel des Guises, à Paris, en octobre 1570. Le roi et la cour furent invités. La haine menait le bal fastueux où Marguerite, en ses atours argentés, fut obligée d'aller. Henri évitait son regard. Il supporta ses noces. Il lui fit force compliments, y compris sur la beauté de madame de Clèves. Il l'entraîna dans une embrasure de fenêtre et, tout sourire, murmura :

— Si jamais vous approchez à nouveau de ma sœur, je vous égorge ou vous fais égorger par mes gens. Prenez garde ! Je vous souhaite bien du bonheur, mon bon frère.

Madame Catherine trônait, douce, souriante, l'œil mi-clos. Elle paraissait adorer ces chers Guises. Elle exigea de Marguerite qu'elle accordât une danse au marié. Monsieur souriait. Charles IX frappait d'un pied impatient et convulsif le parquet de l'estrade royale.

IX

Noces

— Ma fille a le sang bouillant ! s'exclame Madame Catherine. Il convient d'apaiser cette fureur fâcheuse.

René a composé, pour calmer ce déplorable effet, de la *vinette.* Un mélange de jus d'oseille, de moutarde et de poivre que Margot doit boire à jeun et plusieurs fois par jour.

— Surveillez cette folle enfant, susurre-t-elle à madame de Curton. Ses propos, le moindre courrier et… son linge.

Le meilleur remède, y compris aux affaires de ce triste royaume, est de la marier. Dès cette année 1571, Catherine est reprise de son optimisme de marieuse. Elle a obtenu à grand-peine pour son fils Charles la cadette des Habsbourg, Élisabeth d'Autriche. L'aînée a été prise d'office par Philippe II. L'incorrigible Catherine, à peine sa fille aînée mise au tombeau, à Madrid, avait proposé à son ex-gendre la main de Marguerite ! Le roi d'Espagne refusa, soulagé d'être débarrassé d'une telle belle-mère, qui, abomination, ne cessait de composer avec les hérétiques.

Le mariage de Charles IX eut lieu avec force déploiement. Les caisses sont vides ; qu'importe, Catherine emprunte. Elle sait la puissance de l'étalage, cet opium maudit destiné à berner chacun. Le mariage a lieu à Mézières. La fiancée ne parle qu'allemand. Elle est fort pieuse, blonde, jolie, douce. Elle plaît bien à ce Charles, toujours amoureux de Marie Touchet dont il a un fils. Suite à leur nuit de noces, pourtant, la petite reine de France, couvée par la reine mère, parée de zibeline et d'or, tombe éperdument amoureuse du malingre roi de France. Marie Touchet enrage, éloignée à Orléans. On s'amuse à lui rapporter que la jeune reine embrasse sans cesse Charles, sur la bouche, en public. Le voilà aimé par deux femmes, ce grand nerveux. Il se montre gentil avec elle mais préfère la chasse – et Marie Touchet.

Il abandonne l'épouse à ses dévotions, à sa traductrice, et à la mielleuse férule de sa mère. On espère une grossesse. Ce sera, déception – et soulagement de Marie Touchet –, une fille, Marie. Elle mourra à l'âge de cinq ans.

L'obsession est de marier Marguerite, abreuvée, en vain, de *vinette.* On reçoit à son sujet des courriers. L'empereur Maximilien II l'avait demandée pour son fils Rodolphe, roi de Hongrie. Pendant l'entrevue à Bayonne, Madame Catherine avait tenté de demander à Philippe II, on se souvient, son fils don Carlos pour Marguerite. Le roi d'Espagne, déjà, avait hâte de s'éloigner des Valois. Don Carlos avait reçu le portrait de Margot. Il la trouvait belle, en comparaison aux monstresses qu'on lui soumettait. Sa folie augmentait. Outre sa hideur et sa bosse, la démence de don Carlos s'accompagnait de violences. Il fit étriper des habitants et brûler leur maison pour avoir reçu, d'une fenêtre, un peu d'eau. Son père le fit enfermer au fond de l'Escurial. Il mordait ses geôliers et aboyait à quatre pattes. Il mourut, au soulagement général. Il avait vingt-deux ans. Marguerite respirait mais les nouvelles propositions n'étaient guère rassurantes. Catherine fut ravie de recevoir une délégation du Portugal. Leur roi, don Sébastien, avait demandé sa fille en mariage. Il était vieux, dégénéré, entouré de prélats. Il se flagellait et hurlait la nuit. Tout cela n'est que broutille pour la reine mère. Une couronne pour sa fille, servir les avantages de la France, seuls, comptent. Elle ordonne à Marguerite, renseignée par son entourage et les nains sur la débilité du roi portugais, de faire bon visage à ses ambassadeurs.

— Parez-vous ma fille, pour leur être présentée.

Parée, elle aime ça, Margot. Avoir un jour un titre de reine, oui, oui… Mais à quel prix ? Vêtue de rose et d'or, elle réussit, comme toujours, son entrée. Dans la salle des Cariatides, elle ne dissimule pas assez sa répulsion devant la dégaine et la tête des Portugais. Sa bouche, pincée, ressemble à celle de Catherine… Elle a égaré « le mercure mouvant » de ses belles lèvres selon Brantôme. Son frère Anjou déversa son venin auprès de leur mère.

— Marguerite ne veut point du roi du Portugal, ma mère.

Catherine la convoque le soir même. Margot décèle comment surgit la colère du masque gras et apparemment paisible de sa mère. Son front bourgeonne. Elle lance, entre le murmure et le cri :

— Vous refusez, me dit-on, le roi de Portugal ? Quelle est votre volonté, ma fille ?

Folle-en-jambe est tout ouïe, assise aux pieds de Catherine.

Margot s'incline, feint une parfaite humilité. Elle doit jouer serré. Il lui faut gagner du temps dans l'esprit tortueux de sa génitrice. Et son fils maudit, le trop aimé, qui est là !

— Obtenez-moi le roi du Portugal, ma mère, votre volonté est la mienne. Soyez sûre de mon obéissance.

Il n'est pas aisé de berner Madame Catherine, trop souvent jouée par cette fille inquiétante. Son fils Anjou et monsieur Du Guast ne cessent de la monter contre sa fille.

— Elle ment, ma mère. Elle abomine ce mariage. Elle l'a dit.

— Elle est toujours toquée de monsieur de Guise, si grand, si beau, si blanc, si blond ! piaule Folle-en-jambe.

— J'obéirai à ma mère, s'incline Margot qui apprend la ruse au rythme menaçant qui l'entoure.

Le projet fut anéanti par le roi d'Espagne. Il s'y opposa, peu soucieux d'avoir du Valois au royaume touchant le sien. Le Portugal le craint. Les ambassadeurs se retirèrent ainsi que la demande de leur souverain.

Marguerite respirait, mais était toujours sans époux.

Le beau Guise va et vient au Louvre, depuis son mariage… La tentation est trop forte. La vinette échauffe les joues et le sang de Margot. Madame Catherine sait bien que l'issue est du côté de la Navarre.

Elle se concentre sur les avantages d'un tel mariage. Bonne politique pour construire le lien symbolique et charnel entre catholiques et protestants.

Marguerite de Valois et Henry de Navarre.

Cette union devient impérative. Les frasques de Margot ont fait le tour de l'Europe. Il faut faire vite.

Galvanisée, Catherine tente un nouveau projet audacieux de « mariage mixte » : unir son cher Henri d'Anjou à la reine d'Angleterre, protestante, de vingt années son aînée. Monsieur, épris et soumis à son mignon Lignerolles, amoureux éthéré de la beauté de madame de Clèves, se rebelle.

— Quelle horreur ! crie-t-il. On dit que cette vieille fée horrible serait un homme camouflé.

— Mon fils, vous seriez roi d'Angleterre !

Qu'ont donc ses enfants à lancer des goûts personnels quand il s'agit d'une affaire aussi grave à des princes royaux : le mariage ?

Elle s'irrite et incrimine secrètement l'emprise de Lignerolles sur son fils chéri. Il l'aime plus qu'elle. La jalousie fait déraper cette femme de tête. Se défaire de Lignerolles. Sournois et mystique, il fait ce qu'il veut de son minet princier. Il oblige Anjou à jeûner, à écouter plusieurs messes par jour. Il le soumet à une éducation particulière. Le plaisir mortificatoire et charnel. Anjou se flagelle devant lui. Ils font ensuite l'amour et ils se flagellent ensemble, encore. Et à nouveau l'amour, maudit par l'Église, suivi d'une série de messes.

Au coin d'une ruelle, on trouva, un jour, à l'aube, le favori égorgé par une main mystérieuse. Du Guast ? Un Italien au service de la reine mère ? Il en pullulait, presque tous assassins. Elle détestait faire tuer mais sa jalousie maternelle l'avait toujours aveuglée. On est sûr de lui imputer ce crime. Elle plissait ses yeux bombés et consolait Anjou éploré. Elle le marierait. Elle lui donnerait le goût des femmes. Sa fille perverse avait sans doute abîmé son fils chéri par ses avances lubriques. Elle briguait finalement pour lui le trône de Pologne qui s'avérait libre, déchiré entre plusieurs ambitieux.

Il faut marier Margot.

*

Début 1572, Henry de Navarre va sur dix-neuf ans. Margot aussi. Catherine a parlé de ce mariage à Charles. Lors d'un dîner familial, Catherine et le roi entreprennent Marguerite au sujet de cette union. Parmi les invités, Charles de Montmorency, fils du connétable, fait à son tour un éloge du prince de Navarre. Charles IX avait apprécié la vaillance de Monmorency à Moncontour, comme chef de la garde des Suisses. Il faisait partie de son conseil et dînait souvent à leur table. Le fils du connétable renchérissait sur les vertus du fils de Jeanne d'Albret. Il était digne d'épouser la fille des Valois. Margot se souvient, lors du tour de France, de ce terne cousin. Il empestait l'ail, l'oignon cru, les pieds sales. Elle déteste sa religion huguenote. Elle ne retient pas une grimace qui soulève la colère du roi. Margot se hâte de répondre.

— Je respecte en tout la volonté de ma mère.

Madame Catherine se fait caressante. Les bajoues s'étirent en un gros sourire.

— Venez ce soir me rejoindre dans mon cabinet, mon enfant.

Est-ce la grâce revenue ? Inquiète sur son sort, Margot rejoint sa mère dans sa chambre. Elle la fixe en silence. Elle a gardé son béguin noir. Quelques frisures grises s'en échappent.

— Eh bien, ma fille, n'est-ce pas là un beau et bon choix ?

Elle est révoltée à cause de sa religion. Profondément catholique, elle ne peut souffrir « la hugoterie » – les vilaines taquineries de ses frères à ce sujet ! Elle revoit l'intransigeante Jeanne d'Albret, sa dureté ; quelle belle-mère, mon Dieu ! Elle revoit le terrifiant baron des Adrets. Un crime a eu lieu à Pau, l'été dernier. Les catholiques en frissonnent encore. À Pau, ils ont été massacrés par les protestants de Jeanne d'Albret. Elle a laissé faire.

C'était un 24 août, au saint jour de Saint-Barthélemy. Un horrible hasard entachait une date qui faisait frissonner Michel de l'Hospital. Il prédisait que les pires malheurs répondent à n'importe quelle tuerie insane. Il avait déjà, en vain, proposé aux états généraux d'Orléans un compromis – un concile – entre les deux doctrines.

— Qu'est-il besoin, disait-il, de tant de tortures ? Il faut se garnir de vertus et de bonnes mœurs et résister à l'hérésie par les armes de charité, prières, persuations[1].

Nul n'écouta le Sage qu'éloignait habilement Madame Catherine. Marier Margot et Henry, n'était-ce pas une forme de « concile » ? Elle n'en avait point trouvé d'autre.

Margot fait de gros efforts pour ne pas fondre en larmes ni perdre son apparente soumission. Elle argumente l'essentiel. Sa religion.

— Je vous supplie, ma mère, de vous souvenir que je suis fort catholique…

— Bien sûr, mon enfant. Nous aussi. J'ai écrit à la reine de Navarre. Elle est en route, avec sa fille Catherine de Bourbon, pour négocier cette bonne issue pour vous et la France. Nous les recevrons à Chenonceaux, à Blois, ensuite au Louvre.

Marguerite dissimule anxiété et déception. Ce fils de Navarre règne sur quoi, au juste ? La Gascogne, le Béarn verdoyant mais sans cité importante, des terres abruptes, les Pyrénées. Pau, entaché de sang, Nérac. Une partie de ces domaines sont soumis au roi de France. Un miniroyaume, en somme, un miniroi né Bourbon. Elle deviendrait reine d'une sorte de cour de ferme où domine la hugoterie… On y mange du confit, des oies grillées. Henry raffole des milicotons et de l'ail.

— Bonne nuit, mon enfant, conclut Catherine en la baisant au front. N'oubliez pas votre vinette.

Dans les couloirs du Louvre, Margot a peur. Une peur imprécise noue sa gorge tel un sanglot.

*

1. D'après *Histoire de France*, Émile Segond et Maurice Teissier, Hatier, 1923.

Les nains jacassent autour de cet événement.

Le monneton clabaude du peu de foi de son futur époux.

— Le prince se moque des pasteurs. Quand le prêche est trop long, il leur lance des noyaux de cerise à la figure !

— Margot n'aura pas à se plaindre, s'égaye Folle. Ce paillard aime autant le vin que les filles.

— Il empeste ! s'exclame Séraphin. Margot a horreur de ça !

— Elle l'inondera des parfums de maître René, renchérit Folle. J'y suis allée avec Catherine. Sa boutique, au pont Saint-Michel est obscure mais il flotte à l'étage des parfums exquis.

— Vous êtes allée chez maître René, madame je-sais-tout ? ricane le monneton.

Elle lui fit une révérence.

— Oui, mon tout petit petit abbé. Catherine voulait de la vinette puissante et je ne sais quoi d'autre. Nous sommes allées en voiture fermée chez le Milanais, maître René Bianco. Son épouse pue la rousse et pratique le bordau. Elle lui ramène les écus des hommes contre ses services. Deux de ses fils sont des bandits. Sa maison en bois a un toit si bas que le jour n'entre guère. Deux escaliers, à vous rompre les os, dont un descend, derrière, sur la berge de la Seine[1]. La porte a de gros verrous sans cesse tirés. Les maisons voisines sont vides… Au rez-de-chaussée, la pièce aux parfums. Il reçoit Catherine à l'étage et je n'entends rien à leurs chuchotements. Le guet ne passe jamais devant chez lui. On sait qu'il est le parfumeur de la reine. C'est tout dire. Deux garçons maigres, que l'on ne voit jamais de face, trafiquent des fioles, des philtres qui embaument, sur de drôles de feux bleus. Il y a la table aux onguents, ceux dont la princesse, ses amies, monsieur d'Anjou et ses mignons, usent et abusent pour se maquiller. René n'habite pas dans sa boutique. L'ensemble est bizarre, éclairé de petites lampes. La tête de René camouflée d'un bonnet a quelque chose d'une tête de mort et…

— Il suffit ! interrompt monsieur de Bezon. Plût au Ciel que le Béarnais demeure dans sa bonne et sainte religion !

Monsieur de Bezon, devenu protestant, lit en cachette les psaumes avec Nanon. Mais la foi d'un nain n'a pas plus d'importance que le noyau de cerise qui, lancé par l'insolent Béarnais, avait failli crever l'œil du pasteur qui l'assommait de son prêche.

— Ce mariage se fera, conclut la Turque à l'œil oriental.

1. De nos jours, côté du quai des Grands-Augustins.

— Nous suivrons partout notre belle princesse, disent Lysande et Séraphin.

— Moi aussi, dit la Turque.

— Ce sera d'une folle gaieté, bien isolés en Béarn, s'esclaffe le monneton.

*

On attendait la reine de Navarre.

Les fils de Catherine s'amusent à leur fantoche manière. Charles IX se déguise en cheval, porte une selle. Alençon l'enfourche en riant jusqu'aux hoquets. « Sus aux Turcs ! Sus ! » Monsieur essaye une robe de Margot et joue de l'éventail. Madame Catherine, ne désespère pas de le marier, écoute les conseils de René. Lui donner le goût des femmes. Outre quelques potions à base de mandragore, elle fera organiser pour lui un souper privé. Il est servi par des ravissantes créatures, nues sous un voile. Il s'agite, s'encolère, en bat quelques-unes et réclame ses mignons. Lignerolles ! Joyeuse ! Épernon ! Cela ne l'empêche pas d'être amoureux de la beauté de madame de Clèves, l'épouse de Henri de Condé. Il aimerait se vêtir de ses robes, arranger ses boucles, la parer de ses propres bijoux. Il porte à son cou son portrait serti de diamants. C'est sa manière d'aimer les femmes. Amoureux de la beauté comme il fut amoureux de sa sœur. Mais sa sœur, il osa fouailler son corps.

« La même chair que moi, en fille. Mon double femelle alors je n'ai pas eu peur de ce qui était mon dû. »

Sa sœur, cette *fille,* que l'on va marier. Il ne se doute pas, pas encore, qu'elle dissimule une lente haine contre ceux qu'elle a idolâtrés si longtemps. Sa mère et lui, ce frère d'Anjou. Ils ne cessent de la trahir. Il lui reste l'affection vraie, inconséquente, de son cher Moricaud, son cadet, Hercule de son enfance. Elle le cajole, ils se tiennent souvent l'un contre l'autre. Ils se sentent perpétuellement rejetés et manœuvrés. Son petit Alençon, aux tristes seize ans, ce « voyou vicieux » selon les Espagnols, est sa seule affection. Le roi l'aime aussi, c'est vrai, mais nul ne lui est dévoué comme le Moricaud. L'infatigable Catherine tenta aussi de le fiancer à la reine d'Angleterre. Après l'aîné, le cadet. Rien n'arrête l'optimiste marieuse…

Et la reine de Navarre se mit en route.

Ce mariage déplaisait à beaucoup de monde dont aux protestants. Coligny, plus que jamais invité à la cour, exerçant un grand empire sur le roi, se méfiait. Le pape s'indignait d'un tel projet. L'Espagne l'abominait.

Jeanne d'Albret avait longtemps tergiversé avant de consentir à rejoindre la cour de France. Allait-on l'assassiner ? Elle hausse les épaules. Elle craint surtout la corruption de son fils et celle de la religion vraie. Elle n'a peur de rien, la dure mère du futur Henry IV. Ses maladies, ses atroces douleurs, ne la décourageaient pas. Elle avait quarante-trois ans quand elle entreprit ce voyage vers une si hasardée négociation. Dans son wagon-chariot, trop secouée, elle tousse, elle grelotte de fièvre. Le poêle à bois l'enfume, qu'importe ! Elle lit la Bible et réfléchit. Elle est accompagnée de quelques dames, sa fille Catherine et son conseiller, monsieur de Nassau. Sa farouche détermination est de ne pas céder aux exigences catholiques de Madame Catherine. Elle ne pense guère à Marguerite. Elle voit plus loin.

À Chenonceaux, premier arrêt. On gèle en ce mois de février 1572. Un froid soleil d'hiver. Le même froid pétrifie la reine de Navarre et Margot. Madame Catherine camoufle ses craintes. Jeanne d'Albret s'étaye à ses pasteurs mais chacun craint un tel mariage.

Jeanne se méfie du projet de Catherine : marier un de ses fils à la reine d'Angleterre. Quel est le but de cette énorme Florentine à rafler des trônes protestants ? L'accueil à Chenonceaux l'indiffère. À Blois, sa méfiance empire. La maladie, le qui-vive, la bronchite de sa fille soignée au lait d'ânesse, tout contrarie la reine de Navarre. À Blois, le 12 avril 1572, elle signe de mauvaise grâce le contrat de mariage. Tout écœure cette grande puritaine. Les fêtes, les mignons, les pendeloques aux oreilles des frères de la fiancée, la fiancée aussi. Sa tête « d'ange ». Ses toilettes trop luxueuses. Les indécences diverses. Les humiliations. Cette lettre, écrite à Blois, datée du 8 mars 1572, sera la dernière que recevra son fils. La mort serre de près la farouche lutteuse.

Mon fils,

Il me faut négocier tout au rebours de ce que j'avais espéré, et que l'on m'avait promis ; car je n'ai nulle liberté de parler au roi ni à Madame [Margot], seulement à la Reine mère qui me traite à la fourche... Quant à Monsieur, il me gouverne et fort privément, mais c'est moitié en badinant, moitié dissimulant. Quant à Madame, je ne la vis que chez la Reine lieu [impropre à un tête-à-tête], d'où elle ne bouge [...] Madame de Curton ne s'en recule point, de sorte que je ne puis parler qu'elle ne l'entende. Je ne lui ai point encore montré votre lettre, mais je la lui montrerai. Je le lui ai dit, et elle est fort discrète, et me répond toujours en termes généreux d'obéissance à vous et à moi, si elle est votre femme.

> Voyant donc mon fils que rien ne s'avance [...] j'en ai parlé trois fois à la Reine, qui ne se fait que moquer de moi [...] et dire à chacun le contraire de ce que je lui ai dit. Mes amis [Coligny, Nassau] m'en blâment [...] À partir d'elle, j'ai un escadron de huguenots qui me viennent entretenir, plus pour me servir d'espions que pour m'assister... [ce sont là] hermaphrodites religieux.
>
> [...] La Reine ne veut rien rabattre de la messe [...] Le Roi, de son côté veut que l'on lui écrive [...] Si vous saviez la peine en quoi je suis, vous auriez pitié de moi, car l'on me tient rigueurs, propos vains et moqueries, au lieu de traiter avec moi avec gravité...
>
> De sorte que je crève [...] c'est un miracle de voir ma patience... Je crains bien d'en tomber malade car je ne me trouve guère bien. [...] Quant à Madame [Margot], elle est belle, bien avisée et de bonne grâce, mais nourrie en la plus maudite et corrompue compagnie qui fût jamais [...] Au reste de la façon de vivre elle fait comme les papistes [...] je désire vous marier et que vous et votre femme vous retiriez de corruption, car encore que je la croyais bien grande, je la vois davantage. Ce ne sont pas les hommes ici qui prient les femmes, ce sont les femmes qui prient les hommes.
>
> [...] Je vous envoie un bouquet pour mettre sur l'oreille, puisque vous êtes à vendre, et des boutons pour un bonnet. Les hommes portent à cette heure force pierreries[1]...

Elle sermonne, Jeanne, à qui il reste si peu de temps à vivre. Elle a tout remarqué de la fiancée trop maquillée.

> « J'avoue que [Madame] est de belle taille, mais aussi elle la serre extrêmement. Quant au visage, c'est avec tant d'aides que cela me fâche, car elle s'en gâtera ; mais en cette petite cour, le fard est presque commun »...

La débauche où sera entraîné son fils. Elle lui a donné, cependant, dans l'intérêt de ce mariage qui la remplit d'amertume, des conseils de soins corporels. Un peu de coquetterie. Sa chevelure, par exemple, dressée telle la huppe d'un coq, il conviendrait de l'arranger à la mode de ces tristes mondains.

— Accoutumez-vous à relever vos cheveux, mais pas à l'ancienne mode.

Mais vite, la Puriste assène le plus important :

— Méfiez-vous de tous les allèchements que l'on pourra vous donner pour vous débaucher, soit en votre vie, soit en votre religion... c'est leur but : ils ne le cèlent pas[2].

Personne n'était heureux en cette affaire. Margot frémissait, éprise de son Guise, détestant « la hugoterie ». Henry, retenu à La Rochelle,

1. In *Henri IV*, Jean-Pierre Babelon, *op. cit.*, p. 43.
2. D'après Jean Orieux, *op. cit.*

ne peut qu'obéir. Les « fiancés », point innocents, se savent chacun manœuvrés en cette douteuse alliance.

Elle sent sa fin arriver, la reine de Navarre. Soupçonneuse, elle épluche sans fin le contrat de mariage. Les intérêts de son fils. On donnera Agen à Marguerite ? Tant mieux. Elle sait l'indignation de Philippe II et du pape à la nouvelle de ces noces. Le rejet de la reine d'Angleterre. Quel isolement, pour Jeanne, aux rets de cette cour détestée...

Madame Catherine ne chôme guère. Il lui faut la dispense du pape. Les fiancés sont cousins issus de germains. La grand-mère d'Henry, Marguerite d'Angoulême, on s'en souvient, était la sœur de François Ier, grand-père de Margot. Point de dispense. Grégoire XIII boude. Madame Catherine multiplie fêtes et sourires. Au cœur de ces trois femmes, Catherine, Margot et Jeanne d'Albret, flotte l'enfer.

Jeanne d'Albret ne veut pas loger au Louvre, au soulagement de Margot et des siens. Sa main de fer, son parler dru, ses critiques si vives, souvent justes, repoussent et irritent cette cour de luxe et de luxure.

Sa fièvre augmente. Jeanne d'Albret demeure chez son neveu, Henri de Condé, rue de Grenelle.

Le 10 juin 1572, elle est à la dernière extrémité. La tuberculose l'emporte. Elle râle, lucide, amère, assistée du pasteur Morin. Elle souffrit, selon Henry son fils, « cinq jours et quatre heures ».

Margot se doit d'accomplir la visite mortuaire. Elle s'y rend en grand équipage, avec madame de Nevers née de Bourbon, le cardinal de Bourbon, madame de Guise à qui elle fait bon visage, Marie de Clèves et ses sœurs. Margot et ses compagnes sont un peu trop élégantes, même en noir. Aucune pompe ni cérémonie. Ainsi le souhaitait la puritaine. Elle gît, sur un lit aux rideaux de futaine ouverts, vêtue d'une simple robe noire, le visage ravagé et creux. Pas un seul ornement en cette chambre. Pas une seule lumière.

« Il y eut, écrit Marguerite de Valois, non les pompes et cérémonies de notre religion, mais le petit appareil de la hugoterie. »

Rien, ni prêtre, ni croix, ni eau bénite. Ces dames se tiennent debout à quelques pas de la dépouille. Madame de Nevers ne peut s'empêcher d'une perversité personnelle. La reine de Navarre ne se cachait pas de haïr sa légèreté. Elle se détache du groupe. Elle fait une foule de révérences à la défunte et va jusqu'à lui baiser la main... Elle rejoint ses amies qui se retiennent de pouffer. Margot est soulagée de n'avoir pas sur le dos une telle belle-mère. Épouser son fils la révulse, supporter Jeanne d'Albret eût été intolérable. Les protestants accusèrent, bien sûr, Madame Catherine de l'avoir fait assassiner. Elle aurait offert, dit-on, à la reine de Navarre certains gants mortellement parfumés par René. Selon l'usage, l'autopsie eut lieu. Elle révéla un poumon tout noir, les tumeurs au cerveau.

On inhuma la reine de Navarre presque à la sauvette. Rien. Poussière, tu retournes à la poussière. Henry reçut par courrier cette nouvelle qui l'affecta fort. Jeanne d'Albret décédée, il devenait roi de Navarre. Margot aurait le titre de reine même si c'était sur quelques forêts, montagnes, chèvres et un petit peuple gai, rustique et vaillant.

Il n'y avait plus qu'à accomplir les noces. À Jeanne, reine de Navarre, furent épargnées les atrocités qui en découlèrent.

Madame Catherine, toujours munificente, fit frapper une médaille d'or en l'honneur des époux imminents. Un *H* et un *M* gravés, avec, en latin, une devise écartant la discorde au nom d'un si tendre lien.

*

L'été 1572. Une lourde chaleur immobile.

Le 20 juillet, Henry de Navarre est à Palaiseau. Les hauts dignitaires de la cour l'accueillent avec de grands égards : les Guises, ses cousins les Bourbons, les maréchaux de France, une foule de cavaliers. Il n'est pas seul, le Béarnais. Neuf cents huguenots l'entourent, gentilshommes en noir, à cause du deuil – signe aussi de leur religion. Cette simplicité farouche détonne face aux rutilances qui les attendent. Paris n'aime guère cette invasion de protestants. Ces cavaliers si sombres. Paris la catholique. Paris qui abhorre l'emprise constante, au Louvre, de Coligny sur le roi et le Conseil. Paris offusqué d'un tel mariage. Paris qui déteste Catherine et ses Valois. Paris qui rêve du beau Guise comme souverain catholique.

Ce mariage, ce crime, gronde dans bien des têtes. Quelque chose de monstrueux. L'union des deux haines qui ravagent le siècle. La haine calviniste et la haine catholique. Deux jeunes gens de dix-neuf ans en sont les symboles. Les victimes ou les héros. Henry et Margot.

On a mené Henry au Louvre, à son logement, cette aile autrefois occupée par la seconde épouse de François Ier, la triste reine Éléonore.

On ne déchiffre rien sur le visage du Béarnais.

Le dur apprentissage de composer est commencé.

Ses compagnons logent au Louvre. Les autres s'éparpillent alentours, aux auberges, aux galetas loués fort cher. Paris, exaspéré, les croise à chaque instant. Quelques clameurs hostiles s'échappent des fenêtres, des ruelles, de partout et de nulle part. Régulièrement, sonnent les cloches cristallines et graves de l'église Saint-Germain-l'Auxerrois, près du Louvre. La plus belle des cloches, qui marque le tocsin ou les gloires, se nomme « Marie ». Paris aime ce son-là, « Marie ». On espère bien que sonneront les cloches, au baptême de l'enfant que porte la petite reine Élisabeth. L'épouse de Charles est grosse de huit mois. Elle ne cesse de prier ; *Salve Regina, Mater misericordiae…* Que font tous ces hommes en noir au Louvre ? On ne dit rien à l'épouse du roi. La prière catholique est sa demeure et douceur quotidiennes.

Gaspard de Coligny est l'écharde dans le plan de Madame Catherine. Charles IX, fasciné par l'amiral, refusait d'admettre ce que sa mère et même Jeanne d'Albret craignaient : son fanatisme.

Son ambition est démesurée. Il s'est emparé de l'esprit du roitelet. Il veut anéantir les Guises, les catholiques, les Valois, dont Charles, inconscient otage qui l'appelle « mon père ». Coligny veut instaurer un « État » calviniste où il serait le maître. Catherine frémissait. Son faible fils avait profité de sa courte absence pour se soumettre à un ordre explosif de Coligny. Catherine était à Châlons pour soigner sa fille Claude, en route pour le mariage de sa sœur. Et Charles IX signa l'ordre de mener une expédition en Flandres, contre l'armée espagnole… Chicot, qui avait placé son frère au service de Charles, applaudissait.

L'armée protestante fut mise en pièces par les soldats de Philippe II. Le roi d'Espagne ne décolérait plus contre la France et son roi. Catherine avait peur. Le temps pressait. L'emprise de Coligny dépassait les bornes. Le sot aveuglement de son fils aussi. Ce mariage était la difficulté même, et l'aberrant petit roi menait le jeu de l'amiral.

Coligny isolait le roi et s'isolait avec lui. Il coupait, à mesure tout contact avec le Conseil et le peuple. Charles, parfois, s'agitait. Il proposait à l'amiral une partie de jeu de paume. Tout semblait arrangé.

Catherine revint de Châlons, essoufflée, au bord d'une épouvante mêlée d'une grande colère. Coligny était le danger absolu de la monarchie. Et ce petit imbécile qui ne voit rien et auquel elle est obligée, apparemment, d'accepter les décisions ! Pour une fois, elle éclata contre lui. Il répliqua par des hurlements. Ils s'insultèrent. Il courait, il criait.

— Je suis le roi ! Le roi ! L'amiral est mon père ! Mon père ! Nous allons gagner ! Les tuer tous !

Tuer qui ? les siens ? La reine d'Angleterre, entre-temps, s'était alliée à Philippe II. Les protestants étaient furieux de la bulle unigénitus, signée du pape Pie V. Elle avait excommunié Élisabeth Ire comme hérétique. Pie V mourut et Grégoire XIII ne valait guère mieux. L'amiral, fou d'orgueil et d'insensées convictions, s'acharnait auprès de Charles.

— Nous voulons la guerre. La belle et sainte guerre.

Comment arracher son fils à Coligny ? Catherine s'épouvantait. Coligny était bel et bien au bord de « régner ». Si on ne s'en défaisait pas. La réunion du Conseil eut lieu. Chacun, même monsieur de Tavannes, refusèrent la guerre. Excepté Coligny. Il se leva, sombre guerrier, spectre noir, pâle et tonnant d'une voix de maître et de prédicateur régnant sur la terre comme au ciel qu'il fallait la guerre. Il pointait un doigt menaçant sur la reine mère et son fils.

— Madame, si le roi renonce à cette guerre essentielle, sacrée, Dieu le châtiera d'une manière plus cruelle.

La guerre. Il se croit très puissant, Coligny, au Louvre comme chez lui. Les couloirs regorgent de huguenots puisque l'on prépare, dans le même temps, les noces du roi de Navarre.

Madame Catherine cachait son essoufflement consterné. Ses conseillers se taisaient. Le malheur était cet homme si sombre, guerrier, grand seigneur, l'œil fixe et ardent. La chevelure courte, du même châtain que la moustache, rejoignait le collier de barbe sous le sobre calot noir. Une haute taille. Quelque chose d'un glaive dressé. Le roi ne tenait plus en place. La fièvre s'emparait de son sang, son cerveau. Il eût tout donné pour sonner du cor, oublier, tuer quelque bête avec violence. Dormir contre la peau rose de Marie Touchet. Il choisit l'arme des faibles : l'insulte. Il cancardait, les sinus entravés :

— Ma cour, tous, tous, n'êtes que des bêtes absurdes !

L'amiral s'adressait à la reine mère.

— Madame, si le roi renonce à cette sainte guerre, Dieu veuille lui en épargner une autre dont il ne serait plus en son pouvoir de s'en retirer.

Une menace ?

L'amiral quitta le Louvre d'un pas furieux. Sa dégaine et sa haute taille impressionnaient. Il mâchouillait son cure-dent qu'il glissa dans sa barbe. Il s'était remarié en 1571 à une toute jeune dame, Jacqueline de Montbel. Grosse de cinq mois, elle était à Châtillon-sur-Loing, avec les enfants du premier lit de l'amiral et ses frères. Personne n'était en paix.

Madame Catherine échange avec son Conseil un lent regard.

La seule solution est de se débarrasser de l'amiral.

On était le 12 août 1572. Les noces auraient lieu le 18 août.

Quelque chose grondait dans ce ciel trop immobile où les nuages de chaleur rougeoyaient.

*

Margot a cessé de boire l'infecte vinette. Il y a longtemps qu'elle la déverse dans la cuvette de sa chaise ! On préparait sa robe et son trousseau. Monsieur en était fort occupé. Elle avait besoin de ses dames, de ses nains et de son petit Alençon. Toute solitude serrait sa gorge. Margot et Henry ne savaient rien de ces turbulences, prisonniers, mine de rien, au Louvre. Ils s'étaient rencontrés le lendemain de l'arrivée du fiancé. Ils ne s'étaient pas revus depuis le tour de France, il y avait six années. Henry fut intimidé par la beauté de cette jeune femme ravissante, parée, selon Brantôme, en « divinité ». Elle dissimula son dégoût pour cette union. Vêtue de satin moiré, d'un rose mélangé de rouge, les boucles mêlées de perles, un sourire charnu, charmant, maquillé de rouge, œuvre de René, elle s'avança vers lui. Il baisa, non sans gaucherie, une petite main où les bagues assorties aux bracelets étincelaient. Il la trouva fort belle mais cet ardent, épris de femmes, n'en fut pas amoureux. Il ne la désirait même pas, lui, si avide d'amours passées et à venir. Il était, eût-on dit, de « marbre »... et tous yeux pour la belle madame de Sauve. Le rire de madame de Nevers et celui de madame de Rieux le troublaient aussi. Il avait fait un effort de propreté. Les pieds lavés, coiffé selon les recommandations de sa mère. Il celait son vif chagrin filial. Il n'était pas là pour faiblir. Tout récent roi de Navarre, il redressait sa taille moyenne, sa solidité agreste. Il ajustait son regard si vif, apparemment bon enfant, et jaugeait, mine de rien, les hostilités grouillantes de cette cour. Il ignorait l'imminence de la tragédie, sa captivité au Louvre. Il comprit, de son œil perçant que l'on ne trompe guère et que l'on croit celui d'un rustre, le rôle du beau Guise. Il était présent à cette réception, avec sa parentèle. Les Guises, brillants, parés, parfumés, armés. Orgueilleux, ils toisaient, avec dédain, ce coquelet des montagnes. Ils brandissaient leur arrogance et leur religion. Par défi ; si peu de politesse. Il souriait, le Béarnais. Si seul. Margot lui sourit avec un peu d'amitié. Les Guises ne se privaient pas de mépriser aussi l'escorte des gentilshommes gascons, dévoués au roi de Navarre. Qu'ils étaient donc mal habillés, de ce noir si terne, la chevelure trop courte ! Quoi, c'est à ce cousin pauvre, cet hérétique, ami de Coligny – le haï –, que l'on donne la perle des Valois ?

Elle papote, Margot, assise près du fiancé qui parle plus aisément le béarnais que le français de Ronsard. Elle est brillante, instruite. Il se souvient qu'elle jouait fort bien du luth. Sa poitrine largement découverte – une vierge, n'est-ce pas – ne l'illusionne guère sur la vertu de sa future femme. Une gorge blanche, un mouvement des hanches, de la taille, une manière de regarder, livre un peu trop que Margot est déjà initiée sur l'amour. Qu'elle soit gaillarde, il s'en moquait. Au contraire. Ce serait plus aisé. Une vierge, quel ennui. S'il l'eût aimée, il y aurait eu l'encombrante jalousie. Il était, à sa manière, aussi calculateur que Madame Catherine et nul ne s'en apercevait.

Il se souviendrait longtemps du léger recul de Margot quand il baisa brusquement sa joue plutôt que sa main. L'azur du regard de monsieur de Guise tournait à un bleu coléreux qui le renseignait davantage. Monsieur caquetait autour de sa sœur. Alençon virevoltait. Le Béarnais joua le rôle de la farce de maître Pathelin. La niaiserie d'un bon garçon épris de sa campagne, de gros pain frotté d'ail et ne comprenant pas ces finesses de cour. Personne ne se méfiait. Il jaugea le petit Alençon et comprit l'affection qui le liait à sa sœur. Ils se réfugiaient volontiers l'un vers l'autre. Elle disait « mon petit frère ». Il déchiffra au regard doré de Margot une irritation révoltée envers Monsieur. Le roi détestait ce frère et méprisait Alençon. Il semblait tenir à sa sœur. À l'entrée auguste de la reine mère, les joues fardées de la fiancée pâlirent. Il remarqua tout cela, le Béarnais, à sa prompte et secrète manière. Il était difficile de pénétrer sa forte intelligence. Ni Margot ni Alençon, lié à sa sœur, n'étaient ses ennemis. À leur manière, ils étaient aussi seuls et exposés que lui. Qui sait, ils formeraient peut-être un trio complice pour se tirer d'un danger confus qu'il entrevoyait. Le Moricaud, la future reine de Navarre, ses « alliés » étaient bien minces en cette cour catholique. Il lui faudrait composer, jovial, avec Monsieur et le roi. Il était chez l'ennemi. Il était un ennemi. La politique avait arrangé cette rencontre. Chaque heure serait différente. Il le savait. Margot aussi. Nulle certitude. Point d'amour.

Ils ne sont même pas sûrs de se marier. La dispense de Grégoire XIII est refusée. Le pape estime cette union « contre nature ». On n'a jamais été, aux mariages princiers, à une consanguinité près. Madame Catherine ira bien jusqu'à proposer l'infante Isabelle, âgée de huit ans, fille de sa défunte fille la reine d'Espagne, comme épouse à Monsieur son oncle !

C'est l'alliance des deux religions qui fait reculer le Vatican. Rome veut rester en bons termes avec le puissant roi d'Espagne. Rome avait déjà abominé le mariage d'Henri de Condé, calviniste, avec la catholique Marie de Clèves. Pas question d'encourager une hérésie royale.

Charles IX se met en tête que ce mariage aura lieu, avec ou sans dispense. On l'a contrarié pour son cher amiral. Qu'est-ce qu'un pape devant la volonté du roi de France !

— Je suis catholique, certes mais loin d'être un sot. Si ce pape continue de faire l'âne, c'est moi qui mènerai en personne ma sœur à l'autel ! Moi, le roi !

Madame Catherine ne recule pas devant une fausse lettre soi-disant écrite par l'ambassadeur de France à Rome. La missive accorde dispense et bénédiction du Saint-Père.

— Voici la dispense de Sa Sainteté, dit-elle au cardinal de Bourbon.

Il tique. Il n'y croit pas.

— Madame, voilà qui est bien. Il serait mieux pour rassurer tant de monde que nous ayons l'assistance d'un évêque et de divers prélats.

Monsieur s'en mêle. Il dicte à son secrétaire, en présence de sa mère, quelques nerveuses missives. Elles sont envoyées aux évêques de Châlons et d'Angers. À l'étonnement irrité de Monsieur et de son entour, ces prélats refusent, offusqués d'un tel mariage. Le roi a accordé aux huguenots, hélas, triple hélas, la liberté de conscience. Ils revendiquent la leur.

— Nous ne pouvons ni ne voulons bénir ce qui est à proscrire.

Monsieur éclate de colère. Quoi, on contesterait qu'il n'ait pas une dignité de conscience ?

Rien n'abat Madame Catherine. Ces pauvres prélats ont perdu la tête. Il est temps de les reléguer en quelque obscur monastère. On fait appel à l'évêque de Digne, si compréhensif de complaire à la cour. Le cardinal de Bourbon transpire d'agitation. L'évêque de Digne accepte de le seconder en cette cérémonie. On occulte qu'elle jouxte avec la désobéissance au pape. Un acte grave.

— Le mariage aura lieu le 18 août, décide Catherine.

Il faut se hâter.

Elle a la prudence de faire bloquer le moindre émissaire du Vatican. On surveille la frontière italienne. On brûlerait, s'il le fallait, le parchemin papal et le messager aussi.

Le mariage doit avoir lieu.

Se défaire de l'amiral Coligny est l'urgence.

Noces et règlement policier sont nécessaires à sauver la monarchie et la religion catholique.

Ce que l'Histoire nomme « les noces vermeilles » est inéluctable.

Margot et Henry étaient les otages de la pieuvre mise en place par Madame Catherine et les Guises.

*

Margot n'a jamais autant détesté ce mois d'août 1572. Une sourde crainte, la mortification de tous ses sentiments. La conscience de l'indifférence traîtresse de sa mère et de Monsieur.

Sa mère lui jette souvent ce regard aigu, qui tout enfant, l'humiliait. Madame de Curton est transformée en espionne. Son beau Guise l'évite. Ils échangent l'éloquent regard des amants séparés. Tout est danger. Sa nourrice, ses nains, seuls ont de la compassion. Le pire est cette offense dans sa sincérité catholique : épouser un hérétique. Elle eût encore préféré le débile roi du Portugal. Le ricanement insolent de monsieur Du Guast, ceux de Chicot, désormais flanqué de son frère, basse créature chafouine, ces gens en noir, sujets de son pauvre petit futur royaume, tout mène Margot à une violente révolte.

Accompagnée de Lysande, la Turque, Séraphin et de quelques dames, Margot traverse ces corridors, les pièges de ce Louvre, ce cauchemar, jusqu'au domaine interdit : la chambre de sa mère. Elle la trouve, évidemment, en compagnie du traître Anjou.

Elle ne se reconnaît pas en ce hurlement hors tout protocole.

— Je ne veux pas épouser ce rustre de huguenot, plutôt mourir !

Chicot s'empresse d'aller chercher Charles. Il y a, dans la chambre de Catherine, des bruits sourds, un pugilat. Marguerite a peut-être aussi griffé, mordu. On ne sait pas ; ça hurlait derrière les portes. Madame de Curton trouva un spectacle déplorable.

Charles tremble comme il le fait après avoir tué une bête, ou hurlé dans un cauchemar. Il égrène un chapelet, recroquevillé sur le lit de sa mère. Monsieur est pâle, avec un mauvais sourire. Madame Catherine est calme mais sa main est levée comme si elle avait frappé. On a éloigné le Moricaud qui sanglote derrière la porte. Marguerite aussi sanglote, allongée à terre, front contre le tapis. Vaincue. Madame Catherine la relève et dit à très haute voix d'un ton de miel et d'amour maternel :

— Mon enfant, vous épouserez le bon roi de Navarre. Nous avons augmenté votre dot. Nous doublons votre douaire. Agen et sa province seront à vous. Votre futur époux m'a confirmé de vous offrir outre le titre de reine de Navarre, ses terres et biens, la tolérance religieuse et, outre sa tendre amitié, huit cent mille livres en bijoux de grande valeur…

Le nez sur le tapis, les poings serrés, Margot suffoque de haine. Elle ne l'avait encore jamais éprouvée à ce point, cette haine-là. La haine contre sa mère et son frère d'Anjou. Ils l'ont giflée, pas trop fort. Ils se sont réjouis de la voir à terre. Humiliée. Entre leurs mains.

« Ils n'ont pas osé me frapper pour que mon visage resplendisse à ces noces pourries. Si je m'enfuis, ils me tueraient. Je le sais. Ils sont mes pires ennemis. »

Désespérée mais droite, Margot s'en va, entourée de ses dames. La reine mère fait un signe à madame de Curton. Qu'elle double sa surveillance et lui rapporte le moindre événement. Marguerite de Valois est leur prisonnière.

Ce 16 août, elle a sangloté toute la nuit, le front dans les dentelles de ses oreillers. Elle a essayé sa toilette. La beauté extrême de ses parures. Rien ne la console. Le dimanche 17 août, sous bonne garde et entourée des coffres nécessaires à sa parure, elle passe la nuit à l'évêché. Elle ne dort pas.

Elle a l'impression d'être à la veille d'une exécution capitale. Elle a une pensée émue pour Marie Stuart, enfermée depuis cinq années aux geôles d'Élisabeth.

En quelle geôle va tourner sa vie ?

Lundi 18 août.

Des noces rutilantes. Le futur marié a consenti d'être paré et parfumé à la manière de ses beaux-frères et de cette cour. Charles IX, Monsieur, Alençon et le marié sont vêtus de satin rose, culottes bouffantes brodées d'argent, cliquetant de pendeloques. Monsieur et le roi rutilent de diamants et de perles sur leurs pourpoints surbrodés. Monsieur, au dernier moment, a fait ajouter trente perles à son toquet de plumes cerné d'un diadème. Madame Catherine a revêtu, exception, du satin gris perle. Elle porte ses perles uniques. Couronnes, joyaux, plumes, satin, dentelles, hermine, tout resplendit. La foule palpite dans l'attente de l'éternelle image d'un rêve : la mariée.

La voici. Brantôme en ferme les yeux d'éblouissement. On peut affirmer, qu'elle fut, même les yeux rougis, éclatante. Des années plus tard, sa vanité se console encore d'avoir porté en ce jour de malheur les atours d'une fée-déesse : « Moi, habillée à la royale, avec la couronne et couette d'hermine mouchetée, toute brillante de pierreries de la couronne, et le grand manteau bleu à quatre aulnes de queue porté par trois princesses ; les échafauds dressés à la coutume des filles de France depuis l'évêché jusques à Notre-Dame, tendue et parée de drap d'or... »

La cérémonie était un étrange inédit. « Le peuple s'étouffait en bas à regarder passer sur cet échafaud les noces et toute la cour. » On applaudissait la mariée mais on n'aimait rien du déroulement de la cérémonie. Boudeuse, Marguerite, flanquée de sa famille pénètre dans la cathédrale. C'est une noce divisée en deux groupes, telle la France. Le marié et ses amis protestants, dont Coligny, se rassemblent sur le parvis. Ils n'entreront pas dans l'église. Coligny se promène bras dessus bras dessous avec Henry tandis qu'à l'intérieur le cardinal de Bourbon officie. Margot descend « deux degrés », de la nef vers le chœur, où le serment sacré a lieu. Le marié ignore ce qui se passe et n'entend pas le « oui » de l'épouse imminente. Un « oui » qu'elle n'arrive pas à prononcer ; suffoquée de larmes et d'une ultime révolte. Charles IX lui lance un coup de poing sur la nuque. La nuque s'incline. Le cardinal de Bourbon, la cour feignent de confondre cette rude inclination avec le « oui » sacramentel.

La voilà reine de Navarre. Entre ses pleurs, elle a fixé son beau Guise. Il est grave, soucieux. Moins amoureux qu'absorbé par la lourde mission que la monarchie attend de lui et de sa famille.

Se débarrasser de l'amiral.

Rien n'est calme sur le parvis. La foule parisienne lance des injures aux protestants. Il faut se hâter. Une émeute est possible. Coligny hausse les épaules, persuadé de régner, de mener un jour tout ce monde à la conversion ou en enfer. Il fera détruire ces églises infâmes. Cette cathédrale plus révulsante qu'un bordel. Les statues-idôles. La France sera purifiée par les psaumes, les pasteurs, les prêches. Coligny-le-roi. Qui reprendra les armes et ses lois pour convertir le monde.

La cérémonie religieuse bâclée, on le fait savoir au Navarrais, Coligny et les siens. Ils entrent dans la cathédrale sans ôter leur couvre-chef. L'amiral hausse les épaules devant les bannières qu'on lui a prises à Jarnac. Bientôt, il exterminera « la racaille catholique ».

Il est loin d'imaginer le projet de son assassinat concocté entre Catherine et son fils d'Anjou.

Les Guises, madame de Nemours y participent. Ils abominent l'amiral.

Ce 18 août n'en est pas moins un jour de noces. Catherine a tenu à offrir les nécessaires divertissements « au bon peuple » Une série de petits tournois, quelques tonneaux de vins. À la cour, les fils de Catherine déguisés en amazones feignent de se battre contre les infidèles. Des Turcs foncent sur eux dans des voiliers en carton doré. Les musiciens s'évertuent. La reine de Navarre est obligée d'ouvrir le bal dans la salle des Cariatides. Elle se sait belle à voir, quand elle danse ; « la pavane, le passemazzo d'Italie, le branle de la Torche et du flambeau », écrit Brantôme. On l'admire, on est tous yeux. Le beau Guise est un peu pâle. Le Béarnais remarque que rien ne déride l'amiral – pas même la fête nautique donnée en son honneur.

Et la mariée s'en va, en grande pompe, avec le marié.

Dans la chambre des noces, on l'a vêtue d'une chemise en dentelles. On a défait ses longs cheveux noirs. Elle grelotte de contrariété, nerveuse en dépit de la chaleur. La timidité du Béarnais s'accentue. Le voilà en chemise, au lit de cette belle fille qui pleure franchement. Que faire d'une mariée en larmes ?

— Allons, ma mie, voulez-vous de moi ? dit le Béarnais, bien content que cette journée harassante s'achève enfin.

Ce lit est merveilleux à ses reins habitués à couches plus dures. Cette belle, et sans doute bonne, fille est appétissante, point farouche – et ma foi, son épouse. Ils sont, l'un et l'autre, de tempérament ardent. Ils se sentent, l'un et l'autre, orphelins à leur manière. Ils sont, l'un et l'autre, bien jeunes, exposés et malmenés au joug des autres. Ils s'échauffent normalement l'un contre l'autre. Ils n'éprouvent aucun déplaisir à faire l'amour. On a une réponse gaillarde du futur Henri IV quand, pour obtenir son divorce, le tribunal ecclésiastique lui posa la question de la « consommation » ou non de leurs noces.

« Jeunes tous deux et de tempérament gaillard que nous étions la reine et moi, pouvait-il en être autrement ? »

On a l'écho joyeux relaté par Margot à ce sujet : « Nous étions tous deux au jour des noces l'un et l'autre si paillards qu'il était plus qu'impossible de nous en empêcher. »

Ils avaient aussi, aux interminables ripailles, peu mangé mais bu beaucoup de vin de Touraine. Un champagne sans bulles et entêtant. Une timide amitié se lève, la jeunesse et l'instinct de trouver alliance l'un avec l'autre. Ils se savent en danger dans cette cour malveillante. Ils se regardent. Ils sont quelque peu ivres. Elle lui trouve un regard brillant, aimable. Il a une manière gentille de poser sa tête contre son épaule plus robuste qu'elle ne l'eût supposé. Il ne sent pas si mauvais que cela. Il la devine désarmée, capable de gaieté, d'indulgence. Il la complimente sur la blancheur de ses seins qu'il mordille sans façon. Elle rit et ne se défend guère. Il s'encourage à explorer ces cuisses un peu lourdes, si belles, à mesure troussées jusqu'à la savoureuse charnière… Il aime tout cela, le Béarnais. La belle chair des filles. Cette fille-là est de l'espèce femelle qui creuse d'instinct ses reins quand elle consent à l'approche du mâle. Il n'est pas épris, il s'échauffe le mieux du monde. Elle aussi. Elle ne pleure plus. Elle a même dit « oui oui » d'un cœur plus ardent qu'à Notre-Dame... Ils s'endorment, plus contents l'un de l'autre qu'ils ne l'eussent espéré.

Le mardi 19 août, c'est au jeune couple de recevoir la cour, avide, curieuse. Le Béarnais doit ouvrir le bal. Madame Catherine a son sourire de grasse bonté. Le roi est nerveux. Monsieur éclate de rires stridents. Alençon se prend de folle amitié pour l'insolite époux de sa sœur bien-aimée. Le beau Guise, toujours là, si peu là, erre. Le bal est éclatant et Margot-la-reine danse. Une robe d'argent et d'or. Les huguenots contemplent leur « reine ». La reine Margot. Elle est bien belle, désirable, cette catholique, épouse de leur roi. Il a l'air content, Henry. Il danse avec plus de grâce qu'on ne l'eût pensé. Il s'empresse auprès de la belle madame de Sauve dont Anjou aussi s'est toqué.

Madame Catherine ne perd pas de vue l'assassinat de l'amiral. Il s'agit de la survie de la monarchie et de ses enfants. C'est un acte de « roi », nécessaire à sa politique. Elle augmente la splendeur des spectacles. La poudre aux yeux.

Mercredi 20 août.

Un somptueux divertissement a lieu devant le Palais-Bourbon. Paris, sa nervosité, les uns, les autres, doivent s'étourdir grâce à ces fêtes. On a modifié un des jardins en tableau vivant, à l'antique, spécialité très Médicis. Parmi fleurs et arbustes, agrémentés d'arceaux de roses, dansent douze nymphes dénudées. Le Béarnais est charmé. Madame Catherine n'a pu résister à son goût de l'astrologie. Une grande roue fleurie tourne, éclairée de torches. Elle comporte douze mouvements. Les douze signes du zodiaque. Chacun peut y lire son destin. Il en pleut des étoiles, étincelantes, fausses, tout est faux. Un ballet s'ébranle, mimant « Les Champs-Élysées », ou le Paradis au sens de l'Antiquité. L'enfer est bien beau avec sa fausse rivière cernée de feux de Bengale et de vapeur de soufre... On a déguisé des comédiens en diablotins qui mènent un joyeux tintamarre autour de ce gouffre de l'horreur éternelle. *L'horreur imminente de ces noces. L'horreur. L'erreur.*

On a mis en scène, pour rire, n'est-ce pas, c'est une fête, un jeu, ennemis contre ennemis. Henry et son cousin de Condé, déguisés en Turcs, s'attaquent à des anges. Ils pleuvent en ce jardin sous forme de filles ravissantes. On se bat à coups d'épées en carton. Les anges sont vainqueurs, quoi de plus catholique et inquiétant qu'un ange ! Les deux Henri ont bonne grâce à se laisser vaincre par ces anges de chair soigneusement choisis par Catherine. Un escadron volant d'anges femelles, rien de mieux pour égarer tout soupçon. Sous les masques, les voiles, un des « anges » est la reine Margot, flanquée de la princesse de Condé. Catherine fait bien les choses et ses fils ne sont pas en reste. Monsieur eût aimé être un « ange » parmi ses mignons. Il y pensera. Il combat, avec ses frères, « les Turcs ». Les voilà dénudés jusqu'à la taille, le torse poudré, la ceinture surchargée de pierreries.

Les « Infidèles » sont – offense, désignation d'hérésie ? –, Henry et Condé.

Henry a une grande maîtrise intérieure. Il s'est prêté de bonne grâce, point dupe, à ces facéties peu innocentes. Voilà une semaine qu'on les ridiculise, lui et les siens.

Une tension monte qui ne porte pas encore son vrai nom.

Ni Margot, ni lui ne soupçonnent la saignée imminente.

*

Madame Catherine et Monsieur son fils ont tout réglé avec minutie. Henri d'Anjou est excité de s'occuper de cette pantomime-là.

Tout est programmé pour le matin du 22 août. Un vendredi.

Madame Catherine connaît bien son Machiavel. La nécessité du prince à sévir quand son État est menacé du joug d'un autre. Mieux vaut sacrifier une tête, quelques têtes, que de voir périr un peuple. Elle s'est confortée à relire *De la cruauté et de la clémence.* Tout est là. Il est odieux de tuer. Il est pire « de laisser-aller la fâcheuse faiblesse qui fait périr bien plus de monde ». La disparition de Coligny est une nécessité inspirée de ce précepte :

Le prince doit agir « en ne faisant que quelques exemples [à la différence de] ceux qui, pour être trop miséricordieux, laissent se poursuivre les désordres d'où naissent meurtres et rapines, qui nuisent à tous, alors que les exécutions ordonnées par le prince ne nuisent qu'à un particulier[1] ».

Le « particulier » : Coligny et ses farouches adeptes. Quelques têtes, une vingtaine, peut-être, et la paix se rétablira. Nul n'a songé au dérapage effrayant de cette opération. Le plan se déroule en deux mouvements. L'adhésion des Guises est indispensable. Ils juraient de se venger de Coligny et abominaient les huguenots. C'était astucieux de la part de Catherine. Les huguenots feraient tomber leur haine sur les Lorrains. Ils ne soupçonneraient jamais la reine mère qui venait de marier sa fille à un des leurs. Les Guises se savaient

1. In *Le Prince*, Machiavel, *op. cit.*, XXX, XVII, p. 103.

– se croyaient – protégés par la monarchie. Catherine se débarrasserait d'un seul coup de Coligny et son engeance et de ces Guises trop encombrants.

Tout aurait pu réussir mais la seconde partie du plan comporta des failles.

François de Guise eût volontiers tué l'amiral en duel. Madame Catherine préférait un tueur.

— Un tueur professionnel n'éveillera aucun soupçon à notre encontre. Un duel peut échouer. Il s'agit de ne pas exciter davantage Paris déjà bien agité par cet excès de huguenots.

Les arguments de Catherine semblaient sûrs. Va pour le « tueur ».

Guise fit appel à un mauvais pion, Maurevert, qui, autrefois, avait déjà loupé sa cible. Cette créature des Guises portait en lui l'échec. Catherine tiqua mais laissa faire. Elle eût préféré un de ses Italiens, prêts à tout, habiles à se fondre sans laisser de trace sauf le cadavre souhaité. Les Guises voulurent Charles Louviers de Maurevert. Ce spadassin douteux, marié à une demoiselle née d'Aquin, avait été page en la maison de Lorraine. Sans foi ni loi, sa passion était de tuer « par traîtrise ». Il en éprouvait grande jouissance. Tout jeune, tancé par le gouverneur des pages, il l'avait tué d'un coup de poignard dans le dos. C'était sa méthode. Une véritable « nature » d'assassin. On hésita à s'en défaire. On le gardait pour les basses entreprises. Ce genre de « mission » le faisait exulter.

On l'installa au rez-de-chaussée d'une maison, rue des Fossés-Saint- Germain. C'était le parcours habituel de l'amiral. Pour réduire les moindres doutes, il « loue » ce rez-de-chaussée sous un faux nom. La maison appartenait à un chanoine, ancien précepteur des Guises. La maison est intéressante pour ce genre d'opération. Elle a deux entrées. Maurevert peut s'échapper par-derrière. Autre atout, non des moindres, l'amiral habite à côté, rue de Bethisy[1]. Il se rend chaque jour, à pied, au Louvre tout proche. Il passe, c'est inévitable, devant les fenêtres de cette maison.

Tout est prévu pour la matinée du vendredi 22 août. Ce matin-là, le roi et ses frères vont à la messe. Tout le monde va à la messe, sauf l'amiral, bien sûr. Il assista à la réunion du Conseil après la messe, et, cure-dent dans la barbe, rentra chez lui à pied.

Il est dix heures. On n'a rien dit à Charles IX qui voulut faire une partie au jeu de paume avec son cher « père ». Maurevert palpite

1. De nos jours, au 144 rue de Rivoli.

d'excitation. Il a préparé son arquebuse qu'il dissimule en suspendant à la fenêtre un peu de linge. Il pose l'arquebuse, à défaut du socle adéquat, sur le rebord de la fenêtre. Il guette sa proie. Il ne craint rien. Derrière la maison, du côté du cloître Saint-Germain-l'Auxerrois, un cheval l'attend. Il voit arriver l'amiral, flanqué d'une douzaine de huguenots. Il ajuste et il tire… au moment où Coligny, pur hasard, se penche pour rajuster une de ses bottes. La balle le blesse au coude du bras gauche. Un de ses doigts, l'index, est arraché. L'amiral, vaillance pure et dure, ne tombe ni ne flanche. La fumée s'échappe de la fenêtre de l'assassin. Il comprend, s'encolère :

— Quelle indignité !

Ses amis dont monsieur de Guerchy se précipitent dans la maison du tueur. Il leur faut défoncer la porte. L'arquebuse est au sol et fume encore. On entend le galop d'un cheval ; le meurtrier est loin.

Les amis de l'amiral le soutiennent jusqu'à sa demeure. Ils envoient quérir Ambroise Paré. Il n'y va pas de main morte, le chirurgien du roi ! Extraire la balle au crochet, cautériser au fer rouge la plaie, couper à la cisaille mal aiguisée – il en demanda une autre – ce qui restait du doigt… Pas une plainte du grand huguenot. Sa colère est plus puissante que la douleur. Il soupçonne une suite de malheurs graves. Dans les rues de Paris, la nouvelle de l'attentat se répand. Quelque chose de sourd, de lourd, s'agite de rue en rue.

La reine mère et sa famille sont à table quand on les avertit d'un tel méfait « fort heureusement raté ».

Charles IX rougit, pâlit, balbutie :

— Qui a osé toucher à mon père ?

Il ne se doute pas un seul moment que tout a été ourdi par sa mère, Anjou – et les Guises. Il tape du poing.

— Quelle injure à mon autorité et à mon affection à l'amiral !

Il n'y tient pas. Il se rend en personne au chevet du blessé. Catherine et Anjou, un peu pâles, muets – mais cela peut passer pour de l'émotion – préfèrent l'accompagner.

On étouffe dans cette chambre ; cet excès de monde et d'agitation. Charles IX sanglote au pied de l'amiral :

— Mon père, vous avez la blessure, moi, j'ai la peine[1].

— Cet attentat vient des Guises, assure l'amiral.

La colère de Charles est immense.

— Je ferai justice à ces Guises !

---

1. D'après *Catherine de Médicis*, Ivan Cloulas, Tallandier, 2007.

« Si monsieur de Guise ne se fût tenu caché, tout ce jour-là, écrit Margot, le roi l'eût fait prendre. »

Catherine opine pour convaincre l'amiral. Oui, cette odieuse opération est signée des Guises. L'arquebuse et son porteur ne sont que des instruments, l'assassin est celui qui a commandité les choses.

— Les Guises. Henri de Guise.

Les Guises, consternés du « ratage », se sont claquemurés dans leur hôtel de Lorraine, gardé pire que forteresse. La rumeur traverse Paris. Elle galope, grossit, marée effrayante. Incohérente.

— Les Guises ! Les huguenots maudits ! Tous des hérétiques !

Margot, au Louvre, ne sait encore que très peu de chose. On l'a une fois de plus poussée de côté. Son cher Guise est-il en danger de mort ? Henry de Navarre devine quelle menace lui et les siens encourent. Un attentat manqué n'est qu'un début. La clameur de la ville, « On a voulu assassiner l'amiral ! », annonce un orage inouï. La peur et ses fantasmes. Les boutiques se ferment. Beaucoup de catholiques ont des boutiques de bijoux, de tissus. La panique prend la forme de l'enfermement et du soupçon généralisé. Chacun croit voir en tout proche un ennemi mortel. Qui est contre qui ? Des bandes errantes surgissent de nulle part, courent dans les ruelles, ces coupe-gorge où l'on peut voler, piller et tuer à l'aise. Ces noces d'enfer avaient charrié des alentours vers Paris une populace affamée par la disette récente, quêtant pitance et larcins. Manger. Boire au sang de ces ors. Manger de la chair s'il le faut.

Folle-en-jambe, monsieur de Bezon, le monneton écoutent la rumeur, surprennent des empoignades dans les corridors, sous les escaliers. Monsieur de Bezon a la responsabilité des nains de Catherine. Il les enferme à clef dans un cagibi attenant à la chambre de la reine. Ils tambourinent. Monsieur de Bezon crie :

— Silence, basses créatures ! Il n'y a rien à voir !

Dans la cour, à l'intérieur, les soldats du roi, leurs valets, s'empoignent avec ceux du roi de Navarre et de l'entourage de Coligny. On frôle déjà la guerre civile.

Madame Catherine joue l'indignation auprès de l'époux de sa fille et des seigneurs protestants. Un accident, une vilenie que *la Justice* royale punira en grand exemple.

Margot est divisée. Le malaise. L'anxiété. Il y a son récent époux, dont, loyale, elle ne veut ni la mort ni celle de ses amis. Elle tait au fond d'elle que cet attentat est grave. Il y a son amour pour Guise. Il est peut-être déjà assassiné. Qui sont ses alliés, à part son petit Moricaud ? Sa sœur Claude est souffrante. La petite reine Élisabeth, dont la grossesse est pénible, prie dans sa chambre, sans comprendre. Henry et Condé veulent se rendre rue de Béthisy. On peut les arquebuser aussi. Sa mère l'effraye, elle devine un puits de noirceur creusé davantage par son cher fils. Le Moricaud tourne comme un roquet, « Margot, on a voulu tuer l'amiral ! l'amiral ! »

Son frère le roi a pris des mesures qui ressemblent à un état de siège. La garde doit renforcer la surveillance de toute la ville. Il ordonne aux catholiques installés rue de Béthisy de déguerpir. Ils doivent laisser leurs logis aux amis de l'amiral. Quelle haine, en ces bourgeois catholiques, qui vivent là depuis des années, d'être chassées par leur roi, ami des hérétiques… Paris devient à mesure un ventre avide de chair vive.

On a arrêté le chanoine et sa servante. Non, ils ignoraient que cet homme était un assassin.

— Il a loué la maison pour assister aux noces !

L'ordre est donné aux arbalétriers de se rassembler place de Grève.

L'amiral retient ses sursauts de douleur plus morale que physique. Henry de Navarre et son cousin Condé se précipitent chez le roi où trônent Madame Catherine et Anjou.

— Nous voulons la justice, sire, contre un tel acte, qui menace tous les nôtres !

— Justice sera faite ! crie Charles IX. Justice si implacable que les ennemis de l'amiral en trembleront longtemps !

Margot écrit que les soupçons du roi ne se portèrent jamais sur sa mère ni sur son fils bien-aimé. Tout est mis sur le dos des Guises.

Henry et Condé rendent visite à l'amiral. Ambroise Paré avait achevé de panser ses blessures. La foi implacable du grand calviniste éclate en quelques mots quand il voit pleurer le roi de Navarre et Condé.

— Ne pleurez pas. Je suis heureux de souffrir pour ma foi… Je tiens pour suspects monsieur de Guise et les siens. Sachez-le.

Il s'agite sur son lit.

— Voyez-vous, ma contrariété est de ne pouvoir mener la guerre en Flandres.

Catherine, le roi, ses frères sont revenus voir l'amiral de façon plus solennelle. Charles réitère son serment de venger ce « père » bien-aimé. L'amiral, tout souffrant qu'il soit, profite de la situation pour rappeler au roi ses promesses.

— Sire, n'oubliez pas les engagement pris pour la guerre en Flandres. C'est nécessaire à la sauvegarde de votre royaume.

Une guerre qui ferait éclater l'Espagne pire que foudre ! Le roitelet esquive la réponse.

— Il vous faut du repos, mon ami. Vous venger est l'urgence.

Madame Catherine interrompt habilement ces discours. Elle demande à examiner la balle extraite. Chacun se penche sur un tel morceau de fer et admire la vitalité de Coligny. Catherine, grosse ombre maternelle et rassurante, s'exclame d'admiration :

— Quand on a extrait la balle qui tua monsieur de Guise, elle était de cette taille mais empoisonnée. Ses médecins, à Orléans, m'ont affirmé que ce genre de blessure et de balle ne sont point dangereuses. Le poison seul eut raison du duc.

Ambroise Paré répond non sans brusquerie avoir donné un breuvage à l'amiral pour contrer le poison, si poison il y avait.

Madame Catherine approuve. Elle tient tant de place que si le blessé ne veut point périr étouffé, il est temps de se retirer.

On se retire. Sauf Monsieur, hypocrite et caressant. L'amiral n'est pas dupe. Il lui jette un lent regard où flotte un dur mépris. Il a deviné d'où viennent les choses.

Marguerite et ses dames, priées par Catherine d'un ton velouté et d'un regard glacé, sont à leur tour venues prendre des nouvelles de l'amiral. Margot, vêtue de rouge sombre, mal à l'aise, observe chaque détail. Cette chambre, cette cuvette bondée de linges sanglants, ce blessé couché tout habillé, sauf un bras, une épaule, son œil étincelant, lui sont pénibles. Il a refusé d'aller au Louvre se faire soigner, selon l'invitation du roi. Il jette un regard de dédain sur la fille des Valois, répétant :

— Que l'on se saisisse de ce Guise !

Il a besoin de ses compagnons et de sa Bible. Il n'a surtout aucune envie de ces *filles* d'hérésie. Margot, épouse, hélas, du fils de sa chère Jeanne d'Albret, poudrée pire que catin et empestant le parfum. Elle a osé lui sourire d'une bouche passée à la pommade carminée.

Son épouse porte un voile quand elle sort pour le prêche. Elle baisse les yeux, ne connaît ni les atours ni les onguents, appeaux du démon. Le rire est interdit et l'acte de chair est sanctifié par la procréation et une couche douloureuse.

*

Paris devient une ruche qui bourdonne. Une clameur sourde. Des brusques silences. Les bouches, rumeur sans fin, lancent la peur pire que la balle ratée de Maurevert.

On dit : dix mille huguenots invités au mariage du Navarrais et de Marguerite de Valois ont été commandités pour égorger les Parisiens, presque tous catholiques.

On dit : ils se baigneront dans le sang des enfants catholiques.

Charles IX étouffe de colère, d'un début de fièvre. Il tousse. Ses sinus bouchées aggravent ses *on* nasillards.

— Mon *bon* peuple se révolte, que se passe-t-il ? J'ai promis la justice.

— Rien mon fils, dit Catherine. Plus d'émotion que de mal. Paris s'inquiète de savoir vos arquebusiers et arbalétriers rassemblés devant l'Hôtel de Ville... Vous avez demandé à ce que chacun se tienne dans sa rue et sa demeure. Cela est bien mais le peuple s'interroge.

Charles s'essouffle, s'irrite. Il a ordonné que l'on protège particulièrement la maison de l'amiral. Il ne prête aucune attention à son frère d'Anjou, étrangement discret. Il a oublié le mariage de sa sœur avec le roi de Navarre.

Les jeunes mariés logent côté méridional du Louvre. Pourquoi son cher Coligny a-t-il refusé de se faire soigner en leurs appartements ? Voilà un lieu sûr, imprenable !

Anjou a un fin sourire. Alençon répète « Où est Margot ? ». On a relâché les nains de Catherine. Ils répètent à qui mieux mieux :

— Qui est content que l'amiral se porte bien ?

On ne les écoute pas plus que le perroquet et les perruches de la reine mère.

Le Béarnais avait frémi à la possibilité de loger Coligny au Louvre. Rue de Béthisy, il y a ses compagnons ; une sûreté. Ici, c'est la dague perpétuellement cachée aux ombres des rideaux, des tapis, des fenêtres. C'est la menace. Margot aussi est menacée. Il le pressent. Ils sont prisonniers de ce palais détestable où ne règnent que les complots de Catherine et des siens. En ces complots, ils ne tiennent aucun rôle. On les a écartés. Ils échangent des regards. Ils partagent la même chambre et le même lit. Ils ne se disent presque rien. Margot a peur aussi des compagnons de son époux. Ils sont parfois dans leur chambre. Ils se lèvent par politesse. Ils la regardent avec désir, ou une méfiance parfois haineuse. Cela dépend. La peur est une étrange griffure. Une épine sous la peau que rien ne peut ôter, et qui chemine, lente, vers le cœur de plus en plus pâle...

Quel fracas, toutes ces épées, ces armes que l'on emmagasine ! Madame Catherine estime qu'il faut une « solution définitive ». Elle ne peut ni ne doit tergiverser. Un jour, deux jours de plus et c'en est fait. L'amiral est trop entouré, intelligent et farouche pour que la situation ne soit pas brutalement inversée. Il est temps à Catherine de convaincre le roi que c'est elle et Monsieur qui ont tout programmé.

Le second « programme » doit réussir. Les alliés de Catherine sont prêts à tout pour aider son plan. Birague, Nevers, les Gondi, monsieur de Tavannes. Gramont est son espion protestant. Elle les a chargés d'une entrevue avec Charles IX. À eux de démontrer à ce niais, le vrai projet de l'amiral. Renverser la monarchie, supprimer les Valois, abolir la religion catholique – dans le sang. Installer son pouvoir absolu et le calvinisme. Pour donner les ordres ultimes, il faut à Catherine l'accord de ce fils minable. L'entrevue a lieu. Le petit roi s'agite.

— Ce ne sont là aucune preuve mais de la malveillance envers mon père l'amiral.

Madame Catherine intervient et pour la première fois Charles lui hurle de se taire. Tout le monde est impassible.

— Sire, explique Tavannes, l'amiral est semblable au sanglier qui fonce sur le maladroit ! Prenez garde !

Le maladroit, c'est lui, Charles-le-chasseur que l'on chassera !

— Je protégerai l'amiral ! crie Charles. Je ne vous crois pas ! Paris est sous bonne garde, on trouvera l'assassin, le vrai ! Les coupables sont les Guises ! hurle-t-il.

Il porte la main à son front. Il respire mal. La reine mère sait que le moment d'asséner le coup qui le réduira à sa merci est venu. Anjou s'est approché. La tension est extrême.

— Non, derrière la main des Guises, mon fils, c'est la mienne qui a tout mené.

Charles a un moment de stupeur épouvantée.

— Vous ? Pourquoi ?

On ne l'entend presque pas ; il tremble. Il étouffe.

— Oui, moi, mon fils. Puisque j'ai donné à la France un roi incapable de gouverner. C'est vous qui avez plongé le royaume dans ce marasme. C'est moi qui tente le tout pour le tout ! Il suffit de quelques coups bien menés et la paix, peut-être, sera possible. Votre vie et la nôtre, peut-être, préservées.

Charles se met à trembler, courir, crier. Il hurle ses contradictions.

— Je veux venger l'amiral !

Madame Catherine est impassible. Il sanglote à demi suffoqué.

— Tuez-les tous !

« Tuez-les tous », c'est-à-dire les chefs calvinistes. L'amiral, ses amis les plus proches. Une vingtaine de personnes. Catherine se lève, redouble de calme.

— Vous donnez donc votre accord de roi ?

— Tuez-les tous ! hurle le misérable.

Sa mère l'emportait en ce cerveau affaibli.

Tous : une vingtaine.

Il y eut des milliers de morts.

La suite échappa au projet politique, souscrit à quelques têtes, les meneurs calvinistes et nul autre. La suite se nomme pour toujours la Saint-Barthélemy.

Le 24 août 1572, la France ouvrait les vannes à la plus insanes des guerres civiles.

La reine Margot ne se souviendrait plus jamais de sa robe de noces, ce bleu des rois et des reines, ses flots de pierreries, sans y ajouter la fleur monstrueuse de ce long jour d'été furieux.

X

Vermeil

« Pour moi, l'on ne me disait rien de tout ceci. » Margot, épouse du roi de Navarre lié à Coligny, fut écartée d'un tel complot. On la savait amie de la volage duchesse de Nevers. Amie de Marie de Clèves, épouse d'Henri de Condé et maîtresse de Monsieur qui s'en était follement toqué. Les amies de Marguerite ne devaient rien savoir, ni Alençon. Il faisait toutes les volontés de Margot et pleurnichait à volonté. Madame Catherine avait jaugé la bêtise dangereuse de ce fils si laid, de plus en plus bouffi par la petite vérole.

Le dur secret se tenait entre la reine mère et ses fils, Charles et Monsieur.

Le massacre contre les huguenots commença au Louvre où Margot fut prisonnière. Elle croisa, à mesure, l'épouvante au long des corridors, dans les escaliers, les antichambres, partout.

On est au XVIe siècle. La sensibilité devant le sang était autre que de nos jours. Marguerite de Valois a déjà assisté à des exécutions capitales. Dès l'enfance, il y a eu la tuerie d'Amboise. Elle est née au cœur d'un royaume déchiré de massacres. Lors du tour de France, elle a vu des gibets où pendent des lambeaux humains, des fleuves charriant des cadavres. Les guerres civiles sont la face infâme de sa vie de cour. Si l'horreur fut souvent une banalité, la tuerie du 24 août 1572 fut à Margot et à chacun, une saison particulière de l'horreur. Des heures et des jours d'épouvante. Margot, ni personne ne fut à l'abri de périr.

Charles IX après sa colère hurlée, « Tuez les tous », eut une crise d'abattement. Il convoqua le prévôt des Marchands, Claude Marcel et son adjoint Charron. Ils étaient farouchement liés aux Guises et abominaient les huguenots. Ils approuvèrent l'exécution des chefs calvinistes. Ni le roi ni Catherine ne soupçonnèrent leur réel désir.

C'était lâcher des loups féroces dans la ville. Ils n'étaient pas les seuls à haïr « les hérétiques ». La majorité des Parisiens exigeait beaucoup plus que quelques têtes.

Charles IX agissait dans un délire fiévreux. Impassible, la reine mère attendait qu'il donnât ses ordres. Il nasillait, à mesure excité à la façon dont à la chasse le gibier allait être cerné.

— Que les officiers municipaux ferment les portes de Paris ! La milice royale doit prendre les armes. Elle portera un brassard blanc au bras gauche et une croix blanche au couvre-chef. Enchaînez les barques pour empêcher toute fuite. Chaque maison doit être gardée, les passants fouillés. Agissez dès la nuit du 23 au 24 août.

« Tuez-les, tuez-les tous. »

Madame Catherine veille à contenir toute panique à l'intérieur du Louvre. Elle rejoint son appartement. Tout doit avoir l'air normal. Charles IX avait lancé à Henri de Guise « *d'aller au diable* » quand l'amiral n'avait été que blessé. La reine mère prie Henri de Guise et ses conseillers de venir en sa chambre. C'est à eux, à l'amant de sa fille, de mener la « suppression » nécessaire de ces agités – avant qu'ils n'envahissent le Louvre et les exterminent.

— Qu'allons-nous faire du roi de Navarre et de son cousin Condé ? demande monsieur de Tavannes.

Catherine plisse ses yeux. Elle refuse le passionnel, les tueries inutiles.

— Le roi de Navarre et son cousin sont jeunes. Ils n'ont en rien menacé le royaume. Ils n'ont pas à pâtir pour les coupables. Nous les mènerons, bien sûr, à adopter notre sainte religion. Cela fait partie de l'obéissance qu'ils doivent à leur roi.

Le fanatique monsieur de Retz s'emporte.

— Madame, il ne s'agit point de cela mais de les supprimer tous ! Ces princes, innocents, dites-vous, quand justice sera faite contre leurs amis, comment pensez-vous qu'ils réagissent ?

Il se lança dans la comparaison de l'erreur de Brutus, qui, pour épargner Antoine, déchaîna la guerre civile.

— Madame, nous sommes conscients de violer les lois. Cette rude contrainte ne réussira que menée jusqu'au bout.

« Tuez-les, tuez-les tous. »

Monsieur, qui déteste son rival Condé et espère épouser sa veuve, approuve. Charles IX, déjà saisi d'angoisse, penche du côté de la modération maternelle.

— Je ne souhaite pas que ma sœur devienne veuve, à peine mariée !

— Il est intéressant de garder le roi de Navarre en otage, susurre Madame Catherine. Il est fâcheux que l'amiral ait eu l'idée de rattacher sa chaussure…

Elle pratique l'art du détour dans tout reproche. Guise, aussitôt, s'enflamme.

— Madame, je vous promets la tête de l'amiral et celle de son gendre Téligny. Ce sont les pires meneurs. Nous disposons de nos Lorrains et des arquebusiers désignés par Sa Majesté pour garder leur maison.

— Vous avez entendu les propos hostiles de l'hérétique monsieur de Pardaillan à votre souper ! s'écrie de Retz. Les huguenots sont fous de haine. Votre serviteur, monsieur de Charry, maître de camp de la garde du roi, a été trouvé assassiné… On ne peut attendre davantage.

Madame Catherine a un mouvement de menton, ce goitre mêlé à ses bajoues.

— Monsieur de Charry a eu le tort de narguer sans cesse monsieur d'Andelot, créature de l'amiral. Il s'est perdu par imprudence.

Elle ne veut pas d'un carnage.

L'entretien est clos et tombe le crépuscule…

Claude Marcel et Charron se mettent en campagne. À chaque fenêtre, tout milicien à l'écharpe blanche brandira un flambeau.

Charles, agité, malheureux, plaide d'une voix enrouée.

— Je veux épargner mes amis monsieur de La Noue et monsieur de La Rochefoucauld.

— Bien sûr, mon fils ! s'écrie Catherine.

La voilà seule. Il y a un tohu-bohu dans un coffre. Des cris étouffés. « Catherine, ouvre-nous ! »

La reine mère soulève le couvercle et penche sa masse sur ses nains enfermés.

— Un seul ragot à la reine de Navarre et à ses amis et je vous jette moi-même dans une oubliette.

— Catherine, fille du vrai Dieu, prie pour ton âme ! dit le monneton.

*

Margot est de plus en plus isolée. Elle part à la recherche de sa sœur Claude. Elle la sait souffrante. Où est son époux ? Près de l'amiral ? Ce samedi 23 août est étouffant. Elle est au bord des larmes d'un pareil isolement. Marie de Condé est près de son époux… ou à la couche de Monsieur, encombrée de coussins et de ses chiens carlins. Madame de Nevers, blonde et rieuse, légère – pire que madame de Sauve qui couche avec le roi de Navarre, et tant d'autres à la fois –, est-elle en quelque couche de gentilhomme ? Les amies de Margot sont comme elle, de joyeuses bacchantes. Ce soir-là, rien n'est à l'humeur égrillarde. Tout le monde se cache. Trop de gardes, de portes fermées. Le Louvre n'a plus rien à voir avec sa cour légère, menteuse, sa luxure. Où est passé le rire de ses amies quand elles vont, masquées, sauf Margot qui adore que l'on voie son visage au teint si blanc, en quelque rendez-vous galant ? Le Louvre est en état de siège. Un désordre d'hommes en noir, ces huguenots invités au mariage de leur roi. Margot n'aime pas les croiser, dans ces corridors qui semblent se gondoler. Le vertige de Margot. Ils ne veulent pas saluer cette catholique épousée par leur roi. Les seigneurs catholiques, dont les Guises, ne sont guère plus avenants. Épouse d'un protestant, ils s'en méfient. Quelles horribles noces ! Madame de Curton, quelques femmes, ses nains et sa nourrice sont les rares présences. Un étrange silence pétrifie chacun. La Turque ne gratte plus sa mandoline et essuie ses yeux. La peur flotte. Un nuage irrespirable. La chaleur est écrasante. Margot rêve d'un bain. L'eau fraîche, le ciel aimable de Fontainebleau ou de Blois. Margot, aidée tant bien que mal, revêt une robe de soie blanche. Elle veut voir sa sœur, qu'elle sait chez sa mère avec Monsieur. Madame de Curton l'accompagne, peu rassurée. Margot et sa gouvernante remarquent ces sombres visages, cette hostilité générale. C'est long, une haie de mauvais regards, ces escaliers et antichambres, jusqu'à l'appartement de sa mère… Elle pose des questions à quelques gentilshommes.

— Où est le roi de Navarre ?

On s'agite, sans lui répondre. On chuchote à son passage. Marguerite de Valois est prise, par son mariage, entre deux brasiers sinistres. Elle est seule. Son récit est le rare témoignage de ce qui se passa au Louvre cette nuit-là. « Pour moi, l'on ne me disait rien de tout ceci. Je voyais tout le monde en action ; les huguenots désespérés de cette blessure, messieurs de Guise craignant qu'on n'en voulût faire justice et se chuchotant tous à l'oreille. Les huguenots me tenaient suspecte parce que j'étais catholique, et les catholiques parce que j'avais épousé le roi de Navarre, qui était huguenot. De sorte que personne ne m'en disait rien, jusques au soir… »

Quelle anxiété, ces rumeurs, cette mise en quarantaine ! Margot atteint enfin la chambre de sa mère. C'est l'heure de son coucher. Sa sœur est là et, soulagée, Margot s'assied près d'elle comme on se réfugie. Les voilà côte à côte sur un coffre. « Au coucher de la reine, [je m'assis] sur un coffre auprès de ma sœur de Lorraine, que je voyais fort triste. »

Claude sait sans doute une partie des choses. Sa maladie est grave, la mort rôde autour de cette fille aimée de Catherine. Elle devine Margot en danger. Elle s'empresse à lui faire place auprès d'elle. « La reine ma mère [parlait] à quelques-uns, m'aperçut et me dit que j'allasse me coucher. Comme je lui faisais la révérence, ma sœur me prend par le bras et m'arrête, et se prenant fort à pleurer me dit : "Mon Dieu, ma sœur, n'y allez pas". Ce qui m'effraya extrêmement. »

Margot entrevoit quelque crime contre sa vie. Le regard de sa mère est si dur, si fixe. Les pleurs de Claude redoublent. Il faut à Margot un grand courage pour ne pas s'effondrer.

« La reine ma mère [s'aperçut de ma frayeur]... appelant ma sœur [elle] se courrouça contre elle et lui défendit de me rien dire. Ma sœur lui dit qu'il n'y avait point d'apparence de m'envoyer sacrifier comme cela et que sans doutes s'ils découvraient quelque chose, ils se vengeraient sur moi. »

Catherine veut-elle se défaire de cette fille encombrante, désormais politiquement néfaste ? Margot a conscience que sa mère ose l'envoyer à travers ce Louvre si dangereux vers quelque fatale rencontre. Un tournis la saisit.

« La reine ma mère répond [que s'il] plaisait à Dieu, je n'aurais point de mal ; mais quoi que ce fût, il fallait que j'allasse, de peur de leur faire soupçonner quelque chose qui empêchât l'effet... Elle me commanda encore rudement que je m'allasse coucher... »

Claude éclate en larmes et balbutie « Bonsoir ma sœur », sans oser ajouter un mot.

« Je m'en allais toute transie et éperdue[1]... »

Margot soupçonne une agression qui la fauchera au passage. Du Guast ? Ce Maurevert qui, dit-on s'est allié à la milice et à la troupe royale ? Sa mère veut-elle s'en débarrasser à la manière dont on a tenté de le faire de Coligny – ou préfère-t-elle éviter tout soupçon en la renvoyant chez son époux ? Elle la pousse, les sanglots de Claude le prouvent, vers une mort probable. Si c'était Monsieur, Catherine l'eût plutôt caché sous son lit que de l'exposer. Son cœur est lourd. Sa solitude, immense. La peur bloque sa gorge, son souffle. Elle est dans l'abandon. Sa mère l'abandonne. La chasse. Sa

1. In *Mémoires*, *op. cit.*, p. 45., p. 63-64.

mère est son ennemie. Marguerite traverse, en plus de ce qui va suivre, un des pires moments de sa vie. Qui l'aime, mais qui ? Même son bel amant se détournait – et Monsieur avait un méchant sourire pervers. Le roi de Navarre a un peu d'amitié, c'est vrai, mais il n'est pas amoureux. Il a ri des amours contingentes de son épouse. Nulle jalousie. Protestant, il est à Marguerite davantage un danger qu'une sauvegarde. Charles est inabordable et l'a déjà frappée avec violence. Son petit Alençon est le seul à l'aimer mais il a été mystérieusement retenu loin d'elle. Sa bêtise consternante ne lui a jamais échappé, mais il l'aime.

Margot, en ce Louvre gorgé d'assassins, se heurte à des groupes furtifs. Vite, rejoindre indemne ses appartements, y trouver son époux. La nuit assombrit tout et nul flambeau ne l'éclaire. Un monde d'ombres – qui seront demain, bientôt, perdus aux ombres.

Monsieur de Bezon a suivi Margot. Elle ne le voit pas. On galope dans chaque rue de Paris. Les ordres ont été donnés et bien reçus. Barrer la Seine avec des chaînes ; enfermer la ville.

Margot ignore que son bel amant a rassemblé chez lui ses capitaines. Le ton est à la guerre.

— L'heure a sonné de se défaire de la race hérétique qui bafoue Dieu, l'heure est venue d'obéir au roi. L'immonde hérésie est cernée, à nous de l'anéantir !

Monsieur de Bezon aperçoit des flambeaux dans la cour du Louvre. Margot atteint la chambre de son époux. Rien ne lui est arrivé. Monsieur de Bezon était prêt à piquer au jarret de son court poignard celui qui eût attaqué Marguerite, sacrifiée par sa mère. Il sait les choses. Catherine ne l'a pas enfermé dans son grand coffre. Elle le traite avec plus d'égards que Folle et le monneton. Nanon la nourrice le protège depuis qu'ils partagent les psaumes de la Bible. Chicot le hait. Monsieur de Bezon grimpe sur un coffre dans l'ombre d'une croisée. À la lueur des torches, il aperçoit les troupes royales. Que de soldats ! Cette écharpe blanche à leur bras gauche, cette croix au chapeau, il en comprend le signe sinistre. Margot est enfin chez elle. Monsieur de Bezon, soulagé, entend la voix du roi de Navarre. Sa rocaille chaleureuse et bon enfant.

— Vous voilà, ma mie ! Mettez-vous donc au lit avec moi, cette journée a été épuisante.

Henry de Navarre est allongé au lit des noces, tout habillé. La tension est telle qu'elle se jette, en pleurs, sur le lit.

« Eh bien, ma mie ? »

Ce lit est le refuge, le recours. À nouveau, peu rassurée, elle s'étonne. La chambre est remplie de compagnons du Navarrais. Ils cherchent aussi un refuge. Que faire dans un lit conjugal cerné de quarante huguenots ? Cela ressemble à un camp de guerre. On étouffe ; Où est… Où sont… un petit sourire l'égaye. Quarante hommes dans sa chambre ! Elle contera tout cela à ses amies. Il est impensable de dormir dans de telles conditions.

« J'avais toujours dans le cœur les larmes de ma sœur et ne pouvais dormir pour l'appréhension en laquelle elle m'avait mise sans savoir de quoi. La nuit se passa de cette façon sans fermer l'œil… »

Toute la nuit, les amis du Béarnais et Henry commentent l'attentat de l'amiral. Ces flambeaux, ces mystères. Cette menace. Ces reîtres. Margot les entend s'agiter. Ses craintes augmentent.

— Nous voulons demander au roi justice d'une telle offense contre ce Guise, sinon nous ferons justice nous-mêmes !

À l'aube, Margot a somnolé. Une aube d'été sans le moindre répit d'une pluie, un souffle de vent.

Chaque matin, Margot boit du lait de chèvre ou d'ânesse pour épurer son teint. Ce matin-là, personne ne le lui apporte. Henry se lève, toujours habillé, toujours pas lavé. Il dit à ses gentilshommes qu'il va jouer au jeu de paume avec le roi si celui-ci est réveillé.

« Il n'y a pas meilleur endroit pour lui parler en confiance. Au jeu, il est détendu, capable d'écouter. »

Au jeu de paume, loin de sa mère et de Monsieur, il lui demandera, en effet, justice.

« Il sort de ma chambre et tous ses gentilshommes aussi. Moi, voyant qu'il était jour, estimant que le danger que ma sœur m'avait dit fut passé, vaincue de sommeil, je dis à ma nourrice qu'elle fermât la porte pour pouvoir dormir à mon aise. »

Comment dormir à « son aise » alors que *Marie*-la-cloche du tocsin et celui de toutes les églises sonnent à la volée ? Madame Catherine a dû frissonner. Il était convenu que le tocsin sonnerait une heure et demie après la cloche de l'Hôtel de Ville. Quelle est cette erreur qui va tout faire chavirer ? Les prévôts excités par les Guises, Du Guast, les assassins du roi ? Le tocsin, le tocsin, *Tue ! Tue ! Tuez-les tous,* bouleverse la ville. Les premiers hurlements montent des rues. On n'en sait pas plus. Margot, dans sa chambre, est à nouveau saisie d'une grande crainte. Avec Henry et ses amis, elle n'avait pas trop peur. Elle entend une cavalcade dans le corridor et des coups violents frappés à sa porte. Un homme hurle :

— Navarre ! Navarre !

La nourrice, persuadée qu'il s'agit du roi de Navarre, ouvre la porte. Un orage humain fonce dans la chambre. Margot se voit assassinée. Elle reconnaît vaguement monsieur de Léran en cet homme dépenaillé. Elle remarque qu'il « a un coup d'épée dans le coude et des coups de hallebarde dans le bras ». Qui lui a indiqué ce refuge ? Monsieur de Bezon, le sachant poursuivi de quatre archers.

Tout ce monde s'engouffre dans la chambre. Monsieur de Léran a un geste désespéré. Il se jette sur le lit, étreint Margot tel un amant, et l'entraîne dans la ruelle. Il feint de la couvrir de baisers, empêtré dans ses vêtements. Il la maintient « en travers du corps ». Elle n'a pas de *calessons,* ses jupons retroussés laissent voir des jambes blanches, opulentes, bien tournées, qui remuent en tous sens… Il saigne, la chemise de Margot est tachée, il a l'air de souffrir, il est jeune. Son regard supplie « Aidez-moi »… Margot ne connaît guère monsieur de Léran, ce huguenot. Ni les archers. Vont-ils aussi la tuer ? Les pleurs de sa sœur lui reviennent.

« Nous criions tous deux, et étions aussi effrayés l'un que l'autre. »

Les archers s'approchent, des dagues scintillent. Quelqu'un est entré. La chance s'en mêle : c'est monsieur de Nançay, capitaine de la garde. Il est au spectacle. Celui de la reine Margot empêtrée d'un inconnu dans la ruelle de son lit de noces. Les jambes quasi nues, remuent, de-ci, de-là. Ah, ce ventre de plus en plus dévoilé, chose rare à cette époque, où le culte du haut du corps – visage, bras, gorge – méprisent l'interdit savoureux du bas… Monsieur de Nançay, les archers, monsieur de Léran regardent, fascinés, l'interdit troublant des chairs. La chair, cette obsession aussi catholique que protestante, juive, musulmane, etc. etc. Le péché savoureux, les péchés de Margot, libertine et si souvent consentante à la fougue de l'amant… Monsieur de Nançay ne peut s'empêcher de rire. Il se tourne vers les archers. Il les gronde avec violence d'avoir osé braver la chambre de la reine de Navarre. Il feint de prendre pour une indiscrétion galante ce qui était un début d'assassinat. Nul ne sait si Margot eût été trucidée en même temps que monsieur de Léran. Monsieur de Nançay emmène les archers. Il abandonne à Margot ce malheureux qui saignait beaucoup pour un amant de passage. Margot a compris. Elle rassure son hôte encombrant, dont les baisers commencent à avoir une fougue bien réelle. Elle le mène à son cabinet de toilette. Elle repousse ses boîtes en or, les petites cuillères assorties, remplies de fards, le céruse, la poudre de riz, la cire fine. Les flacons d'eau de nénuphar et de pierres précieuses pilées pour faire briller son teint. Elle panse le blessé avec l'aide de la nourrice. Elle le fait coucher en ce cabinet.

— Demeurez ici jusqu'à ce que vous vous sentiez mieux.

Monsieur de Nançay revient chez Margot. Il est tout émoustillé d'avoir entrevu les cuisses de la reine de Navarre. Les jambes n'étaient alors que « le socle du haut triomphant[1] ». Le haut, c'est l'ascension, le bas, l'indignité. La chute. Les jambes sont un pilier, des colonnes de marbre du secondaire. Les voir, les toucher, contempler ce que seul l'amant ou l'époux doit savoir, confine au fasciné. Vertugadins, corsets et jupes lourdes sont là pour exhausser la seule noblesse des femmes : le visage, la gorge, les bras, les mains. Faire oublier l'impur, ce démon frétillant sous les jupons… Monsieur de Nançay en perd le souffle quand, spontanée, Margot change de chemise devant lui. Ô beauté des bras blancs, de la gorge mamelue ! Le capitaine des gardes rougit. L'air un peu ivre.

— Madame, soyez rassurée, le roi de Navarre est chez le roi. Nul ne lui fera du mal.

Margot secoue sa chevelure noire, cligne de cet œil sombre qui est aux hommes de ce temps, « un astre », « une lanterne merveilleuse ». Elle sourit de sa bouche petite, aux lèvres closes, si pleines de promesses… Rien n'est plus détesté, au XVIe siècle qu'une grande bouche aux grosses lèvres entrouvertes comme celles des filles au bordel ! Monsieur de Nançay s'égare davantage.

— Madame, je puis assurer votre protection jusqu'à la chambre de votre sœur de Lorraine. Cet endroit n'est pas sûr. Il y a un tumulte grave ici et dans Paris.

Margot, plus morte que vive, laisse monsieur de Nançay lui jeter un saut-de-lit sur les épaules et l'entraîner, en si légère tenue, hors de la chambre. Il est capable de mourir pour elle.

Ainsi est cette époque. Sauvagerie, cynisme et galanterie extrêmes.

Elle le suit jusqu'aux appartements de Claude de Lorraine. Toutes les portes des antichambres sont ouvertes. Des cadavres gisent n'importe comment. Soudain, trois archers percent à coups de hallebardes un gentilhomme nommé Bourse. Il tombe aux pieds de Margot. Elle crie, monsieur de Nançay la presse.

— Vite, madame, il le faut !

Sous les escaliers, partout, on entend gémir. Margot enjambe des corps. Elle devine que l'on s'est attaqué avec la pire des violences aux partisans de l'amiral. Sa mère… Monsieur… Le roi… Un malaise la saisit.

1. In *Histoire de la Beauté,* Georges Vigarello, Seuil, 2004.

« Je tombai de l'autre côté presque évanouie entre les bras de monsieur de Nançay… »

Enfin, elle est chez sa sœur, aussi pâle que la veille. La chambre est petite. Il s'y trouve deux amis fidèles à Henry de Navarre. Monsieur de Miossans et son valet Armagnac. Ils supplient la reine de Navarre de sauver leur vie.

— On veut nous tuer tous, madame.

Le courage de la reine Margot se déploie, généreux, énergique. Elle se précipite chez le roi. Il est là avec leur mère. Elle se jette à leurs genoux et supplie qu'on épargne les amis de son époux. Le palabre fut long mais enfin, raconte Margot, ils lui accordèrent ces deux vies.

Au signe de sa mère, elle est à nouveau rejetée en ces corridors encombrés de nouveaux cadavres. Monsieur de Nançay a disparu. Le crime règne. Le crime, c'est aussi ces odeurs atroces. La robe de chambre de Margot et son jupon sont souillés de rouge. Elle n'a d'issue que la chambre conjugale, où mille embûches peuvent avoir raison de sa vie.

*

Charles IX, la veille au soir, avait tenté de sauver la vie de son favori, François de La Rochefoucauld. Il le nommait « Foucauld ». Il aimait chasser avec lui, indifférent à sa religion protestante. Dans peu d'heures le tocsin allait sonner.

— Foucauld, dit-il au favori, reste cette nuit près de moi. Je n'ai guère envie de dormir mais de bavarder avec toi.

Le duc de La Rochefoucauld est une nature ironique, un galant, qui, pour rien au monde, ne saurait faire attendre une dame. Il a rendez-vous avec sa belle maîtresse, Françoise de Bourbon-Condé.

— Sire, le mieux est de vous coucher et dormir.

Charles, angoissé, jette au duc un ordre incongru.

— Couche avec mes valets de chambre !

— Ah non, par exemple, ils empestent des pieds !

Après un grand salut frondeur, il s'en va, riant, vers Françoise de Bourbon-Condé… Il rejoint ensuite ses appartements. On frappe, il ouvre. Chicot et son frère s'en donnent à cœur joie de le frapper à coups de hallebardes et de poignards.

Charles a envie de sangloter.

Qui sauver ? Ambroise Paré est protestant. On ne peut laisser périr un chirurgien aussi précieux à son service. La reine mère est d'accord.

— Qu'on aille quérir mon chirurgien ! crie-t-il.

On mena chez le roi Ambroise Paré, qui bougonnait, tiré de son lit.

— Ne bougez pas de ma chambre, fait le roi. Il y va de votre vie. Ce n'est pas une nuit comme les autres.

Le grand chirurgien hausse les épaules, se tient tout habillé dans un coin de la chambre. Il regarde, pris de curiosité médicale, le suintement qui imprègne la chemise du roi. Une sueur d'un mauvais rose. L'hémorragie sous-cutanée a commencé son ravage. « Intéressant », dit-il. À l'aube, il rejoint la rue de Béthisy.

— L'amiral avait de la fièvre. Je veux surveiller ses blessures.

Nul ne peut le retenir. Il est tout à sa science. Soigner, quêter ce que signifient les os, les chairs. Il est loin de ces histoires de massacre. Quand il fouaillait autrefois l'œil d'Henri II moribond, il ne songeait à rien d'autre qu'au trajet du pieu au cerveau. Il est dans la sublime indifférence de la curiosité scientifique. Il en serait à regretter de ne pouvoir examiner les cadavres qu'il croise au Louvre et hors du Louvre.

Les remords de Charles IX commencent. Il a frôlé une hémorragie. Il délire en saisissant son arquebuse. Il a envie de tirer. Peut-être sur lui. Il n'a jamais tiré d'une fenêtre sur son peuple. Il est au roi un devoir sacré : ne jamais tuer lui-même un de ses sujets. Le remords a commencé par ses cris, sa toux, ce suintement, son envie de sonner de la trompe, les hallucinations en ses cauchemars... Le remords continue quand Élisabeth, grosse de huit mois, au courant de la responsabilité de son époux, prie, horrifiée, pour l'âme du roi. Il approche de cette femme enfant à genoux, au ventre rond, livide et en larmes. Elle lui dit dans un français presque correct :

— Hélas, sire, je prie pour que Dieu vous pardonne. Qu'avez-vous fait là ?

Il se sent perdu. Il a besoin de faire l'amour avec Marie Touchet. Il chassera encore avec frénésie, cruauté. En hiver, dans la pluie et le vent. Il sonnera du cor à s'en faire exploser ses restes de poumons.

Madame Catherine et Monsieur ne pensent pas à lui. Ils réalisent la monstrueuse erreur de ce dérapage. Ils chuchotent.

— Quelle erreur est-ce là, hélas ! Pouvons-nous arrêter les choses ?

— Je crains que nous n'y puissions plus rien, réplique Catherine.

— J'ai peur, confie son fils, frissonnant dans son satin et ses perles.

Le regard mi-clos de Madame Catherine avoue la même crainte mais déjà, elle cherche une issue. Ne pas tuer l'amiral. Envoyer un contrordre.

— S'il est trop tard, nous arrangerons les choses, conclut-elle. Sonne, le tocsin, sonne, le tocsin.

*

Dimanche 24 août.

François de Guise est dans une excitation rageuse. Il veut, il va se débarrasser enfin de l'amiral, cet encombrant blessé. La jambe longue dans la botte serrée, le brassard blanc et la croix au chapeau, il se tient à cheval devant la maison de son ennemi. Il descend de sa monture. Il va et vient. Il n'est pas seul. Il y a les Suisses de Monsieur, ballet sinistre, en noir et vert. Henri de Guise fait un signe. Les Suisses frappent à la porte de l'amiral.

— Ouvrez au nom du roi ! Nous avons ordre de voir l'amiral !

Le serviteur de Coligny, Labonne, hésite. Il n'aime guère ces silhouettes entrevues derrière le guichet de la porte lourde.

— Au nom du roi ! s'impatiente le chef des Suisses.

Il ouvre. Il tombe, percé de coups de dague. Les Suisses ne sont plus des soldats mais une bande de tueurs qui hurlent « À mort ». Les domestiques de l'amiral se précipitent. Les Suisses tirent à l'arquebuse. La fumée engorge l'escalier. Cette violence réveille Coligny qui sommeillait au premier étage. On se bat dans l'escalier et l'étroit couloir qui mène à sa chambre. Il devine l'inéluctable. Il se lève, tâtonne vers un manteau. On entre dans sa chambre. La figure aiguë, cernée de barbe d'Ambroise Paré, accompagné de quelques fidèles, le rassure un peu. Ils barricadent la porte avec tout ce qui leur tombe sous la main. Chaises, escabeaux, meubles. Le pasteur Merlin secoue la tête.

— Monseigneur, il se peut que Dieu vous appelle à Lui !

Coligny a compris. Un grand calme accompagne ses paroles.

— Je suis préparé depuis fort longtemps à ce moment ; je me sens prêt à mourir. Mes amis, fuyez, je vous en supplie. Je ne puis plus rien pour vous défendre. Tout est entre la miséricorde de Dieu et mon âme. Allez, mes amis, allez.

Ambroise Paré et ses amis hésitent. Ils mourraient volontiers pour lui et avec lui mais l'impérieux chef calviniste fait un geste. Ils s'inclinent et pour sa paix, obéissent.

Ils gagnent, tant bien que mal, le toit si peu protégé de la maison. Il était temps. À coups de poings, de hache, les assassins sont dans la chambre. Un grand coup d'épieu a eu raison de l'ultime barricade.

L'amiral, sur son lit, se trouve face à deux spadassins inconnus. Un certain Picard Artins et un Tchèque de taille monumentale, Simanowitz, dit familièrement Besme. Il apostrophe ainsi ce grand de France :

— C'est toi, coquin, qui es Coligny ?

L'amiral prend le peu de temps qui lui reste à vivre pour le toiser de bas en haut, d'un mépris absolu.

— Je vois que tu n'as considération ni de mes blessures ni de mon âge, ni de rien. Je suis l'amiral. J'eusse préféré ne pas être assassiné par un manant comme toi !

Un coup d'épieu dans le ventre, un autre dans la poitrine coupent la parole de Coligny. Les meurtriers, enivrés, y vont, qui de sa dague, qui de sa hallebarde.

En bas, Guise s'impatiente :

— Est-ce fait ?

Une tête riante, hirsute, apparaît à la fenêtre. C'est Besme.

— C'est fait, monseigneur !

— Qu'attends-tu pour le jeter par la fenêtre ?

L'amant de Margot a failli recevoir sur lui le cadavre impressionnant de son ennemi. Il s'écrase, face contre les pavés. Guise le retourne avec son pied. Oui, c'est bien l'amiral. Son père est vengé et la cause catholique est sauvée.

Il ne comprend pas, Guise, l'arrivée effarée d'un envoyé d'Anjou et de Madame Catherine. Il balbutie un contrordre. « Ne point tuer l'amiral. »

— Cela va déchaîner de grands désordres, se lamente le messager conscient que tout est accompli.

Guise hausse les épaules. Il donne un coup de pied au cadavre.

Sur le toit, ses reîtres ont trouvé Téligny, le gendre de l'amiral. On le tue à coups d'arquebuse.

Le tocsin, le tocsin, le tocsin.

Guise ne s'attendait pas à la profanation du corps de son ennemi. Une racaille venue de nulle part, les uns, les autres, dépècent le cadavre. On le dénude entièrement. On lui arrache un bras. On l'émascule. On le lacère. On lui coupe la tête. Une main mystérieuse mène la tête dans un linge à l'antre du parfumeur de la reine mère. René embaume la tête. Était-ce un ordre de Madame Catherine ou des Guises ? La tête est envoyée au pape Grégoire XIII dans un panier clos.

Le pape, enthousiasmé des événements qui suivirent et de ce cadeau symbolique, fera donner un grand *Te Deum*.

La racaille a attaché les chevilles du cadavre mutilé. On le traîne à travers Paris sous les huées de la foule déchaînée. On le mène ainsi jusqu'au gibet de Montfaucon – de nos jours, au niveau du 158 quai de Jemmapes, puis la rue des Granges-aux-Belles. À l'époque, c'était la campagne. Montfaucon empeste. Là pourrissent les restes des suppliciés en tout genre. Le gibet est un quadrilatère au gros socle en pierre, sorte de cave où s'entassent crochets, cordes et échelles. Il y a des marches sur le côté, les échelles sont dressées entre des poutres patibulaires. Le grand gibet peut recevoir, sur deux étages, au moins douze pendus. Il existe depuis le XIIIe siècle. Destiné aux manants, y pendre un seigneur est signe d'ignominie. On laisse les pendus en pâture aux corbeaux qui tournoient sans cesse. Ils coassent sur des crânes, des membres décharnés.

On suspend Coligny par les pieds. La foule lance des ordures et crache sur ce pauvre reste qui fut l'amiral Gaspard de Coligny.

Monsieur de Bezon, si petit, de loin en loin, a rasé les murs, suivi de l'affreux cortège. Il a chuchoté aux amis de l'amiral où se trouve sa misérable dépouille. Des mains pieuses récupéreront sa dépouille, afin d'ensevelir ses restes privés de la tête dont va se repaître le Vatican…

Le tocsin sonne, les jours qui suivent ont décuplé l'horreur. L'Erreur. La terreur. La fureur.

Il y a dans les guerres, les révolutions, des faits étonnants. L'époux de Margot était bel et bien tout près de la maison de l'amiral tandis qu'on l'assassinait. Il ne vit rien, ne sut rien. Il jouait à la paume, rue d'Hostriche, avec son cousin Condé, contre le mur si proche du crime. Ils espéraient y trouver le roi.

Des gardes s'approchent. Le roi de Navarre, non armé, feint le calme.

— Sire, disent les gardes, le roi vous demande.

Charles IX a réagi à ses premières terreurs. Il a repoussé Nanon contre laquelle il avait sangloté. Sa mère, son frère d'Anjou ne le quittent plus. Le Béarnais et Condé sont entraînés chez lui par les gardes. Henry de Navarre dissimule ses craintes. C'en est fait, peut-être, de lui et de son cousin. À la fenêtre, le roi fait un signe. On ne sait ce que signifie ce signe. Condé supporte moins que son cousin la vision des huguenots égorgés, dans la cour et les étages. Il y en a davantage depuis leur partie de paume. Les voilà devant Charles IX qui parle d'un débit haché. La présence de sa mère et de Monsieur n'étonne pas le Béarnais. Il écoute, il réfléchit vite. Il ne faut en rien contrarier Charles IX, qui tremble et suffoque.

— Il y a eu dans notre royaume, un excès de désordre. Une menace générale pour le peuple et ma couronne. Une menace pour vous autant que pour nous. Nous avons dû éradiquer, à notre grand regret, les responsables. L'amiral à cette heure est mort. Monsieur de Guise et nos ordres ont fait le nécessaire. Paris regorge d'hérétiques malveillants. L'amiral a été coupable d'un projet d'une grande méchanceté à l'encontre de ma famille et des catholiques. Les hérétiques dont vous faites partie sont capables de nous vouloir bien du mal…

L'heure est à la souplesse ; la réflexion. La froideur calculée. Le futur Henri IV ne bronche pas tandis que son cousin s'agite. Il laisse parler le roi son beau-frère :

— Nous sommes liés par le sang, dit Charles IX.

Il va et vient, rougit, pâlit et suinte des narines.

— Vous avez épousé ma sœur, j'ai égard à tout cela et à votre jeunesse. Je pardonne le passé, votre passé d'hérétique, à condition que vous abjuriez votre méchante religion et deveniez fidèle à la sainte Église catholique. Elle est notre unique vraie mère en ce monde et dans l'autre… Nous voulons une seule religion en France. La religion catholique, tradition de tous nos rois. Si vous refusez cette grâce qui vous est offerte, nous ne pouvons, en dépit du chagrin et déplaisir, que vous soumettre au traitement qui supprime actuellement les ennemis de Dieu et de notre royaume.

Le Béarnais a vite compris et pris son parti. Profondément croyant et protestant, point fanatique, retors et politique, il ne voit nul inconvénient à devenir *catholique.* Devant son silence, Charles IX se met à hurler :

— La messe ou la mort !

Bien plus tard, le Béarnais, devenu roi de France et de Navarre, clamera « Paris vaut bien une messe. » Bien sûr qu'une messe est préférable à la mort ! Il est chrétien, une *messe,* la leur, ce n'est rien. Dieu seul est au-dessus de tout. L'énergie de vivre, triompher, au nom d'un habile et pieux (?) mensonge, font partie de son ardente nature. Il n'a pas l'âme d'un martyr mais celle d'un puissant stratège. Heureusement, sa mère n'est plus ! Il eût été impensable, impossible à Jeanne d'Albret vivante, de ne pas rejoindre Coligny et partager, avec son fils, le sort des victimes de la Saint-Barthélemy.

Il s'entend répondre :

— Sire, nous reconnaissons volontiers notre erreur et considérons que la messe catholique est la vérité des rois.

Condé a un haut-le-cœur. Une réaction d'orgueil révolté.

— Je suis protestant et la mort de l'amiral est une vilenie !

La menace des poignards, le souvenir des cadavres dans les étages le font réfléchir.

Il choisira la messe.

Tout s'est passé pendant que Margot sauvait la vie du malheureux Léran et obtenait sa grâce et celle de Miossens et Armagnac. Tout se passait pendant que dehors, l'abomination défigurait Paris.

*

Le 25 août.

Le sang, au Louvre, éclabousse jusqu'aux plafonds dorés. Une antre maudite.

Les nouvelles des atrocités extérieures arrivent à Margot par tronçons. Qui peut arrêter une foule déchaînée ? On tue, à mesure, par plaisir, pour piller, par vengeance, par folie, par contagion.

Margot, au sein de ses appartements, n'est sûre de rien. Sa nourrice pleure, ses femmes aussi.

On étouffe de chaleur. Le sang a l'odeur du fer, de la jacinthe coupée et, à mesure, de la putréfaction.

Paris est devenue une grande plaie ouverte. Une furie. Une hydre. On égorge les protestants. On les traîne mourants jusqu'à la Seine. On les jette, encore vivants. S'ils tentent de rejoindre la rive, on les achève à coups de pierre. On ouvre le ventre des femmes enceintes, on aperçoit parfois aux entrailles « l'enfant vivant ». On décapite, ou coupe des oreilles, des nez, des pieds. On précipite des fenêtres et des toits. On rit, on s'enivre de l'atroce agonie des victimes. On invente des supplices. On baigne une fillette toute nue dans le sang de son père et sa mère éventrés au sol. Des cervelles éclaboussent les murs. On enjambe des membres coupés. On ne sait où se cacher, quand apparaît la milice royale. La confusion criminelle devient forcenée. On se tue entre soi, de la même religion. On égorge par jalousie. Par avidité. Le créancier est éventré par son débiteur – ou le contraire. Le mari par l'amant de sa femme, ou l'inverse. On assassine un voisin dont on n'a jamais aimé le nez, ou le regard. On dénonce un parent dont on veut hériter. À la Sorbonne, c'est la folie. Un professeur est poignardé par son éminent collègue qui briguait sa chaire. Un autre arrache le cœur à son successeur. Les étudiants s'entretuent sauvagement. Les mignons de Monsieur s'en donnent à cœur joie et coups de poignards, d'arquebuses. Ils détruisent les joailliers (tous catholiques) et ramassent dans le sang les perles et autres joyaux que Monsieur s'empresse d'accumuler…

Tout est confusion, ivresse liée aux pires instincts. On arquebuse de toutes les fenêtres en hurlant comme à la chasse :

— Sus aux parpaillots !

Tavannes crie plus fort que les autres « Quelle belle saignée est-ce là ! »

On démembre des bébés devant leurs mères avant de leur faire subir le même sort. On noie, on étripe, on viole, on vole, on écrase. C'est un ruisseau, un fleuve de sang dans toutes les rues, les ruelles. Michel de l'Hospital, l'âme déchirée, mourra de chagrin peu de temps après cette saison furieuse. Charles IX a donné l'ordre aux Suisses de piller. Ils entrent partout, volent, tuent, s'entretuent.

Le pire des péchés – tuer – se déchaîne, palpable, à ces bouches riantes, ces souffles hagards, ces mains qui font jaillir le sang de tant de vies, tout cela au nom d'un Vrai Dieu parfaitement muet, vaincu par ses créatures, dans la chaleur immobile.

Le duc de Guise n'est pas en reste. Il se lance avec ses alliés à la poursuite du parti protestant mené par monsieur de Montgomery qui autrefois avait si maladroitement percé l'œil d'Henri II. La poursuite va jusqu'à Montfort l'Amaury. Montgomery et les siens échappent à leurs poursuivants, grâce à des chevaux plus rapides. Ils rejoignent la Normandie, ensuite l'Angleterre. Guise est furieux d'abandonner la poursuite. Il revient à Paris. Il est interloqué de l'ampleur sinistre du spectacle. À midi, il donne l'ordre au prévôt de faire cesser ce que Madame Catherine nomme pudiquement dans sa correspondance « l'émotion de la Saint-Barthélemy ».

Le remords dévore Charles IX. Ses cauchemars deviennent insurmontables. La maladie s'accélère. Plus rien ne lui est douceur ni bonheur. Pas même la naissance de sa fille, un mois plus tard.

Évidemment, on souhaite une justification, un petit miracle venu du Ciel. Quelque chose qui biffe l'horreur. Un signe qui affirme que l'on a eu raison, que l'on n'est pas des monstres. Que Dieu a voulu ces choses et les approuve. Que les hérétiques osent faire la guerre au Vrai Dieu.

Le lundi 25 août, au matin. Le bruit du « miracle » court de bouche en bouche jusqu'à la chambre où Margot n'ose bouger. Folle-enjambe a conté la chose et les nains s'en repaissent.

Une aubépine desséchée depuis des années a soudain fleuri au cimetière des Innocents. Une floraison blanche, délicate, à parfum exquis de fine rose… Une aubépine dont les branches mortes se couvrent aussi de feuilles et de bourgeons d'un vert ravissant. *La bénédiction de la Vierge Marie.* L'aubépine était plantée au pied d'une statue de la Vierge.

— Dieu nous approuve ! s'écrient les gens, y compris Catherine et les siens.

Au nom de cette floraison, du miracle, Charles IX ordonne que l'on cesse le « déplaisir » fait aux huguenots.

— Au contraire ! clament les fanatiques catholiques. La Vierge nous ordonne de continuer. Notre action est bénie et approuvée !

Et les cloches – non le tocsin – de sonner aux églises, et les processions de s'organiser, plus catholiques que jamais, jusqu'à l'aubépine fleurie… On a du mal à maintenir la foule qui eût saccagé le cimetière pour toucher à ce miracle des fleurs au milieu de ce cloaque que sont devenues les rues de Paris.

— La religion catholique refleurit ! Les hérétiques sont le malheur de Dieu, la Vierge vient de le dire !

— Allons voir ce buisson miraculeux, mon fils, dit Catherine à Charles IX.

Margot, *épouse d'un protestant,* n'est pas du voyage. Le roi, sa mère et ses frères cessent de craindre. Catherine sent qu'il faut exploiter ce passe-passe d'une floraison pour revaloriser les Valois, de plus en plus haïs. Aux Saints-Innocents, on a mené à bénir sous l'aubépine des enfants malades. L'aubépine confortait les mots imprudents du roi : « Tuez-les tous ! »

L'aubépine de la Vierge, la Vierge disait, on raconte l'avoir entendue :

— Débarrassez Dieu des hérétiques.

Et la fureur reprit.

Le 26 août ; la tuerie s'étendit en province. Mêmes horreurs, mêmes terreurs. Le roi ordonnait que tout cessât mais il était trop tard. Nul ne l'écoutait. Ses remords augmentaient. Sa chemise suintait et la nourrice l'épongeait.

La Saint-Barthélemy fut beaucoup plus qu'une journée, une semaine, un dérapage. Ce fut une plaie béante faite à la France, imputée entièrement à Catherine.

Vint le temps d'ensevelir les morts – ou de s'en débarrasser.

On ouvrit des charniers. La Seine refoulait des cadavres sur les berges. On ouvrait la terre, un peu partout. On n'avait jamais vu tant de morts en si peu de temps. Il y avait alors, à l'emplacement de la tour Eiffel, une île. On y transporta par charretées les corps refoulés par le fleuve. On décompta deux à trois mille morts à Paris, peut-être dix mille pour la France. Parmi les deux à trois mille cadavres parisiens, huit cents à peine étaient protestants…

*

Margot avait vu les cadavres au Louvre. Elle les vit, et n'en parla pas. Sa mère ne souffla mot sur un tel spectacle. La monarchie, du moins le crut-elle, était sauvée. Sa famille, surtout. Elle avait marié sa fille à un protestant. Elle utiliserait son abjuration.

Margot ne songea jamais à ses noces sans une indépassable révolte. Henry n'est pas amoureux, elle non plus et de telles noces aggravent sa répulsion. Elle n'y voit que malheur, malversation. Elle pense à son amant. Elle l'aime encore.

Catherine observait, non sans inquiétude, la montée populaire du duc de Guise à Paris et au monde catholique. Il était devenu l'homme du jour. Il aurait pu s'emparer du pouvoir. Mais il n'était pas du genre à se défaire des Valois, ni à ensanglanter d'un nouveau « déplaisir » le malheur de ce mois d'août 1572. Il cacha même, en son hôtel, par humanisme pur, une centaine de seigneurs huguenots. Il rata, par scrupule, sa chance du grand pouvoir.

Le 27 août était un mercredi. Madame Catherine ordonna à Margot de l'accompagner avec la famille royale pour contempler, à Montfaucon, les restes de leur ennemi Coligny. On s'y rend à cheval et en voiture fermée. Henry de Navarre est contraint de s'y rendre. Il avait aimé Coligny. Il avait dû se taire, prisonnier de cette folie générale. Il regarde, contient son horreur indignée. Le cadavre est une charogne inidentifiable, d'une puanteur atroce. On a mené de force, on ne les a pas tués, les deux fils de Coligny. L'aîné est en pleurs, le second a l'air fou. Henry de Navarre est impassible. Il n'y a rien à dire, rien à faire… pour le moment. Margot suffoque dans sa voiture, la duchesse de Nevers et Marie de Clèves aussi, un mouchoir en dentelles sur le nez. Sa sœur Claude s'est pâmée deux fois, malade, blême et les chevilles enflées.

Sur qui Margot peut-elle compter ? Son petit frère Hercule, oui. Mais il est si bête ! Henry de Navarre ? Elle a aidé à sauver trois de ses compagnons, il saura s'en souvenir. Ils sont mariés et on ne les a pas tués. Mais où est l'avenir, elle qui aime encore son beau Guise ? Elle rêve de le rejoindre en quelque lieu clos. Elle a envie de ses caresses. Elle n'en peut plus des cadavres, de cette chaleur, de ces visions d'effroi. Sa mère, matrone impassible, regarde. Monsieur, trop bien vêtu, frétillant... Folle, debout sur le siège de la voiture de Catherine pour mieux voir, pousse de côté le monneton. Cela sent mauvais ?

— Un ennemi sent toujours bon ! piaulent les nains en écho de la réflexion de Catherine.

Monsieur devient nerveux et on s'en retourne au Louvre.

Quelques jours ont passé. Margot est convoquée chez sa mère. Les ennemis d'Henry de Navarre ont concocté une idée pour s'en défaire sans l'assassiner : le divorce.

« Ils [avaient persuadé] la reine ma mère qu'il fallait me démarier... » Margot est au chevet de sa mère à son lever. Elle regarde cette grande et fraîche fille de dix-neuf ans, le teint trop blanc de céruse, la bouche rosée, la taille toujours mince dans l'impitoyable corset.

— Approchez, mon enfant.

La matriarche fixe cette taille : non, non, elle n'est grosse de personne, cela est bien tôt et serait inquiétant. Elle est svelte, les seins rosés comme après son clystère destiné, chaque saison, à épurer son teint. Madame Catherine se lance dans les questions les plus indiscrètes afin de mener le difficile dossier de la dissolution de ce mariage désormais détestable. Le mariage a-t-il été consommé ?

« Elle me prit à serment de lui dire la vérité, et me demanda si le roi mon mari était homme, me disant que si cela n'était, elle avait un moyen de me démarier. »

Margot, surprise, n'entend pas obéir. Elle n'aime pas Henry d'amour mais ils se sont prouvé mutuellement l'entraide et l'amitié. Elle a abominé les tueries qu'on ne lui a guère épargnées. Quelle indignité de trahir cet époux menacé autant qu'elle ! Son titre de reine de Navarre lui plaît. Refuser le divorce est un risque autant qu'une carte. Mentir à cette épaisse femme en noir et à son fils méchant, comme on lui a menti, procède d'un plaisir considérable.

— Ma mère... Je ne me connais pas en ce que vous me demandez, aussi puis-je dire comme cette Romaine, à qui son mari se courrouçant de ce qu'elle ne l'avait averti qu'il avait l'haleine mauvaise, lui répondit qu'elle croyait que tous les hommes l'eussent semblable, ne s'étant jamais approchée d'autre homme que lui, mais quoi qu'il en soit, puisque vous m'y avez mise, j'y veux demeurer.

Fine mouche, Marguerite se récrie sur sa parfaite innocence en matière d'homme. Son époux est le seul homme qu'elle ait connu. Elle souhaite demeurer à ses côté puisque ce fut le souhait maternel.

— Je me doutais bien que ce qu'on voulait m'en séparer était pour lui faire un mauvais tour...

Elle salue sa mère avec grâce. Catherine contient son dépit. Monsieur tape du pied, Charles est dans la confusion. Catherine est sûre de tirer parti autrement du mariage de sa fille.

Le triomphe – et l'humiliation – sera la messe prévue pour la conversion de son gendre et de son cousin Condé. Elle a marié sa fille à un huguenot qui méprisait les noces à Notre-Dame.

La cérémonie, à Notre-Dame, a lieu le 29 septembre. Un mois plus tard. L'issue est de faire de ce mariage une union des plus catholiques. Toute la cour est là, dont Henri de Guise. Margot a le cœur serré pour son époux. Il lui faut endurer jusqu'au bout la cérémonie. Le roi marche en premier jusqu'au chœur, suivi de Monsieur et du roi de Navarre. Aucun sentiment n'est visible au visage si expressif du Béarnais. Il sauve sa vie. Il s'agenouille avec les deux compères et, fin politique, salue gracieusement Madame Catherine en rejoignant sa place. Il a écouté la messe, il s'est signé. Madame Catherine entourée de son escadron volant et non volant a un sourire de nourrice consolée. Ce petit Navarre est décidément bien gentil. Il n'a même pas un sursaut indigné quand un courrier arrive pendant la cérémonie. Le duc d'Albe a fait exterminer tous les protestants de Mons et des villages au nord. Marguerite, couverte de pierreries, ne bronche pas davantage. Son beau Guise est tout proche et elle sait que la voilà, avec son époux « catholique », prisonnière au Louvre. Elle ne pense pas aux issues. Elle est, avec Henry de Navarre, dans la survie quotidienne.

Margot, en robe incarnadine, sous son fard au céruse, si blanc, a les joues aussi roses que l'aubépine refleurie par la folle déraison.

Les « noces vermeilles » de la reine Margot. On n'a jamais trouvé d'autre titre à ses noces. Il n'y en a pas.

Quatrième partie

Marguerite et les complots

XI

Nouveaux obstacles

On a donné à Margot un époux qui, au-delà de quatre nuits passées avec elle, a pris distance. Comment aimer la fille des Valois, cette famille qui a fait exterminer ses amis ? La Saint-Barthélemy a été à Henry un choc trop grave – des noces déchirées. Rien de plus étrange que ce couple mal assorti où flotte une forme de complicité. Il lui sait gré d'avoir refusé le divorce. Il accepte qu'elle lui serve de secrétaire. Il la regarde en biais, hésite, calcule. Il s'agit pour le Béarnais de sauver sa vie. On l'a fait abjurer. Il est au Louvre, en « résidence surveillée ». Il ajoute Margot à ses ruses. La mise en scène de cette entente conjugale est excellente pour égarer leurs espions. Les nains, les mignons de Monsieur, les rôdeurs malveillants dont Du Guast. Cet écrit du roi de Navarre se nomme dans les *Mémoires* de Marguerite, « Mémoire justificatif ». Il rend compte de l'état d'esprit de son époux.

> « Aussitôt après ces noces, advint la Saint-Barthélemy, où furent massacrés tous ceux qui m'avaient accompagné. Entre autres Beauvais, lequel m'avait gouverné dès l'âge de neuf ans, dont vous pensez quel regret ce me fut, voyant mourir ceux qui étaient venus sous ma simple parole… Ce déplaisir me fut tel que j'eusse voulu les racheter de ma vie… les voyant tués jusqu'au chevet de mon lit, je demeurais seul d'amis et en défiance… »

En défiance… Cela n'étonnera personne. Que peut-il faire en ce lit de noces, souillé si vite par le sang de ses amis ? Il est gaillard, ardent, guerrier et rusé mais le traumatisme est trop fort quand il s'agit de ce corps-là. Le corps de Marguerite. Le corps d'une Valois catholique. Bien des hommes, dont l'assassin de son cher amiral, la convoitent. L'adultère ne le gêne guère. Il calcule sa survie et sa fuite. Il dissimule ses deuils. Il se console au lit de la belle madame de Sauve, reine de l'escadron volant. Le Béarnais, si retors, est imprudent dès qu'il est amoureux, aux rets de la chair. Madame de Sauve, amante habile, dose le plaisir et obtient des confidences... aussitôt déversées dans la lourde oreille de Madame Catherine. La reine mère contrôle ainsi, – peut-être – l'époux de Margot. La pétulance du roi de Navarre frôle le danger – ou le comble de l'habilité quand il nomme sa belle-mère « la Vieille ». Il feint, en cette cour où tout le monde ment, d'être *naturel*. Le mensonge brandi d'un grand élan sincère et gascon, puisqu'on l'oblige à faire profil bas.

— La Vieille dit qu'elle devient maladive et qu'elle n'est plus propre à la cour, ma femme lui répondit qu'elle devait plus prendre garde à sa santé...

Marguerite le toise d'un peu haut. Ce *petit* mariage, c'est quoi, au juste pour elle, son aînée de trois mois, sinon la source de tant de malversations ? Si encore son époux avait de l'allure ! L'erreur de Marguerite est de n'avoir su pressentir son intelligence exceptionnelle. La vanité du paraître et du titre de « reine », les passions d'amour sont les pires ennemis de Margot. Elle mise sur des mauvais chevaux. Elle s'enchante de la gloire immédiate et non de la terne ténacité du long terme. Elle n'a pas le génie de sa mère ni du Béarnais. Elle se dit que jamais elle ne sera reine de France, liée à ce tout petit et rustique souverain, de plus huguenot. Ce mariage la dépite et l'éclabousse du « déplaisir » que les protestants ont enduré. Elle méprise davantage le roi de Navarre d'avoir signé à l'intention du pape Grégoire XIII une lettre aussi servile que le fut la messe de son abjuration. Sa marche de manœuvre est si étroite qu'il « joue leur jeu » – et ce jeu humilie Margot. Cette lettre infecte, il l'a écrite sous le contrôle de Madame Catherine, du roi et ses frères. Madame Catherine en profite pour qu'il demande au pape la dispense qui avait fait défaut à son mariage. Il écrit tout ce que l'on veut, le Béarnais. Il réfléchit à la manière d'un grand militaire. Cette lettre est une ruse de guerre, rien d'autre. Le moyen d'échapper au guêpier des Valois.

Ces lignes sont datées du 3 octobre 1572. L'écriture d'Henry ne tremble pas.

Très Saint-Père,

L'espérance que j'ai de la paternelle affection que vous porterez toujours, comme vicaire de Dieu en terre, à ce que ses enfants dévoyés pour quelque temps de notre mère Sainte Église Catholique, Apostolique et Romaine, et se repentant, y soient bénignement recueillis et reçus... Après avoir été conforté tant par le Roi Très-Chrétien, que par la sage et prudente admonition de la Reine ma belle-mère, Messieurs frères du Roi… je me suis finalement résolu… que Votre dite Sainteté… daignera de m'ouvrir les bras de son indulgence…

Votre Très-Humble, Très-Obéissant et Très-Dévot fils, le roi de Navarre,

Henry[1]

Ni lui, ni Margot n'ont ignoré la joie du pape et du Vatican à la nouvelle de cette abominable saison. Quand le pape apprit que ce massacre avait été un simple dérapage, il enverra, outré, son nonce pour tancer le roi de France. Madame Catherine fera bloquer les frontières. Point de nonce. Un autre personnage s'était réjoui de manière surprenante de la Saint-Barthélemy. Le roi d'Espagne, veuf éternel, que l'on n'avait jamais vu sourire, éclata à l'Escurial, dans son cabinet de notaire, d'un rire extravagant, à la limite d'une crise nerveuse. Les hérétiques exterminés ! Il ordonna d'en brûler d'autres et fit parvenir à Madame Catherine un magnifique cheval.

Elle était loin d'être contente, la reine mère, fort ennuyée des conséquences du massacre. Avec ses fils aînés – Margot et Alençon sont écartés –, elle tente d'emberlificoter cette affaire. Les courriers, pétris d'habiles contradictions, sont envoyés aux souverains protestants. Élisabeth Ire, point dupe, tenait à son alliance avec la France. Elle ferma les yeux, clôtura davantage ses geôles sur Marie Stuart. Elle accepta d'être la marraine de Marie, l'enfant d'Élisabeth et de Charles IX. Un accouchement pénible, public. Avec la déception que ce fût une fille. La petite reine n'a de consolations que dans la prière. Son envie secrète de se retirer en quelque couvent. Prier pour cet époux malheureux, damné, sans doute. Margot lui témoigne de l'amitié. Elle va la voir, s'asseoir à ses côtés. La nouvelle-née, confiée aux seins énormes d'une nourrice, est chétive. Élisabeth fond en larmes. On va mener l'enfant à Amboise. Elle l'aimait déjà, cette enfant si frêle. Margot baise son front et lui dit en espagnol :

— Votre jolie enfant sera au bon air et loin des troubles d'ici, ma mie. J'ai bon souvenir d'Amboise.

— Vous êtes bonne, Marguerite.

Le regard d'Élisabeth est d'une candeur désarmante. Son front doux et têtu, la chevelure simplement coiffée, habillée sans ostentation, elle aime la vie spirituelle. La sincérité. Le sacrifice. Que Margot

1. In *Henri IV*, Jean-Pierre Babelon, *op. cit.*, p. 47.

la remplace et brille aux cérémonies ne lui importe guère. Elle a fait son devoir et désormais son devoir est l'incessante prière.

*

Au Louvre, longtemps encore, chacun se méfie de l'autre, de l'ombre, des choses. Les nains, devisés, s'espionnent. La violence peut surgir n'importe quand, n'importe où. Henry de Navarre en rendra compte dans une lettre à monsieur de Miossens, son lieutenant général et gouverneur en Béarn, que Margot avait sauvé du massacre.

> « La cour est la plus étrange que vous l'ayez jamais vue. Nous sommes presque toujours prêts à nous couper la gorge les uns aux autres. Nous portons dagues, jaques de mailles et bien souvent la cuirassine sous la cape... Le Roi est aussi bien menacé que moi... Toute la Ligue que vous savez me veut mal à mort, pour l'amour de Monsieur[1]... »

Margot n'a qu'une envie depuis ces atrocités. S'amuser, séduire. Oublier. Elle soigne sa peau avec une saignée et un clystère d'eau de son. On lave sa chevelure aux jaunes d'œufs mêlés d'une poudre ocre. On étale sur son visage les trois huiles de maître René, les poudres de riz, et le fard au céruse. On agrandit à la mine de plomb le dessin des sourcils. On étale sur ses lèvres de la pâte de géranium. On l'inonde de son parfum à l'œillet blanc et au musc. On l'aide à enfiler jupon, bas au-dessus du genou et la jarretière en satin mauve. On lace le corset, on ajuste le vertugadin. Voici la robe en soie paille, surbrodée de pendeloques, la soubreveste, la chemise en linon, les manches orangées. La collerette et les longs gants, les rangs triples de pierres bleues, rosées, les boucles longues, aux oreilles poudrées de blanc... Elle rend visite, flanquée de sa grande amie, Henriette de Nevers, à la maréchale de Retz en son salon vert. Les sœurs d'Henriette sont là. Marie de Condé, passion de Monsieur, Catherine de Guise, l'épouse d'Henri. Il est invité, l'ex-bel amant de Marguerite. Monsieur aussi. Quelques seigneurs, élégants, la jambe moulée au raz de la culotte bouffante. Les boucles d'oreilles, le collier et la dague au côté. Les mains encore tachées de sang et prêtes à toutes les caresses. Une cour dissolue, déboussolée. Un massacre est souvent suivi d'une folle envie de débauche. C'est ainsi. Margot, qui sort sans masque, son teint est si blanc et son duc si beau, minaude avec la pruderie d'usage :

1. *Ibid.* La correspondance du Béarnais que l'on retrouvera dans cet ouvrage a été puisée dans cette correspondance. On précisera encore la source dans la bibliographie.

— On m'a donné un époux, j'y serai fidèle.

Sa bouche irrégulière et charmante souffle ce joli mensonge à la façon dont on lance un billet doux. Guise a compris. Margot joue à la Cruelle et, au centre du salon, prend son luth. Sa « cour » se forme, la seule qu'elle conquiert toujours : l'amant probable. Henriette de Nevers, rousse éclatante en atours roses, la peau très blanche, s'évente, l'œil voltigeant. Marie de Condé aussi. Aucune ne croit à la vertu conjugale de Margot. Catherine de Guise a deviné que son époux n'hésitera pas à renouer quelques jeux érotiques avec la reine de Navarre. Elle adore, c'est bien connu, être amoureuse. Recevoir à ses risques, en ses appartements.

Qu'a-t-elle à perdre, puisqu'elle ne sera jamais *reine de France ?* Les poètes de cour bêlent de piètres vers sur sa vertu. Cet encens si faux lui plaît. Elle sourit, modeste. Monsieur boude Margot et câline Marie de Condé. Il tâte sa robe, ses perles, son cou parfait.

— Je vous épouserai un jour, ma mie.

Il n'a jamais fait l'amour avec elle. Il adore admirer, coiffer, parer, se vêtir des robes de cette jolie fille blonde et perverse. Elle souhaite devenir veuve et un jour, épouser le futur roi de France… Charles IX est si malade. La guerre si cruelle. Condé y perdra, elle l'espère bien, sa vie. On couronnera Monsieur. Il l'épousera.

Margot, au centre du salon, est dans son rôle préféré. Une reine… de beauté. L'air du temps, le sien, c'est l'amour. Comment résister à la saveur d'une liaison renouée et, elle l'espère, une passion nouvelle ?

Au Louvre, elle va voir Élisabeth dont l'enfant est maintenant à Amboise. La résignation de la jeune reine est grande. Charles rejoint plusieurs fois Marie Touchet. Il délaisse complètement leur couche conjugale. Nulle plainte n'effleure sa bouche pâlie. La chaste amie de Margot… Elles s'aiment d'amitié sincère, ces deux femmes si jeunes, si différentes. Élisabeth apaise Marguerite avec son honnêteté et sa foi généreuse. Elles éprouvent une grande pitié pour Charles. Elles partagent la même foi. La gaieté de Margot déride la sérieuse petite reine. Élisabeth approfondit le meilleur en Marguerite. Henriette de Nevers est la comparse des aventures, la complice des escapades amoureuses. Élisabeth aide Marguerite sur le plan spirituel.

— Lisons ce si beau passage des Évangiles, ma sœur.

Margot lit. Élisabeth écoute. Elles sont assises dans l'embrasure d'une fenêtre au carreau brouillé.

Élisabeth, qui avait eu un recul répulsif quand on lui avait présenté l'amiral, plaignait Marguerite d'avoir été forcée à épouser un huguenot. Une grande épreuve. Elle ne plaidait jamais la violence mais la patience. L'obéissance. La foi. L'effacement. Le pardon. Élisabeth, perle pure en cette cour abjecte, fut sans que l'on s'en doutât, la plus sincère amie de Margot, qui lui tait que les amants des dames de la cour, les siens, sont puisés parmi les massacreurs.

*

Margot a une garde-robe digne d'une fée, un douaire accru alors que les caisses sont vides.

Elles sont vides parce que l'on est à nouveau en guerre.

C'est la quatrième guerre de religion.

Le Midi, le Sud-Ouest sont le refuge des huguenots. Ils reconnaissent le roi de Navarre comme souverain véritable. Son « abjuration », a été extorquée sous la contrainte de ces Valois maudits. Sa maudite épouse. Les tuer ; tous.

La capitale de la réprobation, dominée par un groupe de pasteurs, est La Rochelle. La Rochelle, contre l'Atlantique, derrière ses murailles, est un « État » parfaitement organisé. Où la Bible est une ancienne féodalité, et l'autorité des pasteurs, aussi soldats que prédicateurs, assurée. Les émules de Coligny, leur martyr, y résident. La Rochelle, cité fanatique, est prête à mourir, et à faire mourir qui oserait se rendre à ces catholiques haïs.

Les princes étaient divisés. On patauge dans toutes les confusions.

Madame Catherine ordonne à son cher gendre d'être à la tête de cette guerre contre La Rochelle. Le roi de Navarre, flanqué de Condé et de Monsieur, dirige l'armée royale. Ils sont installés à Nieul, hameau près de La Rochelle. Les Rochelais font confiance au roi de Navarre. Il n'est pas leur ennemi. Il en fournit la preuve. Chaque assaut est une feinte où il pousse, avec ses amis, des grands cris pour avertir ses coreligionnaires. On entend, de part et d'autre, l'accent gascon. Ainsi se déroulent les premières semaines de l'année 1573. Une guerre insensée où La Rochelle ne se rend pas. Sa population meurt de faim et à cela le roi de Navarre ne peut pas grand-chose. Le blocus par mer a été installé. Certains Rochelais affamés parlent de se rendre. Ils sont condamnés à mort. On les roue place du Marché.

Lors du siège, un nouveau parti se forme. Il est composé de catholiques et huguenots modérés, exaspérés de tant de tueries. On les nomme les « Mal-contents » ou « Politiques ». François d'Alençon, le jeune frère de Margot, a dix-huit ans. Il piaffe de briller à son tour, lui, laid, débauché, brouillon, méprisé par sa mère et ses frères. Il prend la tête du parti des Malcontents. S'il vient à dominer les autres, quel triomphe contre ses frères qu'il hait ! Que lui importe l'incessante fracture qui saigne à blanc le peuple. Il ne réfléchit pas. Il vise une ambition et une revanche. Charles IX lui a refusé tout grade avantageux. Il ne pense qu'à anéantir ce frère honni. Il n'a, pas plus que Margot, un vrai rôle. Son orgueil de nabot se rebiffe. Il est prêt à toutes les sottises pour devenir le chef des *Malcontents,* renverser les uns, les autres – régner à son tour. Charles est, quelle joie, très malade et leur mère négocie le titre de « roi de Pologne », un trône pour Monsieur avant qu'il ne devienne roi à son tour. C'est loin, la Pologne, et la maladie serre de près l'aîné...

Roi ! Lui, le disgracié ! Roi ! Le Béarnais, d'un coup d'œil, a jaugé le Moricaud. Ce piètre Hercule, auquel il feint de prêter son alliance, il va l'utiliser pour fuir en son Béarn aimé. Alençon pensera le contraire et Margot glissera à son tour dans ce complot...

Sous les remparts de La Rochelle, Henry de Navarre tire à l'arquebuse dont la mèche n'est jamais allumée.

La Rochelle ne se rendra pas.

Elle eût peut-être péri de faim et du typhus, lorsque, contre toute attente, Madame Catherine réussit sa difficile stratégie.

Son fils chéri est élu roi de Pologne.

Cette grande nouvelle tombe en mai. Madame Catherine « travaillait » depuis longtemps à obtenir ce « trône » pour son fils aimé – dans l'attente d'occuper celui du frère trop malade. Le trône de Pologne était convoité par le père d'Élisabeth, ce Habsbourg, pour son fils et Ivan le Terrible. La diète polonaise avait élu Henri d'Anjou. Madame Catherine y avait mis le prix et endetté davantage le Trésor pour obtenir à son fils préféré ce prestige non-négligeable. C'était un moyen aussi de le soustraire au dangereux siège rochelais. Monsieur ne manqua pas de déguerpir aussitôt qu'il eût reçu la nouvelle. L'élection du « roi de Pologne » sauvait la vie très affaiblie de La Rochelle. Monsieur de Montluc avait fort bien engagé les négociations avec la Pologne, point fâchée de s'enrichir. La diète de Pologne craignait ses voisins, Ivan le Terrible, prince de Moscovite et ces Habsbourg écrasants. La France ne présentait aucun risque. Les électeurs polonais, huguenots, sauvaient aussi La Rochelle. Leur « roi » imminent ne pouvait plus se battre contre leur parti. Henry de Navarre fut soulagé. Aller en Pologne ! Monsieur poussa un cri de pintade à l'idée d'être séparé de Marie de Condé.

On rentra à Paris. Madame Catherine et le roi bricolaient un édit hâtif du côté rochelais. On leur laissait la liberté de culte – comme s'il ne l'avait pas déjà appliquée !

La Saint-Barthélemy, ce siège, n'avait servi à rien.

Ce fut une belle occasion à la reine Margot de paraître, éclatant point de mire, à la réception en l'honneur des ambassadeurs polonais. Le trône de Pologne fut sans doute le dernier triomphe officiel de Margot à la cour. On était en août 1573. Une année après ses noces affreuses.

Madame Catherine utilise Margot et non Élisabeth, si terne, au premier rôle féminin. On éblouira les ambassadeurs, ces individus arriérés, pittoresques et dangereux. Ils sont arrivés entassés dans de rudes chariots, habitués aux mauvaises routes et à la neige. Leurs montures sont solides, rustiques, à peine ornées d'une couverture argent. Ils sont enturbannés de vertigineuse zibeline, la robe longue, moyenâgeuse, le cimeterre au côté, un carcan de flèches sur le dos. Ils ont l'œil, la barbe et la chevelure d'un roux pâle. Leurs écuyers sont de rudes soldats qui portent une massue en fer.

On n'avait jamais vu ça à la cour des Valois.

Elle apparaît, Margot, éblouissante, en sa fameuse tenue incarnadine que Brantôme s'est tant plu à décrire. Elle rutile, du couvre-chef à la chaussure brodée de pierreries. Elle entre en scène. Elle est l'Actrice, l'Étoile. Elle est au comble de son narcissisme. *La vie rêvée.* Elle est ce papillon éblouissant qui se cogne à la vitre au lieu d'atteindre le but véritable du rude pouvoir… Elle s'avance au milieu de la grande salle des Tuileries. Tout est réglé tel un ballet et elle sait parfaitement *jouer* ce rôle. Se réchauffer sous tant de regards. Subjuguer ces étranges plénipotentiaires. Ils ne cachent pas leur émotion devant la fille des Valois, et sa bouche trop rose… La petite reine Élisabeth est bien effacée près du roi qui tousse. Ils n'avaient jamais vu une femme si belle. Chez eux, les femmes sont mal habillées, jamais exposées. Tout se traite entre hommes.

Ils prennent Margot pour la « reine ». Ils commencent leur discours en latin. Miracle, elle leur répond en un latin parfait. Le personnage principal de la diète, le grand Palatin Sira du Laski, est ébloui.

— Je ne veux rien voir après une telle beauté, dit-il en polonais… Après cela rien ne se peut voir de plus beau[1].

1. In *Vie des dames illustres, op. cit.*

On eût dit que la « reine de Pologne » c'était elle. Monsieur boudait, son tic de paupière crispée. Sa toilette étincelait autant que celle de sa sœur. Il abominait ces gens, ces inconnus, ces brutes.

Margot savoure sa fallacieuse gloire. Tout s'éteindra quand les flambeaux, un à un, s'éteindront, mais la reine de Navarre ne voit pas ces choses. Pas encore. Elle n'entrevoit pas le mur qui se dresse, si près, plus dur que les cailloux du Béarn.

Monsieur ne sera pas vraiment « roi » puisque seule la diète décide. « Roi de Pologne » n'est qu'un titre de représentation. La Pologne est une oligarchie. Le roi a de minces pouvoirs, tous imposés par la diète. Il doit respecter la religion de ses sujets. Monsieur émit, sur ce point, quelques réserves. Les cent cinquante ambassadeurs le rabrouèrent en latin et sans ambages.

Il régnera à leur façon ou il ne régnera pas.

Monsieur n'est plus dans une monarchie absolue. Il se retient de trépigner et de tout envoyer au diable. Il passe une très mauvaise journée et soirée.

Le soir, le grand ballet donne encore à Margot l'occasion de briller. Le Palatin en est bouleversé. L'évêque Adam Ronarski aussi.

Henri d'Anjou est au bord de la crise nerveuse. *Il ne veut pas aller là-bas.* Madame Catherine frémit. Son fils doit accepter. On ne peut se mettre une nouvelle guerre sur le dos. Charles déteste Monsieur. Au courant de sa réticence, il joue de son autorité.

— Mon frère, si vous refusez de partir avec grâce, ce sera par la force.

Charles IX craint si fort la fourberie de son cadet, qu'il exige de l'accompagner avec la cour.

— Nous vous mènerons jusqu'à la frontière de Lorraine.

Mortel voyage pour le roi souffrant et ce « roi de Pologne ». La seule satisfaction est d'emmener ses mignons préférés et une garde-robe époustouflante.

Charles IX, Catherine, Alençon, Marguerite, le Béarnais, Condé sont – entre autres – du voyage. On traversera la Champagne. On a apprêté les chariots, les gardes, les chevaux. Que de mules pour tirer les atours et la vaisselle du « roi de Pologne »...

*

Un complot se prépare. Il tombe dans l'oreille de Marguerite par la bouche de monsieur de Miossens. Il lui voue, de lui avoir sauvé la vie, lors du massacre, une reconnaissance amoureuse. Il aime Henry de Navarre et le complot lui semble plein de dangers contre celui-ci. Il demande un entretien discret chez la reine de Navarre.

— Madame, des huguenots révoltés de la renonciation suite à la mort de l'amiral sont prêts à enlever votre époux le roi de Navarre et son cousin, le prince de Condé. Cela aura lieu quand le cortège royal aura dépassé Reims. Votre famille et vous-même êtes en grand péril.

Marguerite, revigorée par la présentation aux ambassadeurs, se croit investie d'une mission. Déflorer le complot à sa mère et au roi la hausse – son rêve de toujours – à une importance politique.

— Monsieur de Miossens, vous avez bien fait de m'avertir. Tout cela me semble pernicieux.

— Que de maux, madame, si ce complot n'est pas défait au plus vite ! Ce serait une seconde Saint-Barthélemy. Votre frère Alençon est de ce complot.

— Il convient d'empêcher le mauvais effet que cette entreprise destinée à porter tant de maux.

Marguerite est motivée par le lancinant souci de l'admiration maternelle et le désir sincère d'éviter un nouveau massacre. Elle se décide à parler à son frère et à sa mère. Elle a appris aussi que Du Guast est prêt à égorger autant de catholiques que de protestants.

— Il vous hait, madame.

Il n'y a plus à tergiverser, à condition que l'on ne touche pas à la vie de son époux ni de Condé et que l'on soit indulgent avec son petit frère.

« J'allai trouver le Roi et la Reine ma mère et leur dis que j'avais chose à leur communiquer qui leur importait fort... à condition, qu'il leur pleut de me promettre que cela ne porterait aucun préjudice à ceux que je leur nommerais et qu'ils y remédieraient sans faire semblant de rien savoir... »

Madame Catherine, quoique exaspérée, se fait pateline. Charles rassure sa sœur.

— J'aime beaucoup le roi de Navarre, ma sœur. Je ne lui voudrais jamais le moindre mal.

— Mon époux et son cousin sont si jeunes. Ils ont été éprouvés rudement. Mon frère Alençon est un étourdi. Le temps de pardonner est venu puisque le mal peut être évité.

Madame Catherine émiette ses mots, le corps perdu dans la tourelle de tissus noirs.

— Quand donc, ma fille, veulent agir ces étourneaux dont mon sot de fils cadet ?

« Je leur dis que mon frère et le Roi mon mari devaient le lendemain rejoindre des troupes huguenotes… »

Madame Catherine hausse les épaules. Charles IX aussi. L'urgence est que son frère détesté rejoigne la Pologne.

— Merci, ma sœur, d'avoir parlé. Bah ! Nous les traiterons comme des enfants turbulents.

— Ils voyageront dans mon chariot conclut la reine mère. Je les surveillerai ainsi de près.

D'un signe, elle donne congé à Margot, vaguement déçue. Elle s'attendait à plus d'élan.

Elle n'aime pas croiser, en sa chambre, son époux. Il empeste à nouveau. Il ôte ses bottes. En chemise, de profil, il a quelque chose d'un jeune bouc.

Il est temps de partir. Cahin-caha, cette royauté malade, tenue en main par la seule énergie de Catherine, prend enfin la route.

Charles IX est si malade que l'on s'arrête dès Vitry-le-François. Chicot va et vient d'un chariot à l'autre.

— Mon roi a la fièvre !

Il s'égaye à surprendre au regard de Margot une sorte d'affolement. Perdre Charles, même hargneux, caractériel, c'est l'ablation du frère qui l'a chérie à sa manière, sans trahison. Nanon ne le quitte guère, ce jeune homme de vingt-quatre ans que tout désole. La souffrance, ses frères odieux, les cauchemars des massacres, les trahisons. Il fait tant bien que mal, tout alité qu'il est, son métier de roi chancelant. Alençon piaule qu'il veut le titre de « Monsieur » dès qu'Henri, « roi de Pologne », sera en Cracovie.

— Mon frère, clabaude le nabot, je veux, outre le titre de « Monsieur », celui de lieutenant général du royaume et de duc d'Anjou… Je veux.

Charles retient l'envie de le gifler. Le cravacher au visage. Ce vilain au visage grêlé.

— Non ! hurle-t-il. Sortez !

Alençon a un hoquet de haine. On continue la route. À Nancy d'or et d'hommages parée, la famille royale loge chez le duc de Lorraine. Claude est aussi souffrante que son aîné. Henri trépigne d'horreur, exaspéré de s'en aller si loin. Il réclame madame de Condé. Il réclame un bal, un souper, du vin, ses mignons, ses carlins, son parfum au patchouli. Il est insupportable d'agitation. Il se calme soudain, en cette cour de Lorraine, grâce à une toute jeune femme. Elle est mince, blonde aux yeux châtains, distinguée, parée avec équilibre. C'est Louise de Lorraine, cousine du duc, fille du comte de

Vaudémont. Le comte s'est remarié. La belle-mère de Louise a fait d'elle une sorte de Cendrillon. Monsieur est soudain sous le charme de la fine jeune fille. Elle l'apaise, le charme, le détourne un peu de Marie de Condé à qui il a offert des parures royales.

— Au revoir, mademoiselle de Vaudémont, fait-il à la jeune fille entrevue, dont l'image l'enchante vaguement. Si Dieu le veut, nous nous reverrons.

On continue le voyage. Il tient à Henri du supplice, à Margot d'une anxiété mêlée d'exaltation confuse. Son tyran de frère s'en va. Le Béarnais, dans l'épais chariot de la reine mère, échange des lourdes plaisanteries avec Condé et ses compagnons. Il joue à l'étourneau. Margot a dénoncé le complot des huguenots. Il le sait. La bouche riante, l'œil froid, il suppute avantages et inconvénients. Ce complot évité est plutôt un bien. Margot lui a évité un probable traquenard sans issue. Il doit redoubler de méfiance et de ruse.

On fait halte à Blamont. Monsieur tente une approche auprès de Margot.

— Ma sœur, souvenez-vous de notre confiance réciproque. Je vais être loin ; puis-je compter sur votre amitié et me dire…

Elle sourit, Margot. Ce sourire qui affole Brantôme. Margot a changé. Monsieur ne peut plus la manipuler comme autrefois.

— Marguerite, ma sœur, insiste Henri, souvenez-vous de nos conversations à Plessis-lès-Tours… L'absence peut nuire… La Pologne est si loin… Combien je vous saurais gré de me servir d'intermédiaire…

« Il essayait, écrit Margot, de me faire oublier les mauvais offices de son ingratitude, et de remettre notre amitié dans la même perfection qu'elle avait existé… »

Le temps des adieux est venu. On s'embrasse, traîtres compris, avec des larmes. Monsieur est entouré de ses cavaliers. « Quels sauvages, ces gens ! » murmure la rieuse Henriette. Marie de Condé éclate en pleurs quand Monsieur lui baise les mains. Il en pousserait des cris au-delà des larmes. Margot ne peut s'empêcher de pleurer. Le nonce du pape a remarqué ses larmes.

Charles est si souffrant qu'il salue son frère, étendu, blême contre ses oreillers surbrodés. Son adieu a quelque chose de déchiré. Il ne reverra pas son frère. Il le sait. Madame Catherine devant son chéri éploré, elle-même désolée, le réconforte ainsi, à mi voix.

— Adieu, cher fils. Vous ne serez pas longtemps absent.

On était le 2 décembre.

Sur le chemin du retour, la maladie de Charles empire. On fait une longue halte à Saint-Germain.

Alençon ne cesse de rechercher Margot. Il veut son alliance. Il déteste ce frère mourant qui l'a rabroué si vertement. L'autre, il espère que la Pologne l'engloutira pour toujours. Margot a besoin d'être aimée ; c'est sa faiblesse. Elle mise sur ce Moricaud, le pire cheval de la piètre écurie de Madame Catherine.

« Mon frère d'Alençon employait toutes sortes de recherches et moyens pour se rendre agréable à moi, afin que je lui voue amitié comme je l'avais fait au roi Charles… je me résolus de l'aimer et embrasser ce qui le concernerait… »

Margot s'enivre d'entrer dans un complot. Elle fera tout pour obtenir à son jeune frère le titre de « lieutenant général ». Il deviendra ainsi un vice-roi et elle, la rabrouée, régnerait pour de bon.

Henry de Navarre, aussi « emprisonné » qu'Alençon, sait venu le moment de manœuvrer sa liberté, en s'alliant à son épouse et au Moricaud. Il fera un atout supplémentaire des deux personnages douteux dont Margot s'est affublée depuis le voyage en Lorraine : le comte Hyacinthe Boniface de La Molle et son comparse, le comte Annibal de Coconas.

Margot n'avait pas prévu sa passion pour le comte de La Molle.

XII

Le complot du mardi gras

La police de Madame Catherine lui a remis un rapport sur les pires égorgeurs de la Saint-Barthélemy. Monsieur de Bezon complète les informations. De noir vêtu, la barbe en collier frôlant la collerette blanche, il a tout d'un minuscule et grave seigneur protestant.

Il salue Catherine de belle manière. Les plumes de son chapeau frôlent le tapis d'un bleu très rare. Folle est tout ouïe, assise près de Catherine. Elle tient en laisse, cloutée de perles, une petite guenon. Le monneton, agenouillé sur un minuscule prie-Dieu, égrène son chapelet.

— Je vous écoute, monsieur de Bezon.

— Catherine, les huguenots de France abominent particulièrement, outre monsieur Du Guast et les amis de Monsieur, deux grands assassins qui se sont déchaînés lors de la triste saison. Le provençal Hyacinthe Boniface de Lérac, comte de La Molle et son ami, le comte Annibal de Coconas. Ce dernier, d'origine italienne, dit aussi Coconnato, serait un agent auprès du roi d'Espagne. Ils sont au service du duc d'Alençon. Le duc est fort lié à la reine de Navarre, à son époux et au prince de Condé. La Molle et Coconnato ont chacun fait leur cour à la reine de Navarre. Elle les apprécie fort, surtout monsieur de La Molle. On les entend rire de propos fort gaillards. Ils se vantent d'avoir égorgé chacun une centaine de huguenots pendant le massacre. Ils se flattent d'avoir fait subir des sévices aux victimes des deux sexes et de tout âge…

— Margot a mis dans son lit le beau et vieux La Molle ! piaule Folle. Toutes ces dames y ont goûté et en sont amoureuses !

Catherine fait les gros yeux. Monsieur de Bezon dédaigne. La guenon pétrit une balle.

— À Blamont, le comte de La Molle a favorisé, avec le duc d'Alençon, l'alliance de Louis, prince d'Orange, ce huguenot ennemi des Valois. Le sieur Coconas est indiscret. Il clabaude, Catherine, ce que vous tentez de faire pour apaiser les relations avec le prince d'Orange.

— Je sais tout sur La Molle, intervient Folle en sautant sur ses pieds si proches de sa taille.

Enfouie dans une collerette trop large pour sa tête, Folle gigote des manches en satin vert vif qui la font ressembler à une grenouille d'étang. Le vert est la couleur des fous et des bouffons. La couleur de la dérision ou des carnavals. Margot ne porte jamais cette couleur, hors le mardi gras.

— Que savez-vous donc, mademoiselle la curieuse ? dit Catherine. Tenez plus serré ma guenon. Elle m'a été offerte par l'ambassadeur de Venise avec mes perroquets. Monsieur de Bezon, laissez parler Folle. Ce sera tôt fait.

Folle lance un baiser de sa main d'enfant grassouillet aux doigts étranglés de bagues. La mode est aux doigts étranglés de bagues. Monsieur en a couvert chacun de ses mignons. Des grosses bagues carrées à forte émeraude orientale… Le monneton ne perd rien de ce qui se dit. Des lévriers sommeillent sur le tapis de Catherine. Une foule de courtisans se pressent, en vain, derrière la porte. Le monneton sait que Catherine va goûter. La goinfrerie de la reine mère est aussi proverbiale que ses roueries. Le monneton entend bien ne pas être privé des confitures, pâtisseries, bonbons, fruits et sorbets. Il y aura du vin doux de Touraine et du sirop d'orgeat. Folle aussi adore manger. Et bavarder.

— La Molle, précise-t-elle, est un bel homme, fort en âge. Il porte beau en dépit de sa quarantaine d'années. Il est tout en longueur, muscles de danseur et de guerrier. Il a la belle silhouette de Monsieur votre fils. Il est parfumé autant que lui. Il montre ses dents car il les trouve belles. À la manière de Monsieur, il les blanchit quotidiennement à la poudre bicarbonée. Il trousse autant de vers que de dames. Il tue, dit-on, avec raffinement et fait l'amour tout autant. Les amies de Marguerite le clament au salon de madame de Retz. Monsieur de Guise en est jaloux. Ce La Molle a d'étranges colères. On l'a vu, si on le contrarie, se saisir de son chapeau et en dévorer les plumes. Ses jambes sont les plus belles de la cour. Les amis de Monsieur le clament partout.

— Il suffit ! intime Catherine. À vous, monsieur de Bezon.

— Folle, quoique folle, a parfois bons yeux et bonnes oreilles. La barbe du beau comte de La Molle est taillée en pointe et…

— De la soie ! Une vraie soie, le blond foncé de sa chevelure ! s'écrie le monneton, surgi tel un ressort de son prie-Dieu.

Catherine plisse un front sévère.

— On ne vous demande rien, monneton, sinon de prier. J'ai bien envie de vous priver du goûter. À la place de confitures, vous dégusterez vos chapelets. Continuez, monsieur de Bezon.

— Le comte de La Molle a conquis toutes les dames de la cour. Madame de Sauve m'a laissé entendre qu'il fait une cour empressée à Marie de Condé que Monsieur daigne aimer. Annibal de Coconas, hélas – ou tant mieux – est encore plus vantard que monsieur de La Molle. Il prétend qu'avec leur aide, le duc d'Alençon, le roi de Navarre, le prince de Condé et Marguerite tentent une évasion. Margot rêve de voir le duc son frère diriger la France. C'est un complot contre Votre Majesté et le roi de France. La reine de Navarre est fort amoureuse du comte de La Molle. Le roi de Navarre, très occupé de Charlotte de Sauve, laisse faire.

— Allons, dit Catherine, mon fils cadet Alençon fait encore le fou…

Folle monte sur un petit banc et roule son œil trop rond. La guenon a rompu sa laisse et urine sur le tapis merveilleux. Catherine plisse des paupières indulgentes. Le monneton égrène avec frénésie ses *Ave Maria.* Il espère sa grâce, goûter à s'en faire claquer sa panse énorme. Catherine écoute, monsieur de Bezon parle, Folle renchérit. Le monneton, chapelet frôlant le tapis, bourdonne.

— Madame de Nevers accueille en son lit Annibal, comte de Coconas. Il est moins beau que La Molle mais plus jeune et plus souple. Les dames sont enivrées de leurs caresses. La reine de Navarre n'est pas la plus discrète, moins encore qu'au temps de monsieur de Guise, tout se passe en ses appartements et…

Catherine les interrompt. Elle se lève de son poids de pachyderme.

— Folle, attachez cette guenon. Elle a souillé ce tapis offert par le sultan de Turquie. A-t-on veillé à me préparer six melons confits ? Monneton, vous aurez droit à de la confiture ainsi que le cardinal Boucicaut. Je suis fort aise d'avoir à goûter la reine de Navarre et mes fils.

Catherine dissimule sa consternation. La Maison de sa fille inquiétante, son gendre qu'elle surveille étroitement, Condé, Alençon son cadet, tout cela est une catastrophe à la royauté.

Elle n'a nulle confiance en la cour. Monsieur, sa passion, est loin. Charles se meurt. Le Moricaud fait *encore* le fou. Margot, elle veut l'écarter du pouvoir, peut-être s'en défaire en quelque couvent-tombeau. La faire *disparaître.* Quelle engeance a-t-elle mise au monde ! Les plus tendres sont morts ou en voie de l'être, le préféré est absent, les moins aimés se révoltent. Elle est seule. Margot veut la chasser, prendre le pouvoir. Son père aimait cette enfant si belle qu'il prenait volontiers sur ses genoux. Catherine n'a plus d'époux et Margot n'a plus de père. La maternité est aussi un puissant désastre. Catherine réfléchit en se gavant de melons confits qui collent à ses chicots et provoquent des rots. Le mieux est de laisser Margot, éclatante en clinquants et tissus argent, s'enivrer avec La Molle, qu'elle hait. La passion est la fin des princes. Et si jamais il y a enflure du ventre, osera-t-elle incomber ce rejeton à son fourbe de gendre ? Ses espions lui ont dit que le Béarnais ne couchait quasiment jamais avec son épouse. Il lui aurait lancé, écartant d'un poing militaire le rideau de la couche conjugale :

— Madame, vos frasques m'importent peu mais jouer au mari cocu et berné, m'est déplaisant. Je vous prie d'être plus discrète.

Margot, la chevelure défaite, l'air innocent et mystérieusement voluptueux, faisait l'étonnée. Le Béarnais s'était vite repris. Il souriait, et enlisa ses propos dans un gros baiser sur les épaules blanches et nues.

— Vous êtes bien belle, ma mie.

Il redevenait prudent. Il a besoin d'elle tant qu'il est prisonnier au Louvre.

Elle va bon train, la passion de Margot et de La Molle. Sans prudence. Sans ménagement. La reine de Navarre n'a point égaré son audace. Son amant est un imposteur qui sait manœuvrer avec art un crime aussi bien que le corps d'une fille. Fille et épouse de roi ? Le plaisir lié au prestige et danger n'en est que meilleur. Margot le reçoit chez elle. Lysande, la Turque. Les amies – ses dames – se font complices de la rencontre des amants. La maréchale de Retz, Henriette de Nevers, madame de Villeclers, madame de Clermont, une petite demoiselle de Thorigny âgée de dix-sept ans... Madame de Curton a appris à fermer les yeux. Ces dames, dont Marie de Condé, offrent à La Molle et à Coconas la protection des maisons ou chambres à double issues. Elles portent des masques, échangent leurs robes. Le va-et-vient des billets amoureux est d'une rare célérité.

La cour est vite au courant des nouvelles amours de la reine Margot. Le roi de Navarre, une fois dominé son mouvement de mâle orgueil, suppute quels avantages soutirer de cette ardeur. Sa putain d'épouse – *regina delle putane,* selon Du Guast – devient un outil à favoriser son évasion. L'étau est tellement serré autour de lui... Condé et le piètre Alençon, toujours prêts à dénoncer et abandonner ses amis ! On les surveille pire que criminels embastillés. À Margot d'être l'escadron volant du complot. Le Béarnais a besoin d'alliés. Il compte sur son épouse pour en rabattre, fût-ce par son lit... Qu'elle couche tout son saoul avec ce La Molle ! C'est un bon moyen de détourner la vigilance et de manœuvrer l'aide extérieure.

La reine de Navarre, frénétiquement amoureuse, oublie de bien calculer. Elle n'a rien, absolument rien, d'une tête politique. Elle déchaîne à mesure la pire division en cette monarchie si peu glorieuse, tenue entre les seules mains sensées de la reine mère.

Margot adore quand monsieur de La Molle la couche sur ses genoux. Son amant a, au bas mot, le double de son âge. Elle est dans les bras de *papa-roi.* Elle savoure les étapes du plaisir, exige « encore ». Tout son être dégage une éclatante et choquante satisfaction. Brantôme en blêmit, Ronsard tait prudemment sa muse, Philippe Desportes versifie sur commande « Ô jeune enfant, Amour, le seul dieu des liesses[1]... », Guise est plus vexé que jaloux. Il songe à se mettre à la tête d'un troisième parti, ultra-catholique contre la royauté et les Malcontents. Ce sera la Ligue. Margot met en danger cette alliance. Margot divise, offense, séduit, réveille les affres, la possession, le désir, l'envie du crime. Elle éveille l'inquiétude menaçante de sa mère. Élevée dans ce matriarcat qu'est l'incessante régence de Catherine, elle déroge à son rôle de simple épouse du roi de Navarre. Elle s'octroie les flamboyances royales. *La reine, la reine Margot.* Ce n'est qu'un rêve. Elle a la prestance royale, certes, mais l'orgueil, le sien, la perd. Otage, médiatrice, manipulant et manipulée, son énergie vient de sa mère mais elle est loin de sa sombre sagesse. Il y a en Margot une fâcheuse similitude avec le comportement d'éternel adolescent qui a perdu ses frères sous la férule maternelle. Une fâcheuse similitude avec les frasques amoureuses de Marie Stuart. Trop amoureuse et imbue d'elle, sans réflexion politique, Margot n'est pas de taille à soutenir et manœuvrer à son avantage le parti des Politiques dont elle se croit la reine.

1. In « Élégie », Philippe Desportes, Livre II, XXX.

Elle se moque des divisions dont va pâtir le petit peuple. Elle n'y a jamais songé. Elle est la reine de Navarre, fille des Valois, issue et cernée de rois ses parents. La France est aussi son dû, sa demeure principale. Les provinces composent à ses yeux son immense maison de campagne. C'est un bien de famille ; c'est son bien. Le peuple ne lui est rien. Elle a horreur du sang versé sans admettre que son attitude en a fait beaucoup répandre… dont celui des hommes qu'elle a aimés.

On surveille les étapes de son aventure amoureuse liée au complot. Tout parvient aux oreilles du roi, de plus en plus affaibli. Catherine s'en est chargé. Des détails pittoresques au sujet de La Molle s'ajoutent aux autres. Monsieur de l'Estoile en a tenu chronique. Le roi apprend que La Molle est « meilleur champion de Vénus que de Mars ». La Molle, suite à une colère et à la destruction des plumes de son chapeau, se bat à l'épée contre un miroir.

— Sire, monsieur de La Molle va à la messe aussi souvent qu'il fait l'amour. Il lui arrive d'aller six ou sept fois par jour – et nuit – à ses dévotions.

— Calculons le nombre de messes et on aura le compte de ses amours, s'amuse le roi.

— Le voilà fort épris de la reine de Navarre qui le lui rend au centuple.

Charles ne rit plus du tout. Le beau quadragénaire fait l'amour avec tous les raffinements possibles. Margot clame « je t'aime » à gorge et chairs déployées. Le roi de Navarre s'enivre chez Charlotte de Sauve dont il apprécie « la fesse *alerte* ». Alençon aussi lui trouve « la fesse alerte ». On oscille sans cesse entre le stupre et les trahisons.

Charles est outré. Sa sœur récidive dans le scandale et le roi de Navarre complote son évasion. Henriette de Nevers reçoit Coconas en son lit. Charles fait surveiller La Molle dans les escaliers qui mènent aux appartements de la sœur indigne. On lui laisse entendre qu'un complot redoutable pour sa vie est ourdi par Margot, Navarre, Condé, et Alençon, le frère abject et les deux lurons, La Molle et Coconas.

Il ne va pas rouer sa sœur de coups. Ce temps est passé.

— Frappez vite et fort mon fils, susurre la reine mère.

Coconas met son ami en garde.

— Vous êtes espionné par les créatures du roi et de la reine mère ! Prenez garde quand vous allez chez la reine de Navarre…

Margot lui donne un autre itinéraire pour rejoindre sa chambre. Madame Catherine s'agite. Il faut mater sa fille si dangereuse, ce turbulent roi de Navarre, son fou de fils. Un complot *protestant* contre eux ! Une évasion et une révolte, contre eux ! Montgomery, le maudit, en est, avec des forces anglaises et Cossé, Thoré, Turenne, Montmorency et tant d'autres... Margot, la principale agitatrice... Charles, de contrariété, est repris de suée cutanée. On l'aide à se coucher. Nanon change son linge. Aussitôt éloignée la foule des courtisans, elle fredonne la berceuse. La douceur de la berceuse. Elle apaisait, dès l'enfance, cet éternel inquiet.

« Ah, cher innocent, qui avez sucé la belle foi protestante avec mon lait, là... là... tout doux... Là... »

Ses jambes sont plus maigres que celles d'un enfant de douze ans. Hélas, que son cher fils Henri manque à Catherine ! Qu'il revienne, même si ce souhait déchire en elle la mère.

Margot adore que son amant lui morde la nuque. Front sur les bras, bras sur la dentelle, elle s'enivre aux rets du voluptueux agresseur. Il a une manière exquise de jouer avec son corps plein, harmonieux, blanc et parfumé à l'œillet.

De la couche conjugale de Margot, s'élèvent l'indiscret crescendo des soupirs.

*

La Molle et Coconas étalent leurs projets sur les oreillers de leurs maîtresses. La Molle éblouit Margot par l'audace de ses idées :

— Amour, je me fais fort avec mon ami de faire évader le roi de Navarre, le prince de Condé et votre frère Alençon jusqu'à Sedan. C'est un petit état indépendant où nous attend Turenne. N'est-il pas vrai qu'il est amoureux de vous ? Vous serez, à travers le succès de votre frère, la reine du parti nouveau.

Il l'empêche de songer à des arguments de prudence en lui refaisant aussitôt l'amour.

Le roi de Navarre commet son éternelle bévue, dès qu'il s'agit de femmes. Madame de Sauve a, avec lui, la fesse si alerte, qu'ivre de joie charnelle, il laisse échapper *qu'il l'emmènerait volontiers à Sedan.*

— Je travaille à mon évasion, elle est imminente. Ma belle mie, je vous emmène ! Je ne saurais me passer de vos tétins !

Les baisers généreux, l'obscénité délicate, la putain préférée de Madame Catherine lui soutirent les noms des conjurés.

— Margot m'est utile et dévouée. Condé et Anjou aussi. La Molle et Coconas sont intrépides. Ils rassemblent nos alliés à Sedan. *La*

Vieille n'en reviendra pas... Ah, Ma mie, encore... Votre bouche a des inventions charmantes... Ah ! vous baiser un million de fois...

Madame de Sauve s'est précipitée chez Catherine. Lysande et la Turque, l'oreille collée à la porte où s'ébattait le Béarnais, ont tenté d'avertir Margot. Il ne faut pas contrarier la reine de Navarre quand elle est folle d'amour. Nulle sagesse. L'insouciance et la fougue. Elle n'entend pas. Le roi de Navarre sursaute. Il remet ses bottes. Bon sang de Dieu ! Quelle sottise de dire ce qui est important à une femme ! Il est hélas, si ancré en cette prison des Valois, qu'il n'a plus le choix. Il mentira, bien sûr. Le roi a pour lui de l'amitié. Mais résistera-t-elle à cette affaire ? Il ne peut circuler sans rencontrer des ombres menaçantes. C'est un prisonnier, à peine bien traité. Les gardes de monsieur de Guise ont osé lui souffler au visage. Il va, armé et vêtu d'une cotte de maille, prêt à tout. Fuir, dit-il. Les corridors, les portes, les vitres, la cour pavée, tout est un trompe-l'œil qui à mesure se referme. « Foi de Gascon et de la Navarre, j'y arriverai », se promet-il.

Madame Catherine est chez son fils. Il a passé une mauvaise nuit. Des cauchemars l'ont réveillé en sursaut. Il crie « Je suis en enfer ». Il voit des ombres sanglantes. Des tronçons de corps. Il entend des gémissements. Ce sont les siens. Nanon accourt. Une petite ombre baigne son front d'un linge mouillé. C'est Élisabeth.

Catherine le trouve en chemise, toussant, crachant. Il a voulu à toutes forces – quelles forces ? – suivre une chasse. Passer du temps avec Marie Touchet, affolée de sentir que bientôt elle perdra un tel protecteur. Il a tenté de souffler du cor. Il n'en a tiré aucun son. Il a éclaté en sanglots rageurs. Une fureur hagarde creuse son regard. Ses chevilles sont enflées. Ses bras atteignent la maigreur de ses jambes. La sueur cutanée recommence. Catherine cache son angoisse. Elle parle avec lenteur, de ce timbre si doux, surtout aux pires moments. Comment va-t-il supporter cette si grave trahison ? Il est le roi, même mourant. Catherine ne peut ni sévir ni agir à sa place. Elle distille les mots, les noms. Elle ne peut ni ne doit lui épargner cette souffrance – quitte à précipiter sa fin. L'urgence est d'intervenir. Il lui faut son accord. Nul n'est pas dans la monarchie aussi attentive au protocole que ne l'est Catherine.

La colère de Charles est épouvantable. Sa mère préfère sa rage à la prostration. À Charles de balayer les gêneurs, même si proches. Elle veut assainir le terrain quand reviendra son fils préféré.

La colère de Charles : il renverse la table, bouscule tout. Il hurle jusqu'à l'enrouement. La toux exorbite ses yeux et ploie son torse malingre :

— Arrêtez-les tous ! Arrêtez-les !

Il a le même ton que quand il criait « Tuez-les tous ! »

Margot espère qu'à sa mort, Alençon régnerait – c'est-à-dire elle. On se chargera d'ôter à Monsieur sa couronne. La Molle saurait l'en défaire, si besoin est. Le roi de Navarre n'est qu'un pion dans l'ambition qui aveugle Marguerite. Alençon, « fiancé » à la vieille reine d'Angleterre, qui le fait danser de fausses promesses, sera le futur roi. Sa sœur aura le rôle, beauté et hommages galants en plus, que tient depuis trop longtemps sa mère redoutée. Reine ! Les conjurés ont choisi la date du carême pour exécuter leur dessein. Ce sera le 23 février 1573, d'où le nom de « complot du mardi gras ».

La colère du roi augmente à mesure que sa mère l'informe. Son frère d'Alençon, sa sœur dont il se croyait aimé, Navarre pour qui il a de l'amitié, l'orgueilleux Condé sont en train de prendre les armes contre lui et la monarchie. Les deux comparses, La Molle et Coconas, ont levé à Saint-Germain, contre l'armée royale, une faible troupe commandée par un huguenot, monsieur de Chaumont-Vitry. Tout cela si mal ficelé qu'il est aisé d'arrêter tout le monde.

Catherine se met à l'œuvre.

Le Béarnais en a vu d'autre. Il concocte ses arguments quand les gardes l'entourent ainsi qu'Alençon, blême de terreur. Alençon doit comparaître le premier devant le roi et sa mère. Il crie d'épouvante, se jette à leurs pieds, se traîne à genoux, se tord les mains. Sa bassesse n'a d'égale que sa lâcheté. Il vend tous ses amis. Il accuse sa sœur, l'époux de sa sœur. Condé, monsieur de Cossé, Montmorency, La Molle, Coconas. Il a la clameur des lâches :

— Ce n'est pas moi, ce sont eux !

— Cessez de faire le fou ! susurre Catherine.

Elle est décidée à le tirer d'affaire, son pauvre avorton. Trop mère pour s'en défaire, trop prudente pour faire rater le mariage anglais. Trop avisée pour toucher au sang des princes royaux. Charles lève sa cravache, son frère rampe et hurle de terreur. Catherine le punit par des menaces :

— Vous finirez comme le fils du roi d'Espagne, le nabot don Carlos étranglé en quelque prison.

Il geint tel un chien, dans un coin. Au tour du roi de Navarre. Il se tient droit, salue sans faiblir ni frémir. Il s'en tire avec une habilité et un panache qui font réfléchir Catherine à son sujet. Il s'adresse à elle.

— Je n'ai vu, madame, en ce complot, que l'unique moyen de recouvrer une juste liberté. Je n'ai eu nul projet de nuire à mon frère le roi ni aux proches de mon épouse.

— Enfermez-les à Vincennes ! halète le roi.

On a cherché Condé en vain. Il s'est enfui en Allemagne, chez le prince de Nassau. Un cheval l'attendait hors du Louvre.

Margot, fine mouche, s'en tira par le moyen bien connu qu'elle avait déjà mis en œuvre : déflorer la première, sans l'éclaircir, l'affaire. Brouiller les pistes à la façon dont Catherine pratique cet art politicien. Margot a été, sciemment, celle qui a parlé.

Les troupes de Chaumont-Vitry sont faibles, elle le sait. Elle a demandé, en secret des autres, à voir sa mère. Elle a lui dévoilé une partie des informations.

Prisonnière, elle agit pour son intérêt. Tant pis pour les victimes. Elle n'a aucun scrupule à renverser une situation à son profit. Ce n'est pas la première fois qu'elle trahit pour mieux berner Catherine et ses fils. Pour lire enfin dans le lourd regard maternel ce qu'elle lui refuse : la considération. Sa bouche ravissante, aimable, irrégulière déverse les noms, mettant à mort. On mène les princes à Vincennes. Montmorency et Cossé à La Bastille. Catherine autorise Margot à servir de secrétaire à son époux. Elle tente d'en faire son espionne malgré elle. Catherine, ordre du roi, envoie des commissaires pour les interroger. Margot écrit l'habilité redoutable du Béarnais :

> « Les choses en vinrent à tels termes que l'on envoya des commissaires de la cour de parlement pour ouïr mon frère et le Roy mon mari, lequel, n'ayant lors personne de conseil auprès de lui, me commanda de dresser par écrit ce qu'il avait à répondre, afin que par ce qu'il dirait il ne mît ni lui ni personne en peine… Il en demeura satisfait, et les commissaires étonnés de le voir si bien préparé. »

Catherine assiste à ces « interrogatoires », dont le but est de tirer officieusement d'affaire les deux imprudents. On ne peut supprimer ainsi le roi de Navarre, ni Alençon et Marguerite. Il faut les intimider et les mettre sous bonne garde. Charles fera ce que voudra la matriarche. Il en a toujours été ainsi.

Alençon et Henri renchérissent à Madame Catherine leur bonheur d'être au Louvre, d'aimer le roi.

— C'est injure, madame, s'exclame le Béarnais, d'avoir songé que je puisse prendre les armes contre le roi mon frère !

Il faut cependant un exemple effarant qui frappera Margot et servira de leçon. La justice du roi s'en prendra à La Molle et à Coconas.

« La Molle et Coconnas en pâtirent de leur vie », conclut sobrement et sombrement la reine de Navarre.

Madame Catherine prend les rênes des sanctions. On punira les deux freluquets, ces imposteurs sans conséquence. L'amant de sa fille et l'amant de la duchesse de Nevers. On châtiera ainsi Margot d'avoir osé s'acoquiner – et comploter – si bas.

La police du roi perquisitionne le logis des deux comparses. On y trouve, outre quelques papiers compromettants, une statuette représentant le roi. Elle est percée d'aiguilles.

Voilà qui est rédhibitoire chez la superstitieuse reine mère. Aucune grâce n'est possible.

— Qu'on les mette en pièces ! hurle le roi, au courant de la trouvaille.

Margot a une crise d'affolement. Son amant ! Il est trop tard. S'attaquer à la personne du roi est le plus grand des crimes. On les a mis dans les mains du bourreau. À la prison du Châtelet, ils subissent la question ordinaire et extraordinaire. On peut se demander comment ils eurent la force d'arriver vivants place de Grève.

On leur a arraché les ongles, les dents, la peau. On a broyé aux brodequins les os des genoux, les tibias. On a les liés sur une roue qui tourne sur des braises. On leur a fait ingurgiter, attachés sur une planche, des litres d'eau... On a. On a... Ils hurlaient. Les bourreaux sont sourds, muets. De bons ouvriers sans haine. Selon l'usage, ils demandent pardon à leurs condamnés de ce qu'ils ont à faire. Les bourreaux sont très pieux et aussi de bons rebouteux. Ils vendent des purges, des herbes, des huiles qui soulagent. Ils vivent entre eux, absolument seuls, à la porte de la ville. Un juge, en robe longue et chapeau pointu, accompagné d'un greffier, recueille les aveux. Madame Catherine, dissimulée derrière un guichet, regarde et écoute.

La Molle, un œil pendant, a dit que la statuette piquée d'aiguilles a été conçue et portée chez lui par le mage Ruggieri. Catherine fait arrêter Ruggieri. On le menace de tortures et des galères. Il ne subira aucun tourment et n'ira pas aux galères. Catherine a trop peur de ses mages. Il la persuade du destin glorieux de son cher fils bien-aimé et de son don visionnaire. Il sait renverser les destins. Sans lui, le Béarnais risque fort de s'emparer de la couronne des Valois. Catherine le couvre de biens. La superstition et le lien trop fort avec ses piètres fils gâchent sa clairvoyance. Il y a autre chose que Catherine préfère que le mage taise à jamais.

La statuette avait été commandée par elle et portée exprès chez l'amant de sa fille. Elle représentait le roi de Navarre... ou la reine Margot. Le mage avait habilement truqué la figurine. Le sens était symbolique. Que jamais ne règne un Bourbon. Il fallait aussi une preuve redoutable pour faire exécuter l'amant de sa fille et son comparse. Madame Catherine distille les tourments subis par La Molle et Coconas. Alençon hurle, Margot sanglote :

— Grâce pour eux, ma mère !

— Point de grâce aux assassins potentiels du roi ! Quant à vous, ma fille, toutes les cours vous traitent de putain. À chaque fois que vous aurez ce comportement, nous interviendrons. À moins que votre époux, le roi de Navarre, avec lequel notre indulgence a été grande, finisse par perdre patience de trop perdre la face.

La sentence est tombée. La Molle et Coconas sont condamnés à avoir la tête tranchée en place de Grève.

— On sciera ensuite leurs corps en quatre quartiers, chaque quartier sera attaché à des potences aux quatre coins des principales portes de Paris. Leurs têtes seront exposées place de Grève, à la potence de l'infamie.

Margot, chancelante, à genoux, tente en vain d'attendrir Charles.

— Si vous insistez, ma sœur, je vous fais enfermer à vie en quelque couvent.

Le matin de leur exécution est un 30 avril. Margot et la duchesse de Nevers montent dans une voiture fermée. Elle veulent assister, au plus près, à la mort de leurs amants. Il y a foule mais nul ne s'aventure si près d'un échafaud, excepté les gens de justice ou les hauts dignitaires. Elles voient arriver le tombereau. Elles éclatent en pleurs devant ces hommes sanguinolents, que l'on traîne à l'échafaud. On dit que La Molle égrenait un chapelet. On dit qu'il disait de belles choses pieuses. On lui prête une phrase improbable, destinée à la légende de la reine Margot :

— Recommandez-moi aux bonnes grâces de la reine de Navarre et des dames.

La hache frappait mal, le sang coulait. Margot sanglotait. Henriette s'évanouit.

Pendant la nuit, Margot et la duchesse de Nevers eurent une idée macabre et romantique. Elles se firent mener dans la même voiture dont les rideaux en cuir étaient tirés. Elles ne sont pas seules. Elles confient au maître d'hôtel de Marguerite, monsieur d'Oradour, un sac d'or pour acheter au bourreau la tête de leurs amants. Les vêtements et les corps des condamnés lui appartiennent. Il accepte de vendre les têtes. Deux laquais les descendent de leur poteau. Chaque dame a la sienne, enveloppée d'un linge. Elles les mènent chez René le parfumeur. Une fois embaumé ce reste misérable de leurs flambants amants, Marguerite et Henriette ne s'en tiennent pas là. Elles

les font inhumer dans la chapelle Saint-Martin, à la colline de Montmartre.

Elles ne savaient pas qu'une tête coupée était si rabougrie et si blanche. Un poids si lourd. Un horrible fardeau. Stendhal, quand il écrivit *Le Rouge et le Noir,* s'est-il inspiré de cet épisode, quand Mathilde de La Mole récupère la tête de Julien Sorel, son amant guillotiné ?

Le 1er mai, Marguerite et Henriette apparaissent à la cour, vêtues de noir. Elles portent le deuil ostentatoire de leurs amants. Elles sont chacune parées d'une ceinture de têtes de mort en argent. Elles ont fait orner leur chevelure des mêmes clinquants macabres jusque sur la pointe de leurs chaussures en soie. Le XVIe siècle était toqué de l'art funèbre. Le sang italien de Margot raffolait de ce genre d'étalage. Sa mère aussi. Elle avait fait bâtir à Saint-Denis, pour elle et son époux Henri II, le plus somptueux et funèbre des tombeaux.

*

Margot songeait tout bas qu'un nouvel amour est le meilleur des antidotes pour se défaire de l'ancien.

On dit que, des années plus tard, elle attachait à son vertugadin une ceinture de singulières aumônières, toutes d'argent ciselées et brodées de perles. Elles auraient contenu le cœur de ses amants morts de l'avoir aimée.

On dit.

Madame Catherine feint de ne rien voir. On tient en résidence plus que serrée, en leurs appartements au Louvre, Navarre et Alençon. Ils n'ont pour toute distraction que de faire voler des pigeons dans leur chambre. On y relègue aussi Margot. La revoilà secrétaire de son époux. Il ne songe qu'à sauver sa vie, désormais précaire. Madame Catherine a la manie des documents qui expliquent les choses. D'où ce texte exigé au Béarnais. Henry dicte et Margot écrit. Sa vaste robe noire est brodée d'argent. Le deuil d'une femme adultère... Henry s'en moque et dicte à l'infidèle à qui il n'a jamais été fidèle, les mots que Madame Catherine et le roi exigent de lire sur son comportement :

> « J'ai cru que les bruits que l'on nous faisait courir, que l'on nous voulait mal faire étaient véritables... Et voyant les grandes méfiances que Vos Majestés avaient de nous, s'accroître tous les jours, et recevant beaucoup

d'avertissements tous nouveaux, que l'on nous voulait nuire, cela fut cause que monsieur le duc [d'Alençon], pour s'ôter de ce danger et pour l'assurance de sa vie, de s'en aller ; et je lui promis de l'accompagner… et de là m'en aller en Béarn[1]… »

Elle écrit, Margot, et soudain elle éclate en pleurs, la chevelure piquée de têtes de mort en argent.

— Allons, ma mie ! dit le Béarnais.

Ces pleurs, cette tenue pourraient lui être injurieux. La voilà punie par où elle a péché. Sa complaisance d'époux trompé vient de sa situation périlleuse, de son indifférence amoureuse. Elle est tout de même une alliée. « Allons, ma mie », il peut jeter ces mots à une pouliche qui rechigne. Margot reprend la plume. Elle soupire à ce que l'on n'a pas manqué de lui conter.

Le bourreau avait découpé ce corps qui lui donnait tant de plaisir en quatre quartiers sur une grosse table en bois. Le bourreau avait le geste du boucher acharné sur un cheval mort. Il jurait, les os résistaient. « les plus belles jambes de la cour » finirent par céder. On mêla tout cela, y compris les restes de Coconas, dans un sac jeté dans une charrette. Aux portes de la ville, les quatre quartiers de leurs cadavres servent de banquet aux corbeaux.

On sépare brusquement le Béarnais et Alençon de Margot. Une voiture les mène à nouveau à Vincennes. Va-t-on les assassiner ? On les intimide. On a grillagé leurs fenêtres. Le capitaine des gardes entre sans cesse dans leur chambre sans avertir. Il fouille tout, regarde sous les lits. Sans un mot.

Le roi de Navarre n'a qu'une obsession : fuir en son Béarn. Margot peut l'aider.

Margot confie à Henriette, déjà consolée de la mort de Coconas, son plan pour aider son époux et son frère à s'évader. Margot ne pardonne pas à sa mère la fin atroce de son amant. Margot est l'ennemie du royaume dominé par Catherine et ses fils.

— J'ai une idée, dit-elle à Henriette.

Elles chuchotent. Il faut égarer les soupçons. Tout le monde surveille la reine de Navarre. Lysande et la Turque épient les corridors et avertissent quand approchent quelque ombre, dont celle, fantastique, de madame Catherine.

Margot ôte sa tenue de deuil – elle laissera échapper : « Elle me rend triste » –, et reprend ses robes et ses bijoux éclatants.

1. In « Mémoire justificatif », *Mémoires*, *op. cit.*

— Laissez aller librement la reine de Navarre à Vincennes, dit Madame Catherine. Qu'elle rende visite à son époux et à son étourneau de frère.

C'est un piège. Henriette a du mal à cacher son fou rire derrière son masque. Margot aussi. Elles ont emmené avec elle deux de leurs femmes. Elles portent dans un drap un paquet contenant deux robes.

La voiture se rend à Vincennes. Elles n'ont pas pris garde à une seconde voiture, tous rideaux fermés, qui a quitté le Louvre aussitôt après. Elle les suit. Elle contient Madame Catherine, et Folle-en-jambe. Les gardes de Vincennes ont reçu les ordres de ne point faire ôter leurs masques aux dames qui rendront visite aux prisonniers. Margot a pensé à presque tout. Les gardes peuvent faire lever les masques aux deux belles dames… et laisser aller les chambrières. Margot et Henriette portent la robe de leurs chambrières. À grands coups de verrous ouverts, on les fait entrer chez les princes. Interloqués de voir deux femmes de chambre, ils sont enchantés de les reconnaître quand elles lèvent leurs masques.

Margot ouvre le drap qui contient deux robes.

— Enfilez ceci. Dépêchez-vous, décidez-vous. Je ne puis en mener qu'un à la fois. Un cheval vous attend.

Le complot faillit réussir. Il y a le fou rire – ils sont jeunes – quand les deux princes s'attifent en filles de chambre. Le Béarnais est en rose, jambes poilues sous le jupon, Alençon en bleu ciel. Ils portent un bonnet en dentelles. Alençon au nez énorme est aussi laid en homme qu'en fille. Sa robe est trop longue. La barbe et le nez du Béarnais ne font pas de lui une jolie femme.

— Vite ! dit Margot ; qui vient en premier ?

La faute incombe, comme souvent, à ce trublion d'Alençon. Il veut s'évader en premier. Le roi de Navarre aussi mais le Moricaud se fâche, frappe du pied, gesticule dans ses manches à rubans.

— Je suis d'un rang plus élevé que le vôtre. Je suis à la tête du parti protestant et votre futur souverain ! C'est à moi de partir en premier !

— On s'apercevra moins de mon départ… je sors le premier !

« Jamais, écrit Marguerite, ils ne purent s'accorder lequel des deux sortirait le premier… »

Le temps presse. Le ton monte. Soudain, la porte s'ouvre avec violence. Les voilà pétrifiés. C'est Catherine. Elle se contente de les regarder des pieds à la tête et de hausser les épaules. Le Béarnais rougit, empêtré dans sa robe dont il s'extrait tant bien que mal. Le Moricaud épouvanté, mal assuré sur ses talons trop hauts, éclate en larmes. Il se roule aux pieds de sa mère. Il pointe un index accusateur contre le Béarnais et sa sœur.

— C'est eux !

Catherine méprise cet avorton au crâne rempli de vent coulis.

— Vous faites toujours le fou ! Le mardi gras ne vous a point suffi ?

Et Catherine de resserrer davantage la séquestration des deux princes. Elle s'installe à Vincennes avec sa famille et la cour. L'air y est meilleur qu'à Paris et Charles, selon les médecins, a besoin de cet air-là. Catherine se fera geôlière.

*

Quand Charles pénètre à Vincennes, il est moribond. Que lui importe l'arrestation de Montgomery, qui autrefois tua son père ? « Je suis si près de la mort que toutes choses humaines ne me sont rien[1]… »

Catherine tenait enfin sa vengeance. Montgomery fut décapité à la mi-mai. À Vincennes, les muguets sauvages jaillissaient. Margot se demandait quel serait son nouveau sort.

Charles IX est entré en agonie. Son regard se noie, s'injecte de sang. Son souffle est rauque. Margot, impuissante, a une peine sincère. L'agonie de Charles est hideuse. L'hémorragie cutanée est telle que Nanon change son linge sans répit. La fièvre, les douleurs, l'oppression, le désespoir, composent au malheureux roi de France une fin amère. Il a besoin d'un peu de paix avant de mourir. Il fait venir à son chevet le roi de Navarre. Il lui fait ses adieux. Il l'appelle « mon frère ».

— Si j'avais cru en tous vos complots, mon frère, vous n'auriez pas la vie en ce moment.

Le Béarnais baise sa main. Oui, ils s'aimaient bien. Oui, ils avaient chassé ensemble. Oui, Charles l'avait mené dîner chez Marie Touchet et leur bel enfant… Oui, il lui doit souvent la vie. Margot et le roi de Navarre perdent une forme de protecteur. Fragile, débile, mais tout de même un protecteur.

On ne peut plus le lever de sa couche. Il n'a que la peau sur les os. Le matin du 30 mai 1574, il entre en agonie. Catherine, Margot et la petite Élisabeth sont à son chevet. Nanon est l'ombre tendre et tutélaire.

---

1. D'après Jean Orieux, cf. bibliographie.

— Adieu ma mère, dit-il à Catherine.

Il est saisi d'une crise d'angoisse. Il croit voir dans la chambre les fantômes du massacre.

— Nanon ! Au secours, Nanon ! Ah, quels mauvais conseils m'a-t-on donnés !

Nanon : « Là, là ; mon bel innocent. Là… Là… »

Il a renouvelé son désir de voir son frère Henri monter sur le trône. Il se méfie d'Alençon. Il entend sangloter. C'est Margot. Ou sa mère. Ou Nanon. Ou Élisabeth. Il est quinze heures trente. Il expire dans des convulsions, un flot de sang. Il balbutie.

— Eh, ma mère, je…

Il est mort. Il avait vingt-quatre ans.

L'évêque d'Auxerre dit la messe dans sa chambre.

C'est le dimanche de la Pentecôte.

Ambroise Paré est arrivé à Vincennes. Il se penche sur la dépouille. L'homme de science a une réaction surprenante.

— Il est mort d'avoir sonné du cor avec excès.

Puis il pratique, c'est l'usage, l'autopsie. Le cœur est embaumé à part. Il regarde avec curiosité ce crâne oblongue, cette tête rabougrie.

— Ce cerveau m'intéresse. Je vais l'étudier de près.

Tranquillement, il coupe la tête du roi Charles IX. Il l'enveloppe dans un linge. Il la transporte en son lieu d'étude préféré, l'abbaye de Saint-Antoine-des-Champs. Curieuse époque : on laisse faire. Catherine veille à l'organisation des funérailles en grande pompe. On commande à Ronsard les vers d'usage. On rassemble le maximum de pauvres, vêtus de noir, portant un modeste flambeau. Le cortège s'en va ainsi à Saint-Denis. Il transporte son triste roi décapité, paré magnifiquement.

« Je perdis en lui, écrit tristement Margot, tout ce que je pouvais perdre. »

Elle a de quoi redouter le retour de son frère Henri. Il ne lui pardonnera jamais d'avoir participé à un complot huguenot, destiné à le chasser du trône.

« Ce désastre, soupire-t-elle, est malheureux pour la France et pour moi. »

Elle a envie de caresses et de baisers fous.

XIII

L'INCORRIGIBLE

Madame Catherine a envoyé monsieur de Neuvy à Cracovie. Le messager a mis dix jours pour remettre au roi de Pologne cette missive.

> « Piteuse nouvelle pour moi pour avoir vu tant mourir de mes enfants… Je suis désespérée d'avoir vu un tel spectacle… [Charles] me pria de l'embrasser, ce qui faillit me faire crever…
>
> Je ne trouve d'autre consolation que de vous voir bientôt ici… Si je venais à vous perdre, je me ferais enterrer avec vous toute ma vie car je ne pourrais supporter ce mal[1]. »

Charles, explique-t-elle, lui a confié la régence exceptionnelle du royaume le temps qu'il revienne.

Au Louvre, Margot, Alençon et le roi de Navarre sont surveillés de près. Catherine fait clôturer les portes doubles et les corridors détournés qui mènent à leurs appartements. Sa pensée, son souci sont tendus vers le nouveau roi de France. Reviendra-t-il sans encombre de ce pays glacé mal connu et hostile ? Il a, heureusement, ses gentilshommes de France, ses favoris, dont Cheverny, Maurigon et le beau Quélus dont il aime peigner les doux cheveux blonds.

Les recommandations maternelles prévoient le danger. Qu'il passe par l'Autriche et l'Italie ! C'est plus sûr. Qu'il parte vite, quasi en cachette. Il a tout à craindre d'une diète qui s'en méfie et qu'il a offensée.

Catherine le sait malheureux en Pologne. La diète le contrarie sans cesse par ses semonces. Il n'est rien au milieu de cette cour rustaude où il s'ennuie, dans le froid, la pluie ou la poussière. Un pays si laid, des gens affreux. Il hait Cracovie et ce château de Wawel, plus forteresse que palais. L'inconfort, le campement, il n'y a pas d'autre mot, des

1. Correspondance de Catherine de Médicis.

cinq cents gentilshommes de sa cour française. On attend, on s'ennuie. On y trouve des femmes plus rustiques et carrées que des bahuts. La diète, à l'épouvante répugnée d'Henri, veut le fiancer à la princesse Anna. Une perche aux grands pieds, qui empeste le mouton non tondu. Les palabres ont lieu en latin. Le roi de Pologne se réfugie dans sa chambre, au sol dur, aux murs gris, à la couche sans confort. La cheminée tire mal et enfume. Il fait froid. Il tousse. Il demande une purge, ses mignons. Il a des crises de nerfs. Marie de Condé lui manque. Le luxe lui manque. Sa mère lui manque. Margot... Oui, elle lui manque. Ses robes, ses cheveux noirs, ses bijoux, son corps qui le révulse et l'attire. S'en venger, lui manque. Tout cela fait parti des joyaux de « sa » couronne. On lui a installé une table de toilette avec sa poudre à blanchir les dents, à poudrer son visage – il y a un tel vent coupant en ce pays !

Ah, vivement la fin du frère honni et qu'il soit roi de France !

— On est mieux captif en France que libre en cette bauge !

Quélus assis près de lui, sur la peau de loup, éclate de rire. Henri s'agite.

La Pologne et sa diète ne l'aiment guère et il les déteste.

Le courrier de sa mère le délivre. Il a du mal à ne pas crier de joie. Il songe à sa fuite, car c'est bien d'une fuite qu'il va s'agir.

Quitter trop vite la diète est difficile. Ce n'est pas ainsi qu'un roi de Pologne est censé prendre congé de son Élection, fût-il devenu l'imminent roi de France. Au contraire ; il devient un précieux otage. Les palabres risquent d'être interminables. Les mignons et ses gentilshommes vont l'aider.

On est en juin. La chaleur est lourde. Des routes peu sûres. Ce menteur inné feint la larme à l'œil quand on lui réitère en latin les interminables condoléances. Roué, non dénué de stratégie politique et d'une brusque audace, hors ses délires, il feint de s'intéresser à la Pologne. Il berne facilement ces féodaux arriérés. Les gens de sa suite rapprochée ont préparé un déguisement, les chevaux. La fuite est organisée pour le 19 juin. Son dernier et interminable coucher officiel a lieu le 18 juin. Il serre ses mâchoires exaspérées. On tire les rideaux. Il revêt en toute hâte une simple tenue de cavalier. Il longe les couloirs du côté des cuisines où s'évade l'odeur du chou. Il rejoint sous la muraille monsieur d'Épinay, Saint-Luc, Villequier, Livarot, Cheverny, Maugiron, Saint-Mégrin, Beaulieu-Ruzé, et son cher Quélus d'O. Il est fasciné par monsieur d'Arques, futur duc de Joyeuse, Nogaret de la Vallette, qu'il fera duc d'Épernon. Le compagnon le plus sûr, spadassin redoutable, ennemi juré de

Margot, est Du Guast. Son comparse, monsieur de Ruffec dit Ruffé, est un parfait espion. Ils n'ont de « mignon » que ce mot charmant. Ces farouches bretteurs, ces galants à qui nulle – nul ? – ne résiste, sont très vite des assassins.

Les voilà au grand galop jusqu'à la frontière. Un fuite d'enfer. Son cheval se perd dans les marécages, une partie de sa suite aussi. La peur, étrangement, le galvanise. Il galope, aux limites de l'épuisement. L'aube est devenue une matinée caniculaire. À Wawel, la fuite est découverte. À Cracovie, la colère est grande. On se lance à sa poursuite. Henri n'a jamais chevauché à un rythme pareil. Il parvient à la frontière d'Autriche, au moment où le chef de la diète et ses archers à grosses massues l'atteignent. Il est épuisé. Sa monture s'est effondrée. Morte. Un hennissement atroce, puis rien. Il enfourche un autre cheval.

Le grand chambellan et ses sbires l'entourent. L'ex-roi de Pologne est assez habile pour détourner le danger en l'affrontant. Et les mignons sont là, cette belle escouade, qui rassure ce grand nerveux.

— Dieu m'a donné la succession du royaume de France. Mon devoir est de ne pas rebrousser chemin. Je n'abandonne pas ce qui m'a été octroyé par élection. Je suis aussi attentif à mon royaume de France qu'au soutien à la couronne polonaise.

Il bluffe, il parle, il va, il vient, sur ce cheval à peu près vaillant. Ces gens menaçants ont tenté de l'encercler. Les mignons tâtonnent vers leurs dagues. Henri s'en tire avec un certain panache et un flot de mensonges.

Le chef de la diète est convaincu. Il lui jure fidélité et, cérémonie étrange, il se tire une balle dans la main. Il saigne et s'approche du fils de Catherine. Il fait boire de force au nouveau roi de France une goutte de son sang... Henri jure son amour de la Pologne. Qu'il abomine et délaisse à jamais. Du Guast ricane tout bas. Il avait raflé, avant la fuite, les plus beaux diamants de la couronne polonaise. Il partagea son butin avec Henri.

À Vienne, Henri est bien reçu par l'empereur, le père de la petite Élisabeth. Il espère marier le nouveau roi à la jeune veuve. Henri décline poliment l'offre, « tout à son chagrin » – et au soulagement d'Élisabeth. Elle a dû, en quittant la France, quel déchirement, lui abandonner sa fille. C'est la loi monarchique. À la façon dont on élève à la cour le bâtard de Charles, avec le titre de duc d'Angoulême. Élisabeth est déterminée à ne jamais se remarier. Elle refuse aussi la proposition du roi d'Espagne, veuf une fois de plus – et qui le restera définitivement. Élisabeth entend créer, avec son douaire, un ordre religieux et y consacrer sa vie. Tout lui devient saveur sacrée du Sacrifice.

Henri rentre en France en faisant un détour par l'Italie. Venise ! Enfin le luxe, la joie de renouer avec la beauté, les parures et les accueils tels qu'il les aime !

La république de Venise le reçoit de manière à enchanter ce fils des Médicis. Luxe, luxure, rutilance, tout y est. Sur le grand canal pavoisé en son honneur, il est salué par le tir des canons. Les trompettes. Il est vêtu à son goût, de soie, de satin, de joyaux. Les diamants volés à la Pologne se mêlent à ses colliers. Les cloches de Saint-Marc carillonnent. Le palais Fiscasi l'éblouit. Il se charge, quoique désargenté, d'acquérir divers trésors. On n'ose lui refuser les bijoux qu'il convoite chez les joailliers. Les fourchettes à deux branches, des assiettes ciselées. « La reine ma mère sera comblée... » Il joue à la prodigalité, il joue avec les maquillages, les masques. La fantaisie lui prend de faire poudrer la chevelure de ses « mignons » en bleu, rose, vert, violet. Chaque nuit, ce sont des voluptueuses escapades. Il va, outre ses favoris, flanqué de jeunes gens fardés, beaux et bêtes, aussi doués que les filles des bordels en satin floches... Le grand Doge lui offre, outre les éphèbes, la compagnie de Veronica Franco, la plus belle putain de Venise. Elle lui rappelle Margot. Il enfile ses robes, se fait farder par elle. Il lui demande les mixtures pour obtenir la couleur de ses cheveux, traversés d'or et de feu. On s'empresse de lui fournir les poudres du « blond vénitien ». Il se fera un plaisir de teindre lui-même les cheveux de sa sœur. Ou les siens. Sa sœur ! Elle ne perdra rien pour attendre. Elle l'a trahi, il se vengera.

L'argent reçu de sa mère a été emprunté, comme toujours, aux banquiers italiens, ces habiles lombards, amis des rois et des papes. Henri a dépensé un millier de ducats en parfums. Il continue sa route. Son oncle, le duc Philibert de Savoie, le reçoit avec empressement.

Les courriers maternels s'accumulent. Il est temps de rentrer. Les difficultés l'attendent. Il le sait. Son frère détesté, le turbulent roi de Navarre, sa sœur traîtresse... Il va enfin revoir Marie de Condé, grosse de son époux, au bord d'accoucher. Il fera annuler ce mariage – un époux huguenot ! –, éloigner l'enfant, et il l'épousera.

« J'aime avec extrémité », dit-il. Ses passions sont terribles. Quand mourra son beau Quélus suite au duel absurde du 2 avril 1578 contre les hommes de François de Guise, il le soignera lui-même jour et nuit. Il le pleurera avec éclats. Il lui offrira des belles funérailles après l'avoir paré et peigné une dernière fois. « J'aime avec extrémité »... Sa passion pour Margot est devenue une haine brûlante, aussi puissante que fut son grand lien pervers.

*

Le roi de Navarre tente une nouvelle évasion. Son complice, un bâtard Bourbon, lui a affrété une barque sur la Seine. Sur l'autre rive, l'attendent un cheval, des compagnons. M. Agrippa d'Aubigné, poète et implacable militaire protestant, ne mâche pas ses mots. Henry doit retrouver sa foi, son royaume, se montrer digne de sa mère, la défunte reine d'Albret.

— Sire, les responsables de tant de malheurs sont ces souverains viciés de catholicisme, ces courtisans pétris de mensonges… même la Muse, qui m'aide à déplorer les misères de la France papiste est devenue *échevelée et affreuse*… Ah, la *France, Mère affligée*… Sire, vous soupirez à Dieu pour l'absence de vos amis, à quoi servent les larmes quand eux ont les armes au poing ? Ils sont là pour battre vos ennemis, ennemis de Dieu, sire, il faut les rejoindre… Cesser de courtiser vos ennemis[1]…

Aggripa ne demande qu'à voir disparaître Margot, liée au sang vicié de ces rois. Une femme adultère, que l'Ancien Testament voue à la lapidation !

Henry ne demande qu'à s'enfuir en Béarn. L'austère d'Aubigné ne comprend pas l'étendue louvoyante de ses ruses. Margot en fait partie. Le Navarrais connaît parfaitement les psaumes et la Bible. Sa foi protestante est intacte. Qu'importe d'abjurer, broutille aux yeux de Dieu. L'essentiel est sa foi inattaquable. Qu'importe si, six ou sept fois, il va encore abjurer. Son cœur est protestant, il est croyant. Il est au Louvre, dans un engrenage. Les issues sont les broussailles des mensonges. Il ne se ment jamais à lui-même, mais aux autres, à cette cour d'ignominie. Il maintient l'essentiel. Dieu n'a pas besoin d'un « martyr » de plus mais d'un souverain éclairé, utile au royaume : ce sera lui.

Margot aimerait aussi s'enfuir, composer le trio du pouvoir avec Alençon et son époux. Régner sur ce trio. Elle redoute le retour du frère-roi.

On a vite susurré à Catherine l'histoire de la barque… Et rien ne fut possible. Le 22 juillet 1574, Catherine accélère le voyage vers le Midi. Elle emmène les princes dans son carrosse-chariot. La voiture

1. In *Les Tragiques*, Livre I, « Misères », Agrippa d'Aubigné, Garnier Flammarion, 1968.

de Margot suivra de près. En cette prison dorée, Catherine veille au protocole. Les princes de sang, c'est l'usage, doivent accueillir le nouveau roi. Leur punition est aussi en l'humiliation de s'incliner devant la nouvelle puissance. Le Béarnais a la souplesse de se taire, redevenir « le meilleur compagnon du monde ». Épier le bon moment. Que vaut sa vie en cette cour désormais aux mains du fils préféré de Catherine ? Il faut la voir s'activer, la reine mère, presque légère malgré son extraordinaire embonpoint doublé du vertugadin. Une énorme araignée noire qui fait sonner le canon à chaque frontière et cité que franchit le nouveau roi, avertissant ainsi les populations de son retour. La cour déambule vers Lyon, jonction pour l'accueillir. Tant pis si on casse des essieux, si les roues se brisent, si un bagage se perd, éparpillant les robes d'une dame. Jamais la reine mère n'a déployé tant de hâte.

— Catherine va revoir son amoureux ! piaulent les nains.

Chicot est sur la touche. Il s'insinuera vers Du Guast. Monsieur de Bezon est mystérieusement irrité. Son intelligence d'*homme,* sa fierté et sa foi supportent de moins en moins le sort imparti à son infortune. Depuis la terrible saison, il *refuse* de faire rire. Il refuse de dire les mots les plus osés, les moqueries les plus insanes et vraies, permises à ces êtres difformes, ces fous dont les cours catholiques sont si friandes… Il veut du *respect.* Folle l'a senti, monstresse que camoufle une âme intuitive de femme, meurtrie en secret de même manière. Il lui arrive de se voiler les yeux quand elle rencontre un miroir. Un miroir *déformant.* Dans le chariot de Catherine, elle hurle de rire. Elle rappelle ainsi ses droits, leurs droits d'exister. Ils n'ont que celui-là : déchaîner le rire des puissants. Quel sort, à ces nains, ces maudits du ciel puisqu'ils sont contrefaits, quel sort, sans protecteur, sinon être enchaînés sous la férule d'un montreur de foire, dévorer une croûte de pain noir, laper la gamelle des chiens ? Ou être dévorés par les chiens, ou lancés à la volée ? C'est aussi un jeu ; telles des quilles, ils sont parfois fracassés sous la vague du gros rire des spectateurs… Folle hurle, tel on hurle au secours. Elle tire la langue, fait les cornes. Elle tente, par son tapage, de ramener à la raison le nain en révolte.

— Ouh, le vilain petit vieillard qui se prend pour le beau Guise !

Marie de Condé, près de ses couches, est restée à Paris. Henri est à la fête. Il abandonne à sa mère les corvées des courriers, des soucis, la surveillance de son frère, de Margot et du roi de Navarre. Il s'enivre d'une nouvelle toilette, du satin parme, avec une double jupette, des perles aux oreilles, au cou, plumet et diamants à la toque. Il est inondé du parfum musqué de Veronica Bruno.

Lyon. La rencontre est spectaculaire d'attendrissements et de faussetés. Catherine, palpitante, a envoyé en premier le roi de Navarre, Margot et Alençon. Ils sont flanqués d'une redoutable escorte. Catherine se méfie de ses « prisonniers ».

Henri, la larme à l'œil, embrasse longuement le frère honni et l'époux de sa sœur. On se traite de « mon frère ». Des baisers sans fin, empestant le musc de Venise, ramené en des flacons de cristal de Murano.

— Le passé est oublié, mes bons frères, s'exclame le nouveau roi.

— Nous sommes vos loyaux sujets ! mentent à merveille les deux princes.

La chaleur est écrasante. Margot est saisie d'une émotion frôlant le malaise quand vient son tour d'embrasser son frère le roi. Un grand frisson comme en hiver. Un grand frisson, telle l'annonce d'une maladie furieuse. Elle a vu l'ombre ricanante de Du Guast. Il a grossi mais tout en lui est effrayant. Injurieux. Prêt à tout.

« Il me prit, écrit-elle, un frisson si grand et un tremblement si universel que j'eus beaucoup de peine à le cacher. »

— Ma sœur bien-aimée ! fait Henri en la baisant sur la bouche.

Il la mord presque. Du Guast s'amuse.

À Lyon, pavoisée, mais d'humeur glacée, Catherine se précipite. La mère et le fils restent embrassés une demi-heure. Le protocole est foulé par leur passion. Il triomphe, Henri, et n'a plus que la hâte de revoir Marie, la bien-aimée. On loge au palais de la place Bellecour, cette place où il y a quelques années, la poétesse Louise Labbé, déguisée en homme, avait participé à un tournoi.

Henri roi se venge immédiatement de Margot. À sa manière de fourbe. « Une juste taquinerie », pensera Catherine. Du Guast s'empresse de précipiter l'événement.

Septembre est encore chaud.

Marguerite propose à quelques gentilshommes et à ses dames de rendre visite à une religieuse, tante de mademoiselle de Montigny. L'abbaye Saint-Pierre, dans la campagne lyonnaise, est paisible. On n'y admet que les dames, jamais d'hommes. On y va en litières. Celle de Margot est la moins discrète. « Mon chariot, écrit-elle, était reconnaissable pour être doré et de velours jaune garni d'argent. » Ils sont une dizaine, entassés en ce chariot, dont madame de Dampierre, madame de Curton, madame d'Uzès, monsieur de Liancourt... Un autre véhicule contient « les gens du *roy* ». Leur rôle fut d'enclencher « la calomnie », nécessaire à la vengeance du frère.

— Il est moins dangereux de les laisser venir, avait murmuré Margot à Henriette de Nevers. Ils ne peuvent pénétrer en l'abbaye.

Elles rient ; émoustillées comme au temps de La Molle et Coconas. Non, non, point de tristesse ! L'amour ! À grandes lampées assoiffées. Une petite suivante de dix sept-ans, mademoiselle Gigonne de Thorigny, est la nouvelle complice de Margot.

En face de l'abbaye se trouve une maison isolée où attend un gentilhomme de la nombreuse suite royale. Margot s'en est toqué. Charles de Balsac d'Entragues, dit « le bel Antraguet », la cuisse musclées, la hanche de danseur et de bretteur, la barbe courte, les yeux dorés. Toutes les dames en sont éprises. Margot l'a subjugué. Il a chevauché à sa portière lors du trajet vers Lyon. Margot n'aime pas les choses éthérées. Elle a cela en commun avec le Béarnais. À coups de petits mots murmurés – point d'écrits ! –, elle a déjà reçu le bel Antraguet à Bellecour, dans sa chambre au plafond peint d'anges roses, dorés et hideux. Mademoiselle de Thorigny a indiqué à l'amant une fenêtre ouverte, au rez-de-chaussée. L'idée de l'abbaye a été facile. L'exécution du projet, moins aisée. Tout est piège en cette cour infestée où de nouveaux clans se forment autour du roi imminent. On sait qu'il veut se venger de sa sœur. Margot aime les défis. Un amant est un plaisir, parfois un allié. Un amant prend les risques qui ne tomberont pas sur sa nuque cernée de diamants et de saphirs. C'est joli, ce présent d'Henri, acheté pour elle à Venise… Il est vrai qu'il a prévu une parure royale pour Marie de Condé. L'amour donne faim à Margot. Faim d'audace, d'entreprises nouvelles. Faim de la chair. Une faim à assouvir n'importe où. Des sens avides. Margot n'a jamais été en peine de ruses pour un amant. Elle ne résiste jamais à un homme de son choix. Elle boit des herbes qui empêchent la fécondité. Le mage de Catherine lui a dit qu'elle était stérile. Elle ne le croit pas. C'est une méchanceté maternelle. Mais elle boit les herbes qui attirent le flux mensuel. Et elle va aux caresses de l'homme, en aveugle, en initiée, en putain, en luronne, avec un enthousiasme et une sincérité si grandes que cela touche à l'Innocence. Quel péché d'aimer et de l'être ? *Elle n'en voit pas.* Le Béarnais, tous les hommes donnent l'exemple. Oui mais ce sont des hommes. Margot ne fait pas de différence. Dans l'amour, mâle, femelle, sens dessus dessous, elle se sent souvent plus véhémente et solide que le mâle. Insatiable. Inaltérée. À peine abolie cette convulsion des entrailles, ce feu, l'aspect de cheval mort de l'amant, elle ne connaît qu'une ressource pour re-naître : la nouvelle étreinte. Le nouvel amant. La résurrection de sa chair. Le triomphe de sa chair. Là est la faille. La mystérieuse condamnation de toutes ses entreprises.

Elle se sent bonne et gaie quand l'amour a comblé cette chair blanche, un peu grasse, peut-être, mais musclée, ardente, remuante…

L'amour la rend meilleure et pleine de courage. Son péché n'est pas là. Quel péché, d'ailleurs ? Elle en a banni jusqu'à l'idée. Les jeux impurs avec ses frères ? Étourderies d'enfance. Elle ne les situe pas dans l'exultation bienheureuse des sens. Sauf Henri, peut-être, ce qui complique sa haine. Quel ennui de se cacher ainsi ! Il le faut, tout le monde l'épie, dès qu'elle est amoureuse. Que de fois a-t-on assassiné ses amants ! C'est bien triste, tant de mauvaiseté. Le seul remède est d'enchaîner un nouvel amour.

Elle a l'air bien gai pour une visite à l'austère abbaye de cloîtrées.

Elle descend en dernier. Furtivement. Masquée et camouflée du manteau de Gigonne de Thorigny. Ses dames sont à l'abbaye. La sage madame de Dampierre a peur. Madame de Curton soupire. Marguerite, avec son éclatante dérogation, justifie leurs frustrations. Lysande et la Turque l'adorent farouchement et, implacables petites sentinelles, veillent sur ses frasques. Attention à la suite ricanante de son frère... On ne sait trop qui est cette femme qui court sur le chemin un peu raide, vers une maison isolée, aux volets clos. Une porte s'ouvre. Elle disparaît. Point de paroles, rien que les gestes, elle et lui, Margot et lui, sur cette couche rustique où ils s'enchantent l'un de l'autre. L'amant, le bel Antraguet, « Bidé » pour les mignons, veut la retenir.

La visite de l'abbaye doit s'achever. Il lui faut rejoindre les autres, se glisser parmi ses dames. Réajuster tant bien que mal ce que les mains de l'amant ont bouleversé. « C'est le vent », dira-t-elle ; ou bien « C'est la chaleur ». Point de vent en cette épaisse chaleur. Elle adore mentir quand elle se jette à « ses » amours. Le risque lui est un philtre puissant. L'amour, les camouflages pour s'en repaître, son oxygène.

« La suite du *roy* », a tout conté à Henri... qui en informe aussitôt le Navarrais. L'époux de Margot se moque de ces choses mais il est embêté. Cela devient une affaire publique, une honte pour lui. Le roi, Henry, Ruffé, Du Guast satisfait de son espionnage, Navarre ennuyé, se rendent à l'abbaye. On reconnaît le chariot éclatant de la reine de Navarre. La maison du bel Antraguet a les volets clos.

— Voyez, s'exalte le roi au Béarnais, voilà le chariot de votre femme et voilà le logis de Bidé. Je gage qu'elle y est.

— Vas-y ! ordonne le roi au gros Ruffé, enchanté de briser la porte et les issues.

Personne. Pas de Margot. Ruffé jette au roi et au Béarnais humilié :

— Les oiseaux y ont été mais ils n'y sont plus.

Son frère galope avec Ruffé et Du Guast pour avertir sa mère. Le Béarnais galope encore plus vite pour mettre Margot en garde.

La seule manière que Margot ait toujours pratiquée pour jouer l'innocente : nier. La voilà qui descend de son carrosse « avec toute sa troupe ». Elle respire à grands traits et tremble un peu. Elle entend le pas caractéristique de son époux : on dirait un cheval mal ferré. Il est arrivé le premier. Il n'est pas fâché mais riant. Elle est secrètement piquée de son rire. S'il l'aimait, quelle fureur ! C'est un allié, non un amoureux. Ils ont besoin l'un de l'autre.

— Allez chez la reine votre mère, et je suis sûr que vous en reviendrez bien en colère.

— Pourquoi donc, mon ami ?

— Je ne puis dire mais il suffit que je n'en croie rien... ce sont inventions pour nous brouiller vous et moi, pensant par ce moyen me séparer de l'amitié de votre frère.

Il ne peut s'empêcher de l'admirer : fraîche, vêtue de blanc, elle a l'air d'une jeune fille. Le Bel Antraguet a dû savourer tout cela, à la façon dont il dévore le corps de Charlotte de Sauve. La belle putain, tout de même ! C'eût été bon de l'aimer, l'important est de lui montrer son alliance.

— Soit, je vais de ce pas voir la reine ma mère.

Elle entre dans la salle. Un tourbillon de dames affolées, dont madame de Nemours, se précipite.

— Ô madame, n'allez pas chez votre mère, elle est dans une grande colère contre vous.

Monsieur de Guise s'avance vers elle, goguenard, au fond très froissé, content des ennuis imminents.

« Il était satisfait, écrit Margot, de la division qu'il voyait arriver en notre maison, espérant bien que du vaisseau brisé, il tirerait les miettes. »

Il la regarde en plein visage, comme du temps de leurs amours.

— La reine vous a prêté une dangereuse... charité.

Elle entre dans le cabinet de sa mère qui, fait rare, écume de rage. Une colère de poissarde. Les pires insultes éclatent. Henri est là et se délecte. Il renchérit d'une doucereuse et dangereuse façon. Catherine va-t-elle la rouer de coups comme autrefois ?

C'est hallucinant comme elle crie. Une truie égorgée.

Margot ergote.

— Ma mère, cette calomnie est impensable. Nous étions une dizaine au moins à visiter cette abbaye. Comment voulez-vous que... ?

Les hurlements reprennent. La reine mère transpire dans sa collerette. Folle se tient coite. Margot déteste l'œil égayé, méchant, de son frère. Les cris recommencent. Margot se sent offensée : offensée de tant de haine. Ces insultes résonnent dans tout le palais, ils ont pour écho les ricanements de Du Guast et de ses amis. Ah, que son père lui manque… Ou plutôt une vraie couronne, un royaume à elle. Que de crimes et de cris autour d'elle.

« Ma mère n'a point d'oreilles pour la vérité ni la raison… elle veut complaire à son fils… Idolâtré. »

Elle hurle en italien, Catherine. Elle crie peut-être sa profonde défaite. Son cher fils la relègue déjà et elle l'a deviné. N'a-t-il pas exigé d'ouvrir désormais le courrier en premier ?

— Ma mère, cette calomnie m'est grave offense, dit Margot.

Les hurlements de Catherine, devenue cette mégère d'un bas fond de Naples, frôlent l'hystérie. On avait rarement vu madame Catherine sortir à ce point de son masque impassible. Une immense vague amère soulève Margot. Sa mère, son frère roi, quelle haine en eux, contre elle… À ces moments-là, s'accrocher au cou de l'amant, *quel qu'il soit*, serait le recours. Elle se précipite dans sa chambre. Qu'elle est donc seule ! Mais non : il y a son époux. Son calme riant, sa dégaine pétrie de virilité aimable lui font du bien. Il la console.

— Au coucher du roi, la vérité sera faite, ma mie.

Il est son complice. Mais elle s'emporte à son tour. Elle ne pense pas une seconde au bel Antraguet. Elle l'aime déjà moins. Elle frémit aux vengeances à venir, à ce frère menaçant. Son affront public est trop grave. Elle veut une réparation officielle. Le Béarnais insiste sur l'essentiel :

— Nul, ma mie, n'arrivera à me fâcher avec vous.

— Merci de votre bonté naturelle… mais de ce mal, tirons un bien.

Le lendemain, son frère a l'air moqueur. Les mignons davantage. Les banquiers de Lyon ont invité le roi, sa mère et la cour à un banquet dans un ravissant jardin. Margot, parée de bleu et de perles, s'est apprêtée à les suivre. L'affront se réactive. Sa mère lui crie au visage d'aller… où elle veut. Pas de place pour elle. Chassée de leur table ! Elle explose à son tour.

— Tout vient, madame, de la malice de Du Guast et de Ruffé !

La colère de Margot est gênante. La voilà qui nomme du monde, les amis de son cher fils. Henri sent qu'il est dangereux à un roi d'étaler ainsi une histoire de famille. À tout grand souverain, la grâce et le pardon ! Il s'est assez vengé et entend bien continuer.

— Allons, ma mère, ma sœur a été victime d'une erreur d'interprétation. Son époux en est convaincu. La joie de mon retour est trop grande pour la gâter en inutiles querelles.

Madame Catherine admet tout ce que dit le fils. Aveugle, aveuglée de passion. Elle redevient douce, aimante, et se fait caressante envers la fille offensée.

Margot s'obstine : elle désire une réparation officielle.

Madame Catherine prie Margot de se rendre à son coucher. Sa chambre est contiguë à celle du roi. Catherine, toute douce, si différente de la mégère de la veille, a sa voix sourde.

— Ma fille, le mal vient des bavardages d'un méchant valet que nous avons chassé. Le roi mon fils ne croit plus en cette calomnie.

— Ma mère, cette offense est si grave que les excuses du roi mon frère me sont le seul remède.

Tout est prévu, tel les actes d'une comédie. Ou d'une tragédie. Il entre chez sa mère. Charmant, souriant, affectueux, paré de rose, de plumes et de colliers. Il baise la main et la joue de sa sœur, tâte l'étoffe de sa robe.

— Ma mie, je vous fais mille excuses. Mon amitié pour vous n'a jamais changé.

Les mots volent d'escaliers en chambres : le roi s'est excusé. Madame Catherine a ployé. Le Béarnais est soulagé. La reine Margot a triomphé. Elle entend ne point faire oublier que si Henri a ses « mignons », elle a aussi les siens. Son époux est de son côté, Monsieur davantage. Ses « hommes » à elle sont Jean de Simier, maître de la garde-robe d'Alençon, monsieur de Fervaques, le bel Antraguet, le redoutable seigneur de Viteaux, meilleur bretteur du monde ; et un spadassin taillé comme un athlète, galant rimeur, capable de pourfendre plusieurs hommes en duel : monsieur Bussy d'Amboise. Tous savent poignarder à merveille. Les « mignons » dont Du Guast est le capitaine sont obligés de compter avec eux.

*

Au tour de Margot de se repaître : un malheur va foudroyer le frère malveillant. Henri avait la hâte fébrile de se trouver au chevet de son adorée, Marie de Condé.

Le 30 octobre, Marie accouche d'un enfant mort et décède aussitôt.

La nouvelle est parvenue à Lyon. On informe en premier Madame Catherine. Elle tremble. Elle n'a jamais aimé Marie de Condé. Elle est soulagée, mais comment annoncer la nouvelle à son fils ? Elle glisse la lettre fatale en dernier, dans le paquet de lettres. Elle attend, palpitante, le cœur étreint.

Elle entend un cri affreux. Henri est tombé évanoui. Il faut une demi-heure aux médecins pour le réanimer. On lui fait respirer l'*onguent rosat* utilisé par Amboise Paré quand il cautérisait les blessures de l'amiral. Un mélange de jus de raisin vert, de vinaigre et d'eau de rose, et de cire blanche[1]... Il s'arrache les cheveux, se laboure le visage et la poitrine de ses ongles. Il crie si longtemps que l'on craint pour sa raison. Monsieur se réjouit. Le roi de Navarre concocte une nouvelle évasion. Par le fleuve, peut-être ? Avec Margot ? Il lui offrira l'asile de son Béarn et elle deviendra un atout. Elle a une si belle santé ! Ni la mort de La Molle ni ses risques ne la font se pâmer, elle ! On alite Henri. Il a la fièvre. Catherine ne le quitte plus. S'il meurt, elle meurt. Il demeura trois jours en cet état. Il se leva et apparut vêtu de soie noire, paré de têtes de morts – ainsi l'avait fait Margot au décès de son amant. Cette tenue le console, il se trouve ravissant ainsi. Monsieur de Souvré, grand maître de sa garde-robe, s'en est occupé. Il a fait habiller ainsi mignons et gentilshommes. Le Trésor est vide mais Catherine, soulagée, emprunte... au clergé. Henri veut un deuil officiel. Sa foi s'exaspère. Il multiplie les messes à la chapelle. Ce deuil correspond aux fêtes de la Toussaint. Il jeûne un peu, cela fait partie aussi de la guérison. Des petits bouillons de vin à la cannelle, douze pruneaux par jour.

Le 16 novembre, on est en Avignon. Le roi tente de rallier cette monarchie si fragile à Montmorency-Damville. En vain ; Damville n'entend rien que la retraite et les bastions protestants du Sud-Ouest. En décembre, la nuit de Noël, Henri, repris par son délire de deuil, irrité d'échec et de l'incessante guerre, exige une procession. Il la mène, nu sous sa chemise et en cagoule. Il neige, on le suit dévêtu ainsi. Il s'enivre de son propre délire et les mignons se flagellent, y compris entre eux, pris d'une étrange excitation. Il y eut plusieurs morts. Le vieux cardinal de Lorraine, rare ami de Catherine, sommé de suivre cette absurdité macabre, périt de froid. Catherine le pleura mais défendit son fils.

On remonte vers le Nord. Le roi est tout à l'idée de son sacre, à Reims.

Il se remet à danser le branle et à porter des couleurs arc-en-ciel. Il noue une liaison avec la ravissante Renée de Châteauneuf. Il ne se déplace plus sans ses amis. Du Guast est devenu son « ministre » élu, son confident, son chef militaire, son espion favori. Il le couvre de biens. Il entend s'en servir contre Margot.

— Que dit et que fait ma sœur ?

1. D'après *L'Aventure du corps, des mystères de l'Antiquité à nos jours*, Georges Vignaux, Pygmalion, 2009.

— Elle rêve de votre mort et se comporte en putain. Bussy d'Amboise caracole autour d'elle. Elle rit avec lui et lui a offert un ruban. Le Navarrais est toujours toqué de Charlotte de Sauve et complote avec Monsieur, aidé du sire d'Aubigné. Les Politiques voient en lui le futur roi.

Henri écoute, se fâche, se redresse, se tait. Il envie la santé de Margot. Puissante, robuste, pire que leur mère. Il porte, au-delà de ses parures radieuses, le funeste carcan des maladies. Il souffre chaque jour de quelque chose. D'atroces maux de têtes, des douleurs d'entrailles, des crises d'hémorroïdes, la gravelle, des coliques néphrétiques. Un malade chronique, sujet selon la médecine de l'époque aux *humeurs.* Il a des crises d'abattement. Ses frères et sœurs défunts étaient ainsi. Le Moricaud aussi. Ils ont tous les poumons atteints. Rien ne le soulage, pas même le pavot. Paradoxal, ambigu, Henri est ce mélange de courage, de lâcheté, d'intelligence, de foi sincère, de cruauté et de raffinements inouïs. Les chroniqueurs de l'époque hésitent entre sa « virilité guerrière », sa féminité ostentatoire, sa syphilis probable... Un roi-fille, vêtu souvent en femme, un amoureux platonique ayant si peu consommé avec une dame. Un homosexuel actif, un joueur de bille-boquet, plutôt que de paume. Le bille-boquet, invention de M. Boquet, menuisier à Paris, est un jeu qui demande l'habilité, non la force. Il s'agit de manier en équilibre une grosse bille en bois. Henri III adore découper des images, échanger des propos philosophiques. Améliorer son latin.

« Il *décline* », se moque-t-on. C'est un malade. Un roi en chambre que tout épuise si vite. Il déteste la chasse, les jeux physiques violents. Il est le contraire du roi de Navarre. Le contraire de sa mère et de Margot. Qu'il envie à celle-là sa force physique, cette santé, ce trésor qu'il ne peut lui dérober ! Il la hait d'aller si bien alors que lui, roi de France, va si mal... Il la hait d'avoir trahi. S'il « aime avec extrémité », il déteste de même.

L'urgence du métier de roi est la santé. La santé belliqueuse, féodale, sexuelle, bornée, avide et rusée. La santé d'un garçon d'écurie. Le roi de Navarre est tout cela. Margot, cette garce, aussi. Elle a une santé et une attitude d'*homme.* Le courage de Henri : s'efforcer de faire comme s'il avait de la santé. Quel élan surhumain quand il a fui la Pologne ! Son cheval était mort mais lui aussi se sentait mourir.

Il a le sombre souci d'une descendance. Cela passe aussi par la santé. Il a un réflexe de malade, non de roi : il veut une épouse à aimer « avec extrémité ». Le souci d'un royaume à sauver lui est déchirant. Il met du *sentiment* et l'esprit de l'art dans tout. Il eût fait un bon troubadour. Un grand couturier. Un théologien. Il a la beauté malsaine d'un gisant. Il se fait *assassin* à la manière d'un enfant qui écrase un animal dont il se croit menacé. Il crie sur la dépouille, il crie un chagrin qu'on ignore. Ou il éclate d'un rire insane. Les fils de Catherine, l'un après l'autre, sang vicié, âme inquiète, ont tous été au bord de la folie.

*

Henri préfère le fleuve aux routes infestées de huguenots. La caravane curiale s'embarque sur le Rhône. Nul n'est tranquille sur l'embarcation du roi, plate, à voile carrée, suivie de plusieurs barques du même genre, contenant les gardes, les serviteurs. Il y eut, au moment d'atteindre Pont-Saint-Esprit, un vent violent. Il secouait les barques en tous sens. Dans un craquement, celle contenant le mobilier et les gens de la reine de Navarre se renverse. C'est le naufrage. On voit flotter et s'enfoncer les meubles, des hommes, des femmes. Les meubles de la reine Margot ! On les déplora longtemps. Une si belle vaisselle, les tapisseries et les bois sculptés ! On ne songea aucunement aux serviteurs noyés. Henri a le cœur pâle et envie de vomir. Catherine rend grâce. Ses « enfants » sont saufs. Henri, surtout. Margot ne croit pas aux manifestations de sa mère. Elle voyait danser une étrange lueur dans le regard du roi. Du Guast la fixait avec arrogance.

La reine mère eût voulu donner à son fils chéri un royaume pacifié et il n'en était rien. Le danger venait désormais de sa fille qui rêvait, plus que jamais, aidée du Navarrais, de hisser son frère Alençon sur le trône.

*

Henri est sacré roi de France.

Catherine est heureuse. Elle croit à ce culte de la royauté que Margot partage.

Le 13 février 1575, pendant cinq heures d'affilée, Henri, en la cathédrale de Reims, est devenu Henri III. Sa fatigue l'accable. Il est à jeun. Il doit demeurer à genoux, s'allonger parfois, revêtir sept tenues diverses – quel poids, cette hermine, ces velours ! Jusqu'au moment où l'on pose sur sa nuque trop fragile la lourde couronne de Charlemagne… Il chancelle, au bord de l'évanouissement. « C'est trop lourd ! » s'exclame-t-il. La couronne manque de tomber. Catherine, tout le monde, y voit un signe funeste.

Henri III n'a pas la force de la cérémonie des écrouelles. Il ne touchera pas les scrofuleux. On y voit un autre mauvais présage.

Une cour divisée, servile ou haineuse s'incline devant ce roi de France. Margot est, comme toujours, remarquée et remarquable, tout en velours rouge, clinquante, la tiare enfermant ses cheveux noirs…

Le roi de Navarre, distrait, songe à son évasion. Sa concentration est compliquée par une crise de jalousie. Madame de Sauve couche avec lui et Alençon et… Du Guast. Ce sont les ordres de Catherine. Brouiller les passions, dresser ces coqs entre eux. Du Guast manœuvre ce jeu pervers destiné aussi à perdre Margot. Il devient l'amant de Charlotte de Sauve, enchantée de sa « mission » qui la mène à coucher aussi avec Guise, monsieur de Souvré « et tant d'autres ». Son but est d'allumer une jalousie meurtrière entre le Béarnais et Alençon : défaire leur alliance. Défaire la confiance entre Margot et son époux.

« Cette femme rendit l'amour de mon frère et du Roi mon mari… à une telle extrémité, qu'oubliant toute ambition, tout devoir, et tout dessein, ils n'avaient plus d'autre chose en l'esprit que la recherche de cette femme. Ils en vinrent à une si véhémente jalousie l'un de l'autre… et pour mieux jouer son jeu, elle persuada au Roi mon mari que j'en étais jalouse, et que pour cette cause je tenais le parti de mon frère… Mon mari prend cette créance et s'éloigne de moi… »

Margot peine à éviter la ruine de leur alliance. Son énergie, sa conviction y parviennent. L'imprévisible mariage du roi détourne, un moment, le danger.

Henri veut et va se marier à son goût. Il fait croire à Catherine, pour avoir la paix, qu'il acceptait une princesse suédoise.

Il ment. Il a toujours menti. Après son couronnement, il se rend en Lorraine. Il va chercher Louise de Vaudémont, cette petite nièce des Guises, les Guises, leurs ennemis.

— Je vous aime et je vais vous épouser.

Catherine a un choc. La petite Vaudémont, davantage. Elle est raffinée, réservée, jolie, maltraitée par sa famille. Elle n'est heureusement pas un obstacle à l'autorité de la matriarche. Certes, elle *adore* son fils qui ose l'aimer « avec *extrémité* ». mais Catherine règne toujours. Marie de Condé était le vrai danger. Cette petite n'est pas plus dangereuse que ne l'était la modeste Élisabeth.

— Ma mère, que Dieu m'accorde une descendance.

Il sait lui parler. Elle s'apaise et fait tapisser des plus belles dorures le carrosse-chariot qui ramène à Paris la future reine de France. Elle est mieux parée qu'une fée. Oui, elle espère, avec son fils, avoir une descendance. Louise est bien un peu trop pâle, trop mince, les flancs étroits mais le sang lorrain, n'est-ce pas, est d'une belle vigueur ? À Nancy, elle a trouvé sa fille Claude bien malade. Incapable de quitter son lit. Elle tousse avec la même voix que Charles et autrefois, François. Une douleur poignarde Catherine. *Elle sait.* Ce n'est pas à Margot de se porter si bien, cette fille qu'elle n'aime pas. Fille qui entraîne le royaume du fils vers un rougeoiement. « Au fond si j'avais marié Claude au Béarnais, il n'y aurait jamais eu de Saint Barthélemy », pense Catherine.

Henri tout à son bonheur avec Louise Vaudémont, a déjà établi plus de vingt croquis au sujet de sa robe de noces.

Margot est soulagée. Elle connaît son frère. Occupé de Louise et de ses noces, elle sera moins surveillée.

Le jour des noces : le 15 février 1575, un jour froid et clair.

Henri tient à coiffer lui-même la mariée. Il la fait défiler tel un mannequin, changer vingt fois de toilette. Il refait ses boucles tant et tant de fois que la cérémonie est reculée en fin d'après-midi ! Margot, parée de bleu, de perles, de dentelles, se distrait en devisant avec Henriette de Nevers.

— Oui, ma mie, monsieur de Bussy m'aime et je l'aime.

— On a dit, Marguerite, que vous et le bel Entraguet... À Lyon... Et maintenant monsieur de Bussy ?

Margot éclate de rire.

— Voyons, ma chère, vous savez bien ce qui en fut ! Il s'est passé tant de choses à Lyon.

— L'essentiel est de piéger l'affreux Du Guast !

— Il s'empâte autant que ma mère, aussi l'ai-je nommé « Potiron ».

— On dit que le roi votre frère a conservé le chancelier monsieur de Birague et que monsieur de Villeroy serait secrétaire d'État ?

— Je reconnais là l'influence de la reine ma mère.

Le clergé et le cardinal de Bourbon attendent les mariés depuis des heures. Henri III entra enfin dans la cathédrale, tout paré de velours violet semé de lys d'or, sa jolie Louise à ses côtés. Paris ricane que son roi est un « friseur de cheveux » pour dames. Saurait-il lui faire un enfant ? On en doutait.

Quinze jours plus tard, Madame Catherine n'eut pas le moindre mouvement de surprise quand on lui annonça la mort de sa fille Claude.

Folle-en-jambe et le Monneton savent qu'elle a poussé un cri déchirant, bien cachée de tout le monde.

Margot est la seule fille qui lui reste.

XIV

« Vous êtes née d'un misérable temps… »

Folle à Catherine :

— Tu lis la *Somme morale* ? Son auteur, Antonin, le tout petit Florentin, était un dominicain. Sa piété a tenté de racheter le péché immense de Florence, ta ville. Il allait à ses charités, sur un tout petit âne. Antonin, archevêque de ta ville empestée de péchés mortels, ta ville non sauvée. Antonin était un nain… Un nain saint…

— Qui vous a dit ces choses, Folle ?

— Tous les nains savent ces choses. Le saint nain, le nain saint, *Antonino,* mort en 1459, est notre patron au Ciel… Il eût été très indulgent aux amours de Margot. Son nouvel amant est plus beau que le bel Antraguet. Les Lorrains en sont jaloux.

— Commère, seriez-vous en train de dire que ma fille a commerce avec ce reître de Bussy d'Amboise ?

— Je ne dis rien, Catherine. Je te parle du tout petit saint des nains. Il est si grand là-haut ! Au Ciel, Catherine, il y a bien des surprises. Les plus grands risquent fort de devenir les nains éternels.

— Vous mériteriez que je fasse couper votre langue comme on le fait aux hérétiques trop insolents.

— Le cher Ambroise Paré m'en ajustera une en bois.

Et Folle grimpa sur un coffre, à son poste préféré, côté fenêtre.

— Catherine ! Le beau Bussy traverse la cour du côté de chez Margot…

*

Les amants de Margot ont des points communs. Ils sont en général bruns, grands, minces, bien faits, virils à souhait, querelleurs. Ils sont aussi versificateurs, galants, doués pour les armes, l'équitation, l'amour et la danse. Ils sont imprudents, imbus d'eux-mêmes, trop coquets et un peu bêtes. Un mot de Marguerite les mène d'une brève saison ardente aux pires ténèbres. Les « hommes » de Marguerite, son « type » d'homme, périssent de mort violente. Ils ont quelque chose de son père Henri II. Même Henry, qui ne l'aima point, mais fut son seul époux, périra. Margot survit à tous ; y compris à ses frères. Ses frères sont la pâle décalcomanie de ses amants. Charles, Henri. Henri, surtout. À chaque amour, Margot est « éperdument » éprise. Son narcissisme est si puissant qu'elle adore qui l'adore. Son plaisir est intense ; il se double de celui de se voir unique, magnifiée dans le regard de l'autre. Ardente, elle consent à chaque geste de l'amour. Elle en redemande. Ces baisers, ces baisers ! Un amour succède à celui qui s'effondre. Éperdument. S'est-elle intéressée, hors son plaisir, à qui devenait fou d'elle ? Sincère au feu des sens, elle quête surtout la plénitude sensuelle. C'est une fille de la Renaissance. Cette plénitude a besoin de la galanterie. Tout feu rallume en elle la flamme nouvelle. Elle partage avec Henry de Navarre ce point commun. Ils se consolent vite quand ils perdent un amour. Ils versent « un torrent de larmes, » et aussitôt, un autre amour les enthousiasme. L'audace de Marguerite de Valois est d'avoir assuré tout cela en étant une femme. Son époque est si déchirée sur le plan religieux, que naître femme augmentait la hantise du péché originel. Le péché des sens. Vésale, anatomiste, médecin de Philippe II, avait été condamné au bûcher par l'Inquisition pour avoir, entre autres, osé écrire que « les femmes avaient le même nombre de dents que les hommes ». Le roi d'Espagne se contenta de le bannir. Moins bien née, Marguerite eût peut-être fini au bûcher. Elle a osé *coucher* tout son saoul, être *homme* en ses désirs, avoir le même nombre de dents, sinon plus, que ses amants, ne jamais enfanter et n'en point périr...

Elle n'ignore rien de la haine vindicative de son frère le roi. La maltraitance à Lyon, la séparation d'avec son bel Antraguet, ne l'ont pas découragée, loin de là ! Elle s'offre un nouvel amant, rencontré lors du sacre du roi : Louis de Clarmont Bussy d'Amboise. Revigorée de passion, Margot oublie tout danger. Elle s'en donne et se donne à corps joie. Bussy d'Amboise a les traits des précédents amants, en plus batailleur et arrogant. Il est entouré d'une cour de mignons, une « sous-cour » dirait-on, par rapport à celle d'Henri III. Le roi est saisi d'une jalousie terrible. Il est jaloux du succès et de la santé de ce rival qui couche avec sa sœur. Il en a même peur. Bussy est la force et l'insolence même. Henri, à sa manière tortueuse, a le même « type » d'homme dont Margot fait ses délices. Bussy d'Amboise rimaille tant qu'il peut sur « les beaux yeux et les nuits divines » avec la fille des Valois. Ses vers, comme lui, sont un peu sots, mais sa séduction avive bien des désirs, côté dames et garçons. Son ennemi mortel est celui de Margot : Du Guast. Henri n'est pas fâché que son cher Du Guast se charge de l'en défaire. Il continuera ainsi à se venger de sa sœur.

Il y a plus dangereux pour Henri. Les espions de Du Guast l'ont informé. Bussy complote avec Marguerite la fuite… d'Alençon. L'établissement de leur faction de Malcontents. Le triomphe *protestant* de Monsieur, du roi de Navarre avec Margot, perle éblouissante sur le sanglant échafaudage. Il est temps de mettre fin au vigoureux Bussy d'Amboise.

Du Guast organise un traquenard pour l'assassiner à la sortie du Louvre. Une nuit, quinze individus payés pour cela l'acculent au fond d'une ruelle. Bussy se bat avec une telle férocité qu'il s'en sort, la main blessée. Le lendemain, il revient au Louvre, le bras en écharpe, l'écharpe nouée avec un ruban de Margot. Les assassins sont morts ou ont fui. Mais la reine de Navarre connaît Du Guast et son frère.

— C'est folie d'être ici !

— Tout homme épris de vous n'a peur de rien ! dit-il, mordillant ses épaules, son cou, ses lèvres.

Elle se laisse faire. Ces baisers, ces baisers. Les baisers des uns, des autres. Elle ferme les yeux. On entend des pas. Elle sursaute.

— Je connais mon frère et ce monstre de Du Guast. Il faut vous cacher, pour l'amour de moi.

— Oui, oui, ma mie mais laissez-moi encore…

Encore ; ces baisers. Elle lui dit ensuite où se cacher.

— Mon frère Alençon vous rejoindra à son tour.

*

Henri III est furieux. Bussy a osé mettre à mal les hommes de Du Guast. Il a convoqué Bussy. L'amant de Margot n'a peur de rien et s'empresse de narguer Du Guast, faraud, aux côtés du roi. Bussy s'incline devant le roi. Sa virilité éclate en dépit de l'écharpe qui soutient son bras. C'en est trop pour Henri. Il fulmine.

— Je vous ordonne de quitter la cour, je vous en bannis !

Bussy salue avec un respect teinté d'insolence. Il ne semble gêné ni de sa blessure, ni de la sentence. Il est, pour le roi, un ennemi de plus. Il eût fallu le tuer et Du Guast a raté son meurtre. Bussy rejoindra les troupes protestantes du Midi. Il ne manque pas d'amis, aussi assassins qu'il peut l'être aussi. Simier, Fervaques, Viteaux... Il croise Brantôme, tout ouïe dans les corridors, où grouille une foule de courtisans. Il s'éloigne avec lui.

— Monsieur de Bourdeille, dites à la reine de Navarre quel bonheur j'ai de porter ses couleurs. Il n'est point de ma faute si je m'éloigne de Paris. Cette disgrâce n'éteindra pas mon amour. Au contraire.

Que ne ferait le seigneur de Bourdeille pour « la perle des Valois » !

Quelques chuchotements, un billet furtif. Bussy se cache à l'abbaye de Saint-Germain-des-Prés. C'est l'endroit idéal, y compris pour aider Monsieur à fuir le Louvre. Les moines ont été bien payés. Margot avait besoin d'un soutien. Ce sera Bussy, et ses alliés.

*

Margot veut réussir ce complot. Vincennes fut un échec. Il lui faut réussir ce qui est bel et bien une trahison contre les siens. L'alliance avec les Malcontents, les armées de Condé, de Damville, les protestants du Sud-Ouest et ceux du Midi. Réussir, complice avec le roi de Navarre, la hissera enfin au-dessus de ce roi méchant qui la persécute. De cette mère indifférente. Elle veut un grand rôle autre que celui de pion de luxe, et d'amante. Si seulement Catherine l'aimait autant qu'elle aime ses fils, Henri surtout. Catherine s'est prise de passion pour Christine de Lorraine, sa petite-fille. La fille de la défunte Claude. Pas un seul jour sans une lettre, un cadeau à l'enfant aimée. Margot n'a jamais obtenu de Catherine cette tendresse. Elle l'eût peut-être aidée à délaisser l'excès d'amants, les rebellions graves et mener ses forces autrement. Quand Marguerite pleure, elle pleure souvent de cette frustration essentielle. Les caresses de l'Amour la consolent, mais pas plus longtemps que l'eau sur une brûlure. Des baisers, encore. Quelle solitude, une fois les baisers envolés ! Fille désormais unique de Catherine, Margot a follement espéré être enfin élue par sa mère. Ce sera l'indifférence. La menace. Elle brisera le couple Henri-Catherine. Elle aidera Alençon et le Navarrais. Elle sera leur étendard. Leur reine. La reine Margot. La fuite d'Alençon a lieu le 15 septembre 1575. Monsieur veut gagner l'Anjou et ses alliés. Monsieur, grâce à un rare élan de sang-froid, a réussi son évasion.

Son nez trop gros est reconnaissable. Il le sait. Il s'encapuchonne dans le manteau d'une servante, fourni par sa sœur. Les instructions sont simples. Il n'est plus question de recommencer les puériles querelles qui ont fait rater la fuite de Vincennes. Monsieur s'en va le premier, de manière si tranquille et ordinaire que personne n'y verra rien. Par la porte, par la cour du Louvre. Nul ne prend garde, en effet, à cette médiocre créature. Une femme, un moine mendiant ? Plutôt un enfant bossu avec un gros nez sous une terne capuche. Il marche ainsi jusqu'à la porte Saint-Honoré. Il s'amuse comme à carnaval. Tout est carnaval. Il se moque pas mal des conséquences. Margot et ses complices ont bien organisé les choses. À la porte Saint-Honoré, une voiture fermée l'attend. Il rejoint ainsi l'abbaye de Saint-Germain-des-Prés. La campagne l'environne.

— C'est vous, monseigneur ? dit le beau Bussy.

Bussy était en train de rimailler pour Margot. Il comparait « ses beaux yeux au ciel, au soleil ». Il est en tenue de cavalier, bien armé, la cape sur l'épaule, la toque de côté, prêt à égorger l'intrus si ce n'est pas Alençon. Sur son écharpe : « les couleurs » de sa Dame.

L'abbaye était alors entourée d'une muraille qui servait de barrière. Au-delà, les champs, les chemins. On est hors de Paris.

— Monseigneur, il nous faut rejoindre Évreux. Nous allons passer par ce trou que les moines m'ont aidé à percer. Les chevaux nous attendent… Dès la Loire, les hommes de Condé et de Damville…

Les deux comparses s'en vont ainsi au galop. Le troisième jour de leur fuite, ils sont au bord de la Loire.

*

Folle a poussé un grand cri.

— Catherine ! Monsieur s'est enfui du Louvre !

— Je sais ! réplique la reine mère, aussi désolée que furieuse. Mon fils et moi, nous savons !

Henri III écume. Louise se tient silencieuse. Elle a mal à la tête. Un excès de bijoux accable un excès de boucles, goût et œuvre de son époux. Si seulement, elle était grosse d'un enfant… Elle déteste les colères d'Henri. Elle reconnaît mal l'époux délicat, aimant, en cet énergumène. Louise ne peut ni le calmer ni le conforter. Elle ne peut qu'attendre. Catherine aussi attend. Tout le monde attend et entend les ordres :

— Fouillez le Louvre de fond en comble ! Fouillez les chambres des dames, fouillez chez ma sœur, fouillez chez toutes ces putains !

En cette cour de factions qui se haïssent, on ne demande pas mieux. Certains corridors portent encore les traces du 24 août 1572. *L'esprit de meurtre* est là. Le Mal est là. Il excite. Il enivre. Il rend fou.

On fouille. On renverse les lits. On tire les rideaux avec violence. On crève les matelas à coups de poignard. On entend crier. On dévaste particulièrement les appartements de Margot. Du Guast s'en donne à cœur joie. Le Béarnais ne dit rien. La main au poignard de chasse, il interviendrait si on touche à Margot. Cette cour est à n'y plus tenir. Il fuira. Les sbires sont partis. Certains lui ont roté au visage. Tout est en l'air. Margot puise son courage dans la certitude que la fuite de Bussy et de son frère a réussi.

— Sire, halète Du Guast en sueur, les joues enflammées, nous avons tout fouillé. Rien. Nous avons ouvert les coffres, passé à l'épée les robes, les vêtements. Rien. Rien aux cuisines non plus...

La colère d'Henri se double d'humiliation.

— Mon frère a fui, il trahit. Sa sœur l'aide, tout cela est contre moi.

Catherine opine en silence. Louise recule dans l'ombre. La situation échappe à la reine mère. Elle réfléchit. Il lui faudra courir après son fils cadet, le ramener à la raison, mais quelle raison ? Son pouvoir s'amenuise. Il est temps, peut-être, de tenter un rapprochement avec sa fille. Elle en obtiendrait des renseignements utiles. La mieux traiter, la flatter. Tenter quelque chose pour sauver ce royaume fantoche, éviter cette nouvelle guerre. L'arrogance des princes lorrains, ces Guises, est plus dangereux aux Valois que les huguenots. Catherine est sur tous les fronts. Il faut rassurer le roi de Navarre. L'amour rassure. Il l'affaiblit et Catherine le sait. La reine mère convoque Charlotte de Sauve. Folle se balance sur sa petite chaise.

— Déployez plus que jamais force câlins avec le roi de Navarre, chuchote la reine mère. Monsieur est parti, il jouira de vous tout entière. Il aime à bavarder quand on l'aime fort. Vous me conterez cela, ma fille. N'hésitez pas à le mettre en froid et méfiance envers son épouse. Sachez le retenir au Louvre. Il est des liens si doux qui retiennent l'oiseau mieux que les chaînes...

Catherine ajoute au lit d'Henry une pulpeuse demoiselle de Rouet – le Navarrais adore les gros seins. Il papillonnera de l'une à l'autre. Trop tard ! Henry est à bout. Sa ruse est de feindre de se laisser prendre aux « chaînes » de bras, de jambes, de ces deux magnifiques putains. Il en profite tellement qu'il dupe même son cher Agrippa d'Aubigné.

— Sire, où est votre fermeté ? Où est ce roi que nous attendons tous ? Il est grand temps de redevenir un souverain si respecté que nul n'oserait porter sur lui les armes...

Il énumère, lugubre, le martyre des réformés.

— Souvenez-vous, sire, de ceux que l'on a ignominieusement brûlés dans le pays vaudois ? Suspendus à des chaînes, de manière à les descendre dans les flammes, les remonter, les redescendre pour les voir se consumer le plus lentement possible… jamais leur foi n'a failli.

— Va ! dit le Béarnais. N'aie crainte. Un jour, en effet, tout changera. J'y veillerai. Je travaillerai à la jonction des deux religions et à établir mon autorité. Va !

Le roi de Navarre a un air si énergique et absolu qu'Agrippa soudain ne douta plus.

Henri III ne décolère pas. Offense à la reine mère : il lui a ôté le droit de s'imposer à son Conseil. Lui seul décide. Elle a une vraie peine mais négocie. Elle négocie toujours.

— Mon fils, le temps est venu de réconcilier monsieur Du Guast et votre sœur.

Henri hausse les épaules. Son abcès sous l'aisselle le taquine. Il se regarde dans son miroir. « Je suis affreux ! ». Il a égaré un pendant d'oreilles lors de sa grande colère. Louise l'a ramassé et le lui remet en silence. Il baise sa main.

— Du Guast et ma sœur ? Vous rêvez, ma mère ! Ils se détestent ouvertement. Il a fouillé ses appartement pire qu'une brute. Elle est furieuse, naturellement.

— Elle est furieuse ! piaule Folle.

— On doit montrer bon visage à la reine de Navarre. Chargez Du Guast de remettre un pli d'excuse à votre sœur, pour cette… agitation.

Henri a saisi un peigne et tente de rabattre sa chevelure. Louise dit « Laissez-moi faire, mon ami. » Elle n'exige rien sinon l'aimer. Sa mère l'aime. Il est entre deux créatures féminines qui jamais ne lui feront de mal. Les mains de Louise apaisent sa migraine.

Il charge son favori de remettre un pli à sa sœur. Le contenu porte sur le départ de Monsieur – que sait-elle à ce sujet ?

Du Guast se rend chez la reine de Navarre. Il est enchanté de la narguer encore.

— Voilà encore Potiron ! pépie Lysande.

La haine de Margot pour Du Guast est insurmontable. Il est entré sans se faire annoncer. Marguerite éclate. Bussy s'est tiré de justesse du guet-apens organisé contre sa vie par ce gros spadassin aux yeux rouges. Il a saccagé sa chambre. Elle abomine sa face enflammée, sa bouche en plaie où fleurit l'injure. Son étrange maladie de peau suinte en traces violâtres sur son visage et ses gros doigts d'assassin.

— Son corps aussi est gâté de la sorte, assure le monneton. Il a bonne vérole ramenée de Venise. Il a beau suer des diettes, il est plus rouge que jamais.

Margot marche sur Du Guast. Elle l'écraserait si la haine pouvait écraser.

— Vous osez vous présenter à moi, fille, sœur et épouse de roi ? Je vous chasse, vous entendez ? Je vous chasse !

La sage madame de Dampierre tente en vain de la modérer. Margot ne peut en rien composer avec cet assassin, ce malotru qui a déjà sifflé sur son passage à la façon dont on siffle une fille de taverne... Et ses spadassins d'oser la siffler ainsi ! Et le roi, et son époux de ne rien dire ! Et sa mère. Ô, sa mère, de ne rien faire...

Pourvu que son cher Bussy ait pu rejoindre Angers sain et sauf ! Son frère est en sûreté, cela se murmure déjà.

— Dehors, Du Guast ! Allez pleurnicher chez le roi ! Dehors !

Du Guast se précipite chez Henri et sa mère. Il s'est retenu pour ne pas écraser son poing sur le blanc visage qui lui tenait tête. Il clabaude tout ce qui peut nuire à Margot.

— La reine de Navarre m'a chassé avec force insultes qui visent le roi. Elle est à l'origine de la fuite de Monsieur et du complot contre la monarchie. Monsieur de Bussy, son amant avec lequel elle a couché dans le lit de son époux, a aidé Monsieur à s'enfuir.

Madame Catherine le fait taire. C'est une des rares fois où elle prend la défense de sa fille. Sincérité ? Révolte originelle ? Calcul ? Jalousie de l'emprise de Du Guast sur son cher fils ?

Elle abomine aussi Du Guast.

— Ma fille, fait-elle avec vigueur, est malheureuse d'être venue dans un tel siècle. De notre temps, nous parlions librement à tout le monde et personne ne le trouvait étrange.

C'est un échec. Catherine perd des points. Henri III enrage à nouveau.

— On ne parle à la cour que de l'inconduite de Margot. Quelle éclaboussure sur mon autorité ! Son crime de haute trahison pourrait lui valoir la mort... Je veux renforcer la garde de ses appartements.

Catherine, à la surprise de son fils, le quitte brusquement. Elle rejoint sa fille. Elle la trouve pâle, les mains et le front chauds. Catherine s'est assise à ses côtés. On a refait les deux lits de sa chambre. Ses femmes remettent de l'ordre en ses coffres.

— Ma fille... Vous êtes née d'un misérable temps.

Réconforter un peu sa fille. Catherine hésite. Elle baise Margot au front, la confie à madame de Dampierre et à madame de Curton. Elle revient près d'Henri afin de tâter la situation.

*

Elle n'est pas bonne, la situation. Margot a des raisons de craindre et se désoler. Du Guast se sert d'une calomnie pour augmenter la fureur d'Henri contre sa sœur. Le roi ne rêve que vengeance. Une misérable et lâche vengeance.

Parmi les suivantes de Margot, on se souvient de la petite Gilone de Thorigny. La rieuse Gilone, étourdie, gentille complice, depuis Lyon, des rendez-vous galants de Margot avec Antraguet. Gilone, fille de Jacques de Matignon, maréchal de France, avait été fille d'honneur de la reine mère. Catherine l'avait « prêtée » à Margot, pour en tirer, sans succès, ses secrets.

— On a vu, colporte Du Guast, la reine de Navarre mignoter fort amoureusement Gilone, qui la mignotait toute de manière scandaleuse...

La cour en fait des gorges chaudes.

Madame de Sauve est chargée d'insinuer au roi de Navarre l'inconduite de Gilone et de Margot. Une liaison d'amantes ! Henry est fort ennuyé. Indulgent aux frasques de son épouse, le huguenot, au fond de lui, ne supporte pas ce genre d'histoire. Le roi s'en mêle, Catherine laisse faire, Du Guast bourgeonne de satisfaction. Le Béarnais est obligé d'agir.

— Ma foi, chassons cette fille de l'entourage de la reine de Navarre et n'en parlons plus !

Gilone est convoquée. Le roi de Navarre expédie l'affaire.

— Je vous prie de quitter immédiatement le service de mon épouse et la cour, ordonne brutalement Henry.

La petite éclate en sanglots.

— Qu'ai-je fait, sire, où aller ?

Rien ne l'assomme autant qu'une femme qui pleure, dont il n'est pas responsable du chagrin. Il se sent injuste. Il devient méchant.

— Vous pratiquez un vilain commerce avec ma femme. Partez donc avec votre cousin de Chastellas, que sais-je !

Qu'est-ce qu'une suivante chassée, une femme tout court ! Si au moins elle avait eu de gros seins et lui avait plu... Ce n'est pas le cas, adieu Gilone. Il la congédie d'un geste. Gilone, désespérée, n'a rien compris. Il n'y pense plus. Ses soucis sont autres. Il a voulu calmer le roi et protéger sa vie, rien d'autre. Il n'a pas imaginé peiner Margot. Il se fiche totalement de Gilone. Margot, à son récit, est outrée et stupéfaite. Elle se précipite chez son époux.

— Que signifie, monsieur, cette insulte, faite à ma Maison et à mademoiselle de Thorigny ?

— Quelle insulte, ma mie ? demande le Béarnais qui enfile ses bottes de chasse.

— Comment avez-vous osé chasser Gilone sans me prévenir et au nom de quels ragots ?

Le Béarnais s'embrouille et s'ennuie. Margot à son tour éclate en pleurs. C'est sa première brouille sérieuse avec son époux.

« Nous ne couchions ni ne parlions plus ensemble », dit-elle.

La reine Margot est bouleversée. C'est la première fois qu'Henry a agi contre elle. Du Guast et le roi s'en délectent. Henry est embêté, mais absorbé par son sort et les prouesses amoureuses de Charlotte de Sauve. Avant, ils couchaient encore ensemble, Margot et le Béarnais, à la façon de deux amis épris d'érotisme. Deux amis, c'était précieux, en cette cour infecte. L'affaire Gilone de Thorigny compromet tout. Margot est de plus en plus isolée.

— Du Guast doit périr, se répète Margot.

Le Béarnais est à l'extrême de ce qu'il peut supporter. Ah, son Béarn, ses amis, ses chers huguenots ! Tout est pourri au royaume des Valois. Il veut à nouveau sentir, sous ses pas, les chemins de son enfance. Revoir les frais torrents de sa jeunesse déjà si éprouvée. Agir. Régner.

Les nains ont longtemps chuchoté qu'à partir de l'offense faite à Gilone, donc à elle, Margot fut obsédée de faire disparaître Du Guast.

Un meurtre ne fait pas peur à Marguerite. Elle en a tant vu depuis son enfance. C'est un temps où il ne se passe pas un jour sans un poème, des amours délicieux, des peintures rares, des danses, des messes et des prêches, une foule de supplices, de guerres et d'épidémies. Le brocard ou la bure sont brodés de sang. Tuer est banal. Préparer la réplique, le crime, est monnaie courante.

Il faut tuer Du Guast.

Margot prend tous les renseignements possibles. Ses naines lui sont précieuses. Ses gentilshommes qui soupirent pour elle, en lents clins d'yeux maquillés à la poudre ocre, espionnent Du Guast. Il est haï par la faction de la reine de Navarre. Il est l'homme du jour, le favori du roi et le meneur des mignons. On l'envie, on lui fait des bassesses et on rêve de s'en défaire. Bussy n'en a pas eu peur, mais Bussy est loin.

Il a failli tuer Bussy. Il nuit sans répit à Margot. Le danger stimule la reine de Navarre.

Où est la faiblesse de l'ennemi ? Sa maladie de peau.

Henriette de Nevers a obtenu des confidences sur Potiron d'une fille de l'escadron volant.

— Les offenses de sa peau ne l'empêchent guère de coucher avec une grasse fille de chez la reine mère, cette blonde, bouclée telle une brebis, à la fesse large. Charlotte de Sauve, la demoiselle Rouée, la rousse de l'escadron couchent aussi avec Du Guast.

— Catherine veut donner bonne vérole au roi de Navarre, donc à Margot ! s'indigne Lysande.

— Où donc se rend le sieur Du Guast pour tant d'affaires ?

Trois, quatre voix féminines chuchotent autour de Margot. On croque des dragées.

— Son physicien le fait soigner par suées et onguent. Du Guast prend des bains deux fois la semaine, dans une maison à double issue, du côté des Innocents. La logeuse a fait percer la muraille entre son logis et la maison de *la suée.* Elle a fait aménager deux chambres. L'une contient un grand baquet rempli d'eau très chaude où macèrent des orties, du sureau, du vinaigre et de la poudre de cannelle. La vapeur monte. Potiron lance ses vêtements au sol, décroche épée et dague. Il entre nu là-dedans. Il sue abondamment. La chambre à côté est destinée à le sécher, à l'oindre… au dîner et à l'amour. La logeuse, une veuve, grasse, blonde et rieuse, peu vêtue, sèche Du Guast tout nu, tout rouge, avec un drap fin. Elle l'enduit de l'onguent *egyptiac,* puisé au *Traité des drogues* de Nicolas Lémery[1].

— Du Guast dévore ensuite force portion de porc et perdreaux en ragoûts. Il boit du vin à la cannelle. Il fait l'amour avec la logeuse. Elle a hérité de ces logis suite au décès de son vieux mari, égorgé lors de la semaine sanglante. Il était catholique, vieux, avare et grincheux. La logeuse le détestait. Du Guast a égorgé le mari. Il *sue* désormais chez elle.

Un fou rire. Margot est entrée dans le jeu du meurtre. La voilà excitée, comme si elle préparait une fête dont elle est, bien sûr, la reine.

— Il me faut rencontrer le baron de Viteaux, murmure-t-elle à Henriette.

1. In *Ambroise Paré,* Jean-Pierre Poirier, Pygamalion, 2005. « L'*egyptiac* est une composition fort détersive. Un mélange de sous-acétate de cuivre, de vert-de-gris, de poudre d'alun, de sel, dilués dans le vinaigre et adoucis du miel. »

Monsieur de Viteaux, magnifique spadassin-assassin, de la suite de son frère. Il lui a parfois lancé des œillades.

— Le baron de Viteaux est l'homme qu'il me faut. Il s'est fait une mauvaise affaire avec mon frère en tuant son vilain mignon du nom d'Alègre. Où le trouver ?

— Ses amis ont tenté en vain d'obtenir du roi sa grâce. Du Guast s'est opposé avec vigueur. Viteaux le hait. Il s'est réfugié au couvent des Grands-Augustins. Il veut rejoindre Monsieur... Il est tout dévoué à votre cause.

Chuchotements des deux amies. Petits baisers échangés. Henriette de Nevers fait parvenir un billet au baron de Viteaux.

La reine de Navarre lui donne rendez-vous à la chapelle du couvent, le 29 octobre 1575.

À minuit.

*

Rien ne fait autant palpiter la reine Margot que ces hasards où un homme l'attend. Un homme qu'il lui faut séduire pour vaincre son ennemi. Il n'est pire offense à Margot que de laisser un mâle indifférent. Du Guast est sa nuisance, certes, mais il n'est pas exclu qu'elle se venge *aussi* de son dédain. Cette nuit d'octobre est sombre et froide. La reine de Navarre a quitté le Louvre avec l'aisance de ses audaces. Une voiture fermée, elle-même enveloppée d'une grande cape à capuche, un masque sur le visage. Une robe un peu légère, pour l'heure et la saison. Les cheveux dénoués, retenus par un bandeau de perles. Un cocher, un laquais huguenots. Ils sont armés.

— N'intervenez que si vous m'entendez crier.

La chapelle est cette béance sombre, glaciale. Elle frissonne. Les dalles résonnent. Une ombre se tient près de l'autel. Margot se signe et s'agenouille. L'ombre est près d'elle. Colossale. Une respiration forte. *Si ce n'est pas lui, je suis perdue.*

— Monsieur le baron de Viteaux, j'ai besoin de vos services.

— Tout ce que vous voudrez, madame.

Un faible lueur. Un flambeau grésille. Cet homme, cette femme, deux profils devant le vitrail obscur. Le profil du Mal. Et pour accomplir le Mal, Margot utilise son piètre dérivé : la séduction. Monsieur de Viteaux respire une surprenante force animale qu'elle n'a entrevue que chez Du Guast. On ne câline pas, on ne mignote pas, à minuit, pour en soutirer le crime, ce genre de grand fauve mal connu. Un tel danger galvanise la reine de Navarre.

— Je veux, dit-elle, que vous me débarrassiez de votre pire ennemi qui est aussi le mien. Du Guast a persuadé le roi mon frère que vous préparez son assassinat. Il veut vous faire périr.

La respiration de l'ombre est rauque. La cadence d'un beau cheval d'attaque.

— Combien ? rétorque-t-il avec brutalité.

— Voici un sac d'or.

Elle a tendu l'or d'un bras dénudé jusqu'au coude. Le rougeoiement du flambeau éclaire la chair blanche, aussitôt dissimulée sous le manteau.

Il a pris l'or. Il en fait résonner le contenu. Il ne bouge pas. Elle ne bouge pas. Sa capuche et son masque ôtés, elle se tourne vers lui.

— Vous êtes le seul qui puissiez m'aider.

Il regarde cette bouche murmurer ces mots de mort, d'un ton si suave. Sa chevelure si noire, ce silence de la nuit, de la voûte, là, près de cette femme à la réputation obsédante… Tuer Du Guast n'est rien pour lui. Il y a déjà pensé. Tuer pour elle contient une meilleure saveur. Un meilleur mépris. En cheveux, les épaules dénudées, il tient là, une fille offerte.

Tout va très vite. Elle savait que tout irait, à un moment, très vite. On la tuerait ou elle capturerait l'autre. Pas de baisers, sur ces dalles de la chapelle. Aucun linge sous la robe sans vertugadin, presque un vêtement de nuit. Il va vite, l'homme. Il trousse, il possède, il mord, il va, il vient. Un mâle, une bête, elle aussi est une bête. L'accouplement autour d'un accord sanglant. Un plaisir bref et fulgurant. Là ; sous l'ombre de l'autel, de la croix, des saints. Sur ces dalles qui recouvrent des ossements pieux. Entre lui et elle, rien. Le Mal. Dieu et ses silences. Le Mal et ses cris. La force de ses puissants genoux de femme. L'or a roulé au sol. Un fracas. Ses mains autour de son cou. Il serre. Un peu. L'étrangler ? Il tuera Du Guast.

*

Trois jours plus tard, au saint jour des Morts. Le baron de Viteaux et quatre de ses sbires entrent par la fenêtre de la maison de la veuve. Du Guast, nu, sue sa diète. Il n'a pas le temps de saisir son épée. Il est transpercé de coups. Il maudit le nom de Margot. Il se traîne, saigne pire qu'un porc. On frappe encore. Il est lent à mourir. Dans la chambre à côté, on hurle. Cela sent le pot-au-feu et le vin chaud. La veuve, en chemise, en cheveux, tremble et recule. Viteaux lève l'épée en riant. Il se contente de fendre sa chemise qu'il souille du sang de Du Guast. Il trouve drôle de la voir courir nue, grasse et rose, en tous sens. Il n'a pas le temps de la violer. Lui et ses hommes ont galopé jusqu'en Anjou.

La reine Margot est débarrassée de Du Guast.

À la cour, on ne parle que de cet assassinat. Margot a la fièvre. Faire l'amour, bien sûr, la nuit sur les dalles glacées d'une église, y est pour quelque chose. L'angoisse, aussi. Elle trace sur son bras un eczéma. Un érésipèle. Du Guast aussi en souffrait. Quelle sera la vengeance de son frère ? Henri a poussé des cris déchirants. Il a voulu pour son favori des funérailles quasi royales. Du Guast est inhumé dans un caveau à Saint-Germain-l'Auxerrois. La cour s'y rend. Henri III fixe sa sœur d'un air hagard et féroce. Des années plus tard, Marguerite ressentira une répulsion et une indignation intactes contre son ennemi disparu. À croire qu'elle n'y fut pour rien.

> « Du Guast… ayant été tué par un jugement de Dieu lors qu'il suait une diète, comme aussi c'était un corps gâté de toutes sortes de vilenies, qui fut donné à la pourriture qui dès longtemps le possédait, et son âme aux démons, à qui il avait fait hommage par magie et toutes sortes de méchancetés[1]. »

Ce crime a décuplé la haine et la vengeance de son frère.

Henri III va-t-il la faire assassiner ? Catherine modère les choses mais accuse ouvertement sa fille du complot avec Alençon. La situation de Margot empire soudain. Le roi de Navarre va prendre la clé des champs. Sans elle et sans le lui dire. L'année 1576 débute avec sa fuite. Une belle mise en scène pour tromper ses ennemis. Monsieur de Fervaques, d'Aubigné, ses complices l'ont aidé. Le 1er février, il feint la disparition. Il est allé chasser près de Senlis et ne rentre que le lendemain. Il veut qu'on le cherche, qu'on s'inquiète. Voilà qui est fait. Le 2 février, notre Gascon, patelin, sale, barbu et d'humeur joyeuse, se présente chez Margot. Elle pousse un cri. Il y a de l'affolement dans l'air.

— Comme vous voilà fait ! Tout crotté de la botte à la barbe et couvert de feuilles !

— J'ai voulu tirer un cerf, ma femme, en forêt de Senlis. M'a-t-il fait courir ! En vain. J'ai manqué une belle pièce mais le grand air m'a fait grand bien. Je courrai le cerf encore demain. Le temps s'est adouci.

— Le temps n'a rien de doux. Courez le cerf, mon ami ! Courez !

1. In *Mémoires, op. cit.*

Elle boude toujours son époux. Sa mine renfrognée crée une fâcheuse ressemblance avec sa mère. Elle a quelque chose d'agité dans le regard. Rien ne retiendra Henry. Le 3 février, il « court » encore le soi-disant cerf. Ne rien dire à Margot. Trop d'espions grouillent autour d'elle. D'Aubigné veille, y compris à la faiblesse possible des alliés.

— J'étais au coucher du roi, dit Agrippa. Monsieur de Fervaques a été imprudent, et le roi soupçonne votre escapade de chasse… Le temps de fuir à jamais cette Babylone est venu. On surveille déjà étroitement les appartements de votre épouse.

C'est l'ordre du roi. Révolté de la mort de Du Guast, il se méfie du Béarnais. Des gardes vont et viennent devant les appartements de Margot.

— Mes amis n'osent même plus venir me visiter, ils craignent pour leur vie, confie-t-elle à Henry.

Il n'y peut pas grand-chose. On l'éloigne de la chambre de son épouse. Il porte sans cesse une « *cuirassine* » sous ses vêtements et, écrit-il à monsieur de Miossens, « toute la Ligue que savez me veut mal à mort… je n'attends que l'heure de livrer une petite bataille ».

L'heure a sonné. Henry écrit au roi qu'il souffre de se sentir soupçonné et peu respecté. Henri III ne répond rien. Ni ami ni ennemi. Le silence. La surveillance de sa sœur.

Le 11 février, Henry a galopé de Senlis jusqu'à la ville d'Alençon. Il assiste à un prêche protestant. Il galope avec ses amis jusqu'à Niort. Le 13 février, il abjure solennellement et redevient protestant. Il regagne au plus vite son pays. Quelle fête de le revoir à Pau ! En quinze jours, il a disparu du Louvre, « cette cour d'amis où je brave tout le monde », raille-t-il. Sa fuite n'a d'égale que sa goujaterie envers Margot. Sa fuite ressemble à une répudiation. L'offense atteint Margot au plus vif de son orgueil. Un traumatisme. Son eczéma s'intensifie sur son bras. Son jeune frère si loin, Bussy aussi, son époux envolé. Elle n'est plus rien, seule dans les griffes du frère. Il double la garde devant sa porte.

— Qu'elle s'échappe et je la tue ! crie Henri à sa mère.

Catherine suppute l'avantage à tirer des événements.

— Margot est toujours mariée à ce mangeur d'ail. Il y a bonne négociation à tirer de cela. Il ne peut faire autrement qu'envoyer une lettre.

Les lettres du Béarnais sont alors des billets griffonnés, parfois au dos d'un cheval. Il est en cavale. Flanqué de ses fidèles, il galope vers les villes du Sud-Ouest, liées à sa cause. Marguerite finit par recevoir un message de lui. Une lettre hâtive mais gentille, une lettre d'excuse. Non, non, il ne se méfiait pas d'elle, ne sont-ils pas amis, mais que faire en ce Louvre où sa vie était sans cesse menacée ? « Pardon, ma mie, mais je n'ai pu quitter le Louvre qu'à la hâte. » Elle est son épouse et elle sera accueillie en Béarn, « son royaume » avec empressement.

Il affirme avec son humour où se mêlent sincérité, ruse, gasconnade et un profond calcul :

« J'ai regret d'avoir laissé [à Paris] la messe et mon épouse. Je me passerai de la messe mais *de l'autre, je ne peux et je veux la ravoir.* »

Il n'est guère surpris de la résistance offensée d'Henri III. Une autre missive est arrivée à Margot. La petite Élisabeth a créé son couvent. Une véritable amie. Elle s'engage « envers Marguerite, sa bonne sœur », à tout soutien spirituel… et matériel. Secours puisé sur son douaire si besoin était. Margot a fondu en larmes. Elle ignorait qu'on pût aimer purement.

*

Henri est entré brutalement dans la chambre de Margot. Elle est en vêtement de nuit. Ses femmes peignent ses cheveux. Elles ont peur. Les gardes sont nombreux devant sa porte. La colère d'Henri monte. Il va et vient, de bleu tendre mêlé d'argent vêtu, mais son regard a une dureté criminelle. Une vague concupiscence devant ce corps visible sous la soie blanche.

— Vous le saviez ! crie-t-il. La fuite du Moricaud, celle de votre époux, la mort de Du Guast, tout est votre faute !

— Sire, mon frère, laissez-moi rejoindre mon époux. Ma place est auprès de lui et vous seriez débarrassé de mon encombrante présence.

— Jamais ! hurle Henri. Le roi de Navarre est retombé dans son huguenoterie. Vous n'irez pas chez ces gens-là. Vous y achèveriez vos trahisons.

Un peu de bave au coin de sa bouche. La « fontaine » creusée sous son aisselle souille sa manche. Il marche sur sa sœur comme s'il ne la voyait pas. Les naines crient. Catherine est soudain dans la chambre. Essoufflée. Margot recule contre la fenêtre dont on a grillagé les vitres.

— C'est pour votre protection, ma fille, que le roi vous prie de demeurer avec nous.

— Parfaitement ! s'enroue Henri. C'est pour son bien, la maudite ! Je veux exterminer les huguenots !

— C'est la faute de Du Guast ! crie-t-elle, oubliant qu'il est mort. Il vous a dicté ces choses !

L'un et l'autre perdent la tête et veulent s'empoigner et se battre.

— Assez ! ordonne la reine mère, se plaçant entre eux.

Quelle épingle tirer de cet écheveau familial ? « La guerre ! » a dit son fils. Elle a lutté toute sa vie contre cette hydre et ses enfants la déclenchent sans répit…

Henri s'en va, éructant d'injures, suivi de Catherine qui respire court. Margot s'écroule devant sa coiffeuse. Elle tremble. Un garde massif est entré avec une cage à chien. Madame de Tournon et sa fille Hélène s'étonnent. Margot se lève. Le garde attrape Lysande et la Turque. Elles hurlent. Il les enferme dans la cage. Elles tendent les mains à travers les barreaux.

— Margot, au secours ! Margot !

— Vos naines sont confisquées. Ordre du roi.

Margot cogne contre la porte fermée. Elle sanglote. Va-t-il faire égorger ses gentilles petites compagnes ? Madame de Tournon ne sait que dire. Hélène de Tournon a peur.

Le matin, Nanon est chez la reine de Navarre. Elle n'a pas dormi. Nanon parle vite et bas. Lysande et la Turque sont avec Folle et les autres chez Catherine. Monsieur de Bezon le lui a dit. Bien traitées, elles sont, en effet, « confisquées ».

Henri III concocte une plus sordide vengeance. Il réduira davantage sa sœur et vengera son Du Guast trop aimé. Sa cible est à nouveau la pauvre Gilone de Thorigny, réfugiée chez son cousin Chastellas. Il a convoqué les hommes de feu Du Guast.

— Vous vous saisirez de cette gueuse de Thorigny, responsable des égarements de ma sœur. Noyez-la dans la rivière.

Le soudards, enchantés de ce genre de mission, galopent dans la campagne. Le baron de Chastellas aime cette cousine, charmante et persécutée. Il a des biens et des gens à son service. Trop tard. Les soudards envahissent la demeure. Ils se saisissent de la malheureuse, l'attachent, terrifiée, à terre. Ils ricanent ; ils la jettent ainsi ficelée dans une pièce.

Dans la cour, les brutes abreuvent leurs chevaux. Ils ont faim et soif. Après, ils s'amuseront de la fille, la noieront et trancheront la gorge de Chastellas.

— Vite, dit Chastellas à ses serviteurs. Du vin, des ripailles !

Deux valets ont réussi à s'échapper et à courir sur la route, à deux kilomètres de là. Il s'y trouve des gentilshommes au service de

Margot, monsieur de la Ferté et monsieur Aventigny, et leur troupe. Ils jurent de sauver Gilone et la maison Chastellas.

— Nous rendons grâce à Dieu de rendre un service à la reine de Navarre.

Dans la salle, en bas, les brutes boivent et s'empiffrent. « À la française. Jusqu'à crever de tout ce qui était le meilleur », s'indigne Marguerite.

Ils oublient Gilone entravée de cordes. La troupe de la Ferté et son ami dispersent sans ménagement les scélérats trop ivres pour agir. Gilone, à demi morte d'épouvante, est sauvée. Chastellas et sa cousine, bien escortés, rejoignent Monsieur. Il rend hommage à Gilone de Thorigny, lui offre une belle hospitalité. Il la compte, avec ses amis, en sa nouvelle cour. Le roi est dépité. Margot est atterrée.

— Mon frère est capable de tout. Je dois convaincre ma mère de rejoindre mon époux.

Un dur silence autour d'elle. Sa punition s'éternise. L'enfermement s'éternise. Des jours, des semaines. Catherine est préoccupée par la division de ses fils. Apaiser l'aîné, courir après le cadet. On a presque oublié la reine de Navarre. L'ennui s'empare d'elle avec une telle violence qu'elle tombe malade. La fin de l'action. La fin de l'amour. La menace des siens. L'incertitude du lendemain. Elle pleure beaucoup. Elle prend ses repas dans ses appartements. Elle n'a pas faim. Ses femmes la consolent. On les laisse entrer si peu de temps. La cadence des gardes. Le cliquetis de leurs lances. Un soir, elle se couche avec un rhume qui devient du délire. Une grosse fièvre. L'abandon. La prison. Elle est étonnée en ouvrant les yeux de voir sa mère à son chevet.

« Je fus, confie Margot, plus malade en l'âme qu'au corps de l'ennui qui me possédait... »

Sa mère s'empêtre en paroles mielleuses, où la conclusion tient dans une phrase, la plus sincère de son discours faussement apaisant :

— Ma fille, je ferai tout ce que je pourrai pour mettre la paix entre vos frères.

L'adversité en une cour royale, partout, ne pardonne pas. Margot est mise en quarantaine. Un seul fidèle, ami du Béarnais, brave les gardes et lui rend visite.

— C'est vous, mon brave Grillon ? Ma mère s'en est déjà allée...

— Oui, madame, répond l'austère M. Louis Beton de Grillon.

Il est long et maigre, l'œil tragique, le cœur sans mépris. Il a les bras chargés de livres.

— La reine mère me prie de vous porter cette distraction.

On entend un grand bruit de cage. Catherine a obtenu de restituer à Margot ses naines comme on rapporte deux perruches. « Je ne veux pas que ma fille tombe en *mélancolie.* » La Turque et Lysande ont les larmes aux yeux. Un peu d'espoir réconforte Marguerite.

Les livres !

Marguerite, femme de lettres innée, peu à peu, se console par la lecture. Elle n'a pas puisé, ainsi que Marie Stuart, dans ses geôles, l'évasion par la broderie. Meilleurs sont les livres et l'écriture. La solitude se modifie. Sa chambre devient cette cellule de constants enrichissements. Le temps passe vite à qui aime lire. Les ouvrages de Madame Catherine viennent de sa magnifique bibliothèque. Philosophes, théologiens, poètes, penseurs, astronomes, romanciers. Lire ! « Là, dit-elle, je commençais à me plaire. » Lire, lire. *Le Roland Furieux* de l'Arioste, Platon, *La Franciade* de Ronsard, *Le Parfait Courtisan* de Castiglione… Elle se plonge dans les Écritures saintes, Évangiles, psaumes, les écrits de saint Paul, ceux de saint Augustin, de saint Thomas d'Aquin. Elle ne voit plus passer les heures. Elle songe à son amie, la petite Élisabeth, à son sourire d'enfant quand elle lui lisait des paraboles. La piété, paradoxe, est aussi dans le caractère de Margot. Fougueuse, trop libre de mœurs, capable de voir mourir et de faire mourir, la reine Margot est une âme riche, que nourrit les beaux textes. La création, son créateur, la nature, le doute, la ruse, les vers, le théâtre ; tout l'enchante. Elle lit. Elle écrit un peu. Elle réfléchit sur l'adversité. Elle lit les Stoïciens. Sénèque. Elle y puise une force nouvelle. Une prison est aussi un univers fallacieux, une cage pas plus désagréable que ne l'est la prison de la vie. Ces longs jours, enfermée, étayée à la lecture, vont cultiver chez elle l'élévation. Une résistance nouvelle. La distance envers les contingences.

Elle lit.

Il a fallu des mois et que Monsieur eût franchi la Loire pour que le roi se décidât à ouvrir la cage de Margot. Homme d'administration plus que de terrain, Henri, peut-être influencé par Louise, désolée de ne jamais être grosse, accepte de « traiter » avec l'ennemi. Dénouer une telle situation. Margot prisonnière, le roi de Navarre trop populaire chez les protestants en nombre croissant, les Guises, ultracatholiques, avides du pouvoir, Henri III devine sa fragilité. Il faut bien négocier. Mais que négocier ?

— Marguerite, d'ennemie, peut devenir une bonne arme, murmure Catherine.

Le succès du roi de Navarre entraîne le regain de la guerre. Octobre 1576. Henri de Guise est très fier de sa victoire à Dormans.

« La plus accomplie princesse du monde... »

© The Bridgeman Art Library

Le père de Marguerite, le roi Henri II (1519 - *1547* - 1559), meurt lors d'un tournoi tragique. « Misérable coup qui priva la France du repos et notre maison du bonheur. » *(Marguerite)*

© BnF

© Lauros / Giraudon / The Bridgeman Art Library

Veuve d'Henri II, régente de France, Catherine de Médicis gouverna le royaume pendant trente ans. Ses tensions avec sa fille Marguerite furent graves. « Ma mère alla toujours me diminuant sa faveur, faisant de son fils son idole. » *(Marguerite)*

© RMN (Domaine de Chantilly) / René-Gabriel Ojéda

Marguerite de Valois à huit et quatorze ans. « Ma fille est la plus accomplie princesse du monde. » *(Catherine de Médicis)*

Les fils de France

François II (1544 - *1559* - 1560),
époux de Marie Stuart.

© BnF

© RMN (Château de Versailles)/Gérard Blot

Charles IX (1550 - *1560* - 1574), violent, déséquilibré, il fut un des responsables de la Saint-Barthélemy. « Tuez-les tous ! »

© RMN (Domaine de Chantilly)/René-Gabriel Ojéda

Henri III (1551 - *1574* - 1589), frère aîné de Marguerite, manipulateur, incestueux, fils préféré de Catherine, il participe avec violence au malheur de sa sœur. « Qui offense ne pardonne jamais. » *(Marguerite)*

© RMN/Gérard Blot

Hercule François (1555-1584), duc d'Alençon puis d'Anjou : le frère désastreux de Marguerite. « Un petit moricaud ne rêvant que guerre… » *(Catherine de Médicis)*

Les filles de France

Élisabeth de France (1545-1568), épouse de Philippe II d'Espagne.

© Giraudon/The Bridgeman Art Library

© RMN (Château de Versailles)/Jean Popovitch

Claude de Valois (1547-1575), épouse de Charles de Lorraine. Les deux sœurs se trouvaient ensemble au Louvre pendant la Saint-Barthélemy.

Margot à seize ans. « La tête près du bonnet et le bonnet volontiers de travers. » *(Ronsard)*

© BnF

« *Un misérable temps...* »

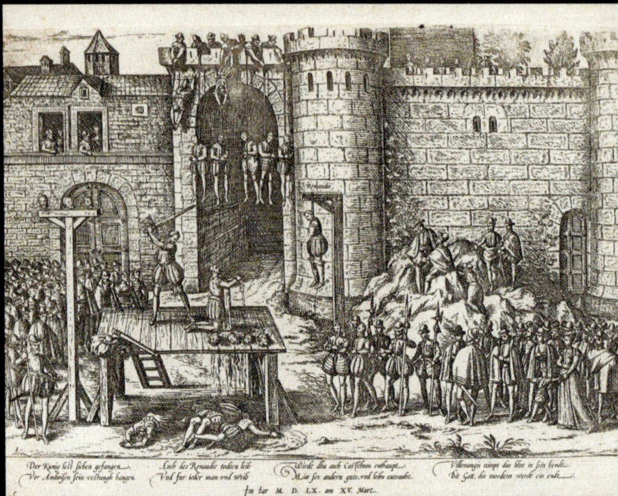

© RMN/René-Gabriel Ojéda

Les guerres de religion, secousses permanentes du royaume. Exécution des conjurés d'Amboise en 1560. Margot a sept ans. « Ma fille, vous êtes née d'un misérable temps. » *(Catherine de Médicis)*

© RMN/Daniel Arnaudet

Les fastes à la cour des Valois. « Illustre maison, nourrie des rois mes pères et frères. » *(Marguerite)*

© RMN/René-Gabriel Ojéda

Henri de Bourbon, puis de Navarre (1552 - *1589* - 1610). « Ma femme n'était rien qu'esprit, prudence et savoir. »

© Photo Josse/Leemage

*P*our son mariage, le 18 août 1572, « le roi de Navarre (…) et toute la cour sont paré[s] (…) [elle] habillée à la royale, avec la couronne et couette d'hermine (…) toute brillante de pierreries. »

© RMN (Domaine de Chantilly)/René-Gabriel Ojéda

*G*aspard de Coligny (1519-1572), chef du parti protestant, assassiné à l'instigation de Catherine de Médicis. Il est l'une des premières victimes de la Saint-Barthélemy.

*M*assacre de la Saint-Barthélemy, pendant les fêtes de ses noces – noces dites vermeilles. « Le tocsin sonnant, on ne me disait rien de tout ceci. » *(Marguerite)*

Les amants

Première passion de Marguerite: Henri de Guise, dit « le Balafré », chef de la Ligue. « L'ardeur de ma sincère passion. » *(Marguerite)*

© RMN (Château de Versailles)/Gérard Blot

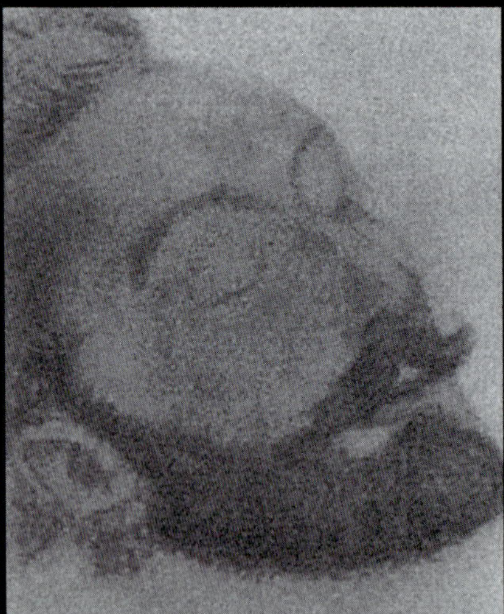

Collection de l'auteur

Pendant la nuit qui suivit l'exécution de La Molle, Margot eut une idée macabre et romantique: acheter la tête de son amant au bourreau et la faire embaumer…

RMN (Château de Versailles)/Franck Raux

Les palais

© Albert Harlingue/Roger-Viollet

Nérac, en Gascogne, demeure de son époux, le roi de Navarre. Marguerite y séjourna deux fois. En 1578 et 1584. « Je suis fort contente et heureuse. Je le dis sans dissimuler… » *(Marguerite)*

© Rue des Archives/Tal

Usson, près d'Issoire, en Auvergne. Le nid d'aigles où Marguerite fut enfermée pendant dix-neuf ans (1586-1605) sous l'ordre de son frère Henri III, de sa mère et de son époux. « C'est mon fléau en son monde. » *(Catherine de Médicis)* « C'est une dangereuse bête. » *(Henri de Navarre)* « L'ignominie que cette misérable nous a faite. » *(Henri III)*

© Rue des Archives/Tal

Hôtel de Sens, rue du Figuier, à Paris : le retour en grâce. Marguerite y mène un train royal jusqu'en 1606, après l'assassinat de son jeune amant.

© Musée Carnavalet/Roger-Viollet

La sépulture des Valois à Saint-Denis jamais achevée. La Révolution détruisit tout et jeta les corps à la voirie.

© Giraudon/The Bridgeman Art Library

Reine rebelle mais aussi reine de beauté ou la « perle » des Valois. « Cette beauté plus divine qu'humaine est plus faite pour damner les hommes que pour les sauver. »
(Don Juan d'Autriche)

Il y reçoit, en travers du visage, cette fameuse balafre qui l'identifie à son père.

— Il finira comme lui, répond Ruggieri interrogé par Madame Catherine. Assassiné, avec un Lorrain de sa famille. Je le lis dans les méandres de ces entrailles humaines...

On voit des signes partout, surtout Catherine. On a parfois raison. Henri III et la reine mère sont inquiets, non de cette victoire, somme toute assez mince, mais du succès grandissant de Monsieur.

— Serait-il moins sot que nous ne le pensions ? gronde Henri III.

Versatile et fourbe, Monsieur s'est allié avec des spadassins allemands et anglais. Ces huguenots-mercenaires, aux ordres de Condé, appartiennent au prince palatin, Jean Casimir. François-Hercule a désormais sous ses ordres une armée protestante, ennemie de celle de son frère. Ces reîtres sont secondés par des huguenots du Sud-Ouest, et par les Politiques. Monsieur en est le roi, le Béarnais l'énergie, Margot l'égérie.

Catherine présente ses arguments à Henri III. Il s'en agace mais l'écoute.

— Rejoignons votre frère, qui ne cesse de faire le fou. Vous connaissez la passion du Moricaud pour madame de Sauve, qui fut aussi celle du roi de Navarre ? Elle sera du voyage. Emmenons Margot. Hercule et Margot s'aiment. Margot est l'épouse du roi de Navarre. Cela nous aidera à traiter.

Henri III accepte, la bouche amère. Il faut, hélas, compter sur Marguerite puisqu'il ne l'a pas fait étrangler.

*

Curieux voyage ! Marguerite, enchantée de quitter sa geôle, confortée de lectures, est ravie de retrouver les chemins et les coches d'eau. Elle adore voyager, aller, aller, et que la Gloire s'ouvre sur sa route en même temps que cette poussière, ces vents d'hiver, et les premières douceurs de mai... Margot a vingt-trois ans, le Navarrais aussi, Alençon vingt-deux ans, Henri III vingt-cinq... La rencontre a lieu début mai, près de Sens, au château de Castenay.

La confrontation avec les deux frères est difficile. Henri III contient mal son exaspération. Près de lui, trop petit, laid, moqueur, l'épaule voûtée, ce frère cadet, rebelle, *son sujet,* refuse tout accommodement. Il ose imposer ses exigences.

— *Je veux* un traité qui respecte le culte et la liberté des protestants.

Les clauses imposées par Monsieur sont insupportables à la monarchie, aux efforts de Catherine à la protéger. Marguerite est à la fête. Songe-t-elle, en cette revanche trop immédiate, à l'avenir perdu des Valois ? Elle est vêtue de soie dorée et du côté de Monsieur, il y a Bussy. Il porte ses couleurs.

Monsieur, donc, exige, dans son traité surnommé « la paix de Monsieur » – de son vrai nom, « la paix de Beaulieu » –, que les protestants occupent des places fortes, dans le Sud-Ouest, le Midi...

— Les victimes de la Saint-Barthélemy seront indemnisées et réhabilitées, dont feu monsieur de La Molle et le baron de Coconas.

Henri III est au bord d'une crise de nerfs. La reine mère est impassible, le cœur lent. Margot, resplendissante, à ses côtés, a repris son optimisme naturel. Et Bussy si proche... dont le traité officialise le titre de « gouverneur d'Angers ». Monsieur pense à lui et largement. Il exige avec son titre de « duc d'Anjou », la terre d'Anjou, le Maine, le Berry, et un millier d'écus en or.

Alençon humilie son frère et venge Margot d'avoir été offensée.

— Le roi de Navarre est aussi gouverneur de Guyenne. Au roi de France de dédommager les frais de campagne des mercenaires de l'électeur palatinois. Dix millions de livres. Mon frère, vous n'avez qu'à vendre les bijoux ramenés de Pologne et d'Italie.

Catherine, lugubre, désolée, voit son fils aimé éclater en larmes, en signant ce qu'a exigé cet avorton qu'il hait. Il refuse d'assister au *Te Deum* triomphant de Monsieur.

On est le 6 mai 1576. La catholique Touraine, mise ainsi à la botte de ce Moricaud allié de leurs ennemis, est consternée. Le duc d'Anjou fait, avec les siens, sa triomphante entrée à Tours. Arches fleuris, danses, musiques... mais le cœur n'y est pas. Un arc de triomphe a été bâti, et parmi ses feuillages, deux statues simulent Castor et Pollux.

Henri et son frère.

Le duc d'Anjou, rit, content de lui, en situation enfin dominante.

Margot aussi se sent reine. Cette nuit ou une autre, Bussy la rejoindra et nul n'y trouvera à y redire. Ces baisers, ces baisers. Sa claustration, ses larmes, sa fièvre, ses lectures, n'ont pas gâté son teint. Elle charme plus d'un seigneur présent. La liberté – mais laquelle ? – lui donne des ailes. La mortification de son frère et de sa mère colore ses joues d'un rose charmant. À Tours, on siffle quand passe Alençon. Un murmure furieux se lève contre lui.

— Traître ! Renégat ! Lâche !

Monsieur est détesté par les fidèles à Henri III. Catherine reprend espoir. Rien n'est perdu pour son cher fils. On revient à Paris. Margot aussi. Elle espérait rejoindre son époux.

— Il m'est agréable que vous soyez présente à l'ouverture des états généraux, dit Henri III.

Il fait diversion en accordant à sa sœur un grand rôle de représentation. Elle en raffole. La cérémonie a lieu à Blois, le 6 décembre de la même année.

La reine Margot est éclatante. On n'a d'yeux que pour elle plus que pour le discours du roi. Brantôme la décrit de son indéfectible élan d'amoureux :

> « Je vis notre grande reine… vêtue d'une robe orangée mais le champ était noir avec force clinquants, et son grand voile de majesté, qu'étant assise en son rang elle se montra si belle et si adorable que j'ai entendu dire à plus de trois cents personnes de l'assemblée qu'ils s'étaient plus avisés et ravis à la contemplation d'une divine beauté qu'à l'ouïe des propos du roi son frère[1] »…

Qu'importe la parure ; Margot est toujours prisonnière. Monsieur, à Blois, fanfaronne mais au discours de son frère, flanche à nouveau. L'emprise des siens a joué. Sa nature lâche resurgit. Il renie tout ce qu'il a promis aux protestants. Catherine s'en doutait. Marguerite est perplexe. La cérémonie à Blois a ébranlé le Moricaud. Quand il sera roi, à son tour d'ouvrir les états généraux. Charlotte de Sauve est bien belle et ses seins fort roses. Le Moricaud est content de revenir au Louvre. Il s'ennuyait sans Margot. Sa mère est si douce ! Henri semble avoir oublié le passé. À Blois, Margot prie Henri de la laisser rejoindre son époux. Le Louvre lui fait peur. Le roi de Navarre réaffirme son audace et son autorité. Il réclame son épouse. Son esprit, sa beauté attirent tant de braves à sa botte ! Elle est liée à sa stratégie. Il a un peu de compassion, peut-être. Le roi de Navarre n'a pas la moindre confiance en Monsieur. Il n'est pas étonné d'apprendre qu'il ait ainsi tourné casaque et renié ses ex-amis. Le voilà qui guerroie maintenant dans l'armée du roi contre ses anciens alliés. Ils ont monté un siège à La Charité. Du haut des remparts, les huguenots conspuent Monsieur et ses mensonges.

— On te souhaite, Moricaud, à toi et aux tiens, la peste, le choléra, la famine et la malédiction divine !

1. In *Les Dames galantes*, Brantôme, *op. cit.*, et cette biographie : *Brantôme, Amour et Guerre au temps des Valois*, Anne-Marie Cocula-Vaillières, Albin-Michel, 1986.

L'armée du roi est plus puissante, confortée par celle des Guises. La Charité, affamée, exsangue, se rend le 1er mai 1577. On massacre, on s'enivre, on pille, on s'amuse. Monsieur le premier. La reine mère est sombre. Quels enfants est-ce là ! Henri III donne une fête pour la victoire contre La Charité, petite cité martyrisée. Tout le monde sera vêtu en vert, couleur de la Folie… On dirait un bal de grenouilles géantes, un cercle imprévu à l'enfer de monsieur Dante. La fin des Valois. La folie des Valois. Tout est vert au royaume des Valois. Au royaume des fous. Henri et le Moricaud, ravis de « s'amuser », se sont ajustés en femmes. Les dames sont grimées en hommes. Les mignons en jupons poussent des cris et des rires, les mains poissées du sang de La Charité. Seule, en noir, Catherine est morne. Margot, accablée de vert amande et d'une perruque assortie, ne s'amuse ni ne rit. Elle s'approche de sa mère.

— Ma mère, suppliez mon frère de me laisser rejoindre mon époux. Il retirerait beaucoup d'*utilité* de mon amitié. Je ne manquerai point que cette utilité soit aussi celle de mon frère et la vôtre.

— Attendons, ma fille. Rien n'est encore assuré.

Le roi de Navarre envoie des messagers. La sœur du roi de France, son épouse, est un atout de poids. Tout danse sur un périlleux jeu d'échecs. Margot, la *reine,* devient une pièce maîtresse. À elle de pousser les *fous* en vert, et rejoindre, le *roi,* ce cavalier noir, Henry le Béarnais… Les nouveaux émissaires du Navarrais, dont monsieur de Duras et monsieur de Genissac, demandent audience au roi.

— Sire, le roi de Navarre réclame son épouse que Dieu et votre famille lui avez donnée.

Henri III, rutilant de satin paille, bas dorés et plumets poudrés d'or, répond sans douceur :

— Nous avons donné notre sœur à un catholique. Il a abjuré votre religion qui met tout à mal. Notre sœur ne peut être l'épouse d'un huguenot.

— Pardon, sire, mais feu votre frère le roi Charles et la reine mère l'ont donnée à un huguenot.

— Si le roi de Navarre abjure définitivement cette fausse religion, nous lui remettrons son épouse, notre très-catholique sœur Marguerite.

Mortifiés d'un tel chantage, les ambassadeurs du Béarnais sont repartis bredouilles. Marguerite revient à la charge.

— Mon frère, ma mère, pacifier les choses, c'est me laisser rejoindre mon époux. Nul n'y verrait de mal. Mon frère Alençon a failli mener le royaume à un grand trouble quand il a appris que l'on me retenait au Louvre. On ne parle, à la cour, que de guerre. Les mignons de

Monsieur et les vôtres s'insultent et se querellent. Une Ligue se forme avec les Guises comme chefs... Laissez-moi aller en Béarn.

Henri refuse, soutenu par sa mère. Un refus mêlé de violence et de fausse amitié. Henri n'a de cesse de se venger de sa sœur depuis son retour.

— Il n'est plus temps, ma sœur, de m'importuner avec ce congé. Depuis que le roi de Navarre s'est refait huguenot, je n'ai jamais trouvé bon que vous y allassiez ; ce que nous en faisons, la reine ma mère et moi, c'est pour votre bien. Je veux faire la guerre aux huguenots. Exterminer cette misérable religion. Si vous êtes entre leurs mains, vous risquez votre vie. Non, non, vous n'irez point.

— Je souhaite y aller, mon frère.

— Alors prenez garde d'avoir en moi, en notre mère, vos pires ennemis. Nous vous ferons ressentir notre inimitié autant que nous en aurons de pouvoir.

Margot se retire. Ses amis craignent à nouveau pour sa vie. Sur son lit, le front contre les bras, elle frissonne.

— Ma mère a raison sur un seul point : je suis née d'un misérable temps...

Comment triompher d'une si étouffante impasse ?

XV

Marguerite en mission politique

La fuite du roi de Navarre stimule les avantages des Guises, et cette future Ligue que redoute tant Henri III. Il a peur. La peur de Marguerite est d'une autre espèce. Son frère s'est décidé à reprendre la guerre contre les huguenots et son époux le Béarnais. Que peut-elle faire, enfermée au Louvre, et quel sera son sort si elle rejoint son époux ? Elle devine être un embarras si grand que sa vie est menacée. Catherine ne dit rien. Ses astrologues la confortent dans le seul sens qui l'obsède. Son fils adoré régnera de manière totale et assurera le triomphe catholique et celui de la monarchie. Tous ses fils régneront, avait dit Nostradamus. Cela signifie qu'Henri, sa chair, son amour, pourrait mourir ? Elle a trouvé une parade. Trouver un « trône » à son turbulent Alençon. Pourquoi pas en Flandres, au cœur de ces Pays-Bas oppressés par le roi d'Espagne, et qui mettent leur espoir en le protestant Guillaume le Taciturne, prince d'Orange ? Un trône à la façon dont Henri avait été « roi de Pologne ». Ainsi le destin serait contourné. Le moment est venu d'adoucir le sort de sa fille dont elle connaît l'attachement au Moricaud.

Marguerite peut à nouveau recevoir ses amies. Les gardes à sa porte ont mystérieusement disparu. Arrivent les visiteuses, les « Dames » de Marguerite, soigneusement contrôlées par Madame Catherine. On écarte Henriette de Nevers, folle compagne des frasques de Margot. Voici, grand pedigree, madame de La Roche-sur-Yon. Elle souffre de rhumatismes. Son intelligence est vive. Son imagination aussi. On ajoute l'austère madame de Tournon et sa fille Hélène. Une bien jolie Hélène, un teint frais, une taille charmante, des frisottis d'un blond doré, en harmonie avec de grands yeux bleus, trop cernés, peut-être. Un caractère aimant, une nature délicate. Margot comprend le sens de cette nacre sous l'œil clair d'Hélène, craintif dès qu'elle croise celui de madame de Tournon. La trace des larmes. Sa mère est dure avec sa fille. « Sa mère la gourmande, et crie sans cesse, ne lui laissant presque jamais l'œil sec », écrit Marguerite. Est-ce le rôle des mères ?

Alençon rend visite à sa sœur. Un cercle s'est reconstitué chez la reine de Navarre. Henri III s'est laissé convaincre par Catherine. Ménager Marguerite. La situation est difficile. Monsieur a trop fait des siennes et le roi de Navarre réclame surtout la dot de son épouse. Il veut bien d'elle, oui, mais il désire surtout ses terres. Agen, Cahors, La Fère.

L'ambassadeur français en ces Flandres de France, monsieur de Montdoucet, est reçu au Louvre.

— La reine de Navarre serait heureuse de faire votre connaissance, dit Madame Catherine.

Henri III domine un début d'hostilité. De quoi se mêle – encore – sa mère ? Un regard de Louise l'aide à dépasser cette humeur. Sa tendre Louise, jamais grosse… L'ambassadeur rejoint les appartements de la reine Margot. On entend rire. Le cercle de la reine était fort animé, ce jour-là. Madame de La Roche-sur-Yon, Monsieur, parlent librement devant l'ambassadeur. Il réfléchit quel parti tirer de ce qu'il entend. Alençon pérore, caressant un carlin au collier d'ambre et d'or.

— Ma sœur, ma reine, il vous faut quitter la cour au plus vite !

Madame de La Roche-sur-Yon renchérit en ce sens. La Turque joue de la guitare. On mange des pâtisseries au miel, on boit du sirop à la framboise.

Une idée jaillit, triomphante, de la bouche de monsieur de Montdoucet. Il dit « Majesté » – après tout elle est reine de Navarre. Marguerite est flattée.

— Majesté, Les Flandres ont une communauté fort éprise de la France. Ils étouffent sous le joug espagnol. Ils n'attendent que la venue d'un prince ou d'une grande princesse de France, un roi possible.

Un roi ! Margot, qui mise si souvent sur les mauvais pions, s'enflamme pour son petit frère. Alençon roi ! Elle serait alors, d'une certaine façon, « reine » sur l'échiquier des Pays-Bas. *Loin de la cour.* Margot s'écrie, à la satisfaction contenue de monsieur de Montdoucet :

— Quelle belle idée ! Mon frère d'Alençon possède un vrai naturel de prince… il n'aime qu'à entreprendre choses grandes, étant plus né à conquérir qu'à conserver.

Alençon gratte le crâne du carlin. Ce frère est l'unique membre de sa famille qui l'aime vraiment. Elle le surestime. Elle a besoin, ainsi est-elle en tout amour, de s'aveugler.

Le désastre de cette famille est de s'être tous, tous, laissés dominer par les sentiments. Amour, jalousie, haine : le gouvernail ne pouvait que se briser. Le navire Valois aussi. Alençon, unique et piètre allié de Marguerite. Les trahisons, la menace, le dangereux isolement contribuent pour Margot à cette fixation, politiquement absurde : Alençon-Anjou est destiné à une grande entreprise. Elle l'aidera et en recevra les fruits. Son époux a fui. On lui interdit de le rejoindre. Pourquoi ne pas se tourner vers les Flandres ?

« Les affaires des Flandres » faisaient partie des soucis du roi et de Catherine. On désignait par « Flandres » dix-sept provinces du Cercle de Bourgogne au Pays-Bas[1]. Le duché de Brabant, celui du Luxembourg. Les comtés de Hainaut, de Namur, d'Artois portent au XVIe siècle le nom de « Pays-Bas ». Les huguenots français, là-bas, désespéraient de la liberté du culte. Les Espagnols les haïssaient et les surnommaient « les gueux du prince d'Orange ». La maltraitance était grande. L'Inquisition s'en donnait à cœur joie. Tortures, bûchers, Anvers et autres cités massacrées. Les Flandres et les Pays-Bas abominaient le roi d'Espagne. On espérait le secours des Valois. Ainsi parla monsieur de Montdoucet.

Et aussitôt la versatile cervelle de Monsieur s'agita. L'ambition et le goût de l'aventure de Marguerite s'éveillaient. Agir ! Loin du Louvre ! La princesse de La Roche-sur-Yon, toutes ces dames, approuvent cet enthousiasme. Margot s'exalte.

— Si je me rendais là-bas, je représenterais le roi de France. Nous travaillerions l'idée d'un trône pour mon frère d'Anjou et la protection du roi de France.

— Un arbitrage, en quelque sorte ? dit monsieur de Montdoucet, dépassé d'une si rapide aubaine qu'il s'agit d'exploiter. C'est là son métier.

— Le roi mon frère fut roi de Pologne. La reine notre mère remercierait Dieu, si son fils, mon frère d'Anjou, avait une couronne là-bas.

— Une couronne ! piaule le Moricaud, enchanté.

Il baise le carlin, éclate de son rire de crécelle. Il a oublié ses alliés de la veille, prêt à soutenir ses ennemis de toujours et vice versa. Il trahit comme il respire. Il ne pense plus « à son bon frère le roi de

1. Voir à ce sujet dans *Les Mémoires de Marguerite de Valois, op. cit.*, les notes d'Yves Cazaux.

Navarre ». Il a oublié ses serments. Il hait son frère le roi. Il adore Margot. Cette expédition affermirait son avenir que son inconséquence se représente glorieux et puissant. Une couronne là-bas et ensuite celle de France. Madame de La Roche-sur-Yon croque force pralines. On se quitte très content les uns des autres.

Et tant d'oreilles ont entendu les choses...

Marguerite chez sa mère : elle est bien reçue. Sourires, main affectueuse. « Quand ma mère semble m'aimer, sa main me fait songer à de la pâte d'amande », confie-t-elle. Folle-en-jambe, sur sa chaise près de la fenêtre, a le cou encore réduit dans une collerette trop vaste. Et cette robe d'infante d'Espagne ! Elle écoute.

Madame Catherine déborde d'affection.

— Asseyez-vous près de moi, ma fille, là, plus près ! À la bonne heure !

Marguerite développe ce qu'elle conçoit de cette « mission ». Les avantages pour la monarchie et ceux de son frère cadet.

— Ma mère, nous avons besoin de votre appui pour convaincre le roi. Il n'aime guère, hélas, monsieur d'Anjou, mais cette mission conforterait le pouvoir du roi de France.

La reine mère éclaircit son lourd visage d'un sourire presque tendre. Quelque chose de soulagé. Oui, il faut aider à détourner les sentences du destin. « Ses fils régneront », a dit Ruggieri, mais si on trouve un trône à Hercule, son Henri chéri sera sauvé – et les astres continueront, loin, loin, leur chemin obscur... Que Folle est agaçante de compter tout haut chacun de ses doigts et de chantonner sur un air de comptine :

— Catherine a dix enfants, où sont-ils ? Que font-ils ?

Catherine ne la privera pas de goûter. Il ne faut pas contrarier les astres hélés, comptés sur les doigts d'une naine, cette fée si près du sol, liée à des mondes qui effrayent la reine mère. Folle aura de la confiture en abondance. Il faut que réussisse le projet de Marguerite. Que règne quelque part son fils cadet. Le Moricaud est toujours « fiancé » à la vieille reine d'Angleterre mais cela traîne depuis trop longtemps. Marie Stuart, atout et symbole de la cause ultracatholique des Guises, est dans les griffes d'Elisabeth. Il est plus sage de saisir l'opportunité d'une « couronne » en Flandres que de songer au trône anglais.

— Laissez-moi toucher mot de tout cela au roi, murmure-t-elle. Votre idée me plaît. Ma fille, *vous êtes la plus accomplie princesse du monde.*

Marguerite frôle un périlleux bonheur. Elle n'entend pas qu'elle est encore une fois, une fois de plus, un pion aux intérêts de sa mère et du roi.

*

Catherine chez son fils Henri.

Louise, debout derrière lui, peigne doucement ses cheveux parfumés, un peu rares. Le va-et-vient du peigne soulage ses maux de tête.

La reine mère n'a pas eu à parler longtemps. Henri III abomine son frère à tel point qu'il ne supporte même plus sa vue à la cour. Il baise la main de Louise et se lève brusquement. Le peigne en or est tombé. Louise s'assoit, modeste, près de l'époux.

— Ma mère, il est en effet excellent d'envoyer au loin cet agité. Il n'y a pas grand risque à le laisser aller à Bruxelles. Il change sans cesse de parti. Une trahison de plus n'y fait rien. Il entend déjà guerroyer à Issoire. L'écarter d'ici travaille à ma paix et à celle de mon royaume.

Catherine palpite de saisir à nouveau, un peu, les rênes du pouvoir.

— Si monsieur votre frère est aux côtés des sujets révoltés contre le roi d'Espagne, cela mérite réflexion. La réussite de cette entreprise est de ne jamais nous mettre à mal avec l'Espagne.

Henri III hausse les épaules. Son frère est si dangereusement bête !

— Il est fort capable, ma mère, d'entraîner une guerre avec l'Espagne.

Douce, douce, se fait la voix de Catherine. Elle avance l'autre « pion » avec une délicatesse extrême.

— Il serait bon d'envoyer votre sœur pour tempérer et ajuster nos promesses.

Elle s'attend à tout : colère, insultes. Elle est étonnée de l'empressement souriant de son aîné.

— C'est une bonne idée. Marguerite représente nos intérêts. Cette mission peut contrarier, à notre profit, le roi de Navarre. Ainsi donc monsieur de Montdoucet et la princesse de La Roche-sur-Yon ont appuyé ce grand projet ?

Henri III éclate de son rire le plus inquiétant. Catherine ferme les yeux. Sauver ses fils, celui-là, surtout. Parler. Ne pas laisser s'installer le silence.

— Il faut un prétexte, mon fils, pour envoyer Margot là-bas.

— Nous aimerions entendre les arguments de l'ambassadeur afin de justifier le voyage de ma sœur en Flandres.

Monsieur de Montdoucet, devant le roi :

— Sire, ce voyage permettrait à Votre Majesté de récupérer ce que les Espagnols lui ont ravi. La reine de Navarre peut feindre quelque mal à quoi les eaux de Spa sont un remède. La princesse de La Roche-sur-Yon les prend régulièrement. Cela viendrait bien à propos pour votre entreprise en Flandres. Madame votre sœur pourrait *y faire un beau coup.*

Henri III envoie quérir sa sœur. Sa mère est dans l'ombre. Louise, le doux front pâle et têtu penché sur un ouvrage, écoute et se tait. Marguerite est troublée. Un tel silence... Et son frère d'éclater de rire, de ce rire détestable, ce rire qu'il avait, à Lyon, quand il « se vengeait » d'elle. Il parle. Un chaleureux élan verbal où perce l'ironie sous la louange.

— Ô reine, déclame-t-il, ne cherchez plus, il faut que vous alliez aux eaux de Spa où se rend la princesse de La Roche-sur-Yon.

Il saisit son bras – il a dit « reine » ! –, il lève sa manche, découvre la mince marque de son érésipèle. Il baise le bras si blanc. Son regard a l'insolence de celui d'un amant trompé.

— Je vous ai vu quelquefois un érésipèle au bras. Alors les médecins vous avaient ordonné de prendre ces eaux mais la saison ne s'y prêtait pas. À cette heure, c'est la saison idéale. Faites savoir que vous suppliez le roi de vous permettre d'y aller.

Louise a murmuré « Cher sire, les eaux de Spa rendent-elles grosse ? » Henri semble blessé à vif et malheureux à la fois.

— Ma mie, nous ferons des pèlerinages. Si Dieu le veut, il comblera un désir aussi ardent que le mien... Allez, ma sœur ! Allez ! Faites vos bagages, organisez vos équipages, vous avez ma permission, ma bénédiction et nos crédits.

Les caisses du Trésor sont vides mais Marguerite s'en moque, enchantée de cette affaire. Ce fut la seule mission politique qu'elle ait eu loisir d'accomplir. On lit en ses *Mémoires* plus de trente pages à ce sujet. Cet épisode l'a plus marquée que ses tribulations riches et variés. Ce fut son seul « grand » rôle politique. Elle en rêvait. Sortir enfin du sempiternel rôle de représentation dans l'enclos curial. Elle songea, ensuite, sa vie entière, à cette équipée.

Elle a vingt-cinq ans quand commence sa grande aventure.

*

La reine Margot quitte Paris le 2 juillet 1577. Un magnifique équipage. Sa mère a aidé à organiser, comme toujours, la « mise en scène », la mise en route de la caravane et de sa « souveraine » : Marguerite de Valois. Catherine a, une fois de plus, consulté ses astrologues. Ils ont quelques mots sibyllins, obscurs et sans éclat. Henri III est absorbé par sa guerre contre les huguenots – amis bafoués par son frère d'Anjou. Une grande crainte assombrit Catherine. À la question essentielle, sans cesse formulée, Ruggieri a la même désolante réponse :

— Henri de Bourbon régnera.

Catherine force éperdument sur les dépenses pour le voyage en Flandres. Elle emprunte, elle emprunte encore, toujours. Elle achèterait au diable lui-même un véritable avenir à ses fils, à Henri. Que sa fille apparaisse mieux qu'une divinité. Son équipage, ses atours, tout doit éblouir seigneurs et gens rencontrés sur ce parcours mal connu, périlleux. Elle valorise désormais cette mission d'où dépend un certain *futur*, essentiel à ses fils et à sa paix. Que réussisse, à travers sa fille, ce qu'elle a sans cesse tenté de construire dans ce chaos de ruptures incessantes. La querelle incessante entre ses enfants. Couvrons d'or Marguerite jusqu'au moindre harnais de ses chevaux !

La reine Margot, on le sait, voit aussi grand que sa mère en matière d'apparence et de luxe.

Elle va, avec toute sa Maison, sa vaisselle, ses meubles, et une nouvelle garde-robe. Du rouge, du rose, du noir, du bleu, la soie, le satin, le drap brodé, l'hermine. Des bijoux à outrance, des perruques, des parfums, tant de parures, tant de coiffures. Des onguents nouveaux, le céruse plus blanc et le rose plus rouge aux joues, aux lèvres. Artistes et artisans n'ont pas chômé à préparer l'expédition. Les joailliers de la couronne ont ajusté les diadèmes divers. Madame Catherine a offert à sa fille d'autres pendants d'oreille, bracelets, bagues, colliers.

Il faut songer aux cadeaux. On dit don Juan d'Autriche friand de belles tapisseries. Catherine – Marguerite aussi – ont prévu des tissus rares, brodés par Alexandre de Prates. On compte de même sur l'intelligence, l'esprit et la culture de Marguerite.

Elle est douée pour charmer, convaincre, avancer parfois une surprenante idée avant-garde. Ah ! n'oublions pas la musique. Margot chantera, jouera du luth. On emmène un chariot entier de musiciens. « Les trompettes » annoncent son arrivée dans les villes. Il y a les violons, les luths ; les cornets, la chorale. Margot et sa mère savent l'importance de ces détails qui parfois émeuvent un souverain, font gagner ou perdre une guerre. Un astre aussi n'est qu'une apparence. La comète disparaît après avoir ébloui, aussitôt après son passage le ciel s'obscurcit. Le soleil, après tout, n'est que feu. Il brûle et détruit.

Marguerite, plus éblouissante qu'un soleil, un astre, une comète... À elle d'éblouir, de tenir ce rôle si fou, si sage. Ce songe. Rois, reine, astres, ors, chevaux-chimère, Margot est dans un rôle : la mission en Flandres. La part de folie de la reine Margot est qu'elle croit intensément à ce rôle.

On a amélioré d'ornements précieux, liés chacun à un sens précis, son char-carrosse, véhicule principal de l'équipée. Il est tiré par des chevaux blancs d'une rare beauté.

— J'allais en une litière faites à piliers de velours incarnadin d'Espagne en broderie d'or et de soie... Cette litière était toute vitrée et les vitres toutes faites à devises. Quarante devises toutes différentes avec les mots en espagnol et italien, sur le soleil et ses effets...

Une si belle litière, dit-elle encore que « les étrangers rencontrés lors du voyage eurent de tout cela grande admiration de la France ».

On retrouve l'équipage du tour de France de Madame Catherine. La différence : Marguerite est la reine, la meneuse de tous ces personnages.

Immédiatement après Marguerite, la litière de madame de La Roche-sur-Yon. Elle a aussi ses dames, sa maison. Voici ensuite madame de Tournon et sa fille Hélène, les yeux rougis. Les dames portent un masque. Un aréopage de jolies filles dites d'honneur, une dizaine, à cheval, en amazone, caracolent. Chacune vêtue d'une couleur différente. C'est l'été. Le temps resplendit. Marguerite est ravie de ces cavalières qui la mettent en valeur. L'enseignement de sa mère et, il y a longtemps, celui de Diane de Poitiers, l'ont marquée. Une belle dame sur un beau cheval est un aimable et utile spectacle. Les cavalières sont flanquées de leurs gouvernantes, laiderons âgés, en noir, d'une implacable dignité. Elles vont, les articulations douloureuses, en sept chariots. Le dernier chariot contient les chambrières, femmes de chambre, l'indispensable service de ces dames. Les femmes composent la majorité de la tête du cortège. C'est exprès. C'est la mission de la reine Margot. Les hommes, la troupe, les arbalétriers, trois cents gentilshommes, viennent ensuite. Marguerite a voulu à ses côtés le marquis et la marquise de Mouy. Ils appartiennent à la plus grande maison de Picardie. Marguerite a parfaitement étudié le pedigree des hauts seigneurs à rencontrer. La première grande étape est Cambrai. Elle a besoin du marquis et de la marquise de Mouy. À leur côté, une dame de la maison personnelle de Catherine, l'Espagnole doña Comena. Espionne de la reine mère ? Pieuse image de la vertu et de la prière ? Marguerite a tenu à emmener son maître d'hôtel, le dévoué monsieur de Rupereux. En mission politique, on a besoin d'évêques. En voilà deux, dont l'évêque d'Auxerre. Marguerite a étudié au Louvre le tracé géographique de son équipée, dûment contrôlé par sa mère et le roi. Elle ignore tout de ce pays-là. Ce monde-là. Son sens inné du protocole et des « grandes Maisons » a gravé en sa sûre mémoire les noms importants des puissants de ces villes. La liste des seigneurs qui doivent, si tout se déroule au mieux, la recevoir.

S'en aller à Spa est une magnifique récréation. Elle ne pense pas à tout ce que cela comporte de périlleux, de fausse liberté. Elle ne pense pas aux guet-apens.

Hors du nœud familial, la reine Margot se croit libre.

On va, donc, vers ce Nord mal connu divisé, bienveillant, hostile, on ne sait trop… Marguerite a conservé le souvenir que l'on avait autrefois songé à la marier à don Juan d'Autriche. Il n'y avait nul sentiment en ce projet, mais d'après monsieur de Montdoucet (qui ment si bien), le frère bâtard du roi d'Espagne serait un grand admirateur de la fille des Valois. Il a entendu vanter sa beauté et sa réputation de grande amoureuse.

*

— Mon fils, a dit Catherine au roi, Margot est fort utile à nos démarches.

Mauvaise humeur d'Henri III, pris d'insane et incestueuse jalousie :

— En somme, Margot-en-Flandres vaut mieux que tout votre escadron de putains ?

Catherine est toute indulgence. Elle transpire en ses tissus épais, ayant la digestion pénible d'avoir ingéré force melons. Elle a l'habitude des sautes d'humeur de son fils adoré.

— Elle va à Spa soigner son érésipèle. Ses physiciens et quelques dames du cortège sont chargés de me rendre compte de tout ce qu'elle dit et fait.

*

L'érésipèle de Marguerite a disparu. Une fine trace rose sous la dentelle.

On fait étape au château de Chantilly, fief de monsieur de Montmorency. À chaque halte, excepté les dames de Marguerite, le maximum de la caravane s'entasse alentour. On ignore ce que se dirent Marguerite et le soucieux comte de Montmorency. L'enjeu est de grouper autour de Monsieur le maximum d'alliés flamands.

On repart au nord, sous la chaleur. Verberie, l'hostile Noyon où est né Jean Calvin, La Fère, dont la citadelle appartient à Marguerite. Elle s'y sent en sûreté, prend un peu de repos, dicte ou écrit ses courriers et en reçoit. Vers le 14 juillet, dépassant Chauny, Saint-Quentin, un ingrat paysage, la voilà à Le Câtelet, forte bourgade picarde. Une route lente, fatigante. Une forme d'ennui. À Le Câtelet, le beau Guise l'a devancée. Il la salue avec une grâce où perce une certaine froideur. Il n'est plus dans la passion. Plus de roucoulade, mais des propos politiques. Margot est-elle, pour les Guises, une alliance ou un danger ? Elle sent, chez l'ex-amant, cette interrogation et, secrètement, s'en froisse. Guise avance l'inquiétude des ultracatholiques. Il est chargé d'influencer Marguerite en faveur de la Maison de Lorraine. Ménager l'Espagne. La très catholique Espagne. La reine Margot a la souplesse de feindre l'émotion, si belle en ses atours rouges et roses, son sourire, cette bouche qui autrefois étonna, à ce Guise-là, ce calculateur, tant de bonheur. Elle joue la tourterelle entre ses mains. Liée tout entière, dit-elle, à leur cause. Son regard évoque le souvenir de leur passion. Chacun joue et croit influencer l'autre. Il n'a pas compris, le beau duc, qu'une femme jadis aimée, et qu'on n'aime plus, ne pardonne jamais l'indifférence de l'amant.

On se quitte, apparemment, en fort bons termes. On laisse le pays de France et on s'aventure en Cambrésis, « cette terre d'Église ». Un monde à part, déchiré entre le pouvoir du roi de France, celui de l'Espagne et le ricochet huguenot des Pays-Bas. La Picardie s'étendait alors de la mer aux Ardennes et des Flandres à l'Île-de-France. Elle englobait l'Amienois, le Vermandois, le Boulonnais, la Tiérache et le Valois.

Cambrai, cette inconnue.

Marguerite découvre un autre monde.

On doit à son voyage les descriptions pittoresques de ces villes du Nord, quasi inconnues de la France. Un courrier du roi, à chaque fois, annonce son arrivée. Ah ! Margot, que tu es épiée, toi qui te veux libre ! L'accueil de ces cités l'enchante. Elle se délecte quand les trompettes annoncent son arrivée. Quelques notes ascendantes et claires, éclatantes en ce ciel qui rejoint la plaine, la rude terre à betteraves. Ses musiciens, violes, flûtes, cornets et violons enchaînent aussitôt. Marguerite s'étonne de la chaleur aimable de ces peuples du Nord. « Je passais par la Picardie, où les villes avaient ordre du roi de me recevoir selon ce que j'avais cet honneur de lui être », écrit-elle. C'est-à-dire, *une reine*.

L'évêque de Cambrai, seigneur de Barlemont, est un fervent adepte du roi d'Espagne. À elle de savoir rassurer, convaincre de la bienveillance des Valois. L'évêque la reçoit de belle façon. Une cérémonial espagnol. On lui fait visiter la ville qui lui semble mieux bâtie que celles de France. Les rues et places aérées, des églises « franches et belles ». Elle est logée au château-citadelle de monsieur de Grave, seigneur d'Inchy. Marguerite l'appelle monsieur *d'Ainsi*. Il affirme soutenir la reine Margot en son entreprise. Le joug espagnol est redouté, le prince d'Orange leur fait peur. Cambrai, le Nord, sont dans un inconfort extrême.

— Je suis là pour aider à harmoniser les choses, dit gracieusement Marguerite.

Il parle un peu trop, le seigneur d'Inchy. Il la couve d'un regard déjà brûlant. Margot est enchantée. Le pouvoir, cette ivresse, celui de plaire, plaire toujours. Rassurer les uns et les autres, les convaincre de la nécessité d'établir une jonction capitale où, triomphants, les Valois demeurent les souverains et les protecteurs essentiels. Il n'est pas question des Guises. Il serait bon, insinue Margot, que Monsieur son frère eût une couronne en Flandres... Une couronne qui mettrait un frein à toute forme d'abus odieux. Marguerite ment et se ment avec enthousiasme. Monsieur d'Ainsi a quelque chose de son beau Bussy. La voix douce et une mâle présence.

Le gentilhomme se fait un honneur de lui faire visiter la ville. Cambrai est une cité intéressante qu'il serait bon de donner à son petit frère. Le soir, on boit, on soupe gaiement. La charmeuse tient à chanter et à jouer du luth. Monsieur d'Inchy est transporté par tant de grâce, cette robe d'un bleu profond, ces perles et ce délicieux cou blanc et potelé. Son sourire prometteur, son corps mince et charnu à la fois. Il la fait danser et lui offre « une collation de confitures ». Il est vraiment, selon elle, « *le plus entraînant de la troupe* ». L'incorrigible en profite pour le rallier aux intérêts de Monsieur. L'évêque consent à ce que monsieur d'Inchy, qui possède la forteresse de Cambrai, accompagne la reine Margot jusqu'à Namur, « où don Juan d'Autriche m'attendait », précise Marguerite.

La route ; Arras, Valenciennes, Mons, Nivelles, Namur... Un ciel bas et lourd, parfois d'un bleu mouvant sur les avoines et les labours.

Festins et bals. Au long de la route vers Mons, Baudoin de Gavre d'Inchy fait à Marguerite une cour empressée. Il vante le roi de

France. Il ne sait pas grand-chose des liens putrides de cette famille. Il libère de dangereux sentiments anti-espagnols.

— Madame, fait-il à la fenêtre baissée de son carrosse, j'ai le cœur tout français et n'aspire à n'avoir pour prince et maître que le roi votre frère.

Margot a du mal à contenir la joie de ce premier triomphe. Son charme, ce nouvel amoureux, lui gagnent plus de victoires que les armées de ses frères ou celles de son époux, qu'elle a décidément un peu oublié. L'ogresse ferait volontiers l'amour avec cet ardent cicérone. Mais c'est imprudent, elle le sent. Où dissimuler les si jolies caresses qu'elle a toujours aimées ? La « mission » retient sa fougue naturelle. Monsieur d'Inchy est suffisamment épris pour, peut-être, trouver quelque savoureuse cachette. Tout est si surveillé... Mais l'ingéniosité amoureuse est grande. Marguerite s'évente, ôte et remet son masque, la litière ouverte, son admirateur si près. Elle est radieuse, toute en soie parme et blanche, sans perruque, le teint éblouissant. Marguerite, dit-on, eût résisté un jour ou deux au sémillant d'Inchy. Ragots ? Réalité ? Les deux, sans doute. L'a-t-elle reçu une nuit, une fin d'après-dîner où le soleil tremble sur les plaines ? Le seigneur d'Ainsi est entré dans sa chambre. Monsieur d'Inchy est fou de la reine de Navarre. Une épouse picarde, un peu lourde et l'esprit lent a peut-être soupçonné l'aventure mais que peut-elle dire, sinon qu'il est un flatteur atout à tout seigneur d'aller à la couche d'une reine ? Ses « charmes », Marguerite les tient de Dieu, n'est-ce pas ? Sa conscience est allégée du moindre scrupule, quand ses « charmes » sont voués à une *mission.* L'amour est « la signature » particulière de la reine Margot, dont elle tire fierté... « J'employais tout ce que Dieu m'avait donné d'esprit pour rendre D'Ainsi affectionné à la France. »

Très affectionnée, Marguerite chuchote, si caressante, qu'il serait excellent que son frère Alençon obtienne la citadelle de Cambrai...

*

Un peu d'ombre la malmène, quand passent les jours, suite à une étreinte, passionnée ou diplomatique. Plutôt passionnée ; même avec l'assassin monsieur de Viteaux. Le seul homme qui ne lui plaît guère au lit est Henry, son huguenot d'époux qui bataille dans le Sud-Ouest. Elle n'est jamais grosse. « Mes entrailles sont plus stériles que celles de Louise que l'on a crue enceinte pendant quelques semaines. »

Un flottement, parfois, la traverse. Hors ses folles ambitions, quelle secrète alliance quête-t-elle ? Le grand amour, l'amour fou. Sans calcul. Hélas, même son beau Guise, monsieur de La Molle, les uns, les autres – tous –, ont calculé leur avantage au moment où ils l'étreignaient. Elle s'est à chaque fois relevée, déçue, meurtrie ; à nouveau punie, privée de l'autre. À nouveau affamée.

Son frère Henri : la vilenie sulfureuse d'une première étreinte. *J'avais quatorze ans.* Alençon ? Celui-là est son tendre et benêt petit orphelin. « Sa mère, c'est moi. »

Jamais grosse. L'épouse de monsieur d'Inchy, celles de tous ces seigneurs, ont le ventre chargé d'un enfant, et sont déjà cernées d'enfants aux cheveux de soie… Elle, Margot, stérile, peut-être. Un corps sans importance, puni de son péché ? Elle ne sait pas ; elle ne veut pas s'y attarder. « Ma mère a enfanté dix enfants. Elle n'a aimé d'amour que le roi mon père et mes frères. Mon sang coule parfois à trop gros bouillons. On a gorgé mes breuvages de l'herbe d'armoise, de poudres qui anéantissent la fécondité. Folle l'a dit à Lysande… » Une main huguenote ou sa famille ?

Quelque chose de *pourri* aux entrailles de la reine Margot. La stérilité, malédiction des femmes dans toutes les religions. Un enfant, rien d'autre – ou la réclusion religieuse –, pour se faire pardonner d'être une femme.

Ne plus y songer.

À Valenciennes, elle se pare de la robe turquoise et or, à la collerette en aile de libellule.

*

Valenciennes est une des plus jolies villes qu'elle visite. Plus jolie que Cambrai. Seigneurs et dames de son équipage s'émerveillent. Quelles belles places, aux fontaines gracieuses, à l'eau bleue… On n'avait jamais vu des églises aux si délicieuses horloges. Ces carillons ornés de charmants et mobiles personnages. Ils tournent et lancent, là-haut, à rythme régulier, la pureté joyeuse d'une mélodie délicate. La pureté des heures ; le cadeau du Temps.

Trois cents gentilshommes dont une majorité de Flamands, lui rendent hommage. À leur tête, le comte de Lalain, grand bailli du Hainaut, et son frère monsieur de Montigny. Ils espèrent en l'aide du roi de France qui leur envoie sa belle et royale sœur. Ils l'accompagnent à Mons. On s'y arrête le 18 juillet. Monsieur d'Ainsi couve

Marguerite d'un regard de maître et de vassal. Il est vaguement supplanté par le seigneur de Lalain. Marguerite bavarde gaiement de tout et de rien. Elle réfléchit quels atouts ajouter à son succès auprès de monsieur d'Inchy. Mons a son importance. Elle est si gentiment reçue chez le comte de Lalain et son épouse, jeune mère d'un bébé, que s'établit entre ces êtres jeunes – nul ne dépasse vingt cinq ans –, une sincère amitié. Margot loge chez eux avec ses dames. Le comte de Lalain parle sans détour. Il a la même opinion que celle de monsieur d'Inchy et de leur entourage.

— Le joug espagnol nous est odieux, madame, odieux ! Quoique tous fort catholiques, nous déplorons la cruauté espagnole autant que l'oppression des huguenots. Quelle bonté au roi et à vous, madame, de daigner vous enquérir de notre situation !

Nouvelle opportunité pour Marguerite de vanter les mérites de son jeune frère. Elle veut une ville, une principauté du Nord. Un couronne. Sa mission réussira ou ne sera pas.

Leur reine, la reine Marguerite de Navarre. La reine. Partout, en tout ce Nord, la reine. Le fond joyeux de sa nature apprécie la simplicité aimable des Flamands de Mons. Une « étroite amitié », dit-elle, la lie à la comtesse de Lalain. Comble d'une simplicité jamais vue, lors du grand dîner, la comtesse de Lalain allaite son bébé. Madame de Tournon a un frémissement révulsé. Hélène a un gentil sourire et les yeux rougis. Madame de La Roche-sur-Yon, agacée de rhumatismes, est choquée de cet étonnant manque de protocole. La comtesse est « parée et toute couverte de pierreries et de broderies, avec une robille à l'espagnole de toile d'or noir... nourrissait son fils de son lait... Elle le met entre nous deux sur la table et librement se déboutonne baillant son tétin à son petit. Ce qui eût été tenu pour incivilité. Mais elle le faisait avec tant de grâce et de naïveté, qu'elle en reçoit tant de louanges que la compagnie de plaisir... », écrit Margueritte.

Dans ce Nord si aimable, l'enfant est roi. Devant une bonté si peu convenue, Marguerite récidive l'éloge d'Alençon. C'est le moment. Ces gens si humains appuieront la sœur aimante. Son gracieux esprit de famille. Marguerite a de l'éloquence quand elle parle du piètre Hercule.

— Mon frère Alençon serait si heureux d'être parmi nous... Il vous serait davantage un ami qu'un simple souverain. Sa sensibilité n'a d'égale que son intrépidité et la bonté de son cœur. Il est très affectionné des enfants. Il veillerait à ce que nul abus espagnol ou autre ne vienne assombrir tant de jeunes vies.

— Ah, grande princesse, s'écrie le jeune comte, nous mettons nos espoirs en vous. Vous connaissez ma parenté avec le comte d'Egmont et le comte de Hornes. Quelle douleur dans nos familles quand le roi d'Espagne les a fait décapiter à Bruxelles… Vous seule avez le pouvoir d'adoucir cette triste offense.

Margot est touchée, imprudente de naturel et de confiance. Sa mère eût trouvé dangereux de trop promettre à ces aimables Flamands de Mons. On est si bien chez les Lalain… La bière, le vin trop pâle, l'étrange potée aux choux et diverses viandes, lards et épices, tout enivre Marguerite. Cela doit être si doux de donner le sein à son bébé… Alençon, son illusion, Alençon, ce sombre imbécile, est, s'écrie-t-elle, une autre solution pour affronter tous les malheurs. Elle l'embellit de mille vertus, elle y croit peut-être.

— Mon frère d'Alençon est d'un naturel doux, non ingrat, ne se plaît qu'à reconnaître un service reçu… et chez les gens d'honneur et de valeur, il est suivi de tout ce qu'il y a de meilleur en France.

Elle se leurre et leurre ses nouveaux amis. Elle outrepasse la mission. Catherine et Henri III frémiraient de l'entendre. Jamais, au grand jamais, il n'a été question de froisser l'Espagne, de risquer une guerre ! Et les Guises, la sournoise montée de la Maison de Lorraine, la mise en garde du duc, y songe-t-elle ? C'est autre chose que l'on attend d'elle, en Flandres. La fin tragique du comte d'Egmont et de Hornes ? Elle se devait de feindre la compassion, faire la sourde oreille sur cette décision espagnole. Les mener à offrir cités et couronne à son cadet. Ce point-là, elle s'y tient, il est vrai. Mais tenter une imprudente levée d'armes, y compris verbale, contre les *vraies* puissances, quelle inconscience ! Mons marque les limites de l'adresse politique de Marguerite. Marguerite en est à jurer que la paix entre les deux religions est incessante grâce à la vaillance d'Hercule.

— Si mon frère s'établissait en votre pays, vous pouvez croire que vous me reverriez souvent.

Elle conclut les aimer autant que ses frères. Monsieur d'Ainsi est un peu jaloux, vaguement méfiant. Marguerite danse une volte au bal qui suivit le souper ; vite, une autre ! Qu'on la saisisse à la taille ! Monsieur d'Inchy, monsieur de Lalain… On la regarde beaucoup. « Elle a *toutes* ses dents », chuchotent gentiment les dames flamandes. On est enchanté et parfaitement leurré les uns les autres.

Le séjour continue, aimable et pittoresque.

On s'en va ouïr les vêpres aux chanoinesses, en l'église Sainte-Waudrud. Marguerite s'amuse du mode d'existence des jeunes religieuses. Les très âgées sont en permanence à l'abbaye et portent le voile, mais les jeunes vivent gaiement leur temps de « cloître ».

— Ce sont toutes des damoiselles, on les y met petites jusqu'à ce qu'elles soient en âge de se marier. Elles logent en maisons séparées, trois, quatre, cinq, six jeunes, avec une vieille chanoinesse... Les jeunes filles portent l'habit de religion le matin. Et, dès que le service est fait, elles quittent l'habit, et s'habillent comme les autres filles à marier... Allant par festins et bals...

Le temps passe vite à Mons. Un si gentil séjour.

Elle n'oubliera pas ses amis, les Lalain et leur offre des cadeaux de valeur. Un pourpoint en pierreries pour sa gentille comtesse et une enseigne de même valeur à son époux.

*

Il lui faut continuer sa route jusqu'à Namur et rencontrer, enfin, don Juan d'Autriche. Le fascinant demi-frère de Philippe II, le vainqueur de la bataille de Lépante contre les Turcs : don Juan d'Autriche ! On le dit ardent et beau, froid et fourbe, riche et généreux. On le dit ami des protestants lié au prince d'Orange, haï de Philippe II, ou, peut-être, son meilleur espion. La « mission » de Marguerite est de plus en plus livrée au hasard. Aux menaces et aux risques.

Quel accueil lui réserve celui que son frère a nommé gouverneur des Provinces du Pays-Bas ? Il peut faire de la reine Margot un otage, un atout en son jeu obscur qu'elle ne connaît pas. S'en débarrasser. Tout est possible. Les eaux de Spa, elle le sait bien, ne sont que prétexte, et leurs sources sont encore loin. Elle n'a nulle crainte ; le danger, tel l'amour, l'enthousiasment.

— Ma robe noire et or, chuchote-t-elle. La coiffure royale et les perles.

Un courrier annonce son arrivée. Elle voit venir, au soir de ce 20 juillet, un élégant gentilhomme, accompagné d'une trentaine de seigneurs aux plus grands noms. Monsieur d'Avrec, le duc d'Arschot, prince de Chimay... Don Juan d'Autriche, c'est lui, met pied à terre. Il s'avance vers sa litière « relevée et *toute ouverte* » pour la saluer. Marguerite, éprise de civilités royales, le « salue à la française ». Sa litière s'ébranle, avec ces gens. Don Juan d'Autriche chevauche près d'elle. Il converse en excellent français avec Marguerite, assise, dont le siège, velours et ors, tient lieu de trône ambulant. Elle s'épanouit à mesure de la route vers Namur. Quelle charmante mission, semée d'amis, d'amoureux, de serments, de cadeaux ! Voilà maintenant ce beau prince au visage un peu trop éclatant, peut-être, la chevelure d'un blond ardent, l'œil bleu sous la dernière lumière du jour. Sa mère était une blanchisseuse. Devant Namur, les dames de Mons, ses gentilles compagnes, quittent Marguerite après force civilités.

Namur. Un accueil à l'étiquette espagnole, avec force trompettes et tambours. Une ville pavoisée, illuminée pour elle.

Marguerite, en cette nuit d'été, à Namur, se sent pleinement « reine ». Un service d'ordre « fort beau » et « une ville si éclairée que les fenêtres et boutiques étant pleines de lumières, on voyait luire un nouveau jour ».

Don Juan d'Autriche excelle de délicatesses. La reine de Navarre et ses gens ont traversé une longue route. La chaleur, en ce Nord, est un épais nuage épuisant gens et bêtes. On a veillé à leur repos. On sert à souper à tout le monde. Don Juan mène sa belle invitée en une « maison accommodée pour [la] recevoir ». « Une belle et grande salle pour moi, avec un appartement de chambres et de cabinets... tendus des plus beaux, riches et superbes meubles que je pense ne jamais avoir vus... les tapisseries de velours ou de satin faites avec de grosses colonnes... de toiles d'argent couvertes de broderies... de godrons de broderie d'or... Au milieu de ces colonnes des grands personnages habillés à l'antique, faits de la même broderie... » Ces tapis, dit le duc d'Arschot, ont été offerts par un pacha turc à don Juan d'Autriche.

Le prince avait eu la bonté de lui rendre ses enfants pris en otages. Le pacha lui fit parvenir des rouleaux d'étoffes d'or et d'argent.

Don Juan d'Autriche en a fait orner la chambre de la reine. Les broderies composent des scènes de batailles navales dont « la victoire de la bataille gagnée sur les Turcs ».

Margot est heureuse. L'amour, l'amitié, les splendeurs du hasard, lui sont un oxygène rare. Ravie au butoir du luxe, elle perd un peu de vue la maîtrise de sa « mission »...

Don Juan d'Autriche s'est transformé en enchanteur. Que reste-t-il de l'enchanteur, sinon la fumée dont il enrobe ses proies ? Marguerite, enivrée, baisse sa garde et croit aisée et acquise la conquête. Aisée et acquise la « mission ».

L'enchantement continue avec le souper en tête à tête avec son hôte. Ses yeux, sous la lumière des flambeaux, sont trop pâles, le bleu si franc égaré en un gris illisible. Elle est sensible au jeu de ses muscles sous le vêtement en satin noir, la longue jambe moulée de près, le grand collier d'or travaillé, la mâle flamboyance de ce vainqueur. L'énergie qu'il tient de son père Charles Quint. Ce prince, économe en paroles, au sourire soudain, dîne avec grâce et simplicité. Il la met à l'aise. Il veut savoir quel est son plan derrière lequel se cachent, il n'est pas dupe, le roi de France et sa mère. Il méprise le duc d'Anjou. Il est assis en face d'elle, ni près, ni trop loin. Des pyramides de fruits rutilent, autant que les cristaux remplis d'un vin traître et doux. Il lui rappelle, l'œil humide, que l'on avait autrefois songé à les marier. Elle rit, parée de soie sombre et de joyaux. Quel bel époux eût-ce été-là ! Assombrie, elle songe au roi de Navarre.

— Madame, je vous souhaite la bonne nuit. J'aurai grand plaisir à vous mener à la sainte messe.

Ce prince catholique est-il le meilleur allié de l'Espagne dont le Nord se plaint, est-il l'ennemi de son frère, l'ami des huguenots ? Un peu ivre, exaltée de son rôle, ses succès, elle va à cette chambre où danse sur la tapisserie des murs la gloire de ce prince dont elle ne saisit rien des intentions réelles.

Il l'accompagne à la messe, « dite à l'espagnole », c'est-à-dire avec force violons et belle musique. Marguerite aime ce déploiement religieux. La mission s'éloigne, elle a un peu oublié les gentils Lalain, monsieur d'Inchy. Son hôte l'éblouit. Amoureuse ? Tentée, sans doute. Et lui ? Il est plus un personnage issu de la somptueuse tapisserie qu'une réalité à manœuvrer. Il ne commet nulle imprudence. Il honore sa voyageuse, et sait la flatter extrêmement. Elle n'a aucun mal à s'en toquer un peu. Mais où peut-elle trouver l'opportunité de parler du piètre Hercule-Alençon ?

Elle n'oubliera pas les fêtes à Namur. La dure madame de Tournon se détend un peu. Hélène n'a plus les yeux rougis. Un discret gentilhomme lui fait la cour. Un autre seigneur, monsieur de Varanbon, s'éprend aussi d'Hélène. Quand il la regarde, elle a l'éclat, l'espoir gracieux d'une fiancée. Madame de La Roche-sur-Yon, toutes les dames de France, sont ravies. Marguerite, plus que jamais, joue de sa beauté, ses parures, sa réputation d'amoureuse. La tenue incarnadin lui va si bien... Don Juan d'Autriche redouble d'habilité un peu perverse :

— Madame, votre beauté me rappelle feu votre sœur, la reine Elisabeth, notre señora.

Il admet, à leur dîner, toujours en tête à tête, le seigneur de Gonzague. À genoux devant Margot, il lui sert du vin, frôle ses mains, ses genoux. Noyée de bien-être, il lui est difficile de parler d'Hercule-Alençon. Elle s'étourdit au bal de l'après-dîner, quand jouent cornets et violons. La veille du départ, elle avance son discours. L'excellence qu'est son frère d'Alençon... mais les mots se perdent. Elle n'obtiendra rien de son hôte ; hors ces dangereuses douceurs.

Il faut se quitter.

L'hôte accompagne gracieusement la fille des Valois jusqu'aux embarcations. Elles remonteront la Meuse, via Huy, jusqu'à Liège.

La reine Margot, à mesure qu'elle s'éloigne de la cité un peu mystérieuse, commence à déchanter.

Don Juan n'a rien écouté des intentions françaises.

Marguerite n'est qu'un élément dans son jeu.

Il veut la prise définitive de Namur. Contrarier son frère d'Espagne, qu'il hait et qui le hait, favoriser son épineux ami, le prince d'Orange. À peine Marguerite met-elle les pieds à Liège, ce 24 juillet 1577, que son si séduisant don Juan d'Autriche s'empare férocement de la citadelle de Namur. Maladresse insensée, à ce farouche ambitieux, de briser les pourparlers si délicats des états généraux en ces Flandres si divisées. Les états généraux optent pour la prudence. Se concilier le prince d'Orange, tout en ne l'aimant guère. Feindre de supporter le détesté mais trop puissant Philippe II. La guerre contre lui, ils le savent, ferait d'eux une sanglante bouchée de chair. Ils préfèrent – ont-ils le choix ? – cet ajustement douloureux, cette sourde division, don Juan d'Autriche. Il a vu trop grand. Il a pensé s'emparer de tout le pouvoir. Il est dans l'erreur politique, celle qui ne pardonne rien. L'Espagne et son roi sont dans une grande colère contre lui. Cette colère désigne aussi l'importune fille des Valois. Philippe II déteste Catherine et son engeance familiale.

Autre souci de Marguerite : outre les inondations à Huy, il y a la mort tragique d'Hélène de Tournon.

L'agrément de l'équipée est fortement ébranlé.

Marguerite se retrouve, comme souvent, dans les tourmentes.

*

Liège. Juillet est un mélange de grandes chaleurs et d'orages. Quelque chose d'hostile et d'impalpable. Marguerite loge chez le prince-évêque. Liège est la justification « médicale » de ce voyage. Prendre les eaux de Spa, dont les sources bouillonnent à quelques lieues, au sud de la ville. Le palais du prince-évêque est d'une étonnante splendeur. Les jardins ont quelque chose d'espagnol, avec leurs fontaines d'où jaillissent ces « eaux » que Margot est censée boire. Elle évite ainsi de piétiner dans la boue, autour des vraies sources. Le prince-évêque, d'une rondeur aimable, en soieries et dentelles, grosse croix en or sur la poitrine, vante la douceur guérisseuse de ces « eaux ». La reine Margot boit à petites gorgées dans la timbale en or offerte à cet effet. Ses dames, aussi, boivent. Madame de La Roche-sur-Yon en use et abuse, les articulations douloureuses. Des carafes et des bassinoires en cristal circulent. Une eau un peu salée, piquante, ferrugineuse. Qui ne guérit pas grand-chose. Qui ne guérira pas Hélène transportée au palais, dans un état inquiétant. Les eaux de Spa… Marguerite prétendra ne plus souffrir de son érésipèle pendant les six années qui suivront cette équipée. Spa est une « cité thermale » à la mode. Une foule de nobles Allemands, force chanoines et religieux, s'y rendent. La visite de Marguerite de Valois y est pour beaucoup. Ils se font recevoir au palais du prince-évêque, rengorgé d'une telle invitée. Un spectacle ? Sûrement. Tout est spectacle en ce temps-là, y compris les horreurs religieuses, les levées d'armes, les splendeurs, les supplices et les romans d'amour.

À Spa, il y eut un roman d'amour, à la manière dont les bonnes gens les aiment. Où triomphe l'interdiction pour les amants de s'épouser. Où le désespoir et la mort de l'héroïne est inéluctable. C'est tellement plus émouvant quand périt la dame… La triste héroïne du drame d'amour fut donc Hélène de Tournon, chère à Marguerite. Sa mère avait redoublé de sévérité. Elle la destinait à un mariage de son choix. Un beau sort où n'entre en rien le consentement de sa fille. On la marierait à son retour à Paris. C'était l'usage. Madame de Tournon fut aussi mariée, sans son avis. Il n'est pas dit qu'elle n'aime pas sa fille. Elle a peut-être peur pour elle. Peur de sa beauté de blonde à l'œil bleu, à la gorge si blanche. Monsieur de Varanbon, parmi les seigneurs du voyage, est fasciné – autant qu'un gentilhomme de la suite de la reine. Hélène, étroitement épiée par sa mère, a deux amoureux. Elle ne prête pas attention à celui qui l'aime si discrètement, tout entière attirée par monsieur de Varanbon. Il est marquis, destiné à l'Église. Ainsi l'a exigé son frère aîné qui brigue les terres et les demeures familiales. Cela aussi est dans les usages du temps. Il n'est point aisé pour les hommes d'être un cadet. Un cadet est destiné à l'armée. Au mieux, à l'Église. Parfois il est paysan sur les terres de l'aîné. Il y a aussi « une condition masculine » et des hommes sacrifiés. On laisse monsieur de Varanbon mener sa vie de cour auprès de la reine Margot. Il prendra ensuite l'habit et la tonsure. Aux brillants soupers, à Namur, ensuite à ceux donnés sur l'embarcation menant à Liège, il est tous yeux pour Hélène. Elle se prend pour lui d'une folle passion. Hélène devient le tourment de monsieur de Varanbon. Il lui faudra bientôt renoncer à tant de choses… Il s'y prépare. Le choc des regards, le charme d'Hélène, sa blondeur, tout contribua à un irrésistible élan d'amour. L'ombre de Madame de Tournon, triste duègne… L'étrangeté éblouissante de ces somptueux romanichels, l'amoureux discret, non aimé d'Hélène, tout cela composa un « climat ». Celui qui crée cette chimie romanesque dite « coup de foudre ». La passion d'Hélène, brûlée d'un regard, et celle du futur homme d'Église, s'exaspère. Les amants, terme écrit au sens « pur », sont dans la chasteté, le désir caché, l'implacable séparation. Hélène n'est pas la gaillarde Marguerite. Le marquis de Varanbon a les scrupules chevaleresques. L'un et l'autre savent leur sort réglé, déchiré par les rouages de la société. Ils dansent, c'est inscrit au protocole des fêtes. Ils se regardent avec une telle ardeur que le frère aîné se doute des choses. Il avertit madame de Tournon. Philibert de Rye, baron de Valançon, d'une avidité féroce, méprise ce cadet et n'entend pas voir filer terres et biens. Il faut arrêter au plus vite cette dangereuse bluette. Madame de Tournon pâlit. Monsieur de Rye insinue que l'honneur perdu de sa fille compromettrait à jamais le brillant mariage souhaité. Lui-même, en qualité d'aîné, n'accordera pas son cadet à Hélène. Sa dot lui appartient. Excepté ce qui est nécessaire à son entrée dans les ordres. Madame de Tournon cache son violent mécontentement. Cette enfant, trop jolie, lui est, décidément, source continuelle d'inquiétude.

— Merci de m'avoir parlé, monsieur le baron. Je vous promets de ne jamais consentir à ce mariage.

Hélène et le jeune marquis sentent croître leur amour au rythme des heures. L'amoureux dédaigné d'Hélène pleure en silence. Déjà, à Namur, la passion faisait trembler Hélène. Ses yeux redevenaient rouges ; c'étaient les larmes, mais des larmes de joie. L'anxiété et la joie. Elle n'avait jamais éprouvé cela. Elle est tombée dans un amour, ce trouble dont parle avec tant d'élégance sensuelle la reine Margot. Nulle légèreté en Hélène, qui émeut l'entourage de Marguerite. On n'aime guère sa mère. La princesse de La Roche-sur-Yon, toutes les dames, y compris les chambrières et les naines, y sont sensibles. Elles adorent les histoires d'amour. Qui les aime, au fond, ces femmes, mal ou bien nées, laides, contrefaites ou belles ? La rumeur va vite. Monsieur de Varanbon tente une ruse pour détourner la suspicion du frère. Sa ruse sera fatale à Hélène. Sa mortelle erreur fut de ne point l'en informer. Il évite, exprès, de l'approcher. Il feint à son égard froideur, rejet. Ne plus, même, la reconnaître, dans la petite foule des courtisans… Il s'empresse auprès de quelques dames, sûr qu'elle comprend le sens de cette odieuse attitude.

Hélène est une très jeune fille qui ne connaît rien aux hommes, ni aux ruses. Celui qu'elle dédaigne, son discret amoureux, jaloux, est trop malheureux pour l'éclairer. Quand monsieur de Varanbon passe devant elle, sans un regard, pour baiser la main d'une autre, Hélène blêmit. Elle trébuche. Elle ne comprend pas. Elle frissonne d'un froid imaginaire, terrifiant. On va vers les eaux qui guérissent mais la mor telle blessure d'amour fait son chemin. Hélène se croit dédaignée, oubliée. Le cœur lui fend. Le cœur. La voilà alitée, prise de délire, de douleurs. À en pousser des cris. C'est un temps où l'on meurt aussi d'amour. Marguerite, longtemps, se souviendra, avec peine, du triste état d'Hélène de Tournon.

Vertueuse et gracieuse Hélène, pourquoi ne lui a-t-elle rien confié ? Margot lui envoie ses médecins. La jeune fille est entrée en prostration, mêlé d'une fièvre intense. Un mal la foudroie. Le mal d'amour. Son discret amoureux, désespéré, rôde devant sa porte. Madame de Tournon, navrée, ligotée de conventions, éponge son front.

— Ma fille, votre peine est déraison, il faut guérir.

Un autre funeste présage s'en mêle. À la ville d'Huy, une inondation soudaine, furieuse, l'eau déboulant des sources, partout, met tout le monde à mal. Bêtes et gens ont les pieds dans l'eau. Les embarcations sont menacées. Hélène est en toute extrémité. À Liège, au palais du prince-évêque, Hélène ne parle plus, ses yeux sont clos. Sa mère tente en vain de glisser les eaux de Spa entre ses lèvres décolorées. Elle reprend vie pour suffoquer. Le gentilhomme épris court chercher les eaux nouvelles. Une semaine après l'arrivée à Liège, un matin, madame de Tournon pousse un cri terrible. Hélène est morte. Le gentilhomme épris éclate en sanglots. Madame de Tournon est au désespoir.

Marguerite a voulu un bel enterrement pour l'enfant foudroyée. Il est impossible de ramener la dépouille en France. Le jeune marquis arrive à Liège avec la ferme intention de renoncer aux ordres, reprendre son héritage et demander Hélène à sa mère. Du côté du palais, il tombe sur un encombrement. Ce sont des funérailles.

Quatre gentilshommes de haute naissance, dont le discret amoureux, portent un cercueil orné de drap blanc et or et d'un arrangement de fleurs blanches.

— Une jeune dame de la suite de la reine de Navarre vient de mourir, explique-t-on à monsieur de Varanbon, vaguement anxieux.

Parmi les quatre porteurs, il reconnaît l'amoureux d'Hélène. Il a la joue posée contre le cercueil, les mains caressantes, les yeux pleins de larmes. Il est le seul des quatre gentilshommes qui vont vers l'église à pleurer autant.

Ah, cet excès de fleurs blanches, la blancheur de la peau d'Hélène… Voici la litière de la reine de Navarre et ses dames. Près d'elle, cette ombre dure sous les voiles noirs a quelque chose de la duègne, la mère de…

— Quelle dame va-t-on inhumer là ?

— Mademoiselle de Tournon.

Monsieur de Varanbon pousse un cri déchiré. Il tombe de cheval. « Il demeura quelque temps sans l'apparence de la vie. » Il se reprocha longtemps son « ingratitude », sa fausse négligence qui mit au tombeau son bel amour, Hélène de Tournon. Il n'entra pas dans les ordres. Il épousa un jour Dorothée de Lorraine mais quelque chose en lui mourut à jamais en cette rue, à Liège, où l'on menait au tombeau une jeune morte parée de blanc et couronnée de fleurs. Madame de Tournon aussi se taira pour toujours. Elle a cru protéger sa fille. Sa fille vêtue par ses soins de blanc et d'argent, couronnée de lys et de roses. Une fiancée, une mariée, une morte, quelle est la différence ?

Ce drame de l'amour aurait inspiré le roman *La Princesse de Clèves* et, dit-on, l'épilogue de *Peine d'amour perdue,* de Shakespeare. On en parla longtemps à la cour de la reine de Navarre. On pleurait fort ; y compris les sombres capitaines qui égorgeaient des cités entières au nom de la religion…

Parmi ces « sinistres augures », selon Margot, dont le coup de force de don Juan d'Autriche et les inondations, on peut ajouter la lettre d'Alençon. Il est au comble de la mortification. Il menait une guerre brouillonne contre les huguenots, ses amis de la veille. Son frère lui ordonne brutalement de rentrer au Louvre. Henri III prend ombrage de son succès auprès des Guises qui veulent s'emparer du trône. Le roi, plein de haine, a sommé aussi Bussy d'Amboise de revenir à Paris.

— Il y a plus méchant encore, ma sœur, écrit Hercule-Alençon. Notre mauvais frère vous a prise en détestation aggravée, il maudit votre mission dans les Flandres et concocte un méchant tour contre votre vie…

Henri III – et sa mère ? – auraient réussi à dresser contre la reine de Navarre les catholiques espagnols et les huguenots de Flandres et de France. « Le méchant coup » pourrait fort bien avoir lieu pendant ce voyage… La mission de Spa était-elle un prétexte pour se défaire de la reine Margot ? Est-ce la sombre sottise d'Alençon qui envenime tout cela ?

La « mission » de Marguerite vole en éclats.

— Rentrons en France, dit-elle.

*

La rumeur du danger que court la reine Margot s'est répandue. La panique gagne son entourage. Des bruits affreux courent sur le sort réservé aux prisonnières. Madame de Tournon est au désespoir. Il faut abandonner la tombe de sa chère Hélène qu'elle faisait si souvent pleurer.

— On vous soupçonne, murmure doña Comena à Marguerite, d'avoir l'âme espagnole.

La princesse de La Roche-sur-Yon, qui a « pris » les eaux plus sérieusement que Marguerite, gémit de rhumatismes. Elle est effarée du programme du retour. Il faudra endurer les secousses de la route que Margot veut reprendre sans halte ni repos.

— Si nous voyageons sans nous arrêter, en six nuits et autant de jours, nous serons à l'abri, chez moi, à La Fère.

On va, encore ; au hasard d'une situation qui d'enchanteresse est devenue menace. C'est toujours ainsi avec la reine Margot. Un bel élan et la fuite, comme si, à chaque initiative, l'implacable échec la talonnait. Tout pouvoir, tout éclat deviennent ces miettes, cette poussière des chemins. Le carrosse-citrouille. Jamais elle ne s'interroge sur le « pion » navrant sur lequel elle mise : Hercule-Alençon. Il est sa perte. La rebelle a le tort de vouloir être aimée. Comme si Madame Catherine, en ses hautes stratégies, n'avait point su avaler l'amère couleuvre du rejet, le mystère de ne point être aimée quand on aime ! Alençon, frère débile, source de tant d'échecs, aime hélas Margot. Il est bien tard pour illusionner son aîné et leur mère, ou son époux de Navarre.

Quel retour ! Elle entend tirer au mousquet sur Huy, mal remise de son inondation. Il est incontournable de traverser cette maudite ville. Elle ne s'attend pas à y trouver la mutinerie des habitants à son encontre.

— Une traîtresse, hurle-t-on, de cœur espagnol !

Elle n'avait jamais vu ça, Marguerite : des chaînes tendues dans les rues pour entraver sa route. Des tonneaux entassés, des barricades. Les cris ; les coups de feu. Le désordre. La haine. Où sont passés don Juan, les uns, les autres, les charmants amis de la veille, les palais dorés du hasard ?

— Madame, ils tirent le canon, entendez le tocsin ! s'effare doña Comena.

Ses dames s'épouvantent. Les naines sont tapies contre les jupes de la reine. Les hommes qu'elles croisent sont ivres morts. Ils fêtent depuis trois jours leurs nouveaux bourgmestres huguenots. Marguerite, face aux dangers, se redresse. Une partie de sa suite, par la force de la foule, se trouve séparée d'elle.

— Il faut rejoindre Dinant ! crie la reine

Dans sa litière se trouve l'évêque de Liège. Cette vision catholique excite les habitants.

— Ce méchant évêque a toujours voulu notre mort ! À mort l'évêque et la putain d'Espagne !

Faces avinées, gestes obscènes, bouches édentées, puanteur de la bière et de l'urine, hennissement des chevaux, tirs des mousquets, fumée suffocante, lourde chaleur de ce mois d'août...

La foule grossit, se déchaîne autant que les eaux folles de l'inondation. Qui peut contenir une foule, sa grosse voix unique, ses menaces ?

— Fermons la ville, ni la fille des Valois ni ses équipages ne doivent en sortir !

Un nouveau barrage d'hommes et de filles aux hanches larges, aux tresses blondes, à la grasse insulte, au teint sanguin, brandissent pieux et armes autour de la litière de Marguerite... Qui va se comporter en très grand « roi ».

— Ouvrez ma litière, commande-t-elle à ses écuyers et à ses pages. Ouvrez-la entièrement !

Elle ne s'occupe pas des hoquets de l'évêque ni de l'évanouissement de Madame de La Roche-sur-Yon.

Tant bien que mal, on a ouvert les côtés de sa litière qui devient ce char exposé à tout le monde. Ce char royal où, elle, la reine de Navarre, la fille des Valois, vêtue du bleu de la France, un bandeau royal sur ses cheveux noirs, se lève. Elle ôte son masque et s'adresse à ces gens. Un char, semblable à celui de ses aïeux les rois, le char de ses frères rois, quand ils traversaient les villes et se faisaient acclamer. Elle est debout. Elle est exposée à n'importe quel coup. On peut la mettre en pièces. L'intrépidité, le sens théâtral du danger, son intense conscience, son *besoin* d'être fille, sœur, femme de roi, reine, reine, tournent cette aventure périlleuse en sa faveur. Quoi qu'il lui arrive, elle est sans cesse parée. Seule, rutilante parmi les ors empoussiérés, droite devant ce siège-trône, elle lève une main, puis l'autre. Elle exige le silence. Elle parle haut et fort. Sa voix s'envole au-delà de la vidange verbale de la foule. Peu à peu, on l'écoute. « Je me lève, debout dans la litière, et ôtant mon masque. Je fais signe au plus apparent que je veux lui parler. »

C'est un charivari de sifflements, d'injures. Un homme s'est approché.

— Priez-les de faire silence afin que je puisse être entendue.

Ce n'est pas sans mal. Ce n'est pas sans risque. Des coups d'arquebuse éclatent. Marguerite affermit sa tenue, sa parole.,

« Je leur représentai qui j'étais, et l'occasion de mon voyage. »

Ils n'ont pas à la soupçonner du moindre mal à leur encontre.

« Je les priai de me laisser entrer, moi et mes femmes et si peu de gens qu'ils voudraient pour cette nuit… » Qu'ils accordent au reste de sa caravane la possibilité de se reposer une nuit dans leur faubourg.

— Mon intention est de regagner la France, avec un esprit de paix. Je n'ai eu de cesse de veiller à la paix !

On hésite, mais elle subjugue, cette femme, cette reine, dont l'ardeur a quelque chose de sensuel, de dominant. Ce courage-là… Ils aiment ce courage et ils consentent à ouvrir la ville. Il n'y a pas d'autre trajet pour rejoindre Dinant, Le Câtelet, La Fère. La France.

La litière et sa reine debout s'ébranlent. Nul n'est rassuré et dans la ville, l'émeute reprend. Marguerite de Valois a le mépris de la populace. Ils ne comptent pas davantage que le crottin des chevaux. Mesure-t-elle son risque, calcule-t-elle son triomphe ? Il va lui falloir parler à ce « crottin humain », haranguer ces hommes ivres et leurs mégères, convaincre ces bourgmestres hostiles… L'évêque de Liège transpire d'angoisse. Le sort entier de la caravane est entre les mains de la reine Margot.

Elle aime ça et elle fait des merveilles.

Monsieur de Viteaux, la nuit, au sol d'une église, contre elle. Son souffle violent ; son sexe dur. Elle se souvient. Elle avait du plaisir, mêlé à celui de vaincre.

Elle parle, sans cesse.

— Je n'ai jamais su que le grand maître – l'évêque de Liège – vous fût ennemi… Il est grave d'insulter une personne de ma qualité, amie de tous les principaux seigneurs des États…

Elle lance son meilleur argument, le nom du comte de Lalain et ses amis.

— … Ils trouveraient *fort mauvaise* une telle réception.

Elle a touché juste. Le comte de Lalain est très populaire à Huy. Il déteste les Espagnols. Par enchantement, tout se calme. On s'incline, on offre à Marguerite et ses dames la meilleure « maison » de la ville, « avec autant de courtoisie qu'ils avaient eu d'insolence ».

Il n'est pas dit que cette nuit fut paisible. Tôt le matin, après la messe qu'elle a exigé entendre, on équipe litière et caravane pour partir au plus vite. Marguerite voit venir un seigneur dévoué à don Juan d'Autriche – de fait, un espion d'Henri III. Il la salue très bas.

— Madame, je suis monsieur de Berlaimont. Madame, ne craignez rien. Une escorte armée va vous accompagner jusqu'à Namur.

Plus aguerrie, méfiante, Marguerite flaire un piège. Pourquoi Namur ? Qui sont « ces gens armés » délégués par son frère ? L'un d'eux – mais à qui se fier ? – murmure la ténébreuse réalité :

— Madame, ces gens, dont ce Berlaimont, ont ordre de don Juan d'Autriche et de votre frère le roi de se saisir de vous à Dinant et de vous livrer aux Espagnols. On veut se défaire de vous.

Henri III se débarrasserait ainsi du même coup d'Alençon. Don Juan d'Autriche triompherait de cette manière aux yeux de son frère d'Espagne et du roi de France. La reine de Navarre, deviendrait aussi du côté flamand une traîtresse. Une complice de l'Espagne détestée. Elle est menacée de tous les côtés. Don Juan si charmeur, Henri et sa mère, qui applaudissaient ce voyage à Spa… Quel chaos, la politique sourdement liée à la haine familiale, quel chaos d'aller ainsi, aux transes du doute, jusqu'à Dinant… À Dinant, un canon hostile accueille la reine Margot. Monsieur de Berlaimont est à deux doigts d'être massacré par la foule. On hurle de retirer les troupes honnies ou bien on passerait tout le monde, reine comprise, « au feu de l'artillerie ».

Les mésaventures de la reine continuent. Depuis Huy, elle est aux prises avec l'infâme logique qu'elle a tant connue : la trahison, la guerre civile, la brutalité. Le possible bain de sang. Les promesses de don Juan d'Autriche étaient cette poudre aux yeux, ses discours étaient surbrodés tels ses tapis merveilleux. Il est miraculeux pour Margot et les siens de se trouver à Fleurines et son château[1], à quelques lieues de Dinant. Ce soulagement est vite ébranlé. Devant la citadelle, Marguerite a beau faire héler la châtelaine, celle-ci fait la sourde oreille. Elle fait fermer en toute hâte le pont-levis. Son époux est absent. Elle est terrifiée par ce vacarme, tous ces gens, cette princesse qui fuit les Espagnols. Ils ne manqueraient pas de ravager Fleurines et ses habitants… Un gros nuage sur la route : ce sont les trois cents hommes de don Juan d'Autriche. Ils galopent vers Fleurines pour s'emparer de la reine Margot. La châtelaine, réfugiée dans son donjon, ne veut rien entendre des cris, en bas. Il fait nuit. Il s'en faut de peu pour que

1. Aujourd'hui, Florennes.

Margot ne soit perdue. Le seigneur de Fleurines et ses hommes arrivent. Ils ont devancé les hommes de don Juan d'Autriche.

— Vite, madame, entrez avec vos dames et seigneurs !

Dans la cour, en bas, écuries et remises, tout le monde s'entasse. La reine et ses dames sont menées au château. Le seigneur de Fleurines gronde la châtelaine, toujours effarée.

— Madame, dit monsieur de Fleurines, le seigneur de Lalain, au courant de votre infortune, m'a envoyé à votre secours. Il était temps ! Vous entendez, en bas, ce tapage ? Ne craignez point, la citadelle est imprenable. Je vous aiderai à franchir le chemin nécessaire à rejoindre la France.

Les larmes montent aux yeux de Marguerite. Quels amis exquis, ces Lalain… Il n'est hélas point question de se revoir à Mons. Il faut quitter au plus vite les États de Cambrésis. La reine Margot charge le comte de Fleurines de faire parvenir un cadeau à la comtesse de Lalain. Une robe qu'elle avait portée chez eux et que la comtesse admirait. Une robe « en satin noir toute couverte de broderies de canon ».

Elle a coûté huit cents écus.

*

On arrive tant bien que mal en Cambrésis, « entre la frontière de Flandres et de France ». Septembre a doré les plaines. Nouvelles embûches : une bande de huguenots, traîne-rapières, tentent d'attaquer la reine de Navarre et ses gens. On s'en sort encore, mais il n'est plus question, avant La Fère, de faire la moindre halte. Chars, chevaux, litières, chariots, piétailles, cavaliers, il faut redoubler de rapidité. Margot monte résolument à cheval, encadrée de quelques gentilshommes. Cela est plus rapide, aisé, sûr que la lourde litière. Le reste de ses gens ? À la grâce de Dieu et de la vaillance des gens d'armes et rescapés de l'aventure à Spa. Le retour de ce voyage si glorieux, gratifiant son ambition liée au sort d'Alençon, s'achève en ce repli hâtif à La Fère… que l'on finit par atteindre à la mi-septembre. Marguerite a galopé d'une traite. La jonction, le semblant de repos, sont à La Fère. « Chez moi », insiste Marguerite. Elle a le besoin farouche d'un lieu à elle.

À La Fère, une missive d'Alençon l'attendait. Il est si malheureux de la maltraitance méprisante de son frère qu'il va la rejoindre. Une autre missive, signée d'Elisabeth, la tendre veuve de Charles IX, est une consolation pour Marguerite. Elisabeth se consacre à son œuvre religieuse. La charité. La dévotion. « Ma chère et bonne sœur, sachez pouvoir compter toujours sur mon secours, même bien mince, et mes prières, plus puissantes que les biens de ce triste monde… »

Margot essuie une larme. Chère Elisabeth ! Quelque chose s'est fortifié en elle. La foi, le besoin de la prière et de la charité. Les mots si simples, sincères et purs, d'Elisabeth, la pieuse Elisabeth, sa paix profonde, fortifient cette foi. Cette confiance ébranlée par les péripéties, les ambitions, les désirs déçus.

Marguerite était partie enthousiasmée. Voici l'automne ; plaines, chemins et bois ont changé. Le paysage se dore ou s'embrume. Il pleut parfois. On est moins gai. Madame de Tournon est entrée en mélancolie. Madame de La Roche-sur-Yon a les jambes gonflées. La fatigue marque tout le monde. Sauf Margot, enchantée à l'arrivée d'Alençon, le 12 octobre. Marguerite le gâte. Alençon pousse d'heureux soupirs de chien au pied du maître bienveillant.

— Ô ! ma reine, qu'il fait bon avec vous ! Mon Dieu, cette compagnie est un paradis comblé de toutes sortes de délices, et celle d'où je suis parti un enfer rempli de toutes sortes de furies et de tourments…

Il lui conte ses désolantes aventures. Il a cru vaincre Issoire. Incapable de contenir ses hommes, ceux-ci furent déchaînés, ils ont massacré la ville.

— Ce n'est pas ma faute.

Aux derniers jours de septembre, la fallacieuse « paix de Poitiers » signée par Henri III n'avait rien amélioré. Le roi, partout menacé, attaque sur tous les fronts. Il veut détruire la sainte Ligue catholique, ces Guises trop populaires. Il n'écoute guère Catherine, impuissante à gérer ses humeurs. La reine Louise n'est jamais grosse et Henri s'est engoué de son nouvel aréopage de « mignons » : les fameux « Quarante-cinq »… Quarante-cinq gentilshommes plus redoutables que les précédents, de petite noblesse. Le roi, amoureux de Joyeuse, le fait « duc » et lui fait épouser une sœur de la reine Louise. Les mignons se battent, féroces, mais gloussent, maniérés, frisottés, poudrés, couverts de parfums. Les chroniqueurs ont prétendu qu'ils exigent de parfumer ainsi rues et maisons où ils se rendent. Un arôme suffoquant, mêlé souvent à celui du sang de ceux qu'ils égorgent en riant ou tuent en duel. Rien ne les amuse autant que les duels contre les « mignons » de Monsieur. Alençon lui-même n'est pas à l'abri de leurs injures, un « méchant coup » est toujours possible.

— C'est à n'y point tenir, ma sœur, gémit Alençon, aux pieds de Margot, la joue couchée sur ses genoux.

Il renifle de son nez si gros qu'il paraît double. Il tousse, s'agite.

— Notre frère a des crises de colère insanes. Il parle de faire tuer la Confédération protestante et les Guises. Notre mère fait les gros yeux. Vous savez combien ils sont gros, ses yeux ? Henri a tout crédit en son cœur. Ils nous détestent, ma sœur.

— À La Fère, mon frère, nous n'avons rien à craindre. En Cambrésis, j'ai travaillé pour vous.

Marguerite séjourne deux mois à La Fère.

Une saison intemporelle, où elle est la « reine » de ce château. On chasse, on danse le soir, au son des violoneux, et des cornets. On se rend à la messe. On mange du gibier. On boit du vin. Mais quel est l'avenir de ces princes à La Fère ? C'est une autre forme d'emprisonnement, sans action.

— Nous sommes si bien à La Fère, ma sœur.

Elle a mené une si dangereuse équipée pour ce si piètre résultat, ce « Nous sommes si bien à La Fère »...

Il soupire ; elle aussi. Ils resteraient à La Fère, disent-ils, leur vie entière. Ils le croient peut-être. Ils ont l'un pour l'autre une vraie tendresse. Elle est indulgente à ses étourderies, à son gros nez. Elle lui trouve un beau regard. Il est si gentil avec elle ! Ils ont parfois des fous rires. Ainsi s'achève la mission en Flandres, unique équipée politique de la reine Margot. Mission truffée de dangers mortels, vouée à défendre ce dangereux pantin d'Alençon. Il voulait une couronne, toutes les couronnes possibles... Margot, sa sœur maternelle, a tenté de lui en quérir une pour se retrouver, finalement, isolée à La Fère.

Une bonne visite la remplit cependant d'espoir et signe la mince récolte de ses efforts. Monsieur de Montigny, le frère du comte de Lalain, vient à La Fère, avec sa délégation et monsieur d'Inchy. Ce dernier, toujours épris de la reine Margot, l'exprime à sa manière :

— Quel bonheur ce serait, madame, d'entrer au service du duc d'Alençon, votre frère !

Marguerite, d'une amabilité ravissante, lui donne sa main à baiser.

— Je jure, madame, de protéger en votre nom et celui du duc d'Alençon, la citadelle de Cambrai.

Le comte de Lalain promet, au nom de la reine de Navarre et de son frère d'Alençon, tout secours dans le Hainaut et le Cambrésis. La délégation offre à Marguerite et à son frère des présents flatteurs : des médailles d'or à leur effigie.

— Nous mettons notre espoir, dit le comte, dans l'intervention de monseigneur le duc d'Alençon contre les troupes de don Juan d'Autriche... Nous vous offrons la citadelle de Cambrai.

Bien sûr, la citadelle n'est pas offerte à Alençon, mais *vendue*. Une forte somme que la reine accepte. On puisera dans ce Trésor vidé. Margot a « gagné » cette broutille pour son cadet, mais pas la couronne que sa mère attendait pour détourner le sort de son cher aîné... Henri III n'est pas débarrassé de son cadet honni ni de sa sœur. Il est temps de rentrer à Paris. L'achèvement de la « mission » est de convaincre Henri et sa mère de laisser à Alençon une troupe suffisante pour qu'il se rende en Flandres. Qu'il y établisse son « trône ».

Le 2 novembre, jour des Morts, la « caravane » s'ébranle de La Fère. Toute gaieté a disparu. Il fait froid. La nuit tombe vite.

Henri III, la reine Louise, Madame Catherine et la cour, à Saint-Denis, viennent à la rencontre de la reine Margot. Son frère a un sourire étincelant et un regard glacé.

— Quel bonheur, ma sœur, de vous revoir !

Il baise ses mains, ses joues. Catherine aussi. On a préparé « *sa dînée* ». Un bal suivra. On l'interroge avec empressement et grâce sur sa « mission ». Le roi feint d'ignorer Monsieur, agité, maussade. Marguerite conte ses aventures. On l'entoure de flatteries diverses. Mais une étrange peur rôde. *La peur de la prison.*

Le 16 novembre, Marguerite pénètre dans la cour carrée du Louvre. Les portes se referment derrière elle.

La reine Margot est à nouveau l'otage politique de sa famille.

Cinquième partie

Les offenses

XVI

Marguerite, reine de Navarre

À la cour, Marguerite et Alençon se heurtent aussitôt au climat hostile dont ils font les frais. Bussy, comparse du piètre Hercule, qui s'ennuie férocement, est détesté. Tout le monde – mignons, alliés du roi, espions de Catherine – lui cherchent querelle autant qu'à Alençon. On insulte ouvertement le frère du roi quand il passe ; de longs sifflements injurieux éclaboussent en même temps la reine Margot. Catherine a perdu tout contrôle pour protéger son cadet et sa fille.

— Ces injures sont le fait du roi notre frère, glapit le Moricaud à Bussy.

Marguerite a quelque consolation.

Bussy d'Amboise franchit, à son corps défendant, barrages et insultes des mignons du roi pour rejoindre sa chambre. Il écarte sans façon les rideaux du lit, et sans façon, elle ouvre les draps, l'attire à elle. La nuit, qui dort en ce palais ? De nuit, de jour, les risques sont les mêmes. Ainsi vont les choses en ce Louvre où murs, plafonds, statues, fenêtres, silhouettes, flambeaux, suintent l'indélébile couleur du sang. L'amour n'en a que plus de saveur. Les caresses de Bussy ; ces baisers, ces baisers... Aime-t-elle, est-elle aimée ? Elle ne se pose plus les questions en ces termes. Elle a besoin d'abolir le temps. Oublier.

Le bonheur de Marguerite, désormais, c'est cette poigne virile et sans vergogne. Le rituel comporte le bruit, effarant en pleine nuit, de la rapière jetée au sol, suivie du ceinturon et des bottes. Quelle saveur, ces délicieux outrages que la reine Margot, inventive, encourage ! Parfois, l'amant, incapable d'attendre, déchire la chemise en batiste. Il malmène des plaisirs les plus variés ce corps si blanc, épais aux hanches, où la même fossette embellit la joue et la fesse.

— Margot et Bussy se sont entre-dévorés pendant plus de trois quarts d'heures, chuchote Folle à Madame Catherine. Il y eut force plaintes et petits cris. Catherine, ton idée est excellente d'avoir fait percer ce trou dans la chambre au-dessus de celle de ta fille et de son faquin. Dis, Catherine, autrefois, quand Diane la Serpente forniquait feu le roi ton époux, tu avais aussi fait percer un trou au plafond de leur chambre pour y suivre leurs grands ébats ?

Amère, Catherine lui fait signe de se taire. Elle est sombre. Du lit au tapis... Diane et Henri... Que la mémoire humiliée est donc une féroce tenaille. Elle se redresse. Il est temps d'envoyer Margot à son époux. Ce Bussy n'est peut-être pas inutile pour la faire patienter.

Bussy est le rare plaisir de Margot en cette cour. Bussy est son recours. Celui de la volupté, mais aussi le seul médiateur pour aider Alençon à fuir. Mieux que la fuite, Margot songe, éternelle obsession, qu'il lui faut retrouver un rang. Rejoindre son époux y contribue. Bien sûr, ce n'est pas un grand roi. Bien sûr, aller si loin en ce rustique et parpaillot Sud-Ouest ne la contente guère, mais rien n'est pire que les tenailles du Louvre. Voyager, chevaucher, être reçue magnifiquement, elle adore cela. Elle existe vraiment en ces équipages malcommodes et somptueux. Elle s'enchante de ces gîtes de fortune, flanqués parfois d'amours liés à ce hasard qu'elle nomme « providence ». On la regarde, on l'admire, on l'aime, on la trahit, on la met en danger. C'est vivre, cela ! Quelques villes sont liées à sa dot, dont son cher La Fère. Agen est à elle, Agen, sa très catholique cité, donnée par le roi en compensation des douaires qu'il ne lui verse presque jamais ou si irrégulièrement.

Le Béarnais veut Agen, bonne place forte. Réclamer son épouse, c'est la dot de Margot... Agen. *Chez elle.* Cette seconde obsession, aussi lancinante que d'être reconnue reine, en éclat et pouvoirs, la hante. Nérac pourrait devenir ce « chez elle » ? Nérac, le château où les Albret furent rois – où elle est reine. Marguerite, reine de Navarre, reine... de Nérac. Elle rêve un peu, nue, sur le corps nu de son amant.

Il faut quitter le Louvre. Cette pétaudière irrespirable. Fuir sa famille, irrespirable, viciée. Rejoindre la Navarre.

Elle doit pour cela changer ses façons de faire. La voilà qui se fait douce, et supplie le roi qu'elle déteste. Sa mère, qu'elle craint et hait de plus en plus. *Faire profil bas.*

Cela coûte à son orgueil, mais elle connaît ses geôliers. Son équipée à Spa lui a enseigné qu'il convient parfois de savoir plier l'échine. Elle profite du bal donné en l'honneur de son retour, pour leur parler. Ils sont aimables, souriants. Sa mère lui demande de s'asseoir près d'elle. Le roi est toute douceur et la fait danser. Margot n'aime pas cette douceur-là, ce mensonge. Le front penché, la voix douce, elle se lance :

— Sire, ma mère… je vous supplie de ne point trouver mauvais que j'allasse trouver le roi mon mari ; la paix étant faite, voilà chose qui ne vous peut être suspecte… Il me serait préjudiciable et malséant si je demeurais davantage au Louvre.

Elle est surprise de l'acquiescement empressé des siens.

— Votre demande est excellente et sage, ma sœur.

— Ma fille, j'aurai grand plaisir à vous accompagner en Navarre. Ce voyage s'avère utile aux affaires du roi, autant qu'aux vôtres. J'ai quelques points à régler là-bas, au nom du roi.

Marguerite, étonnée, avance, un peu vite, peut-être, ses demandes.

— Ma mission en Flandres a eu quelques bons effets. Mon frère d'Alençon y sera bien reçu. Une principauté lui a été promise. Ma mère, merci de vous soucier du bien-être entre mes frères et moi, en Gascogne, vous me ferez bailler les terres pour l'assignat de ma dot…

Ils ont la bouche riante et les yeux fuyants.

— Puis-je m'en aller en Gascogne *en ce mois qui va suivre ?*

— Vous serez satisfaite, ma sœur. Tout vous est accordé, dit le roi. Votre hâte à nous quitter nous peine mais nous comprenons celle de rejoindre votre époux.

Il baise sa main mais son regard a quelque chose d'outrageant.

*

Le temps passe. On semble avoir oublié la demande de Marguerite.

Chaque jour, Marguerite réitère sa requête, son dû, et chaque jour, miel et suavité, mère et fils renchérissent de promesses. L'art du mensonge. L'art de faire mourir. Alençon n'est pas plus favorisé que sa sœur. Point de Flandres, juste les murs du Louvre.

— Ils me firent traîner cinq ou six mois, et mon frère de même…

Alençon est entré brusquement chez le roi. Il le trouve penché sur un traité à belle reliure. Un tic agite sa paupière. Il est fatigué, mais consciencieux, il a passé la matinée au Conseil. Il a lu et dicté des dépêches. Sa mère est assise dans l'ombre et, dans son ombre, la silhouette toujours trop mince de Louise.

— Mon frère, piaule Alençon, les Flandres peuvent accroître votre prestige. J'empêcherai la guerre civile de s'accentuer. Je dois et je veux y aller.

— La pensée de Sénèque sur le suicide est fort intéressante, précise le roi, en levant les yeux du livre. Nos Anciens savaient mourir. Vous devriez lire ces pages, mon frère. Je reçois à l'instant l'ambassadeur d'Angleterre. Votre fiancée, la reine d'Angleterre, vous réitère sa tendresse. Elle l'a chargé de vous dire que vous êtes toujours « sa petite grenouille chérie ». Elle vous invite à Londres. Roi d'Angleterre, quel beau sort ! Mon royaume est menacé. Qu'allez-vous compliquer mes affaires en ces Flandres auxquelles vous n'entendez rien ? Margot, pour son compte, n'entend pas davantage à la loyauté du mariage. Ses dévergondages vexent le roi de Navarre. Avez-vous conscience, l'un et l'autre, à quel point vos basses conduites compliquent mes décisions ?

D'un geste, il l'écarte. Son tic s'aggrave. Folle se tortille sur son tabouret.

Alençon renverse le tabouret et son occupante. Il lance un coup de pied. Le carlin le reçoit et éclate en jappements. Folle aussi. Monsieur de Bezon accourt, grave et soupçonneux. Les courtisans s'agglutinent dans la galerie.

— Allez au diable, vous, votre sœur, Bussy et compagnie !

Henri a crié. Un peu de bave coule de sa lèvre tremblante. Catherine reste immobile. Louise verse un verre d'eau sucrée à son époux.

Hercule a couru chez sa sœur. Il sanglote nerveusement sur ses genoux.

— La reine d'Angleterre a le double de mon âge, c'est un vilain homme roux, mes frères l'ont jadis refusée, Henri le premier. Il n'a aucune intention de nous laisser aller… Je veux partir ! Tout de suite !

C'est long, pour cet être compulsif, ces mois sans rien. Margot aussi se languit. Mais ses nuits sont embellies par les visites de l'amant. Bussy. Elle le nomme « *son soleil de lumière* ».

Et vint la pluie, le froid, les faux silences, les faux espoirs…

*

Le climat délétère empire, entretenu par les mignons, les voyous, du roi. Quarante-cinq assassins à gages, recrutés pour leur aptitude : aimer tuer. Le misérable roi, ce Henri III dont la mère, à bout de vie et de désolation, finit par nommer « roi de Rien », ne se passait plus des Quarante-cinq. Au château de Blois, il leur fit construire en sous-sol quarante-cinq cellules qu'il disait être celles de capucins pour ses dévotions. Il exigea que l'on entourât sa chapelle privée de têtes de mort et de tibias dérobés aux cimetières.

Les mignons, au Louvre, où Margot et Alençon se morfondent, déploient contre eux et leur entourage leur permanente insolence. Il s'ensuit des duels insanes. On ne démêle plus la folie des crimes, le sang des caresses amoureuses. Le roi continue son jeu de fausses promesses. Catherine a l'air plus que jamais d'une énorme araignée en noir. Marguerite renouvelle ses demandes.

— Eh bien, mon frère, qu'en est-il de mon voyage en Gascogne ?

— Quelle hâte à nous quitter, ma sœur ! s'amuse Henri.

Il a ce visage moqueur qu'il avait eu, à Lyon, quand il avait juré, à son retour de Pologne, de « s'en venger ».

Henri compte sur ses mignons pour déstabiliser Margot, Alençon et leurs alliés. Une matin de janvier, Bussy se heurte à des gardes devant les appartements de Marguerite.

Ordre du roi, disent-ils. Le duc d'Anjou est aussi sous surveillance. « Nous ne pouvons vous laisser entrer », assènent-ils.

Un début de colère ; l'envie de fracasser la porte. Bussy dit très fort :

— Je suis là, madame !

La porte s'entrouvre. C'est Lysande. Elle fait un geste apaisant et referme aussitôt.

Bussy ne se décide pas à partir. Il oscille entre la violence et la ruse.

Alençon est chez sa sœur.

— Les mignons de notre frère m'ont traité de « fille de bordel »... Fuyons, ma sœur, c'est à n'y plus tenir. Leur dessein, encouragé par notre frère, notre mère peut-être, est de nous tuer. Ils nous haïssent.

Elle frissonne, tout est possible en ce royaume de plus en plus réduit à leurs chambres.

Comment fuir quand rien ne s'arrange et que « l'incomparable amant » ne peut s'empêcher, lui, d'envenimer les choses en ces mots :

— Madame, dit Bussy devant la porte qu'on ne lui ouvre pas, je vais venger votre honneur, celui du duc d'Anjou et le mien aussi ! Je propose un duel contre les insulteurs au service du roi !

Il vole dans les étages, enchanté de se battre. La raison importe peu. Il a oublié. Il adore se battre. Faire l'amour, boire, s'enrichir aux dépens d'autrui, rimailler des quatrains et à nouveau se battre.

Janvier 1578. Le froid a gelé l'eau des fossés. Bussy, flambant et l'air arrogant, s'exalte tout seul. De salle en salle, il se retrouve dans celle des Cariatides. Il est arrêté par le comte de Guiche. Il est l'époux d'une belle dame lettrée. La comtesse de Guiche signera un jour *Corisande* ses lettres d'amour à son amant le Béarnais.

Philibert de Gramont de Guiche, gentilhomme dévoué au roi, « mignon » si l'on veut, abomine Bussy. Ce traîne-rapière, cet insolent qui se vante de coucher avec la sœur du roi. Il l'entreprend de vive façon. Il veut une querelle, un duel ? Il va avoir tout cela. Les insultes montent d'un côté et de l'autre. C'est bientôt un attroupement. Les hommes du roi contre ceux d'Alençon et de Marguerite, menés par Bussy. On convient, c'est alors la grande mode, d'un rendez-vous porte Saint-Antoine.

On est le 10 janvier.

— Ce sera, messieurs, un duel mémorable !

*

Bussy, les uns, les autres, frétillent d'avidité à se battre ainsi. Nul ne songe à perdre sa vie, l'ivresse est le duel.

On a affaire à deux équipes en armes, presque deux armées. Bussy a sa troupe, trois cents gentilshommes. Ils défendent la reine Margot et Alençon. Monsieur de Guiche, tout aussi armé et entouré, est l'homme du roi. Les voilà prêts à ce combat singulier, cette querelle qui exige du sang, des coups et ne peut que dégénérer. L'ivresse de s'entretuer. L'honneur de gagner. Bussy a un logis rue de Prouvaires. Le duel aura lieu devant sa porte.

Bussy et Guiche ont dégainé.

Guiche est tout de suite blessé par Bussy. Guiche continue ses insultes.

— Fils de rien, né d'une putain et couchant au lit des putains royales.

On en oublie la gravité des blessures. Gramont de Guiche poursuit son vainqueur. La violence augmente. On a averti le roi. Ennuyé, agacé par ces histoires sans fin – tout est la faute de Margot et d'Alençon, si au moins Guiche le débarrassait de ce Bussy détesté ! –, il envoie sa garde pour les séparer. Il ne veut pas perdre son cher Guiche. Il est beau, Guiche, aussi ravissant que son Quélus. La garde trouve, encouragés par les deux parties adverses, Bussy et Guiche prêts à s'égorger.

Ils sont emmenés au Louvre, en chemise, échauffés de plaies, de sang, d'agressive excitation. Enchantés. Il a fallu dix hommes pour les séparer et les enfermer chacun dans une chambre Monsieur de Montmorency et monsieur de Cossé ont prié le roi de tenter de réconcilier les querelleurs.

— Sire, ce sont là de bons soldats au service de Votre Majesté… et de sa famille. Il est sage de ne point laisser s'entretuer pour des broutilles vos meilleurs gentilshommes.

Richelieu, au XVIIe siècle, exigea du roi Louis XIII l'ordonnance interdisant les duels sous peine de mort. On n'en est pas là, sous le règne d'Henri III. Au contraire. Les duels sont un étalage, une forme sanglante de luxe, d'honneur. On les apprécie. On en redemande. Le XVIe siècle a été, en tous genres, le comble du spectacle. Un carnaval macabre, un grand bal de lumières et de nuits rouges. Le luxe, la luxure. La misère, la sainteté exaltée. La peur et l'héroïsme. La drogue de verser le sang, y compris le sien. On a adoré les tournois. Les duels ont une saveur de plus. On fait sans cesse l'amour.

*

Outragé, Guiche se rend au logis de Bussy pour reprendre le duel. La « réconciliation » n'a été qu'un simulacre. Bussy aussi se sent outragé. Quélus ne cesse de l'injurier. Ils ferrailleront, à en découdre, à ne plus vivre que pour cette ivresse-là, sans calcul, sans raison. Folle, les nains, toute la cour palpite. Les femmes, surtout. Margot, impuissante, ne sait si Bussy vaincra. Il ne pense pas à elle. Il est heureux de se battre. Paraître. Flamboyer. Les dames aux fenêtres laissent tomber des rubans et le mettront demain dans leur lit. Il vaincra ! Mouche, escarmouche, scintillement des armes. Quelque chose d'un grand ballet… Le corps a de la grâce, même transpercé.

Bussy, ces nuits-là, ira à la couche de Margot. Il tire les rideaux. Il sent la sueur, la bête, la fleur. Elle l'aime ; elle lèche la trace du sang de son ennemi sur le bras, sur la poitrine. Son sang à lui, « versé pour vous, ma mie ». Il presse cette chair blanche, offerte, et sous la toison plus claire que la chevelure, la douceur surprenante du sexe. Sa saveur, qui accueille, retient, savoure. Sa saveur qui tire de la gorge du voyou la clameur de l'autre victoire. Celle qui transforme le guerrier en cet ivrogne foudroyé par une liqueur trop forte. « Je meurs, ma mie, je meurs de vos caresses ! » Il dit peut-être vrai. L'amante habile, généreuse, est plus mortelle que la lame de l'ennemi. Et c'est ainsi et c'est pourquoi, depuis des siècles et des siècles, l'Église a brûlé tant de filles.

Bussy est debout, prêt à reprendre le duel.

— Je vous en prie, soleil de lumière, pour l'amour de moi, cessez ces querelles !

— Jamais, ma mie ! Quélus, qui va à la couche du roi, Guiche et ses amis n'ont de cesse de m'insulter et vous insulter dès qu'ils me croisent. Ils ont sifflé et craché au passage du duc d'Anjou ! Vous me mépriseriez de tolérer ces outrages.

Ce duel, ce charivari incessant ont décidé la reine mère. Il est temps de mener Marguerite en Gascogne. Son fils ne l'écoute guère quand ses « mignons » ont parlé. Ils veulent aussi un grand duel. Henri est soumis à ses mignons, ce Quélus dont la reine mère est jalouse. Louise aussi est jalouse des mignons.

Le beau Quélus mourut, on le sait, lors du duel qui se mêla de houspiller aussi les hommes de Guise durant le mois d'avril 1578. Henri III éclata en sanglots effrayants et offrit des funérailles insensées à ce favori de sa couchette très privée. Nul ne l'ignorait. Henri adore sa belle meute d'hommes vêtus de soie, la rapière meurtrière et les vers habiles… La beauté de Joyeuse, celle d'Épernon, de Saint-Luc, de monsieur d'Arques et de monsieur de Saint-Mégrin…

Les Quarante-cinq sont ses dieux, ses démons sur terre.

Le rendez-vous exigé par Bussy fut un traquenard. Se défaire de l'amant de Margot. Le 1er février, les mignons du roi, dont Rochebrune, Quélus, Saint-Mégrin, Guiche, montent le guet-apens contre Bussy. Une attaque surprise contre cet arrogant qui était devant la porte de son logis, le chapeau sur le côté, la poigne sur le pommeau de la rapière. On veut le tuer. Bassement. L'humilier. Humilier l'amant de la reine Margot. Lui refuser l'honneur du duel. L'assassiner.

Bussy adore se battre seul contre dix, mais son énergie a des limites. Son logis, comme tant de logis en ce temps si trouble, a une double issue. Ce fut le cas quand Viteaux assassina Du Guast ou quand Maurevert tira si mal sur l'Amiral. C'est un temps où la galanterie se mêle à l'assassinat. Le temps des maisons à double issue. Les dames ont un mari et un amant, et vice versa. Tout est double. Huguenot, catholique, vie, mort, Margot, reine et fille de haute joie, tout est à double issue.

Bussy, traqué, disparaît par la première porte qui se ferme brutalement. Cela ne décourage pas ses assassins. Bussy a gagné la seconde sortie de la maison. Tout de suite, derrière, la campagne… la route, une monture prévue et un écuyer. Cela fait romanesque mais il y a beaucoup de romanesque dans les réalités. La route, c'est aussi le danger, ses rencontres, la monture qui tombe, les loups rôdeurs et les errants qui égorgent et troussent l'imprudent aux fourches d'un carrefour. Bussy galope, suivi de monsieur de Rochebrune. Il galope un long moment vers Saint-Cloud. Il entend une chute. Monsieur de Rochebrune, trop blessé lors de l'échauffourée, s'est écroulé. Mort.

Bussy galope mais il est rattrapé ; il sera embastillé. L'angoisse de Margot est extrême. Va-t-on tuer Bussy comme on le fit de son beau La Molle ? Monsieur de Losse, capitaine de la garde écossaise, lui chuchote ce qu'il en est. Bussy est sain et sauf à la Bastille, bien nourri. Il paye, il est vrai. Le roi a besoin de lui pour continuer à faire « danser » ses cadets.

Les mignons du roi en profitent pour se moquer davantage d'Alençon, jusque dans les bals du roi. Ils le traitent de « nabot », ce dont le roi s'amuse fort.

Les mignons du roi et ceux de Bussy ont une envie extraordinaire de recommencer un duel.

*

Alençon et Margot, au Louvre. Hercule éclate de son rire de crécelle.

— Qu'ils se battent ! Qu'ils s'égorgent ! Tous ! Tous !

Alençon se précipite chez sa mère. Madame Catherine dicte quelques courriers. Alençon fait un geste pour congédier le secrétaire ; ce qui est fort mal élevé vis-à-vis de la reine mère. Mais elle a l'habitude des humeurs de ses enfants. D'un signe, elle éloigne le secrétaire. Folle se cale, frétillante, contre elle. Alençon l'a oubliée.

— Ma mère, les mignons de votre fils m'ont traité de « fille de bord'eau », au bal de l'avant-carême. Ils en ont dit autant à Margot.

— J'en suis fort marrie, mon enfant. Que puis-je à cela ?

— M'envoyer en Flandres, établir Margot en Navarre ! Punir nos insulteurs.

Catherine plisse ses lourdes paupières. L'enfer est là. L'enfer de ses fils, ses enfants. L'enfer des offenses. L'enfer de ne jamais être entendue, comprise, aimée. Qui aura su à quel point Catherine a détesté la violence, tenté les paix improbables ?

— Les mignons de la couchette de votre cher Henri, incapable d'engrosser sa grande perche d'épouse, m'ont dit que j'étais aussi laid que vous, madame ma mère. « J'ai, ricanent-ils, la taille aussi basse que la vôtre, le nez épaté de vos banquiers italiens et la vérole de votre oncle de pape. »Votre fils riait !

Folle a pouffé et lance les énormités – des vérités.

— Qui, à part la Très-Publique Charlotte de Sauves, que Catherine a la bonté de prêter au duc, qui a pu donner vérole au Moricaud ?

Madame Catherine répète :

— J'en suis fort marrie pour vous, mon fils.

Aguerrie pour son compte, cette piqûre côté cœur se nomme, hélas, l'amour maternel. C'est vrai qu'il est laid, son Moricaud. Elle a souffert aussi de son manque de beauté mais lui… il a si peu de cervelle. Aucune santé. Il tousse et quand il respire, il siffle, l'épaule penchée. Il n'y a qu'elle pour l'aider à s'évader. Henri le déteste trop. Il est temps de séparer les deux frères. Séparer Marguerite d'Alençon.

Ils ne portent que trouble, agitation, scandale. Le désordre en ce qui est déjà la demeure du désordre.

— Je parlerai au roi, mon fils. Prétextez une partie de chasse pour vous éloigner du Louvre. Je vous appuierai. De cette chasse, rejoignez Angers. De là, vous serez libre et respecté en ce qui est votre terre d'Anjou, votre titre d'Anjou. Allez, mon enfant, allez…

Elle semble le bénir, le bannir. Qu'il parte. Elle feindra de ne rien savoir.

Elle n'est pas mécontente de récupérer les rênes de ce pouvoir qui lui glisse de plus en plus de ses doigts gonflés.

*

Alençon, morose, a rejoint sa sœur.

— Notre mère me propose d'aller à une chasse prétexte. De là, Angers… les Flandres… Bussy serait à nouveau reçu à la cour.

Elle caresse ses cheveux mal plantés, trop drus, qui accentuent sa désolation et ses aigreurs. Bussy ! Ses baisers ; l'espoir renaît.

— Mon frère, nous sommes les prisonniers du roi. Je n'ai toujours pas l'accord de rejoindre mon époux.

— Vous semblez cependant fort contente quand notre frère vous rend sa visite quotidienne !

— Il m'a accordé, en place de mes rentes versées si irrégulièrement, les fortes terres du Rouergue, de l'Agenais, de l'Albigeois et leurs jugeries. Il prend la peine de me venir voir tous les matins, me représentant combien son amitié pouvait m'être utile… C'est pourquoi vous me voyez lui faire bon visage.

Elle n'ose répéter ce que le roi son frère lui dit d'Alençon : « L'amitié de votre frère Alençon ne vous causera que ruine ; la mienne vous assure un beau sort. »

Alençon se ronge les ongles.

— Laissez-moi dormir contre vous, ma mie. J'ai peur, dans le noir.

— Volontiers, mon frère. Soyez sage !

Il a enfilé une chemise de Margot. Il l'embrasse avec un peu trop de véhémence. Ils rient.

*

Madame Catherine est prise entre ses deux fils, deux feux dangereux. Une fille inquiétante. L'explosion est possible. Toute son œuvre : détruite.

— Monsieur de Villequier, dit-elle, allez voir le roi de ma part. Faites-lui savoir que le duc d'Anjou a besoin d'exercice. Il partirait chasser du côté de Saint-Germain.

Comme elle le craint ce mot, ce lieu, « Saint-Germain » ! Son astrologue lui a dit au sujet de sa mort : « Vous mourrez près de Saint-Germain. »

Elle évite sans cesse cet endroit. Mourir, elle n'a pas peur, et souvent elle a l'envie que tout cesse enfin. Mais sa lourde tâche n'est pas achevée. Sauver la dynastie. Ne pas aller encore auprès de Saint-Germain. Ne pas tenter l'Inéluctable.

Elle n'a pas attendu la réponse de son fils. Au dîner, son silence outré prépare, elle le sait, une forte colère.

Madame Catherine n'est pas surprise de la brutale visite de son aîné. C'est la nuit. Il est en robe dite de nuit, mi-soie, mi-dentelles, sur ses jambes maigres. Il porte des mules perlées. La colère amassée sur son visage déforme son profil à la paupière agitée. Il n'est ni coiffé, ni poudré. Le teint jaune.

— Comment, madame, que pensez-vous de m'avoir demandé de laisser aller mon frère ? Ne voyez-vous pas, s'il s'en va, le danger où vous mettez mon État ? Sans doute, sous cette chasse, y a-t-il quelque dangereuse entreprise. Je m'en vais me saisir de lui et de tous ses gens, et ferai chercher dans ses coffres. Je suis sûr que nous découvrirons de grandes choses.

Madame Catherine est aussi en vêtement de nuit. Un sac informe, de belle étoffe noire, sous laquelle tremble la graisse. Ses cheveux gris s'échappent de la dentelle de son bonnet. Ses bajoues ont une pâleur bilieuse.

— N'avez-vous donc pas songé un instant, madame, que cet imbécile et sa sœur sont un perpétuel danger contre la France ?

Bien sûr, qu'elle a imaginé tout cela, Catherine – et pis encore. Marguerite et Alençon, liés pour les détruire, lui son fils, elle leur mère. En Flandres, Alençon se pensera roi. Margot, acoquinée à ses basques, « régnera » à ses côtés. Ils déclencheront une folle guerre contre l'Espagne, donc la France.

— Madame, à chaque fois que vous protégez Alençon ou Margot, il me faut mortifier l'un et l'autre.

Il hausse le ton. Il lance quelques coups de pied au hasard. Il se fait mal, sa colère augmente. Il sonne sa garde écossaise. Il y a, au Louvre, une garde écossaise, héritage du mariage de Marie Stuart.

— Allez quérir monsieur de Losse ! Et ses archers écossais ! hurle Henri.

Ils vont, l'un et l'autre, la mère trop vaste, le fils trop maigre, en vêtements de nuit, sans parures, sans gloire. Une famille en éternelle chicane. Sans gloire. Une famille qui brandit sans répit sa propre perte. Catherine court comme elle peut. Elle craint quelque chose de fatal contre son triste cadet.

Les voilà devant la chambre d'Alençon. Les courtisans, bien réveillés, suivent avec avidité les étapes du scandale.

Henri frappe d'une poigne de soudard.

— *C'est moi* ! annonce-t-il.

Alençon était bel et bien chez lui. Il se préparait à partir, tôt, avec ses gens, à cette chasse. « Il se réveille en sursaut, écrit Marguerite, et sachant qu'il n'a rien fait qui pût lui donner crainte, demande à son valet de chambre, Cangé, d'ouvrir la porte. »

Le roi entre, furieux, et gourmande ce frère détesté.

— Vous êtes accusé d'un complot contre l'État ! Vous allez voir ce qu'il en coûte de s'attaquer à votre roi !

Il hurle aux archers de sortir tous les coffres de Monsieur, de tout fouiller.

— Renvoyez les valets de chambre !

Marguerite raconte :

« Il fouille lui-même dans le lit de mon frère pour voir s'il y trouvait quelque papier. Mon frère avait une lettre de Charlotte de Sauves, qu'il avait reçue ce soir-là. » Catherine va de l'un à l'autre. Les deux frères s'affrontent avec violence. Alençon tente d'arracher la lettre galante des mains de son frère. Henri est convaincu qu'il tient la preuve du coup d'État contre lui. Alençon, supplie :

— Ne lisez pas, sire, ne lisez pas !

— J'ai une preuve ! hurle le roi en dépliant la lettre.

Il la lit à haute voix devant sa mère.

Une lettre galante et si gaillarde de madame de Sauves que le roi devine le ridicule de la situation. « La honte de s'être trompé augmente le dépit et la colère du roi. »

— De quoi m'accusez-vous, mon frère, nasille Alençon, qui, en robe de nuit, a l'air plus nabot que jamais. Que signifie la présence de monsieur de Losse et de ces Écossais ? Voulez-vous me faire embastiller avec mon cher Bussy ?

La fureur du roi augmente à mesure du ridicule de sa découverte.

— Surveillez mon frère, crie Henri à monsieur de Losse. Laissez vos gardes devant sa porte !

Monsieur de Losse, bouleversé, soucieux de Marguerite dont il est secrètement amoureux, a, d'après Margot, « la larme à l'œil ».

— Qu'en est-il de ma sœur ? intime Alençon.

Il supplie sa mère. Henri est parti, en claquements de talons, de portes, d'injures, de cris divers.

— Le roi n'a rien dit à son sujet.

Alençon sanglote d'énervement, de dépit, d'anxiété pour Marguerite.

— Qu'en est-il de ma sœur ? répète Alençon à monsieur de Losse.

— Il ne m'a rien été demandé de fâcheux envers la reine de Navarre, ose monsieur de Losse.

— Cela soulage beaucoup ma peine de savoir ma sœur libre... je suis sûr qu'elle m'aime tant qu'elle aimera mieux demeurer captive avec moi que de vivre libre sans moi.

La main de sa mère se pose sur sa main crispée.

— Ma mère, je vous supplie d'obtenir du roi que si ma sœur demeure captive, ce soit avec moi.

Madame Catherine use de sa voix la plus caressante. La voix de l'inquiétude.

— Ne craignez pas, mon fils. Ce sera ainsi. Un garde de monsieur de Losse est allé la chercher.

Ses deux enfants sont la proie de l'aîné. Madame Catherine va encore tenter l'impossible. Lier ce que l'on ne peut lier, les réconcilier ; détourner les orages et, donc, en créer d'autres.

Son souffle est court, sa bouche amère. Elle a toujours froid. Son énergie la mène, malade ou non. Elle s'en va, elle ne sent pas le froid à cet instant.

— Allez chercher ma sœur ! glapit Alençon à monsieur de Losse. Soyons prisonniers ensemble, puisque la prison est notre sort !

*

Marguerite dort. C'est l'aube. Des pas dans le couloir, une rumeur, une invasion, des rideaux tirés avec violence. Bussy, c'est Bussy ! Il tire toujours les rideaux avec violence. Marguerite pousse un cri. La face rousse, hirsute, d'un garde écossais est penché sur elle. Les flambeaux en font une tronche sanguine, effrayante. Elle crie ; on vient l'assassiner ! Le soudard, d'une simplicité farouche, regarde sans vergogne ce corps et ces cheveux épars. L'Écossais a l'air fort à l'aise.

— Que voulez-vous donc ? articule Marguerite.

Ses femmes, effrayées, ont fui. Elle a du mal à comprendre l'homme dont l'accent est mêlé du jargon de Glasgow. « S'il voulait me tuer, il l'aurait fait. »

— Madame, le duc d'Anjou me prie de vous venir chercher. On lui a ôté tous ses gardes, Monsieur de Losse m'a envoyé pour vous mener chez lui.

Quel charabia, cet homme qui ne se décide pas à lâcher ce rideau ! Elle éclate en pleurs. L'Écossais s'émeut et s'approche d'elle. Elle tâtonne vers un saut-de-lit en satin blanc. Tout est possible, seule avec ce mâle qui semble apitoyé. Il a les yeux pâles, bordés de rouge, des cils blancs, une énorme rapière. Il se penche vers elle, elle crie, mais non, il tente de négocier « une bonne affaire d'argent ». Il n'en veut pas à ce corps si blanc, elle en ressent une vexation absurde qui lui arrache un rire un peu fou. Elle ne comprend rien à ce que propose l'homme roux.

— Ne vous fâchez pas, madame... Je puis sauver votre frère, sous condition de m'en aller avec lui.

— Laissez-moi me vêtir et menez-moi chez Monsieur.

Peu éduqué, ou fort content, les deux sans doute, l'Écossais la regarde tranquillement enfiler à la hâte une robe sur son vêtement de nuit. Les cheveux le long du dos, elle suit l'homme à la rapière. Un petit matin si sombre... Le chemin est dangereux. Qui se cache derrière les rideaux, au creux noir des fenêtres ? On croise les premiers courtisans. Ils savent déjà tout, dont les scènes de la nuit. La disgrâce de Margot a quelque chose d'officiel. Les courtisans, au flair de chien, osent lui tourner le dos quand elle passe, décoiffée, avec l'homme roux. La voilà enfin dans la chambre d'Alençon. Ils s'embrassent. Ils pleurent.

— Ma reine, cessez vos larmes. Votre ennui est la seule chose qui puisse m'affliger... Languir ici, en cette lente prison, m'est odieux mais puisque vous y êtes, tout est supportable.

« Ces paroles, avoua Marguerite, au lieu d'arrêter mes larmes, me pensèrent faire verser toute l'humeur de ma vie. »

Voici monsieur de Losse. Il donne l'ordre à l'Écossais d'attendre dehors.

— Ce brave Scott, madame, ne vous a point trop effrayée ? Il est rustique mais dévoué.

Monsieur de Losse porte une légère cuirasse. Il a un beau visage, à peine défiguré par une ancienne blessure. Il n'est plus jeune ; vaillant, son regard sur la reine de Navarre comporte plus d'ardeur qu'il ne sied à son rôle de capitaine des gardes.

Monsieur de Losse avait été gouverneur du roi de Navarre. Il était resté à la cour « pour protéger l'épouse de son roi ». Il avait dit au Béarnais, qui clignait vers lui un œil égrillard, incrédule :

— Sire, j'ose aimer la reine de Navarre comme ma propre fille.

— Vous avez raison, Losse. Tout le monde aime mon épouse. Je comprends si bien ces choses !

Marguerite, éprise de son Bussy d'amour, avait oublié ce cher Losse.

Monsieur de Losse déteste le roi et son engeance. Il voit en Marguerite et son jeune frère deux victimes de l'oppression de Catherine, « madame Serpente », et de son fils.

Elle a les larmes aux yeux. Monsieur de Losse aussi. Alençon renifle. « Il avait, écrit Marguerite, envie de nous obliger et nous sauver tous deux. » Il est bon. La bonté fut l'or le plus rare sur la route de la reine Margot. C'est de cela qu'elle a les yeux pleins de larmes.

— Il n'y a pas bon Français, dit monsieur de Losse, à qui le cœur ne saigne de voir ce que nous voyons.

— Que pouvons-nous faire, monsieur de Losse ?

Ils se sont assis sur le lit. Ils ont l'air si jeunes ! Alençon sommeille contre l'épaule de sa sœur.

— J'ai été trop serviteur du roi votre père pour ne pas sacrifier ma vie pour ses enfants. J'aurai la garde de Monsieur votre frère, en quelque lieu qu'on le tienne. Assurez-le qu'au hasard de ma vie, je le sauverai.

Monsieur de Losse quitte la chambre. La chambre des enfants terribles de Catherine.

*

Catherine, chez elle.

Monsieur de Combaut lui a conté l'humeur si triste de ses enfants cadets. La colère du roi était si déplaisante. Tenter d'apaiser son aîné. « *Rhabiller* » les choses, selon son expression. Organiser une réconciliation publique entre ses fils. Tout sera faux, elle le sait, mais Catherine a besoin d'un répit. Que peut faire Catherine, quiconque, sans quelque répit ? Henri convient que son projet de « réconciliation » est sage.

Ce fut le 15 février. Une grande cérémonie digne d'un vaste carnaval. Tout le monde fut convié chez le roi. On se pressait, on étouffait.

Le roi reçoit d'Anjou et sa sœur. Il y a tous les mignons. Ils sont parés, aimables, la larme à l'œil. Henri et d'Anjou s'approchent de leur mère attendrie.

« Ma mère les prit tous deux et les fit s'embrasser. »

On feint de s'aimer. Le baiser des deux frères, le baiser de deux Judas. Quelque chose de solennel, tout le monde a la larme à l'œil.

Le roi s'adresse ensuite à Marguerite.

— Ma sœur, j'ai une jolie surprise pour vous. Bussy est gracié. Je l'ai fait libérer de la Bastille. Il est un peu vif mais bon gentilhomme, dévoué à mon frère et à vous, paraît-il. Je l'ai mandé à la cour. Je veux que la paix se fasse entre Quélus et lui. Les querelles sont finies ! C'est un beau jour !

Bussy vient d'arriver. On s'écarte. Il a fière allure. Faraud, amoureux de Margot, il ose lui lancer un baiser. Il est fier d'être ainsi reçu. Le beau Quélus, satin paille et plumet rose, est près du roi. Le roi demande à Bussy et à Quélus de se donner la main.

— Allons, apostrophe le roi, baisez-vous, mes amis, faites la belle et bonne paix !

— Sire, enchaîne Bussy, s'il vous plaît que je le baise, j'y suis tout disposé.

Et le beau Quélus et Bussy soleil d'or de s'embrasser à qui mieux mieux. La scène a quelque chose de la Commedia dell'arte. Le roi fait un autre signe et le « théâtre » continue.

Tous les mignons, amis et ennemis, se jettent dans les bras les uns des autres. On n'a jamais entendu en cette salle du Louvre autant de baisers claquer sur ces joues poudrées.

— Un beau duel de baisers !

On a fait verser du vin de la Champagne. On boit, on s'embrasse encore. Madame Catherine est satisfaite. Margot, un peu pâle, est mandée par le roi qui à son tour l'embrasse et lui dit :

— Je compte sur votre pouvoir si tendre pour apaiser mon frère. Point de querelle, c'est-à-dire, point de voyage en Flandres ; vous conviendrez que cela est d'une haute importance.

— Bien sûr, mon frère !

— À vous ma sœur de tenir mon frère dans *ses sentiments respectueux et fraternels*.

On entend des soupirs. Deux mignons jadis ennemis se caressent un peu trop vivement. Madame Catherine fait les gros yeux. La réconciliation suffit.

Catherine a remarqué le regard moqueur de monsieur de Seurre qui occupait un lit de camp dans la chambre d'Alençon. La reine mère lui demande d'approcher.

— Eh bien, monsieur de Seurre, que dites-vous de tout cela ?

— C'est trop pour faire à bon escient, et trop peu pour se jouer.

Monsieur de Losse s'approche de Marguerite et lui murmure que ce n'est point là « le dernier acte de ce jeu ».

Alençon a l'air calme et doux. Il grille de rejoindre les Flandres.

Il fuira.

Marguerite le sait. Bussy roule entre ses gants un de ses rubans.

*

Le revirement du roi ne s'est pas fait attendre. Il fait doubler la garde devant la porte d'Alençon.

— C'en est trop, ma sœur, piaule le Moricaud. Aidez-moi à fuir !

Février, mars, cet avril presque glacé… Alençon est au bord de faire n'importe quoi.

— Je veux fuir, Marguerite ! Tout de suite !

Ils se regardent. On interdit à Bussy l'entrée du Louvre. Il n'arrive plus à rejoindre Marguerite. « La réconciliation » semble avoir tout empiré. Sur qui compter, hors Bussy et monsieur de Losse ?

— Je vous promets de vous aider, mon frère. Nous ne pouvons sortir par la cour : trop de gardes. Vous déguiser, cette fois, ne prendra pas. On vous démasquera. Ce sera la Bastille… ou pire.

Elle va et vient dans la chambre d'Alençon. Son regard va de la fenêtre à la cour en bas… Sa chambre à elle, l'étage au-dessus, a une fenêtre intéressante.

— La malle ! s'exclame-t-elle.

Elle a une idée. Son visage s'éclaire.

— On a évoqué mon voyage en Béarn. Asseyez-vous tout près de moi, empêchez-moi de hausser la voix… Bien. Cessez d'agiter vos jambes ! Et ces ongles rongés ! Je vais demander à ce que l'on répare ma grande malle, destinée à mon lit de voyage. On la portera chez moi. Je vous ferai savoir quand me rejoindre. Monsieur de Losse !

Monsieur de Losse est entré.

— Monsieur de Losse, il serait bon de mener ici ma malle de voyage restaurée. Il est question de rejoindre mon époux et j'ai besoin de cette malle pour serrer ma literie. Vous enverrez mon frère tout à l'heure, cela le distraira.

Elle lui dit tout bas d'autres mots qui se perdent. Il prend un ton et un air indifférents.

— Bien, madame, on tâchera de faire livrer au plus vite votre malle chez vous. Les gardes vont vous accompagner. Le duc d'Anjou vous rejoindra.

La malle est arrivée. Deux hommes dont l'Écossais si rouge la déposent au milieu de la chambre. Quelle prouesse ! Elle est en parfait état. Large, longue, profonde, solide. Elle ne contient pas la literie.

Elle est vide. Excepté un singulier gros serpent roulé au fond : une puissante et longue corde.

La chambre de Marguerite est du côté de la Seine. Une fenêtre donne directement sur le fossé, et au-delà, le fleuve. « C'est bien haut », murmure-t-elle.

On a vite rapporté à Madame Catherine l'idée incongrue de sa fille : elle a exigé la malle de sa literie. Catherine court chez sa fille de son pas si léger pour tant de poids.

— Madame, crie la Turque, Catherine arrive !

Marguerite cache la corde dans un coffre. Catherine entre.

La malle est là. Anjou aussi. Il pousse un petit cri.

— Que signifie cette malle, ma fille ?

— Ma mère, le roi ne saurait démentir ses promesses. Cette malle m'est utile pour aller en Béarn. Nous ne faisons rien de mal. Voyez vous-même. On a parfaitement réparé cet objet, fort utile lors de mon voyage à Spa.

Madame Catherine n'a pas un regard pour la malle ni pour son fils qui se ronge un ongle jusqu'au sang. Son ton est dur, son œil perçant. Margot a un sourire candide. Elle souriait ainsi quand on l'accusait de coucher avec le beau Guise.

— Prenez garde, ma fille, réprimande sévèrement la reine mère. Monsieur de Matignon m'a conté que vous avez de funestes projets avec mon fils, capable, hélas, de faire toujours le fou.

Elle pointe vers lui un doigt de nourrice châtieuse. Il frappe du pied, au rythme d'un spasme.

La reine Margot, depuis des années, a appris la précieuse dissimulation. Elle n'est plus la petite fille d'Amboise qui pleurait quand ses frères la taquinaient violemment. Elle a vu, plus d'une fois, l'horreur en face. À chaque fois, l'horreur avait, sous-jacent, le regard de sa mère et de ses frères aînés. Le Mensonge lui est l'encens, le baume le plus pieux qu'elle conçoit pour éviter le pire.

— Ma mère, je ne puis abîmer mon âme en faux serments. On vous a conté des choses qui ne sont point.

— Vous avez soupé avec moi, ma fille, vous avez fait maigre tout le carême. Vous prêtez serment. Je compte sur votre sincérité. J'ai répondu au roi que votre frère ne s'en irait point, et Matignon vient de me dire que votre frère ne serait plus ici demain.

— Monsieur de Matignon, ce fin Normand, n'aime guère mon frère d'Anjou, ma mère. Dois-je répéter mon serment ?

Madame Catherine la fixe. Margot soutient ce regard. La reine mère s'approche de sa fille, contre son visage. Elle a mauvaise haleine.

— Pensez bien à ce que vous dites, ma fille, vous m'en serez caution, vous m'en répondrez sur votre vie.

— Bien sûr, ma mère. Bonsoir, mon frère. Cangé et monsieur de Losse vont vous raccompagner chez vous. Il est tard. Bonsoir, ma mère.

« Je m'en allai dans ma chambre, écrit-elle, où, me déshabillant en diligence et me mettant au lit afin de me défaire de mes dames et filles, je demeure seule avec mes femmes de chambre. »

Catherine s'est éloignée à regret. Les filles d'honneur de Marguerite vont et viennent, vaguement inquiètes. Lysande et la Turque babillent. Trois femmes de chambre sont au courant. Bien payées. Choisies par monsieur de Losse.

Marguerite prétexte la fatigue pour se déshabiller sans cérémonie, aidée uniquement de ses femmes.

On a tiré les rideaux de son lit. On a laissé allumés les pâles flambeaux.

— Bonne nuit, madame.

La nuit est d'un gris plombé. Vite, Margot s'est levée.

— Venez, murmure-t-elle à ses femmes, ses complices, qui attendaient dans l'antichambre.

— Le duc est-il là ?

— Oui, madame.

Un troisième flambeau est le signal qu'attendaient Gangé et monsieur de Simier, compagnon d'Alençon. Les voici tous les trois chez Marguerite.

La jeunesse reprend ses droits, l'insouciance de Monsieur est la même. Il s'amuse. Margot s'active.

« Nous accordâmes les cordes avec un bâton, et, ayant regardé dans le fossé s'il n'y avait personne, seulement aidés de trois de mes femmes… et du garçon qui avait apporté la corde, nous descendîmes premièrement mon frère, qui riait et se gaussait sans avoir aucune appréhension, bien qu'il y eût une très grande hauteur. »

Tout pouvait lâcher, la corde, la malle… et il riait aux éclats, à demi étouffé là-dedans. Simier et Cangé étaient terrifiés, conscients d'une si folle descente. On est étonné de la force de Marguerite et de ses trois femmes. Elle grince, la corde sur sa poulie en bois ; la malle se balance. Elle heurte parfois un mur.

Un choc. Margot se penche.

— Mon frère est en bas ! Remontons la malle. Les chevaux attendent. Monsieur de Losse a tout organisé. À vous, messieurs !

Simier, ensuite Cangé ne dissimulent guère leur épouvante.

— Allons ! s'irrite Margot.

La seconde partie de la fuite est une réussite. Les bras de Marguerite sont nus. Elle tire, en jupon, mains écorchées. Ses femmes aussi.

Monsieur galope avec ses compagnons jusqu'à l'abbaye de Sainte-Geneviève. Bussy attendait. Il a donné un sac d'or à l'abbé pour trouer le mur. C'est décidément une de ses spécialités : ouvrir des béances aux murs des religieux pour les grandes fuites. Les cavaliers sont au grand galop jusqu'en Anjou. Monsieur a fui !

Dans la chambre de Marguerite :

— Vite, mes filles, brûlons cette corde ! Donnez-moi des bûches, du papier, un flambeau, vite !

La corde est si longue, épaisse que le feu, lent d'abord, devient un feu d'enfer. Une fumée étonnante à cette heure nocturne. Elle s'échappe de la fenêtre de Marguerite. Les archers du guet, en bas, croient qu'un incendie a éclaté dans les appartements de la reine de Navarre.

Ils se précipitent à son étage et, dit-elle, « viennent frapper *effroyablement* » à sa porte.

— Ouvrez-leur et dites que je suis lasse et au lit, souffle-t-elle à ses femmes.

Elle a promptement glissé dans ses draps. Elle grelotte. Les bras, le dos perclus de crampes. Elle entend des voix rudes.

— Parlez bas, disent ses femmes, la reine dort. Nous avons forcé sur les bûches, la reine avait froid. Il y a eu un feu de cheminée, voyez vous-mêmes, il diminue.

— Cela fait une sacrée flamme, avez-vous grillé un hérétique !

— Éteignez ce feu, si vous le souhaitez, mais ne réveillez pas la reine de Navarre.

Les archers se retirent. Ils se sont penchés sur la cheminée suffocante. Des bûches en excès. La corde est en cendres.

— Les dames ne savent jamais allumer le feu, glapissent-ils en riant. La prochaine fois, dites à la reine de faire appel à nos compétences !

— C'est cela. Merci et bonne nuit.

Marguerite sursaute. On frappe à sa porte. C'est monsieur de Losse.

— Madame, votre frère d'Alençon et ses amis sont en sécurité. Je suis là sous prétexte du feu de votre cheminée.

L'émotion est telle que Marguerite s'endort d'un seul coup. « Merci, monsieur de Losse », a-t-elle balbutié.

Il a pour elle un regard paternel et amoureux.

*

Deux heures ont suffi pour accomplir un tel bouleversement, une prouesse pareille.

Le matin, si proche, sera rude à Marguerite.

La rage du roi, la colère de Catherine sont immenses. Marguerite, encore une fois en robe de nuit, est sommée de se rendre chez eux.

— J'ai froid, s'irrite Marguerite, et ces deux-là vont me tourmenter…

Le roi est « assis au chevet de la reine mère ». La présence de Catherine n'empêche pas Henri de lever la main sur sa sœur. D'un saut de côté, elle le déstabilise et il se cogne contre un meuble. Sa colère augmente. Il est bien laid, dans le petit matin, tout en rictus et mots affreux. Les joues creuses, il secoue ses cuisses l'une contre l'autre. Il claque des dents.

— Je vais vous tuer, ma sœur ! Je vais vous tuer !

Elle connaît si bien le rituel des colères de son frère… Qu'elle se sent seule ! L'indifférence de sa mère y est pour beaucoup. Mais elle a réussi une prouesse. Elle est capable d'en entreprendre d'autres, excepté si ce malingre, qui s'est jeté sur elle, lui serre le cou. Louise pousse des cris. « Assez ! Assez ! » Les mains maternelles les séparent.

— Mon fils, je vous en supplie !

« C'est lui qu'elle défend, pas moi », se dit Margot.

Elle a envie de sangloter. Alençon n'est plus là. Bussy non plus. Intérieurement, elle se redresse. Ses alliés sont libres. À son tour, quand elle le voudra réellement, elle s'en ira. « Reine, la reine Marguerite de Navarre. »

Accusée, injuriée, elle s'oblige à sa survie : le mensonge.

— Mon frère d'Anjou m'a trompée comme il vous a trompés ! Il m'a plantée là ! Je puis néanmoins vous assurer qu'il m'a promis de ne jamais offenser ou nuire au roi s'il rejoint le Nord.

— Les Flandres ! éclate Henri. Cet imbécile va me mettre l'Espagne à dos.

— Ne m'aviez-vous point envoyée en Flandres pour lui quérir quelque principauté ?

— Allez vous coucher ! hurle Henri. Votre vue me fatigue. La princesse de La Roche-sur-Yon est très malade à cause de votre équipée à Spa. Votre Bussy a tout manigancé. Je le ferai mettre à mort. Ce ne sera pas la première fois que l'on traitera de belle manière un de vos amants !

— Je vous entends, mon frère. Je vous présente, à vous et à ma mère, mon respect. Madame de La Roche-sur-Yon souffre beaucoup, en effet, et il ne m'est même plus permis de lui rendre visite. Tâchez de tenir la promesse de rejoindre mon époux en Béarn.

Une petite révérence, un bâillement caché par sa main enduite de baume… Margot s'en va vers sa chambre. Les nouvelles ne tardent pas à arriver. Un courrier d'Anjou s'est présenté au roi. Le duc d'Anjou, arrivé sain et sauf à Angers, a aussitôt pris la plume.

> « Mon frère, je suis depuis plusieurs jours, au Louvre, en grand péril. Vous avez fait assassiner certains de mes serviteurs et vous n'hésiteriez pas à me faire embastiller à jamais. J'ai fui pour sauver ma vie, accomplir mes projets en Flandres, et ôter de votre regard une présence qui vous était si odieuse que vous laissiez vos plus vils serviteurs m'insulter à leur guise. Je compte établir une principauté en Flandres. »

— Mon fils, murmure Catherine, laissez-moi le rejoindre en Anjou. Je saurai le raisonner avant qu'il ne rejoigne le Nord.

L'ambassadeur d'Italie affirma qu'Alençon, par sa fuite, avait certainement sauvé sa vie de la Bastille. Il y avait, à la Bastille, des prisonniers si âgés qu'on ignorait la cause de leur enfermement. On les oubliait et ils finissaient par y mourir.

Avril est glacial et Madame Catherine décide de courir après Monsieur.

— À mon retour, je mènerai Marguerite en Béarn, dit-elle à son fils. On commence à murmurer contre vous de retenir ainsi vos cadets.

— Vos enfants, s'énerve le roi, sont, vous le savez, capables de tout. Allez, madame, allez en Anjou. Nous verrons ensuite comment expédier Margot et sa malle en Béarn. Vous avez raison. Je ne veux plus de ces insensés chez moi.

Madame Catherine est souffrante. Une bronchite, des maux divers. Qu'importe ! Elle prend la route en ce dur mois d'avril. La princesse de La Roche-sur-Yon ne quitte plus son lit et a demandé l'extrême-onction. Rien n'arrête Madame Catherine quand elle « saisit » un rôle, les affaires du royaume.

Il pleut. Les routes sont dures. Son coche la secoue, vent et pluie accentuent sa fièvre. On a mis des boules d'eau chaude sous la couverture posée sur ses genoux. Folle est à ses pieds. On entre dans Angers sous une pluie mêlée de grêle. Monsieur loge au château. Il reçoit sa mère d'un ton dégagé. Elle lui résume ses inquiétudes.

— Mon fils, entendez-moi. Aller en Flandres est une grave erreur. L'ambassadeur d'Espagne a été clair. Votre arrivée là-bas signera une guerre sans issue. La France ne s'en remettra pas.

Il ronchonne, Alençon. Il croque des dragées, en lance une à Folle.

— Monsieur est fort mal logé ici, remarque Folle. Il fait froid, cela pue la crotte et l'urine des chiens. On n'a pas eu le temps de faire le *grand ménage*. C'est ainsi quand on prend la clef des champs, n'est-ce pas, Catherine ?

Cangé et Simier s'activent. Catherine feint de les ignorer. Elle est toute douceur quand arrive Bussy. Il agit comme chez lui. Ses pouvoirs, à Angers, sur son fils – sa fille – sont grands. À peine poli, il s'en va, dit-il, « à une affaire urgente ».

— Il batifole ! s'esclaffe le Moricaud.

— Contre qui ? s'enquiert Folle. Contre qui ? Margot ne sera guère enchantée. Loin des yeux, loin du cœur...

Bussy d'Amboise est, en effet, amoureux de l'épouse de son grand veneur, le seigneur de Montsoreau. Bussy l'a rencontrée à Le Câtelet à une chasse. Un corps laiteux, souple et fin, des yeux verdissant sous les feuillages... Bussy y songe jour et nuit. Le mari est jaloux et décide de tenir écartée de la cour de Monsieur sa femme qu'on lui envie. On ne connaît point d'amant à la dame de Montsoreau qui passe sa vie en sa demeure, à l'écart.

— Ma mère, demande d'Anjou, agité, à quelle promesse voulez-vous que je m'engage ? Tout a été trahison.

— Trahison ! s'esclaffe Folle.

— Mon fils, pourquoi ne pas songer sérieusement à vous marier ? La fille de Philippe II, votre nièce, quel bon atout ! Qui oserait craindre le gendre du roi d'Espagne ? Je ne repousse pas vos fiançailles anglaises, mais mon ex-bru Marie Stuart s'est fait une mauvaise affaire avec Elisabeth. Les Guises l'abominent autant qu'ils nous détestent.

— Ah, ma mère ! Toujours songer à marier les uns les autres ! Qu'avez-vous fait de marier votre fille au Béarnais ? Il y en a eu, du sang ! Il y en a eu ! Votre cher Henri, lui seul, a eu l'avantage de choisir. Une bien petite maison, je vous l'accorde, et un ventre sans postérité, mais il est plus heureux que moi ou Margot.

— Mon fils et moi avons eu une troisième idée pour votre mariage. Cela contenterait tout le monde et, qui sait, pourrait vous combler.

— Catherine, marie-moi à Bezon ! supplie Folle.

— Qui donc ? coupe brutalement d'Anjou qui se cure les oreilles avec un couteau.

— Catherine de Navarre, la sœur du Béarnais.

— Quoi ! s'esclaffe le Moricaud, cette vieille prêcheuse huguenote qui dort avec un bonnet de pasteur ?

Il se cure le nez.

— Cessez de tourmentez votre nez qui rougit pire que lanterne. Catherine de Navarre est fine, instruite, tolérante. Son frère y est très attaché. Nous vous enverrions chez elle, à Pau ou à Nérac, c'est-à-dire chez votre sœur que vous aimez, et qui va partir pour le Béarn. Vous agiriez en prince… Vous vous trouveriez là-bas choyé et fort à l'aise pour mener vos ambitions.

Hercule se mouche longuement et crache.

— Ma mère, je vous rends grâce de prendre soin de ma sœur et de moi. Quand cesserez-vous, avec votre fils, de me prendre pour un imbécile ? Quand donc menez-vous Margot en Béarn, qui attend depuis des mois ?

— Le roi tient toujours sa parole. Margot est triste à plus d'un titre. Sans vous et sans ce chèvre-pied de Bussy. Je ne la crois pas enchantée de se trouver reine d'une province si éloignée, d'un peuple de mangeurs d'ail et flanquée d'un époux militaire, faible avec trop de dames. Catherine de Navarre est digne d'intérêt.

Le Moricaud feint de se boucher les oreilles.

Catherine repart au Louvre, morose. Anjou n'a rien promis.

— Je vous reverrai avec votre sœur, mon fils. Nous traversons l'Anjou pour rejoindre le Sud-Ouest. Notre départ est imminent. Il y a bien des choses à préparer.

— La malle de lit est en parfait état ! ricane d'Anjou.

Sa mère feint de n'avoir rien entendu et se hisse, aidée de trois laquais.

— Le Moricaud ira en Flandres, clabaude Folle. Il aime les filles aux gros seins, et ce sera la guerre. Catherine, marie-moi ! En robe et cotillon dorés !

— Vous êtes trop folle, Folle. Monsieur de Bezon ne veut point de vous. Restez fille et à mes côtés. C'est un beau sort. Donnez-moi ces bonbons au miel dont maître René a le secret pour apaiser le feu de la gorge…

*

Au Louvre, Margot est sombre. On ne lui parle plus. Elle ne sait plus rien. Si on lui refuse d'aller en Béarn, fuira-t-elle à Angers ? Henriette de Nevers lui a rendu visite. Elle est en pleurs. Marguerite aussi. Le 12 avril, sa chère princesse de La Roche-sur-Yon est morte suite à de longues souffrances.

— Les eaux de Spa ont rendu tout le monde souffrant, dit le monneton qui égrène son chapelet. Nul ne va bien au Louvre depuis cette équipée en Flandres.

Marguerite a pris le Louvre en haine.

« Je vais tomber malade », s'affole-t-elle. C'est leur plan.

*

Henri III a-t-il été convaincu par la douce et inflexible Louise ? Elle déteste le désordre, le protocole bafoué, ces incessantes querelles. La présence de Marguerite agite trop violemment son époux. Louise de Vaudémont déplore les scandales, les évasions par les fenêtres, la vertu fort contestable de Margot.

— Sire, mon époux, pleure-t-elle après la messe, comment Dieu nous accorderait-il cet enfant que nous espérons tant en ce climat de péché ? Il serait bon d'envoyer votre sœur en Navarre. Que chacun se tienne à la place que Dieu lui a donnée.

Elle mesure les soucis incessants d'Henri III. Elle a la sagesse de faire bon visage à la reine mère. Louise a doucement fait avancer la situation.

— Vous avez raison, tendre mie, dit Henri en baisant ses mains, ses cheveux qu'il ne se lasse pas de brosser, friser, poudrer – elle n'aime pas ça mais ne dit rien.

La paix de l'esprit, la paix d'Henri, de plus en plus catholique, est nécessaire. Il pose la brosse à cheveux et regarde le beau visage de Louise, trop pâle.

— Beauté-toute-à-moi, j'ai commandé à monsieur de Prates de broder pour vous un tissu de fleurs des champs où s'éparpillent des oiseaux ravissants… Je vous veux pour ce printemps une toilette gaie, aussi charmante que vous. Margot sera en Béarn et vous serez parée de fleurs et d'oiseaux dorés.

Louise baise à son tour les mains parfumées à la rose de son époux.

— Sire, merci de laisser Marguerite rejoindre son époux. Ils désirent sans doute, l'un et l'autre, quelque héritier. Elle a été trop souvent éloignée de sa couche, elle est mal conseillée et influencée. Il est bon que l'époux soit le maître. Les rumeurs ont rendu méfiant le roi de Navarre, c'est bien naturel. Ce voyage est une urgence.

— Si ma sœur pouvait convertir à la vraie religion… ah ! ce bouc qui pue le crottin et les femelles ! se fâche soudain Henri. Ce serait la seule vraie *mission* valable que je lui reconnaîtrais.

— Tout ira bien, mon ami.

— Je vais la doter, comme promis, du Rouergue, d'Agen, de ses jugeries. Sans parler du comté de la Gaure. Cela lui donnerait une belle étendue de provinces, de pouvoirs – donc de mes pouvoirs.

— C'est votre sœur, mon ami, une fille de France et l'épouse du roi de Navarre.

Louise est si douce... Il aime ce regard noisette où danse une paillette d'or. Il lui fait tendrement l'amour. Il n'ose briser son espoir, en lui disant que les messagers de Gascogne ne sont guère enchantés de l'arrivée de Marguerite. Le Béarn est hostile à tout ce qui est catholique et Valois. L'absence de leur reine, ses frasques, ont été interprétées en offenses. Le Béarnais avait dû fuir le Louvre, « maison du crime ». La Saint-Barthélemy brûle toujours ces cœurs gascons. Ces âmes blessées ont perdu leurs meilleurs compagnons lors de « la saison sinistre ». Le nom de Marguerite ravive en Gascogne des affreux souvenirs. On a oublié qu'elle a été davantage victime que traîtresse, et qu'elle a sauvé ce qui était possible. On n'aime pas cette engeance catholique.

« Il y aura un jour un immense carnage », avait écrit Érasme, en 1525, à son ami Martin Luther.

*

Madame Catherine, chez son fils.

Ils sont seuls.

— J'espère que Margot, en Béarn et envers son époux, saura tempérer les malentendus.

— On ne l'aime pas outre-Loire, réplique Henri. Ils refusent de lui accorder la moindre chapelle catholique pour ses dévotions.

— Ne lui en soufflez mot, mon fils. Sur place, elle arrangera cela.

— Ils sont huguenots jusqu'aux narines ! L'orgueil de Margot frôle toutes les insolences. Les huguenotes ont des toilettes austères. Margot les insulte avec ses toilettes, ses discours, ce qu'ils nomment, avec haine, ses appeaux catholiques et romains... sans parler de sa légèreté.

— Elle est la reine de Navarre. Il est bon qu'elle parte avec son équipage de souveraine. Elle les impressionnera, et son esprit fera le reste. Ma présence en ce voyage ne doit guère non plus leur plaire.

— Le Béarnais n'a jamais été amoureux de Marguerite. Il l'a plaquée comme un mufle. Il veut sa dot.

— Eh bien, il l'aura, en belles et bonnes terres ! Henry est loin d'être sot et il a épousé une fille de France. Il n'y a pas à sortir de cette réalité. Son époux n'a jamais pris ombrage des sociétés diverses de Marguerite. Une certaine amitié les unit. Il a eu, lui aussi, force dames en son lit.

— Ce qui est permis à un homme est vil à une femme, surtout une grande princesse. Nombre de huguenots m'ont fait savoir, en réponse à mes courriers, que l'arrivée de Marguerite *n'apportera que corruptions.*

— Que l'on prépare notre voyage. Annonçons notre départ. Nous devons les éblouir. Le Béarn est pauvre, et son petit roi, en somme votre vassal, le sait.

Ni le roi ni sa mère n'ont jaugé la force vindicative du Béarnais. Son autorité guerrière, son goût de conquérir, et de régner. Son appétit des femmes. Il dit et écrit gentiment « ma femme » quand il la trahit le plus. Il a tant écrit des serments d'amour dont il ne fut jamais entièrement la dupe.

*

Henri III avait fait les choses au mieux. Sans argent, il rogne sur les toilettes de sa sœur, la caravane et la dépense de sa mère. Il la traite, désormais, comme un fonctionnaire à son service. Il lui en veut de protéger le lamentable d'Anjou. Il lui en veut de déplorer le pouvoir de Joyeuse et d'Épernon. Les deux favoris coûtent chacun au roi plus d'un million d'écus en mariages, fêtes diverses en leur honneur. « L'argent va à ces imposteurs », pense Margot. Ils la haïssent autant que la reine mère. Épernon et Joyeuse deviennent ce que Catherine a toujours redouté. Épernon et Joyeuse sont devenus des féodaux qui font la loi, se font donner des terres et pillent le roi, fou de « leur amour ». Ils ont manœuvré pour qu'on renvoie Margot en Béarn. Les caisses sont si vides qu'Henri a rogné sur les quelques robes de sa mère... Qu'elle se contente de ses robes noires ! Elle ne dit rien, mais sa maternité est écorchée. Elle aidera l'ingrat de tout son amour. Elle remettra Marguerite à son époux et apaisera le Midi à feu et à sang. Henri fit un effort pour les toilettes de sa sœur. Qu'on la pare de quelques beaux tissus, qu'elle emmène ses plus belles parures. Sa mère l'aidait à composer la « Maison » ambulante de Marguerite.

— Organisons au mieux ses dames, ses filles d'honneur, ses femmes, ses meubles, sa Maison, tout qui compose un train de reine. C'est un voyage solennel, que vous, le roi de France, avez adoubé.

Vous remettrez votre sœur à son époux. Habillons Margot, outre l'incarnadin et le bleu, en noir. Il sied à merveille à son teint et avive les parures. La couleur noire est estimée, en Béarn... Qu'elle emmène ses brocards d'or et d'argent, l'hermine, tout ce qui sied aux solennités royales. Il y a, dans ces coffres hautement gardés, ses diadèmes et la couronne fermée de son mariage.

Henri, excité, s'occupe volontiers des robes de sa sœur. Il y eut un va-et-vient incessant au sein des appartements de Marguerite. Les meilleurs artisans, les plus grandes couturières et le brodeur de Catherine n'arrêtaient pas. Un véritable atelier de haute couture. Le roi regarda tout, critiqua à bon escient, admira. Margot défilait devant son frère. Il prenait des mains du maître tailleur les ciseaux, il taillait une manche, une dentelle, il dégageait le cou.

— Mais, mon frère, vous arrangez mes anciennes robes ! À part la noire, si joliment brodée, elles ont toutes servi...

En réponse, Henri, d'un coup de ciseau, accentua un décolleté outrageant.

— Vos tétins sont jolis à voir, ma sœur. Belle parure !

Un étrange air de fête régna au Louvre en ce début d'été. Margot s'enthousiasmait. Partir ! Un grand air de liberté l'agitait. Margot fit habiller ses naines dans les chutes de tissu de ses robes. Elle emmenait Séraphin, amoureux de Lysande. « Je vous marierai en Béarn », riait-elle. Il y eut son confesseur, monsieur de Boucicaut. Catherine ne se sépara pas de Folle, du monneton, de monsieur de Bezon et de ses fidèles serviteurs. Monsieur de Montluc, monsieur de Saint-Sulpice, le conseiller Pinar, le cardinal de Bourbon, le duc de Montpensier... Prudente, elle laissa auprès d'Henri III son sage monsieur de Bellière et l'ambassadeur, monsieur de la Mauvissière. Elle voulut parmi les dames de bon aloi son amie, madame d'Uzès, et la sœur d'Henri de Guise, madame de Montpensier. Belle, redoutable, dévouée à son frère, elle portait à la taille une paire de ciseaux en or aiguisés. Margot lui demanda pourquoi. « Pour crever les yeux aux hérétiques ! » s'amusait-elle, brandissant cette arme de dame très peu innocente. Bien sûr, l'escadron volant avec l'incontournable Charlotte de Sauves et une jolie fille, Gayenne, au grand talent d'alcôve, étaient du voyage. La gaieté de Margot était revenue. Ce désordre de tissus étalés sur des draps donnait à la chambre – hier encore, la *prison* de Margot – un air de triomphe. Les « dames » du voyage s'occupaient avec la même agitation de leurs toilettes, de leurs « maisons ». Les courtisans, dont trois cents seigneurs prévus pour aller en Béarn, s'organisaient. Ils s'endettaient, se paraient. Un cheval, parfois, les ruinait. Madame de Sauves n'eut qu'une mule ; une haquenée coûtait trop cher. Mais la mule était blanche. On ne parlait que de ce voyage – y compris dans les gazettes et à la grosse voix des crieurs de rue. Des carrossiers au moindre garde, de la maison de la bouche au panetier, au dernier des galopins, des palefreniers préparant mules et montures, tous n'avaient que ces mots à la bouche :

— Marguerite de Navarre s'en va en Béarn rejoindre son époux ! La reine mère l'accompagne !

Le Trésor est si bas que Catherine a prié Henri de l'aider. Il puise, de méchante humeur, dans sa propre cassette et emprunte à ses favoris. Cette caravane est la plus modeste que Catherine, péniblement, ait réussi à faire composer.

Ces préparatifs, parfois, bouleversent la reine mère. Elle revoit chaque étape du « tour de France ». Elle songe à ses enfants. Les vivants et les morts. Elle entraîne Folle en bas du Louvre. Un lieu retiré, sous une voûte. Catherine laisse librement éclater un violent chagrin. Folle a le grave visage d'une amie, qui comprend le poids de vivre. La plaie sans fin de la souffrance. Folle se tient droite, grave, si petite et si présente. Un beau regard de Pitié, quand la Pitié n'est point faiblesse mais une grande chose.

— Vous souvenez-vous, Folle, du tour de France ? Mes enfants étaient alors si jeunes… Mon doux François n'était déjà plus. Charles, Élisabeth et Claude vivaient encore. Margot, déjà si jolie, le Béarnais bien gentil. Je n'avais pas emmené mon Moricaud. Il avait tant pleuré de rester à Amboise !

Folle cache son visage entre ses mains. Elle pleure, à mesure des sanglots, des cris de la mère déchirée. Madame Catherine se cache au fond du Louvre pour hurler sa peine. Une louve ayant égaré sa progéniture.

— Mes enfants sont morts ! Morts ! Les deux plus jeunes trahissent et ne m'aiment guère. Henri, mon fils tant aimé, me pousse de côté. Ah, chers yeux, si tu meurs, je meurs !

Les larmes ruissellent sur sa collerette. Elle cogne son front contre le mur. Elle colle sa langue contre le salpêtre. Taire ses cris. Et soudain, elle se ressaisit.

Folle voit une lourde femme, terne, la bouche blanchie de poussière humide. Le silence enferme encore une fois l'atroce peine. La bête déchirée, incapable de mourir sous l'épaisse robe noire.

*

Madame Catherine n'a aucune confiance en Margot et Alençon. Les séparer est une bonne chose. Hercule accumule ses sottises en ses « affaires de Flandres ». Il engage déjà mille intrigues du côté des Cambrésis et des Flamands. Les Flamands ne le savaient pas si laid. Il est allé à Cambrai. Son portrait circule. Son nez stupéfie ces gais buveurs de bière et de genièvre. Cela donne cette pauvreté que l'on chante à la fin des banquets :

Flamands, ne soyez étonnés,
Si à François voyez deux nez

En mai 1578, l'intervention anglaise fera avorter, heureusement, ses projets contre l'Espagne. Henri feindra de soutenir ce frère détesté, mais il rêve de l'enfermer ; le voir disparaître. Que sa mère tâche de débrouiller, lors du voyage de sa sœur, les dégâts qui sévissent dans le Midi ; les constater, les négocier. Henry de Navarre est gouverneur de la Guyenne pour le roi. Laisser aller seule, là-bas, la reine de Navarre, serait une erreur. Son assassinat, peut-être. Une nouvelle guerre.

Margot est perplexe. Que signifient ces terres que lui donne son frère à la place de son douaire ? Excepté La Fère, que Condé volera un moment, Agen peut-être, ces lieux ne lui disent rien. Des hectares de bois, de terres pauvres, des bourgs inconnus. Des forteresses vides et sans confort. Elle eût préféré les bons écus de son douaire.

— Ma fille, dit la reine mère, la guerre a saigné notre or. Il fallait payer nos reîtres. Nous ne pouvons plus même verser le douaire de Marie Stuart. Sa cousine d'Angleterre le lui vole à mesure. Nous versons le douaire à Elisabeth d'Autriche, veuve du roi Charles. Elle y renoncerait volontiers mais nous ne voulons pas de conflits avec son père, ce dur Habsbourg.

— Les millions que votre cher fils donne à ses mignons paieraient fort bien tout cela, y compris, pour moi comme pour vous, un meilleur équipage et des toilettes nouvelles. Notre caravane est plus modeste que celle que j'avais pour la mission en Flandres…

Catherine souligne les avantages de cette équipée.

— Ma fille, vous allez là-bas comme reine de Navarre, épouse de son roi. La décence en ce pays protestant est la simplicité. Cela n'empêche pas qu'il y ait en vos coffres de fort jolies toilettes et une magnifique joaillerie. Les terres que vous donne le roi sont un bel appeau. Vous agrandissez ainsi les domaines de votre époux qui ne sont point immenses. Le château de Pau est, dit-on, luxueux. La sœur de votre époux, Catherine, y réside. Son frère l'a nommée lieutenant général en Navarre, Bigorre, Foix, pendant ses absences. Il guerroie souvent et fait grande confiance à sa sœur. Elle en est digne. Il est déplorable que le Moricaud n'ait saisi la chance de l'épouser. Nérac est gracieux, ses terres giboyeuses. Le roi Charles y chassa autrefois avec Henry et trouva Nérac charmant. Vous saurez organiser votre cour. Le Périgord est riche, son peuple est gai, aimable, susceptible. À vous de les conquérir. Soyez discrète dans vos dévotions.

— L'église, la messe, dont je ne saurais me passer, ma mère, me seraient interdites ?

— Il n'y aura guère de fêtes religieuses à la manière dont notre sainte Église les aime. Vous ne serez ni privée de chapelle ni de nos rituels. Votre époux ne le souffrirait pas. Il connaît votre foi catholique. Cela sera ; de manière réservée. Le père de votre époux, un Bourbon, était catholique. Sa femme, Jeanne d'Albret, s'était toquée de huguenot... Retenez que l'on obtient beaucoup des êtres avec souplesse. Votre époux et son peuple sont blessables. N'arrivez pas de si loin en brandissant trop vivement votre envie de messe.

Margot a le sentiment pénible d'un nouveau piège. Jamais libre ! Comment devenir cette médiatrice éclatante ? Ah, fuir avec Alençon, en Flandres. Il veut guerroyer là-bas et devenir roi des Flandres. Il lui manque, son désastreux petit frère.

Que reste-t-il de son lien avec le Béarnais ? Il ne lui a envoyé aucun courrier personnel. En ses rares lettres au roi, il l'appelle « ma femme », sans façon. C'est son côté bon enfant. Il n'attend d'elle, au fond, que sa dot. Ils étaient autrefois de gentils complices. Que fait-on d'un camarade qui est roi et dont on a été si peu, si mal, l'épouse ?

Où sont ceux qui « l'aimaient à en mourir » et en mouraient ? Louis de Clermont Bussy d'Amboise s'est toqué de la dame de Montsoreau. Alençon, qui trahit comme il respire, s'est chargé de le faire savoir à sa sœur et au roi. Monsieur d'Entragues, qui autrefois prétendait l'aimer, couche avec Marie Touchet. Elle a abandonné à la cour son bâtard, le fils de Charles, ce petit duc d'Auvergne, titré d'Angoulême. Marie Touchet, ivre d'ambition, est grosse de monsieur d'Entragues, enivré aussi de pouvoir. Marie Touchet d'Entragues accouchera en 1579 d'une petite fille : Henriette d'Entragues. Elle sera une des grandes passions du futur Henri IV.

La trahison est partout.

Une fillette naît, et déjà se préparent la trahison, la manipulation. Marguerite aussi a menti, manipulé, trahi. Les baisers de son Bussy d'Amboise lui manquent. Bussy, qui la trahit, qui se moque d'Henri III en le nommant « le valet de ses mignons »... Les baisers, ces baisers ; les baisers ne mentent pas le temps de leur afflux de pollen et de miel… Sur quels baisers compter là-bas, chez ces rustres, postillonnant des rots et des psaumes ?

— Ma fille, cessez de plisser ce front sévère, cela vous vieillit. Le Navarrais aime la gaieté. Votre frère a fait de grands efforts, croyez-moi. À votre assignat en terres, il ajoute le Quercy et quatre jugeries à Rieux.

— J'eusse préféré mon douaire de 670 000 livres !

— On impute les douaires sur l'hôtel de ville de Paris. Votre dépense, ces derniers mois, a été considérable. Non, je vous en prie, ne me parlez plus de la dépense de ses favoris… tout roi a des favoris. Votre voyage à Spa a coûté une fortune, ma fille ! Le résultat ? Des querelles, et pour Monsieur, le prix exorbitant de la citadelle à Cambrai et une guerre folle. Que vous êtes-vous mêlée de faire évader ce trublion ? Vous êtes injuste avec le roi, ma fille. N'avez-vous point assez gémi pour rejoindre le Béarn et votre époux ? Dans une année, qui sait, vous nous donnerez quelque héritier.

*

« Un bel enfant à qui je donnerai le sein à table, comme ma chère comtesse de Lalain. Mais non, je ne suis jamais grosse. Mon physicien, Miron, m'a discrètement examinée. Il a parlé d'une légère atrophie, une inflammation récurrente qui expliquent mes cycles quasi absents et sans doute belle vérole. Peut-être, là-bas, si Henry fait son devoir d'époux régulièrement et si je bois les herbes de la fécondité, le lait d'ânesse, peut-être… Miron a déconseillé fermement la salade, les molles verdures. Croquer force gousses d'ail, des fruits de la mer. Être considérée comme un ventre me révolte. Je n'en ai jamais touché mot à personne. Boucicaut, ce gros bavard de confesseur. J'envie Elisabeth d'Angleterre. Elle règne, décide, a des amours et n'est jamais grosse. »

Bonne vérole : Madame Catherine, au courant, a fait préparer par maître René une décoction puisée aux « secrets » du seigneur Alexis le Piémontais. Margot buvait plusieurs fois par jour – en plus des bains de siège –, « la tisane de gaïac », ce résineux venu d'Amérique, à bois dur.

Plusieurs bouteilles sont scellées dans de doubles caisses. Une charmante cuvette oblongue, en or massif sur courtes pattes en nacre, sert au bain spécial de la reine Margot.

— Au fond, on s'en va remettre la jument à son étalon. Et la jument, c'est moi, Marguerite de France et de Navarre.

— Ma fille, vous semblez triste. Êtes-vous malade ?

Quelque chose de lourd lui pèse. Deux années sans avoir revu son époux. On dit les chemins du Midi infestés d'égorgeurs. Ce voyage sert à défaire le roi de Margot. Henri est prêt à tout pour supprimer Alençon. « En quoi, écrit Marguerite, le roi ne put jamais ébranler la fidélité que j'avais vouée à mon frère... Il n'a pas mérité d'être ainsi éloigné. »

Vaine liberté et espoirs fous à cette intrépide dont l'erreur est toujours la même : miser sur le mauvais pion. Aimer à se perdre. Nommer cela « liberté ».

Se perdre. Avec volupté. Avec bêtise. Y puiser une forme d'innocence et l'illusion d'une royauté.

*

La litière-carrosse de la reine de Navarre est doublée de velours noir, « comme il sied aux grandes souveraines ». Moins de baroque, plus d'austérité et la beauté des chevaux blancs.

Les reines et l'équipage prennent la route le 2 août 1578. Une forte chaleur. Le roi, parti avec Louise depuis le 27 juillet, les reçoit, pour les adieux, à Ollainville – en Essonne –, dans son ravissant petit château qui voisinait avec un couvent de religieuses. Henri se piquait de leur rendre visite, d'admirer les tissus blanc et beige de leur tenue. Il conseillait comment ajuster gracieusement leur voile. Il se flagellait en une cellule.

Il baisa sa mère au front. Elle l'embrassa plusieurs fois. Il embrassa sa sœur, la regarda intensément, lui tenant les mains. Margot était au bord des larmes. Lui aussi.

— Adieu, mon frère. Auprès du roi mon mari, je ne manquerai nullement aux commandements qu'il lui plaira de me faire, je ne travaillerai à rien d'autre que de maintenir le roi en votre obéissance.

La caravane s'en alla lentement sur la route d'Étampes.

Les chroniqueurs, monsieur de l'Estoile, monsieur de Thou, Brantôme, commentent les événements suivant leur rejet ou leur passion. Certains ont dit que Margot « était partie la mort dans l'âme ». D'autres ont affirmé « qu'elle ne se tenait plus de joie ». Sa certitude est l'évasion d'une cage, même si c'est vers une autre. Le goût du voyage, sa vanité flattée. La reine de Navarre. La reine Margot.

Reine-putain-fée, dévote fille de Narcisse, flottant entre les illusions, sans la moindre conscience du Bien ou du Mal quand un homme la caresse, fussent ses frères. *Qui l'a aimée ?* Il y a longtemps, elle fut bercée aux genoux de son père qui la nommait « sa belle enfant ». Avec le temps, cela aussi est un songe.

La saveur d'aller en Béarn est son droit au titre de « Majesté ».

Elle regarde par la vitre baissée.

L'équipage est coloré. Chaque groupe, chaque « Maison » a sa livrée, ses couleurs. On a tout réutilisé. Pour la reine Margot et sa mère, le noir du carrosse, ses armoiries. On étouffe un peu avec cet excès de dames. Après Étampes, la reine mère rejoindra son propre char avec ses femmes de confiance. Elle est assise, Folle à ses pieds, en face de Margot. Sur des mules et en chariots divers, la « Maison » de sa mère, dont l'escadron volant. Charlotte de Sauves, en noir et rose, la mule blanche aux harnais assortis, chevauche pour que les gentilshommes la remarquent. C'est l'été. Les Parisiens s'étaient écrasés pour voir passer cet équipage et ce fut ainsi à chaque cité abordée. Sans parler des trompettes – de jeunes gens en chausses moulantes, toquet assorti au pourpoint argent et noir –, ces trompettes que le roi a fini par offrir. Elles sonnent, cristallines et puissantes, devant chaque cité où va pénétrer la reine de Navarre. Catherine a vu les choses de manière plus sérieuse. Elle emmène cinquante secrétaires, autant de conseillers et de gens de lois. La reine mère pense aux courriers en cours de route, à la gestion, jusqu'en Béarn. Elle n'a plus son pouvoir d'autrefois mais, imperturbable, continue ce que Margot n'a jamais su faire sérieusement : son métier de reine. Margot songe à ses parures, Catherine à l'État, dont le choix des religieux qui sont du voyage. Cardinaux, évêques, confesseurs, son « Église » – l'Église de la reine de Navarre – discrète, doit s'imposer. Une centaine de pages, écuyers, et laquais. Catherine a fait sceller dans des caisses les livres qu'apprécie sa fille. Elle a près d'elle, outre mesdames d'Uzès et de Montpensier, sa fidèle madame de Picquigny. Âgée, sage, protestante, elle vénère la reine mère. Du temps d'Henri II, Catherine avait obtenu de son époux sa grâce. On l'avait surprise dans un groupe protestant. Ils furent condamnés au bûcher sauf madame de Picquigny.

Catherine lui avait confié un rôle auprès de sa fille.

— Vous aiderez la reine de Navarre comme médiatrice en son royaume huguenot.

— Il n'y a rien que je ne fasse pour plaire à Votre Majesté.

Elle lui disait « Votre Majesté ». Cela était doux à Catherine, qui avait égaré ce rôle qui la consolait de l'ingratitude ou de la disparition de ses enfants.

Le rythme des roues berce Marguerite. Elle sommeille. Sa mère ne dort pas. Ne dort-elle donc jamais, cette araignée qui semble flotter aux rets d'une toile noire ?

— Ma fille, propose Catherine, je compte sur votre affection auprès de votre époux.

— Il ne se prive point de filles, et ne s'est guère soucié de m'avoir un jour plantée là ! Pourquoi changerait-il ? À quelle dame un homme est-il aimant et fidèle, en connaissez-vous ?

— Non, mon enfant, je n'en connais point. Vous non plus. Ce n'est pas là le souci d'une reine. Son métier est l'imparable maternité. Accordez à votre époux… ses fantaisies, mais ne tolérez jamais qu'il couche avec une dame de votre entourage. Il vous respectera. Offrez-lui, tant et plus, moult cajolis.

Cette grosse femme qui pue des aisselles a l'air obscène quand elle dit « cajolis ». Madame de Picquigny, silencieuse, lit son psautier.

— Cajolis, cajolas ! chantonne Folle.

Marguerite serre les dents. Qu'en sait-elle, sa mère, des « cajolis » ? Margot songe à Bussy et à tous les autres. Leurs jolis cajolis. Leurs baisers.

Elle trouve jolie, dans la seconde voiture, cette jeune fille qu'elle ne connaissait pas. Mademoiselle Françoise de Montmorency. Une idée de sa mère qui recompose sans cesse son entourage. Elle est bien jeune, cette fille du baron de Fosseux, surnommée pour cela « Fosseuse ». Elle a treize ans passés. Elle rit sans cesse, de rien et pour des riens. Elle est blonde et fraîche. Un peu bête, l'œil doré. Elle bat des mains quand on lui offre des bonbons et ôte trop souvent son masque. Elle a un visage d'enfant, un teint de rose, des points de rousseur. Sa poitrine et sa taille sont joliment formées. Son succès est grand. On la taquine avec son surnom : la Fosseuse. Elle rit ; elle a toutes ses dents. Une adorable langue rose qu'elle passe sur ses lèvres dont elle ignore le pouvoir.

— Fosseuse est amusante, remarque Catherine. Un peu d'entrain est une bonne chose.

On a dépassé Étampes. Aucune nouvelle du Béarnais.

Madame Catherine feint la somnolence. Marguerite explore le paysage masculin. On trotte à sa litière, on la salue. C'est monsieur de Pibrac, allié du Béarnais et conseiller écouté du roi Henri III.

Il semble sensible aux intentions de la reine Margot. Elle, elle ne se trompe jamais sur certains regards. L'aimer c'est la faire vivre. Elle n'aime pas monsieur de Pibrac. Elle s'en méfie. Il est le frère du conseiller personnel du Béarnais : monsieur Dufaur de Pibrac. Margot songe moins à Bussy, l'infidèle. Qui va-t-elle rencontrer là-bas ? Qui l'aimera ?

— Soyez attentive aux désirs de votre époux, tranche soudain la reine mère.

Impossible d'avoir une pensée personnelle face à cette lourde démone devinatrice. Soit, Margot dissimulera. La voix de sa mère est une averse sans fin, qui coule de cette tourelle de tissus sombres. La collerette mériterait un nettoyage.

Margot feint le sommeil. « Elle prétend m'aimer, m'aider. Elle a tout fait pour protéger son Moricaud, celui dont on chante, en Flandres, qu'il a deux nez, deux amants, deux mères et qu'il couche avec moi. C'est vrai que mes frères et moi avons un peu joué au montoir… Hercule est jaloux de Bussy et l'a poussé à me trahir. Elle n'aime que ses fils. Rien n'a changé. Je suis si lasse. Sa présence me rend malade. Qu'elle rejoigne son carrosse et j'irai mieux ! »

— Disons notre chapelet, sussure le cardinal.

La voiture se transforme en une ruche marmottant des *Ave Maria.* Le monneton n'est pas le plus discret. Madame de Picquigny, muette, a croisé les mains sur son psautier.

On soupe aux arrêts du hasard. On a dressé les tables, les couverts. On est en pleine campagne. On a bu du vin rosé. On a goûté de fort belles pêches que la reine mère aime à déguster coupées dans du vin sucré au miel.

— Goûtez, ma fille, c'est fort bon. Nous avons estimé utile de vous entourer de dames du Sud-Ouest. Catholiques et protestantes, ce mélange discret portera ses fruits. Elles parlent le dialecte du Sud-Ouest, ce qui plaira à votre époux et à son entourage. Elles sont fières de compter parmi vos dames d'honneur. Apprenez à mieux les connaître. Voyez la gentillesse de madame de Pibrac, douce épouse de monsieur de Pibrac, qu'apprécie tant le roi. La comtesse d'Estissac, madame de Riberac, sa sœur, madame de Florac, et mademoiselle de La Capelle, native de Toulouse. Elles sont dignes de confiance. Cet entourage adoucira notre arrivée en ce Sud-Ouest qui nous pense, à tort, malveillants. Ils verront que leur reine a des attentions pour eux. J'ai ajouté à vos dames mademoiselle de Thorigny.

— Merci, ma mère. Mon frère Henri avait bien failli la faire mettre à mal. Je suis heureuse de conserver mes dames fidèles, ma chère Curton, madame de Béthune et sa fille, mademoiselle de Dampierre. Elle me rappelle ma pauvre Hélène de Tournon, en plus rieuse. Sa mère, il est vrai, la traite fort bien.

— Vous voilà en vrai train royal, ma fille. Tous ces secrétaires et hommes de loi ! Votre époux sera impressionné de votre esprit de gestion.

— Oui, oui, dit Marguerite, l'air un peu vague.

Le plus beau des « gestionnaires » est monsieur de Pibrac. Catherine s'empresse.

— Le roi vous l'a prêté. C'est son propre conseiller, président au Parlement de Paris. C'est dire l'affection du roi pour vous. Monsieur de Pibrac est d'une grande famille toulousaine. Il avait accompagné votre frère en Pologne. Nous comptons sur votre sagesse. Il a écrit quelques quatrains amoureux à votre égard. Il ne faut pas peiner madame de Pibrac. Monsieur de Pibrac est surtout attentif à complaire au roi de France, à la reine et au roi de Navarre. Il écrit, outre les quatrains que votre charme vous a souvent attirés, nombre de réflexions philosophiques.

— Ma sœur d'Autriche, Elisabeth, a été outrée de son apologie et défense de la Saint-Barthélemy.

Le ton de Catherine se durcit.

— Elisabeth, toute à ses dévotions, est incapable d'interpréter ce qui touche à la politique. Le texte de monsieur de Pibrac était nécessaire pour laver votre frère de tout soupçon quand il briguait la couronne de Pologne. Notre chère Elisabeth a mieux à faire avec ses charités et votre douce amitié. Je vous prie de ne point écouter qui ose critiquer les défenseurs du roi mon fils. Monsieur de Pibrac se comporte avec dévouement et énergie. Il est le frère du grand chambellan de votre époux. Une belle alliance en cas de nécessité… Il s'approche de vous. Souriez, ma fille, mais conservez votre maintien !

Indéchiffrable Pibrac. Il a lancé un regard un peu vif sur les épaules de la reine Margot. Monsieur de Pibrac, rusé, est capable de tourner casaque, capable de tout. Attiré par la reine de Navarre, il songe à ses intérêts s'il donne suite à un aussi dangereux attrait. Qu'elle est donc gracieuse, la reine Margot, en ses atours rouges, où le noir de sa litière compose un écrin !

Sourire ; quel effort ! Elle aime plaire, Margot, mais ce Pibrac l'attire et la glace sourdement. Il joue trop de jeux à la fois. Il est un « médiateur » envoyé en Béarn comme espion. Un espion entre Alençon, Bussy et Marguerite. Il n'a rien d'un ami. Son épouse a sûrement un rôle d'espionne. Pibrac est là pour paralyser cette fâcheuse volonté de Marguerite de Valois : mener un rôle politique et de reine. Pibrac est là pour détruire toute alliance entre le frère stupide,

Marguerite et le flambant Bussy. C'est sa « mission », confiée par Henri et approuvée par la reine mère.

Il caresse des yeux cette peau si blanche. Le désir, ô bien sûr, le désir existe. Il n'est jamais incompatible avec quelque haine.

Folle grimace, la main sur son cœur.

— Pibrac, mon ami, troussez-moi un quatrain et je vous offrirai un chapelet de cajolis !

Pibrac, avec grâce, salue le char des princesses et celui des dames où son épouse joue aux dés avec madame de Florac. La reine mère a rejoint sa voiture. Deux galopins sont parfois obligés de la hisser. Marguerite respire d'aise.

*

Elle a mal à la tête. Elle a envie de dormir. Elle a observé son entourage. Elle se méfie du duc de Montpensier. Il a tenu, au Louvre, des propos ironiques à son sujet. Le cardinal de Bourbon est une créature de Catherine. Boucicaut radote. On est loin du pétulant voyage à Spa…

Elle s'amuse à observer Charlotte de Sauves caquetant avec le clan des Guises. Henri de Guise est son amant et lui a offert des bijoux. Margot reconnaît une bague qu'il lui avait autrefois donnée. Au cours d'une querelle, elle la lui avait jetée au visage.

— Cet avare de Lorrain, ce mufle la réutilise ! C'est sa bague-à-putain !

Elle hausse les épaules. Le beau Guise sera trompé. Charlotte de Sauves va en Béarn pour séduire à nouveau Henry. « Elle se fait des illusions. Elle a vieilli. Elle met trop de rouge. » Le Béarnais va peut-être préférer les nouvelles recrues de l'escadron volant… La prudente Catherine a toujours besoin de ses « guerrières ». Elle connaît la bêtise des mâles quand ces habiles filles se mettent à l'ouvrage. Si Margot n'avait point été *sa* fille, quel bel instrument aurait-elle été pour son escadron !

— Tout ce monde a bonne vérole, s'amuse Margot. Il est temps de boire cet affreux jus de gaïac !

Madame de Picquigny, sans un mot, lui en verse un gobelet.

La reine mère, de son côté, ne perd guère son temps. Elle relit la copie des livres des comptes. Des pages d'écritures ennuyeuses. Trente volumes que lui passent les secrétaires. Ils récapitulent la dépense du voyage, celles des années précédentes. Quelle ponction sur la trésorerie si malmenée ! Tout a un prix, des filles d'honneur à la moindre lavandière. Les palefreniers coûtent cher. Montures à changer en cas de décès, les armes, la nourriture. Les coffres à emballer la vaisselle et la literie. Margot sourit quand elle songe à sa malle de lit dans laquelle Alençon se balançait en chantant des obscénités... Se défaire de la reine Margot, jusqu'en Béarn, est le prix ultime que le roi a consenti à offrir. Ce petit royaume agrandira le sien – et qui sait, si elle devenait grosse de ce chèvre-pied, on reconduirait cette race qui s'éteint. Louise n'est jamais grosse. Catherine soupire, en feuilletant le cahier des dépenses où sont consignés les séjours aux eaux, en Bourbonnais, afin d'aider Louise à devenir féconde. Et cet argent que quémande sans cesse Alençon, pour une guerre désastreuse... Catherine, économe et prodigue, aime à dépenser à bon escient. Elle maudit les mignons, la faiblesse du roi, la sottise d'Alençon. Les folies de Margot. Ils coûtent cher, ces enfants. La chapelle ambulante, de nacre et d'or, les missels ouvragés, les ciboires, les chasubles... Tout coûte cher. Le luxe de Catherine est ses astrologues.

« Ils savent l'indicible et m'aident à démêler l'indémêlable. » Lasse, âgée de cinquante-huit ans, malgré une indigestion due à l'excès de pêches au vin, Catherine n'en épluche pas moins chaque colonne de chiffres. Les secrétaires enferment dans des coffres les cahiers – que jamais Margot n'a l'idée de consulter.

— Rien n'est trop beau à la perle des Valois ! radote Brantôme.

Il est du voyage, à ses frais, perclus de rhumatismes, amoureux jusqu'au gâtisme.

À la fin du cortège, il y a ce raffut incessant, cette ribambelle de pages, de mirlitons, de panetiers, de galopins, des valets de fourrière ainsi que les porteurs des « chaises » qu'on a cessé de payer.

La chaleur devint ce plomb ce ciel d'un gris mauve. Catherine ordonne plus de vigueur à ce train trop lent. Elle n'a aucune pitié de la fatigue de sa fille.

— Allons ! Accomplissons un maximum d'étapes afin de montrer au peuple, le plus possible, la reine de Navarre.

Amboise, Chinon, Azay-le-Rideau, Chenonceaux... Et enfin, la province de son époux.

« Là, écrit Marguerite, on me fit entrées partout. »

Entrées : hommages, discours, arceaux fleuris, danses, trompettes. Demeurer debout, de longues heures. Sourire, répondre. Remercier. Brantôme bêle d'émotion des toilettes de son Étoile. À Cognac, écrit-il dans sa *Vie des dames illustres*, les dames les mieux nées, les plus belles se précipitent pour rendre hommages et faire la révérence à ces deux reines et admirer tout haut Marguerite de Navarre.

Voici, témoigne Brantôme, comment elle apparut à la belle société de Cognac : « Elle parut fort superbement vêtue d'une robe de toile d'argent et colombin à la boulonnaise, manches pendantes, coiffée si richement avec un petit voile, ni trop grand ni trop petit, et accompagnée d'une majesté si belle et si bonne grâce que l'on eût plutôt dit déesse du ciel que reine de la terre. »

Marguerite fait à nouveau remarquer à sa mère que ses robes sont belles, certes, mais ont souvent servi... Catherine la réconforte habilement. La reine Margot est un « modèle » en mode, robes, allures, parures.

— Pourquoi dites-vous cela, ma fille, puisque c'est vous qui inventez et produisez les belles façons de s'habiller. Et, en quelque part que vous alliez, la cour les prendra de vous et non vous de la cour.

La mode, c'est Marguerite : où qu'elle aille. En Cambrésis, les dames font tailler leurs robes sur celle que Margot avait offerte à la comtesse de Lalain. La reine Margot, lasse de ses anciens modèles, les avait fait décolleter par son frère mais il le fit si fortement que l'on apercevait la pointe de ses seins. Mœurs charmantes, un peu douteuses, ses dames prirent l'habitude de baiser son décolleté très bas... Voilà pour la mode et le succès de Marguerite qui mêle, à tant d'élégance, l'art parfait du discours. Parée à l'extérieur, parée de paroles exquises, sa mère compte sur ses atouts.

La rencontre avec l'époux doit avoir lieu à Bordeaux.

On y parvient le 18 septembre. Point de roi. On attend.

*

Henry de Navarre à la nouvelle de la venue de son épouse, flanquée de « la Vieille », eut une grande crise de rejet. Henri III avait osé le faire lanterner six mois sans lui remettre Marguerite. Il cessa, irrité, de se rendre aux prêches. Ils duraient des heures et il convenait de les écouter debout. Les pasteurs l'assommaient dans leur délire de démonstration. Henry, homme d'action, ne pouvait endurer la lenteur des prêches. Suite à l'arrivée de Margot et de la reine mère, il y eut une assemblée de pasteurs. Enflammés de « démontrer » d'avoir raison, ils palabrèrent cinq heures. Monsieur de Turennes s'évanouit. Plusieurs gentilshommes durent garder le lit ! Le Béarnais s'en agaçait, mais sa vraie rancune allait aux Valois. Après avoir menacé sa vie, ils l'humiliaient. Il en voulait à Margot de son escapade en Flandres, sans son avis, comme s'il n'existait pas. Les histoires d'alcôve de Marguerite écorchaient son honneur. Au Louvre, il s'en moquait, pas chez les siens. Madame Serpente et ses fils ne lui accordaient pas « sa dot ». Offensé, il voulut montrer qu'il n'était ni homme, ni époux, ni souverain, ni protestant à se laisser traiter ainsi.

Il choisit la muflerie. Nul empressement aux annonces claironnantes de l'arrivée du « cortège » de son épouse. Il ne fut que dérobades ostentatoires. Il fit lanterner ces dames aux étapes prévues. Il devint l'absent ; lui, le but de ce si long voyage. Il souffletait à sa manière les grosses joues de Madame Catherine et celles, joliment remplies, de Margot. Son absence était de la grossièreté. La reine mère et Margot connurent l'attente humiliée. On en faisait des gorges chaudes. Henry riait sous cape. Margot et sa mère avaient ravivé l'hostilité des provinces huguenotes qu'elles avaient traversées.

— La reine de Navarre s'en vient rejoindre son époux en son royaume. La reine mère, assassine de l'Amiral et de nos frères, l'accompagne avec son chariot de putains, murmurait-on.

*

À Nérac, un temps très doux, un ciel étincelant, un air délicieux.

— Sire, dit Turenne au Béarnais, les deux reines sont à Bordeaux depuis la matinée du 18 septembre.

Le Béarnais hausse les épaules. Il a un rire assez méchant.

— Qu'elles attendent !

Quelque chose de dur, de rancunier. À son tour, cette coureuse, sœur d'un traître et de gens qui ne l'aiment guère et ont voulu jadis l'assassiner, à son tour d'attendre ! Ici, elle n'est que son épouse. À son bon plaisir. Elle a couché tant et plus, en Flandres, partout ! Qu'elle attende. Il a ses soucis dont elle ne se préoccupe guère. Le maréchal de Biron, gouverneur de Bordeaux, est en querelle avec lui. Il était son ami, il frôle la traîtrise. Il aime le pouvoir, Biron, ce rude militaire sans grande finesse, sans pitié quand il tue. Il a, flanqué de Turenne, accueilli les reines. Il a balbutié quelque excuse et s'est précipité à Nérac.

Voici dix jours, à Bordeaux, que l'on ne sait plus comment honorer ces reines, trouver les excuses à l'absence du roi de Béarn. Il ne donne aucun signe de vie. Marguerite, ivre de beaux discours, de présence incessante, de vaine attente, se vit exposée au pilori. Un début d'angoisse. Monsieur de Pibrac avec Biron et Turenne négocient à Nérac. Que compte faire le roi ?

La salle à manger de Nérac. Le Béarnais soupe d'un appétit gaillard. Il convie ses gentilshommes à « s'asseoir sans façon », boire avec lui. À goûter ce lièvre en fricandeau.

— Deux reines m'attendent ? Fort bien, fait le Béarnais en curant ses dents avec son couteau. Dis-moi, Biron, comment est devenue mon épouse ?

— Ah, sire, fort belle ! Le seigneur de Brantôme en a écrit des mots qui font pleurer tout le monde. Sa mère lui a cédé le pas quand elle est entrée dans la ville, montée sur une belle haquenée blanche, harnachée fort superbement, et elle était vêtue toute d'orange et de clinquants… « Elle éblouissait », affirme le sire de Bourdeilles, « plus qu'étoiles et soleil. »

— Quel sot, ce Brantôme ! Il est vrai que Margot est fort plaisante. On l'a dit flanquée de jolies dames. La belle pute de Sauves en est-elle ?

Biron a l'air de mauvaise humeur. Il acquiesce. Il n'aime pas le côté égrillard, « sans façon », de son roi. S'il était roi, Biron, rien ne serait pareil. Austérité, guerres, prêches, épouse soumise, bien née, huguenote et féconde, agrandissement du royaume…

Le Béarnais devine tout cela. Il mange à pleines mains ce gibier chassé du matin. Il croque l'ail cru et hume la truffe avec délice.

— Je suis davantage à l'esprit de la guerre, mon Biron, qu'aux fariboles. Marguerite est mon épouse et a une fort belle dot. Tous ces jours ont été pour moi, vous le savez, combats, dangers ; nul repos. J'aime fort heureusement mes compagnons. Aucun ne se choque d'avoir de ma part un surnom. C'est là mon affection. Manaud de Batz est « mon faucheur ». « Mon capitaine », c'est toi, mon Turenne. Jean d'Harambure qui a perdu un œil à mes batailles, est « mon cher borgne ». Louis de Lestelle rit quand je le nomme « crapaud » et Souvré, c'est « la gode ». À tous, j'ai dit : « mes amis. » Mon cousin de Condé n'a d'égal que François de la Noue, dit « bras de fer »… Toi, Biron, tu fais le fier ! À vos santés, ce vin clairet sent encore le raisin noir… Alors, Biron ? Quel surnom ?

— Je n'ai point besoin, sire, d'un autre nom que celui de mes pères : maréchal de Biron.

— Tu es sans cesse de sombre humeur. Condé n'aime point davantage mon esprit camarade. Ne me trahissez jamais… Je pardonne bien des choses mais jamais la trahison. Je mortifie un peu Margot pour ses trahisons mais je vais la recevoir fort bien car, jadis, pendant la saison atroce, elle a été mon alliée. Sa mère, la Vieille, est un grand roi. Je ne l'aime guère mais ne tolérerai point qu'on en dise du mal devant moi, croyant me plaire. Elle est aussi intelligente que cette vieille fée de reine d'Angleterre. Ses enfants sont des dangereux sots, c'est là son malheur. J'ai écrit à Robert Rémy, concierge de mon château de Pau. Qu'il arrange au mieux la chambre de Catherine ma sœur, avec quelques aunes de tissu rouge. Margot aime le rouge. À ma sœur d'organiser ces choses. Il ne sera pas dit que ces reines entrent dans une cour de ferme. Nous avons de fort belles choses aux châteaux de mes aïeux, à Pau, à Nérac. Des tapisseries de grand prix. Ces Valois ont la fâcheuse tendance à nous prendre pour des paysans et moi, fils des Bourbons, pour le roi des ploucs. Qu'elles lanternent encore à Bordeaux. Turenne, mon capitaine, je vais t'envoyer à ma place. La Vieille dissimule sa contrariété… Margot doit enrager. Allons, c'est bien ! Du vin !

Il rit, le Béarnais, et dégage une forte odeur. Un mélange de purin, de soie usée, de fer, de sang chaud et d'ail.

— Eh bien, Biron, qu'attends-tu, avec Turenne, d'aller à Bordeaux dont tu es gouverneur, afin de faire patienter ces deux folles et leurs danseurs de couchette ?

Il casse des noix au couteau. Autre chose l'empêche d'aller à Bordeaux. Cette cité ultracatholique le déteste. Il évite un réel danger. Il ne le dira pas. Il est ravi du tour qu'il joue à ces « créatures Valois ». Il a son plan et son plan est de déstabiliser la reine mère – donc le roi de France. Son orgueil sera, en temps voulu, de les bien recevoir. Il y a de fort belles choses, en Béarn.

*

Et Henry se fit attendre. On s'inquiète. Tout Bordeaux, son président, ont été frappés de la beauté et des discours de la reine de Navarre. Fait rare à cette époque, qui stupéfie Biron, elle prend chaque jour des bains parfumés. « J'attends, donc je me lave », dit-elle en riant. Elle n'oublie pas, bien sûr, son bain de siège. Se laver est peut-être sa vengeance d'attendre ainsi ? Montrer qu'elle ne supporte pas la saleté proverbiale du Béarnais ? La duchesse d'Uzès écrit à Henri III ces menus événements : « Sire… Madame votre sœur passe bien du temps enfermée avec ses femmes à s'occuper de sa beauté. Toujours dans l'eau, blanche comme du lys, sentant comme baume, se frotte, se refrotte, fait encensements, de sorte que l'on dirait une sorcière avec charmes[1]. »

Les jours passent et le Béarnais n'est toujours pas là. Madame Catherine, impassible, tente de comprendre les ficelles politiques de cette injure. Monsieur de Biron ne cache guère à la reine mère l'antipathie de Bordeaux pour ce querelleur, brouillon, mal éduqué. Les portes de la ville, certes, ont été grandes ouvertes pour la fille des Valois et son équipage. Monsieur de Biron, catholique, est décidé à honorer ses visiteuses. Il a dit un beau discours. Mais cette ville orgueilleuse n'aime pas que ce fils du Béarn soit leur souverain.

Madame Catherine encourage sa fille :

— Discourez, ma fille. Paraissez, vous éblouissez sans peine.

Les discours de Marguerite, qui embaume la rose, qu'ils soient en latin, en français, en espagnol, charment les plus hauts seigneurs qui la reçoivent. Monsieur de Largebaston en est tout ému.

— Ai-je entendu, de ma vie, plus exquises paroles, et ce visage, ces gestes, ah, voilà une bien belle reine que s'est offert le Béarn ! Le discours de Marguerite de Navarre a autant de grâce que l'était celui de feu sa tante, la sœur du roi François Ier.

Des discours, des bains, mais point d'époux.

— Ma mère, dit Margot à Catherine qui assiste à son bain, et surveille la préparation du bain de siège, je n'aime guère monsieur Dufaur de Pibrac. Il feint un grand empressement à mon encontre, mais je le crois en double jeu. Lui doit-on d'avoir tant à attendre la visite du roi mon époux ?

— Ne vous occupez point de cela, ma fille. Monsieur de Pibrac est votre chancelier. Il vous accompagne car les négociations avec votre époux sont difficiles. Le Béarnais est vexé, ma fille. Je l'ai su par monsieur de Biron. Bordeaux ne l'aime guère. Il se sent trahi. Votre attitude a souvent prêté à médisances. Je suis venue avec vous car j'ai maintes affaires aussi à y régler pour vos frères. Il s'agit de paix, il s'agit d'édits à discuter. La répartition des villes et bourgs selon les religions. Ce n'est point une mince affaire. Il convient de bouger d'ici avec prudence et décence. Un courrier du roi de Navarre me convie à parler de ces choses à Nérac... La date est le 4 février.

— Quoi, ma mère, nous allons demeurer ici aussi longtemps ?

— Il propose un rendez-vous à La Réole. Monsieur de Turenne a reçu la lettre à ce sujet.

1. D'après *Marguerite de Valois,* Janine Garrisson, *op. cit.*, p. 151.

La jonction est établie aux alentours du 2 octobre. On quitte enfin Bordeaux. Le 28 septembre, on arrive au bourg de Castéras. Un lieu, un château sans grâce ni confort, dont l'avantage est la neutralité religieuse. Castéras se trouve entre la très catholique Saint-Macaire, Cadillac et la protestante La Réole. Toujours pas de roi.

Le 28 septembre, au château de Castéras, Madame Catherine écrit à son gendre :

> « Mon Fils, j'ai entendu dire par le sieur de Pibrac... qu'il n'est pas possible que je parle avec vous. Je vous prie sur ma parole et... honneur de vouloir venir ici dîner ou coucher. Que je puisse parler seulement une heure avec vous... tant plus nous différons, et plus les mauvais esprits s'efforcent... d'altérer toutes choses. Vous parler ; afin de mettre fin à tant d'allées et venues (...) Votre bonne mère, Catherine[1]. »

Henry s'amuse mais, vrai politicien, cesse ce méchant jeu. Le temps est venu de rejoindre les reines. La Réole, en deçà d'un bourg, est l'endroit le moins prestigieux ou romantique pour la rencontre de deux époux. Henry démontre là, peut-être, la catastrophe que furent ces noces : l'arrangement ne passera ni par le luxe ni les fausses courbettes. Une missive du Béarnais achève de donner le « ton » de son attitude : « Ma femme, j'ai tardé car j'ai soigné un clou fort mal placé. »

Voilà ce que lit Marguerite.

Catherine fait moins de manières et, bizarrement, le croit. C'est assez son genre de parler simplement de ces choses-là. Elle lui conseille le baume au blanc d'œuf.

Le 2 octobre, elle voit enfin arriver à Castéras six cents cavaliers en noir. À leur tête, tout broussailleux, le teint fouetté au grand air, la bouche sanguine, l'œil vif, la culotte grise et la botte guerrière, le couvre-chef en arrière, le roi de Navarre. L'époux de sa fille qui embaume un peu trop la rose et l'œillet. Son arroi, l'escadron volant, les dames, tout est charmant à voir... Le Béarnais est fort sensible au spectacle. Les gros yeux de madame Serpente l'amusent. Marguerite... Elle est comme certaines fleurs trop parfumées ; elle ôte le désir. Son désir.

Le Béarnais met pied à terre. Il s'élance dans le char découvert des deux reines.

— Je suis fort content de vous voir, ma femme. Je rends grâce à la reine votre mère.

Éloquent, rieur, il s'excuse de « ce clou mal placé qui a enfin crevé ».

---

1. *Henri IV*, correspondance, lettre 33, Jean-Pierre Babelon, Fayard, 1982.

— Nous dormirons à La Réole, ma femme. J'ai hâte de faire bon devoir d'époux.

Il feint l'étonnement de la raideur de Margot qui a posé un mouchoir sur son nez.

— Ah, ma mie, je vois. Mon fumet vous impatiente. Il me sert de cuirasse contre bien des maladies. Il enivre les dames. Méfiez-vous des bains. Les maladies passeront par votre peau trop poncée, donc exposée. Votre physicien ne sait donc rien ?

La reine mère sourit. Le roi sent mauvais, quelle importance ! Il va faire son devoir d'époux. Là est le succès d'une si douteuse attente. Charlotte de Sauves a beau s'avancer, le Vert Galant n'est qu'indifférence. Il s'enflamme pour Victoire de la Dayelle et, mieux encore, pour mademoiselle de Montmorency. Margot détesta cette fruste chambre à La Réole, si peu royale, où Henry s'enferma avec elle. Il y passa le bref moment du devoir conjugal. Il ôte ses bottes et ses chausses. Il est ainsi fait. La reine Margot est immédiatement mise au rythme de ses manières. À mademoiselle de la Dayelle, et à tant d'autres, à Fosseuse, les *cajolis.* « Nous n'avons pas mis plus de temps que des lapins », pense Margot. C'est si vite fait de prendre d'un seul élan une belle fille qui empeste le parfum, certes, et qui l'accueille avec une certaine chaleur. Elle a les cuisses un peu larges, mais si blanches ! Ses tétins lui plaisent. Point de baisers, point de serments. Nuls cajolis. Aucun de ces deux grands amoureux n'en a envie. Une nouvelle consommation de noces. Ils se connaissent. Ils savent pourquoi ils sont là.

— Je vous souhaite le bonsoir, ma femme, déclare-t-il. J'ai grand contentement à vous revoir.

— Nous voici réunis, dit-elle, et bons amis, n'est-ce pas ?

— Vous avez escorte de bien jolies filles. Cette Dayelle a la beauté de vos cheveux. La Fosseuse a tout d'un bonbon fondant. Je compte sur votre indulgence.

Réajusté, le Béarnais referme les rideaux de futaine.

— Reposez-vous, ma femme. Laissez-moi lutiner vos charmantes dames.

— Lutinez, mon ami, lutinez ! Je tâcherai, pour mon compte, d'être plus sage que vous.

— Je coucherai encore avec vous.

— Avec plaisir, mon époux.

Folle a écouté derrière la porte et rejoint Catherine.

— C'est bien, dit-elle.

Tout le monde, y compris les courriers envoyés au Louvre, affirmèrent cet événement capital :

— Le roi de Navarre a honoré son épouse Marguerite de Navarre !

*

Madame de Sauves est dépitée. Elle rumine ; comment reconquérir le Béarnais ? Le matin, à La Réole, l'automne est chaud. Le Béarnais s'approche des jouvencelles. Il salue les dames de l'escadron rieur. Il est d'excellente humeur. Il aperçoit Fosseuse et en oublie La Dayelle.

— Par Diou, si jeune, si belle et des tétins de belle femme ! Madame de Sauves connaît bien sa façon de repérer une fille dont il a envie. Il ne sait pas résister à ses désirs amoureux. Charlotte connaît le sens de ce coup d'œil qui embrase, concupiscent et vif, la bouche, le cou, le décolleté, la taille, la croupe. Il le lui a offert, jadis, ce regard-là et tant de caresses... Un regard de mâle enflammé. Il l'est, par cette femme-enfant qui rit, quand tout crotteux il lui demande, d'un ton paternel, si caressant :

— Aimez-vous les confitures, ma gentille mie ? Il y en a d'excellentes à Nérac.

— Oh oui, sire ! répond-elle en esquissant un pas de danse, j'adore les confitures, les bonbons, toutes les douceurs !

Le Béarnais s'enthousiasme. Charlotte de Sauves entraîne Marguerite du côté de cette petite scène où se forme un attroupement.

— N'y allez pas, ma fille, ordonne Catherine, il est temps de nous rendre chez le roi de Navarre dont vous êtes l'épouse.

Marguerite dissimule sa contrariété. On prend la route. On entend rire Fosseuse et le Béarnais qui chevauche trop souvent près de son chariot. Turenne et monsieur de Biron sont charmés par la grâce de la reine de Navarre. Monsieur de Pibrac, aussi, est tout empressement. Le Béarnais parfois galope à ses côtés. Il va, il vient. Il a l'œil à tout, déjà toqué de la petite Fosseuse... Catherine murmure à sa fille, assise en face d'elle :

— À vous de savoir être la vraie souveraine de Navarre. Ce royaume est soumis à celui de votre frère. Ayez un héritier. Cessez de boire la potion de gaïac. Elle brûle la vérole mais détruit aussi la bonne semence. Vous vous êtes levée un peu vite après que votre époux vous ait honorée. Voici le conseil du grand Fernel quand je me pensais stérile. Je demeurais allongée, les jambes en l'air, le plus longtemps possible pour conserver la semence reçue, les reins soulevés à l'extrême. J'ai pu ainsi garder dix fois la semence de feu mon époux.

Faites de même, n'hésitez pas à recevoir ainsi la semence. Aussitôt l'époux parti, demandez à Lysande et à la Turque de soutenir vos jambes. C'est là un devoir.

— Ma mère, j'ai eu beaucoup de contentement à être réunie avec mon époux. Il a promis de rejoindre encore ma couche. À Nérac, je ne manquerai point de suivre votre étrange conseil.

La Réole a marqué un point pour Marguerite. Son époux l'a honorée. Il couraille, mais c'est son usage. Marguerite, tout sourire, charme tout le monde. Madame Catherine s'efface à l'extrême. Les compagnons du Béarnais se rassurent. Voilà une jolie reine pour leur roi et, ma foi, elle semble accommodante quand il montre à Fosseuse sa lubrique vivacité. Les gentilshommes admirent Margot. Elle sent bon, sa peau est éclatante. Ses vêtements sont ravissants. Peu de dames, ici, ont une telle élégance. Simple, gaie, elle a un mot aimable à chacun. On lui demande quelque discours ? Sa culture et son vocabulaire ravissent. Monsieur de Pibrac est satisfait de sa mission. Il en profite pour réciter ses *Quatrains moraux.* À mesure de la route, Marguerite admire le paysage. Henry en est fier et tourne, en étalon un peu fou, autour d'une Fosseuse rengorgée. La reine mère n'aime pas son regard plus aguerri qu'il ne conviendrait à une fille si jeune.

Charlotte de Sauves s'est approchée de la reine mère.

— Fosseuse calcule, madame, chuchote-t-elle.

Le Béarnais a une nouvelle fois accompli son devoir d'époux. Le 9 octobre, on est à Marmande, en plein pays protestant. Henry ne perd pas de vue Fosseuse mais, davantage, ses projets politiques.

— Ma femme, dit-il à Margot, le temps est venu de vous dire au revoir. Ce ne sera pas long. J'ai hâte que vous soyez installée au mieux en mon Béarn. Mes affaires me pressent ailleurs. Quant à vous, madame, je vous salue et reste votre serviteur et votre fils. Nous nous reverrons à la conférence, à Nérac, en février.

Henry n'a nulle envie de la présence constante de Marguerite. Il ne veut en aucun cas l'intrusion de sa mère en ses États et ses affaires. Le voyage prend une tournure moins alerte. Marguerite se sent, dès Marmande, en un espace peu sûr. Elle ignore tout de la demeure, de la ville où elle logera. Une brume de questions, souvent pénibles, la rendent lasse. Ses maux de tête recommencent. La fièvre qu'elle avait eue, autrefois, à Lyon, la fait soudain grelotter. Une fièvre liée à la solitude, à l'inquiétude. Depuis Bordeaux, tout l'a épuisée. Elle n'aime pas ce « jeu » entre son époux et sa mère. Elle se vit diminuée, aux prises entre leurs affaires où elle ne tient aucun rôle. « Retenir la semence en gardant les jambes en l'air ! » c'est tout ce que sa mère lui donne comme conseil. Elle souffre de ce qu'elle appelait autrefois, dans ses Mémoires : « une *maladie de l'âme* plus que du corps ». Une dépression. La dépression touche les zones les plus vulnérables.

On chemine encore. L'entrée à Agen est honorable, sans plus. On s'enfonce de plus en plus en pays huguenot. Agen est « la ville » de Marguerite (sa dot). On lui fait bon visage. Agen compte une majorité de catholiques. À Agen, le titre de la reine Margot est « Marguerite, comtesse de Valois et d'Agen ». On continue en ce Sud inconnu, où les matinées sont devenues froides. La fièvre de la reine de Navarre augmente. L'abattement, les maux de tête. On lui donne à déguster des prunes fondantes et douces. Elle n'a pas faim. Elle boit du bouillon dans lequel on verse une pinte de vin rouge. « C'est souverain contre la fièvre », fait madame d'Estussac. Le 29 octobre, on arrive à Toulouse. Le Béarnais n'entre pas dans Toulouse. Madame Catherine lui a assuré, d'un ton teinté d'une fine ironie, que Toulouse faisait partie des affaires de son fils le roi.

— Il me tarde, mon fils, de rejoindre le Louvre, a-t-elle expliqué au Béarnais quand ils se sont quittés. Mon séjour en vos terres et celles de ma chère fille sera bref.

Catherine a toujours aimé Toulouse. La beauté italienne de la ville. Son monde d'artistes. La cité rouge et blanche. Une ville ultracatholique où, enfin, on peut sans crainte se rendre à la messe.

Monsieur de Joyeuse et monsieur de Damville-Montmorency accueillent les visiteuses. Ils sont gouverneurs de ce Languedoc, cet îlot difficile à gérer. Madame Catherine a repris son air sévère et dominateur. La reine, c'est elle ; non Marguerite prise d'un long frisson.

— Reposez-vous, ma fille. Mon rôle, ici, est de convaincre Montmorency et Joyeuse d'établir au mieux les clauses de l'édit de Poitiers.

Tout tourne autour de Margot. Bourdonnements, palpitations, une grande difficulté à se tenir debout ; la nausée. Elle chancelle, au bord de l'évanouissement. On la couche ; on la frotte de sauge macérée dans de l'huile tiède. Elle grelotte, glacée sous les couvertures, entourée de bouteilles d'eau chaudes. Le médecin de Catherine veut la saigner. On lui fait boire de la racine de guimauve bouillie avec du miel, des raisins secs et de l'orge débarrassé de sa pellicule. Sa mère ne va plus tarder à s'en aller. Elle a soudain tant besoin de sa présence. Elle n'a aucune illusion sur « l'amitié » de son époux. Il la sait malade, il ne vient pas. Alençon, Henri, Bussy, Paris si loin, quelle solitude, et ces filles qui tournent comme des guêpes folles autour du Béarnais… Marguerite a égaré sa gaieté active. Sa tristesse fut aussi la grossièreté de son époux. Il s'est comporté en soudard malpropre dans ce patelin affreux. Il y a aussi, en cette immense fatigue, ces routes où elle va depuis des mois. Ces arrêts en ces villes, où elle se tient, droite, prononce des discours, sourit, fait face. L'absence des baisers, ces baisers. La tristesse de cette existence inconnue, les dangers, l'exil. Les inévitables affrontements religieux.

— Ma fille, dit Catherine, buvez cette potion. Pour votre mal de gorge, on vous prépare une décoction de feuilles d'olivier et de citron. J'espère vous être de quelque secours en prolongeant mon séjour dans le Midi.

— Je suis malade, grelotte sa fille. M'a-t-on empoisonnée ?

La fièvre ne cesse de monter. Catherine dissimule son inquiétude. Marguerite demeure dix jours à Toulouse si souffrante que la reine mère envoie force courriers au Béarnais. Qu'il rejoigne son épouse ! Il fait répondre que Toulouse, trop catholique, est un danger pour lui. Si la reine va mieux, qu'elle le rejoigne avec sa mère à Mauvésin, près de l'Isle-en-Jourdain.

— Vous semblez guérie, ma fille, déclare-t-elle enfin ; ces potions sont excellentes. J'en ai fait copier la recette pour vos frères. Il nous faut reprendre la route. Votre époux nous attend du côté de l'Isle-en-Jourdain.

Margot, épuisée, voyage couchée. Elle a perdu tout allant. On atteint le bourg de l'Isle-en-Jourdain, pas plus attrayant que La Réole.

Point de Navarrais.

Il envoie un message digne de celui précédant la première rencontre : « Ma mie, je suis fort empêché par un furoncle mal placé. Attendez-moi quelques jours. »

La reine mère ne se démonte pas et lui envoie la recette pour soigner toutes sortes d'abcès bien ou mal placés : « Mon fils, prenez une pincée de sel. Incorporez-le à un jaune d'œuf que vous ferez cuire et que vous appliquerez ensuite sur le charbon dont il retirera tout le venin. Renouvelez deux ou trois fois et venez nous voir, promptement soulagé[1]. »

Les jours passent. Novembre. Certaines matinées sont belles, mais souvent, la bise, la pluie s'y mettent. Les nuits sont froides. Margot émerge tant bien que mal de sa fièvre. Elle se replie sous ses couvertures. La compagnie de ses dames, de sa mère, la distraient. Lysande lui lit les Évangiles. Le paysage est désolé, boueux. Il n'y a rien, rien, alentour ; quelques chaumières. En dépit des gardes, Margot craint le traquenard.

1. Les recettes curatives ci-jointes sont extraites des *Secrets d'Alexis le Piémontais*, *op. cit.*

— Allons, ma fille, apprenez l'attente. Elle donne parfois de bons fruits.

— Un furoncle mal placé ! s'écrie Margot, au bord des larmes.

— Votre époux, souvent à cheval, mangeur de gibier en excès, est sujet à cette misère. Je lui ai fait parvenir une recette qui le guérira. Il vous confie ses intimes maladies, tel un bon époux à son épouse.

Ah ! L'optimisme irritant de sa mère ! Elle a envie de vomir. Catherine épie la grosseur de ses seins. Mais non, elle a « vu » à nouveau son sang. À si gros bouillons que le médecin ne l'a pas saignée. Elle n'est point grosse. Dégoûtée, enfiévrée, triste ; mais point grosse.

Ce mari, ce gendre, va-t-il se moquer ainsi longtemps de son épouse et de sa mère ? Perversité, mise au point de ses volontés ou, peut-être, plus simplement, une série de négociations pour faire admettre en son Béarn son épouse ?

Elles ont attendu dix jours en cette campagne perdue où le roi et son furoncle si mal placé n'est pas venu. Pas même un courrier.

Il est rare de voir, d'entendre Madame Catherine éclater de colère. C'est pourtant le cas. Une colère terrible contre ce malotru, ce roitelet. Ce lieu si laid. Ces champs, ces bois décharnés. Cette caravane qui a l'air de celle d'un cirque. La fièvre de Marguerite. Le retour au Louvre serait une répudiation, une défaite, un éclat : une guerre. Catherine tente le tout pour le tout.

— Monsieur de la Mothe Fénelon, monsieur de Pibrac, écrivez, je vous prie, sous ma dictée au roi de Navarre. « Monsieur mon fils, nous n'attendrons pas trois jours de plus. Ma fille votre épouse est souffrante en cet endroit digne d'une cour d'étable. »

On envoie la missive. Henry réfléchit quelques minutes. Il fait parvenir un message par Monsieur de Turenne : il attend les reines à Nérac.

La fièvre de Marguerite augmente encore. On lui fait boire force médecines amères. Catherine tente de l'encourager.

— Le roi nous attend à Nérac !

Margot s'indiffère, rien ne la console. Elle est si mal sur les cahots de la route qu'on est obligé de s'arrêter deux nuits à Aubier. Il lui faut une chambre. Un lit. Changer de linge. Dormir sans courant d'air.

— Ne craignez rien, ma fille, rassure Catherine. Mes affaires m'obligent à rejoindre Auch au plus vite. Je vous y attends. Dans quelques jours, bien entourée comme vous l'êtes, vous serez remise. Votre époux a reçu encore de vos nouvelles. Il va vous rejoindre à Auch.

C'est seulement le 23 novembre qu'Henry rejoint Auch où se trouvent Catherine et sa fille. On offre à la reine mère les clefs d'Auch, elle réplique, gracieuse, habile : « Donnez-les à l'époux de ma fille. » Pâle, maigrie, cependant parée de noir et de clinquants, voici Marguerite, chancelante à cause de sa « maladie ». Les bords du Gers sont glacés.

Margot et le Béarnais se saluent, ils font l'effort de s'accorder au mieux. Le Béarnais déploie une grande amabilité. Les habitants d'Auch, tels ceux d'Agen, lui ont murmuré qu'il n'était point le bienvenu. Certains claquaient la porte à sa vue.

— Ce n'est point ma faute si vous avez tant attendu en Lisle-en-Jourdain. J'ai dû régler quelques tumultes. Des catholiques s'étaient emparés de La Réole. Biron m'a fait croire que c'était une manœuvre de votre mère. J'ai donc mis bon ordre à La Réole, Fleurance, et autres bourgs. Je vous ai ensuite rejointes ici.

La ville organise une fête en leur honneur. « Les violons vinrent, écrit monsieur de Turenne, et nous commençâmes à danser. »

Henry grimace et gratte sa culotte. Ah, ce furoncle ! Mais il n'hésite pas à faire savoir tout haut son grand plaisir à « accomplir devoir d'époux ».

Catherine l'écrit aussitôt au roi son fils.

La reine de Navarre tombe à nouveau malade, ce qui retarde Nérac. Mais le Béarnais déploie une grande gentillesse.

— Mes protestants ronchonnent, les catholiques d'ici aussi. Je ne puis mécontenter votre frère le roi, ni mes sujets. J'ai dû gagner du temps. Vous serez une belle et bonne reine à Nérac, j'en suis sûr. Remettez-vous vite. J'ai hâte de vous y mener, et ma sœur Catherine de vous y accueillir.

Le 15 décembre, enfin, la reine Margot, Catherine et sa suite arrivent à Nérac.

XVII

Marguerite, reine de Nérac

Nérac. À trente kilomètres d'Agen.

Henry, accompagné de sa sœur et de ses meilleurs capitaines, entourent Marguerite et sa mère. Margot, encore pâle, gracieusement parée, monte une haquenée blanche.

Sur le chemin, pour l'accueillir, elle rencontre des jeunes filles du pays, vêtues en nymphes, en dépit du froid. Elles portent tambourins, dansent et chantent en gascon les vers de Guillaume de Bartas, enthousiaste écuyer tranchant et versificateur du Béarnais. Il a écrit ceci en l'honneur de la reine de Navarre :

> Nous saluons d'un tendre chant, la plus belle du monde,
> Marguerite gasconne, son époux gascon et leurs sujets gascons.

Marguerite se souviendra longtemps de sa première impression devant Nérac. Elle ressemblait davantage à une forteresse militaire qu'à un château de la Loire. Quatre tours solides et rondes, et, de chaque côté d'une seule entrée, deux tours plus basses. À l'intérieur, deux cours assez modestes. Une galerie ravissante sous la lumière aiguë de décembre et que l'été enflamme. De nos jours, il ne reste que la rude dentelle de la galerie. Le site a une beauté sauvage, une bienveillance secrète. Sa végétation et ses rivières bleues dont la Baïse…

Henry, « *Nouste Henric* » comme le nomme son peuple qui l'adore, aidé de sa sœur, a fait de gros efforts pour que son épouse et provisoirement la reine mère, soient bien installées. La sœur du Béarnais a fait poser, selon son désir, les plus belles tapisseries du château de Pau, au murs de sa chambre et de la grande salle. Il y a des tableaux. Des meubles. Une élégance harmonieuse des couleurs, un bel agencement des chambres. Plafonds et planchers sont composés de jolie marqueterie. Il y a de la lumière aux flambeaux d'argent et de vermeil. Le Béarnais se rengorge. Il n'est pas le bouseux que ces Valois et leurs suites ont dû s'imaginer. Il y a tout ce qu'il faut aux cuisines, dans les caves. On a prévu, partout, des arrangements de branches et de fleurs sauvages. La demeure n'est pas assez grande pour tant de monde. Mais beaucoup repartiront. Madame Catherine a son appartement, moins grand que celui de sa fille. Marguerite jouit à elle seule d'une entrée, une vaste chambre, une salle, un cabinet où écrire, prier, méditer. La chambre comporte deux lits. Le sien et celui de son époux. Ils sont damassés et entourés de rideaux. Le linge de Marguerite est orné de dentelles. Elle aime les bains. Henry a la délicatesse d'y avoir songé. On a prévu une pièce en plus, petite, éclairée d'une fenêtre, avec une baignoire en cuivre. On hisse les tonneaux d'eau que l'on a chauffée aux feux des cuisines. L'eau de la Baïse. Une table enjambe la baignoire pour les éponges, les différents ustensiles à la commodité du bain. Une coupe pour les fruits et une aiguière pour le vin. De quoi écrire si l'envie lui prend. Un petit banc quand elle s'assoit dans son cuveau. On sera amené à casser la porte de sa « salle aux bains », pour faire entrer ces larges tonneaux. Jusqu'à quel point « le bain de la reine de Navarre » a-t-il inspiré le célèbre tableau de Gabrielle d'Estrées, favorite d'Henri IV, seins nus dans sa baignoire, tapissée, comme à Nérac, d'un drap de soie[1] ?

Nérac semble certainement modeste à Marguerite si elle le compare au Louvre, et à ses châteaux de toujours. Une partie de ses dames d'honneur, les plus âgées, ses nains, auxquels s'était ajoutée une toute jeune naine, Lyette, et un très gai Sacripan, logent près d'elle. Ses dames logent à deux ou trois dans des chambres attenantes. Le même arrangement a été prévu pour les dames de la reine mère. Son escadron volant, dont celui de Margot, à savoir les toutes jeunes Victoire d'Ayala – dite Dayelle –, Françoise de Fosseux – dite Fosseuse –, mademoiselle de Thorigny, mademoiselle de Rebours, et autres jeunes filles sont entassées en haut. Un dortoir ? Un second « dortoir », plus fruste, abrite les chambrières et filles de service. Deux espaces, sous les toits, bondés de jeunes beautés ! Voilà qui plaît à Henry. Il aura grand goût à y rendre quelques visites. Son choix est déjà fait. Rebours, Dayelle et surtout Fosseuse. Les plus jolies chambrières n'échapperont guère à son rapide assaut, comme ça, gentiment et sans façon. Point d'histoires ni de grimaces, pas d'enflure de ventre, c'est tout ce qu'il

1. Cette peinture se trouve au château d'Azay-le-Rideau, en Touraine. Tableau de l'École française : *Gabrielle d'Estrées, favorite de Henri IV* (1573-1599).

exige. À part cela, comme toujours, « le meilleur compagnon du monde ».

Ces trivialités n'eurent pas lieu dès la première semaine à Nérac. Henry de Navarre, quoique grand amoureux, fait passer, avant ses femmes, passions et soucis plus intenses. L'action, la guerre, les dures affaires de son royaume, étendre son pouvoir et, tenace, l'établir un jour de manière absolue.

Ce 15 décembre, pour fêter l'arrivée, Henry a voulu un dîner excellent. Il a fait recouvrir la table de gibiers. Il y a du millas, des gâteaux, des fruits en abondance, des massepains, les grand vins du Graves, qui enivrent si bien. Il y a du beurre presque blanc, du pain rondet chaud, des galettes dorées. Un grande gaieté s'élève autour de ces tables rustiques et longues. Gentilshommes en noir, les huguenots ; seigneurs parés, colorés, les catholiques : tout le monde a l'air de s'accorder. Les mets et le vin y sont pour quelque chose. Dieu fait aussi, parfois, fort bien les choses. Et ces femmes, tant de femmes dans la maison d'Henry ! Il est enchanté. On est assis sur des bancs... sauf une chaise à dossier dur pour Margot, sa mère et quelques grandes dames. Point de couverts mais un couteau, une cuillère pour trois. Les plats arrivent sous de grosses cloches en argent qui mériteraient d'être mieux fourbies. Marguerite l'a remarqué et se chargera plus tard de tout cela, et autres raffinements. On mange avec ses doigts. Madame Catherine et sa fille le font de bon cœur. Margot attendra, politesse oblige, avant de faire déballer sa vaisselle en vermeil et ses fourchettes. Elle remplacera les gobelets en étain par ses verres de Murano. On banquette fort, ce premier soir. En entrée, la traditionnelle omelette fourrée d'ail. La reine mère s'empiffre de rognons de coq à en avoir « force dévoiements d'entrailles ». Marguerite a repris de l'appétit. Henry n'a pu se passer de son plat préféré : des tripes de veau accommodées avec des raves.

— De la bonne viande à soldat, ma femme. Goûtez, cela ravigote, interpelle-t-il gaiement.

Il lui tend un morceau sur son couteau qui est aussi son cure-dents. Quand il a fini de manger, il l'essuie à sa tenue rapiécée, sans forme ni couleur, et le range. L'après-dînée continue avec un concert de violoneux. Les comédiens du roi, des Italiens, jouent en gascon, français et latin, une scène champêtre, toujours en l'honneur de Marguerite. C'est un dialogue pondu par le consternant mais bienveillant sire de Bartas. Le futur duc de Sully, nommé alors monsieur de Rosny, cerné de jolies femmes décolletées, aux rires fort catholiques, est un peu ivre. Il n'avait jamais entendu à Nérac propos aussi galants et légers.

Le futur Sully remarque à quel point les deux « cours » rivalisent d'élégance, de bons mots, de charme, de prouesses mondaines. « La chose la plus courante des courtisans, écrit-il, est devenue l'amour. »

— Hélas, gémit d'Aubigné, les armes se rouillent...

En lui tourbillonne un angoissant poème.

Mais quoi ! C'est trop chanté, il faut tourner les yeux,
Éblouis de rayons, dans le chemin des cieux.
Les cendres des brûlés volent de toutes parts[1].

Agrippa d'Aubigné fait une tête de fin du monde. Intransigeant huguenot, intégriste, il hait la reine Margot. Avec elle, se dit-il, le Démon est entré en la noble demeure des Albret et des Navarre. Tout cela n'échappe pas à la reine mère. Les affaires du roi son fils sont loin d'être arrangées. Que donnera la conférence promise à Nérac, en février ? Il est tard. Marguerite est aise de rejoindre sa chambre. Ses femmes l'aident à défaire son vertugadin, ses chaussures à boucles précieuses et les longs bas de coton de soie. On brosse ses cheveux annelés, sombres, bien plus beaux que la perruque poudrée d'or. On lui met une chemise en satin blanc. Elle est si lasse qu'elle ne dort pas. Son époux se contente de sa chemise et ne manque pas, d'un assaut gaillard, de « faire son office ». Il soupire un peu, elle aussi. Quel dommage que le corps de ces deux grands amoureux ne s'aiment pas, ne s'accordent jamais ! C'est un des drames de ce couple qui participe à sa secrète mélancolie. Il leur reste la complicité mais s'entendront-ils vraiment ? Il plisse son petit œil de loup, gai et méfiant. Quel homme supporte, au fond, que sa femme ait tant couché ailleurs et ose l'offensante répulsion ? Marguerite a le cœur serré et le mal de tête, la fièvre la reprennent. Elle aime assez ces deux beaux coffres sculptés. Elle fixe sa pensée sur l'arrangement futur de ce qui est devenu, après tout, sa demeure. Elle meublera ce que l'on peut nommer son salon. Elle fera recouvrir des chaises en velours rouge, des tabourets en bleu, pour bavarder avec ses amies. Elle prévoit de faire établir, par le menuisier de Nérac, dans son cabinet, un pupitre qui se hausse à son gré pour écrire debout sa correspondance. Elle lui est essentielle. Une fois sa mère repartie avec sa grande amie, la duchesse d'Uzès, elle écrira force lettres. À sa mère, ses frères, ses amants. Elle se confie à la duchesse d'Uzès, son aînée, qu'elle appelle « Ma Sibille ». Ma Sibille, en vertu de son sage don de deviner les choses et leurs issues sans le dire de manière directe. Le pouvoir de son franc parler auprès de sa

1. In « La Résurrection de la chair », *Les Tragiques*, Agrippa d'Aubigné, *op. cit.*

mère et de son frère Henri font de sa Sibille, à mesure du séjour à Nérac, la confidente idéale mais aussi sa médiatrice au Louvre. Margot soupçonne le poids de son isolement. Elle signe souvent, d'un bel élan d'amour pur, la lettre à son amie, « Je vous baise les mains. Aimez-moi et croyez que je vous aime de cœur et d'âme[1]. » La correspondance de Marguerite pressent déjà le talent de madame de Sévigné. Le ton du XVIIe siècle. Le don d'écrire de Margot y éclate. Un ton libre et fougueux, parfois avant-garde, pétillant, sensible, et grave. Ces lettres, toutes ses lettres affirment plus que jamais son royal mépris du qu'en-dira-t-on. Une Ninon de Lenclos, une George Sand, une Colette avant l'heure, Margot est tout ce qu'admirait et résumait en elle le président Pasquier : « Vivre à la franche Marguerite… » Et tout ce qu'abominaient d'Aubigné, feu Coligny et les pasteurs.

Sa première nuit à Nérac. L'aube rôde, le dernier flambeau s'éteint et Margot s'endort croyant ne pouvoir dormir.

Nérac et le nouvel environnement consolent assez vite Marguerite. Il est temps pour elle, sa mère et son entourage catholique de songer à fêter Noël.

Des incidents ne vont pas manquer. L'église Saint-Nicolas est contre le château et ces dames comptent s'y rendre. Margot a emmené avec elle, « sa chapelle ». Quatre aumôniers, autant de clercs de sacristie, deux chapelains, son confesseur. Cela choque les gentilshommes du Béarnais. On avait presque oublié se trouver là en terre huguenote. Le 23 décembre, des huguenots mettent à sac l'église Saint-Nicolas. Madame Catherine ne dit rien. Marguerite et sa suite indignée vont écouter la messe au prieuré de Porte-Sainte-Marie. Tout s'est bien passé, quoique hâtivement, en l'autre église. Le Béarnais se tait. Ces ravages sont si coutumiers.

Les journées ont raccourci. L'hiver a tout blanchi, le ciel est clair, mais le bois gèle. Il est long à s'enflammer dans les âtres de Nérac. Il fait froid. Marguerite sent revenir la fièvre.

*

Enfin, voici le 4 février : la conférence de Nérac. Madame Catherine l'attendait avec avidité. Le roi de Navarre et ses compagnons sont méfiants. Que veut cette commère emmiellée de propos doux ?

---

1. In *Lettres à ma Sibille (À la duchesse d'Uzès) et autres écrits de Marguerite de Valois*. Seize lettres ont été conservées. Il en sera parfois question à mesure de la vie de Margot à Nérac. Pour alléger les notes, nous indiquerons que Margot écrit à sa Sibille.

— Il est impératif de régler au mieux ces cruels différends, dit-elle.

Marguerite est la grande absente de ce moment important. C'est *toujours* sa mère et le Béarnais qui règnent. En son cabinet, elle se pare de noir et de rouge. Elle se farde beaucoup au point que le dramaturge William Shakespeare, charmé de la réputation de la belle cour de Nérac et de sa reine, Rosalinde en sa pièce *Peines d'amour perdues,* écrite en 1595, évoque l'excès de fard, de Margot. Reine gracieuse, certes, mais « déjà large », trop grasse... Et ce fard si rouge ! « Vos maîtresses, écrit le dramaturge, n'oseraient jamais aller à la pluie, de peur que leurs couleurs ne partissent au lavage[1]. » Fardée, parée, Marguerite descend. Dans la grande salle, un siège lui a été préparé entre son époux et sa mère. Partout, les sombres gentilshommes huguenots et ceux de la cour de France.

La conférence débuta donc le 4 février ; il y en eut plusieurs. Elle ressembla, les autres conférences aussi, à un dialogue de sourds. Les députés protestants sont au complet. Ils détestent Madame Catherine et ignorent la reine de Navarre. On n'arrive à rien sinon à un début de querelle. Le ton a monté, celui des huguenots est devenu un tumulte hostile. Madame Catherine, si maîtresse d'elle-même, explose. Elle en a assez d'entendre grincher à ces gens en noir.

— Nous ne tolérerons jamais la moindre cérémonie catholique, apostat et hérétique. Nous voulons des places fortes bien à nous. La Rochelle, Montauban, Angoulême...

La colère de la reine mère est telle qu'elle se lève et rugit à en faire trembler sa graisse :

— Vous ne méritez, misérables rebelles, insulteurs du vrai Dieu, qu'un bout de corde pour vous pendre !

Un épais silence. Et soudain les sanglots de la reine de Navarre. Son besoin fulgurant des baisers de Bussy.

— Ma mère, nous vous supplions de donner la paix à ces gens non malveillants. Leur culte, nous le savons, est différent du nôtre. Que peut signifier mon union avec le roi de Navarre sinon de tenter la paix ? Ce mariage est votre œuvre. N'en dispersez pas les bons effets... Je l'espère et en prie Dieu.

Elle pleure, on la regarde pleurer, non sans satisfaction. Catherine, qui toute sa vie a tenté de négocier cette paix improbable, est furieuse d'avoir perdu son contrôle. Tout échec est la faute de sa fille. Chaque

1. In *Peines d'amour perdu*, William Shakespeare, Gallimard, 2002, « Bibliothèque de la Pléiade », t. 1.

fois qu'elle est présente à ce qui est sérieux, le trouble s'en mêle. Mais qu'attendre de ces crânes butés, rasés, cernés d'un col blanc et rond ? Son gendre la désole. Il va et vient. Il chasse, feint d'écouter, bâille, se lève, court le guilledou. Il ne s'occupe guère de Margot. Il est loin ; loin d'elle, loin des Valois. Il sabote, à sa manière, la conférence de Nérac.

Le 28 février est signée la paix de Nérac.

Le roi de Navarre n'est pas dupe. Ce traité n'apporte pas grand-chose, en dépit de quatorze – fallacieuses – places nouvelles en plus des huit qui avaient été accordées aux huguenots suite à l'édit de Poitiers.

— Nous y mettons une condition, murmure Madame Catherine.

Personne n'aime son ton trop doux. Des conditions !

— Il serait bon, dit-elle, que ces places, désormais au nombre de vingt-deux, consentent aussi au culte catholique. Ces places seront rendues au roi de France dans les six mois suite à cet accord.

Le roi de Navarre ne dit rien. Il n'y a rien à dire. Tout est faux, manœuvré de manière à laisser la bride serrée au col sévère des huguenots.

— Nous eussions espéré obtenir la gestion complète de quatorze places de sûreté, dit monsieur de Turenne.

Il jette un regard enflammé sous des paupières vite baissées du côté de la reine Margot. Elle lui sourit, un peu égarée, répond au hasard.

— Ah, monsieur de Turenne, puis-je vous appeler « mon cousin » ? Ne sommes-nous parents du côté de madame ma mère, fille de Madeleine de la Tour d'Auvergne, cousine de votre aïeule ?

Turenne, s'incline. Le Navarrais s'assombrit. Qu'a-t-elle, en ces heures graves, à babiller, hors propos, d'un ton mondain ? Elle sommnolait. Sa santé empire à cause de ses bains. Deux bains par mois, c'est énorme. Elle en est à comparer la douceur de l'eau : le Gave est plus moelleux à sa peau que l'eau de la Baïse… Chaque soir, deux chambrières brossent longuement sa chevelure défaite. Sa mère a posé sa main sur la sienne et dispose d'elle comme d'un objet.

— Marguerite, l'épouse de votre roi, fille et sœur du roi de France, n'est-elle point là un gage d'accord solide et permanent entre ces deux confessions et la paix possible ?

Le chancelier de Pibrac renchérit. Il s'est toqué de la reine de Navarre. Ce grand magistrat a un défaut : ménager le roi de Navarre, le roi de France et son amour pour la reine Margot. Un « amour », visible, tragiquement risible puisqu'elle ne l'aime pas. Il joue son jeu à elle, à Nérac, ensuite, le sien, à la cour de France. Elle l'utilise et, perverse, le méprise parce qu'il ne lui plaît pas.

« Monsieur de Pibrac était dans le jeu double », écrit-elle.

Homme fin, déjà vaincu, aigri de l'aimer sans espoir, il se défend de ses sentiments. Certes il lui a écrit « Madame, je vous aime », mais s'en défend ainsi :

« Notre façon d'écrire aujourd'hui en France est pleine d'excès ; [tout le monde] a une façon commune d'écrire... avec des extrêmes. Hors du point du devoir[1]. »

Il n'empêche que monsieur de Pibrac est douloureusement sincère quand il s'agit de Marguerite. Il est prêt à tout pour elle. L'aider financièrement. Elle ne se prive pas de lui emprunter beaucoup. Elle procède à la manière de sa mère. Le prêt est quasi un dû. Pibrac paye et Marguerite ne lui donne rien.

— Nous sommes là pour soutenir les intérêts du roi de Navarre et de son épouse, dit-il.

Un homme tout de noir vêtu, le ton rauque d'un prédicateur, menaçant petit cancrelat, prend soudain la parole. C'est Jacques Lallier, seigneur Du Pin, secrétaire de la main du Béarnais. Il hait les catholiques et ne salue jamais Marguerite, sa mère et leur entourage.

— On ose refuser à nous les réformés, d'être inhumés au cimetière de nos villages. Pire que des pestiférés, nous ne pouvons offrir la sépulture aux nôtres que dans nos champs, si nous en possédons, ou en quelque coin de nos jardins... Si souvent en bord de chemin.

Henry de Navarre est capable de grandes colères. Ses griefs croisent ceux de l'indéfectible et maigre gentilhomme que Marguerite nomme Le Pin. Quand le Béarnais se fâche, on l'entend de loin.

— Nos dépouilles inhumées n'importe où, voilà qui est fâcheux, mais le pire est cette excitation incessante de certains catholiques à pousser le peuple vers de nouveaux massacres. Mon épouse est catholique, sa mère aussi, vous êtes nombreux, mes hôtes à Nérac, de cette confession, et voilà que vos prêcheurs s'agitent contre nous, nous qui vous avons fait si bon accueil... Nous tuer est donc agréable à votre Dieu ? Vous me voyez forcé de reprendre les armes, alors que nous pensions à une paix plus attentive, grâce à des places fortes sans esprit de haine. Vous ne donnez jamais rien, madame, votre roi non plus ! Je n'ai jamais pris les armes contre lui, sa couronne ou ses États. Je fus à chaque fois son loyal serviteur. Vous nous jetez des miettes avec des

1. In *Mémoires*, *op. cit.*, notes 174, p. 355.

conditions ? Nos vies, nos dépouilles, seraient donc la cendre des chemins de votre roi de France ?

On s'échauffe. Nérac va-t-il devenir ce coupe-gorge que fut le Louvre pendant les noces tragiques ? Margot se le demande. « Et qui m'aime ? Ce vilain Pibrac est trop vieux, Turenne aussi. Turenne a quelque chose d'un gros nuage tout vide quand on y touche », a-t-elle confié à sa Sibille. Il a bien été un peu, si peu son « amant », mais au lit... rien. Sans l'amour, que l'ennui est terrible...

Marguerite se sent mal. Que faire ? Un mois de ces rudes palabres n'amènent, en conclusion, de la part du roi de France, que trois nouvelles places en Guyenne.

— Et onze places de sûreté en Languedoc, conclut monsieur de Pibrac.

— On s'en va tout bonnement vers la septième guerre civile, susurre Margot à la duchesse d'Uzès.

Les semaines ont passé. La reine Margot n'a joué aucun rôle en ces jeux si durs. Son époux l'a honorée, si peu, au rythme d'un lapin sautant la lapine. Aucun fruit. Elle se réfugie dans son cabinet de lecture. Elle relit Plutarque. *Le Banquet* de Platon est son livre préféré. *L'Asclépios* du philosophe Marsile Ficin. Sa vision cosmique de l'univers. Elle lit ses ouvrages pieux, leur controverse. Elle prie. Elle écrit à sa chère Élisabeth. « Je suis fort aise d'être catholique, quoi de plus doux que notre foi ? »

Peut-être le départ de sa mère l'aiderait-il à reprendre un rôle bien à elle, former à Nérac une cour raffinée ? C'est déjà le printemps et l'été éclatera en fruits et fleurs. Elle a remarqué ce que l'on peut tirer des jardins autour de Nérac. Elle fera embellir Nérac ; ses jardins charmants. « Je m'occuperai de tout cela, après le départ de ma mère. »

*

— Il me faut partir, ma fille, dit Catherine.

Huit mois ont passé.

« La Reine ma mère, écrit Marguerite, pensait demeurer peu de temps avec nous, mais il survint tant d'incidents qu'elle demeura huit mois. »

Margot a souhaité ce départ ; mais une sourde peur l'envahit. Catherine partira avec sa chère Sibille, ses dames, sa cour. La cour... La voilà seule avec quelques dames, son époux et les siens. Le

Béarnais ne lui confie guère de choses importantes. Il ne se cache point de ses amours et avec quelle rapide désinvolture il couche avec elle !

— Il ne m'aime pas. Il ne m'a jamais aimée, à la manière dont j'aime l'amour. Cela lui est, tout comme à moi, impossible. On n'a pas à forcer l'amour, mais c'est là le sort des filles. Le sort des rois.

Huit mois, et point grosse. On – sa mère – épie son ventre. Un petit enfant, pour l'allaiter à table, parmi les convives, comme elle l'a vu chez les Lalain, à Cambrai ? C'était charmant. Le Béarnais aimerait cela. Il aime les enfants. Les « petiots », comme il dit. Madame Catherine s'est renseignée. Il y a des sources qui avivent la fécondité en ce Béarn, et ces Pyrénées aux eaux vives. Les eaux de Bagnères-en-Bigorre.

— Il faudra vous y rendre, ma fille. N'oubliez point mes autres conseils. Devenez grosse, cela arrangerait bien des choses.

Margot se raidit. C'est là un point sensible, complexe. Elle se vit, se sait, se veut reine mais curieusement, elle ne « voit » jamais cet enfant que l'on attend d'elle.

« Ma sœur Louise n'est point grosse. Elle et mon frère s'en désespèrent et je les comprends. Devenir grosse du Béarnais compliquerait les choses. Quels seraient la religion, le baptême de cet enfant ? »

Elle frémissait. Elle avait lu Érasme. Sa conception de l'éducation à donner aux enfants. L'horreur et la réprobation des coups, de la guerre et de toute espèce de cruauté. L'attention à porter à la nourriture de l'enfant, l'apprentissage du langage. La liberté de sa pensée.

« Érasme est un humaniste. Aucun humanisme n'est possible en cet isolement des rois et la folie religieuse. Un enfant… On me le volerait. On lui enseignerait peut-être à me détester. Il serait déchiré, divisé. »

Le départ de la reine mère. Le roi de Navarre, sa sœur Catherine de Bourbon et Marguerite l'accompagnent jusqu'à Castelnaudary. Elle traverse le Languedoc. On a pleuré, échangé des baisers, des cadeaux. Folle agite un mouchoir.

« Adieu belle reine de Nérac ! Ruinez Pibrac et menez au fol amour ces triste mines de huguenots, Le Pin par exemple ! »

La duchesse d'Uzès, madame de Picquigny sont du voyage. Sa Sibille ! Les larmes de Marguerite. Madame Catherine ajoute au bas d'une lettre de la duchesse d'Uzès, à l'intention de Margot et de son gendre :

« Voilà le meilleur ménage que l'on puisse rêver. »

Vraiment ? La Sibille sourit, sceptique. Catherine ne donne aux choses, aux informations que l'apparence de leur sens. Sa fille est chez son époux, en Béarn. La conférence a été bancale, mais elle en tirera le meilleur pour son fils. Elle va enfin se consacrer aux affaires du fils chéri et surveiller le Moricaud. Il ne rêve, elle le sait, que de guerroyer aux côtés des protestants des Pays-Bas.

Margot a fait agrafer à sa robe un manteau assorti en velours brodé d'argent. Le temps est clair, coupé de brefs orages. Mai est radieux, si chaud dans la journée. Henry lui dit :

— Ma mie, profitons de notre retour pour aller à Pau. Il est temps que vous entriez au château de mes ancêtres et que je vous présente à mon bon peuple les Palois.

Débarrassé de la reine mère, Henry veut mener son épouse à Pau, cette « petite Genève » selon Jeanne d'Albret. L'intransigeante souveraine avait interdit le culte catholique en Béarn. À Pau, en 1570 et 1571. Les églises furent mises à sac, les catholiques massacrés. Pau devenait ainsi, en Béarn, la pure et dure capitale du calvinisme. La sœur d'Henry, affectionnée par Margot, est sceptique.

— Mon frère, Nérac est mieux pour habituer notre peuple à votre épouse et à sa religion. La Pentecôte approche, cela donnera lieu à de fâcheux éclats.

— Allons à Pau. Marguerite les charmera. La petite chapelle à l'intérieur fera l'affaire.

Marguerite fait appeler discrètement monsieur de Pibrac.

« Il a l'esprit si double, qu'il doit savoir ce qui, à Pau, m'est malséant. »

Il admire sa chevelure noire enfermée dans une résille cloutée de diamants. Qu'elle est donc charmante en cette robe, livrant la blancheur d'une épaule, sous le brocard du manteau ! Il en est si épris qu'il la souhaite misérable, dépendant de sa fortune, bannie des siens. Il œuvrera à sa perte, si c'est la seule manière de la posséder ! Il est dans la tragique médiocrité de l'amour mal contenté. Que devient, en effet une souveraine sans appui, sans argent, sans enfant ?

— Eh bien, monsieur de Pibrac, m'avez-vous écoutée ?

Il sursaute, confus.

— Oui, Majesté.

Elle frissonne d'un plaisir vaniteux, profond, quand il dit « Majesté ». Ce titre est normal en France et en Espagne à toute épouse de roi. Elle sourit, plus indulgente.

— Pardonnez-moi, Majesté, mais vous regarder, c'est oser rêver... Les Palois, Majesté, détestent les catholiques. Ils voient d'un œil fort mauvais votre arrivée en leur ville. Ce désagrément m'est aussi pénible qu'il vous le sera. Ils ont déjà réclamé le divorce du roi de Navarre d'avec Votre Majesté. Je crains qu'il n'y ait point d'église pour le culte de la religion vraie. Des bruits courent...

— Quels bruits, monsieur de Pibrac ?

— Un astrologue de la reine mère a vu dans un verre d'eau à mesure brouillé de sang, votre assassinat par la main de votre époux... Je vous sauverai, madame...

— Monsieur de Pibrac, ce ne sont là que basses rumeurs !

— Oui, Majesté, mais sait-on jamais en ces temps meurtriers... Monsieur de Biron rêve de mettre Nérac à sac.

Le lieutenant général, le baron Armand de Gontaud-Biron, férocement jaloux du pouvoir du Béarnais, rêve de prendre sa place, et son épouse aussi. Ce soudard, brutal, ambitieux, est attiré par la reine de Navarre. La prendre ; à la manière d'une prise de guerre. Elle pense : « Mon époux oserait-il me tuer ou laisser Biron le faire ? Tout est possible avec les hommes, si on ne répond pas à leur désir. Ils sont faibles. Leur cerveau est moins bien organisé que celui des femmes. Ils sont donc méchants. Que vaut, au fond, l'amour d'un homme. Mon propre frère a souvent cherché ma pire nuisance. »

— Monsieur de Pibrac, pourquoi tentez-vous de m'effrayer ? Madame la sœur du roi m'a confirmé qu'une chapelle catholique est installée au château, à mon intention. J'espère y recevoir ceux qui, à Pau, désirent assister à la sainte cérémonie de la Pentecôte. Ne me dites plus rien de déplaisant.

Monsieur de Pibrac la salue profondément. Ce barbon lui a fait peur. Il va, du Béarn au Louvre. En quel camp est-il ? Elle l'a vu sourire à Biron, chasser joyeusement avec son époux, cajoler de doux propos la reine mère et converser avec Agrippa le maudit !

« Ce Pibrac, avait murmuré sa chère Sibille, le soir, en jouant aux cartes avec elle, est fou de vous. Le maréchal de Biron, cette brute, aussi. Vous avez froissé Turenne. Votre époux n'est pas le soutien que vous attendez. Ils vous seront davantage danger qu'alliés. Méfiez-vous, ma mie. »

Le 26 mai 1579, on arrive à Pau, en bel équipage. Il y a beaucoup de monde aux portes, aux fenêtres. Quelques arceaux fleuris. On acclame le Béarnais.

À peine est-on entré dans la vieille et noble bâtisse que l'ordre est donné de lever le pont, fermer les portes. Le mot « messe »,

« catholique », a déclenché cet état de siège. Un château-prison. Vaste, d'une rude beauté, empoussiéré et froid. Il y a longtemps qu'il n'a été habité. On s'active. Marguerite ressent ce malaise qui brûle son front, gèle ses mains. Les mots de Pibrac l'empoisonnent. Ses appartements semblent vides. Ce qui avait grande valeur a été mené à Nérac.

— Vous aurez votre messe, madame, bougonne le Béarnais. Voici votre chapelle.

Quel espace ! Marguerite, trente années plus tard, s'en souvenait encore.

« On me permit seulement de faire dire la messe en une petite chapelle qui n'a que trois ou quatre pas de long... »

Elle fut remplie en un instant par sa petite cour et ses chapelains. Ils n'y tenaient pas tous et s'amoncelaient dans le corridor. Il s'ensuivit un grave incident. Quelques catholiques de la ville, au courant de la venue de la reine de Navarre, surent qu'elle les autorisait à écouter la messe de la Pentecôte. Ils s'étaient courageusement glissés à l'intérieur, avant la levée du pont.

— Madame, réprimande monsieur de Pibrac, renvoyez-les, je vous en prie. On vous tolère seule avec les vôtres à ces dévotions considérées comme hérétiques. Ces gens vont payer cher leur audace.

— Ils sont sous ma protection. Faites-le savoir !

Soudain, le petit homme noir, Du Pin, a bondi. Ce fanatique calviniste épiait tout. Il découvrit les malheureux et jeta des cris stridents. La garde bondit et Du Pin lança ses ordres. Margot s'effare dans ses *Mémoires* : « [Les soldats] les tirent dehors, les battent en ma présence et les mettent en prison. »

Marguerite, désolée, interrompue en ses prières, fait face à Du Pin. Il la toise avec insolence. Monsieur de Pibrac a mystérieusement disparu.

— Cet acte est ignoble, Le Pin ! s'écrie Marguerite. Vous agissez contre moi, votre reine, en maltraitant ces malheureux. Je vais de ce pas en parler à mon époux. Poussez-vous, je veux passer !

— Ah bah ! s'égosille le petit homme, arrogant, soufflant sous son nez, cessez de *rompre la tête au roi*, quoique vous puissiez invoquer !

Le Béarnais est ennuyé d'une telle affaire. Au fond de lui, il approuve son secrétaire favori. Marguerite est au comble de l'humiliation d'être ainsi traitée, en public, par ce petit homme. Quel ton ! Le pire est le silence boudeur de son époux. Il ne la défend pas.

— Contentez-vous, madame, que l'on vous permette de faire dire une messe pour vous et ceux de vos gens que vous y mènerez. Venez en mon cabinet, Du Pin.

Margot a le sang vif. Elle éclate devant tant d'insolence et d'indifférence. Elle se tourne vers Du Pin qui a osé écouter ce qu'ils se disent.

— Vilain petit homme, reculez ! Sire, je vous supplie, que cesse cette mortification ! Maltraiter ces malheureux catholiques, c'est m'offenser !

Le Béarnais déteste qu'on lui dicte quoi que ce soit. Irrité, mais calculateur, il demande un temps de réflexion. Tout se passe *sans* Margot. Il la laisse, humiliée, à la porte de son cabinet où il gronde – un peu – Du Pin. Il prend avis autour de lui. Les plus sages, dont Rosny, lui rappellent son mariage catholique. Les dangereux effets de cette affaire sur l'esprit du roi de France et de sa famille. L'intransigeance maladroite de Du Pin doit être étouffée. La paix de Nérac est fragile. Cet incident pourrait fort bien devenir un accident. Une ruée sanglante qui a pour origine un trop modeste Du Pin.

— Nul ne doit injurier la catholique reine de Navarre. Elle est votre épouse, accueillie en votre pays et sous votre protection.

— Ah, bougonne Henry, je déteste être forcé, désobligé.

— Soyez ferme, sire ! continue Du Pin, sinon le papisme gagnera, via ce qui vous tient lieu hélas, d'épouse ! Défendons notre pays et sa pureté religieuse ! Tout vient de l'hérétique madame Serpente et de ses serpenteaux. Ils ont assassiné votre mère, l'amiral et tous vos compagnons, ne l'oubliez jamais !

Henry aime bien son Du Pin mais quel fol dans sa colère ! Il l'agace d'oser parler ainsi de son épouse. Il est mieux, en effet, d'écarter un moment Du Pin. Il tranche :

— Ma femme, vous voulez votre messe quotidienne ? Je vous l'ai promise. Vous avez votre chapelle, à Nérac aussi. Que l'on ne me rompe plus la tête avec ces histoires ! Nous allons revenir à Nérac. La vie y est plus simple, et j'ai des affaires à régler à Montauban.

Sourdement, Henry en veut à Marguerite. Quel ennui, cette sotte affaire ! Quel ennui, les fanatiques et toutes les femmes ! La reine mère l'a séparé de sa Dayelle qui a embelli certaines de ses heures. Catherine l'a ramenée à Paris. Elle pleurait à chaudes larmes.

Henry « faisait la mine ».

— *Lontano dagli occhi lontano dal cuore*[1], murmurait Catherine à Margot. Je ne puis, ma fille, emmener toutes vos filles trop jeunes. Elles surgissent pire que fourmilière sous les pas de votre époux. Faites-lui

1. « Loin des yeux, loin du cœur », traduction de l'italien.

un enfant. Augmentez vos cajolis. Cessez de soupirer après j'ignore quel galant. Il n'y a point d'autre remède.

Henry a la rancune tenace. Heureusement, il y a la jolie demoiselle de Rebours et cette gentille Fosseuse d'à peine quatorze ans. Le soir même de cette mésaventure, à Pau, au dortoir des filles de son épouse. Il boude et ne couche pas, vindicatif, avec Margot. Il l'insulte à sa manière. Il l'a plus souvent injuriée, offensée, qu'aimée. Il s'est sans cesse méfié d'elle. Monsieur de Pibrac n'a peut-être pas tout à fait tort. Marguerite, ingénue des plus libertine, ne voit pas « le mal » quand elle « couche » comme elle veut, avec qui elle veut, à la barbe de sa famille et de son époux. Parfois contre une porte, coincée par l'amant trop énamouré qui lève sa robe... Sans parler de sa correspondance amoureuse, au ton brûlant, qui tombe dans n'importe quelles mains malveillantes.

L'incident de la chapelle ne manqua pas d'entraîner la réponse d'Henri III. Il exigeait de son beau-frère – son vassal –, qu'à la prochaine réunion de son parlement, il fît établir un ferme édit, respectant le culte et la liberté de conscience des catholiques de sa province.

« Je fais de même en France, envers les huguenots », souligne le roi.

Le Béarnais est si irrité qu'il s'éprend violemment de Fosseuse, si rose, et gourmande. Elle se confie à la reine, des « douceurs » que lui offre le roi. Fosseuse, tout aimable, ingénue, une étincelle perverse aux yeux dorés, les boucles délicieuses, demande audience à la reine. On est encore à Pau.

— Madame, le roi votre époux m'a fait goûter, sur ses genoux, à la cuillère, de la confiture de Gênes et manger dans sa main une poire confite, poudrée de cannelle. C'était bon ! Le roi s'est livré à des *cajoleries bizarres.* J'avais les jupons retroussés et la tête en bas, il me tenait d'une main ferme et me chatouillait en un endroit qui me donnait de la honte et un drôle de frisson. Dois-je, Majesté, continuer à satisfaire ainsi le roi de Navarre ?

— Mais bien sûr, *vous êtes tout enfant et toute bonne avec le roi.* Je vous encourage à toutes les caresses qu'il souhaite autant que de m'aimer et me respecter tendrement.

L'enfant impure la salue, baise sa main, rougit, et s'enfuit en riant.

Le 13 août, on reprend la route de Nérac. On doit faire halte dans la plus protestante des cités : Montauban.

L'été frôle la canicule. Sur la route de Montauban, le roi de Navarre tomba malade. Le 15 août, il frissonne d'une fièvre si violente que l'on s'arrêta à Eauze. Marguerite le soigne avec dévouement. Elle le veille plus de quinze nuits et jours. Ses maux de tête étaient atroces. La typhoïde ? Elle baignait son front d'eau fraîche, le faisait boire, changeait son linge. On le saigna. Il délira et peu à peu se rétablit.

« Le Roi mon mari tomba malade d'une grande fièvre continue avec une extrême douleur de tête qui lui dura dix-sept jours, durant laquelle il n'avait repos ni jour ni nuit, et il le fallait le changer perpétuellement de lit. Je me sentis si sujette à le servir, ne partant jamais d'auprès de lui, et sans me déshabiller qu'il commença à avoir agréable mon service, et à s'en louer à tout le monde, et particulièrement à mon cousin monsieur de Turenne... »

Henry est aussi reconnaissant qu'il est rancunier. Il fut attendri du dévouement de son épouse mais le corps de Fosseuse l'obsédait. Il l'appelait « Ma fille », dans son délire. Elle en avait l'âge.

On regagna Nérac, fin septembre.

*

Les raisons de pleurer ne vont guère manquer à Margot. Un courrier lui était parvenu, signé de son frère Hercule. Monsieur est assez perfide pour conter le désastre du bel amant : la mort de Bussy d'Amboise.

Le drame s'est passé le 7 août pendant que la cour s'acheminait vers Montauban. Ce qu'apprend Marguerite la pétrifie lentement.

Bussy, toujours gouverneur en Anjou, souvent seul dans sa demeure de Ponts-de-Cé, s'ennuit, sans guerre, sans querelle, ni femme à aimer. Alençon, compagnon versatile aux projets toujours dangereux, ne tient guère en place. On vante alors à Bussy la beauté de l'épouse du grand veneur, la dame de Montsoreau. Il avait écumé toutes les filles du pays, et ne résista pas à rendre visite à la dame, en sa demeure, la Coutancière.

Un château isolé, un enchantement brumeux. Le mari avait été obligé de se rendre au Louvre. La comtesse était seule.

Margot est loin. Elle est perdue pour lui. La comtesse est si proche, si belle. De son pas de conquérant, l'œil brillant, insolent de ce désir qui plaît tant aux femmes, il se fait recevoir. La dame de Montsoreau l'éblouit. Une chevelure blonde nattée jusqu'aux pieds. Une robe bleu ciel, la blancheur des épaules, du cou, la finesse de la taille. Un visage candide et fin, les longs yeux rêveurs. Le spadassin s'enflamme. Il oublie tout, jusqu'à baiser les mains, un peu longuement, de la comtesse déjà émue. Elle s'ennuie, trop isolée par ce vieux mari jaloux, souvent absent. Bussy d'Amboise a la réputation d'avoir été l'amant de la reine Margot, cela ajoute à son charme viril. Il parle et rime bien. Il ment adorablement et croit à ses propres mensonges. Il plaît à cette Isolée qui ne sait rien de l'amour sinon la cage. Il a le don d'embraser vite qui il « aime ». Il l'aime peut-être. Il le croit. C'est un risque-tout. Il la quitte, il arrache la promesse d'être reçu.

— Je veux, je vais revenir. Je vous aime !

De retour chez lui, enchanté, transporté, bavard, vantard, il ne peut s'empêcher d'écrire un tel bonheur à monsieur de Thou. Il écrit sa satisfaction de manière aussi lourde que gaillarde.

« *J'ai ferré la biche du grand veneur, la voici dans mes filets.* »

Voilà le billet que monsieur de Thou, émoustillé, a reçu au Louvre. Il trouve la chose et l'écrit amusants. Monsieur, à Paris, remarque la gaieté de monsieur de Thou penché sur les mots signés de l'ex-amant de Margot. Monsieur caquette, empressé.

— Monsieur de Thou, on m'a conté que Bussy s'ennuie ? Qu'a donc cette lettre qui a l'air de tant vous amuser ?

Satisfait de son petit coup d'éclat, monsieur de Thou montre le billet à Alençon. Son œil brille. Quelque chose de joyeux et de méchant. Il est si laid, quelle dame de Montsoreau voudrait de lui ? Ce Bussy, à qui tant de femmes se donnent, l'agace. Il détestait l'amour de sa sœur pour lui. Il est temps de lui faire un sort. Il en veut à Margot d'avoir « adoré » ce faquin à plume et épée. Il court, billet en main, chez son frère qui feint la réconciliation. Voilà de quoi se défaire de cet importun qui l'humilie avec ses succès, sa beauté mâle et parfaite.

— L'amant de notre sœur semble s'amuser avec l'épouse de votre grand veneur, le comte de Montsoreau.

Alençon laisse comme par hasard le billet chez son frère. Henri III abomine Bussy qui a molesté et tué quelques-uns de ses chers mignons. Henri III sent toujours l'envie d'une vengeance dès qu'il s'agit de Margot. Lui faire du mal. Beaucoup de mal. Doit-on à son attitude chroniquement vindicative, cette réflexion de Marguerite : « Qui offense ne pardonne jamais ? » Il lui en veut – entre tant de choses – y compris de lui avoir préféré ce bellâtre. Il va se débarrasser de Bussy. Il fait mander le grand veneur.

— Monsieur de Montsoreau, le gouverneur d'Anjou se comporte fort mal envers votre épouse. Votre honneur va en souffrir. Nous ne saurions le tolérer. Vous non plus.

Il lui tend le billet. Avec lenteur, monsieur de Montsoreau pâlit et demande au roi la permission de retourner à la Coutancière. Il a galopé quasiment d'une traite et se précipite chez sa femme qu'il trouve, le front penché sur son ouvrage. Elle est plus belle et animée que de coutume. Elle a pâli. Elle craint quelque chose. Il s'approche tout près d'elle, saisit son poignet avec violence et brandit le billet. Ses dames s'éparpillent, moineaux affolés.

— Je vous ordonne d'écrire à cet imposteur et de lui donner rendez-vous ici, en votre chambre, demain à minuit.

C'est ce qu'avaient prévu les futurs amants. La comtesse est au désespoir. Elle tremble, jure de son innocence. La rage d'un vieil époux geôlier est terrible.

— Monsieur, je vous supplie d'éviter une querelle avec monsieur de Bussy qui m'a simplement rendu visite.

L'air de son mari est effrayant. Il la tuerait. Elle écrit ce qu'il ordonne. Elle pleure, elle tremble. La lettre est remise au destinataire, enchanté d'une si rapide aubaine. « Je plais, c'est ainsi. Elles me cèdent toutes ! »

Le 19 août, Bussy se rend au rendez-vous. Il s'est fait beau, il palpite. Il guette la lumière à la fenêtre de la dame. Il a été convenu que la porte serait ouverte. Il pénètre dans la salle en bas. Il fait sombre.

Il ne s'attend pas à l'assaut d'une douzaine d'hommes et du comte de Montsoreau lui-même. Il comprend ; on l'a trahi. Elle ? Non, pas elle. Il se souvient du billet envoyé à de Thou. Quelle bêtise ! On l'assaille avec une violence inouïe. On le perce à coups d'épées et de dagues. Il se défend avec sa bravoure habituelle. « Jamais, disait-il à Margot, la peur ne m'est coutumière. » Sans peur, soit, il se bat, mais l'attaque a été trop brusque et il ne s'y attendait pas. Il se bat jusqu'à n'avoir plus en main que la poignée de son épée. Ses assaillants le percent à nouveau. Il continue à se défendre à coups d'escabeau, de table, avec tout ce qui lui tombe sous la main. Il perd son sang, contre le mur. Le comte de Montsoreau lui donne le dernier coup. Il mourra quasiment sous la chambre de la Dame si belle où il pensait échanger tant de délices… Ses assassins le précipitèrent ensuite sur une grille, en bas, où il s'empala. Triste fin de cet homme, au « courage invincible », mais dont les beuveries, l'insolence, les pillages, le manque de foi révoltaient bien du monde. Excepté ses amours. Nul ne pleura le beau Bussy. Sauf la dame de Montsoreau, consumée d'effroi, sans doute amoureuse, sévèrement cloîtrée par l'époux vengé.

Margot le pleura. Avec violence.

« Il n'y avait, écrit-elle à la duchesse d'Uzès, aucun homme semblable en qualité, vertus, courage, beauté, esprit. »

Marguerite écrira des quatrains en souvenir de ce troisième amant adoré et tragiquement perdu. Dans son quatrain pour de Bussy,

« Dialogue sur la mort de Bussy d'Amboise », Marguerite qui transforme tout en littérature et beauté, nomme Bussy, « *Lysis* ». Le quatrain s'achève par ce vers :

> Quelle fureur des Dieux
> T'a fait si tôt quitter le soleil de lumière[1] ?

Elle reçut de Paris, plusieurs mois après, un cœur en or. Un cadeau d'Henriette de Nevers. Margot fit confectionner une ceinture où déjà, parmi des têtes de mort en argent, elle avait accroché un premier cœur en vermeil, en souvenir de La Molle. Elle ajouta le cœur en or de Bussy.

Cette ceinture de non-chasteté ne faisait que commencer.

*

Marguerite va créer sa « cour de Nérac » et le roi y prendre un certain bonheur. Margot se trompe dans les dates quand elle affirme avoir été heureuse « quatre ou cinq années en Gascogne ». Elle y demeura en tout à peine deux années. La mémoire des choses se brouille, mais le souvenir si net de la jolie cour à Nérac, son œuvre à elle, ne s'évanouit jamais. Un idéal théâtral d'élégance.

Marguerite se comporte en excellente maîtresse de maison. Elle est convaincue d'y vivre longtemps. Elle a tout visité, avec une grande attention. Elle a remarqué ce qui est désargenté, mérite d'être tapissé. Elle a fait venir du château de Pau de nouvelles tapisseries, des somptueux miroirs de Venise, certains cernés de perles. Elle fera de sa « maison », une cour exquise, où régneront la douceur, les lettres, la galanterie, l'élégance. Le château, grâce à son goût – et à la bourse, entre autres, du malheureux Pibrac – prit des allures de demeure de la Renaissance. Ses livres ont été rangés dans une bibliothèque où les sièges recouverts de bleu et de rouge, tels ceux du « salon », embellissent le plaisir de lire et de faire la conversation. Au « salon » – ou grande salle – elle a fait ajouter des sièges, des tables pour jouer aux cartes. Son mercier, Foussart, la fournit en jeux divers. Son pupitre mobile a été amélioré, dans son cabinet privé. Marguerite écrit beaucoup. Foussart lui a livré un papier doré, rose, rouge, bleu, argenté avec son chiffre doré : *M. R.* L'encre, la poudre d'or pour la sécher, tout y est. Pibrac paye, Turenne aussi. Marguerite écrira tout son saoul aux

1. Quatrains sur « L'Esprit de Lysis disant le dernier adieu à sa Flore [Marguerite] » in *Dialogue sur la mort de Bussy d'Amboise*, écrits de Marguerite de Valois.

siens, à sa Sibille, ensuite à « son beau cœur ». Elle a reçu des marchands de Nérac, de Cahors, d'Agen, et même de Bordeaux. On a recouvert des coffres trop déchiquetés. On a poli l'argent des flambeaux. Dans sa chambre, la reine Margot a fait établir une centaine de bougeoirs. Son tailleur a commandé pour elle des aunes de taffetas noir : ses draps. C'est le choix de la reine ; son narcissisme s'enthousiasme. La blancheur de sa peau s'accorde merveilleusement avec le noir. La reine Margot aime donner un beau spectacle d'elle-même. Le Béarnais est assez indifférent aux bougeoirs et au taffetas « mortuaire ». Il conserve son lit tout simple. Elle lui en voudrait d'empuantir un si beau tissu ! On connaît l'audace amoureuse, quasi inconsciente, de la reine Margot. Elle reçoit en ce lit sombre, tout éclairé de bougeoirs, vêtue, ou plutôt dévêtue de blanc satin affriolant, monsieur de Turenne, fou d'amour et qui, hélas, a des « pannes » désolantes. Monsieur de Pibrac a l'honneur d'y venir « pour la conversation intime », mais Marguerite a le don de l'émoustiller sans rien donner. Les vraies prouesses, elle les vivra un temps avec le beau Clermont d'Amboise, l'écuyer d'Alençon, en visite au cours de l'année 1580. On ne manque pas de visiteurs à Nérac. La réputation d'une cour si raffinée, où l'amour avait sa place, s'étendit en Europe. En ses draps noirs, Margot savoure l'amour du bel écuyer. Un amant, un amour. Les baisers fous, la peau de Marguerite... Dans les années 1579 et 1580, tout s'embellit à Nérac et le Béarnais mène aussi ses amours, ses projets. On admire Nérac, il en est fier. Il offre force bijoux – de famille – à son épouse. Il accepte qu'elle améliore sa garde-robe à lui. C'est une prouesse ! Culottes bouffantes de satin blanc ou jaune paille, longues chausses, noir, vert, orange, courte cape rouge ou blanche... Le Béarnais, mieux nippé, a enfin quelque chose d'un roi, non d'un chasseur couvert de crasse, mais il ne se lave toujours pas.

L'incarnadin est fort prisé de la reine de Navarre. Elle « assortit » les couleurs des dames à celles des hommes. Les marchands fournirent à la reine, sur les conseils de son tailleur Grimoise, du taffetas, du velours, du petit grain fin, du satin. Margot s'était entichée du noir, mais Grimoise lui conseilla de l'agrémenter avec de la toile de Florence. Un lai de tissu bleu ciel, brodé d'argent. Grimoise confectionna nombre robes de couleur tendre. Il fut un temps où Nérac devint une ruche de couturières, de petites mains, de tissus étalés, d'essayages divers... La mémoire de tant de splendeurs demeura en Béarn et les cours étrangères en parlèrent. La reine Margot avait mis Nérac à la mode.

La soubreveste vert vif, sur la jupe d'un rouge orangé, la ravissait. Les hommes portaient des chausses très moulantes, vert, rose, incarnadin, rouge, jaune. Agrippa, Du Pin, les puritains frissonnaient d'horreur surtout quand ils virent leur roi dégradé de ces couleurs. Ils s'obstinaient au noir, la barbe longue et sale, la collerette douteuse, s'enfermant dans le jeûne, la multiplication des prêches. Agrippa écrivait d'une plume haineuse à bruit d'insecte furieux. Ne voit-il pas, son roi, que la trahison est partout ? Biron guette son heure, les Valois, ces vipères, rêvent de l'anéantir. Sa femme, reine des putains et des vipères, dont il écraserait volontiers la tête aux yeux rieurs, l'entraîne à la mollesse... Elle l'empêche de se souvenir à quel point *le péché est dans un verre d'eau...* et le roi tolère ces draps noirs, la nudité et des bougeoirs pour éclairer son stupre adultérin ? Laisser les armes alors que gronde la guerre aux portes de cette antre catholique hérétique, maudite ! Il abominait le rire de Margot, à l'étage, au jardin, au salon. Elle se fardait beaucoup et le mercier lui trouva des perruques de toutes les couleurs. Ses dames et ses filles furent aussi habillées de neuf. Les dames, les filles et la reine, au jardin du roi, ressemblaient à des fleurs... à des diablesses pour Agrippa et ses compagnons. Les filles, que Margot tenta d'agencer en escadron volant d'espionnes à son service – elle échoua –, avaient tout d'un arc-en-ciel. Le Béarnais, enchanté, regardait, touchait de bien près, surtout Fosseuse qui l'enivrait. Agrippa grondait. Le Démon prenait toutes les formes, surtout ces formes-là. Le tailleur, le mercier, le passementier, complices du diable, étaient satisfaits et plus riches que la reine endettée et insouciante.

Henry n'est pas dupe de ce qui se passe dans la chambre aux draps noirs. Sa propre chambre, après tout, est bien plus simple. Il admet qu'il pue et que c'est dommage de salir les drôles de draps de son épouse mais il ne veut pas qu'on le prenne pour un vulgaire mari trompé. Il s'est confié à ses fidèles, dont Rosny. Ses propos contiennent cet humour réaliste et désinvolte dès qu'il s'agit des excès de Margot.

« Il fallait que je souffre sa complaisance pour Clermont d'Amboise. Il la baisait maintes fois, tout en jupes, sur la porte de sa chambre... »

On est loin du romantisme des draps de taffetas noirs. La « nymphomanie » est en Margot un élan si fou, que rien, personne ne peut arrêter cette fougue presque folle.

« Bah ! se dit Navarre, qu'elle se fasse f... par le diable lui-même. » C'est une Valois. Ses frères, les Valois, sont tous des sauteurs de rues, de toits. François II, malade, sautait de colère. Alençon saute dans des malles pour aller par-ci, par-là, n'importe où. Charles IX sautait partout, de rues en toits, pendant les massacres, ou pour rejoindre Marie Touchet. Henri III court les rues, saute sur ses mignons ou ses caniches. Elle aussi saute, à sa manière. La grosse reine mère saute de fourberies en complots. On ne bâtit rien avec ces sauteurs de Valois. Qu'elle couche, qu'elle saute en tout genre...

Il s'en moque ; il n'oublie pas qu'il a du sang Valois. Pour lui, le meilleur des Valois s'arrête à ses aïeules, la mère et la sœur de son grand-père François Ier.

« Le sang Médicis a tout pourri », conclut-il, avec sa mauvaise foi coutumière.

Le temps défera ce qui doit l'être. Il sait, il sent qu'il ne bâtira ni enfants ni avenir avec la fille des Valois Médicis. Que fait-il tandis qu'elle crie son plaisir aux étages sonores, contre la cloison de la chambre ?

« Je me promenais, écrit-il, dans la salle avec mes officiers...[1] »

C'est une manière de leur dire qu'ils peuvent se servir aussi... et que le respect est impensable à son égard. Il l'aura un jour, l'épouse qu'il souhaite, et les « petiots » naîtront. Beaucoup de « petiots ». Plus tard.

Il a aimé l'embellissement de Nérac. Sa vanité en a été flattée. La douceur que la reine de Navarre a su y maintenir pendant quelques mois l'a séduit. Homme de bivouac, il a si peu connu ce genre de douceur. Au fond, Margot avait reconstitué la cour de Nérac, œuvre de sa grand-mère, Marguerite, sœur de François Ier, épouse du roi de Navarre, mère de Jeanne d'Albret. « La Marguerite des marguerites », en 1535, s'entourait de beaux esprits, d'artistes : Bernard Palissy, Jean Goujon, Clément Marot, le musicien Goudimel... Elle avait fait de Nérac, une oasis courtoise, délicatement érotisée, intrépidement protestante. Femme de lettres, elle écrivit à Nérac une grande partie de *L'Heptaméron*. Le plus étonnant du personnage est l'austérité de sa toilette. Du noir, un col blanc...

Margot recomposait, à sa manière, coquette et fougueuse, un Nérac humaniste, dont l'égérie avait été aussi une femme, une « Marguerite de Navarre », qui laissa une belle et forte mémoire.

Henry a aimé la qualité de certains visiteurs. Montaigne, gentilhomme à sa chambre, alors souffrant, voyageait en Europe. Il s'enchanta de la conversation raffinée de la reine et de sa personne. C'était l'été.

---

1. Au sujet d'Henri IV, il convient d'alléger les notes. On trouvera dans la bibliographie les ouvrages où il est question de sa vie. Ces renseignements ont été puisés là.

Il avait été le spectateur dégoûté de la prise de La Fère par Condé. Il réfléchissait sur les sujets les plus variés. Il vénérait la sagesse et la modération en tout. L'intelligence de la reine de Navarre, sa culture, ses excellentes façons, sa bibliothèque l'enchantèrent. Sa grâce aussi. Lui, si modéré, la classait ainsi avec lyrisme :

« [Elle était] parmi ces divines, supernaturelles et extraordinaires beautés qu'on voit parfois reluire comme des astres sous le voile corporel et terrestre[1]. »

Elle l'incita à mettre en pages la qualité de ses propos. Il entreprit, ainsi encouragé, la première partie des *Essais.* Il repartit à Bordeaux. Son départ satisfaisait Agrippa. À Bordeaux, Michel de Montaigne ne manqua pas d'envoyer à la reine de Navarre la première partie de la publication de ses réflexions.

Agrippa, au puritanisme de plus en plus exaspéré, cracha un écrit venimeux : *Le Divorce satyrique.* Il rêve du divorce du Béarnais. Il hait la bibliothèque, Montaigne, sa cour à elle, tous les siens, ses livres impies et qu'une créature femelle ose lire, écrire, rire aux éclats et se rouler dans le stupre et des draps noirs. Elle y fait dire peut-être des messes noires ? Dans *Le Divorce satyrique,* il suggère que la reine de Navarre caresse autant de filles que d'hommes. Ravage intime du puritanisme et d'un esprit troublé par cette jolie femme, à l'allure un peu folle et dont le rire a les éclats des cent lumières de sa chambre...

« Les armes se rouillent ! grinçait Agrippa. Malédiction ! Malédiction ! »

— Certes, on parle ici beaucoup d'amour, mais que les jardins ont donc pris de beauté, remarque Rosny. Voyez, la reine a fait établir des pavillons de verdure pour le repos et la conversation. Monsieur de Montaigne y est demeuré une après-dînée à disserter avec elle sur la tolérance... Des fontaines permettent de s'y rafraîchir... Un style très florentin en notre Béarn.

Ulcéré, Agrippa s'en va d'un élan sombre et farouche. Il écrit *Le Jugement dernier* où il entend bien voir griller à jamais la reine de Navarre et sa cour ignominieuse.

Allez, maudits, allez grincer vos dents rebelles
Aux gouffres ténébreux des peines éternelles[2] !

Marguerite s'est fort bien occupée des jardins du roi. Elle raffole, on le sait, des plaisirs de l'esprit et de la conversation. Quoi de plus

1. Voir introduction d'Yves Cazaux, *Mémoires, op. cit.*
2. In *Les Tragiques*, Agrippa d'Aubigné, (Le Jugement dernier), Livre VII., *op. cit.*

savoureux, par beau temps, que de converser, dans une belle allée et se reposer en ces bosquets de verdure arrangés à cet effet. Elle y fait servir des glaces et des rafraîchissements. Montaigne en conserve un doux souvenir. La chapelle de Nérac est au fond du plus beau des jardins. C'est une chance pour elle et sa cour. Il n'y a pas lieu, croit-elle, de rencontrer l'agressivité.

Laissons à Marguerite ses propres mots pour évoquer cette rare douceur de vivre :

> « À Nérac, notre cour était si belle et si plaisante que n'enviions point celle de France… La princesse de Navarre, sa sœur et le Roi mon mari, étant suivis d'une belle troupe de seigneurs et gentilshommes, aussi honnêtes gens que les plus galants… il n'y avait à regretter en eux qu'ils fussent huguenots. Mais de cette diversité de religion, on n'en entendait point parler, le Roi mon mari et madame la princesse sa sœur allant d'un côté au prêche, et moi et mon train à la messe en une chapelle qui est dans le parc… nous nous rassemblions (ensuite) pour nous aller promener ensemble, en un très beau jardin qui a des allées de lauriers et de cyprès fort longues, ou dans le parc que j'avais fait faire, en des allées de trois mille pas qui sont au long de la rivière… »

Après la messe et la promenade, « on dîne ». Il est onze heures. Tout est convivial et cependant raffiné. On goûte à du héron, du paon, des hérissons grillés. Marguerite a imposé fourchettes et verres. Le vin de Bordeaux coule. Le Béarnais se fait cuisiner ses tripoux et mange avec son couteau, il n'y a rien à faire sur ce point. Il tient à ses aises. Le parfum des orangers sauvages se mêle à celui des pâtisseries. L'après-dîner entraîne cette cour si gaie au pavillon des bains. C'est un endroit du parc où coule la Baïse. Margot a fait arranger ce coin de la rivière, de manière à profiter de l'eau, aller en barque, avancer un pied fin et déchaussé… On goûte là à « d'*honnêtes* plaisirs » et une collation est servie vers deux heures. Gâteaux, confitures, limonade, vin en lequel nagent les fruits de saison. On joue aux charades, on devise, on s'endort un peu, on est bien. Agrippa enrage et empeste le mouton en sueur. Maudite mollesse ! Sans la guerre, on va s'égarer et mécontenter le vrai Dieu. L'eau coule, ravissante et bleue. Le bonheur est de ce monde. Peut-être n'a-t-il jamais été que de ce monde… On en est à le croire quand on voit Marguerite, de rose vêtue, le cou et les épaules nus, qui rit, le cou renversé, cerné des perles et la bouche fardée à la poudre de géranium.

« Tous ces gens, écrit-elle, étaient aussi honnêtes et galants que ceux que je vis à Paris. »

Le ton est de ne jamais lever les divergences religieuses ou autres. On se bande les yeux pour jouer à cache-cache. Il y a, à Nérac, quelque chose de la cour idéale, fausse, que créa plus tard Marie-Antoinette au petit Trianon…

Le soir, à six heures, c'est le dîner. L'omelette à l'ail ou aux truffes, les potages, les gibiers, les poulardes, les poissons aux champignons, force gousses d'ail. Les propos galants ne cessent guère. Le brave Rosny est un peu gris et épris de ses voisines. Arrive un plat encore jamais goûté.

— Ah, s'écrie la dame, de la pintade aux choux ! Cela est meilleur à croquer que la corneille en civet.

— Cela donne des vents, ma mie, dit le Béarnais, la bouche mouillée.

Il s'essuie à la nappe. Margot a cependant exigé que chacun ait son « mouchoir » à cet effet.

On s'exclame, on goûte, on en redemande ; on boit. Le roi est d'excellente humeur, assis entre Margot et Fosseuse. Il couche franchement avec elle. Il l'autorise à picorer dans son assiette. Il donne le ton de la grivoiserie rabelaisienne. À table, outre Fosseuse, qui rit et se tient mal, il met la main à la croupe de n'importe quelle dame à sa portée. Tout le monde en fait autant. Les puritains frissonnent. L'enfer est là. On est dans une parenthèse étonnante, une année à part. Une paix égrillarde. « L'abbaye de Thélème », façon Nérac. Le « *Fay ce que vouldra* », devise de Rabelais dans son *Gargantua*.

Après dîner, le soir, on joue la comédie. On danse aussi. Margot change de robe, choisit ses cavaliers. Son orchestre la suit depuis Paris. Il y a les violoneux du Béarnais. On danse, volte, bourrée, entrechats du pays. On s'envoie des petits billets doux. Le Béarnais entraîne Fosseuse et ses cajolis vont plus loin, si loin que la petite, désormais fort renseignée, se croit être, qui sait, une possible nouvelle reine. Un vague air d'insolence met en alerte madame de Curton. Margot ne veut rien écouter. Que rien ne trouble sa longue fête. Elle se retire dans son cabinet et, debout devant son pupitre, choisit une feuille de papier rose, cerné d'argent et à son chiffre en or. Elle écrit à la duchesse d'Uzès, sa Sibille :

> Je suis fort contente et heureuse. Je le dis sans dissimuler. Je ne puis [écrire plus longtemps] car je m'en vais recevoir votre bon ami monsieur de La Voguion.
>
> Je baise cent mille fois vos mains,
>
> M.
>
> PS : brûlez toujours vos lettres.

Elle la remercie d'un colis utile : l'eau de mauve pour soigner les engelures. La différence d'âge entre la duchesse et Marguerite n'est pas un obstacle, au contraire, à cette amitié si rare. « Je vois bien, ma Sibille... que la différence de soixante ans et vingt-cinq n'empêche la conformité de notre humeur... »

Influente à la cour de France, la duchesse est la précieuse médiatrice entre la reine de Navarre, son frère le roi et la reine mère. Ils aiment son bon sens, ses avis. Margot, quoiqu'elle en ait, ne peut se passer entièrement des siens. Elle aimerait qu'ils l'admirent et reconnaissent son rôle. Un rôle de reine, incontournable. C'est là son erreur. Le cordon qui les lie est empoisonné. Sa Sibille saura-t-elle faire reluire son rôle ? Mais quel rôle, en fait ? Au fond de la Navarre, dans ses draps de taffetas noir, on a clabaudé jusqu'au Louvre ses légèretés d'alcôve, celles de son époux. Marguerite est à son frère « la grosse Margot », dont il a la sourde et chronique envie de se venger. Catherine maudit les impudences de cette folle dépensière occupée au paraître, incapable de se concentrer sur le plus important : une grossesse et... l'application du traité de Nérac. Margot a changé de papier. Du bleu tendre gravé d'argent.

Sa mère a envie de crier : « On est en guerre ! Vos folies ne feront que l'aggraver davantage... » Malgré ses peines, nul, en ce Midi farouche, ne se décide à déposer les armes.

Nérac ne suffit plus à l'appétit de Marguerite. À mesure des mois, elle tourne en rond dans l'allée aux mille pas. C'est vite franchi, mille pas, au long des saisons et des jours... Bien sûr, on visite le pays, on se rend à Agen et autres jolies cités qui offrent la danse, le bon accueil et les déplorables vers de Salluste du Bartas. On retourne à Nérac. L'enclos, fût-il charmant, se referme. Loin... loin de Paris et des Valois. Loin d'une grande passion d'amour.

Où sont les baisers, ces baisers qui la ressuscitent ?

Ses amies de Paris, leur esprit si parisien, lui manquent. Sa piquante Henriette de Nevers, le partage des amants. La complicité. L'insolence des bons mots, l'audace des escapades nocturnes, incompréhensibles en province, surtout en Béarn huguenot.

« Ma Sibille... je vous supplie de témoigner à madame de Nevers et à madame la maréchale de Retz combien je les aime... Aimez-moi et croyez qu'éternellement vous serez ma seule et vraie Sibille. »

*

La reine mère a flairé les dangers. On n'a pas respecté ses efforts qui signèrent le douteux traité de Nérac. Une agressivité sourd en Gascogne, partout dans ce Midi déchiré. Le mouvement vient de la haine catholique. Ils sont persécutés, cela n'est pas nouveau, mais met à mal ce que « les conférences » de l'année passée avaient tenté d'adoucir. On refuse aux catholiques le droit à leur culte. Les huguenots s'obstinent à conserver les places du traité qu'ils devaient évacuer au bout de six mois. Montauban, La Rochelle, Angoulême... La rage envieuse du maréchal de Biron éclate plus ouvertement contre le roi de Navarre. Tous deux lieutenants et vassaux du roi de France, l'ambitieux Biron hait la supériorité du roi de Navarre. Il veut son pouvoir, Nérac, ses cités, le corps de Marguerite. C'est la guerre dans la guerre. Nérac, ce gentil mirage, va devenir un enfer. La clameur des dames ne fut pas la plus discrète. Henry est parfaitement au fait du danger qui cerne sa paix très relative. Une excitation sourde. Les dames prennent parti pour pousser leurs époux à mater l'agressif Biron. Un peu de combats et de succès guerrier échaufferait ce temps, à la longue, monotone. C'est sans doute pour cela que l'on nomma « Guerre des amoureux », les échauffourées qui éclatèrent durant la turbulente année 1580.

Raison d'état : Biron contre Navarre. Raisons privées : Fosseuse contre la reine.

Biron a déclenché, en rebelle, ses combats. Il s'attaque aux citadelles occupées, selon « le contrat ». Il a osé faire tirer au canon sur Nérac, à la frayeur de Margot et son entourage. Le Béarnais est fort content de passer à l'action. Ah ! Biron veut le déposséder, lui, suzerain de ce lieutenant qui se disait autrefois son ami ! Biron attise contre lui et sa cour de stupre les huguenots, faciles, en ce Midi exaspéré, à convaincre.

— Si je restitue au roi de France les places de sûreté du traité, dit Henry à ses capitaines les plus fidèles, j'aurai l'air de trahir mes compatriotes et de jouer le jeu de Biron. Le traître veut Nérac, ma couronne, et ma femme.

Marguerite a tenté de parler en médiatrice à son époux et à ses fidèles. Elle est, dit-elle, leur alliée. Mais qui l'écoute ? Son époux a un haussement d'épaules grossier, presque furieux. Il enfile ses bottes, sa tenue sans forme de cavalier qui sait dormir à la belle étoile, s'abreuver à l'eau des rivières tel son cheval, se sustenter de peu. Qu'elle s'occupe de ses robes, de ses bains, de ses draps noirs, de n'importe quel écuyer, mais qu'elle ne se mêle jamais de ses vraies affaires : la guerre. La conquête. Il n'a que faire de son avis. Mortifiée, elle mesure son impuissance. La fin de la douceur des choses. Le refuge est sa Sibille : « Ma Sibille, vous [savez] l'état où je suis, je ne vous dirai donc point combien de douleurs et d'afflictions je supporte… Je n'ai nul moyen de servir ; de rendre le Roi satisfait des actions de mon mari… La Gascogne est si fâcheuse… »

Tout se détériore, en ce printemps 1580. Henry est obsédé par l'idée d'anéantir Biron. Agrippa d'Aubigné est enchanté. Fini les armes rouillées et la scandaleuse mollesse !

Au mois d'avril, Henry lance un avis à toute la noblesse, ses alliés de la Saintonge et monsieur de La Rochefoucauld. Il y va de son honneur. Il peut compter sur huit cents arquebusiers. Il va chasser Biron, oui, c'est la guerre. Marguerite écrit à sa mère et à son frère que Biron est devenu extrêmement dangereux. Son époux doit se battre. Biron s'est aventuré si près de Nérac que, écrit Margot, « le Roi mon mari jette quelques-unes de ses troupes dans les vignes pour empêcher que le maréchal de Biron n'approchât plus près… ». Le temps et si mauvais que les arquebuses sont inutilisables mais Biron fait tirer « sept volées de canon contre la ville ». Il se retire, et tout galant, fait savoir à la reine de Navarre que jamais il n'eût voulu l'effrayer ainsi la sachant à Nérac… Oui, c'est « la guerre des amoureux », mais la guerre, n'en doutons pas. Marguerite dissimule soigneusement son peu d'influence sur son époux. Il se bat, voilà tout ; il est chez lui, elle est si peu chez elle… *La guerre des amoureux* ! Veut-il éblouir Fosseuse et les autres, leurs maîtresses qui sont les épouses de leurs amis ? Le Béarnais ose s'emparer de la ville de Cahors, Cahors qui appartient, tel Agen, à la dot de Marguerite, c'est-à-dire à Henri III. Il ne lui a rien demandé : il se bat, là où se trouve son ennemi. Le canon et les mousquets enfument les villes de la reine de Navarre. Il y a des victimes. On lui rend compte de peu de choses.

De Nérac, 1580.

> Ma Sybille… Depuis la prise de Cahors, le Roi mon mari est revenu en ses quartiers, où depuis huit ou dix jours monsieur de Biron s'est mis aux champs pour assiéger Basas ou quelques autres places… Monsieur le maréchal de Biron s'est résolu de passer la rivière pour venir à Agen, au passage de laquelle le Roi mon mari l'attend depuis huit jours de sorte qu'ils ne peuvent passer sans se battre… Jugez, je vous supplie, en quelle peine je puis être… ; [Dites] à la Reine ma mère. Qu'elle ne me veuille rendre si misérable [en me privant] de sa bonne grâce… Si l'on faisait savoir le pouvoir de mon frère, nous aurions la paix […] c'est le seul moyen.

Marguerite est déchirée entre sa famille et cet époux qu'elle défend maladroitement, avec lequel elle veut bien « courir fortune ». Le pouvoir de son frère ! Elle semble lui rester, malgré elle, soumise. Elle le connaît, pourtant. Il ne manquera pas de lui communiquer sa fureur. Tout est de sa faute. Elle n'a rien su dire, imposer, pour empêcher ces turbulences, dont il fait les frais, lui, le roi de France. Elle a été incapable d'être ce qu'il attendait d'elle : une précieuse espionne, apte à le renseigner et à manœuvrer les événements à son avantage. Ses mignons ont surenchéri quand a éclaté sa colère contre sa sœur. La reine mère se taisait. Elle calculait qu'avoir envoyé Monsieur en « médiateur », flanqué de son nouveau bel écuyer, Champvallon, avait été une bonne chose.

Henri III est de fort méchante humeur. Il va et vient, vêtu d'amarante, trois grands colliers assortis à la triple ceinture de perles. L'abcès sous son bras le fait souffrir. La lancette du physicien l'a écorché davantage. Il y a sa mère, ses mignons, la douce Louise penchée sur un ouvrage. Henri éclate, le ton haut perché, autant que les talons de ses chaussures à boucle en or.

— Ma sœur joue contre moi le jeu des huguenots. Son Pibrac aussi. Je ne veux plus de ce traître au Louvre ! Les huguenots ont donné Cahors au roi de Navarre grâce à la complicité de Margot et à l'aide de Pibrac… Quels troubles Alençon, votre fils si sot, va-t-il mener là-bas ? J'ai envie de faire embastiller Pibrac.

La reine mère a pris sa voix la plus calme, à la façon dont on s'adresse à un fou dangereux.

— La bourse du chancelier Pibrac ne cesse de combler les dettes de votre sœur. Ménagez-le, mon fils. Margot est en train de lui vendre son hôtel d'Anjou, celui qui a si belle vue, près du Louvre. Trente mille livres ! Sa cassette se vide dangereusement. Heureusement, Monsieur votre frère a…

— Monsieur mon frère envenime tout. Monsieur d'Inchy lui a vendu Cambrai. Il n'a pas su conserver la citadelle. Il a trahi le comte de Lalain en concluant une alliance avec leurs ennemis en Flandres, dont le prince d'Orange. Tout cela nous met à mal avec le roi d'Espagne. Le voilà qui joue au « médiateur », entre les huguenots et la couronne ! Il se fera huguenot, vous verrez.

— Ne le mésestimez pas, Henri. Il a su conclure la paix de Fleix avec l'époux de votre sœur, ce qui met fin à cette fâcheuse « guerre des amoureux »… Il serait opportun de l'assister dans sa démarche en Flandres. N'oubliez pas ses fiançailles avec la reine d'Angleterre. Elle compte le recevoir et lui écrit des véritables lettres d'amour.

Henri ricane.

— Cette vieille fée protestante qui se moque de tout le monde et aura la tête, vous verrez, de notre sœur Marie Stuart !

Folle fait le geste de la décapitation. Catherine a le ton encore plus calme. Henri s'agite davantage.

— Saviez-vous que votre Hercule a osé confier à Biron le commandement de son armée en Flandres ?

La reine mère a un mince sourire. Son Moricaud est, peut-être, un excellent Médicis.

— Matignon remplacera aisément Biron. L'ennui est ma fille. Elle n'est jamais grosse et je ne donne plus cher du sort de la reine de Navarre. Nul n'ignore qu'elle file un amour impudent, à sa façon éhontée, avec l'écuyer de Monsieur…

— Ah ! Une beauté d'homme ! s'écrie Folle, bien plus beau que Guise qui devient tout maigre, la barbe en barbon, déjà voûté comme les hommes trop grands quand ils vieillissent.

Henri III et ses mignons éclatent d'indignation. Marguerite a eu le coup de foudre, à Coutras, au château de Foix-Cantalas, où la rencontre avec Monsieur, le roi de Navarre et la reine Margot eut lieu, suivie du traité de Fleix.

Enfin, à nouveau l'Amour ! Celui qui rivalise avec l'élan qui l'avait menée à Guise, la Molle et Bussy… Champvallon et sa beauté parfaite, ses longs muscles vigoureux et fins, sa sensualité, sa fougue. Il ressemble aux grandes amours de Margot. Elle s'ennuyait de ne plus être aimée à la manière dont elle est amoureuse de l'amour. Champvallon ne demande qu'à être entraîné à la couche de la reine Margot. C'est un amant de l'amour. Un amant parfait et infidèle. Un amour d'autant plus brûlant que Margot est reine, empanachée du soufre suave de sa réputation. On ne sait pas grand-chose de ses sentiments à lui. Le coup de foudre physique n'a probablement pas égalé l'amour fou de Marguerite. Les lettres de Margot brodent de folle sentimentalité. Elle couche avec l'éphèbe, le bombardera de lettres, à la barbe du Béarnais, qui s'en moque éperdument. Monsieur, lui, est à Cadillac. Il se réjouit des histoires qui ne manqueront pas de sanctionner cette nouvelle passion. Il épie, pervers, la douleur de sa sœur, quand il annonce que sa « mission » en cette « guerre des amoureux » achevée, il emmène son écuyer en Flandres. Monsieur, « médiateur », fut utile au Béarnais qui calculait son intervention, même fallacieuse, auprès des huguenots dans les cités occupées. N'est-il pas, en outre, « le fiancé » de la reine d'Angleterre qui l'a invité à Londres ? Henry pense à tout cela, y compris à l'alliance de

Monsieur avec le prince d'Orange. Il emmène Biron à ses côtés ? Tant mieux, il l'en débarrasse.

Margot n'a la tête – et le corps – qu'à son beau Champvallon. Elle n'entend pas son échec auprès du roi de Navarre.

On s'en retourne à Nérac. Le Béarnais, toujours amoureux de Fosseuse qui était du voyage, est ravi de retourner en ses domaines. Marguerite est déchirée par la séparation. Son secours, comme souvent, est l'écriture, dans son cabinet, debout devant le pupitre agencé.

Elle délaisse sa Sibille pour les lettres « À mon beau cœur ». Il n'est pas dit que ce tombereau de lettres, ravissantes, ne lui tombent pas des mains. Ses belles mains d'égorgeur et d'amant très doué.

« Beau miracle de la nature ! » a-t-elle soupiré en lui disant adieu, au château de Foix-Cantalas, au cœur de draps qui n'étaient point noirs, mais froissés en tous sens.

Elle commence sa lettre en le nommant « *soleil de mon âme* ». Elle signe « *M.* », telles les lettres à sa Sibille. « *M.* », signe d'intimité et de tendresse extrême.

> « Ah ! mon beau cœur. Ainsi suis-je réduite en ce désert, où j'envie l'heure de ces montagnes hautes qui de leur ciel ont si proche la teste. Je vis, sans divertissement, en la contemplation de mon souverain bien, en attendant l'heure de ma béatitude… Si tant de perfections, mon beau cœur, ne me faisaient tenir pour résolu que vous êtes divin être à qui rien n'est inconnu, je vous dirais que les plus durs rochers, où en mille et mille lieux, j'ai gravé votre nom, vos beautés et mes passions, vous pourraient témoigner si mon âme est de ces âmes de cire, que le temps et l'absence changent… L'écho de ces caverneuses montagnes serait importuné de ma voix et de mes soupirs, si elle avait autre cause que son beau Narcisse… Horrible torrent impétueux qui passe au pied de [ma] demeure que je crains bientôt faire déborder par l'abondance de mes larmes… La mort ne me trompera pas, elle me sera secourable… je tire tout le bien de mes ans, desquelles votre belle main aura toujours le terme et le fil de la puissance… »

Margot s'exalte au rythme de la frénésie de ses mots. Elle écrit aussi des vers. Il lui envoie des quatrains assez médiocres. Elle s'enflamme davantage, s'excuse d'écrire sur un papier moins beau, mais elle veut que parte sa lettre, vite, au plus vite.

Margot a oublié le traité de Fleix, au contenu assez simple, mais favorable aux huguenots. Monsieur et le roi de Navarre ont signé une reconduction des clauses de la paix de Nérac. Les huguenots conservent leurs places de sûreté pendant six années de plus. Fleix, pour Margot, est lié au coup de foudre avec Champvallon.

Comment son frère Henri et la reine mère peuvent-ils admettre tant de légèreté, si peu de pouvoir et d'attention en une affaire aussi sérieuse qui donne la part trop belle au roi de Navarre, aux huguenots et aux folies de Monsieur ?

Margot a la tête ailleurs. La cour des poètes est dissoute, plus rien ne lui importe, elle va, l'œil un peu fixe, absente, tout habitée de sa passion. Elle s'habille en noir, deuil de son Amour, la ceinture cliquetant des « cœurs » de ses amants disparus. Son manque de vigilance, la passion du Béarnais pour Fosseuse vont entraîner un nouveau scandale, tragi-comique : la grossesse de Fosseuse.

*

« Fosseuse... S'abandonne tellement à contenter [mon mari] en tout ce qu'il voulait d'elle ; que le malheur fut si grand qu'elle devint grosse. »

L'histoire est classique : l'emprise de la jeune maîtresse est telle que l'époux devient désagréable et injuste avec sa femme, qui a été, après tout, souvent sa complice. Elle a été trop indulgente à ses frasques, croyant ainsi absoudre les siennes. Il doit détester cette histoire avec « le beau cœur », et sa stérilité. Il se sent déchiré d'amour fou pour la jouvencelle. On le sait, la grande faiblesse du futur Henri IV est ses amours. Ses sottises actuelles et de toujours sont liées à ses élans souvent fâcheux. La jeune maîtresse est devenue un véritable danger.

« Fosseuse possédait de sorte le roi mon mari qu'en peu de temps je le connus tout changé. Il se cachait [de moi], et n'avait plus ma présence si agréable. »

Fosseuse semble *gouverner*, à la manière dont la Dayelle, puis la Rebours s'étaient crues « la nouvelle reine ». Une foule de querelles éclatent au « dortoir » des filles. Toutes espèrent devenir la favorite du Béarnais, entiché de sa Fosseuse, « sa fille ». Il traverse un véritable désarroi à la certitude de sa grossesse. Tout s'est passé pendant que Margot roucoulait avec Champvallon. Le Béarnais devint frénétique, au rythme où son épouse et Champvallon devenaient frénétiques. « Un gros *bordel* », selon l'ambassadeur de Toscane qui répète ces mots à mesure des ébats de Marguerite avec l'écuyer de Monsieur. On signait des traités très graves et on faisait l'amour, en toute impudence et imprudence. Monsieur aussi s'était mis à faire la cour à Fosseuse qui battait des mains et s'étonnait avec des petits grognements heureux de tous les gestes qu'elle partageait avec son royal amant.

Quelques semaines plus tard, peut-être effrayée, la « belle bête », selon Catherine, est sûre d'être grosse.

Déconfit, le Béarnais se tourne vers sa vieille complice : Margot. Ils ont tenté, il est vrai, d'avoir un enfant. Marguerite avait consenti qu'il empuantisse ses draps noirs et accepté d'aller aux eaux de Bagnères, réputées pour la fécondité.

Il y a, dans la vallée d'Ausson, des eaux chaudes, connues au Béarn pour « défaire les grossesses ».

— Menez-y Fosseuse, mon ami, conseille Marguerite.

— Accompagnez-la, je vous en prie. Je n'ai guère le temps pour ces choses.

Margot a un sursaut indigné.

— Je ne souhaite pas me rendre en ce Béarn trop huguenot, qui ne m'aime guère et n'a pas un seul culte catholique.

Le roi bougonne, mais très épris de sa Fosseuse, l'emmène lui-même aux « eaux chaudes », flanqué d'une partie des filles du dortoir qui espèrent bien, elles, que « les eaux chaudes » vont tuer Fosseuse… Qui joue à « la future reine » et boit, vaillante, ces eaux à goût de soufre… Pendant ce temps, Marguerite, fustigée des courriers de la reine mère, s'en va de son côté, avec ses dames, à Bagnères-en-Bigorre. Elle boit cette eau glacée. La grossesse de Fosseuse l'a mise en éveil. Elle est amoureuse plus que jamais de Champvallon, mais comprend qu'il faut tenter d'avoir un héritier du Béarnais. Il le lui a suggéré lui-même, affolé de savoir grosse cette enfant dont il est fou et dont il ne peut rien faire… Qu'elle ait un bâtard et son épouse, aucun enfant, est une catastrophe à sa situation encore fragile. Paris et l'Europe en font déjà des gorges chaudes. Catholiques et protestants peuvent, ensemble, haïr, mépriser et détruire le roi de Navarre. Agrippa, Du Pin, Frontenac et tant d'autres se lamentent. « Tout est la faute de la fille des Valois », concluent-ils. Catherine et Henri III ne sont pas loin de cet avis.

Eaux chaudes, eaux glacées, deux femmes, deux échecs. L'une reste grosse, l'autre ne l'est pas. On s'en revient à Nérac. Marguerite devine que son issue est dans la complicité qu'elle peut offrir à son époux fort embêté. Fosseuse a tellement grossi qu'en dépit du vertugadin, on ne peut dissimuler son état.

Marguerite convoque la petite dans son cabinet et lui propose une solution :

— Je vous mènerai faire vos couches loin d'ici, dans un mas de l'Agenais. Nous irons au train nécessaire pendant que le roi ira à la chasse. Vous ne bougerez pas de là jusqu'à votre délivrance ; tout restera discret et je vous aiderai. Par ce moyen nous ferons cesser ce *bruit* qui *ne m'importe pas moins qu'à vous.*

Fosseuse la fixe avec arrogance. Elle éclate en propos coléreux et nie son état.

« Fosseuse, témoigne Margot, d'une arrogance extrême, au lieu de me savoir gré, me dit qu'elle ferait mentir tous ceux qui avaient mal parlé d'elle. »

Elle enchaîne en cris aigus, menaçants :

— Madame, vous ne m'aimez plus et vous cherchez à ruiner ma réputation.

Margot hausse les épaules. Sa réputation ! Elle est là, insolente, les hanches scandaleusement élargies.

« Parlant aussi haut que je lui avais parlé bas, elle sort tout en colère de mon cabinet et va mettre le roi mon mari au courant. »

La vie de la reine de Navarre est pénible, en cette année 1581. Son mari la rabroue et prend le parti de la petite insolente. Une nuit, le roi de Navarre tire les rideaux du lit de son épouse. Margot a entendu des pas, des voix.

On entend hurler aux étages. Fosseuse est en train d'accoucher ; Henry se fait humble et gentil. Dépassé, il a besoin de l'aide de Margot. Il se sent impuissant dans « cette histoire de femmes ». Il fait l'œil doux, l'air innocent, embêté. Margot tient enfin les rênes d'une situation qui lui a échappé de tous côtés.

— Ma mie, dit le Béarnais en chemise, je vous ai caché une chose qu'il faut que je vous avoue ; je vous prie de m'en excuser, et de ne vous point souvenir de tout ce que je vous ai dit à ce sujet. Mais obligez-moi tant que de vous lever tout à cette heure, et aller secourir Fosseuse qui est fort mal. Je suis sûr que vous ne voudriez, la sentant en cet état, vous ressentir de ce qui s'est passé. Vous savez combien je l'aime ; je vous prie, obligez-moi en cela.

Marguerite n'est pas dupe de sa roublardise. Son humour croise son demi-triomphe. Elle se lève aussitôt, enfile un saut-de-lit en satin noir, brodé d'argent. Le ton légèrement moqueur, elle s'empresse.

— Mon époux, je vous honore trop pour m'offenser de ce qui vient de vous. J'y vais et je vais l'aider comme s'il s'agissait de ma fille. Partez à la chasse et emmenez tout le monde !

Il obéit, le Béarnais, confus et soulagé. Il ne lui vient pas à l'idée de monter à l'étage où la clameur remplit tout Nérac. Cela lui est insupportable. Il part à la chasse avec ses compagnons. Marguerite, le physicien montent au « dortoir ».

— Transportez Fosseuse dans cette petite chambre, ordonne-t-elle aux femmes affolées.

Toutes ont la terreur des couches.

On transporte la petite qui hurle et déchire sa chemise. Margot lui tient les genoux, l'encourage. La matrone aussi. Le physicien tient le bougeoir. On a mis de l'eau dans une cuvette, on a apporté des linges. En un ultime hurlement, l'enfant arrive. Le sang et la délivrance. Margot est soulagée. Son époux le sera aussi : c'est une fille, et elle est morte. Fosseuse va bien et boit le lait que lui donne la matrone. On lui bande la poitrine pour tarir le lait.

— Ramenez Fosseuse dans la chambre des filles, dit Margot. Qu'elle dorme. Enveloppez tout cela dans un linge. Le médecin montrera au roi ce désastre. Que tout disparaisse ensuite et qu'on se taise.

Le bruit se répand dans tout le pays et déjà, des courriers vont vers Paris. Le roi revient au galop. Il monte voir Fosseuse qui, toute rose, alanguie et caressante, sanglote contre lui. Il est un peu distant. La vérité des couches le soulage et on brûle ces fâcheuses traces. Margot s'est rendormie, fatiguée d'une telle nuit ; c'est le petit matin. Elle sursaute, réveillée brusquement par le Béarnais.

— Madame, montez rendre visite à Fosseuse, qui a été bien malade.

L'orgueil de Margot la fait bondir.

— Quoi, mon époux, ce serait à moi, la reine, d'aller honorer cette… fille qui n'a été qu'insulte et ingratitude ?

— Elle prétend que vous rendez visite à vos filles quand elles sont malades.

— Elle n'est pas malade, elle a accouché fâcheusement de vos œuvres. Quant à la visite, elle l'a eue cette nuit et longuement, vous ne l'ignorez point !

Le ton monte. La querelle, injuste, est là.

— Levez-vous, madame et allez la voir.

— Jamais, mon époux. Je suis lasse de ma nuit et de cette lamentable histoire… Si j'y vais, je découvrirai plutôt que de couvrir ce qui était, et tout le monde me montrera au doigt.

Méchant, parce que mécontent de lui, et encore épris de sa « fille », Henry se fâche davantage.

— Merci, mon époux, pour tous les efforts que j'ai accomplis cette nuit pour vous.

Sa colère augmente. Fosseuse a-t-elle insinué qu'elle ait étouffé l'enfant ? Il a surtout la certitude qu'elle n'est point grosse, ou pourrait l'être, fait très grave, de son Champvallon. Sa vie, son avenir de roi n'ont pas de sens sans un héritier. Comment se défaire d'une telle épouse ? L'idée du divorce a peut-être traîné son ombre cette nuit-là. Divorce ou… pire. Cette année 1581, il éclata souvent contre Marguerite. Elle écrivait plus que jamais au « soleil de sa vie ». Champvallon lui fit savoir, fou d'elle, qu'il la reverrait. Paris serait l'endroit le moins dangereux possible à leur amour. Qu'elle revienne !

*

Henri III et Madame Catherine, au courant de tout cela, ont prié Margot de revenir au Louvre, avec son époux. Le temps de Nérac doit s'achever. Le moment est venu de contrôler de près les agissements de ce couple de Navarre dont l'Europe se met à caricaturer les mœurs douteuses. Il ne faut pas que Marguerite compromette les fiançailles de Monsieur avec la reine d'Angleterre. Le roi et sa mère seraient satisfaits d'avoir le Béarnais au Louvre, sous leur coupe.

Le Béarnais n'est point dupe. La reine Margot non plus. Nérac l'insupporte et son amant lui manque. Un manque à peine supportable. Paris, le Louvre aussi lui manquent. Nérac est devenu son échec. Une souffrance quotidienne. Elle a lu, avide, les courriers de sa famille. La lettre de la duchesse d'Uzès lui conseille de revenir au Louvre. Elle lui répond, réanimée d'espoir. À nouveau dans l'erreur. Aurait-elle oublié la cage terrible que fut le Louvre ?

[Fin 1581 ou commencement de 1582]

> Ma Sibille… Il est aisé de tromper qui se fie, mais je n'attendrai jamais cette récompense de l'affection que je vous ai vouée ; je croirai donc votre conseil et avancerai mon partement [départ], autant qu'il me sera possible. Faites, puisque vous gouvernez le roi, que je me ressente de votre faveur… faites-lui reconnaître la vérité de mon intention qui est de le servir et de lui plaire, et de vous honorer et aimer comme ma vraie Sibille.
>
> M.

Elle annonce son départ et l'invitation des siens à recevoir à Paris son époux. Le Béarnais, d'un ton détaché, vague, promet de l'accompagner, fort heureux de s'en défaire ainsi. Il verra par la suite, et compte bien garder Fosseuse près de lui. Quant à l'argent… Où est-il passé ?

« Mes caisses et celles de mon époux sont *vides*, écrit Marguerite à sa famille. »

Pibrac n'a plus d'argent, endetté à cause d'elle. Henri III, dont le fond vindicatif est à nouveau réactivé, lui fait parvenir, de sa cassette, quinze mille livres. Ce filet d'or n'est pas générosité mais destiné à racheter sa sœur de Navarre. Il ne voit pas d'autre « otage » pour manœuvrer le Béarnais.

Il paye ; pour qu'elle paye à son tour sa rébellion.

Margot connaît le Béarnais. Il n'ira pas plus loin que le Poitou protestant, trop malin pour s'enferrer au Louvre. Madame Catherine se rend à leur rencontre.

Le 29 janvier 1582, le roi de Navarre et la reine Margot ont pris la route pour Paris.

La rencontre a lieu au château de la Mothe à Saint-Héray. En Poitou. Un voyage lent, pénible, une séparation. C'est l'hiver. Il gèle en ce château mal chauffé, mal éclairé. Marguerite n'avait pas revu sa mère depuis près de deux années. Elle a vieilli, encore grossi. Elle tousse et souffre de grands maux de tête. Son accueil est chaleureux. Elle embrasse sa fille, l'œil rivé sur son ventre arrondi et sans fruit.

— Vous avez forci, ma fille. Le bon air de la Gascogne vous a fait du bien. Vous aussi, mon fils, vous avez belle mine. Venez au Louvre, le roi vous en prie et vous aime comme son frère.

Elle regarde, indulgente, camouflant la haine, Fosseuse, tournée vers son gendre.

— Mademoiselle de Montmorency vient avec nous à Paris. Elle manque à sa mère qui la réclame !

Elle est convaincue que Navarre finira bien par aller à Paris quérir ses biens : son épouse et cette maudite Fosseuse qui est du voyage avec les filles de la reine.

Le Béarnais doit jouer serré. Il feint d'ignorer Fosseuse. Il refuse d'aller à Paris. « *On m'y assassinerait.* »

— Mes affaires en Béarn sont trop urgentes, ma mère, mais je reviendrai quérir mon épouse bien-aimée. Ce sera un bonheur d'embrasser mon frère le roi. Je reviendrai vous chercher, ma femme. Vous me manquez déjà.

Il s'en va, flanqué de ses capitaines et de Frontenac, son écuyer. Il a lancé brièvement une promesse d'amour à Fosseuse. « Personne, ma mie adorée, ne te retiendra longtemps loin de moi. Je te baise un million de fois. »

Marguerite entendit longtemps le galop effréné des chevaux sur les routes et les chemins gelés.

XVIII

L'OFFENSE

Les *Mémoires* de Marguerite de Valois s'interrompent en 1582, au moment où elle quitte la cour de Nérac. Ses derniers mots affirment – sincérité ? –, son amitié avec le roi de Navarre. C'est la fin du livre troisième. La fin d'un passé brûlant, vibrant et qui ouvre l'autre chemin de sa vie.

Elle est fatiguée.

À la Mothe-Saint-Héraye, elle n'est qu'à la moitié du voyage. Deux interminables mois, plus de six cents kilomètres, en coches d'eau, chemins difficiles, lestée de sa bagagerie inouïe. À la Mothe-Saint-Héraye, les époux se séparent. Il reste encore du chemin pour rejoindre Paris. On est en mars. Elle arrivera au Louvre fin mai. Deux mois, avec ses arrêts, ses changements de véhicule selon le temps, l'accueil des villes, sa fatigue. Elle s'est rarement divertie lors de la première partie du retour. Le Béarnais entourait Fosseuse de son « amitié » si particulière. Il arrivait à Marguerite d'avoir peur. C'était indéfinissable. La peur des protestants ; il en pullulait. La peur de son époux. C'était nouveau. L'emprise de Fosseuse sur lui créait cette angoisse. La peur de sa famille. La peur. À chaque arrêt, chose surprenante chez elle, elle demande au menuisier de Nérac, Dubois, d'ajouter des verrous à toutes les chambres où elle gîte. Elle avait laissé à Nérac son lit si baroque, mais elle avait emmené ses draps noir. La peur lui fait emmener partout avec elle un lit. Son refuge. Son répit contre l'angoisse. Un lit tout près, très beau dans la fameuse malle destinée à cet énorme objet. Elle ne se passait plus de Dubois qui lui bâtit et fit tapisser un nouveau lit à plusieurs matelas. Elle choisit, avec le tapissier, un rouge véhément. Le manque lancinant de Champvallon joua-t-il un rôle, un rappel, dans cette couleur passion, ou l'obsession du sang versé depuis son enfance ? Dubois renforça les sangles de la malle du lit.

Folle, toujours agile, fort épaissie, n'économisait pas ses moqueries. Elle accompagnait la pensée de Catherine, mécontente de cet échec matrimonial. Folle raillait :

— Ma reine a un lit et plus d'époux. Le roi de Navarre a son cheval, sa Bible, ses armes, son Agrippa, une fille et un bâtard à chaque carrefour.

Madame Catherine voyagea un moment dans la litière de Margot. Son fils le roi lui en voulait de *« la guerre des amoureux »*.

— On la nomme ainsi en partie à cause de vous, ma fille. On dit que vous l'avez provoquée. Cette paix de Fleix a contrarié le roi. C'était à lui de décider. Il perd pendant des années ces places fortes que j'avais réussi à laisser occupées six mois seulement... À quoi donc avez-vous songé, ma fille, au lieu de procréer ?

La reine mère fixait si souvent son ventre sans postérité que Marguerite préféra voyager seule. Son très rare repos était de faire installer son lit rouge, si haut, dans les châteaux qui les accueillaient lors de cette seconde partie d'un voyage pénible et sans gloire. Le roi de Navarre viendrait-il la voir à la cour de France ? Marguerite dorlota l'illusion qu'elle saurait l'attirer à nouveau à Paris. L'attrait de Fosseuse – dont sa mère et elle étaient décidées à se défaire – jouerait son rôle d'appeau.

On avançait, sous la grêle soudaine du printemps mitigé d'embellies. La reine mère avait des bronchites sans fin mais, vaillante, obsédée de sauver la dynastie, elle n'écoutait pas ses maux. Les châteaux de la Loire, Chenonceaux, ramena en Margot une certaine allégresse. Elle retrouve la beauté de son pays. Monsieur a quitté les Flandres pour Londres où sa « fiancée » le fête. Le bel écuyer est avec lui. Margot palpite d'un étrange bonheur. Il la rejoindra. Il le lui a juré. La peur s'apaise. Les lilas flamboient quand on atteint enfin l'Île-de-France, Fontainebleau que Marguerite a toujours aimé. On n'ouvrira pas la malle au lit rouge. Fontainebleau, la chambre où elle va reposer sont luxueux. Tout y est bien un peu humide, un peu sali, mais quelle beauté ! Elle est ravie de revoir ses dames de Paris : une partie de la cour s'est déplacée pour elle. Sa chère Sibille, Henriette de Nevers, les unes, les autres... La mode a un peu changé. Ses robes lui semblent démodées. Grimoise a l'idée d'un tissu merveilleux. On parle beauté, bijoux, parures. Margot pense à l'amour et se remet à écrire à son « beau cœur ».

On est resté un mois à Fontainebleau où tout a semblé raffiné à la reine Margot, si loin du Béarn... et de son époux. Non, elle n'a jamais aimé ce mariage, le style du Béarnais. Fosseuse récidive ses insolences, encouragée par l'amour du roi de Navarre, décidé à la faire revenir. Madame Catherine soulève la vieille peur en Margot. L'ombre maternelle, noire, puissante, est le rappel de l'échec à Nérac. Jamais un compliment, ni l'élan d'une effusion. Ce retour a quelque chose d'une répudiation accompagnée de la présence insultante d'une jeune maîtresse. Margot mesure-t-elle ce qu'il y a d'offensant dans le refus de son époux à mettre les pieds au Louvre et à réclamer sa Fosseuse ?

— Le roi de Navarre avait l'air bien content quand il a fait marche arrière ! clabaude Folle. Je lui ai vu la larme à l'œil quand il a baisé longuement Fosseuse... Joues, mains, bouche, tétons, rien ne le gênait. C'est toi, Margot qui aurait dû être baisée ainsi !

Margot songe à son bel amant, sa façon d'expirer de bonheur entre ses bras. Leurs baisers. Plus d'argent, des dettes partout ? Elle hausse ses épaules que l'amant aime à mordre. Elle empruntera, pis, elle a pris l'habitude fort peu honnête du crédit impayé. Elle n'a jamais réglé – le Béarnais non plus – les litres de vin qui ont abreuvé la caravane pendant le voyage. Le plus grand vigneron de Bordeaux, flatté de pourvoir de tels clients, avait avancé ses tonneaux, sans recevoir un sol. Des milliers d'écus de vin ! On a bu comme des ivrognes. Le malheureux fut ainsi ruiné. Une voleuse de Valois, murmure-t-on entre haut et bas. Elle n'a jamais payé Dubois le menuisier, rengorgé de se trouver parmi les familiers de la cour. C'est cela son salaire : la vanité comblée. Les différents marchands demandent leur compte à Grimoise. Il répond, de haut :

— C'est pour la reine Margot. Oseriez-vous mettre en doute la sœur du roi de France, l'épouse du roi de Navarre ?

Les marchands soupirent, n'osent aucune démarche. Ils espèrent des avantages. Ils n'auront rien.

Une des robes de Margot, d'une rare munificence, coûta une année de la dépense d'un petit-bourgeois. Un velours noir brodé de grands ramages, eux-mêmes ornés d'un brocard. Le bas de la robe et les manches étaient du drap d'argent sur fond lamé. Pour l'hiver, Marguerite s'engoua de fourrures. La cour aussi. Margot créait la mode. On ne lui vit jamais autant de manchons, de capes doublées, de robes ornées de martre, de loup-cervier. Bien entendu, clinquants, perles, ruisselets de diamants n'étaient pas oubliés. Elle exigea un nouveau linge de nuit. Elle voulut du taffetas et de la soie blanche et noire, une écume de dentelle tout autour. Des manteaux de lit, mi-velours, mi-soie, mi-fourrure. Grimoise utilise beaucoup le drap dit « frisé d'argent », ajusté à du lamé et à du taffetas bleu. Margot voulut des dentelles raffinées, vaporeuses, aux rabats, collerettes, et soubreveste. Les boutons avaient changé. De Pologne était venue la mode des boutons en cristal noir. On insinuait dans la passementerie de l'émail qui représentait des fleurs, des papillons, des feuillages.

Une mode lourde au Trésor et à la dette sans fin. Une mode lourde pour le corps des dames de cour, de Margot. Elle ne renonce pas au vertugadin doublé de jupons tissés d'argent.

Marguerite est couverte de bijoux : il lui en faut d'autres. Les perles, sa folie et la folie de ses frères et de sa mère. Frère et mère la détestent souvent mais un désastreux accord les unit dès qu'il s'agit de jeter les écus par les fenêtres du Louvre pour se parer, parer leurs favoris. Bâtir des palais merveilleux. Henri III dépensa au mariage d'Épernon qui épousait la sœur de Louise un million d'écus pour une seule journée ! Pas une seconde, ils ne songent aux effroyables famines. Le luxe est leur drogue. Leur perte. Les marchands vénitiens s'empressent de fournir à Marguerite colliers et bagues qui pèsent autant que le vêtement. Jamais Margot n'a autant joué sur l'apparence. Elle rejoignait son paysage intérieur, fantastique, somptueux. Point méchante, très pieuse, apte à la charité, elle pratique l'aumône – une dette de plus –, y compris lors des offrandes aux églises, aux couvents, mais il ne lui viendrait jamais l'idée de sacrifier ses robes pour soulager la misère. Elle n'est pas la discrète Élisabeth, son ex-belle-sœur. La vanité de Margot fut son péché, si proche de sa douleur : la douleur de plaire, c'est-à-dire d'être aimée. Elle n'intègre pas que plaire ne passe pas forcément par l'apparence. Margot frôle la trentaine, un âge déjà avancé. Il y a une détresse dans cet étalage affolant. Le désir de retenir Champvallon. Ne pas le perdre. Elle n'est pas si sûre de lui.

Elle aménagera l'ombre et la lueur des flambeaux pour paraître plus jeune et plus blanche.

Elle veut oublier le déchirement de l'imminente huitième guerre de religion. Oublier.

Un autre lit est bâti dès Fontainebleau, dans l'espoir de ces voluptueuses prévisions. Un lit destiné à « son » hôtel particulier acquis au chancelier de Birague, déjà malade. Un merveilleux hôtel, mais en mauvais état. Il est situé rue Sainte Catherine – aujourd'hui sis entre la rue du Roi-de-Sicile et la rue Pavée. Il a un jardin, des galeries, des chambres, sous les toits, une série d'œils-de-bœuf. Marguerite s'y réserve, avec son lit, la plus belle chambre avant de faire réparer la toiture. Allons-y ! Le gros œuvre et le reste seront bâtis, réparés à crédit, jamais payés. Le nouveau lit et la chambre furent bleus. Un lit en damas bleu. Les murs, les tabourets, les fauteuils, tout fut recouvert d'un bleu d'aurore assorti à une de ses robes. Le lit bleu voyagea avec le lit rouge jusqu'à son hôtel... Monsieur de Pibrac ne l'aida en rien. Ruiné, amer, lugubre, souffrant, il avait vendu, fort mal, l'hôtel d'Anjou à la richissime duchesse de Longueville. Elle devint une des égéries de la Ligue, qui, souterraine, menée par les Guises, grondait déjà.

Margot s'obsédait de son hôtel. Elle voulut parmi ses dames de confiance madame de Duras, madame de Candalle, mademoiselle de Béthune, parente de Rosny. Marguerite exigea que les ailes fussent aménagées en appartements dignes de ses dames. Les combles furent arrangés au mieux pour ses « filles ». La frénésie du luxe lui aveugle la raison. L'échec de Nérac se colmate ainsi. Il lui faut des tableaux, dont l'un la représente. Il est signé du peintre Dumoustier, connu à Nérac. Elle offrit le tableau, son image fortement embellie, à son « beau cœur ». Elle exige des tapisseries de Florence, des écuries, des chevaux, des voitures. Un personnel de jeunes laquais et pages habillés à ses couleurs. Ses couleurs changeaient suivant l'humeur, l'instabilité de sa vie. Elle se toqua, cette année-là, la cour aussi, de la couleur dite « colombin ». Un mélange de rouge et de violet. Elle exige que laquais, jeunes écuyers, pages, vêtus ainsi, reçoivent une bonne éducation. Ils auront deux paires de chaussures car, outre les précepteurs, Margot leur offre un maître de danse. Ils doivent savoir danser, chanter, gratter du luth.

Tout, autour de la reine Margot, se doit d'être raffinement.

Se console-t-elle ainsi de l'offense, sa menace ? Elle compose l'imaginaire royaume dont elle est l'Astre principal. Elle rêve et agit de cette façon, puisqu'on lui coupe à chaque fois l'herbe du pouvoir sous ses pieds chaussés de satin. Monsieur de l'Estoile, secrétaire du roi, ne cesse de noter en son journal, les turbulences de cette famille.

Elle a peu habité cet hôtel, rue Sainte-Catherine. En attendant la fin des travaux, elle loge au Louvre où on a installé, en ses appartements de toujours, le lit rouge à quatre matelas.

Son frère Henri lui fit d'abord un excellent accueil. Il lui offrit, dès l'arrivée, fêtes et soupers. Margot, absorbée de son « beau cœur », s'endormait au milieu du concert, loin, si loin des uns, des autres. Henri et ses mignons, Joyeuse et Épernon, le remarquaient avec malveillance. Henri joua avec ses robes, ses perles, s'absorba dans tout ce luxe. En 1582 et 1583, le roi s'enlise en ses crises mystiques, fragmentées de colères folles. Il tua un de ses chiens à coups de fouet sans savoir pourquoi. Sa stérilité – ou celle de Louise –, accentuait son déséquilibre, cette *melancholy*, selon sa mère. Il traversait une forte dépression. Son épouse et lui allaient en pèlerinage pour avoir un enfant. Le roi gravissait à genoux des chemins pierreux jusqu'aux fontaines dites miraculeuses. Il se flagellait. Louise suivait, prenait les eaux fécondantes. Elle l'apaisait de tendres mots. Madame Catherine la trouva parfois assise sur les genoux de son fils. Ils s'embrassaient. Ils s'aimaient. Ils écoutaient cinq messes par jour.

Revoir Margot, c'était aussi pour Henri l'évidence d'un ventre stérile. Son malheur à lui. La vieille rancune revenait, vive, intacte. L'offense. Il lui en voulait de n'être point grosse. Il lui en aurait voulu autant de l'être. Il devenait d'une nervosité extrême. Son adultère l'ulcérait. Henri, toujours repris de jalousie déplacée, haïssait Champvallon. Il détestait davantage son frère Alençon, trop lié à Margot. Il saisissait, bien avant qu'elle ne se l'avouât, sa grave erreur d'avoir délaissé le Béarnais. L'affaire Fosseuse était en grande partie sa faute. L'espoir politique d'Henri III, croisé avec celui de sa mère, eût été que le couple de Navarre vînt à sa cour et fît « honnêtement » chambre commune. On se fût chargé de le convertir – encore ! – au catholicisme. Fosseuse n'arrangeait rien. Le Béarnais continuait à la réclamer, ce qui était injurieux. Madame Catherine, pour une fois, prit avec vigueur le parti de sa fille. Elle renvoya Fosseuse chez sa mère, elle-même en exil. Henry avait envoyé son écuyer, un ami d'Agrippa, l'arrogant monsieur de Frontenac, afin de ramener la favorite à Nérac. Au courant de l'exil de Fosseuse, Henry, fou de rage, menaça même d'aller la quérir lui-même. Cette grossièreté envers son épouse – envers les Valois – déplut à Madame Catherine.

Catherine prit la plume et donna au sire de Frontenac cette missive. Frontenac, sans rabattre son insolence, revint bredouille à Nérac. Le Béarnais lut, en jurant et marchant à grands pas, les mots signés de sa belle-mère.

Elle ne mâchait plus ses mots et le gifla à sa manière. Elle lui rappela qu'il n'était qu'un vassal de son fils et qu'il avait aussi du sang Valois. Son indignation semble sincère, elle a trop souffert, autrefois, d'avoir été bafouée par son époux. Veut-elle, sait-on jamais avec elle, provoquer la rancune du Béarnais contre sa fille si décevante ? Tout est double, avec Madame Catherine.

Saint-Maur-les-Fossés, 12 juin 1582

Mon Fils,

Je ne fus jamais si ébahie que d'avoir entendu le langage que Frontenac a tenu à beaucoup de personnes... Que vous lui aviez dit que vous disiez adieu à Fosseuse, comme à celle que vous n'espériez voir plus... La raison est qu'elle fut si folle de s'abandonner à vous.

Vous n'êtes pas le premier mari jeune et non pas bien sage en telles choses, mais je trouve bien le premier et le seul qui fasse, après un tel fait advenu, tenir tel langage à sa femme. J'ai eu cet honneur d'avoir épousé le Roi mon Seigneur et le vôtre souverain, et de qui avez épousé la fille. Mais la chose du monde de quoi il était le plus marri, c'était quand il savait que je susse de ces nouvelles-là. Et quand madame de Flamin[1] fut grosse [de lui], il trouva très bon quand on l'en envoya, et jamais ne m'en fit semblant, ni pire visage, et moins mauvais langage. De madame de Valentinois, c'était comme de madame d'Étampes, en tout honneur ; mais celles qui étaient si folles que d'en faire voler les éclats, il eût été bien marri que je les eusse retenues auprès de moi.

Ce n'est pas la façon de traiter les femmes de bien et de telle maison, de les injurier à l'appétit d'une putain publique. Car tout le monde, non seulement la France, sait l'enfant qu'elle a fait, et par un petit galant outrecuidé et impudent d'avoir accepté de son maître un tel commandement et lui mander un tel langage, lequel je ne puis croire qu'il vienne de vous ; car vous êtes trop bien né et de la maison dont elle est issue, pour ne savoir comment devez vivre avec la fille de votre Roi... Vous devez l'aimer et l'estimer... et être très content qu'elle ôte d'auprès d'elle tout ce qui pourrait altérer l'amitié que vous devez porter... incontinent j'ai fait partir cette belle bête ; [Fosseuse].

Frontenac a dit que si Fosseuse s'en allait, vous ne viendriez jamais à la cour. D'une folie de jeunesse, [vous allez faire] une conséquence... [contre] le repos de ce Royaume.

N'ajoutez foi aux artifices dont tous usent pour vous empêcher de venir... auprès du Roi...

Votre bonne mère,

Caterine[2]

Margot riposta aussi à ce qu'il faut bien nommer le chantage insolent du Béarnais. Il avait été nommé par l'Assemblée des Églises réformées du Midi, protecteur de ces églises. La réunion avait eu lieu à Montauban mais Fosseuse l'obsédait. Monsieur de Montigny fit porter une réponse où il jura, en dépit de la lettre de Marguerite le priant de venir à la cour, de ne jamais y mettre les pieds, si on ne lui rendait pas

1. Madame de Fleming était une Écossaise d'un roux ardent, fort belle, gouvernante de la toute jeune Marie Stuart. Henri II en eut une fille, et on renvoya la dame en Écosse.
2. In *Henri IV, op. cit.,* correspondance établie par Jean-Pierre Babelon, y compris en ce qui concerne la réponse de Margot.

« sa fille ». La réponse de la reine Margot est une missive habile, élégante, en dépit de sa savoureuse vigueur. Elle le nomme « Monsieur » et non « Mon époux », signe de fâcherie.

À la Cour de France, juin 1582

Monsieur,

Quant à votre fille, je vous en ai mandé ce qu'à mon grand regret j'en ai ouï et en ouïs tous les jours. Vous dites, monsieur, que ce ne sera jamais honte de vous complaire. Je le crois ainsi, monsieur, vous estimant si raisonnable que vous ne me commanderez rien qui soit indigne de personne de ma qualité ni qui importe à mon honneur où vous avez trop d'intérêt ; et si vous me commandiez de tenir une fille avec moi à qui vous eussiez fait un enfant, au jugement de tout le monde, vous trouveriez que ce me serait une honte double, pour l'indignité que vous me feriez et pour la réputation que j'en acquerrais.

Vous m'écrivez, monsieur, que pour fermer la bouche au Roi, aux reines et à ceux qui m'en parleront, que je leur dise que vous l'aimez [Fosseuse] et que je l'aime pour cela ; cette réponse serait bonne parlant d'un de vos serviteurs ou servantes, mais de votre maîtresse ! Si j'étais née de condition indigne de l'honneur d'être votre femme, cette réponse ne me serait mauvaise : mais étant telle que je suis elle me serait fort mal séante ; aussi m'empêcherai-je bien de la faire... Son malheur étant divulgué partout comme il l'est, je ne la pourrai pas tenir... Mais si ne lui faites du bien, je lui en ferai pour la marier, et aurai soin qu'elle soit à son aise... et ne reçoive aucun déplaisir, non par crainte de menaces... où vous dites que qui fera déplaisir à votre fille vous en fera, car faisant ce que je dois j'aurai toujours assurance en la vérité et la raison qui seront pour moi...

« Elle peut toujours courir, dit le Béarnais, furieux, pour obtenir quelque rôle politique. Elle ne sera jamais mon ambassadeur entre moi et sa famille. Je lui souhaite bien du plaisir avec eux... et sans moi. » Une pensée assombrit ses heures : « ... Comment faire pour qu'elle ne soit plus mon épouse et n'habite jamais plus ma Maison ? »

Margot se tourne vers l'espoir. Revoir Champvallon. Elle s'amuse de la désolation de sa mère devant ce qu'il faut bien nommer le ratage de l'aventure en Navarre.

La reine mère est dans un violent souci. Point d'enfant chez le Fils bien-aimé, l'échec, en même temps des « fiançailles » d'Alençon en Angleterre. Le ratage, pis encore, de ses nouvelles entreprises en Flandres. Trois enfants, trois dilemmes. Les autres, morts... Sa fille et le roi de Navarre se tournent, tels des tournesols, du côté du parti d'Alençon qui ne rêve que de succéder à son aîné. Henri III, sans postérité, est souffrant. Il a craché du sang et son aisselle n'est qu'une plaie. S'il meurt, Alençon est l'héritier du trône de France. Peut-être aura-t-il une descendance ? Si ce n'est pas le cas, Henri de Navarre, fils des Bourbons, peut se considérer tel le futur roi de France… D'où l'inquiétude haineuse des Guises à son égard, et le début de la Ligue. Quoi ! Un protestant sur le trône de saint Louis ? Paris espère secrètement dans le pouvoir des Guises. La reine mère, Marguerite, songeaient plus que jamais à Alençon ; mais pas de la même manière. Alençon ravive en Margot la belle image de son amant…

Monsieur, flanqué du beau Champavallon, était donc allé à Londres. Sa fiancée, de vingt ans son aînée, l'y attendait. Elle lui offrit des fêtes nautiques, des soupers aux flambeaux, des bals, des concerts, des petits baisers. La matoise plissait son œil de serpente, et le teint blanchi au céruse, elle minaudait, lançait des serments enflammés. Vierge douteuse, femme politique redoutable et redoutée, elle fit plus que jamais du Moricaud « sa chère grenouille de France ». Monsieur, duc d'Alençon et d'Anjou, semblait lui plaire. Il avait mis tout son charme de nabot, son esprit de bossu et son élégance douteuse à séduire la coquette vieille reine. Elle adorait qu'on l'aime, qu'on la flatte. Elle adorait les perles. Elle portait celles de sa prisonnière Marie Stuart. Monsieur, couvert de perles, oreilles comprises, lui en offrit. Elle gloussait d'aise et baisait sa « petite grenouille », barbouillé du maquillage trop blanc et trop rouge de sa « fiancée ». Elle raffolait de toilettes extravagantes, colorées, surchargées, à immense vertugadin, collerette et perruque surpiquée de bijoux. Enchanté, il assortit ses toilettes aux siennes. Son mantelet ruisselait de bijoux, sa soubreveste semblait un soleil. Elle portait des bas de soie venus de Chine, il en enfila aussi. Sa barbiche, frisottée, fut teinte de la couleur des plumes de sa toque. Quinze jours et autant de nuits à festoyer, éclater en rires stridents, habillés tous deux en échappés d'un carnaval de fous. L'un et l'autre, étendus à se toucher, engoncés dans des barques à la vénitienne, du côté de la Tour, où la hache n'avait guère le temps de sécher sur le billot, échangeaient des petits baisers. Ils se picoraient tels des volatiles emplumés et multicolores. Ils s'adoraient ; ils se bernaient. Monsieur palpait les tissus des robes arc-en-ciel de la reine vierge aux dents gâtées. Il se lovait, tel un enfant – la maladie le rapetissait davantage – contre la fourrure de sa double jupe. Ils admiraient mutuellement les trésors dont ils étaient parés. Elle aimait la présence de Champvallon, ce grand blond si joli dont elle espérait quelques caresses douteuses… Elle savait tout de ses amours avec la reine Margot. Elle exigeait de scabreux détails. Elle les obtenait du fiancé. Les favoris d'Élisabeth boudaient. Ses ministres, dont le sage William Cecil, attendaient le départ de ces fâcheux, sûrs qu'elle n'épouserait jamais « la Grenouille », ni quiconque. On remarquait à quel point il toussait. On dansa, – elle s'enchantait de la volte –, on mangea beaucoup, on but davantage. Le Moricaud, dans les appartements de la vieille fée qui riait, enfila une de ses robes. Il s'empêtra dans l'excès de tissu et poussa des clameurs de dindon. Sa « Grenouille » délirait ; elle, jamais. L'histoire l'amusait. Elle réfléchissait que son célibat était un beau sort, à elle, unique souveraine d'Angleterre. Elle n'épouscrait personne ! Jamais !

Cette grande avare lui offrit un bel anneau. Elle réclama soudain, en public, la ville de Calais, si « on voulait conclure les noces ». Monsieur donnerait bien Calais et sa mère par-dessus le marché, mais, bien sûr, la France refusa. À son tour, Monsieur, bon fiancé, demande de « l'aide » à sa « chère créature d'amour »... On est étonné, connaissant sa terrible parcimonie, qu'elle lui donnât des écus pour continuer sa guerre en Flandres. Elle lui prêta un bâtiment et une petite troupe. Ce n'est pas lui qu'elle aidait, mais à travers cet imbécile, sa cause : renforcer les protestants. Contrarier le roi d'Espagne. Mortifier la France en ajoutant parmi les alliés ce petit misérable Valois... Complaire au roi de Navarre dont elle a flairé le destin.

Elle renvoya sa « Grenouille ». Il repartit en pleurs. Elle aussi était en pleurs. Champvallon, soulagé, reverrait Margot. Il avait hâte de quitter cette cour, cette côte, cette mer du Nord, où tout semblait pics, poignards, mensonges, dangers.

Monsieur est revenu en France, arrogant, l'anneau du mensonge au doigt. Il ne se rend pas au Louvre, mais, pervers, prend aussitôt la route pour Anvers avec « le beau cœur ».

*

Henri sourit à sa sœur. Il veut qu'elle attire le Béarnais à la cour. Joyeuse et Épernon, à la désolation de la reine mère, ont le vrai pouvoir. Le roi n'a de cesse de « payer » pour leur plaire et nuire à Margot.

Marguerite, pour s'assurer un groupe de fidèles, pratique le système de son frère. Elle paye. Son isolement est grand. Payer madame de Duras, madame de Candalle, mademoiselle de Béthune en robes et bijoux. Payer son personnel y compris ses femmes d'atours, ses femmes de chambre, le valet de chambre. Même le concierge de son hôtel est couvert de biens divers, d'écus. Le secrétaire Érard aussi. On la vole, elle vole aussi. La peur est revenue. Le cœur lui serre de savoir son Moricaud à Anvers et, pis, Champavallon, infidèle mais tout aussi exposé. Elle paye « son clan » pour s'assurer leur complicité afin d'introduire, dès que possible, son « beau cœur » en son lit extravagant. Les mignons du roi, « le clan » de la reine mère l'épient sans cesse. Margot paye son aumônier, ses chapelains, son médecin, le fourbe et astucieux monsieur de Saint-Pons. Ils l'avertissent des pièges possibles.

Ses lettres partent en Flandres, certaines arrivent, d'autres pas. Le Béarnais refuse toujours de se rendre à la cour de France. Il a trouvé une grande consolation. Sa première passion d'homme déjà mûr : la comtesse Diane de Gramont d'Andoins de Guiche. Elle est veuve, discrètement catholique, et vit retirée, en son château des Gramont, à Hegetmon, dans le Sud-Ouest. Elle a son âge et signe ses lettres, en toute simplicité, « Corisande ». « Corisande » est l'héroïne de leur roman favori à tous deux : *L'Amadis des Gaules*. Ce roman fleuve, chevaleresque, ancêtre du *Quichotte*, écrit au XVe siècle, évoque la légende du roi Arthur. Henry et Corisande ont une belle plume. Ils échangent une ravissante correspondance où les événements, les conseils de l'amie, se mêlent aux serments d'amour. On y apprend bien des choses sur les « guerres » incessantes du Béarnais pour s'assurer des places protestantes. On devine sa solitude, sa tendresse, sa foi, son sens de l'observation, son goût de la nature, sa gaieté si simple quand on l'aime… Corisande se comporte en tendre aînée et le nomme, à sa grande joie, « son Petiot ». Il l'appelle « mon Âme ». Elle est l'amante, mais aussi la mère, l'alliée. Elle est ambitieuse pour lui. Elle l'encourage à chaque victoire. Quel repos de s'abandonner enfin sur l'épaule d'une sûre amante. Elle est d'une beauté et d'un caractère élégants, austères. Elle le reçoit chez elle, jamais elle ne le rejoint, quelle indignité ! En ses camps militaires… Elle n'est point gaillarde, mais cérébrale. Elle est le contraire de Margot. Lui-même, en ce moment politique si instable, a peu de temps pour la rejoindre et faire l'amour.

Par monts et par vaux, il écarte ses ennemis. La stérilité du roi dont toutes les cours d'Europe se gaussent, le pouvoir affaibli de Catherine, l'éclatant adultère de son épouse et les sottises de Monsieur, lui préparent le trône de France. Corisande le prévoit, lui aussi. Mais il y a cette épouse… « Répudiez-la ! » murmure la dure amante. Rêve-t-elle d'épouser son Petiot ?

*

Les sottises d'Alençon !

En Flandres, il trahit tout le monde. Il fait n'importe quoi et se met à dos roi de France et roi d'Espagne. Marguerite apprend ces choses avec angoisse. Elle aime ce frère ingérable et se meurt d'attente pour son écuyer. En Flandres, les événements sont déplorables. Henri III et sa mère frémissent. Fort de « l'amour » de la reine d'Angleterre et ses quelques écus, Monsieur accentue sa mégalomanie. Il s'attribue des titres prestigieux. Duc de Brabant, prince du Luxembourg, vice-roi de Belgique « qu'il défend, dit-il, avec son sang ».

Mais il est pourri, son sang ! Pourri de bacilles, d'une tuberculose aussi galopante que sa folie...

Ces petits pays sont attachés à la Flandre et à la religion protestante. Hercule François d'Alençon a bien reçu de son frère une petite troupe armée, l'aide des mercenaires du maréchal de Biron, mais tout s'achève en un violent échec sanglant. Ni le duc de Montpensier, ni les soldats, ni Champvallon qui a traversé quelques dangereuses embuscades, ne s'attendaient à l'implacable résistance d'Anvers. Monsieur s'en moquait, bien caché dans les faubourgs, en retrait de la ville assiégée, attaquée par ses ordres. Le pitoyable frère de Marguerite envoie ainsi près de quatre mille hommes à la mort. Ils hurlent, sûrs de ses fausses promesses :

— Nous avons gagné cette ville !

Ils périssent par le fer, le feu, l'eau, l'habilité guerrière des Anversois.

— Vive la messe ! beuglent les mercenaires avant de s'effondrer sous les décharges d'arquebuses.

Agrippa d'Aubigné exulte de voir les rues d'Anvers couvertes des cadavres catholiques. Les Flamands ne perdent pas de temps : ils ouvrent les écluses de Malines. L'eau noie l'ennemi comme on noie des rats en déroute. Monsieur pousse des cris d'effroi, abandonne tout le monde et se replie au galop, flanqué de Champavallon qu'il abandonne dans Paris à son sort. Monsieur se réfugie... chez sa mère. Il n'a aucune honte à lui conter que le malheureux Montpensier a été sauvé par la pitié d'un paysan qui l'a laissé s'enfuir.

Honte, honte et danger s'ensuivent par le roi de France. Philippe II est hors de lui. Henri III étranglerait de ses mains, sans cesse agitées, ce frère haï. Monsieur l'a deviné, il évite le Louvre, sa sœur, qui ne manquera pas de dissimuler son « beau cœur ». Il loge rue des Deux-Écus, dans l'hôtel particulier de Madame Catherine.

Elle l'a écouté quelques minutes. Il n'avait jamais vu sa mère hors d'elle. Elle fonce sur lui, le gifle d'une main lourde de bagues. Elle hurle :

— Plût à Dieu que tu fusses mort ou jamais né ! Tu es responsable de la mort de quatre mille braves, et tu es un sot. Misérable et sot !

Elle le maudit en italien et joint dans sa malédiction sa fille Marguerite qui a grandement soutenu cette lamentable aventure en Flandres. Il boude, il tousse, il crache du sang. Il est d'une maigreur effarante, le teint blafard.

Madame Catherine ne se doute pas qu'elle a maudit un grand malade. Il est proche de sa mort, mais la *mamma* refuse l'évidence. Contrarié, vexé, épuisé aussi, il se réfugie à Château-Thierry. Il se sait en danger à Paris. Son frère et ses mignons n'en feraient qu'une bouchée.

Catherine se tourne vers un autre projet. Marier son avorton à une infante du Portugal. L'inlassable marieuse redevient optimiste. Hercule, roi du Portugal ! Après tout, elle descend – oh ! on peut toujours trafiquer des preuves –, d'une maison royale portugaise ! Elle entame les négociations. Le vieux roi du Portugal, éberlué, refuse. Le roi d'Espagne ne daigne pas répondre mais fait obstacle. Catherine, jamais découragée, ose demander à Philippe II une infante pour son triste cadet. Aucune réponse ; le mépris total. Philippe II a compris où est l'avenir, ses futures alliances : le roi de Navarre, héritier du trône de France. Les Valois se meurent et leur Margot n'est qu'une putain. Elle ne compte pas. Un enfant d'elle, rumine l'Espagnol, conçu de n'importe quel chien, mérite la noyade. Elle aussi.

Quel époux, quel pape hésiterait à la répudier ?

*

Depuis son retour et ses énormes dépenses, Marguerite n'a été conviée à aucun « secret » politique menés par Henri et sa mère. Son échec auprès de son époux qu'elle ne parvient jamais à attirer au Louvre participe à ce mépris bien connu et qu'elle endure si mal. Excepté les fêtes, où elle trône en qualité de jolie potiche, on l'a juste conviée à une exécution capitale. Monsieur avait failli être assassiné en Flandres par un certain Salcède, à la solde de l'Espagne. Cet espion avait organisé un attentat contre Monsieur et Champvallon. Son organisation devait se charger, ensuite, de capturer Henri III, que l'on eût emmené à Anvers, suspendu dans une cage… La torture – chevalet, coins en bois, feu, tenailles, brodequins –, arrachèrent de sa bouche en sang l'aveu de cet extravagant complot. Le roi et sa mère prirent peur. Salcède est condamné au supplice des régicides. Il est écartelé, place de Grève, fin octobre 1582. Catherine, le roi, Louise et Marguerite, tout le monde prisant ces spectacles, sont assis confortablement, derrière les vitres, à l'Hôtel de Ville. Le supplice est atroce, les cris, épouvantables. Margot écrit d'un ton mondain, « on l'a un peu tiré ». On a envoyé ses membres et sa tête arrachée en Flandres, afin d'accrocher ces restes déjà pourris aux remparts de la ville.

Le supplice de Salcède a été la seule représentation politique que son frère ait accordée à sa sœur. Un spectacle menaçant. La peur est revenue, la joie d'aimer aussi. La complicité des serviteurs grassement payés par la reine de Navarre a servi à mener Champvallon au Louvre, dans la chambre au lit rouge, et ses draps noirs.

Les retrouvailles ont lieu après le supplice de Salcède. Ce qu'en écrit Agrippa d'Aubigné en donne le ton.

« J'ai appris (...) que cette princesse tant elle était amoureuse de ce gentilhomme, que pour lever tout soupçon il se faisait porter au Louvre dans un coffre en bois... [elle] le recevait dans un lit éclairé de divers flambeaux entre deux linceuls de taffetas noir, accompagné de tant de petites voluptés que je laisse dire[1]. »

Refoulé comme tout fanatique religieux, il est friand de ce voyeurisme. Il se souvient – horreur ! hérésie ! sournois désir ! – du lit douteux de Nérac où elle accueillait ainsi, à la barbichette du Béarnais – pas plus chaste, mais homme –, ses amants dont Turenne. Agrippa, parfait espion de son roi et de sa cause, apprend avec délices que la reine mère est brouillée avec le Béarnais. Il jure de ne pas remettre les pieds en cette cour pourrie.

Marguerite exprime son amour fou du plaisir, sa manière d'aimer l'amour. Il a sa part spirituelle, mais le plaisir doit être varié, complet, inouï. Tous les interdits en forment la trame.

Margot n'a qu'une hâte : rejoindre son hôtel Sainte-Catherine, même en travaux. Ainsi, point de malle-coffre pour véhiculer l'amant... En quelle illusion vit donc Margot ? Nulle fille de France n'est jamais seule ou sans surveillance. Ses ébats sont connus, un spectacle de choix pour ses alliés, dont l'œil, puis les bouches déversent, de-ci, de-là, les secrets érotiques du lit rouge, du lit bleu, les ébats entre les draps noirs. Les tétins de Marguerite, dit-on, ont pris une belle ampleur. Tout le monde, les mignons et le roi en premier, sont obsédés des amours de la reine Margot. En tant de dilemmes, on envie l'amour « à la franche Marguerite ». On s'essaye, sans doute, à toutes les caresses tandis que gronde déjà la huitième guerre civile.

1. In *Le Divorce satyrique*, Agrippa d'Aubigné, *op. cit.*

La reine Margot et le Béarnais auraient-ils enseigné aux Français à faire magnifiquement l'amour ?

Margot s'enivre de son « beau cœur », se moque que son frère Henri la haïsse plus que jamais d'oser vivre ainsi. Que son époux en Béarn apprenne à mesurer les choses. Les soudoyés sont à leur tour soudoyés. Les espions, espionnés.

Dans la chambre bleue : il arrive. Elle le nomme « ma béatitude ». Elle inverse leur rituel. Elle prend les initiatives. Elle défait sa collerette, elle aime le déshabiller lentement. Elle se mettra nue, peu à peu, en dernier. La lenteur. Ils ont une manière bien à eux de deviser, se taire, s'approcher, laisser monter le désir jusqu'à la folie du désir. Une ardence d'autant plus violente qu'ils sont vite séparés. Les « affaires » de Monsieur, décidé à reprendre ses aventures guerrières, éloignent le beau Champvallon. Marguerite se précipite à son pupitre et écrit. Sa correspondance évoque son déchirement, son envie de mourir. La mort tient désormais une place fréquente dans ses lettres. Elle y pense, elle l'a si souvent vue en face. Elle est née et a vécu cernée de cadavres. Non, elle ne craint pas la mort. Elle a peur de la souffrance d'aimer. L'infidélité trop connue de son amant lui est supplice. Les mignons se sont débrouillés pour qu'il couche, à Paris, avec l'inévitable Charlotte de Sauve. Il n'a pas résisté. Il ne résiste à aucune dame. Les nains ont tout dit à Margot. Elle a sangloté puis a songé à se l'attacher à demeure en le mariant à une de ses dames. Une veuve, terne et riche. Or, l'ambitieux écuyer, poussé par Alençon, épouse – et s'amourache peut-être de – la prestigieuse fille du duc de Bouillon, prince de Sedan. Un beau mariage, une fille plus jeune qu'elle, belle et bien dotée. Les lettres s'amoncellent au pourpoint du jeune marié que ces plaintes agacent, sans doute, quoique retenue par cet amour violent, sensuel, satisfaisant ses sens et sa vanité. On ne peut lui nier d'avoir « aimé » Marguerite, mais il ne fut pas au diapason de cet Amour qu'elle voulait absolu.

> « Je ne saurais consentir… [à] la ruine de ce que je tiens de plus cher n'estimant après la perte de notre amour ou de votre vie, d'avoir appréhendé la privation de rien qui ne peut me rester… de quoi, je ne saurais ôter la frayeur qui me fait mille fois détester et maudire la vie, la connaissant si misérable, qu'au lieu de servir à ceux où elle est du tout dédiée, elle y cause de l'incommodité et de la peine…
>
> Votre belle vue [m'est] aussi nécessaire que le soleil aux printanières fleurs… C'est trop, mon beau cœur, de se voir privée tout d'un coup de la présence de son bien…
>
> À Dieu mon Tout que je rebaise un million de fois. »

Elle écrit ces mots pour aviver ses remords, l'obliger à penser à elle, souffrir d'elle, porter ses couleurs : une écharpe bleu ciel, brodée d'or, qui lui a coûté le prix d'un bijou.

*

Le roi est en froid avec sa mère, qui a osé déplaire aux mignons. Elle se méfie de ces deux petits nobliaux, hissés si haut, par l'amour trouble et insensé de son fils. Ils sont ivres de pouvoir, ruineux, ruinant son influence à elle. Henri en veut aussi à sa sœur de la « brouille » avec le roi de Navarre. Elle n'a pas su attirer son époux à la cour. Elle lui a écrit en vain qu'il serait ravi au Louvre, où tant de belles fêtes l'attendent. Elle l'a, au contraire, davantage offensé en lui suggérant que les « bals au Louvre, le changeraient de son agriculture ». Le prend-elle à ce point pour un cul-terreux ? Il en veut à sa sœur d'une telle vanité maladroite. Il sent monter le clan des Guises, unis dans son dos, avec l'Espagne pour créer la Ligue. Exterminer à jamais les hérétiques et ravir le pouvoir. Son pouvoir, à lui, roi malade, affaibli, proie des favoris, endetté, essoufflé, traqué de toutes parts. Il a la sagesse maussade d'écouter sa mère qui le prie de faire revenir Alençon. Qu'il accepte, pour raviver la piètre image des Valois, une « réconciliation » officielle avec son cadet. La scène eut lieu au Louvre, en public. Ce n'était pas la première fois mais ce fut la dernière. Margot, parée de velours colombin, essuyait ses larmes. Catherine frétillait d'optimisme maternel. Le Moricaud s'établit à nouveau chez elle. Il avait peur du Louvre hanté du clan assassin de son frère. La cour fut frappée de sa maigreur, de son teint livide. Il tenait à peine debout, il avait les chevilles enflées. Il toussait et au mouchoir en dentelles, on remarquait le sang.

— Il va bien, c'est l'émotion, clabaudait Folle répétant tout haut la pensée obstinée de la reine mère. Personne ne meurt d'une fièvre tierce !

Les jours suivants, Henri III explosa : la reine Margot était enceinte de son Champvallon.

Paris et son petit peuple se gaussait de la vie amoureuse, effrénée que menait Margot en son hôtel particulier.

En juin 1583, on vit la reine grossir. Cela n'étonnait guère. Sa sœur Élisabeth mourut obèse. On s'interrogeait. Pourquoi se fit-elle bâtir un énorme vertugadin et des jupes larges, noyant ses formes épaissies ? Et ses seins, donc ! quelle ampleur… On s'interrogeait sur ses chuchotements avec ses servantes, ses dames, ses valets, le « clan » payé par elle. Elle recevait bien souvent son médecin, le douteux sire de Saint-Pons. Pourquoi lui a-t-elle offert une robe en fourrure rare ?

Son teint portait la trace caractéristique du masque des femmes grosses, en dépit de l'excès de rouge. Ses joues étaient bouffies. Ses seins, très lourds. Le monneton, essoufflé de goutte, jacassait avec Folle, qui faisait parler Sacripan.

— Tout cela est la signature des visites du blondinet dont elle s'est entichée.

Elle eut des nausées, des vapeurs, une taille épaisse, croulant sous les clinquants. Monsieur de Saint-Pons ne quittait presque plus la chambre bleue. Mesdames de Duras, de Candalle et de Béthune aussi. Les servantes lavent moins les jupons et les calessons destinés au sang du mois. Au lavoir, aux cuisines, on bavarde. Les mots s'envolent par-dessus la grille de l'hôtel.

— La reine Margot est grosse, s'amuse le petit peuple. Les pèlerinages du roi ont fait effet mais sur elle. Elle s'est saoulée, il est vrai, de liqueur de foutre !

— Époux en Béarn et foutre d'écuyer ! s'amusent nains et bouffons.

Elle fut peut-être enceinte, fait unique dans son histoire physiologique et son histoire tout court. C'est une catastrophe. Elle risque la répudiation, quelque couvent à vie et des sévices sans nom. Elle connaît sa famille. La violence de son frère incapable d'engendrer. La colère de sa mère qui voit partir en tout sens sa progéniture. Henri III agit dans la rage et le désordre. Il exige que l'on chasse madame de Duras et mademoiselle de Béthune, « compagnes *pernicieuses* » de sa sœur. Margot, en danger, a toujours su faire front. Ses dames sont emmenées d'une main rude par les archers de son frère. Elle se précipite en voiture au Louvre.

— Vous osez renvoyer, et de quelle façon ! mes dames et amies, le nargue Margot, épaissie, la poitrine sous le menton. Qu'en est-il de madame de Sauve ? N'est-ce point là une vraie créature pernicieuse ?

Il se retient de la gifler. Malade, contrariée, follement inquiète, elle s'en retourne au plus vite à son hôtel. Les archimignons, elle le sent, vont l'égorger en quelque coin de ce Louvre qu'elle abomine.

La « grossesse » de Marguerite a probablement été interrompue avec l'aide du médecin et de ses femmes. Elle resta plusieurs jours enfermée, très souffrante. On attendait. Elle émergea de cette étrange *maladie,* moins grosse, exsangue, pâle, triste. Elle abandonna le gros vertugadin et les robes amples. Avait-elle accouché ? L'Histoire a brodé à ce sujet. La réalité fut une probable fausse couche – quatre, cinq mois ? –, provoquée par le sire de Saint-Pons. Herbes, breuvages à l'armoise, trituration intime, terrible… Il y eut l'aide discrète, peut-être, de la reine mère alliant René le parfumeur au sire de Saint-Pons. Ce fut, qui le sait ?, une fausse couche naturelle, avec son hémorragie, son risque mortel. La plume diffamatoire d'Agrippa dans son venimeux *Divorce satyrique*, assure qu'elle accoucha d'un misérable rejeton. Il fut, délire-t-il, confié à un monastère hérétique – catholique –, il se fit capucin et devint même concierge à… Nérac !

Le roi de Navarre qui déjà se jugeait insulté par l'affaire Fosseuse, la lettre de sa belle-mère, et le comportement de son épouse, ne manqua pas de répondre au courrier d'Henri III. Il y blâme sa sœur et charge terriblement les dames de Duras et de Béthune. Henri III décide de chasser Margot de la cour et de la renvoyer sans plus de procès à son époux. Le Béarnais va exploiter cette histoire à son avantage. Sa réponse est un chef-d'œuvre d'ironie et d'habile maîtrise de soi. Il retourne contre le roi de France ses propres arguments.

Margot, à nouveau, est un pion que l'on se jette à la face des deux pouvoirs. Nul n'y songe ; elle n'existe pas, elle importune. Elle peut, à la rigueur, avantager un camp ou un autre.

Bazas ou Nérac, le 12 août 1583

Monseigneur,

Je ne vous cacherai point Monseigneur qu'il y a longtemps que le bruit de la mauvaise et scandaleuse vie de mesdames de Duras et de Béthune était venu jusqu'à moi ; dont je ne pouvais avoir grand contentement, les voyant si près de chose qui m'est si proche ; mais je considérais que ma femme, ayant cet honneur de vous être ce qu'elle est, et même d'être près de Vos Majestés, je ferais quelque tort à votre bon naturel si j'entreprenais d'en être plus soigneux de loin que Vos Majestés de près… je m'assure, Monseigneur, que quand ma femme aura su ce qui en est, elle ne pourra qu'elle ne reconnaisse l'honneur que Vos Majestés lui font d'avoir tant de soin de la dignité et réputation de sa personne et maison… Il n'est pas besoin que je vous dise que je la désire extrêmement ici… Car vous me faites bien cet honneur de croire que je connais l'honneur que ce m'est de vous attoucher de si près, par elle… Qui ne peut qu'engendrer un désir de vous montrer, en lui rendant la parfaite amitié que je lui dois, le respect et la révérence que je vous porte.

Henry

Le Béarnais ignore la scène affreuse que son frère lui fera endurer. Poussé par Joyeuse et Épernon, il mit au point un plan d'offense publique. Il se déroula lors de la soirée du 7 août 1583.

La reine mère, effarée d'une telle fille mais épuisée de tels fils, n'a pu empêcher les choses, camouflées en grand bal donné par le roi. Il eut lieu salle des Cariatides. Henri III invita sa sœur à la place de son épouse qui prenait les eaux fertilisantes. Margot, amincie, pâle dans sa toilette incarnadine. Elle traverse la salle, entre une haie de courtisans inclinés. Elle prend place au trône de Louise, près de celui, vide, de son frère. On attend le roi. On attend, on s'attend à quelque chose. Marguerite est seule, exposée sur ce trône devant la cour avide. Pas un seul de ses amis ou alliés. La tête lui tourne ; qu'ont-ils à la fixer ainsi, où est le roi ? Pourquoi sa mère se tient-elle, impassible, loin d'elle ? « Elle a l'air qu'elle prend lors des exécutions capitales », songe Margot qui a du mal à respirer.

Les violons commencent. La reine Margot est là, telle une souveraine, sur l'estrade royale, qui a quelque chose d'un pilori de luxe. On épie sa taille redevenue normale, son visage fardé de rose et de blanc. Le roi est annoncé. Les violons se taisent. Henri entre avec monsieur d'Épernon. Les deux comparses – amants ? –, bien en accord pour détruire l'ennemie première de la cour, s'avancent vers elle. Ils la saluent et le roi lui baise la main.

— Ma sœur, je rends grâce à votre beauté.

Henri prend place sur son trône. Les violons reprennent. La danse commence. Le roi, soudain se lève, pointe du doigt Marguerite effarée et se met à hurler :

— Madame, honte à vous !

Les danseurs s'arrêtent, la musique aussi. La cour se repaît d'une belle scène. Un meurtre, peut-être ?

Henri secoue le bras de sa sœur avec violence. Il la traîne au bas de l'estrade. Il l'insulte de tous les noms. La peur. Cette goutte glacée le long du dos. Fuir. Il est impossible à une femme vêtue de kilos de tissus, de bijoux, de s'échapper, courir. Joyeuse a rejoint Épernon au premier rang. Ils jouissent des injures du roi qui conspue Margot, ose lever le poing sous son visage. « Charles m'avait donné un coup de poing sur la nuque pour que je dise "*oui*" à mes affreuse noces, celui-là va m'assommer à son tour. » Il ne l'assomme pas, il l'oblige à franchir toute la salle vers la porte. Il la montre du doigt. Il accompagne son retrait, sa disgrâce de mots infâmes.

— Voyez la putain qui s'est envoyé un Guise, le traître La Molle, Bussy l'infâme, Monsieur aussi et son Champvallon, ce demi-laquais... À Nérac, elle couchait n'importe où avec Turenne et l'entourage huguenot de son époux. Elle en est aux petits valets, aux chaudronniers, tout ce qui passe entre deux portes... Qu'a-t-elle fait, cette fille de bordel, de son enfant né de sa copulation avec son Champvallon ?

Marguerite n'a pas la force de répondre, c'est impossible. Unique obsession : ne pas flancher. Ne pas s'évanouir. Ce serait trop beau pour le roi, ses amis d'enfer et ces courtisans immondes. Partir, fuir. Vite. Ravaler les larmes. Se redresser.

« Je suis la reine de Navarre, je suis la fille des rois de France. Je suis la reine Margot ; ma faute est d'aimer l'amour. Je suis la reine... La reine... Qu'ai-je à voir avec cet énergumène, ce sodomite, ce presque mort... »

Encore quelques mètres et la Honte sera derrière ces portes trop vastes, jamais closes.

Sa mère est cette ombre dans l'ombre. Elle entend les ultimes hurlements qui la bannissent du Louvre.

— Je chasse à jamais la putain de ma cour. Qu'elle retourne chez son époux de Navarre ! Qu'il la châtie à sa manière !

Qu'il est lent, son supplice. Nul ne s'interpose. La disgrâce fait d'elle une maudite. Nul ne prendra de risque parmi les courtisans. Aucun ne s'incline à son passage. Elle a le souffle court, la toilette en désordre, quand elle émerge enfin de cette haie de regards. Cette lapidation.

Elle entend ricaner Épernon.

— La putain fuit chez son mari ! hurle le roi, écumant de rage.

L'Histoire a contesté cette scène. Certains historiens affirment qu'elle a eu lieu en comité privé, au château de Madrid, au bois de Boulogne. Nul n'a nié la colère haineuse du roi, sa maltraitance. Bassompierre était présent et, dans ses mémoires, témoigne de ce scandale, salle des Cariatides. La lettre du baron de Rusbec, adressée à l'empereur d'Autriche, Rodolphe II, en donne les détails. Elle a été écrite le 23 août 1583, quelques jours après l'éclat et la fuite, le lendemain, de Marguerite épouvantée.

Lettre du baron de Rusbec à l'empereur Rodolphe II :

> Le Roi a dit en présence de la Cour mille injures à sa Sœur la Reine de Navarre ; il paraît qu'il est assez bien informé des intrigues amoureuses de cette Princesse, car il lui a nommé tous les galants qu'elle avait eus depuis qu'elle est mariée, et ceux qui étaient actuellement en faveur ; le Roi enfin a fini sa querelle pour lui ordonner de sortir de Paris, et d'aller retrouver le Roi de Navarre son mari ; cette Reine pleine de confusion s'est retirée sur l'heure dans son appartement, elle a fait elle-même ses malles des choses les plus précieuses, et dès le lendemain elle est partie, sans avoir d'autre suite que quelques-unes de ses femmes les plus affidées ; on dit qu'elle est allée à Vendôme, qui est une Terre appartenant à son mari[1].

1. Lettre du baron de Busbec à l'empereur Rodolphe II. Notes des *Mémoires*, *op. cit.*, p. 361-362.

Marguerite a fui en effet, en toute hâte et grande épouvante. Dans la nuit, elle trouve le temps d'écrire à Champvallon, menacé autant qu'elle. Il n'y a jamais un mot sur « un enfant » soi-disant né de leur amour.

Une lettre « *brouillée* de larmes », de traces d'encre, dont elle s'excuse. Elle est si cernée, confie-t-elle, « de fâcheux, et d'un péril aussi grand qu'est le sien »... Il lui faut fuir vers le royaume de Navarre. Qu'il se hâte de partir, le supplie-t-elle.

Il n'avait point attendu son conseil, le « beau cœur » ! Il galopait déjà vers Sedan. Il fut assez finaud pour sentir les choses tourner en sa défaveur. Il ne l'aida ni à plier bagages ni dans sa fuite. Il s'en moquait.

Henri III, têtu dans sa haine, son désir d'humilier, détruire, part à la poursuite de sa sœur.

Margot est dans une lourde voiture aux rideaux en cuir, fermés. Elle a une maigre escorte. Avec elle, mesdames de Duras et Béthune. Ses nains, sur un siège bas. Elle sanglote sous son masque. Elle se tord les mains ; elle a deviné, outre l'exclusion, l'abandon de l'amant. Il fait chaud, la sueur se mêle aux larmes.

— Mon sort est aussi misérable que celui de la malheureuse reine d'Écosse ! Ah, qu'une main charitable m'ôte la vie par quelque poison... Hélas, je n'ai plus ni amis, ni ennemis !

Son frère continue sa persécution lors d'un bref arrêt à Bourg-la-Reine. Henri, flanqué de ses mignons et ses reîtres, surveille de sa voiture sa sœur qui s'est sustentée en toute hâte, pendant que l'on changeait les chevaux. Il tire les rideaux en cuir pour l'offenser et l'épouvanter davantage. Il donne ses ordres à monsieur de Larchand, capitaine de ses gardes. Il ouvre la porte de la voiture avec violence. Il arrache le masque de Marguerite et de ses dames. Elles crient. On entraîne mesdames de Duras et de Béthune, comme des voleuses.

— On vous mène à la Bastille pour rébellion contre l'autorité du roi de France ! jettent des voix rudes.

Monsieur de Larchant, ses archers, le roi lui-même fouillent de fond en comble la voiture. Ils ouvrent les sièges, les coffres, bousculent tout. Les nains sont jetés sur la route et se serrent contre Margot en pleurs. Elle entend ricaner :

— Où a-t-elle caché son enfant d'adultère ?

Ils s'excitent, le roi aussi. Les mignons s'amusent à fendre à l'épée les coffres, les matelas, à tout renverser sur cette modeste place à Bourg-la-Reine. Personne. La peur a fait disparaître les gens. S'il y avait vraiment eu un enfant, quelle charpie !

Le sire de Saint-Pons, le secrétaire, Erart, son chapelain, sont giflés à la volée pour avouer « où se cachent Champvallon et l'enfant ».

Le roi a fait un geste. On ordonne à Marguerite de s'asseoir dans sa voiture bouleversée. On y lance ses nains, misérable et fidèle petit lot humain.

On mène ce triste équipage, avec ricanements, injures, et grands coups de fouet sur les chevaux, jusqu'à Montargis. Le roi a choisi Montargis pour interroger en personne sa sœur. Il compte sur son anéantissement moral. Il s'assoit en face d'elle. L'enfant ! Où a-t-elle caché l'enfant ?

— Madame, cet enfant ne peut être de votre époux de Navarre !

Il écume, à deux doigts de l'étrangler. Elle est tétanisée, sans mémoire. Elle répète sans fin « Il n'y a pas d'enfant ! » et son frère, obsédé par la stérilité, croit entendre que *c'est lui* qui n'a pas d'enfant.

— Il n'y a pas d'enfant ! Il n'y en a jamais eu ! Vous m'avez fait arrêter sur ma route pour m'outrager davantage ! hurle Margot. Qu'allez-vous faire de mes femmes ?

« Il n'y aura jamais d'enfant. La dynastie se meurt. Il faut tuer la reine Margot. Je hais ma sœur. Je hais mon frère. Je hais les Guises. Je ne supporte plus mon gros dindon de mère. Je n'aime que Louise, Épernon mon Tant Beau, Joyeuse, Mon Soyeux. Dieu seul est au-dessus de tout. Je n'aime que Dieu. J'ai mal à la tête. Mes reins me torturent, mon souffle peine et il y a du sang dans ma bouche, mes cauchemars… »

— Allez-vous-en chez votre époux ou je ne réponds plus de rien ! hurle enfin le roi. Je souhaite que le roi de Navarre vous fasse brûler vive.

Il est parti en un tourbillon de poussière. On n'entend plus crier mesdames de Duras et de Béthune. On les a peut-être étranglées.

Margot, en larmes, seule sur ces chemins de nuit, donne l'ordre à sa mince troupe de ramasser et rassembler, épars, ses trésors abîmés, en vrac. On lui a volé à Bourg-la-Reine une partie de sa vaisselle en vermeil, de ses atours, de ses bagues. Le roi adore les bagues. On a du mal à sceller ce qui reste et à sangler la malle du lit bleu. On a déchiré à coups d'épée ses draps noirs… Elle n'a que l'issue, ô combien douteuse, de prendre la route vers la Gascogne.

La France, Paris, la Navarre et peu à peu les cours d'Europe, sont à l'écoute des étapes d'un tel feuilleton.

*

La disgrâce de la reine Margot. Retourner en Gascogne, chargée d'opprobres, au hasard de l'accueil d'un époux qu'elle a, à plus d'un titre, mécontenté. Partir, abandonnée par Alençon, son frère mourant.

Lentement, l'abandon de Champvallon s'inscrit à mesure que les roues marquent ces rudes chemins. Que faire contre ce roi misérable, sous dépendance, incapable de gérer sa maison, sa ville, son royaume… Elle ne peut même pas se réfugier à La Fère. Tout lui est interdit. Son errance commence.

La prudence subtile de monsieur Duplessis-Mornay, calmera un tel trouble. Henry de Navarre a le bon sens d'écouter son avis. Recevoir cette folle épouse l'assomme et risque de ruiner ce qu'il est en train de construire. Le futur Sully, le sage, secoue la tête. Il sera le médiateur de cette lamentable offense.

On est dans la grande salle, à Nérac.

— Sire, il vous faut recevoir votre épouse. C'est une affaire fort grave. La reine de Navarre, au nom de votre propre honneur, doit être lavée de tout soupçon.

À lui, futur grand ministre d'un futur grand roi, de négocier avec ce dernier Valois, de manière à mettre les rieurs contre lui. Il dicte à Henry le courrier nécessaire à envoyer à Henri III. Il propose de rencontrer le roi de France à la place de son souverain. Il apaisera ce trouble où est en jeu la paix de deux royaumes fragiles, menacés de toute part.

— Sire, dit-il au Béarnais, le trait est dans la blessure, vous ne l'en arracherez pas.

Henry de Navarre a laissé partir Duplessis-Mornay pour apaiser les choses. C'est une affaire si urgente, qu'il lui a consenti un voyage fort cher parce que rapide : pas de coches d'eau, mais les dispendieux chevaux aux relais de poste. Il faut compter dix jours pour rejoindre de cette manière Nérac et Paris. Afin d'accélérer les pourparlers, on a proposé Lyon, pour rendez-vous diplomatique, entre Henri III et monsieur Duplessis. Lyon, à mi-chemin. Henri III accepte. Il sent qu'il a commis une erreur. Une grosse erreur. Si Marguerite, selon ce qu'il a hurlé, avait eu un enfant, c'est le roi de Navarre qui est l'Offensé. Qu'a-t-il à faire d'une épouse dont l'infidélité touche à la filiation ? Cette accusation – nul n'a trouvé d'enfant –, tient plus des ragots, de la vengeance personnelle, que d'un fait incontournable. On le murmure déjà et la fureur du Béarnais risque de se retourner contre le piètre roi de France. La manœuvre du futur Sully est adroite, délicate. Offensé, Henry a beau jeu de devenir offenseur… et la reine de Navarre aussi. Henri III hait de plus en plus sa sœur. Tout est la faute de la Putain ! Il manœuvre mal. Les palabres, à Lyon, sont lents, difficiles. Il s'agit de ménager la susceptibilité d'un roi au bord de crises nerveuses mais monsieur Duplessis-Mornay, la voix lente, est la patience, la fermeté et la diplomatie mêmes. Nulle passion ne l'égare, sauf celle d'aider, en toute situation, son souverain de Navarre.

Il a commencé ses démarches par le courrier. Les arguments sont posés avec mesure et adresse. La reine de Navarre rejoint son mari ? C'est une situation naturelle. Elle a été, il est vrai, insultée, « *barbouillée* », écrit-il. Il faut désormais songer à l'opinion de toutes les cours de la Chrétienté. Que diront les cours d'un roi qui a accusé sans preuve absolue sa sœur d'avoir accouché d'un enfant adultérin, qui s'avère introuvable ? Que pensera la Chrétienté de l'attitude du roi de France, ce royaume considéré comme le plus enviable entre tous ? Colère, injures, la Bastille pour ses dames, dont l'une, mademoiselle de Béthune, est apparentée à monsieur Duplessis… **non** ; cela ne se peut. La reine de Navarre revient en Béarn : son époux s'en réjouit. La France et la Gascogne aussi. Tout le monde préfère des époux unis que séparés.

Il ne serait point mauvais, pour faire taire les moqueries et les pamphlets, de « désembastiller » ses dames de Duras et de Béthune et les rendre à leur maîtresse.

Henri III a du mal à calmer une nouvelle colère mais sa mère, qui pense comme monsieur Duplessis, l'a sans doute chapitré. La reine Louise aussi. Soit, s'agite le roi mortifié, on rendra ces deux créatures à la Créature dite sa sœur.

Nouvelle négociation. Un courrier arrive à Lyon. Monsieur Duplessis a tout orchestré avec le Béarnais. Établir une anxiété, ne pas tout accorder de manière trop facile.

— Le roi de Navarre demande à réfléchir. Que son épouse ne se rende pas directement à Nérac mais l'attende en Poitou. Il viendra à sa rencontre.

Margot ignore ce qui est en train de se dire dans son dos. Elle va, humiliée, désolée, ignorant son sort. Ce voyage n'a rien à voir avec le premier trajet en Gascogne qui avait eu aussi sa part de grossièreté ! La reine Margot voyage comme une prisonnière, cernée des arbalétriers de son frère. Monsieur Duplessis-Mornay sait tout cela et négocie, négocie, n'offensant jamais ce coléreux, ce malencontreux fils des Valois.

Le voyage de Margot… Que d'ennuis, de fatigue et de pleurs ! Un retour désolant où les soldats de son frère sont davantage chargés de la surveiller que de la protéger. On s'arrête peu. L'angoisse l'a reprise au point que le menuisier Dubois – une partie de sa « Maison » a rejoint ce lamentable cortège –, ne cesse d'ajouter des verrous aux chambres du hasard où ils s'arrêtent. Elle a même fait bâtir (encore !) un lit dans une litière. Elle a moins peur de dormir dans sa litière qu'en ces gîtes malveillants. Ses nains la consolent. On les lui a laissé, comme on laisse des chiens d'appartement. Sacripan tente de la faire rire mais elle n'en a pas le cœur. Il papote sur les nains de Catherine. Monsieur de Bezon est mort, le monneton est devenu si gros qu'il respire mal, malade, couché sur un lit minuscule. Folle essuie les bronchites de la reine mère et se moque des uns et des autres. Lyette est la plus gaie. Elle encourage Margot. Sacripan espère bien l'épouser. Lysande coule son beau regard de biche miniature vers lui. La Turque est en larmes : la bousculade à Bourg-la-Reine a brisé sa guitare. « Tu en auras une autre », promet Margot. La Turque chante une mélopée espagnole qui parle d'amour et de mort…

Dans chaque ville où Margot fait halte, elle écrit sa correspondance. À son époux, à sa terrible famille, à son cher Alençon, ne devinant pas qu'il agonise, si maigre qu'il ne pèse pas plus lourd qu'un enfant de dix ans.

— Il va bien ! s'écrie Catherine qui refuse absolument de le perdre. Il va bien ! Personne ne meurt d'un rhume !

Elle nie. Elle traverse un violent regain de haine révoltée contre Marguerite. C'est la faute de sa fille si son Moricaud « a pris froid », dans les marécages de Flandres. C'est elle, la misérable, qui l'a poussé à aller là-bas. Maudite fille qui met le pays, son cher fils, et son mariage en difficulté par ses turpitudes ! Henri III renchérit et monsieur Duplessis-Mornay redouble de calme et d'arguments.

Il réussit sans doute à éloigner un assassinat contre la sœur de ce roi offensé.

Au milieu de cet été brûlant et déplorable, chacun se vit dans l'offense. Le roi de Navarre, poussé par l'austère et jalouse Corisande, pousse son « Petiot » à recevoir son épouse, pour éviter un *casus belli*, mais lui suggère – lui ordonne ? – de ne jamais lui faire un enfant… Corisande est « offensée » par le retour de l'épouse, sa beauté que l'on dit supérieure à la sienne.

Le pouvoir des femmes sur le Béarnais complique sa vaillance.

L'offense du Béarnais est réactivée par une lettre maladroite du roi de France. Il consent à admettre qu'il y a eu plus de ragots que de réalité, dans ce qu'on lui a rapporté de choquant sur sa sœur. Mais, écrit Henri III, tout le monde peut être mis dans l'erreur. La mère du Béarnais, l'intransigeante Jeanne d'Albret, n'avait-elle pas été aussi mise en cause sur son honnêteté d'épouse ? Si on touche à sa mère, le Béarnais voit rouge.

— Quoi ? Ce frère de putain, putain lui-même, traite ma mère de putain ? explose Henry.

Monsieur Duplesssis-Mornay n'en a pas fini de négocier et de calmer les deux compères.

Et Marguerite n'en a pas fini de ce voyage infect, où tout la détruit, la rend malade, l'effraye, elle si peu peureuse…

Enfin, par coches d'eau et grande lenteur, on lui a rendu madame de Duras et mademoiselle de Béthune, tremblantes, enlaidies, mal habillées. Laquais, cochers et gardes sont chargés de les attendre à Chateaudun. Le 15 septembre, à Poitiers, arrêt provisoire du voyage, Marguerite éprouve un peu de joie : retrouver ses dames ainsi que les fidèles qui l'attendaient en Poitou. On ne se refait pas. En dépit de son infortune, Marguerite fait appel à l'inévitable Grimoise pour qu'il lui taille quelques robes nouvelles. Elle organise une fête pour ses dames, la première depuis sa fuite, mais la restriction a joué au bon ordre de celle-ci. Plus de violons, juste les luths, quelque tambourins… Margot a quelques écus d'or octroyés par son frère, non par affection, mais pour s'assurer de son voyage. Marguerite est obligée de payer en liquide, nul ne veut endosser ses dépenses. On sait qu'elle ne paye pas ses dettes. On la regarde un peu de haut. Elle n'est pas au temps de ses flamboyances. La disgrâce. Le mépris. Personne n'est sûr qu'elle vivra. Un châtiment mérité l'attend sans doute. À son frère le roi et à son époux, elle est la non-aimée. Ses moyens lui permettent juste d'offrir à ses dames une soirée avec un souper, quelques danses. La fête donnée à Poitiers est un grand mot. Elles achèvent la nuit en jouant aux cartes.

Son époux veut-il d'elle ? Elle n'en sait rien. Pas un mot. Pas une réponse à ses lettres. Elle écrit, frénétiquement à tout le monde, même à son frère, sa mère, Salviati. Sa chère Sibille n'est plus. Les beaux jours non plus. Les nuits d'amour abolies en ce lit désert, dans un château de hasard où on la reçoit sans chaleur… Et Dubois d'ajouter un verrou à sa porte.

L'ordre lui est donné de rejoindre Jarnac.

Le 24 septembre, elle arrive à destination avec sa caravane. Un courrier de son époux l'y attendait. Elle va enfin rejoindre la Gascogne.

Sa déception est grande. C'est une lettre courte et sèche, un ordre d'attendre à Jarnac, sans bouger, la fin des négociations à son sujet.

« Madame, je n'ai pas obtenu satisfaction sur l'offense qui m'a été faite… Les pourparlers ne sont pas achevés. Ne continuez pas votre route et attendez à Jarnac… »

Henry, matois, a profité de cette affaire « désastreuse » pour les Valois et réclamer « en réparation » Mont-de-Marsan, place forte à ajouter aux autres. Le roi lui a refusé Mont-de-Marsan. Mont-de-Marsan ou il la renvoie chez son frère. Margot, otage des deux camps. Le Béarnais sait fort bien qu'Alençon se meurt et que les eaux fécondantes, sous toutes leurs formes, n'ont jamais rendu grosse la malheureuse Louise. Henry, encouragé par Corisande et ses compagnons, voit s'approcher le somptueux héritage royal. Il peut se permettre le verbe plus haut, l'autorité injurieuse. Une idée cependant flotte dans l'air et le ramène à plus de prudence. La reine mère clame bien haut que la loi salique va être abolie.

En cas de malheur absolu, si les Astres et ses mages avaient eu raison, ce serait la reine Margot, sa fille terrible, qui serait l'héritière de la couronne de France.

— Impossible ! s'écrie Henry le machiste.

— C'est pensable, murmure monsieur Duplessis. Sa Majesté feu la reine de Navarre régnait ici et magnifiquement. Élisabeth Ire est une grande souveraine. Sire, ne faites pas attendre indéfiniment à Jarnac la reine de Navarre… Disons, le temps de quérir vous-même Mont-de-Marsan et d'imposer votre mécontentement d'époux.

— Qu'elle attende à Jarnac ! crie Henry soudain très échauffé. En attendant cette improbable reine de France, je reste le maître de ma Gascogne et d'une épouse sans vergogne.

*

Jarnac est un bourg charentais à crever d'ennui.

Que dire du mois affreusement lent que Marguerite passa à Jarnac, à attendre l'ordre de continuer – ou rebrousser – son chemin ? L'ennui à devenir fou. Une ville-village, taiseuse, une méfiance native, une population rurale, que le labeur, la tristesse enlaidissent davantage. Une majorité protestante. La nuit tombe plus tôt ; nulle fête, rien : Jarnac. Le supplice de l'ennui. Marguerite endure une vraie souffrance mentale en ce pays plat, ingrat, sans rien ni personne pour la distraire. Ses dames aussi désœuvrées qu'elle sont déprimées. Les nains aussi. Les gardes s'embêtent à rôder aux alentours, à revenir surveiller « la caravane ». Il n'y a rien à piller, à violer, à boire à Jarnac. Les distractions de Margot : une ou deux promenades, très surveillées, quelques prières. Point de messe ; point d'église. Les repas, avec moins de vin, peu de plats, ni parures.

Margot, les yeux gonflés d'insomnie. Jarnac, authentique mise en scène de l'Abandon.

Jarnac, ou la punition. Il y en aura d'autres, mais celle-là fut violente à Marguerite.

Il lui reste le courrier. Elle écrit à sa mère, à Matignon, à son époux, à tout le monde. Pour rien ou si peu de chose. Qu'elle reste à Jarnac, réitère le Béarnais, puisque le roi refuse toujours de lui donner Mont-de-Marsan. Henry, excellent guerrier, finit par s'emparer de force de la cité refusée. Il fait savoir au roi qu'il reprendra son épouse sous condition que toutes les garnisons catholiques en Béarn et Gascogne s'en aillent, y compris de Bazas. Il triomphe. Monsieur de Bellièvre est chargé de cette négociation. Henri III perd beaucoup d'avantages. Agrippa d'Aubigné lui dira en personne que son maître n'hésitera pas à laver l'offense faite à sa mère Jeanne d'Albret en s'emparant de Paris.

Bailleau, le joueur de musette de Margot, lui donne la sérénade. Ainsi s'achèvent ses soirées pluvieuses.

Un message impérieux arrive un jour de son frère : qu'elle continue son voyage jusqu'à Coutras. Monsieur de Bellièvre est venu en personne porter cet « ordre ». Coutras, près de Bordeaux est protestant. Coutras appartient au Béarnais. Quel soulagement de bouger de Jarnac et de revoir monsieur de Bellièvre ! Coutras oblige le Béarnais à choisir une solution.

Margot-la-marchandise est à Coutras. L'ennui, l'incertitude. L'hiver imminent. À Coutras, encore un mois d'attente. Novembre lui glace l'âme. Rien ne se passe. Marguerite se vit de plus en plus « offensée ». Elle n'a aucun contrôle sur son sort, nulle voix au chapitre. Cette situation la ravage.

— Je ne suis plus rien, personne, pleure-t-elle parmi ses nains et ses dames.

Il est difficile de la consoler. Eux aussi souffrent. Désespérée, elle en est à la pire des humiliations. Écrire à sa mère pour qu'elle intercède auprès de son fils. Elle la nomme « Madame », et non « Ma Mère ». Elle écrit que « dans son malheur, elle demande au Roi son frère, au moins de l'aimer par pitié… » Elle en serait au suicide, à cause de « sa trop longue *misère* ».

Il ricane, le mauvais frère. La Pitié ! Il n'en a jamais eu, de pitié, ce demi-fou, malade, mystique, que les mignons excitent plus que jamais contre sa sœur.

La vie s'adoucit pour Marguerite. Monsieur de Bellièvre est gentil, vaguement amoureux, cela lui manquait, quelque douce attention. Soudain, grâce à une lettre de sa mère, qui a su arracher le consentement du fils, elle peut continuer ce chemin, ce calvaire, jusqu'à Foix-Candalle. Deux visites lui sont un baume. Elle se sent à nouveau vivante. Montaigne et le maréchal de Matignon viennent lui rendre hommage. Monsieur de Bellièvre la rassure. Le Béarnais devient bienveillant, enchanté de s'être emparé de Mont-de-Marsan.

Une stimulation la hisse hors de cette passivité dépressive. L'avenir s'éclaire un peu et elle ose prendre une décision qui sera approuvée par Matignon.

— Je vais rejoindre Agen, qui est à moi et dont je suis comtesse. Que peut rétorquer mon époux de me savoir à Agen ? Ma cité est proche de Nérac, c'est la bonne jonction.

Margot reprend son énergie. Elle oublie qu'elle est toujours un pion politique. À son tour de s'en moquer. Insoumise, elle ira à Agen. Elle n'est pas de la race qui ploie longtemps. Elle gagne Agen par coches d'eau avec son énorme attirail. Sa forteresse, contre l'abbaye, est glacée. Elle y demeure jusqu'à la mi-décembre où enfin, une lettre du Béarnais, polie, la prie de venir à Nérac. Il lui demande de faire « très bon visage » ; « Les pleurs sont l'aveu de mauvaise conduite... »

Margot est assez subtile pour deviner qu'elle ne peut déroger. On la siffle enfin, telle une chienne dont le seul droit est de se coucher aux pieds du maître. Pas de larmes, a-t-il ordonné. Comment ne pas pleurer en cette épreuve ? Son vert galant d'époux a le caractère vif et le verbe haut. Il va la morigéner en public. Aura-t-elle la force de contenir les sanglots dus à l'épuisement, le désenchantement, sa solitude extrême ?

Elle sait désormais quelles ont été les négociations. Parmi les intervenants, il y avait son pire ennemi, la vipère d'Agrippa. Il triomphe. Il a promis à Henri III et à sa mère une guerre d'enfer. Il a conseillé au Béarnais de se débarrasser de la fille de madame Serpente. Il est temps que toute la France devienne protestante. Il est temps de brûler à jamais l'Hérésie, ce péché originel ambulant : la reine Margot.

Après sept mois d'ennui profond à Agen, le roi de Navarre, enfin, accepte de « reprendre » son épouse. Le roi de France s'est excusé et a accordé à Henry de faire éloigner de Nérac toutes les cités catholiques. Voilà ce que coûte à sa famille la « rançon » de la reine Margot.

Le Béarnais lui écrit avec une certaine gentillesse, camouflant la menace. Il la nomme à nouveau « ma mie ». Il affirme que tout a été calomnie à son sujet. Il insiste sur l'attitude qu'il exige d'elle.

Mont-de-Marsan, fin novembre 1583

Ma mie... J'ai notre honneur à conserver qui m'est cher..., et que je préfère à toutes choses... Quand nous nous rassemblerons que ce soit de plein gré… Sans ces calomnies nous aurions le plaisir d'être à cette heure ensemble ; ils ne m'ont point fait de plaisir. Je dis ceci en m'assurant que le Roi n'aura point envoyé Monsieur de Bellièvre sans apporter la satisfaction du tort qui nous a été fait…

Je vous baise bien humblement les mains…

Ce « nous » marque peut-être un peu de l'ancienne connivence entre les époux. Mais qui est dupe ? Monsieur de Birague est mort fin novembre. Marguerite perd un allié.

Les retrouvailles ont lieu le 13 avril, au Port-Sainte-Marie. Margot est arrivée la première. Elle doit attendre, petite humiliation, à l'étage d'une simple maison. Le voilà enfin. Il descend de cheval, sans se presser, mal vêtu et mal lavé. Nulle galanterie en ces retrouvailles, cette *récupération*. Il donne quand même un baiser sur les joues amaigries de Marguerite qui n'écoutant pas son conseil – son ordre –, de « faire bon visage », fond en larmes. Il lui parle longtemps, plus d'une heure. On ignore ce qu'ils se dirent. Il a sans doute répété l'ordre de camoufler son retour en sourires radieux. Il y tient terriblement. Il ne veut pas passer pour le cocu aimable d'une aussi vilaine affaire… dont il a beaucoup obtenu. Elle est si lasse qu'elle effectue la fin du voyage étendue en sa litière. Il chevauche à ses côtés comme s'il ramenait un butin de guerre : ce qui est le cas.

L'époux est devenu un geôlier, même si, souriant, il donne le change.

On arrive à Nérac à la fin du jour. C'est l'heure du souper.

L'allée aux mille pas semble à Marguerite celle d'un cimetière.

XIX

Marguerritte la rebelle

« Ayant reçu du mariage tout le mal que je n'ai jamais eu, je le tiens pour le seul fléau de ma vie[1]. »

Elle se sent « *en purgatoire* » ; ce premier soir, à table près de son époux qui ne lui adresse pas la parole. La voilà en larmes en dépit de ses ordres. La table n'est pas chargée de mets savoureux à son premier séjour. L'hôte ne fait plus de façons avec elle. On sert son tripoux, sa viande à soldat, quelques oiseaux rôtis et un vin sans vertu. Il n'a pas un regard pour madame de Duras ni mademoiselle de Béthune.

Avant ce souper, cette punition, Henry a entraîné Margot sous la galerie. Comme elle est terne, la galerie, loin du bel arrangement des plantes et des fleurs ! Henry est nerveux. Il va et vient, hausse le ton.

— Cessez donc de pleurer, madame, c'est assommant à la fin ! On va vous croire coupable et moi cocu !

— Je n y puis rien, mon ami, balbutie-t-elle entre ses larmes.

Il est froissé de tant de pleurs, irrité de la voir mal coiffée, la robe ternie.

— Vous semblez ravie, en effet, de revoir votre époux ! Ce serait à moi de pleurer sur vos esclandres !

Il la rabroue sans haine, mais avec impatience.

— Il m'ennuie fort que l'on vous vît à table, à mes côtés avec ce visage bouffi qui est celui d'une coupable, non d'une épouse contente de se trouver chez son époux. Les calomnies vous indiffèrent donc à ce point et mon honneur aussi ? Je ne suis pas homme à aimer recevoir des coups de bâton ! Arrangez au moins votre coiffure et lavez vos yeux…

1. In *Lettres à mon beau cœur*, écrits de Marguerite de Valois, in *Mémoires*, *op. cit.*

Il la quitte brusquement. La colère l'empourpre. Elle baigne ses yeux à toute hâte à la fontaine si jolie, où un Cupidon moussu fait office de verseur d'eau sur une vasque. Elle le rejoint à table. Il ne se lève pas pour l'accueillir. Son entourage non plus. Il a commencé son dîner. Les larmes coulent malgré elle. Le Béarnais se lance, avec ses gentilshommes, dans une conversation de chasse.

Ses gentilshommes sont peut-être émus et à la fois satisfaits des larmes de l'épouse déchue, entachée. Où est passé le triomphant visage de Marguerite, sa blancheur et le frottis rose de ses joues ? Où est son insolence naturelle ? Errer ici, ou là. On lui a pris La Fère, on ne l'a pas laissée à Agen. Le Louvre l'a chassée. On lui a repris son hôtel, « lieu de stupre » selon ses ennemis. Où aller ? Errer dans ce qui fut sa demeure conjugale. Errer. Du Pin, arrogant, s'en donne à cœur joie de parler d'elle, devant elle, comme si elle n'existait pas. Il dit « la fille des Valois », jamais « la reine de Navarre ». Le Béarnais fronce un peu ses sourcils touffus mais n'intervient pas. Du Pin, lui, est dévoué corps et âme et cette *fille*-là, quelle écharde ! Elle boit un peu de vin et à nouveau éclate en larmes. Elle n'avait jamais pleuré ainsi en public. La honte. Sa honte ; Marguerite a l'inconscience de se sentir innocente de toutes ses amours. Elle a aimé, on l'a aimée, elle a fait l'amour avec enthousiasme et n'a jamais calculé les conséquences. Peut-être cette fougueuse fille faite pour l'amour de l'homme n'entend-elle rien au caractère profondément misogyne, un peu couard, des hommes… Elle pleure ; elle ne comprend pas la maltraitance qui est son lot depuis des semaines. Cet accueil si dur à Nérac où son Béarnais ne se prive guère d'aller aux lits qui lui conviennent… La honte. La goujaterie qui l'entoure. Son orgueil révolté. Les voilà qui se lèvent de table sans la saluer, ni lui prêter attention. Elle reste un moment seule, pétrifiée, droite, au milieu des restes. Un chien sous la table glisse son doux museau vers sa main. Elle se lève enfin et monte se coucher. Épuisée. Sa chambre, empoussiérée, ce lit aux rideaux en futaine défraîchie… Le lit de l'époux sera vide cette nuit et tant d'autres nuits. Il galope on ne sait où. Il ne couchera pas avec elle. La salle-aux-bains est vide ; plus de baignoire, de la poussière. La chambre pour écrire et méditer, sans rien. Elle soupire et peu à peu, on monte ses affaires, son pupitre, ses livres, ses robes. Ses femmes, deux seulement, l'aident à se déshabiller. Où est son peignoir en dentelles ? Sa première nuit à Nérac est une insomnie coupée de pleurs. Son recours est le courrier. Elle n'a plus un seul amant à qui écrire. Il lui faut donner le change. À l'aube, elle boit une verre de lait et écrit à sa mère. Mentir est l'urgence, ne serait-ce que pour contrarier son frère maudit. Faire croire qu'elle a été bien reçue. Affirmer qu'elle est fort aise auprès de son bon époux, le roi de Navarre.

Et les jours passent, avec lenteur.

Monsieur de Matignon, allié du roi, obtient du Béarnais de laisser deux gentilshommes pour tenir compagnie à cette reine si désolée. C'est une manière de l'espionner en la distrayant.

« Sire, dit-il, permettez à monsieur de Paulet et à monsieur de Saint-Orens de tenir compagnie à la reine de Navarre. Que son désespoir ne l'entraîne pas à quelque acte fatal, fâcheux à la réputation de son époux. Ces deux gentilshommes vous sont dévoués. C'est ajouter la distraction à la vigilance. »

— C'est une bonne idée, Matignon ! J'irai plus tranquillement à mes affaires.

Il sourit dans sa barbe : ces deux gentilshommes sont vieux et assez laids. Pas d'amants possibles.

Ils forment la compagnie de la reine Margot. Tâche peu agréable : elle pleure sans cesse et elle les trouve sans esprit ni beauté, quoique gentils. Autant les entraîner à la chapelle et se livrer à la dévotion.

— La reine de Navarre, écrit monsieur de Saint-Orens à son maître, se livre à de grandes dévotions et à la charité. Son aumônier, l'évêque de Digne, ne la quitte guère. Elle lit des œuvres pieuses.

La petite cour l'épie. On murmure jusqu'à Paris que le Béarnais n'a pas couché une seule fois avec elle.

Le Béarnais hausse les épaules.

— Ses pèlerinages coûtent cher. Madame ne voyage qu'en grand équipage. Son menuisier lui a bâti sur son coche d'eau un lit aussi long que large… Qui compte-t-elle y coucher près d'elle ? Un taureau ?

Tant qu'elle se rend à ses charités, ses visites d'abbayes et ses pèlerinages, elle n'est pas – trop – dangereuse et rétablit une réputation très écornée. Son catholicisme ostentatoire n'est pas, selon monsieur Duplessis-Mornay, un obstacle. Au contraire.

— Un futur roi de France, murmure cet homme sage et clairvoyant, ne saurait être que catholique. Les vraies convictions sont au secret de nos cœurs et de nos consciences. Ne tardez pas à visiter la couche de votre épouse ; elle a été assez punie. Évitez l'offense pour la paix des royaumes.

Le Béarnais opine. Les deux compères se comprennent à merveille. Corisande est sa belle maîtresse. Il a son avenir à affirmer. Il n'y a plus qu'à attendre l'heure où, d'un bond de fauve, il s'emparera de la Couronne de France. Quant à « honorer » Margot...

— Qu'elle continue à se purifier ! ricane-t-il, et nous aviserons.

Madame Catherine a reçu des nouvelles de sa fille. Elle hausse ses lourdes épaules.

— Ma fille est négligée par son époux, dit-elle à Folle. Il la tient pour prisonnière et la délaisse l'extrême. Sa situation est, par sa faute, piteuse. Plus de Champvallon, le roi son frère la déteste, quant au Moricaud...

Catherine n'achève pas ses phrases. Le désastre des Valois continue. Le désastre de Madame Catherine continue.

La reine mère est à Château-Thierry. Deux mois ont passé depuis que Margot est en Béarn. On est le 11 juin 1584. Monsieur, exsangue, est si faible qu'il est couché. Il gémit ; il tousse. François Hercule d'Anjou, frère du roi et de Margot, se meurt. Catherine est toujours dans le déni. Elle voit ce sang sur le linge contre sa bouche, cette fièvre sans relâche. « On ne meurt pas de cela », psalmodie la mère. La suffocation, le souffle rauque, ce corps étique. L'épouvante en sa prunelle de plus en plus fixe. En un ultime vomissement de sang, une convulsion générale, il se raidit.

Il est mort.

Un brûlant après-midi. Le misérable cadet des Valois, l'insupportable Moricaud, n'est plus.

Il avait trente ans.

Les médecins qui l'ont saigné si fort relèvent la tête.

— Hélas, madame, Monsieur est mort.

Catherine a un grand cri sauvage. Un cri de bête poignardée en plein cœur. Elle éclate en violents sanglots. L'insupportable la rattrape encore : un autre enfant de décédé, mais qu'a-t-elle fait à Dieu ? Le roi aussitôt averti a deux réactions. Le soulagement : il haïssait ce trublion. L'angoisse : la conscience que l'avenir des Valois est au bord de s'éteindre. Le pire se dessine. Henry de Bourbon, fils de Jeanne d'Albret, roi de Navarre, époux de la sœur haïe, est « le successeur » probable...

— La loi salique ! crie madame Catherine, la tête froide et le cœur fou de chagrin, restituons la loi salique ! Cela donne à Margot une chance d'être reine de France !

— Jamais ! hurle le frère haineux. Quant au Béarnais, rien n'est joué. N'oubliez pas qu'il descend des Bourbons par les femmes ! Cela ne compte pas ! Les femmes ne comptent pas ! Jamais ! Jamais ! Louise ! Louise, consolez-moi ! Louise !

Il sanglote contre les genoux de Louise. Joyeuse est appelé ; Épernon aussi et son mignon à lui, le marquis de Canillac.

— Que Dieu nous donne un enfant ! Un enfant ! sanglote le roi. Le moindre ribaud de mon royaume a des tas d'enfants et nous, roi et reine, n'avons rien… Rien…

Il a voulu une grande mise en scène pour les funérailles d'Alençon, mené à Saint-Denis plusieurs jours après sa mort. Un immense cortège flamboyant et sinistre. Henri III porte une traîne de six mètres de long, du violet. Le cortège et toute la cour, jusqu'au panetier, est en violet. Ce sont les funérailles des Valois. Le deuil d'une couronne à bout de souffle. Nul ne s'y trompe. Catherine, en noir, rend inintelligible son regard. Elle sauvera ce qui peut l'être. Sa fille a peut-être un rôle à jouer.

Quand ces nouvelles arrivent à Nérac, il y a des jours que le petit frère bien-aimé de Margot est mort.

Elle éclate en sanglots véhéments. Elle l'aimait, ce frère-là, il était son fallacieux et rare soutien. Branche pourrie, fourbe, croche, mais elle l'aimait. Il la faisait rire ; ils jouaient ensemble « de bons tours » à leur aîné et à leur mère. Quelle solitude empirée, la voilà seule enfant avec ce frère qui la hait. Cette mère au bord de la détruire. Cet époux indifférent. Elle demande et obtient que Nérac porte le deuil de son frère « en noir ». Henry, trop content de l'aubaine, y consent et se fait dicter par monsieur Duplessis-Mornay un chef-d'œuvre de condoléances hypocrites. La Couronne de France se rapproche ! Le sieur de la Roque va galoper huit jours pour remettre à Henri III cette lettre écrite à Foix.

> « Monseigneur, la triste nouvelle que j'ai entendue par les lettres de Votre Majesté de la mort de feu Monseigneur m'a apporté la tristesse qu'elle a dû. Car j'y ai reconnu ma perte inestimable selon le devoir de nature, et non moins ressenti celle de Vos Majestés […] Je prie Dieu, Monseigneur de vouloir vous conserver longuement en très parfaite santé. »

Marguerite, désolée, erre en ce Nérac, cet ennui, ce silence, ces regards de travers que lui lancent Du Pin et ses comparses. L'opposition catholique est en cours. Les Guises s'agitent. La Couronne se rapproche dangereusement du Béarnais, des protestants. La Ligue se confirme et se conforte par le traité de Joinville, signé entre Henri de Guise, les siens, les barons ultracatholiques et l'Espagne. Marguerite forge une idée nouvelle : pourquoi ne pas participer à la Ligue ? Qu'est-elle donc ici, chez ce rustre mal lavé qui la dédaigne ? Que les Guises prennent le pouvoir, et son rôle à elle deviendrait considérable : une reine, en quelque sorte. À la tête de la Ligue, auprès de son ex-amant, contre son frère, son époux. La loi salique abolie, sait-on jamais, la couronne pourrait bien échoir sur sa chevelure toujours noire en dépit de ses trente et un ans… Elle ne croit pas en l'avenir de son aîné. Elle le hait trop pour ne pas le biffer mentalement de sa vie. Elle méprise, erreur, son époux. Qui en France voudrait d'un pareil souverain protestant ! C'est impensable. La Ligue est alliée à la puissante Espagne et s'éparpille de plus en plus dans le centre, l'ouest, et même le Midi de la France. Là se joue l'avenir, le sien ! L'espoir ! Elle déteste être malheureuse longtemps.

Elle se regarde au miroir de sa chambre. Trente et un ans. Ce n'est pas jeune. Mais elle se vit, se voit jeune. Elle est *née* jeune. Royale, audacieuse et jeune. Pas une ride sur sa peau si blanche, que les larmes ont à peine abîmée. La capacité de l'oubli, celle de l'enchaînement. Le goût de l'action. L'envie de faire l'amour. Elle peut « encore concevoir ». Sa mère a bien enfanté après dix ans de stérilité ! Diane de Poitiers portait vingt ans de moins sur son implacable beauté. Marguerite aussi. Le regard des hommes le lui disent, même ceux de ses ennemis. Le Béarnais ne peut s'empêcher de laisser errer un œil concupiscent sur sa poitrine extraordinairement mamelue, blanche, fendue d'un sillon prometteur où se glissent les perles, la place des baisers fous… « Sa poitrine me fait songer à deux bosses de chameaux. » Il la nomme, ainsi « Madame des Chameaux », quand il parle d'elle à Corisande. Une poitrine à allaiter une foule d'enfants.

« Et si j'avais un enfant ? » se dit Margot.

Jouer sur tous les tableaux. S'allier à la Ligue, avoir un enfant du Béarnais, un héritier. La main mise sur deux partis opposés et puissants. Brouiller les pistes. Prouver la force de sa place. Un enfant… Encore faudrait-il que Monsieur son époux allât à sa couche.

« Il viendra, décide-t-elle. Il a assez boudé et il devine où sont ses intérêts. Je connais le compère. »

Un enfant conforterait sa position et ferait blêmir son aîné. Un enfant serait l'héritier de la couronne. Cela ne l'empêcherait pas de renouer avec les Guises. Le Béarnais et les Guises, les ennemis embrassés dans un même élan ; le sien. C'est ainsi que calcule sans cesse la reine Margot. Tout étreindre, puisque sans cesse, tout, pour elle, avec elle, se perd…

Un enfant : il est temps de montrer son souhait de manière spectaculaire.

— Je vais prendre les eaux fécondantes à Encausses.

En grand équipage, – elle se vit seule, mais insistons sur ce fait : elle a toujours sa « maison », trois cents personnes, entre ses dames, ses serviteurs, sa petite armée –, la voilà avec eux au cœur des Pyrénées, ces eaux vives dont on dit qu'elles purifient aussi les âmes. Contrarier Corisande la distrait. Elle sait à quel point la favorite, cette veuve, mère de deux enfants, rêve de sa répudiation, sa mort, pour se faire épouser du roi de Navarre.

Geste spectaculaire de prendre ces eaux-là : lancer à la face du Béarn et de la France qu'elle n'a jamais été grosse d'un autre, ni souillée de débauches. Si au retour d'une telle « purification » accompagnée de prières, son époux la dédaigne, l'opprobre se retournera contre lui.

Tout le pays, y compris la cour de France, est au courant de sa démarche.

— Marguerite de Navarre souhaite de vive et grande foi un enfant de son mariage.

— N'oubliez pas, sire, qu'elle est toujours votre épouse, susurre monsieur Duplessis-Mornay. Son effort est louable et a fait grand émoi dans le pays autant que ses aumônes. Votre… pardon, disons, actif, serait souhaitable. La moindre furie est calmée par la maternité.

Marguerite purifiée par les eaux, rafraîchie par les bains, abreuvée, l'œil noisette, au vif éclat innocent, guette un automne meilleur que ne fut ce dur été.

À sa grande satisfaction, les nouvelles de sa famille sont mauvaises. Il y a toujours un courrier, un visiteur, pour se charger des nouvelles du royaume de France. Henri III et la reine mère sont effondrés devant leur affaiblissement. La mort d'Alençon, les prises des citadelles catholiques par le Béarnais, le rôle douteux de Margot, les acculent à l'angoisse. Madame Catherine se méfie des projets de Marguerite contre son aîné. Ces histoires d'eaux fécondantes, la rumeur qu'une de ses femmes a été trouvée morte empoisonnée… On a dit aussi que le poison était dirigé par Marguerite contre son époux. Ah, le Béarn est trop loin et sa fille ingérable. Catherine dicte à monsieur de Bellièvre une missive où elle le prie de tancer Marguerite. Qu'elle cesse d'ajouter des soucis au roi de France et d'« *augmenter son affliction* » de mère en deuil, par ses coups d'audace toujours désastreux. Qu'elle se montre soumise au roi de France et à son époux. Qu'elle se fasse oublier, qu'elle enfante, si elle en est capable, c'est tout ce qu'on lui demande.

— Ma mère, dit Henri, occupé à découper des images qu'il veut coller dans sa chambre, votre missive ne suffit pas à cette insolente. Je vais mander à monsieur d'Épernon de se rendre à Nérac pour la convaincre d'une mission fondamentale à notre survie dynastique... Qu'elle persuade son époux de se convertir au catholicisme. Il l'a déjà fait. Ce serait un grand point de gagné. Le Béarn, la Gascogne nous seraient alliés, soumis et non ennemis. On peut toujours museler Margot en temps et heure. Vous savez à quel point cette créature adore obtenir de moi une mission !

— Votre sœur a grande détestation de monsieur d'Épernon.

— Je lui ordonne de lui faire bon visage ! À vous aussi, je vous ordonne de faire bon visage à M. d'Épernon !

Il lève un poing trop osseux, trop menu pour un homme, accablé de bracelets.

Épernon, le grand mignon, enchanté de l'aventure, ravi d'humilier la reine de Navarre, s'en va à Nérac en équipage aussi guerrier que fastueux, suivi du marquis de Canillac.

Nérac ; toujours de noir tendu, du moindre laquais, au muletier, au Béarnais lui-même. Margot et ses perles, les atours noir, sa ceinture macabre à la taille. Un deuil-spectacle. La purification par les eaux. Le résultat : le Béarnais est allé deux fois à sa couche, le temps d'un assaut si court qu'il faut bien de l'imagination à Marguerite pour rêver d'une grossesse. Marguerite a repris un peu d'optimisme. Si Henry devient roi de France, la voilà tout de même reine de France. C'est un beau titre, qui adoucit le sens si sombre de ses heures. Elle navigue au jour le jour, elle ne sait rien des choses. Sauf, ce fameux soir – deux soirs, exactement –, au retour des eaux d'Encausses, où le Béarnais, a ouvert brusquement les rideaux de son lit. Elle ne dormait pas. Elle a entendu son pas de cavalier dans l'escalier. Il a gardé ses bottes, baissé ses chausses, et « fait son devoir conjugal ». Deux minutes. Il s'en est allé aussitôt.

— Bonsoir, madame.

— Bonsoir, monsieur.

Il n'a pas résisté à soupirer un peu entre ses seins extraordinaires, blancs, lourds, voluptueux. Elle a entendu claquer les portes, le galop de son cheval. Elle est restée longtemps couchée afin de conserver la précieuse semence. Point de grossesse, mais elle recommencera. « Je ne suis jamais grosse », pleure-t-elle, amère. À chaque fois, ce bouillonnement de sang, cette fatigue et... rien. Tout le monde a su qu'il avait couché avec elle. Acte destiné aussi à narguer la Ligue. Humilier son ex-amant, le duc de Guise.

La voici obligée de faire bon visage à Jean-Louis d'Épernon, duc de Nogaret, grand mignon, qu'elle abomine.

Mais elle sait jouer, cette fille des Médicis ! Marguerite, la taille un peu lourde, les seins opulents, perruquée de blond, – Rupereux, son maître d'hôtel a mené des fournitures de Bordeaux –, vêtue d'un sombre satin brodé, où des perles composent les larmes, – une idée de Grimoise –, Marguerite est l'exquise hôtesse de ses pires ennemis. Il est étonnant de constater à quel point Marguerite ait pu compter sur le dévouement, la bourse, de ses serviteurs. Rupereux le maître d'hôtel, Grimoise le tailleur, Gerbon le tapissier, panetier, muletier, Crosnier le concierge de son hôtel à Paris, Tuty l'écuyer si petit, si drôle, que jalouse Gousse le cocher. Vinaigre l'échanson, les valets de chambre partagent avec Louise Duverger, femme de chambre, les secrets des draps et du linge de la reine... Le galopin, les trésoriers, les secrétaires dont Ferrand. Ses dames sont souvent les mêmes. La marquise de Canillac est la fille de sa chère madame de Curton. Mademoiselle de Béthune et sa mère, madame de Villeclerc, ne la quittent jamais. Mademoiselle Gilone de Thorigny devenue dame de Vermont, mais toujours dites « Ma Thorigny », est la confidente rêvée. Un long moment, il y aura à ses côtés madame de Duras... « Aimer la perle des Valois, soupire Brantôme, c'est l'adorer. » L'inverse existe, forcément : la haïr. Avec passion.

— Quel plaisir et quel honneur de vous voir, monsieur d'Épernon !

La visite d'Épernon est l'injure décidée par son frère, sa mère, et sans doute Corisande, furieuse qu'Henry ait couché avec elle.

Marguerite a donné sa main à baiser à Épernon, galant, courbé, l'œil vif, haineux, le sourire charmeur, charmé. « Que je devienne reine de France et il mangerait dans ma main », pense-t-elle avec grande justesse.

— Quel plaisir à mon époux et à moi-même, de voir mes amis de la cour de France. Comment se portent mon frère et ma mère depuis ce triste malheur ?

Un accueil magnifique, une table parée, abondante. Un vin de Bordeaux, la saveur du millat. Marguerite est admirable d'hypocrisie et d'élégance. Son teint est éblouissant, elle sourit pour montrer qu'elle a encore des dents. Le Béarnais est soulagé donc enchanté. Il a aussi des points à marquer auprès du roi de France. Un peu de la vieille complicité d'antan le réunit furtivement à Margot.

— Monsieur d'Épernon, le Béarn, devenu mon pays, est un bien beau pays. La Gascogne est un ravissement en toute saison. J'ai le plaisir de m'en retourner prendre les douces eaux d'Encausses. Si ma chère belle-sœur y venait, sans doute un espoir d'enfant serait possible. Qu'elle soit la bienvenue et mon frère aussi !

Épernon perd pied et ne peut lancer les menaces et les perfidies prévues. La reine de Navarre n'est que regards caressants, élégance et charme. Son époux semble satisfait. La garce est peut-être grosse ? Les eaux d'Encausses ! Son roi et Louise n'en peuvent plus d'eaux et de pèlerinages dits « fécondants » et voilà qu'elle appuie avec un doux sourire sur leur dilemme et la possibilité de la succession du Béarnais.

— Mon destin est lié à celui de mon époux, le roi de Navarre, dit-elle, fort aimable.

Épernon est assis à sa droite et le roi à sa gauche. La place d'honneur. L'implacable place d'honneur.

On apporte d'autres mets, d'autres vins. Épernon se lance dans l'essentiel, le plus difficile de sa mission. Il s'adresse au roi mais se tourne souvent vers Marguerite.

— Sire, dit-il au Béarnais qui avale force parts d'omelette à l'ail, devenir roi de France signifie renoncer à la religion protestante.

Le Béarnais s'essuie la bouche d'un revers de manche.

— Soit, rassemblons mon Conseil. Laissons les dames se promener et causons.

Le Conseil du roi de Navarre.

Marguerite est tolérée mais sous réserve de se taire. Monsieur d'Épernon, secondé par un flamboyant monsieur de Roquelaure et le marquis de Canillac, présente des arguments que retiendra le futur Henri IV.

— Sire, il est préférable d'entendre mille messes que d'endurer l'éternelle guerre civile. On a le droit de ne pas être catholique en son âme, mon souverain est pour la liberté de conscience, mais l'attitude et la parole d'un roi de France se doivent d'être catholiques. C'est là un très ancien usage auquel nos Parisiens sont attachés.

Le Béarnais est toute attention. On songe à lui, de plus en plus sérieusement, comme successeur. Henri III a trop de haine pour les Guises. Un grand mépris du petit Charles de Valois, futur duc d'Angoulême, bâtard de son frère et de Marie Touchet. Margot a aussi du mépris pour ce neveu bâtard… le vrai grief est l'engouement de Madame Catherine pour « son petit-fils ». L'enfant rêvé que ne lui donne pas « ses chers yeux ». La reine mère adore sa petite-fille Christine de Lorraine. Elle sait bien, hélas, qu'il est temps de ménager le roi de Navarre. Les palabres sont ardus. Son Conseil, farouchement protestant, s'indigne. Une clameur révoltée. La grande voix ténébreuse d'Agrippa.

— Qu'on châtie les massacreurs de la Saint-Barthélemy, et nous verrons ensuite ce qui serait séant à… cette idée hérétique pour nous.

M. Du Ferrier, protestant convaincu, secondé par monsieur Duplessis-Mornay, a la finesse de développer les deux contradictions.

— Les protestants seront déçus par le roi de Navarre et ne le serviront plus. Les catholiques s'en méfieront toujours et le serviront mal. La Ligue fait rage, plus dangereuse au roi de France que nous autres, huguenots.

Le Béarnais est assez matois pour répondre avec prudence. Il promet au roi de France son secours, sa loyauté. Monsieur Duplessis-Mornay l'aide en ce sens. L'urgence pour le Béarnais est d'assurer au roi de France sa confiance, renouveler une « vassalité » loyale. Le meilleur moyen est de demeurer fidèle à sa religion. Roi de son petit royaume, soumis au roi de France, époux d'une femme réprouvée, désargentée, sans héritier, il n'est pas en situation de vraie force. Il est plus habile de laisser croire au roi de France qu'il vivra longtemps, pourvu d'une descendance. Épernon était venu quérir une injure à ce sujet. Il a compté sur les turbulences de la reine Margot, son orgueil, pour entraîner son époux dans l'erreur. Il s'est heurté à deux êtres retors, capables de mener leur jeu sans sourciller.

— Je reste un protestant convaincu et un bon vassal du roi de France, conclut Henry. Mon épouse est grande catholique et mène ses dévotions à son goût.

Épernon s'en retourne, vaguement vexé, porter ces messages au roi et à la reine mère. Peu de mots sur Margot, puisqu'il n'a rien de mal à en dire. La mère et le fils ne savent que penser. Serait-elle matée ? Leur alliée ? Elle qui aime se jeter en avant, s'est tenue silencieuse, et d'une grande courtoisie. La politesse peut être parfois une très grande gifle. Marguerite a su manier cette arme, mais quel est son avenir ? Au fond d'elle, tout est doute et ennui.

Elle sent qu'elle n'enfantera pas et qu'il lui faut trouver une nouvelle parade. Laquelle ?

*

Au Louvre, Henri III et sa mère.

— La mission d'Épernon n'a pas donné grand-chose, mon fils. Les Guises s'agitent de plus en plus.

Son fils boude, nerveux, souffrant, mécontent de cette mission sans fruit qui a encore rogné le Trésor. La voix de sa mère l'irrite. Tout l'irrite.

— Il est plus sage, mon fils, de faire bon visage aux Guises que de les bannir. Ils ont l'appui de l'Espagne. Paris s'est entiché d'Henri de

Guise et le voudrait bien à votre place. Il est temps de miser sur la Maison de Lorraine dont l'héritière est Christine, la fille bien-aimée de ma chère Claude, que de nous fatiguer avec ce Béarnais et votre sœur.

— Vous avez une pensée précise, ma mère ? Vous savez à quel point j'abomine Henri de Guise et son frère. Un jour, je les tuerai !

— Allons, mon fils, allons… La violence est détestable. Pourquoi ne pas marier Christine de Lorraine, ma chère petite-fille, au Béarnais quand il aura répudié votre sœur pour stérilité et autres opprobres ? Voilà une succession qui a sa part de chance envers nous. Il y a aussi le fils de votre frère Charles. Le pire, une couronne pour Marguerite, signerait la fin fatale du royaume et de la dynastie.

— Vous aviez songé à abolir la loi salique en sa faveur et vous pensez désormais comme moi ?

— Marguerite est au bord d'un coup de tête qui va encore perturber votre pauvre royaume. Épernon a remarqué ses messes basses avec son secrétaire, un certain Ferrand. Il déteste le roi de Navarre. Je ne sais ce qu'elle concocte mais il se passe quelque chose dans cette folle tête. Dommage ; Marguerite avait tout pour « faire une grande reine », mais elle est autant mon fléau que le vôtre.

Son fils semble ne pas l'écouter. Il a saisi son bille-boquet.

Le bruit de la balle en bois a un son sec et dur.

*

L'existence de Marguerite est toujours aussi solitaire et triste. Nérac referme son beau jardin, ses tours sur elle. Le Béarnais l'a totalement délaissée. Il est chez Corisande mais surtout avec ses compagnons, à ses places fortes, conquêtes qu'il consolide en permanence. Margot endure la férocité de l'ennui. Les dames fidèles, les amis à la voix flûtée… Peu de distractions, excepté la messe, et ces promenades devenues assommantes. L'hiver est là. Triste Noël, point d'époux lors de la fête des Rois, en janvier 1585. Monsieur de Matignon est le rare lien avec la cour, mais il est dévoué au roi de France. L'ennui, l'ennui, le radotage de l'évêque de Digne. Sacripan, incapable de la faire rire. Sacripan devenu triste. La pauvre Turque est morte de fièvre. Margot l'a pleurée « comme une personne ». Lysande et Lyette parlent tout bas. Tout est mélancolique en cette cour de Nérac qui fut joyeuse, heureuse, pleine de promesses… Le soir, le jeu de cartes ou la marelle. Les échecs en ébène. La conversation de madame de Villeclerc que

Marguerite n'écoute guère. Un rire de Thorigny. Les ouvrages à broder, monotones, agaçent Marguerite, privée du tonique de l'action et qui brode à grandes aiguillées furieuses. Plus d'argent ou si peu pour renouveler des robes devenues inutiles.

Pas d'amant.

Elle remercie monsieur de Matignon de ses attentions. Comment compter sur un seigneur dévoué à son frère ? Elle continue ses courriers à la cour ; maigre manière d'exister encore. Henri III a tenu des propos chaleureux envers le Béarnais. « Il dit cela pour m'isoler davantage », dit Margot au cercle de ses dames. Il prétend à ses mignons « aimer son beau-frère de Navarre, au caractère piquant mais le cœur bon et vaillant ».

— C'est l'influence de la reine mère, qui tente le tout pour le tout, puisqu'il ne lui reste que ce fils, chevrote madame de Béthune.

Sa vue est si basse que sa fille pousse les pions du jeu à sa place.

La reine mère pleure en cachette. Folle le sait bien. Elle soupire souvent :

« Comment puis-je vivre autant et voir tant mourir sous mes yeux… »

Margot n'en sait rien ou n'y lit que la préférence de sa mère à ses autres enfants. Les morts et l'encore vivant, si cruel à son encontre. Le frère qu'elle a autrefois si étrangement aimé.

La succession de la Couronne échauffe toutes les têtes, dont celle, chenue, du vieux cardinal de Bourbon, oncle du Béarnais. Le bâtard de Charles IX aussi s'en réclame.

« Une bande de chiens sur le même os… » constate Margot, qui se voit volontiers « reine de France et de Navarre ».

Il n'est question que de cela y compris aux cours d'Europe. La quasi-unanimité est le refus d'un souverain protestant en France.

La reine Margot n'en peut plus d'entendre sonner les heures à la vieille horloge de la grande salle. En un sursaut de bête enfermée, elle se mit à réagir. À comploter. La Ligue, plus ou moins discrète, répond à ses messages.

Elle passe brusquement dans leur camp.

Il n'y a rien à attendre de cet homme qui n'a d'époux que le titre. Il est cet ennemi qui la laisse dépérir ici, d'ennui, de froid, de manque. Nérac est dur à chauffer. Elle n'a jamais été à ce point dédaignée et dépourvue. On s'est servi d'elle quand Épernon est venu. On n'a plus besoin de sa présence, voire de sa vie.

Nérac lui devient odieux. Les jours, odieux. Le Béarnais, odieux. Son frère et sa mère, odieux.

— Je dois à mon frère, à ma mère et à mon mari tous mes malheurs, confie-t-elle à madame de Duras.

Son isolement a l'avantage de favoriser d'étranges visites. Des alliés de la Ligue, camouflés en gens de la cour. Elle leur chuchote des promesses. Elle compte sur eux, sur les Guises. Elle est des leurs, dès qu'elle sera hors de ce lieu abhorré. Elle dicte à son secrétaire Ferrand des messages dont on ne sait pas grand-chose excepté qu'ils sont hostiles à la vie du roi de Navarre. Son exaspération gronde, doublée d'humiliation quand elle surprend parfois une lettre de Corisande, interceptée pour elle. Les signes de cet amour, insultant à son encontre, sont partout, y compris dans le regard d'Henry, quand, de manière si brève, il passe parfois quelques heures à Nérac.

— La favorite vous met en danger de mort, madame, murmure madame de Duras.

Sa haine du Béarnais est désormais enclenchée. Une haine-fureur. Margot ne l'avait jamais détesté à ce point. Elle le savait mufle, il devient un danger pour sa vie. Ils se supportaient, ils ne se supportent plus. Il la tient prisonnière en ses fiefs.

La Ligue est sa seule issue, croit-elle. Un peu d'espoir la saisit quand, au printemps 1585, Henri de Guise ordonne de prendre les armes contre les calvinistes. Marguerite frissonne à Nérac. En février une scène a éclaté avec son époux brusquement ressurgi, encoléré de griefs.

— Madame, votre secrétaire Ferrand complote contre ma vie. Je l'ai fait arrêter du côté de Bordeaux. Il avait sur lui de drôles de messages pour les ligueurs, dont certains de votre main. Il s'agit, à chaque fois, de se défaire du roi de Navarre. Expliquez-vous ! Votre Ferrand est en prison.

— Vous oubliez, monsieur, que vous l'avez fait arrêter sur le territoire du roi mon frère. Je ne suis ni l'amie, ni l'alliée de Ferrand. Je le méprise. Il n'a pas d'âme. Qui donc envers moi a une âme ? Cessez de me juger ainsi ! J'en suis à signer mes courriers « Marguerite de France » et non plus « La reine de Navarre » puisque vous me détestez et me méprisez.

Marguerite reprend toute son insolence quand la situation est périlleuse ; elle s'ennuie moins. Marguerite, de noir vêtue, parée de rubis et de perles, fait face et front. Elle ose éclater d'un rire assez dur, les yeux étincelants, droite, prête à la guerre contre cet homme épousé avec répugnance, il y a maintenant treize années…

— Horribles noces, crie-t-elle. Vous en souvenez-vous ? Aujourd'hui, c'est vous qui rêvez de ma mort !

— Qu'y a-t-il entre ce Ferrand et vous ?

— Je me moque de ce Ferrand, vous l'avez trouvé sur votre route car je l'ai chassé de Nérac. Il me trahissait, pourquoi ne vous trahirait-il pas ? Sa vilenie a pour but de me nuire… Je vais l'écrire à mon cousin et ami monsieur de Matignon. Croyez ce que vous avez envie de croire, puisque je n'ai guère de crédit en votre cœur !

Il hausse les épaules. Il a horreur d'une scène avec une femme. Il a peut-être peur qu'elle ne lui jette un mauvais sort. Il est comme tous les hommes : superstitieux. Ses yeux de femme lancent de tels éclairs ! Il a vu ces éclairs-là au regard d'une malheureuse accusée de sorcellerie. C'était dans un village près de Mont-de-Marsan. On lui faisait subir l'épreuve de l'eau. Elle avait fait mourir, selon l'accusation des voisins, un troupeau de chèvres, et foudroyé son vieux mari en pissant dans son vin. Un soir de pleine lune. On l'avait attachée à une échelle, on la plongeait dans le fleuve. La foule la huait.

— Si elle flotte, dit le clergé tribunal, elle est sorcière, si elle se noie, elle ne l'est pas.

Au préalable, trois moines ont piqué à l'aiguille son crâne rasé, son corps nu et décharné. Les points du diable. Les bourreaux s'étaient activés à la « tourmenter » pour que le démon parle par sa voix.

— Si elle crie suite aux aiguilles enfoncées, c'est le diable qui crie avec elle… Elle a beaucoup hurlé quand on lui a broyé les chevilles et fait avaler des pintes d'eau. Dans les deux cas, on la brûle sur la place, vive ou non.

Elle avait maudit la foule[1] ; le Béarnais assistait de loin, sans intervenir. Il croit à ces choses mais ne le dira pas. Il n'intervient jamais dans les procès de sorcellerie. C'est en effet l'affaire du clergé, l'affaire de Dieu contre le Mal mystérieux. *Marguerite, ou le mal mystérieux ?*

— Le Démon est dans la femme, le péché est une femme, Ève a perdu l'homme, on ne brûlera jamais assez de femmes, déclamait Agrippa, les yeux luisants devant cette suppliciée, cette nudité misérable, ces hurlements de bête forcée.

Un regard farouche, le regard de Margot déchaînée de colère. Il préfère fuir vers ses compagnons. Il n'affronte pas, ou mal, les colères des femmes ; surtout cette femme-là. Que faire d'elle ; comment s'en dépêtrer. Elle déteste le galop fugueur de son cheval. Il ne fera pas avec elle cause commune. Il n'y aura pas d'enfants. Ils en sont au

1. In *La Sorcière au village, XVe-XVIIIe siècle*, présenté par Robert Muchembled, Gallimard, 1991.

point du non-retour. Il est temps qu'elle redevienne la reine Margot. Il est temps de fuir Nérac.

« Je suis ici en danger de mort. Ce mangeur d'ail me fera assassiner. »

Partout, pour elle, le danger. La Ligue se répand, et un événement nouveau, extraordinaire, la réveille pire qu'une secousse : la bulle d'excommunication du pape Sixte Quint contre le Béarnais, les Bourbons, les Condé, tous les hérétiques, dont la reine d'Angleterre.

À Nérac, Marguerite commence à manquer de tout. « On me laisse mourir de faim. » C'est venu à un point tel que Madame Catherine, informée par ses ambassadeurs de l'état pitoyable de sa fille, lui fait parvenir des fonds. « Elle n'a plus même, écrit Catherine, les moyens d'avoir de la viande. » Pitié maternelle ou calcul pour confondre le roi de Navarre ? Fonds vite engloutis en l'urgence de tenter la fuite, la vraie, et pourquoi pas, la guerre contre cet époux et cette famille détestés.

C'est donc « Marguerite de France » qui va follement entrer en une fuite et une lutte étonnante contre son époux et son frère. La voilà alliée avec son ancien amant, Henri de Guise, la voilà, résolument en rupture, emportée dans une formidable décision.

Fuir Nérac sans aucune permission. Ruser encore un peu : argumenter au Béarnais venu en mars « qu'elle souhaite passer Pâques à Agen la catholique ».

Elle ne s'occupe pas de sa réponse. Elle s'en va.

Elle ira à Agen.

Agen où elle est comtesse. Agen, son fief. Agen, chez elle. Sa ville ; sa demeure. Où est sa demeure en ce monde ? Elle les a toutes égarées, les unes après les autres. Amboise, le Louvre, ses hôtels, La Fère, Nérac…

Agen où elle tiendra le siège et la guerre ; sa guerre à elle.

Marguerite de Valois est résolument devenue une rebelle.

*

À Agen, en avril, elle est entrée en souveraine. Les bourgeois de la municipalité s'empressent autour de son équipage peu nombreux en un premier temps, pour ne pas inquiéter la ville. Le reste de sa maison y compris ses meubles suivent en coches d'eau. Elle n'a voulu que sa malle contenant son lit. À Agen, elle prend la parole comme elle le fit en Flandre. Elle adore, droite sur sa haquenée, ou debout en sa litière ouverte, prendre la parole devant une ville dont elle se veut « reine ». À Agen, elle dit ceci aux notables et à la population qui envahit peu à peu les rues :

— Nous sommes une place forte catholique. Voulez-vous être des nôtres contre le roi de Navarre et les hérétiques, désormais dangereux à notre vie et notre foi ?

Audace inouïe. Audace quand même. Audace qui stimule celle, endormie, de tous. Contagion d'être mené par cette voix, cette force femelle, cette Junon dressée, rebelle, magnifique d'orgueil et d'assurance, cette fille de rois, royale ; sans peur, à la poitrine de mère ! Quel enthousiasme, en leurs cris, leurs louanges extasiées ; quelle envie d'adorer ! Elle réussit, eux, pondérés, modestes, en paix, à leur faire dire n'importe quoi.

— Nous sommes fidèles au roi de France, à la reine Marguerite de France, à la religion vraie ! Vive la Ligue ! Vive Marguerite de France !

Marguerite ou le don du discours, de stimuler et charmer les foules. Elle croit si fort en ses illusions que tous y croient. Ville de bourgeois, de commerçants, qui flairent déjà les avantages de l'aventure, ville de petites gens crédules et gentils. Ville sans venin. Ville qui va endurer sa pire calamité : Marguerite de Valois.

— Je paye, dit-elle, ce qui sera nécessaire comme troupe pour notre défense. Monsieur de Bajaumont ici présent, sénéchal du pays agenais, prendra le commandement de deux troupes. Il dirigera la première, l'autre sera sous les ordres du fidèle sire d'Aubiac. J'attends les hommes de monsieur de Lignerac, sénéchal d'Auvergne. Les citadelles en Auvergne sont miennes et de notre foi.

Elle parle, Marguerite, le feu aux joues, les joues roses. Elle sourit et s'exalte en même temps. Son regard brille. Que de perles à son col, sa coiffure, ses oreilles, ses bras charmants ! Agen est ébloui. Le 15 mai, les notables jureront fidélité absolue à leur « comtesse ». Le sire d'Aubiac, si jeune, s'est avancé quand elle l'a nommé. Il a pour elle un regard enflammé. Il a prétendu tout haut, en route pour Agen, avec sa suite « qu'il baillerait bien sa vie pour une nuit avec elle ». Elle adore être traitée ainsi. Enfin, un amour possible. « Monsieur d'Aubiac est ravissant, » a-t-elle dit à sa Thorigny.

Ravissant… Du verbe « ravir ». Non, il n'est pas si « joli » que cela, le gentil Aubiac, son écuyer, éperdu d'amour. Né d'une bonne maison, beau-frère des Noailles, Jehan d'Aubiac est selon d'Aubigné « *tavelé* comme *une truite* », les cheveux rouges… C'est un petit rouquin, bien fait, batailleur, d'une vingtaine d'années et criblé de taches de son. Enthousiasmé d'amour, c'est toujours ainsi avec Marguerite, gare à qui l'aime, il est chevaleresque, irréaliste, gavé aussi de *L'Amadis des Gaules.* Dès Agen, ce délire, le voilà prêt à tout pour « la dame » de ses hantises : la reine Margot. En tête de l'autre armée, surgira la silhouette guerrière, barbue, mâle, farouche, du seigneur de Lignerac. Un reître, avide de puissance et du corps de Marguerite... Tout cela couvait depuis Nérac. À Agen, ces mâles sortent de l'ombre. Le brasier qui éclaire tout, brûle tout, est cette femme de trente-deux ans, si blanche, lumineuse jusqu'au scandale. Un corps qui semble sans cesse offert au plus vaillant, un corps-cadeau. Une offrande. *Un ravissement.* Le plaisir de se brûler et de brûler pour rien, pour le plaisir, pour l'idée insensée de la gloire faite femelle... Même les bourgeois d'Agen sont troublés et remettent tout émus à leur « comtesse » les clefs de leur ville. Marguerite abolit aussitôt les franchises. Elle fait placarder son alliance officielle avec la Ligue, contre son époux détesté, hérétique, et contre le roi de France, qui n'a été à son encontre « qu'injures et maltraitance ». Agen, croit-elle, va lui permettre de régler ses comptes contre le trio intime de ses pires dilemmes. Son frère, sa mère, son époux. Elle vient de leur déclarer publiquement la guerre. Elle veut un grand fracas. Elle va l'avoir et Agen ne s'en remettra jamais. Agen ! Quelle victoire espérer avec une simple ville paisible, deux compagnies armées contre de tels ennemis. La Ligue, prudente, attend avant de lui prêter main forte. Situation de solitude, situation de rébellion. Situation fausse, situation de passions diverses où, dès la première nuit, le petit Aubiac se transforme en dieu-plaisir, désormais prêt à tout pour elle.

— Mes troupes sont vaillantes ! déclare-t-elle en désignant la troisième petite armée qui est enfin arrivée, confiée au seigneur de Lignerac, allié de monsieur de Duras, époux de sa dame d'honneur. Avec le sire de Lignerac et ses sbires, le malheur est entré dans la ville.

Le roi de Navarre se trouve en face de cette surprise qui ne le surprend guère. « Madame des Chameaux, écrit-il à Corisande, ajoute à ses ennemis, le sire de Duras, sa pernicieuse épouse, et ce Lignerac qui ne se cache guère, lui aussi, de coucher avec elle... »

Pour Lignerac, elle serait un butin de guerre. Une « prise » de citadelle savoureuse. Le petit Aubiac dont elle s'est entichée est pour le Béarnais quantité négligeable.

— Le plus embêtant est son alliance avec ces Guises. Elle a agité les hobereaux catholiques du coin.

— Elle va ruiner la paisible Agen, commente lentement monsieur Duplessis-Mornay. Les Guises ont affaibli le roi de France. Il a, hélas, fini par leur consentir le traité de Nemours, depuis ce fâcheux mois de juillet... et cette bulle dite d'excommunication.

Le traité de Nemours – en juillet 1585 – bannit du pays de France le moindre des hérétiques et interdit à nouveau leur culte.

— Quelle malédiction, cette fille-là !, hurle le Béarnais, son sang gascon révolté qu'une *femelle* la craigne si peu.

Il est aux prises avec d'immenses difficultés. Faire la guerre à une femme – à sa femme ! – quelle infâme situation.

— Trahison ! gronde Agrippa. Ah, sire, ce n'est pas faire la guerre à une femme mais au Mal ! Qu'on la lotisse ! Qu'on la brûle ! Qu'on brûle Agen aussi !

— Mais nous étions parfaitement en paix avec Agen ! s'exclame le Béarnais.

— Le Mal embrouille tout. Ève a embrouillé Adam, l'innocent.

Les courriers vont et viennent.

Tout est en l'air à cause de la reine Margot.

*

Pendant quatre mois, Marguerite est populaire auprès des Agenais. Sa petite troupe se tient convenablement. Le sire d'Aubiac est toute vigilance. Obsession. Nuits éperdues. Marguerite croit l'aimer, le corps comblé, l'esprit joyeux. Elle se rend avec ses dames, quotidiennement, à la messe. Tout semble assez stable. Généreuse, la chevelure emperlée, masquée, « la comtesse » fait l'aumône. Elle puise dans sa bourse que sa mère (et ses serviteurs) avaient péniblement remplie et qui, aussi vite, se vide. Qu'importe ces choses, pour la fille des Valois : tout lui est dû.

Au cœur de l'été, le mécontentement va sourdre. Passé le premier enthousiasme, les habitants déchantent vite. Ils n'aiment pas, au fond, ce désordre, ces troupes installées de-ci, de-là. Voici qu'on occupe leurs maisons, on pille leur pain, leur vin. Leurs champs et vergers servent à nourrir les chevaux. Tout est réquisitionné « pour la comtesse ».

À leurs murmures mécontents, elle réplique, naïve, féroce, avec hauteur :

— Agen est à moi. J'ai besoin de tout cela pour mener ma lutte.

Marguerite ne voit jamais ce qui détruit les petites gens. Tout manque en cette France divisée, lamentable, déjà dominée d'une certaine manière par le roi de Navarre que Margot, pleine de dédain nomme « Le prince du Béarn ».

— Et la Ligue, madame ? murmurent les bourgeois de la ville. Le duc de Guise va-t-il vous donner les secours promis ?

Elle les regarde de haut. Ils ont touché, avec bon sens, la fêlure. La faiblesse de sa situation. Henri de Guise a un maître : le roi d'Espagne. Il a mendié, via l'ambassadeur Mendoza, ses ducos, dont cinquante mille écus pour aider « Marguerite de France », soutien de leur cause. L'avare souverain ibérique, prudent, refusa. Il attendait. À qui gagnera ira son aide. Il abomine les hérétiques, mais il aime le grand pouvoir. Il déteste mélanger les genres. Il méprise la fille des Médicis. Marguerite mélange tout, au bord de perdre ses rares alliés : Agen devenue une ville maltraitée par les abus de ses gens. Ses messages, à Henri de Guise, ont ouvert la guerre contre le mari et le frère.

— J'ai une armée suffisante ! rétorque-t-elle aux bourgeois de la ville. J'ai pour alliés, donc vous aussi, mes seigneurs environnants. Ce sont des catholiques, nous leur devons les deux mille hommes que commande le sire de Lignerac…

Deux mille hommes, en cette ville tranquille, qui suffit seulement à ses besoins… Tout bas ils se souviennent qu'ils *aimaient le roi de Navarre.*

— La cavalerie de monsieur de Lignerac ne cesse de nous piller ! gémissent les bourgeois de la ville. Madame, ce Lignerac, bailli d'Auvergne, n'est que brutalité. Ses soldats entrent dans nos maisons comme chez eux. Nous finissons par manquer de tout.

— C'est un état de guerre ; nous en souffrons tous. J'ai fait appel à tous les mécontents du royaume, qui détestent le prince de Béarn. Beaucoup de catholiques espèrent en la Ligue, et moi en vous. Le pape a excommunié le Béarnais, cela ne vous conforte point ?

Non, ils ne sont point confortés. Au contraire ; le vent tourne en sa défaveur. La soldatesque maltraite les habitants. Trois ruffians de Lignerac ont violé des jeunes filles qui œuvraient aux champs alentours. Agen est horrifiée. Marguerite croit les calmer en faisant justice : elle fait condamner les trois soudards à être décapités.

« Le viol est un crime, dit-elle. Justice est faite ! »

Quelle justice ? La comtesse d'Agen va accumuler les haines de sa bonne ville. Ils avaient veillé à son installation, sa demeure, mi-forteresse, mi-château rue de l'Ave-Maria[1]. Un toit pointu, une entrée solide, point de vrais remparts… Une demeure contre le couvent des capucins et une abbaye de bénédictins. Une demeure qu'elle estime

1. Cet hôtel fortifié fut détruit au XIXe siècle. Son emplacement, de nos jours, se trouve rue des Colonels-Lacuée.

peu sûre pour un état de siège. Une angoisse la saisit jour et nuit et la mène à une décision absurde.

— Je veux renforcer ma protection.

Un cauchemar la réveille sans cesse : on la saisit et on la jette vivante dans une oubliette, en quelque geôle de son frère ou du Béarn. Son angoisse devient démesurée depuis que Matignon, qu'elle pensait son allié, nommé lieutenant général du roi de France, a reçu l'ordre de cerner Agen, mener l'attaque, s'emparer de « la comtesse ».

Lignerac, homme du moment, âpre de pouvoir, haïssant Aubiac qui roucoule près de « la comtesse », prend la tête de la troupe de Marguerite, secondé par monsieur de Duras.

Agen est consternée d'entrer en guerre avec les cités voisines.

— On s'entendait fort bien avec eux, murmurent les bourgeois. Quelle folie est-ce là ? La comtesse a pris les clefs, nous impose ses troupes. Nous risquons nos biens, notre vie. Le Béarnais ne nous a jamais maltraités.

Il est un peu tard pour réagir ainsi. Ils le sentent. Ils ne sont plus en état de supériorité. Les soldats et Lignerac mènent la danse. Les événements ont déchaînés les forces. Agen sera la grande perdante.

Agen, toute en hauteur, difficile à cerner mais fragile, surmenée par ces hommes déchaînés et les excentricités dangereuses de leur « comtesse »... Ils ne savent plus où est leur survie ; le bon choix. Les soldats de la Ligue tournent autour de la ville. Eux aussi sont des soudards. Les blés sont coupés tout verts, la moisson perdue. À Tonneins, Marguerite laisse envahir la cité par une petite troupe. Le Béarnais et ses compagnons ne font qu'une bouchée des trois cents soldats de la reine Margot. Tous tués ! Tonneins est vaincu. Elle veut la guerre, la voilà, la guerre ! Même scénario à Villeneuve. Tous tués. Désastre d'un petit peuple pris aux rets des fureurs royales. La reine mère, atterrée d'une telle affaire, d'une telle fille, écrit à monsieur de Bellièvre.

« Je vois que Dieu m'a laissé *cette créature* pour la punition de mes péchés aux afflictions que tous les jours elle me donne. *C'est mon fléau en ce monde*[1]. »

L'été est brûlant. Les têtes s'échauffent. Pour qui se prend la comtesse d'Agen ? La vraie reine de France et de toute la chrétienté ? On sait que « le petit écuyer » va à son lit, la nuit. Lignerac le toise. Il est entré chez « la comtesse » sans être invité.

---

1. Correspondance de Catherine de Médicis.

— Madame, dit-il, arrogant, l'œil outrageant, il me faut des écus pour payer mes hommes.

Il a saisi sa main, un baiser féroce s'ensuit. Il s'en va, il rit, il bouscule quelques bourgeois apeurés. Aubiac a tiré son épée. Lignerac le désarme d'un bras musclé, fleurant le fer, le sang, la sueur… Il a quelque chose de Bussy d'Amboise. Il a vu la peur de Marguerite. Une peur nouvelle, une sorte de soumission devant sa férocité. Le petit Aubiac semble bien pâle à côté de la violence du sénéchal d'Auvergne. Il hausse les épaules. En temps et en heure, il fera ce qu'il voudra de cette fille-là. Quelque chose en elle est attiré par Lignerac.

— Il me faut fortifier ma maison, crie-t-elle à Aubiac, pâle sous ses taches de son. Ma demeure est peu sûre, on y pénètre n'importe comment. Je veux la transformer en une place forte. Allez chercher les maçons, les notables ! Vite !

Une cordée inquiète de bourgeois et de main d'œuvre est devant elle.

— Madame, avec quelles pierres construire une enceinte si haute ? Nous n'en avons pas.

— Détruisez les maisons en bas, défaites tout un quartier et montez les pierres ! C'est le seul moyen de fortifier « ma » place forte !

— Mais madame…

— C'est un ordre, hurle-t-elle face aux bourgeois épouvantés, désolés, impuissants. Monsieur de Lignerac mènera cette affaire !

Lignerac a un grand éclat de rire, enchanté de diriger le saccage. La soldatesque s'est déjà ruée sur leurs maisons. À grands coups de pioches, et autres, tout est démoli.

— Ordre de la comtesse !

Ils ne comprennent pas. Ils n'ont plus de maisons, plus de souvenirs, rien. Ils vont errer dehors ; dans les champs, mourir. Ils voient monter à dos de mules ce qui a été le sens de leur vie, la paix de leur vie. Un vieil homme est écrasé sous les éboulis. Il refusait de s'en aller. Les enfants pleurent, les femmes gémissent. Un murmure furieux gronde :

— Précipitons la reine de Navarre par-dessus les remparts !

Agen n'est que désordre, dégât. Lignerac s'amuse beaucoup. Aubiac n'est que jalousie d'amour.

— Je vous indemniserai largement ! dit Marguerite aux bourgeois de la ville, hagards, montés plaider leur cause, perdant la tête.

On construit. Une construction absurde. Une ceinture de murs autour de ses murs. Enfermer la peur dans une enceinte fallacieuse.

La haine d'une ville. La haine des puissants, le désir enfiévré de deux hommes dont l'un, Aubiac, est son amant. Lignerac, affirme un pouvoir féodal, meurtrier.

— Madame, répète-t-il, pénétrant aisément la dérisoire enceinte, il faut des écus à mes hommes…

Elle se lève, vaguement humiliée d'avoir à le faire. Il la domine de plus d'une tête.

— Tout se paye, madame. Je ne suis pas exigeant de votre or à ce point. Vous avez de bien belles bagues, ose-t-il, saisissant ses doigts où brillent tant de pierres précieuses. Cela vient de chez les orfèvres du Pont-au-Change ? Quand reverrez-vous Paris, madame ? Ces jolies mains portent de quoi nourrir une compagnie… Quant à moi, je me contenterai de la meilleure part.

Son regard rapide, outrageant, enveloppe le visage, le cou, les lèvres, les seins, le corps de Marguerite.

— Aubiac ! gémit-elle, Aubiac !

— Laissez ce coquelet en bas, madame. Il tente de calmer vos bourgeois déchaînés. La cité n'est plus sûre. Ils vous haïssent. Songez-y, madame, y compris à me rendre… votre dette. Je puis vous être d'un grand secours. La fuite est votre seule issue.

Il éclate de ce rire détestable qui montre des dents de loup, son grand nez, la virilité terrifiante de sa personne.

Dans la ville, le ton monte de tous les côtés. Tout s'échauffe, le sang jaillit. Agen s'épuise et la soif, la faim, la maladie s'en mêlent. Le malheur.

— Il y a la peste au quartier du bas ! gémissent les bourgeois affolés. La peste ! La population est touchée. Les religieux ont ramassé quelques morts tout en bas. Ils sont alignés à la halle au vin.

La peste. L'enfer. Tout malheur en engendre un autre. Henri de Guise abandonne brusquement « Marguerite de France ». Le roi d'Espagne est révulsé par son équipée et sa famille. Henri de Guise, prudent, refroidi par la tournure des choses, conclut que cette guerre en Gascogne est une affaire entre le roi de Navarre et son épouse. Henri de Guise veut la Couronne de France. S'allier à cette égarée est un mauvais choix. Il n'est plus son amant ; s'obstiner à se dire son ami va lui nuire. Il préfère qu'on oublie tout lien avec elle. Marguerite devient un dangereux superflu. Il espère que sa rébellion s'achèvera par sa mort.

Tout le monde commence à tourner le dos à la « comtesse ».

Madame Catherine, lucide, constate les événements.

— Mon fils, nous sommes en situation de faiblesse. Il faut feindre de l'amitié avec la maison de Lorraine. Marguerite étiole ce qui vous reste de pouvoir.

— Laissez-moi, ma mère, je n'ai pas envie d'entendre ces mots.

— La reine d'Angleterre a enfermé Marie Stuart à Tutbury, une de ses plus rudes forteresses, à cause des complots catholiques où trempent les Guises. On parle de la condamner à mort.

— Elle n'osera jamais toucher au sang de sa cousine, une reine qui fut de France. Elle n'osera jamais contrarier le roi de France ! crie-t-il.

— Elle osera, mon fils.

— Elle osera, fait en écho Folle qui parachève la pensée de Madame Catherine. Elle osera, mon bel enfant, car vous n'êtes pas le grand roi François Ier. Elle n'y regardera pas à deux fois contre la reine d'Écosse. L'attitude de Margot achève d'enfoncer la maison des Valois. Elle osera.

C'est la première fois que Catherine ne gronde pas Folle.

— Elle osera, assure-t-elle machinalement, soudain indifférente aux clameurs de son fils, sa cravache levée sur Folle, sur ses chiens, sur le mignon à portée de main, sur lui-même…

— Louise ! hurle-t-il. Louise !

Louise ; il se réfugie sur ses genoux. Elle lui chante une très ancienne berceuse que Nanon avait appris à Charles. Elle caresse ses cheveux. La douleur de son crâne diminue. Il s'apaise. « Louise, ma Louise ».

Le pas alourdi de Madame Catherine. Sa jalousie et son impuissance maternelles. Son souffle trop court. Encore une bronchite. Qu'importe ses maux et les risques, elle ne les a jamais écoutés. Elle rencontrera, intrépide, le roi de Navarre. Négocier, encore, incessant labeur d'alliances, puisqu'une progéniture pareille est un échec.

Comment arrêter Marguerite, ce fléau né de ses entrailles ?

*

Agen ou la révolte. La population ouvre toutes les portes pour laisser entrer le Béarnais et les troupes du roi, ou la Ligue, qu'importe. Ils se rendent ; unique moyen d'obtenir du secours. Leur paix égarée. Restituer à ses ennemis celle qui est aussi devenue leur fléau : Marguerite de Navarre, enfermée derrière ses murs.

— C'est un soulèvement, madame, dit Aubiac. Je vais vous aider, vous sauver ! Retirez-vous au couvent des Jacobins, c'est une place sûre. Je les entends monter ici, certains portent des fourches et le cadavre d'un homme mort de la peste. Ils parlent de brûler les pestiférés dans votre enceinte.

— La peste, Aubiac ? Et Lignerac ?

Septembre est brûlant. Pas de pluie depuis des jours. Marguerite se retire au couvent des Jacobins, avec ses femmes, ses gens les plus proches. Il est midi ; on lui sert de la volaille, du vin, des pêches miraculeusement blondes et juteuses. Elle est affamée, fourbue, effrayée. Sa faim lui donne un élan paysan. Prendre elle-même le pain des mains du panetier, manger avec ses doigts la cuisse, l'aile de la volaille. En demander encore. Boire sans discerner. Boire beaucoup. La carafe de vin heurte son verre. Un vin si rouge. Du sang. Elle a un cri. Une peur nouvelle.

— On a peut-être empoisonné ces mets ! Rupereux, Thorigny, Aubiac, par pitié, goûtez tout cela avant moi !

Rupereux le fait. Thorigny aussi, par bravade et dévouement.

— Il n'y a pas de poison, madame, fait Rupereux. Vinaigre l'échanson a goûté devant nous, c'est lui qui a mené le vin.

Ils ne croient pas au poison glissé ici, à Agen. Ils croient davantage à la prise de la citadelle et à la contagion par la peste. Aubiac goûte tout ce qu'elle avale. Ils boivent dans le même verre force vin. À partir de ce mois de septembre 1585, à Agen, au couvent des Capucins, l'idée fixe d'être empoisonnée poursuivra Marguerite jusqu'à sa mort. Et jusqu'à sa mort, elle fera goûter devant elle la moindre nourriture et boisson.

On lui a servi un gâteau pétri de miel, quand, soudain, une formidable explosion arrrache un cri à tout le monde. Un des hommes de Matignon pénétré dans la pièce voisine, où sont accumulés les tonneaux de poudre, s'est sacrifié en y mettant le feu. Tout a sauté. Cela flambe dans un fracas d'enfer. Elle hurle « Nous sommes morts ! » Aubiac la jette au sol, son corps sur le sien. Une vingtaine de moines ont été tués dans l'explosion. C'est miracle si Marguerite et les siens sont simplement secoués. On est le 25 septembre et il ne reste plus à Marguerite de France, le visage barbouillé de poussière noire, qu'à s'enfuir. Vite. Loin. Tout a sauté… Les portes sont ouvertes. On hurle, dans le plus grand désordre, des menaces contre elle. Ses mercenaires, jamais payés, sont devenus des bandes ralliées au Béarn, à n'importe qui. Lignerac hausse les épaules. Il hésite mais quelque chose l'attire vers cette fille qui a gardé ses bagues et réclame sa présence, une haquenée. Elle est seule dans une ville à demi détruite où les cadavres des pestiférés s'accumulent.

Fuir. Fuir. Matignon, les troupes du roi, le Béarnais sont les grands vainqueurs.

La fuite, l'errance de Marguerite continue. Sa monture, un destrier blanc, affolé, tremble des jarrets. Elle monte en croupe derrière Aubiac. Lignerac a crié :

— À bientôt, madame, j'ouvre votre route, je sais où vous allez.

— Carlat, dit-elle. Un de mes fiefs d'Auvergne. Allons-y !

Elle n'a guère le temps de se soucier de sa maison. Ses filles, certaines en chemises, ses dames pétrifiées. « Nous nous retrouverons, crie-t-elle. » Elle part suivie d'une troupe clairsemée, trois cents hommes, ce qui est peu pour une personne royale. Elle a l'énergie de chevaucher pendant des heures. Elle compte sur la galanterie des vainqueurs pour ne pas molester ses dames et ses serviteurs. Elle a une pensée saugrenue pour sa vaisselle et ses meubles. Est-elle inconsciente à ce point ? La suite des événements lui donne raison :

« Mon époux me fera parvenir mes meubles et ma vaisselle… Ma malle de lit aussi. Ma maison suivra… J'espère qu'ils prendront garde à mes nains. »

C'est une curieuse époque où tout, en effet, est possible. De la férocité au futile attendrissement. De l'atroce sauvagerie à une saugrenue galanterie. Du dévouement le plus fou au meurtre le plus lâche. Dieu, division originelle, par-dessus les nuages, les éclats, et le ciel des lits de la reine Margot. Le lendemain de sa fuite, le 26 septembre, le maréchal de Matignon est entré dans Agen. Galant, il protégea ses effets et ses gens. Marguerite aura, en effet, un mois plus tard, à Carlat, ses meubles, sa vaisselle, son lit, ses nains et ses gens.

Madame Catherine a trouvé normal cet état de choses, comme elle eût trouvé normal qu'on la précipitât des remparts.

Elle a emporté la plus grande partie de ses bijoux. Sur elle et en petits coffres attachés aux chevaux. Lignerac brigue ses bagues, cheminant de son côté. Marguerite est vêtue d'une robe déchirée sur des jupons en dentelles, sans calessons, un manteau sur les épaules, la chevelure défaite, encore emperlée. Une femme de bijoux. L'or dans le sang… Des bagues à chaque doigt et, à sa soubreveste, son col, ses bras, ses manches, le maximum de joaillerie. Les bijoux la consolent de tout. L'or tient chaud et les perles portent bonheur. Marguerite préfère aller nue que sans bijoux. Elle chevauche, accablée de merveilles, l'intérieur de la cuisse droite douloureuse suite au rude frottement de sa jambe contre la selle… Elle se crispe au dos attentif, dévoué, de son petit Aubiac, excellent cavalier, ravi, en un sens de l'avoir – illusion – à lui… Pas la moindre conscience des dégâts meurtriers qu'ils ont causés. Le petit groupe prend à peine le temps de brefs et impérieux arrêts. Boire et faire boire les bêtes, songer à se nourrir, en quelque forteresse de hobereaux catholiques, éparpillés à l'est d'Agen, à l'intérieur de ces terres mal connues. L'existence de Marguerite, pendant ces huit jours de chevauchées forcenée, ressemble à celle d'une bande guerrière, errante, menée par une souveraine romanichelle.

Carlat est loin. Le chemin, affreux, difficile, montueux. La fièvre la fait frissonner. La blessure de sa cuisse saigne.

Sa troupe n'a plus que cent hommes. Deux cents l'ont lâchée en route pour ses ennemis. Lignerac sent approcher l'heure de sa conquête. Il raflera ses bagues ; il raflera son corps. Lignerac est mené aussi par l'orgueil insane, pétri des désirs les plus primaires. Supprimer et supplanter ce petit mâle taché de son dont elle est amoureuse.

Si elle périt en route, il se ralliera au Béarnais, au roi ou aux Guises. Au vainqueur. Il se fait fort de demeurer le sénéchal de l'Auvergne – titre qui le protège –, puisque c'est vers l'Auvergne que mène sa course. On aura besoin de lui, il sera geôlier de cette rebelle, assez folle pour s'imaginer que l'on s'attaque impunément aux mâles.

Qui sont assez fous pour la suivre jusqu'à ils ne savent quelle chambre où gît toujours un lit, son lit, ses draps de taffetas noir, sa peau blanche et nue.

Elle ne sent pas toujours sa blessure car sa colère est grande. La rage lui donne des ailes. Les nouvelles parviennent par quelques déserteurs qui la rejoignent. Sa colère humiliée : ce n'est ni son époux, ni sa famille qui l'ont jetée ainsi sur les chemins, mais une poignée de petits-bourgeois de sa ville. Ils ont ouvert les portes et l'ont détestée, *au lieu de donner leur vie pour leur suzeraine.* Agen, son bien, sa chose. Son frère, honte de plus, profite de cette fuite sans gloire pour amender les Agenais et ranger leur ville de son côté et dans ses possessions. Immense soulagement d'Agen, meurtrie, malade, qui peu à peu reconstruit sa ville...

C'est long, de chevaucher en ces conditions jusqu'à Carlat. Il ne faut pas ôter à Marguerite, en dépit de ses folies, le sens de la réflexion. À sa manière, elle en a. Elle a étudié les trajets, les lieux où elle sait pouvoir échouer. Ses fiefs, liés à son douaire. À Nérac, ses secrétaires dont Ferrand, Érard, l'avaient aidée à établir une carte de la région où sont les demeures qui peuvent l'accueillir. Les noms et les titres des nobles qui les habitent. Les domaines de sa dot. Elle sait où errer, sans rien savoir de ce qui l'attend. Agen était « son fief » le plus proche de Nérac, c'est pour cela qu'elle s'y est enfuie, jusqu'à la catastrophe. Carlat est le but suivant. Le premier arrêt est au château de Bournazel. Cela signifie déjà une trentaine d'heures de cheval, la nuit dehors, la cuisse écorchée. Une situation de bivouac militaire. À Bournazel, grosse bâtisse sans finesse, le châtelain la reçoit bien. Elle peut faire soigner sa blessure. Lignerac s'impose à partir de Bournazel. Il tient désormais à mener son rôle, à dominer. Aubiac veille Marguerite en une chambre vaste, dépourvue de luxe. La meilleure chambre de leur hôte. Une chambre faite pour abriter quelque rude seigneur, non une dame. Qu'importe, elle est à l'abri. La fraîcheur du lieu, le lit d'une dureté et d'une rusticité extrême : pas de draps, une surprenante couverture en peau de loup, pourvoient au repos. Thorigny l'a aidée à se défaire, laver son visage, rafraîchir son corps.

— Voici le rebouteux, madame. Il a été mandé pour vous soigner, dit Aubiac.

Entre un petit homme, sans âge, bossu, portant un bonnet. Des cuisines on va monter ce qu'il demande. Une terrine d'eau, le sel, du vinaigre. Il a lavé la plaie à l'eau vinaigrée, saupoudrée ensuite de gros sel. La chemise troussée haut, elle crie. Ça brûle. Impassible, le rebouteux, toujours en bonnet, a étalé un onguent de sa composition. De l'ortie pilée avec du saindoux. Il bande très fort le tout. Il parle le patois du pays. Il hoche la tête devant la forme et la couleur de la plaie. *La gangrène.* Il ne connaît pas le mot mais il a déjà vu – sur des hommes de guerre, non sur une princesse –, ce genre de blessure tourner d'un vilain mauve. Parfois, aidé du bourreau, il coupe le membre. Un bourreau est une aide excellente en chirurgie. Il a eu l'air soulagé quand elle a crié à la lancée du sel. Les blessures trop avancées ne « réagissent » plus. Aubiac la tient contre lui.

— M'amie, on évite ainsi le cautère par le fer chauffé. M'amie…

Il lui fait boire – il a goûté avant – une coupe de vin chaud avec du poivre et un miel sombre et doux. Le petit homme a dit, toujours sans la regarder, de manger « force gousses d'ail et tripoux saignants ». Il a accepté un écu, et s'en est allé comme on fuit. « C'est un sorcier, paraît-il. Le châtelain a parfois besoin de ses remèdes. »

On a monté dans une terrine le « tripoux » à l'ail qu'adore le Béarnais.

Aubiac et elle, seuls. Ils mangent. Une grosse table et un banc. La même terrine, le même vin. En bas, dehors leur parviennent un rire, un juron, le hennissement d'un cheval. La fièvre et un début de bien-être inhibent Marguerite. Le grand lit sans douceur et sa peau de loup… « Je t'aime », dit-elle à Aubiac. Ils sont un peu ivres. La fatigue, la fièvre, le vin, le tripoux. Le voici, lui aussi, dans un élan sentimental aussi vif que cette peau blessée, là, sous ce bandage qui empeste et aidera les chairs à se refermer… Les baisers, ces baisers… L'amour l'aide à franchir tant d'obstacles.

À l'aube, on prend congé du seigneur de Bournazel et la route, si dure, recommence.

Le 28 septembre, elle est à Entraygues. On s'enfonce dans le Cantal. Sa troupe est désormais renforcée par celle de Lignerac. Il chevauche aux côtés de Marguerite, frôle exprès la monture d'Aubiac. Ils se haïssent.

— Prenons du repos à Entragues, propose-t-elle. Ma blessure l'exige et nous sommes loin de nos ennemis. Il y a, d'après le châtelain de Bournazel, beaucoup de ligueurs dans ce pays.

Aubiac, bon écuyer, tient les brides pour l'aider à franchir les chemins, les guets dangereux. L'eau atteint parfois ses jupons, ses genoux. On va, trempés, et le soleil de septembre sèche ce qu'il peut. Il capte l'éclat des pierreries à ses doigts, sur ses gants. Lignerac a quelquefois un élan farouche vers la bride de sa haquenée. Il repousse Aubiac, qui, plus agile et vigoureux qu'il n'y paraît, s'empare des brides. Le sire de Lignerac recule. Ils tâtonnent vers leur épée. La guerre dans la guerre ; la plus futile et la plus perverse : la jalousie métissée d'avidités diverses. L'arrêt à Entragues. Il faut changer son pansement. La blessure la brûle. La fièvre ne cesse pas.

— Carlat n'est plus loin, madame.

Lignerac, Aubiac ? Elle veut le gîte, le vin, le sommeil, la fin de la peur. À Entragues, le châtelain et sa maison sont émerveillés de recevoir « une fille, sœur et épouse de roi ». Réconfortée, apaisée, Marguerite, le lendemain, demande à assister à un office religieux. Le châtelain la mène à l'abbaye de Montsalvy. L'amour, la lutte, la messe. Rien n'a jamais ébranlé sa foi. La peur s'éloigne ; elle respire un air nouveau, plus frais. Le pays est rude, difficile, âprement beau. Lignerac et sa petite troupe armée, lui sont un sournois réconfort, puisqu'il faut reprendre sa fuite…

Elle croit apaiser Aubiac en délaissant sa monture pour chevaucher en croupe, derrière lui.

— Madame, vous fatiguez la monture, prenez cette haquenée, dit Lignerac. Je vous mènerai aussi sûrement que monsieur d'Aubiac.

Écart violent du cheval d'Aubiac. Son refus de s'arrêter. Sa manière de prendre le galop, elle derrière lui. La jalousie. Le souci de Margot.

— Comment vivre avec ces deux-là à Carlat ?

Mais où est désormais son choix ? Elle dépend de « ces deux-là ». Que faire, seule, en ces routes de plus en plus dures, qui, par moments disparaissent… À Carlat, elle avisera. Il n'y a pas d'autre moyen. Elle va ; elle est dans ce qui se nomme une fuite en avant.

— Carlat.

« Carlat », sorte de Sésame, suscite un lieu de sécurité. Une illusion de repos l'envahit. Le besoin d'un arrêt qui enfin, peut se nommer « chez elle ». Carlat. Qu'elle n'a jamais vu.

— Plus vite, dit-elle.

La fuite de Marguerite éclabousse les chemins, les fleuves, les murs qui vont l'enfermer. À la cour de France et à Nérac, on s'en donne à cœur joie. Ambassadeurs, chroniqueurs, adorateurs, ragoteurs, colporteurs. La légende de la reine Margot se construit. Elle l'ignore et elle s'en moque.

Au Louvre, Henri III pousse des hurlements. Il a brisé une chaise. La reine mère blêmit. Louise a les beaux yeux inquiets du grand amour, obtus, qui pardonne tout. Même le crime.

— Elle a fui avec cet Aubiac, son amant ! Je le ferai pendre devant ses yeux !

— Oui, dit Madame Catherine, qui jamais n'a eu envie de ces choses, faites-le pendre sous ses yeux.

— Tout ce que vous voulez, mon ami, murmure Louise, pourvu que vous vous sentiez en paix.

— Pendouillons Aubiac sous les yeux de sa Margot ! Tralalalalère, chante Folle. Il sera fâché d'être suspendu tel un gueux ! Mon roi joli, tu devrais le faire pendre par les pieds comme un petit cochon qu'il est ! Ah ! Je crois apercevoir monsieur de Guise dans la cour… Qu'il est grand ! Plus grand vivant que mort mais sait-on jamais ?

*

Le 29 septembre, Marguerite atteint Carlat.

Carlat, à l'ouest d'Aurillac – aux confins du Cantal et de l'Aveyron. Carlat, place forte où Marguerite fait son entrée, saluée par les gens du bourg, en bas de la citadelle. Une reine. On n'avait jamais vu une reine à Carlat. Carlat, en haut d'un rocher basaltique. Mules et haquenées y parviendront-elles ? Quelque chose d'énorme, de clos, de féodal, de militaire. Une caserne plus qu'un palais. Une agressivité de tours, de tourelles, un donjon à meurtrières, un chemin de ronde. Partout, la couleur grise et noire. Carlat. Un gros nuage ou un météore tombé du ciel, posé là, si haut. Le paysage aussi est gris et noir ; les maisons, rares et courtaudes, semblables à leurs habitants, champignons accroupis sous la grisaille. Les arbres courts, plutôt des arbustes, une végétation sauvage, sombre. Que peut donc pousser sur un tel caillou dressé ?

— Vous n'avez pas vu Usson dont je suis aussi sénéchal, bougonne Lignerac. Carlat, en comparaison, est Chenonceaux.

Carlat. Le bourg aussi est cerné de murailles. La forteresse reflète des eaux profondes, qui tournent autour de Carlat et sa citadelle. Deux rivières, l'Embenne et la Rastenne, charrient dans la vallée, un flux glacé et violent. Tout est humide dans Carlat, mais ce tourbillon de pierre féroce rassure Marguerite. Un enclos fermé sur elle. La protection. Carlat, un des comtés de la reine Margot. Ainsi le fut Agen, le sont encore Murat, Usson. Six jours de chevauchée. La fatigue. Il lui faut, croit-elle, cette forteresse coupée du monde, même si le sentier qui y mène est épouvantable et a laissé tomber dans le vide deux ou trois chevaux épouvantés… Dans la forteresse, il y a une chapelle, les tours qui font office de cuisine, la basse-cour pour la valetaille et les chevaux. Un long corps de logis. Le donjon, avec quelques salles trop vastes, glacées, où à la hâte on allume du feu. On ajuste un lit. Carlat referme sa porte, ses ponts. Deux cents personnes, quelques soldats sur place. Tout est difficile pour y pénétrer, se ravitailler. Le pain toujours mal cuit, le four marche mal. En bas, parmi les cavaliers de cette équipée, gloussent les volailles et grognent les porcs…

Marguerite connaît le pedigree de ses fiefs, celui de Carlat. Carlat est un vicomté que les rois de France cédaient en douaire à leurs épouses qui les donnent en dot quand elles marient leurs filles. Carlat date de loin. Du XIIe siècle, peut-être. Il échut autrefois à l'épouse du connétable de Bourbon. Sa rébellion contre François Ier le priva de Carlat. Il le donna en douaire au mariage de Catherine de Médicis. Catherine l'avait offert en dot (dont les autres citadelles d'Auvergne), à Marguerite. Elle y touchait, en principe, les droits du bourg Murat, mais les guerres civiles n'ont jamais stabilisé les rentrées.

Carlat a un gouverneur : le sire de Marzé, frère de Lignerac. Ils se détestent. Le titre de « gouverneur » est inférieur à celui de « sénéchal ».

Carlat, depuis des siècles, n'est plus qu'une ruine. Le roi Henri IV fit raser la citadelle. Le complot du maréchal de Biron lui fit craindre ces grosses places féodales, nids pour insurgés. Il en sera de même pour Usson que fit détruire Richelieu, ministre de Louis XIII, hanté par les rébellions des grands seigneurs contre le roi.

La reine Margot a hérité de sa mère un enthousiasme bâtisseur. Un idéal de splendeur où qu'elle se trouve. Avec rien, elle ferait quelque chose de beau. Le luxe : sa vie et sa survie. Elle s'est ruinée pour embellir Nérac, son hôtel à Paris, la voilà tout à la future coquetterie du sinistre endroit… Elle a *oublié* les raisons graves qui l'ont menée ici. En boitillant, elle a fait le tour de son domaine, triste, sans meubles, entre la porcherie et une place militaire. La grande salle du bas lui plaît. La chambre, au donjon, a de belles proportions.

— C'est bien dit-elle, il va falloir *racoustrer*.

Cette frivolité engendre une forme de courage. L'optimisme de Marguerite tournée vers son présent et un avenir fait d'embellies, nie la rude réalité où se joue sa tête. Elle a la force femelle de s'accrocher à des murs, fussent-ils sans toit, et de faire pousser des fleurs sur des murailles…

On va donc *racoustrer*. Mules et ouvriers monteront l'affreux sentier. Raccommoder, réparer, peindre, allumer du feu, meubler… Tout cela sans un écu. Un « douaire » appartient au bon vouloir du souverain quand déchoit le « vassal ». Henri III s'est dépêché de récupérer les revenus seigneuriaux de Carlat. Couper tout vivre à sa sœur honnie, en attendant que ses troupes ne s'en saisissent. Le gentil Aubiac fait partie de son obsession haineuse. Lignerac et son frère, rivaux entre eux, rivaux d'Aubiac, servent les desseins du roi mais entendent profiter de leur état de sénéchal et gouverneur. La Dulcinée est enfermée avec des loups. Mais n'a-t-elle jamais vécu que parmi eux et leur rapacité ? Tel le Quichotte, contre qui veut-elle se battre sinon des moulins à vent ? Le sire de Lignerac, le sournois Marzé, si laid qu'elle a horreur de le croiser, attendent leur heure. Les voilà, dans l'immédiat, au service de « la vicomtesse de Carlat ».

Marguerite – et tout ce monde – va passer un an à Carlat. Quatre saisons, aussi dures les unes que les autres. Le gel, la neige, les pluies, la canicule. Un ciel qui rampe dans la cour aux volailles et aux cochons. Un an à emprunter vivres et écus à tout le monde. Un an où « sa maison » ne recevra nul gage. Ses serviteurs, plus riches qu'elle, se dévouent. Le bourg alentour la nourrit.

Ses meubles, ses affaires, sa suite, arrivèrent fin novembre à Carlat, grâce à monsieur de Matignon. Un trajet si dur. Port-Marie, les coches d'eau. Un trajet pénible pour les dames et les mules surchargées. On se demande comment les gens et les choses ont pu gravir le chemin sinueux et ses éboulis constants. Scellés dans une cage à coussins, malades de peur, les nains crurent cent fois se fracasser. Et ce fut

Carlat, l'accueil chaleureux de Marguerite, l'étonnement effaré de ses dames. Madame de Villeclerc s'interroge, tout le monde s'interroge :

— Pourquoi la reine a-t-elle un ventre aussi gros ?

— Elle est grosse d'Aubiac ! ricane le sire de Lignerac, agacé par cet excès de monde qui diminue l'importance de son rôle. Heureux de son venin, il s'en va en sifflotant, la silhouette aussi dure que les malles en cuir sanglées de fer qui sont arrivées.

Le ventre de la reine Margot à Carlat. Tout le monde en parle à la cour. N'oublions jamais l'étonnant va-et-vient des messagers. Les ambassadeurs s'en font un amusement de l'écrire en Savoie, en Lorraine, en Espagne, partout.

Madame Catherine, curieuse du sort de sa fille à Carlat, lui envoya monsieur de Sarlan son maître d'hôtel, avec une missive. Elle propose à Marguerite de se réfugier à Ibois, un château à elle, à quelques lieues de Carlat. Il est bien équipé en meubles et vivres. Elle y sera mieux logée. Marguerite refuse l'hospitalité de sa mère. Une grande méfiance la raidit. Un refus plein de hauteur où elle nomme, sa mère, « Madame », « Je ne veux pas, écrit-elle retomber en la puissance de ceux qui m'ont voulu ôter le bien, la vie, l'honneur. »

Elle n'est pas à l'aise, à Carlat, cela va sans dire. Elle a peur, elle a froid, elle souffre de sa jambe. Mais se rendre, *à sa mère,* l'épouvante. Les caresses du gentil Aubiac la consolent, la jalousie de Lignerac la fatigue. Le sournois Marzé lui déplaît. Son entourage aggrave la difficulté à les nourrir. Elle déteste manquer de tout, manquer de vin. Les quelques tonneaux qui étaient là ont vite été consommés. Le vin est capital à Marguerite. Le vin la console, la soigne, la réchauffe, l'enivre. Le vin est autant médecine que nécessité nourricière. Elle est doucement alcoolique et ne le sait pas. Elle boit, outre mesure, depuis le second trajet à Nérac, l'arrêt à Jarnac. Le vin lui donne de l'audace. Une insouciance vite écornée. Marguerite boit. La reine boit. Elle boit, tels ses soldats, pour se réchauffer et affronter les attaques. Elle boit pour être moins triste. *Oublier.* Elle s'enivre quand l'amour est à sa couche. « Vite, plus vite, encore ! » Et le vin manquant de manière trop dure, au bout de quelques semaines de forteresse, Marguerite, inconsciente, se tourne vers le roi de Navarre pour la fournir en vin. Il reçoit à Nérac ce message :

> Monsieur mon époux auriez-vous la bonté de me faire livrer cinq cents tonneaux de vin ?
>
> Marguerite

Outré, amusé mais devenu féroce, Henri refuse et écrit ceci à Corisande :

Mont-de-Marsan, 7 décembre 1585

Il est venu un homme de la part de la Dame aux Chameaux, me demander passeport pour passer cinq cents tonneaux de vin sans payer taxe, pour sa bouche ; et ainsi est écrit sur une patente. C'est se déclarer ivrognesse en parchemin. De peur qu'elle ne tombât de si haut que le dos de ses bêtes, je le lui ai refusé. C'est être gargouille à toute outrance ; la reine de Tarvasset n'en fit jamais autant[1].

Point de vin mais une fièvre assez grave pour que Lignerac consente à courir le pays jusqu'à Moulins pour ramener un bon médecin. Il demeura deux mois à Carlat. Il y trouve une femme fort grosse, le ventre rond, les seins énormes. Elle est dans sa chambre, dont l'infaillible Dubois a consolidé son lit sur lequel veille Aubiac, plus épris et rouquin que jamais. Le médecin, indécis, procède selon l'époque : la saigner. Cela l'affaiblit tellement qu'elle veut le faire fouetter. Elle délire, sa plaie à la cuisse est devenue une longue cicatrice. Ce ventre gonflé rend perplexe. Le médecin tâtonne vers une vérité gênante : une grossesse. Elle pleure dans son délire et sa souffrance :

— Je n'ai jamais été grosse, jamais ! Parfois un bouillonnement de sang…

Fait-elle allusion à quelque fausse couche probable ? Le médecin de Moulins hoche la tête. Un ventre si gros… Ses filles, ses dames doutent aussi. Elle a tant couché avec Aubiac, une grossesse n'est pas impossible. Lignerac s'amuse. On verra bien comment s'achèvera cette enflure-là. On se met à murmurer dans le bourg et à la cour sur « la maladie » de Marguerite.

— C'est le fruit du petit Aubiac, disent les voix.

On ne sait pas encore que la dépression, le manque de vitamines, le sevrage trop violent du vin, le manque de mouvements, peuvent entraîner une obésité. L'aérophagie. Le bruit se répandit, consolidé des commérages d'Agrippa en son *Divorce satyrique,* qu'elle accoucha à Carlat d'un garçon sourd et muet. On l'aurait confié à quelque paysan du bourg. On en fit un gardien d'oies.

Il y eut peut-être une fausse couche. Une dépression et une bronchite, le début de l'obésité, c'est certain. Quelle immobilité à Carlat ! Excepté manger, boire quand viendra le vin, que faire ? L'amour, bien sûr, mais il ne laisse de mince que son jeune amant. Il y eut la mésaventure qui

1. In *Henri IV*, Jean-Pierre Babelin, *op. cit.*

aggrava son anxiété. L'intrusion brutale, une nuit, de Lignerac dans sa chambre. Sa violence ; son viol. Comment nommer cette manière d'aller à ce corps, vaste, blanc, aux seins si gros ? Oserait-elle avouer qu'elle attendait cette secousse, cet orage qui la libère d'un étrange effroi ? Pas d'amour, une fringale mutuelle. L'inavouable. Le consentement honteux à mesure de son offense. On est en juillet 1586 et la reine mère, à la fois inquiète et voulant surveiller de près cette fille haïe, a proposé non plus Ibois mais Chenonceaux.

— On dit, clabaude Folle, que Margot est mourante... On dit qu'elle a dressé deux coqs l'un contre l'autre, pour ses beaux yeux. Aubiac et Lignerac. Aubiac serait responsable de son gros ventre. Lignerac est devenu fou de jalousie et d'une grande violence. Il y a un troisième scandale à Carlat... Ton maître d'hôtel, Catherine, en est tout éberlué.

— Quel scandale ? murmure la reine mère, qui sait les choses mais s'inquiète pour son fils qui bouge un pied trop agité.

— C'était pendant sa fièvre. Le médecin de Moulins a fait mander une potion. Le fils de l'apothicaire, un blondinet de seize ans, a monté la potion. Il est entré chez Margot et on ne sait trop comment, elle l'a reçu dans son lit. Lignerac a foncé sur le jeune homme et l'a poignardé sur le corps de Margot. Il y a eu des hurlements de tous les côtés. Aubiac a voulu tuer Lignerac. Marzé aussi. Le blondinet a été remis, mort, tout saignant, à l'apothicaire, au travers d'une mule. Carlat a pris Margot et ses sbires en détestation.

— Moi aussi ! hurle Henri. Je ferai pendre Aubiac par les pieds ! Je vais envoyer là-bas Joyeuse, monsieur de Canillac et son armée. Canillac mènera cette furie dans une cage.

— J'ai meilleure idée, mon fils. Margot, dit-on, est fort malade. Carlat fait son œuvre. Il y fait très humide et elle a refusé ma proposition d'aller à Ibois ou à Chenonceaux. Avec quel orgueil ! Elle n'a plus de vin et fort peu de viandes. Ses deux sires pourraient bien se retourner contre sa vie. Elle a le don de laisser s'entre-tuer qui l'aime. Son décès nous arrangerait. Ma chère Christine épouserait le Béarnais et nous travaillerions la paix avec la Ligue.

— Le meurtre du petit apothicaire a déclenché contre Margot, Catherine et le roi, la morgue de Paris et des ambassadeurs, colporte Folle debout sur son coffre. On ne peut plus tenir Mendoza ni Lucinge, l'ambassadeur de la maison de Savoie... Lucinge a clabaudé que tu meurs de chagrin et de honte, Catherine, d'une fille pareille... Mais d'une affaire aussi éhontée tu peux tirer le divorce de Marguerite d'avec son Béarnais et le marier à ta Christine de Lorraine, quoiqu'il n'y pense nullement.

— Silence, Folle ! Comment s'appelait le petit apothicaire ?

— Silvio et il était bien joli. Margot l'appelait « admirable petite créature ». Elle n'y pense plus. Ses amants finissent toujours mal. La revoilà dans les bras d'Aubiac. Lignerac a eu ce qu'il voulait : ses bagues. Il voulait les bagues de Margot et son gros corps tout blanc. On dit que son derrière grossit comme le tien, Catherine. Lignerac s'est payé en nature et en bijoux. Ce qui est étrange est la mort soudaine de son frère Marzé. On a parlé de poison. Les deux frères se détestaient. On a dit que Lignerac l'a étranglé sur le chemin de ronde. Voilà Lignerac gouverneur de Carlat en plus de son titre de sénéchal.

— Tout cela va prendre fin, grince le roi. Ses bagues sont les miennes et me vont parfaitement. Tout sera réglé. Tout !

— Il est grand temps, mon fils. Ne perdons plus de temps ou la maudite nous fera un scandale de plus. Que faire d'elle si Dieu n'a pas pitié de nous en la rappelant au plus vite ?

— J'ai mon idée, dit le roi avec un mauvais sourire.

Il repousse une longue plume rose attachée à sa toque cernée de diamants.

*

Marguerite se réveille en sursaut. Elle revoit l'enfant poignardé sur elle ; c'était abominable. Elle se souvenait de la Saint-Barthélemy, au Louvre. C'était ainsi ; des enfants poignardés à chaque étage, dans chaque chambre.

L'enfant à demi nu, mort, semblait ébloui par ce corps impensable, interdit, d'une ample beauté de sultane gavée, élagué de longs cheveux noirs : la reine Margot.

Le sang a baigné son lit et elle a hurlé : « Dubois, vite, faites-moi un autre lit ! »

La vieille peur est revenue. La nervosité jalouse d'Aubiac ne la rassure plus. L'ombre de Lignerac qui a foulé son corps tel un sanglier serre sa gorge.

— Fuir, répète-t-elle ; fuir…

La cour ignore le courage de Marguerite : elle a chassé Lignerac. Elle marchait contre lui, le poing tendu. Elle allait, les yeux fous, le verbe haut. Il a eu une vague crainte et surveillait ses poings de femme. Une scène de femme ; il n'avait jamais affronté une femme déchaînée. Il les effrayait toutes. « Elle jette des sorts », murmure-t-on dans le bourg. Lignerac finit par y croire. Cet excès de sang, ce corps-là. Une sorcière, peut-être ? Il est mieux de s'allier les bonnes grâces de la Ligue ou du Béarnais, ou du roi. Il s'en va au galop, haussant les épaules, sûr de son rôle – il reviendra, il a trop d'orgueil – il est riche de ses bagues. L'immense colère de Marguerite. Elle n'a plus, à Carlat, que le capitaine Aubiac, sa « maison » terrifiée, quelques gardes et une minuscule compagnie de cinquante hommes.

La cour ricane, les mignons en tête :

— La voici lotie pour seigneur et maître de son écuyer. Aubiac !

Jehan d'Aubiac, frère d'une dame de Noailles, bon soldat, bel amant. Où tout cela peut-il le mener ?

Lignerac est revenu pour se battre avec lui. Il s'y attendait et prépare son épée. Une lutte mortelle. Une série de duels. Une poursuite dans les étages, dehors, au donjon, à la chapelle, parmi les volailles et les porcs... Les châteaux – la noblesse – environnants, observent. Les Noailles, à Villefranche-sur-Rouergue, sont indignés. Cet Aubiac, ce parent, les couvre de honte. On devrait le précipiter des remparts. Marguerite aussi. Tout est de sa faute. Le pays, lentement, se range aux côtés des forces du roi, de la Ligue ou du Béarnais. Les « scandales » de la reine Margot, cet écuyer encombrant, ce Lignerac, *orlando furioso,* ces querelles, agacent tout le monde.

À Carlat, c'est l'enfer. Les deux amants de Margot s'épient maintenant à coups d'arquebuses. Marguerite craint une nouvelle scène sanglante dans sa chambre. Elle ne sait plus où se réfugier. « Lignerac me tuera aussi. » Fuir est la seule issue, ne serait-ce que pour sauver la vie de Jehan d'Aubiac. À Ibois, peut-être ? Sa mère, qui sait, avait raison. Ibois... Usson... Il lui reste ces rares fiefs sur sa route aussitôt effacée que parcourue...

Le 14 octobre 1586, Marguerite de Valois quitte brusquement Carlat.

Il est midi.

L'errance est une forme de maladie mentale. Marguerite est dans l'errance. Nulle part, nul lieu pour elle. Un seul endroit clos, sans cesse refermé sur sa fausse sécurité : son lit. Un seul titre relevant sa tête gorgée de royauté d'enfance : la reine Margot. La reine. On ne sait plus ce qu'elle tente dans cette nouvelle fuite. Les troupes du roi, menées par Joyeuse et monsieur de Canillac, tournent autour de Carlat. La situation a empiré. Comment affronter les troupes de son frère ? Fuir ; elle est inconsciente de la fatigue de ses femmes, de sa « maison ». Elle possède encore quelques haquenées. Aubiac est son seul havre. Lignerac accompagne un moment sa compagnie de soldats et l'abandonne en chemin. Le chemin, ce sont ces gorges, ce dur pays d'Auvergne, sa sauvage splendeur, ces espaces volcaniques, mal connus, où elle dirige ses pas : Ibois.

Elle va, à peine couverte d'une robe mal attachée, d'un manteau où s'éparpillent un peu d'azur et d'or, des bijoux et plus de bagues, elle va, dans sa splendeur déguenillée. À Ibois. Dans la maison de sa mère, sa mère *qui veut sa mort.*

Des routes dangereuses, des crêtes, des descentes, des roulis de pierres… Rien ne lui est épargné. L'automne, brûlant le jour, gèle ses nuits. Le 15 octobre, Marguerite fait halte à Murat, chez un seigneur auvergnat qui la reçoit bien. Le 16 octobre, la voici au Luguet, dans la demeure de monsieur de La Rochefoucauld, devenu ligueur convaincu. Elle compte sur monsieur de Châteauneuf pour lui ouvrir Ibois. Il se dérobera. Elle a traversé l'Allier, d'une force sournoise, manquant de se noyer. Elle est trempée, lasse, hagarde, sa blessure à la cuisse douloureuse. Les troupes de Canillac et de Joyeuse sont partout. « Trahison » ! crie-t-elle. Elle avait cru les éviter en contournant Issoire, passant par Besse, mais elle comprend l'ampleur du piège une fois prise dans les rets d'Ibois.

Épuisée, malade, Marguerite parcourt la dernière partie du voyage en charrette à bœufs. Elle a suivi la vallée de Céré. C'est ainsi qu'elle arrive en un Ibois désert où personne ne l'attend. Le piège de Catherine et de son frère. Elle ne peut plus reculer, avancer. Elle entend approcher les troupes de son frère. Le marquis de Canillac, Joyeuse plein de morgue, ont suivi sa course, pas à pas. Les chasseurs et le gibier. Le gibier, c'est elle ; le gibier à tuer, c'est Aubiac. On les laisse s'enferrer. Dans la cour d'Ibois, respectueux et impassible, il y a monsieur de Sarlan, le maître d'hôtel et le messager de Catherine. Avant d'admettre la férocité de sa défaite, Marguerite lui dicte, en toute hâte, une missive. Elle exige de dire sa désolation, son dédain, sa fierté :

> Monsieur de Sarlan, puisque la cruauté de mes malheurs et de ceux à qui je ne rendis jamais que services est si grande que, non contents des indignités que depuis tant d'années ils me font pâtir, ils veulent poursuivre ma vie jusqu'à la fin, je désire au moins avant ma mort, avoir ce contentement que la Reine ma mère sache que j'ai eu assez de courage pour ne tomber vive entre les mains de mes ennemis, vous protestant que je n'en manquerai jamais. Assurez-l'en, et les premières nouvelles qu'elle aura de moi sera ma mort. Sous son asseurement et commandement, je m'étais sauvée chez elle, et au lieu de bon traitement que je m'y promettais, je n'y ai trouvé que honteuse ruine. Patience ! Elle m'a mise au

monde, elle m'en veut ôter. Si sais-je bien que je suis entre les mains de Dieu : j'ai ma confiance en lui, et recevrai tout de sa main.

Votre plus fidèle et meilleure amie,

Marguerite[1]

— Madame, dit Monsieur de Sarlan, il n'y a presque pas de vivres ici.

— Portez mon message, fait-elle d'un geste qui congédie.

Elle trébuche de fatigue, peu étonnée de n'avoir pour souper que du pain dur et de la soupe aux fèves. « Un souper de prisonnier », dit-elle.

Dormir ; dormir ; elle sombre, sans mémoire.

Elle va demeurer près d'un mois, prisonnière, dans une angoisse absolue. Son frère mène bien le dosage de sa « punition ». Elle a dit à Aubiac de fuir sans elle, jusqu'à Usson. « Ils vous tueront. Partez, vite. » Elle a coupé sa barbe, tenté de le camoufler sous une cape ou une robe sans couleur. Ils s'embrassent, déchirés, malheureux. La sauver, c'est tenter de se sauver lui-même. C'est la dernière fois qu'ils s'embrassent. Elle ignore le sort que son frère lui a réservé. Il n'a pas eu à galoper longtemps, le gentil Aubiac : une poignée d'hommes du roi n'en font qu'une bouchée. On s'en saisit dans l'Allier et on le mène en prison, dans la petite cité d'Aigueperse. Henri III se promet de le faire supplicier : ainsi commencera la punition de sa sœur. La mort ignominieuse de l'amant de cœur. Champvallon, son « beau cœur », s'il n'avait su fuir à temps, serait mort de la même manière.

Elle tremble pour lui, Marguerite, quand monsieur de Canillac a l'ordre de la saisir et de la mener prisonnière dans la plus dure des citadelles : Usson. Il est entré dans sa chambre. Elle est droite, fière. Elle trouve laid ce petit homme un peu chauve, vieilli. Ses yeux sont beaux, vaguement caressants.

— Monsieur de Canillac, crie-t-elle, cela vous couvre-t-il d'honneur de me mener ainsi ?

— Madame, j'obéis au roi. Il a intercepté vos messages à monsieur de Guise. Il a été obligé de sévir contre votre écuyer que monsieur de Montmorin vient d'arrêter. Le roi m'ordonne de vous mener à Usson.

Henri III a signé les lettres statuant le sort d'Aubiac et celui de sa sœur. La première, envoyée à monsieur de Canillac, dit ceci : Marguerite est obligée d'entendre les mots d'un frère pétri de haine. Monsieur de Canillac a une voix fort douce en lisant ces lettres – ces ordres – qui désespèrent Marguerite.

1. http://fr.wikipedia.org/wiki/Marguerite_de_France_(1553-1615)

Mandez à Canillac qu'il ne bouge que nous n'ayons pourvu bien comme il faut. Cependant écrivez-lui qu'il la mène au château d'Usson. Que de cette heure l'on arrête ses terres et ses pensions, tant pour rembourser le marquis que pour sa garde. Quant à ses femmes et hommes, que le marquis les chasse incontinent et qu'il lui donne quelque honnête demoiselle et femme de chambre, en attendant que ma bonne mère, lui en ordonne de telles qu'elle avisera, [...] je ne la veux appeler dans les lettres patentes que sœur et non chère et bien aimée. La Reine, ma mère, m'enjoint de faire pendre Aubiac, et que ce soit en la présence de cette misérable en la cour du château d'Usson [...]. Mandez que l'on m'envoie toutes ses bagues...

Une lettre destinée à Villeroy suit immédiatement celle-là et le marquis en a copie :

Plus je vais, plus je ressens et reconnais l'ignominie que cette misérable nous fait. [...] Quant à cet Aubiac [...], il serait bon que quelques juges vissent son procès, afin que nous eussions toujours par-devant nous ce qui peut servir à réprimer son audace, car elle sera toujours trop superbe et maligne. Résolvez ce qui s'en doit faire ; car, la mort, nous sommes tous résolus qu'elle s'ensuive. Mandez au marquis qu'il ne bouge jusqu'à ce que je l'aie pourvu de Suisses et d'autres troupes[1].

Jean de Beaufort, marquis de Canillac, n'a guère aimé ce genre de mission. Il lui reste à lui conter le sort d'Aubiac :

— Il est mort, madame.

Elle pousse un cri et dit « Non, non », à mesure qu'il narre la tragédie du gentil amant.

— La roi a voulu qu'on le pende et la reine mère a insisté pour qu'il le soit par les pieds... Elle eût souhaité que cela se fît sous vos yeux, dans la cour, à Ussson.

Elle sanglote, les mains sur les oreilles.

Les juges ont mené, à Aigueperse, un semblant de procès.

— Accusé de comploter contre le roi, a participé à la Ligue, par ordre du roi, le sire Jehan d'Aubiac sera pendu et...

On a dressé un échafaud sur la petite place Saint-Louis. Le bourreau a creusé une tombe sous la potence. Le malheureux Aubiac est attaché par les pieds, tiré haut pire qu'une bête. Il souffrit longtemps sous les huées, la souffrance et la honte. Honte à un gentilhomme de mourir ainsi, par les pieds... Une souffrance atroce : le sang à la tête, la suffocation, l'urine. Le bourreau coupe la corde, le sachant encore vivant. À grands coups de pelle, on enfouit le corps du malheureux amant de la reine Margot.

1. In *Marguerite de Valois*, Janine Garrisson, *op. cit.*, p. 248-249.

Il n'est pas bon d'être amoureux de la fille des Valois.

Lignerac s'est dépêché de restituer les bagues et s'enfuit sans retour. Il disparaît dans les fracas de la huitième guerre civile.

Marguerite pense de bonne foi qu'on va la tuer à Usson.

Elle n'a, à Ibois, que deux femmes du pays pour la servir. La soupe aux fèves et quelques noix pour nourriture. Partout, des gardes. Une cinquantaine de Suisses sont arrivés. Le froid est intense. Celle que l'on peut nommer la prisonnière, celle qui n'est plus rien, sans terres, sans douaires, sans serviteurs, sans parures, est menée en coche fermé à Usson. Le 25 octobre, une courte halte à Saint-Saturnin. Le 13 novembre 1586, apparaît Usson, isolé entre Brioude et Saint-Étienne, dans l'incroyable Forez, digne des futurs contes de Perrault. Un château pour un Ogre ou une Bête attendant de manger la Belle ; ou encore, l'endormir cent ans… Ou la décapiter dans la cour d'Usson.

Joyeuse en a laissé courir le bruit.

Marguerite, privée de tout, de tous, devant ces murailles plus sauvages que ne l'était Carlat, hantée par l'image de l'amant torturé, acculée, pousse un hurlement.

— Je meurs !

Le même cri que celui de Marie Stuart, accusée du complot catholique contre la vie d'Élisabeth, menée la même année, à Fotheringhay, sa dernière citadelle, aussi terrifiante qu'Usson.

— Je meurs ! ont-elles dit.

Et elles l'ont dit en espagnol :

— *Perio* !

Usson va se refermer pendant dix-neuf années sur la reine Margot.

Sixième partie

Les épreuves et les jours

XX

La reine d'Usson

Tous les rois ont les murs de leur cabinet tapissés de cartes, œuvres de leurs cartographes. Henri III et le Béarnais savent exactement, à leur soulagement, où se trouve Usson, où est enfermée Marguerite.

Une formidable enceinte. Un cumul fortifié à trois étages pierreux ; en forme de « bonnet de pape ». Est-ce un château, un monstre volcanique surgi du sol, entre ciel et terre ? On se demande comment on a pu construire et faire tenir cet excès de murailles et ces vingt tours. « Qui peut entrer là-dedans, excepté, dit-on, le soleil ? » Quel soleil, quelle lumière, quand tout est gris, marron, noir, que nulle cheminée ne chauffe jamais assez cette enceinte…

En état dépressif, les yeux secs, l'esprit absent, Marguerite n'a senti qu'une série de secousses tandis qu'on pénétrait ce funèbre enclos. A-t-elle vu les ogives, la zébrure des meurtrières, les tourelles entre les tours, pointes aiguës, sabres menaçants ? Elle entend grincer des poulies, des portes, tout est froid, et se ferme à mesure sur elle. Une vague odeur d'étang pourri. Elle étouffe. On l'enterre vivante.

Usson, exhaussée à sept cents mètres, date d'aussi loin qu'Ibois. Ce n'est pas un hasard si on l'a bâtie sur cette masse volcanique. Nul ne doit accéder là-haut. Forteresse militaire, Usson avait eu ses heures de gloire. Les Anglais s'en étaient emparés au XIVe siècle et le connétable Du Guesclin, par ses ruses et ses escarmouches, l'avait reprise aux hordes d'Angleterre. C'était sous le roi Charles V. Louis XI en fit une prison destinée à enfermer la traîtrise ; affamer l'ennemi.

C'est ainsi qu'Henri III et le Béarnais destinent Usson à Marguerite.

Portes et murailles de ce nid d'aigle, féodal, seul sur ce piton balsatique, se sont refermées longtemps sur elle. La ville la plus proche est le bourg d'Issoire.

Elle grelotte. Elle ne se souvient pas très bien des premiers jours, des premières nuits confondues aux jours. Du noir, du gris, au loin, un paysage identique, zébré çà et là, d'un jaune triste. Elle se recroqueville sur ce lit ajusté à la hâte, qui sent l'humidité, le plâtre mouillé, le bois vermoulu. Elle entend le bruit des verrous. Une chambre ronde, plutôt oblongue, trop vaste, sans meubles. Elle ne se souvient pas qui l'a aidée à se coucher, se couvrir de tout ce qui est possible, allumer du feu. Une âcre odeur de fumée. Ses dames, ses filles d'honneur, quelques ombres autour d'elle. Elle n'avait jamais enduré la dépression à ce point. La dépression, c'est ce vide, ce silence, la souffrance infinie de l'absence de vie, la fin des désirs, sans le repos de la mort. Les poings sur les yeux en larmes ou rougis de ne plus pleurer, les poings sur les lèvres incapables de jeter un cri. L'insomnie. La rude voix des gens d'armes, dehors ; des planches que l'on cloue ; du fer que l'on croise. Est-ce un échafaud pour la décapiter… Elle ne se souvient plus des premiers jours. Ni d'avoir pénétré en premier dans une cour pavée lotie de frustes bâtiments, destinés aux soldats, aux chevaux et aux valets. Une chapelle fermée. Rien. La désolation. Une incessante odeur d'étang pourri.

Pendant dix-neuf ans, elle allait s'éveiller dans cette chambre oblongue, jamais assez tiède, où seul le temps posa un décor, le sien, qui devint peu à peu sa chambre.

Et l'Histoire, va courir, lente ou accélérée, féroce, sans elle – et un jour avec elle – pendant dix-neuf années… Les événements lui parviendront toujours en retard. Usson est si loin ! Elle est là-haut, inaccessible. Non pour l'honorer mais pour qu'on l'oublie et que les murs à goût de salpêtre rongent ses os, son sang, sa vie.

Au Louvre, on ne pense plus à elle. Madame Catherine s'active. Il faut repousser la Ligue. Avec qui s'allier sinon son gendre ? Malade de bronchite, elle se rend en Poitou. Elle nomme « Mon Fils », ce gendre honni, qu'elle devine incontournable dans la succession. Sa fille semble pour elle déjà morte.

Chenonceaux, le 19 octobre 1586

Mon Fils

Fin février… Je m'achemine à la Mothe-Saint-Eloy[1]… que je fusse à Saint-Maixent et vous à Melle, vous feriez beaucoup pour ma santé [en me montrant] une très bonne volonté…

1. Dans les Deux-Sèvres.

Elle tousse, dévorée de fièvre, quand elle arrive à Saint-Maixent. Henry la fait attendre quinze jours avant de daigner, le 13 décembre, la rejoindre, près de Cognac, au château de Saint-Brice. Elle avait osé emmener sa petite-fille Christine de Lorraine… qu'elle propose en mariage au Béarnais !

— Mon fils, l'annulation de votre triste union est possible si vous vous convertissez à notre religion. Voyez la gracieuse fille de feu ma fille Claude. Ne ferait-elle point une bonne et douce épouse, une digne future reine, à vos côtés ? La couronne de France sera un jour la vôtre. Ma petite-fille, voyez ces charmantes boucles et sa modestie délicate, ma petite-fille vous donnera de beaux héritiers et l'alliance de la maison de Lorraine. Je me charge de bien la doter.

Henry regarde Madame Catherine. Il est aimable, souriant et moqueur. Il est pris entre l'admiration d'une telle stratège et un dégoût profond. Catherine n'obtint rien qu'une bronchite aggravée. Le Navarrais mène ses combats. Il souhaite, pour le moment, ne rien négocier avec ces Valois qui lui rappellent leur cauchemar commun : Marguerite. Des bruits courent que Marguerite est morte ou au plus mal. Henry espère qu'une main s'est chargée d'achever la prisonnière. Quant au décès de sa belle-mère, quel soulagement ! Il s'en confie à Corisande.

« Je n'attends que l'heure d'ouïr que l'on aura envoyé étrangler feu la reine de Navarre. Cela, avec la mort de sa mère, me ferait bien chanter le cantique de Siméon. »

Il se moque bien de « la santé de la reine mère ». Qu'elle s'en retourne avec sa petite-fille qui ne l'attire en rien, qu'elle s'en aille avec ses douteux projets, sa bronchite chronique qu'il espère mortelle. Le temps de se concilier le roi et un jour cette épouse maudite, est loin. Il est en guerre. Il conclut ainsi sa missive : « C'est une dangereuse bête qu'une mauvaise femme. »

Février 1587. Les nouvelles qui vont des Guises à Mendoza et de Mendoza au roi d'Espagne font « dresser les cheveux sur la tête », selon Henri de Guise. On dit que Marguerite a été décapitée à Usson ou étranglée. Henri de Guise ne cache pas son indignation. Il devient le pire ennemi du roi et du Béarnais. Un vent mortel souffle sur Usson et sa prisonnière – ni décapitée ni étranglée, mais tellement menacée… La voilà avec une modeste « Maison ». Quatre-vingts personnes, à peine l'entourage d'une baronnie. Trois femmes de chambre, quatre cuisiniers, plus de fruitier, un seul pâtissier, le minimum de chevaux et de cochers, trente dames – les fidèles –, dont mesdames de Béthune et sa fille Thorigny, madame de Châtillon, l'ambitieuse marquise de Canillac… Les nains, peu à peu, mourront à Usson. La terreur d'être empoisonnée s'est aggravée. Thorigny ou sa mère goûtent chaque mets et boisson devant Marguerite. La peur est contagieuse. Elles blêmissent à chaque bouchée, chaque gorgée. L'égoïsme de Marguerite n'entend jamais le dilemme de ceux qui la servent. Sa peur est à son comble quand parvient, plusieurs semaines après, la nouvelle de la mort de Marie Stuart. Élisabeth a signé, non sans hésitations, l'acte d'exécution de la reine d'Écosse. Le 8 février 1587, à dix heures du matin, Marie Stuart est décapitée de trois coups de hache, dans la citadelle de Fotheringhay. Elle a, jusqu'à la fin, à genoux devant le billot, maintenu sa foi catholique.

— La reine d'Angleterre a osé ! s'écrie Henri III.

Les Guises, l'Espagne, le pape, sont consternés. Marie Stuart est devenue un symbole, martyre de la religion vraie.

Le roi fait tendre Notre-Dame de velours noir semé de larmes argent. Une messe et une oraison funèbre ont lieu devant la cour en deuil. Élisabeth, la reine hérétique, a osé. Pourquoi ne ferait-on pas subir le même sort à la prisonnière d'Usson, qui encombre tout le monde… La mort, partout la mort. Les représailles contre les « hérétiques » connaissent un furieux regain.

Le 5 mars 1587, le prince de Condé meurt empoisonné à Saint-Jean-d'Angély. Le 10 mars, Matignon et Joyeuse attaquent le Béarnais sans succès à Nérac « jusqu'à l'orée de ma vigne », écrit-il à Corisande.

Catherine écrit à sa fille. Une lettre réticente, s'inquiétant « de sa santé ». Elle a proposé à son fils de l'enfermer en Touraine, pourquoi pas Chenonceaux, le château destiné aux veuves ? « Elle serait mieux surveillée. » Le Limousin et l'Auvergne regorgent de ligueurs. Marguerite ne manquera pas de devenir leur égérie : la reine mère veut éviter à tout prix ce mouvement qui affaiblirait davantage son faible fils.

— Non, dit le roi, qu'elle crève à Usson.

La réponse de Marguerite à « Madame ma mère », est singulière. Un mélange de supplication, de provocation. Le malheur dans le malheur. Une forme de testament. Si elle vient à mourir, elle prie qu'on la lave des indignités par l'autopsie de sa dépouille. Les médecins prouveront ainsi qu'elle n'a jamais été grosse. Tout a été calomnie. Quelle autopsie, à cette époque, eût prouvé la trace ou non-trace de quelque grossesse ? La prisonnière se ment à elle-même. Elle nie même avoir eu des amants. La prison commence à faire son travail d'isolement, de semi-folie, de coupure avec le monde. Et les heures de couler, lentes, confondues, à mesure, avec les années… Marguerite manque cruellement de tout, même de vivres. La soupe aux fèves, les noix, le pain noir, quelque oison ou gibier pris au collet. Une nourriture de soldat. Le vin, heureusement, il y a le vin. Même s'il contient un arrière-goût de vinaigre.

Henry guerroie avec rage.

Il écrase les troupes du roi menées par Joyeuse. Et Joyeuse, le minet bien-aimé, de périr d'un coup d'épée… Henry, génie militaire, n'a que sa petite troupe pour gagner, ainsi, au fil de l'épée, « sa » couronne. Il n'a pas d'argent, rien, sa garde-robe est sa tenue militaire, ses chausses rapiécées, couleur feuille morte. Les Guises et ses ennemis le méprisent parce qu'il est pauvre. Quoi, *un roi,* ce petit homme sans allure, hirsute, puant, aux bottes usées, dont la barbe en pointe semble rejoindre le nez important et croche des Bourbons ? Cet hérétique est hélas l'héritier direct des Valois sans progéniture. Les Guises et l'Espagne le haïssent. Paris s'est entiché des Guises. Ils descendent de Charlemagne, à eux de devenir roi… à la place de ce minable Bourbon.

C'est sans compter sur ceux qui l'aiment et espèrent en lui. On admire sa vaillance victorieuse à tous les combats. Son épée aussi acérée que ses ruses. Il repousse et détruit un nouvel assaut de l'armée royale. À Vimory et d'Auneau. Tout à la guerre, son petit royaume trop proche de la redoutable Espagne, il a devant lui cette France où la Ligue s'est éparpillée, mais déjà, des soldats ligueurs rejoignent son armée. Le Béarnais a un don parmi ses atouts bien à lui : le charisme. Il sait s'attirer les humbles, réduire l'arrogance royale et guisarde à mesure de ses succès. Il a presque oublié son écharde, Marguerite… qui, par nature et énergie naturelle, se ressaisit. Quoi, déjà deux ans ici ? Elle émerge de sa « stupeur » où elle avait égaré la notion du temps.

*

Elle se regarde au tain d'un miroir. On a posé dans sa chambre, cette antre qui peu à peu s'éclairera de quelques saveurs, un coffre, puis quelques autres. Elle retrouve une partie de ses bijoux.

— Madame, s'exclame Gilone de Béthune, on vous a pris vos bagues, mais il vous en reste, dont vos perles, des broches, des parures de cheveux, des bracelets… Monsieur de Canillac, gouverneur de la citadelle, aidé de monsieur de Matignon, y ont veillé.

Elle n'a jamais su comment le coffre – dont celui du linge fin et des robes – lui étaient parvenus. L'incohérence de sa situation, des événements, ont créé le pire avec, sans plus de raison, ce rayon de soleil dans l'obscurité de sa position. Un coffre contient ses perruques, les poudres, des fards, du parfum. Il y a des moments où la futilité sauve la vie.

— Arrangez ma perruque et poudrez-la en rose ; mes joues aussi. Quel temps fait-il ? Avez-vous des nouvelles du Louvre ?

Au Louvre. Le 9 mai 1587. Un printemps où l'églantier fleurit au cimetière des Saints-Innocents.

Henri III et sa mère dans l'appartement du roi. Folle, âgée, perclusе de rhumatismes, trop grosse et si courte, bronchiteuse telle sa maîtresse qu'elle ne quitte jamais. Elle est juchée sur la banquette de la fenêtre. Louise est près de son époux. Elle a, depuis des années, passé tant de matinées à distribuer du pain aux pauvres, à laver les pieds des malades, aider à les ensevelir à l'Hôtel-Dieu… Elle ne sort plus en ce Paris trop effervescent.

— Quel souci, mon fils, cette entrée fracassante à Paris d'Henri de Guise !

— Je lui avais interdit l'accès en ma capitale, grince Henri, scintillant de soieries diverses, les mains sous la dentelle, chargées des bagues de sa sœur.

— Un triomphe ! zozote Folle qui a perdu ses dents. Une entrée plus attendue par les Parisiens que celle du roi de France ! On l'acclame ! On l'adore ! On le veut pour souverain ! Que vas-tu faire, mon pauvre enfant ?

Henri, irrité, fait vers elle le geste de tuer une mouche. Catherine est sombre, le teint jaune, le souffle court.

— Mon fils, Paris est exsangue, épuisé par l'épidémie de peste et la famine. Dans les campagnes, des errants dévorent le blé encore vert et la terre avec.

— L'espoir des Parisiens se tourne vers ce méchant Guise, plus grand encore que feu l'amiral. On le voit en vêtements noirs ou blancs, c'est selon ! Ils espèrent en l'ancien amant de ta sœur, la dame d'Usson, psalmodie Folle d'un ton de pythie. On va jusqu'à lui présenter des enfants à bénir quand il sort de son hôtel avec son frère, le gras cardinal…

— Mon fils, j'ai su qu'il sort le visage caché sous un chapeau. Il craint quelque mauvais coup du côté du Louvre. Sa sœur, la duchesse de Montpensier, est la véritable tête de la Ligue. Elle excite son frère contre vous, le pousse à la révolte de Paris en sa faveur. Les Guises veulent vous renverser et votre couronne.

— Je le tuerai, je les tuerai ! hurle le roi.

Il se reprend à gémir, torturé par une violente crise d'hémorroïdes. Sa syphilis progresse au rythme de sa phtisie. C'est un grand malade, tels les défunts fils de Catherine. On lui a fourni une lotion à base de vigne rouge et de sureau pilé. À boire et à appliquer sur la région douloureuse. Le matin, il va péniblement à sa chaise percée. Un petit valet le torche et l'apothicaire applique l'onguent. Il gémit surtout de la perte progressive, vertigineuse, de son pouvoir. Il en serait, suggestion de monsieur de Bellièvre, à demander l'aide du Béarnais...

— Cette Ligue, tente de l'encourager Louise, n'est, après tout, qu'une bande dispersée, au service des Guises. Ils ne sont que les valets du roi d'Espagne. Ils payent chaque mois des sommes folles à Philippe II pour en obtenir quelques mercenaires.

— Ah ! crie Folle, le nez contre la vitre, monsieur de Guise est dans la cour ! Il approche ! Il entre ! Il est entré !

— Mon fils, murmure-t-elle vous devriez faire appel à la garde corse de monsieur d'Ornano...

Il repousse sa mère d'un geste impatient.

— Faites entrer mon cousin de Guise ! dit-il.

D'un geste, il s'est assuré parmi sa fidèle garde assassine, « Les Quarante-cinq ». Ils sont dissimulés derrière la tapisserie, poignards, épées, mains d'étrangleurs, prêts à bondir. Henri de Guise est devant lui, si grand, sa balafre lui tire sans cesse une larme d'un œil.

— Que faites-vous là, monsieur de Guise ?

— Sire, je viens me réconcilier avec vous, vous prier d'entendre que les temps ont changé. Paris a envie de compter avec la Ligue... et moi.

— Jamais ! hurle Henri.

Henri hausse les épaules, sûr de sa popularité. Sûr que ses « armées » tiennent le Louvre, n'importe quel endroit où il croit pouvoir se réfugier.

— Dommage, sire, nous pourrions agir au mieux.

Henri le laisse aller. Il n'est pas en position d'assurer un crime trop hâtif. Il a une autre idée pour s'en défaire.

Le 12 mai, Paris est devenu un chaudron de sorcières.

— Qu'allez-vous faire, mon fils ? murmure Catherine. Les Parisiens montent des barricades.

— Ma mère, je domine, croyez ce dur effort, ma haine et ma consternation. Me voici désormais dans une France divisée en trois guerres civiles. Les huguenots avec leur chef, Henry, la Ligue avec ces Guises haïs, et le mince parti royaliste. Surtout, ne me dites pas que vous l'aviez pressenti !

Il va et vient, il grimace de douleur. Il prend soudain une décision.

— Appelez mes Suisses et ma garde rapprochée. C'est mieux que vos Corses de monsieur d'Ornano, qui se contenteraient d'un carnage fatal pour moi. Nous risquons une ruée au Louvre. Je vais aller moi-même à la tête de mon armée aux portes de Paris. Je suis le roi ! J'agis en roi ! En roi !

— Vive le roi ! zozote Folle.

Il est saisi d'un délire confondu à une action guerrière. Le voilà à cheval, tout empanaché, Suisses et garde française en tête avec leurs fifres et tambours, les arquebuses menaçantes. Henri et son équipage se rendent à la porte Saint-Honoré ; et de là, vers le cimetière des Saints-Innocents et l'île de la Cité. Qu'on le voie ! Qu'on croie en lui ! Il sait bien que, comme toujours, seule compte la riche apparence, fût-ce le fallacieux scintillement d'un feu follet.

— Le roi ! Je suis votre roi ! J'ordonne de décapiter tous les chefs ligueurs !

Les Parisiens, versatiles, devant ce déploiement, ce raffut militaire, le caparaçon rutilant de son cheval, l'acclament. Où est passé leur Guise ? Oui, c'est bien leur roi, celui qu'ils surnomment « Frère Henri » depuis ses excès de dévotion. Il porte parfois l'habit religieux, jeûne, entend six messes par jour, se traîne à genoux, a fait venir des moines flagellants du Midi… La ville, lasse, excitée, effrayée, oscille et crie mille contradictions.

— La Saint-Barthélemy recommence, mais contre les catholiques. On va tuer les Guises, toute la Ligue et le peuple de Paris aussi !

— Les ordres viennent du roi de Navarre.

— C'est Margot la putain qui manœuvre l'Espagne et nos ennemis !

— C'est la faute des moines et des jésuites !

— C'est la reine mère qui boit le sang des nouveau-nés pour réussir ses tours de sorcière ! Mort aux Valois ! Sus au Louvre !

La panique s'installe, le tocsin sonne. On a pendu place de Grève l'effigie du roi découpée dans du carton.

La peur tourne les têtes pis que girouettes. La peur entraîne le peuple de Paris à une autodéfense qui se pratiquera dans les siècles à venir : les barricades. Les gens bouchent les rues, les ruelles, les voies, avec du fumier, de la paille, des planches, des ordures et même des meubles. Ce 12 mai 1588 devient la journée des

Barricades. Guise, le Béarnais ou « Frère Henri » ? On ne sait plus, on se sent en danger de mort. La faim, la maladie, une profonde horreur des Valois, peu à peu, s'incruste. Paris, ce 12 mai 1588, marque la fin des Valois. Madame Catherine le devine. « Fuir, dit-elle. »

Les troupes du roi sont empêtrées par la foule, les alliés des Guises, les gueux, les escholiers, les commerçants, les moines. Un tohu-bohu infernal.

La duchesse de Montpensier, dans l'hôtel des Guises :

— Qu'attendez-vous, mon frère, pour vous emparer de la Couronne ? C'est le moment ou jamais ! Montrez-vous !

Elle n'a pas tort. L'échec d'Henri de Guise est qu'il n'osa pas. Sa timide apparition, vêtu de blanc, sur une barricade, avait tiré des Parisiens une ovation. Il se retira. Il n'osa pas trancher la vie d'un roi, fût-il ce misérable. Catherine fut soulagée. Là se marque aussi sa perte. La sauvegarde de son fils et des lambeaux royaux sont dans la fuite. Chartres puis Blois où il réunirait les états généraux, même si ce n'est plus qu'une assemblée apeurée, hagarde. Elle respire quand elle entend dans la cour pavée le cheval de son fils et ses gens. Louise aussi.

— Fuyons, mon époux, je vous en supplie ! dit Louise.

Henri écoute Louise plus que sa mère. La fuite a lieu, avec Catherine, Louise, une fuite honteuse, à la manière dont certains rois de France le firent souvent au cours de leur histoire à venir. Elle a lieu le soir même, par une porte dérobée du jardin des Tuileries. Un équipage réduit, comme seule armée les Quarante-cinq. Dames et seigneurs suivent, en désordre, à leur rythme, divisés, et vite, le plus vite possible, on gagna Chartres, ensuite Blois.

— Paris, ville maudite, cria le roi, dès mon retour je te saignerai, sale bête trop grasse !

À Paris, on pendait de plus en plus d'effigies de « Frère Henri » que l'on souillait de crachats, de cris obscènes et sous lesquelles flambaient des feux de joie.

— Rejoignez Blois, mon frère, s'écrie la duchesse de Montpensier. Vous voilà en position de force. Notre frère le cardinal vous accompagnera. Notre armée déjà entoure Blois. Le roi est votre otage, en résidence surveillée.

— Nous irons, disent les Guises. Mais diantre ! Le peuple de Paris est plus échauffé que des taureaux dans une arène !

— Ils vous réclament ! s'emporte la duchesse.

Ils sont persuadés que la Couronne passera désormais à la Maison de Lorraine. Elle ceindra le front altier du Balafré, premier amour de la reine Margot.

— Je découperai moi-même aux ciseaux une couronne en carton à l'ex-roi de France, s'exclame la Montpensier, aussi grande que ses frères, d'une hargne virile et prête à égorger quiconque barrerait leur chemin.

Elle s'enchante d'un jeu de mot qui court Paris, venu d'une bouche gasconne. Une anagramme de « Henri de Valois » : *Vilain Hérode.*

À Chartres, le secrétaire du roi, monsieur de Villeroy, du parti des Politiques, réfléchit. Il est de l'avis de monsieur de Bellièvre. L'alliance avec le Béarnais, victorieux dans le Sud-Ouest, est l'unique issue pour sauver la Monarchie. Il se hâte de lui écrire à La Rochelle, haut fief protestant.

> Sire,
>
> Depuis ces derniers malheurs advenus en ce Royaume… j'estime qu'après Dieu, le salut de cet État dépend d'une bonne intelligence entre le Roi et vous…

Le roi n'en est pas là : à Blois, sa haine des Guises augmente d'heure en heure. Madame Catherine respire avec difficulté, reprise de fièvre, impuissante, souvent alitée. Folle somnole près d'elle, prise du même mal. Elles logent au premier étage. Le second étage est réservé aux Guises qui ont osé annoncer leur venue. Au-dessus, Henri et Louise. Catherine guette tous les bruits. Le médecin, armé de sa lancette et de son bassinet, se fait rassurant.

— La reine mère a une très grande fièvre de rhume mais on ne meurt pas d'une fièvre de rhume… Toutefois…

— Oui ? demande le roi.

— Le grand âge de la reine mère, soixante-deux ans, cette bronchite incessante, ses maux de tête… L'aggravation serait fatale.

Le fils est dans la chambre de sa mère. Le médecin murmure près de la fenêtre. L'œil bordé de rouge, grelottant, Catherine fait l'effort de s'asseoir. Folle, à ses pieds, suit le déclin de sa reine adorée.

— Là où s'en ira Catherine, j'irai, dit-elle, allongée dans une niche à baldaquin. Le monneton n'est plus là pour me donner les sacrements.

— Folle, halète Catherine, cessez de me fatiguer. Je suis loin de Saint-Germain, donc d'en finir. Mes mages m'ont prédit que je mourrai près de Saint-Germain. Donnez-moi un peu de bouillon. Mon fils, laissez-moi assister aux états généraux.

Elle sait la hantise vindicative de son fils contre les Guises. Elle n'y pourra rien. Elle n'est plus rien. L'amour des mères n'est rien.

*

Marguerite reçoit ces nouvelles avec un grand décalage. Un vague sourire la revigore. Si les Guises ont le pouvoir, la liberté se rapproche ! L'Auvergne est sillonnée de bandes ligueuses. Elle en aperçoit du chemin de ronde. Les châteaux environnants, Issoire, sont ultracatholiques. Le vent, celui qui fait mugir les girouettes, rabroue la suie et la fumée jusque dans les cheminées si noires, le vent va-t-il enfin tourner du côté de sa chance ? Elle a trente-quatre ans et sent en elle des forces sourdes.

— Madame, dit une voix, votre frère a réuni les états généraux à Blois. Il serait question de signer un pacte avec les Guises. Il a fait grand effort pour recevoir et sourire à monsieur de Guise et à son frère, le cardinal. La reine mère est fort souffrante.

— Mon frère se vengera. Je le connais. Les Guises ne lâcheront pas leur but. Ils haïssent celui qui m'a servi d'époux. Eux aussi, je les connais. Ma mère a survécu à plus d'une crise. Gilone, lacez plus fort ma taille, j'ai forci. Lavez-moi les cheveux au son. Rien de tel pour les fortifier.

Elle a grossi. La graisse a pris d'assaut sournois ce corps qui fut beau mais désastreusement lié à l'hérédité maternelle. Par cercles concentriques, à mesure des mois, des années, la graisse s'accumule au-dessus des genoux. Elle envahit les cuisses, les hanches, double d'un râble de jument la fesse à fossettes... La taille est à peine marquée, lacée à l'extrême, épaisse, sur les hanches encore élargies par le vertugadin. Trente pièces de vêtements sont accumulées chaque jour, comme d'habitude. Margot, fidèle à la mode de sa jeunesse, aggrave son ampleur. Les manches si larges ne dissimulent rien du bras, si blanc, en parti épargné. Les cercles concentriques s'arrêtent aux coudes, laissent intactes les épaules si belles et les avant-bras ravissants. La main demeure fine avec ses bagues. Le pied est charmant mais la cheville gonflée. Le ventre donne l'illusion que la reine de Navarre est *toujours* grosse de plusieurs mois.

— Diablesse déchaînée ! bougonne Henry de Navarre quand on lui porte ces nouvelles d'Usson... et de ce ventre extraordinaire.

— Sire, elle couche avec Canillac !

— Bah ! Elle coucherait avec un bâton de chaise. Vous jetterez son bâtard au fumier, si cela est... Elle ne vivra guère, cela est certain.

Le visage de Marguerite perd de plus en plus de son ovale. Les joues se font bajoues, le menton, posé sur la collerette, ressemble à celui d'un chanoine. Cela n'empêche pas le cristal du rire, une agilité d'obèse. L'oreille est jolie, porteuse de pendentifs. Les yeux, ou les sourcils appauvris, trop en biseaux, sertis de poches, sont toujours dorés. La bouche a quelque chose de tuméfié et la lèvre du haut trop mince, striée. La chevelure est encore noire. Elle commence à la perdre. Deux dents sont tombées. Les autres noircissent. Sa poitrine provoque toujours chez les mâles un étrange émoi. Elle la dévoile au maximum. Deux mamelles qui étourdissent de vague volupté. Deux mamelles qui embaument l'ambre et le musc. Il lui arrive d'être décolletée jusqu'à la pointe mauve des seins. Marguerite de Valois a pour elle, depuis toujours, un mystérieux allié, aussi incompréhensible que son contraire : *le sex-appeal et la chance*. Les autres meurent à sa place, la chance la relève, embellit les moindres chambres où elle a gîté. La chance l'aime et le dieu Amour s'en mêle, puisqu'il ne peut concevoir Vénus sans la chair et qu'accablée de chair, lors des années, Marguerite n'en a attiré pas moins d'hommes qu'autrefois... À mesure du temps, des hommes de plus en plus jeunes.

Le marquis de Canillac, gouverneur de la citadelle, son « geôlier » ou « le concierge », dira Marguerite, selon son humeur, vient la voir quotidiennement. La marquise de Canillac – Dieu ! pense Margot, comme elle ressemble à sa mère, ma chère Curton ! toute en coups de serpe –, est devenue une favorite. Marguerite n'a jamais pris soin, au contraire, de la jalousie qui déchirent dames et servantes entre elles. À Usson, elle s'en fait davantage des amies. Aucune reine n'accepte qu'une dame soit assise pendant son service chez elle. Les jambes lourdes, la tête bourdonnante, il leur faut demeurer debout pendant des heures, faire la lecture, distraire la reine, répondre à sa conversation. La fatigue, la terrible fatigue de ces femmes pas mieux traitées que les valets surmenés... Marguerite, dès Nérac, avait amélioré leur sort, donc le sien. Elle a fait ajouter des tabourets dans la chambre où elle les reçoit. Elles sont, d'une certaine manière, toutes des prisonnières.

Et que fait-on, enfermées à Usson, pendant des années ?

On s'occupe à de petits riens. Il y a, de l'office à la cour en bas, aux gens d'armes et à la chambre de Marguerite, les haines petites qui dévorent les gens longtemps enfermés ensemble. Les ragots. Les nouvelles vraies ou fausses. On se plaint les uns des autres. On parle de nourriture. On a tué un cerf. Une matrone du pays à visage de truie le découpe au hachoir, sur la grosse table, en bas. On en grillera une partie. On entend un juron, un hennissement. Les lavandières, à grands coups de perche, tournent dans le gros baquet les draps et les jupons salis du sang du mois, que l'on a poudrés de cendres. Que mangera-t-on au carême ? A-t-on du vin en suffisance ? On le demande au sommelier. Nulle femme ne descend à la cave des vins. Les menstrues risquent de modifier le vin en vinaigre. Les quatre aumôniers s'observent à la dérobée. La chapelle et les offices sont une distraction. On songe à faire venir des choristes. On manque de musique. On joue aux dés, aux osselets, aux échecs. Les dames penchent un front têtu sur leurs ouvrages. C'est le rabâchement du corps. Le ressassement de l'esprit. Ou son contraire. On ne sait plus. La suie est refoulée à grandes goulées noires contre la grille de la cheminée.

— Lisez-moi *Le Lai du chèvrefeuille,* demande Marguerite.

Madame de Canillac lit.

— Vous avez tout pour devenir une dame à la cour de France, la flatte Marguerite, au grand dépit de ses fidèles.

Les dames laissent errer leurs mains sur un ouvrage de dentelle. À bout d'ennui, Marguerite se retire pour lire Plutarque, Homère. Elle écrit des lettres et tâtonne vers la plume, l'encre. À bout d'ennui, il lui reste la brève convulsion de la chair, avec n'importe qui, puisque cette convulsion lui donne la bienfaisante et si brève amnésie… Avec qui coucher, dans cet horrible Usson ? Le marquis de Canillac se trouve vieux et laid devant cette opulente fille des Valois, blanche, grasse à souhait. Il ne tarde pas à en être épris à l'amère satisfaction de Brantôme pour qui son Étoile, même énorme, est le plus bel « astre du monde ». N'importe quel météore se doit de tourner autour d'une « telle splendeur ».

« Le pauvre homme ! écrit Brantôme de Canillac… Vouloir tenir prisonnière, sujette et captive en sa prison celle qui de ses yeux et de son beau visage peut assujettir en ses liens et chaînes tout le reste du monde comme un forçat ! Le voilà donc, ce marquis, ravi, épris de cette beauté… »

Brantôme est dans son doux délire, Canillac a le sournois désir des grosses femmes. Une reine, de surcroît ! Le désir de la reine Margot. S'enfouir dans cette chair à mille plis voluptueux, s'enfoncer en ces sillons, se laisser entraver entre les cuisses pythonesques, mourir de plaisir bref et violent dans ce lac, enfin, entre ces monstruosités, où chaque pli est aussi une bouche, un appeau d'extase. La chair ; cette gelée sucrée, abondante, cette conque déverseuse de lait et de miel. La chair de Marguerite, qui eût inspiré Rubens pour qui la Femme, sa

Beauté, n'existe pas sans les fécondes abondances de la chair... La chair rose et blanche, sa nacre au plus intime de cet assaut d'une savoureuse citadelle, les forces mêlées, parmi les algues de la sombre chevelure... Marguerite, montagne-astre, accessible et inaccessible, grenier d'abondance. L'amant englouti, perdu en cette foudre d'où il émerge, hagard, gémissant, sur elle, sous elle. Rassuré d'être englouti.

Le bonheur fou de Jonas enfin disparu dans la baleine.

À chaque étreinte au lit de Margot L'Opulente, Canillac émerge, affaibli, enivré. Il s'étonne et s'offusque vaguement de ce rire qui est celui d'une très jeune femme.

— Ah, Canillac, mon ami, que cela est aimable d'aimer la pauvre prisonnière !

Marguerite se console et réajuste ses forces toujours de la même manière. Et le marquis de se démener pour améliorer la nourriture, la qualité du vin, les confiseries. Elle mange, elle boit, entre les cinq repas, force collations de massepains et confitures. On la trouve souvent au lit où elle aime à recevoir. On ferme la porte quand le marquis la rejoint. Elle engraisse encore. Le marquis, un peu bête, ligueur dans l'âme et par calcul, poussé par l'ambitieuse épouse, a vu le parti à tirer de la prisonnière. Les Guises y tiennent. Le roi de France, leur prisonnier, est haï de Paris. Il y a des chances que s'allier à la reine Margot soit devenu une opportunité. Marguerite, point dupe, ce pion entre les uns et les autres, entend exploiter le marquis et tout le monde. Ne point périr, survivre et qui sait, régner auprès de son premier amour, Henri de Guise ?

— Mon ami, minaude-t-elle à Canillac, je manque de tout. Si vous m'aimez un peu, ce que je crois, faites mander par mon portier de Paris mes meubles, ma vaisselle. Je suis lasse de... cette caserne. Lysande s'ennuie depuis la mort de Sacripan. Lyette aussi. Si vous pouviez me trouver une paire de nains mâles...

Marguerite sourit à ce couple un peu faux dont elle domine les sens du mari. Elle utilise l'irréflexion de leur ambition. Assise, eux debout, elle l'air d'une reine de théâtre, fortement grimée, vêtue de noir. Un riche tissu pour la démarquer des autres. Elle leur parle d'un ton un peu perché.

— Monsieur de Canillac, je vous fais don, pour vous dédouaner de tant de peines, de mon hôtel de Navarre, à Paris. J'ai écrit à mon frère et au Trésorier. C'est un bien propre même si le roi a mis mes biens sous séquestre. Mon frère souhaite que je sois bien gardée, sans rien payer et privée de tout ? Vous n'aurez aucun mal à avoir mon hôtel.

Paris n'est que révolte contre lui et, lui, confiné à Blois, manque de moyens.

L'hôtel de Navarre ! La vanité des Canillac est satisfaite. Leur mariage de raison tourne bien. La couche de la reine Margot leur est avantage… Bien davantage à Marguerite, qui, au fil des mois recevra ses meubles, sa vaisselle, des chandeliers, des tapis, des tissus, enfin tout ce qu'elle a l'habitude d'aimer à s'entourer. Au Louvre, plus de roi, une débandade, un grand désordre, aucun nain… Regain d'espoir pour Marguerite qui offre à Canillac, contre « tant de services », outre son corps frotté à l'essence de jasmin et son hôtel, une terre qui ne lui a jamais rien rapporté. Canillac, imprudent, fait acheter à ses frais, au Pont-au-Change, où les marchands profitent des désordres, une vaisselle et des chandeliers en vermeil. Il les offre à Marguerite, qui augmente ses faveurs en le laissant assister à son bain. On a installé un cuveau et on monte les brocs d'eaux jamais assez chaudes. « La blancheur d'un lys ! » s'émerveille le sec amant devant ce débordement odorant dont il aura les autres offrandes dans le lit enfin nappé de draps fins. Vaisselles et autres biens, tout cela a été monté péniblement dans des coffres si lourds, qu'il y eut l'inévitable renversement des charrettes, le cri humain, désespéré de quelque mule écrasée. On acheva la livraison à dos d'hommes. La marquise de Canillac, tout en révérences, a demandé audience à Marguerite. Elle s'arrange pour lui rappeler ses promesses, *légalement.* Marguerite signe, gracieuse, ses donations sur une liasse de documents. Ils sont menés au président du Parlement, le sire Hannequin.

Les choses ne remplacent pas les nécessités. Marguerite manque à nouveau de tout, surtout d'argent. Elle a eu beau écrire partout : nulle réponse. Les Canillac sont ses seuls pourvoyeurs mais finissent par s'appauvrir. Plus un écu du roi, ni du Béarnais. Aucune nouvelle. Les douaires, hasardeux déjà, ne sont plus versés à la reine Margot. Avec qui s'endetter, si loin des puissants, dont les juifs et les banquiers italiens, ces forces obscures, totales, qui permettent les guerres, les paix, qui font et défont les mariages et ajoutent de l'or à la mitre des papes ? Marguerite, sans argent… C'est alors que lui parvient *la chance.*

D'un couvent de Vienne arrive une missive qui la bouleverse. Sa chère Élisabeth, la veuve de Charles IX, a donné l'ordre que la moitié de son douaire soit immédiatement versé à « sa chère sœur, Marguerite, en ses malheurs ». Élisabeth… « Ma vraie et unique sœur », pleure Marguerite, éperdue d'amitié. Le geste si chrétien, la charité pure, sans calcul, d'Élisabeth, entraîne Marguerite à relire encore les Saintes Écritures. Approfondir sa foi, prier longtemps, seule, en son cabinet où elle écrit, réfléchit. Elle va désormais à la chapelle d'un élan plus sincère. La générosité d'Élisabeth permet de ne plus craindre la faim, le manque de vin. Le trop grand froid, qui finit par tuer Lysande et Lyette. Mais, elle n'a, comme toujours, payé personne. Ni ses deux huissiers, ni ses coffretiers, ni son couturier et le brodeur, ni les trois filles de chambre et les diverses servantes, ni le panetier, ni les valets de l'écurie, ni les maréchaux de logis, ni le guetteur du donjon, ni l'apothicaire, ni le barbier, ni le pâtissier et son galopin. Ce n'est pas la première fois que Marguerite est dans ce genre de situation. Elle mène le jeu savant de laisser croire que la servir est un honneur et bonheur sans mélange.

— Quand on m'aura rendu justice, mon titre et mes droits, je ne saurai être ingrate envers mes compagnons d'infortune.

Ils la croient. Ou ils ne la croient pas. Qu'importe. Marguerite de Valois et de Navarre a le don de charmer.

La prisonnière va faire d'Usson son royaume, même cerné de grisaille et de férocité. Le guetteur aperçoit souvent des bandes d'hommes s'entretuer au-delà des chemins.

*

Agrippa d'Aubigné ne manque pas d'ironiser férocement sur le nouvel amant de « l'abjecte épouse » de son roi.

— Canillac est tombé aux filets de cette Jézabel. Pour mieux insulter le roi de Navarre, elle l'oblige à se parfumer comme un petit marié de village, avant de rejoindre sa couche de débauchée…

Quand le marquis va à sa couche, parfumé, maigre et sec, Marguerite, otarie nue sous ses dentelles, s'exclame :

— Viens donc là, chevalier de Belle Fleur !

Elle le comble de caresses. Elle le rend fou. C'est ça : fou.

— Belle Fleur, dit-elle au « gouverneur » éperdu, faites mander à Paris du tissus, des bijoux. Grâce à ma sœur Élisabeth, je puis faire vêtir la marquise de robes dignes d'elle… N'oubliez pas la passementerie pour mes manches et du vair pour mes manchons.

Les robes ! À nouveau les robes ! À la veillée, ces dames échangent les croquis de la mode nouvelle.

— Les collerettes se font plus brèves. On boucle les cheveux sur le côté et les perles se portent plus près du cou.

Canillac, Rupereux ont fait merveille. On a rapporté de Paris, ou de Bordeaux, outre ces luxes, de nouveaux jeux de société de belle espèce. Les osselets et la marelle sont en ébène et or, les jeux d'échecs d'ivoire et de cornaline. On joue aussi aux cartes. On tue le temps qui finirait bien par jeter les habitants d'Usson la tête contre les murs trop épais. Le vin est d'un grand secours. Marguerite est totalement alcoolique et jamais saoule. Elle est dans l'euphorie du vin bu plusieurs fois par jour, la nuit, dans l'insomnie ; le vin, bu toute les heures. Le vin, bu au réveil, avant son verre de lait d'ânesse. Le vin, son meilleur compagnon de captivité. Le vin et le plaisir, mais le plaisir du vin dure longtemps. Fait mourir doucement et longtemps.

— Les routes sont défoncées, dit une voix. Il y a des pendus pas encore défaits aux arbres. La Ligue se bat contre les uns et les autres. Ils tournent autour d'Issoire, d'Usson.

— Issoire ! À part son marché, on n'y voit que trognes de mauvais rêves… Mais Usson, n'est-ce pas un méchant rêve ?

— Alors il finira, madame, comme tous les rêves, même les bons. On a vu rôder des reîtres en bas d'Usson. On ne sait à qui ils appartiennent. On a vu aussi des loups. Les lavandières craignent davantage la soldatesque.

Marguerite a fait venir du papier délicat, des encres parfumées, des plumes. Le menuisier a bâti son éternel pupitre où elle écrit debout. Ses *Mémoires* la font réfléchir sur les pièges qui ont jalonné sa vie. Elle a repris *Les Lettres à mon beau cœur*, non par nostalgie de l'oublié amant, mais de manière à approfondir son idée de l'amour. La voilà déjà « Précieuse », selon Molière, et quand elle s'amuse à écrire *La Ruelle mal assortie,* dialogue alerte, égrillard, elle annonce les libertins du XVIIIe siècle.

Le succès des *Mémoires* retentira du XVIIe siècle jusqu'à nous. Elles connurent trente éditions au XVIIe siècle, l'admiration des académiciens et l'engouement des Frondeurs.

Le papier, les plumes, la finesse des encres, l'abondance des livres envoyés aussi par Brantôme, Montaigne. Écrire ; Marguerite, à mesure des années, oublie ses peines grâce à cette passion qui transforme la cendre des heures en une flamme d'or, à la divine senteur de buis de l'encre.

Écrire ; une consolation dont elle ne se passera plus.

Puisque tous les siens sont morts…

*

Le 18 octobre (1588), Blois.

Le roi avait donc rassemblé les pitoyables états généraux.

Il n'en sortit rien, hors l'humiliation de subir les ordres des Guises. Les Guises sont là ; dedans, au second étage, dehors, avec leurs gens. La reine mère, très fiévreuse, assiste à une nouvelle assemblée.

— Mon fils, il serait sage de feindre votre alliance aux Guises et d'offrir à votre Conseil une image moins agitée de votre force de roi.

Quelle force ? La tuberculose l'épuise. Sans Louise, il s'enfuirait à Venise. À Paris, on s'est amusé à déchirer au Louvre le drapeau des Valois et celui de la Pologne.

— Monsieur de Guise est là, dit Folle.

Elle est chauve sous une perruque rouge. Une robe verte. Elle est aussi âgée que Catherine, dont la toux est incessante. Folle aussi tousse. Elle est terrible, la toux de Folle. La toux surgie d'un corps si près du sol… Une toux d'homme gras, de géant. La géante souffrance de la naine de Catherine… Son mouchoir : taché de sang. Elle est debout sur la banquette, à son poste d'éternelle sentinelle, minuscule et perspicace guetteuse. La voici seule survivante de la maison des nains. Catherine n'a plus le goût d'en faire venir d'Espagne ou d'Italie. Folle sera sa dernière naine, comme on a un dernier chien. Catherine tente de retenir une quinte. La mort la terrifie. « Vous mourrez près de Saint-Germain. » Blois est loin de Saint-Germain. Marguerite est loin, très loin de Blois.

— Je vais accueillir monsieur de Guise, déclare brusquement Henri.

Que se disent son fils et ce Guise en noir, ombre qui barre la lumière appauvrie ? Son fils est sous un dais doré, fleurdelisé, à grands pans de soieries bleu. Le Balafré ose prendre place, avec son frère, en face de lui, sans sa permission. Un siège presque aussi majestueux. La reine mère n'est que silence. Le tic agacé de son fils. Il abhorre plus que jamais la présence de sa mère à ses affaires de roi. Pas un regard pour elle, noire, immobile, livide. Le roi, entre son épouse et sa mère, s'adresse à son Conseil, devant ces Guises dont l'un se voit déjà roi.

— Je suis le roi de France. Votre roi ! Il n'y en a pas d'autre même si des grands de mon royaume ont osé briguer ma place, ma couronne !

« Qu'il cesse de s'agiter », palpite Catherine. Louise a l'air inquiet. Henri III redevient gracieux, courtois. Il domine sa haine meurtrière pour ce Guise qui a couché avec sa sœur, monté Paris et une partie de la France contre lui. Ce Guise, qui, avec son frère, ose le maintenir en résidence surveillée.

— Mon cousin, dit-il au Balafré, les ligueurs ont monté bien des cabales contre moi. Dieu commande le pardon. Je vous demande l'accolade de l'amitié. Se dresser contre le roi est un crime de lèse-majesté mais je ne punirai que les ligueurs et leurs associations.

Henri de Guise se lève, tout en crâne, un peu voûté, le poil déjà gris. Le cardinal de Lorraine se lève aussi.

— Sire, ôtez de votre langage « les ligueurs et leurs associations », et notre accord s'avère possible.

La reine mère fixe le genou de son fils, qui tremble, la lèvre inférieure, qui blanchit. Touché au pire de son orgueil, il est capable de tout. La main de Louise, caresse furtive, l'apaise. Louise de Vaudémont, liée, de loin, mais liée aussi à la Maison de Lorraine. Un atout et une entrave. Il faut à Henri III un indéniable courage pour se dominer. Il sourit, étend une jambe longue, la cheville dévorée d'œdèmes, le tout serré en chausses étroites, d'un mauve assorti au pourpoint. Son front, sa nuque sont dégarnis. Son visage, fardé de blanc et de rouge, qui fut mince, harmonieux, est boursouflé par la maladie.

— Soit, mon cousin, Nous retirons les mots « ligueurs et associations ».

C'est ainsi que ce 18 octobre, Henri III, la mort dans l'âme, a signé ce « pacte d'Union » qui abrège davantage sa crédibilité royale. L'accolade lui fut un supplice. Les Guises se retirent à leur étage, en dessous de celui du roi. Ils sont à demi satisfaits : Henri n'a pas accordé l'exclusion de la succession du Béarnais à la couronne. Ni l'ordre d'exterminer tous les hérétiques.

— Ce n'est qu'une affaire de temps, très peu de temps, se rassure le gras cardinal. Nous avons encore reçu beaucoup d'écus de l'Espagne. Ah, mon frère, quittez, je vous prie, cet air si sombre. Vous ressemblez à feu ce maudit Coligny ! Dieu continue à le punir. Ses fils sont morts et son épouse croupit en prison depuis près de vingt années, au pain et à l'eau de pénitence. Vous avez remarqué le dépit de *Frère Henri* ? Il est demeuré dans la salle du Conseil, aussi pétrifié que sa mère qui pue déjà la mort... Je me demande ce qu'il concocte. Il n'a que sa garde rapprochée et a osé prêter sa dernière armée au Béarnais. Il est seul. Le Conseil compte beaucoup de nos alliés. Cette cheminée est assez vaste pour griller un évêque !

Il rit, content de lui, du bon feu, du vin, des confitures et des massepains qu'on lui a servis.

Henri III est demeuré sous son dais aussi dérisoire que celui de sa chaise percée. Il a voulu, depuis toujours, un dais fleurdelisé sur sa chaise percée. Un dais, partout où il s'assoit. Un dais sur toutes ses hontes.

— Ma mère, allez vous reposer. Messieurs, dit le roi à ses députés silencieux, j'ai besoin d'argent.

Ils le sentent de plus en plus faible et les Guises de plus en plus forts.

— Pourquoi faire, de l'argent, sire ? osent-ils argumenter. Nous en avons peu, vos ennemis sont puissants, quasi-maîtres sous votre propre toit. Nous sommes obligés, à notre regret, de refuser.

Henri III en a la voix enrouée, ses douleurs diverses augmentent. Ah, ce corps qui jamais, jamais, ne le laisse tranquille… La douleur de la honte. Un roi qui se justifie au lieu de sévir est dans la honte.

— Messieurs, j'ai déjà réduit mon train de vie et celui de ma Maison. Que voulez-vous de plus ? *Là où il y avait deux chapons il n'y en aura plus qu'un ?* Comment le roi de France peut-il vivre sans rien ? Voulez-vous donc me perdre et vous perdre avec moi ?

Il a devant lui des visages impassibles. Sa voix est trop rauque dans ce mauvais silence.

— Si vous continuez à tout me refuser, je ne pourrai plus être votre roi.

— Cessez d'être roi, ose dire une voix grave.

Un allié des Guises – ils sont partout –, un député protestant ? On n'avait jamais parlé ainsi au fils des Valois. Un véritable coup de canon. Catherine ferme les yeux, saisie de terreur. « Il est perdu. »

Quel affreux Noël se prépare donc à Blois… Catherine rejoint sa chambre. Il faut l'aider. Folle s'est traînée, exténuée, couchée à ses pieds. On demande le barbier pour la saignée.

18 décembre.

Il neige sur Blois. Un froid intense gèle Usson. On brûle ce que l'on peut dans les cheminées. Marguerite, enveloppée de ses fourrures, serre son cercle de dames autour d'elle. Beaucoup sont rongées de rhumatisme, d'angines et de tuberculose naissante. On respire du vinaigre chaud, sur un linge imbibé de moutarde. Quelle solitude ! Usson a quelque chose d'une pierre tombale. Le tourbillon des chemins est ce verglas où nul ne s'aventure. Il reste assez de vivres et de vin dans les caves. On a logé, dans l'appentis, deux vaches et trois ânesses pour le lait. On ne sait si elles passeront l'hiver.

— Il fait déjà nuit, dit Marguerite. Allumez les flambeaux, activez cette cheminée. Lisez-moi ce passage de Marsile Ficin. Dites au marquis que je désire le voir après la dînée.

Paris : les Guises y font un aller-retour, pour contrôler leur popularité, renseigner leur sœur. La Montpensier les fait boire à la santé de leur victoire imminente.

— Détrônez vite ce puceron ! À vous, Henri, mon frère, descendant de Charlemagne, imminent et vrai roi de Paris, à vous, la Couronne de France et de cette misérable Navarre ! Retournez, avec notre frère, à Blois. Lancez à la face de ce Valois votre démission de lieutenant général du royaume.

On a bu, on s'est échauffé. Henri III, ce 19 décembre 1588, a pris sa décision et monté son plan. Le 21 décembre, les frères Guise sont à Blois.

Le Balafré demande aussitôt audience au roi. Henri s'empresse de le recevoir dans le jardin du château.

— L'hiver a bien du charme, mon cousin. Mon chirurgien me conseille ces promenades sous la neige. Elles fortifient le sang. Je suis fort aise de vous avoir lors de la sainte cérémonie de Noël.

— Sire, je vous présente ma démission comme lieutenant général du royaume.

Henri feint la surprise. Encapuchonné de martre et de velours, les mains dans un manchon qui fut à Marguerite, il fait un effort surhumain pour ne pas éclater de haine. Guise s'en va ? C'est donc laisser la bride déchaînée à la Ligue et aux protestants. Sa mère ne quitte plus son lit, Folle aussi. Sa sœur trafique il ne sait trop quoi à Usson, avec les ligueurs. Le roi de Navarre gagne des places fortes. Le voici abandonné, en face des Guises, de Paris, de son Conseil, et du clan du Béarnais. Seul. Sans enfant. Rien. Que ce Guise est haut et noir sous cette neige mêlée de grêle ! Que sa voix sévère, détestable, semble d'outre-tombe. Que la nuit tombe vite en décembre !

— Sire, on m'a rapporté que vous me voulez grand mal.

Henri déteste ce profil cisaillé. Il se sent petit, maigre, las. Il a la fièvre, la toux pernicieuse qui a emporté ses frères, ses sœurs, bientôt sa mère.

On ne sait si Guise se rend compte des silhouettes des « Quarante-cinq », éparpillées, de-ci, de-là. Le roi sourit.

— Quel mal, mon cousin ? N'avez-vous point compris que je vous tiens pour mon meilleur ami et allié, et que mon cœur déborde pour vous ?

Il larmoie, le roi. C'est un temps où on pleurniche beaucoup, surtout avant un massacre. Guise a l'air surpris. Une pitié méprisante. Il n'aime pas repérer à ce profil une ressemblance avec Marguerite. Les vers d'Aubigné, devant ce visage fardé tel celui d'une fille :

> Ce roy, qu'au premier abord chacun estait en peine
> S'il voyait un Roy femme ou bien un homme Reyne…

Quelle pitié de débouter cet homme fille ! Lui, Guise, est en effet, digne d'être roi. Le ton plaintif, caressant de ce roi pantin lui répugne.

— Ah, mon cousin, je jure sur les Évangiles que je vous aime bien mieux qu'un frère !

Point de mal à un si grave serment : Henri III détestait ses frères. La compagnie des Jésuites n'a-t-elle pas enseigné qu'à la sauvegarde d'un État, le péché mortel est permis ? « *Je jure sur les Évangiles que je vous aime mieux qu'un frère.* » Frère Henri, cerné d'un clergé à demi fou, calculateur, se confessera, fera pénitence, se flagellera. Le pape ne dira rien, ou si peu de chose. Un roi sacré à Reims ! Il portera un cilice sous l'habit de moine mais il fera disparaître cet imposteur, qui le bafoue sous son nez. La grêle redouble de férocité.

Des nuages si gris, si bas.

— Rentrons, mon frère, murmure le roi.

Guise accompagne Henri jusqu'au château. Ils s'embrassent encore. Le Balafré ne sait que penser et rejoint son frère qui soupire d'aise devant le feu craquant.

Henri III, dans sa chambre.

Il a changé de visage. Il fait immédiatement mander Laugnac, capitaine des « Quarante-cinq ». Ils vont chuchoter longtemps.

Il fait si sombre. Rien ne signale l'approche des fêtes de la Nativité. Henri n'a pas voulu qu'on apporte des flambeaux. Une chandelle suffit.

— M'amie, laissez-moi seul avec Laugnac, dit-il à Louise, si mince et si pâle.

Il parle bas à Laugnac. Un profil de brigand, une dégaine à la Maurevert, mi-cuirasse, mi-toile, partout des cicatrices, des armes blanches, y compris dans les bottes de cavalier.

— Laugnac, la prudence m'oblige à faire exécuter un acte difficile. Ma royauté et le salut du royaume en dépendent.

— Je suis à vos ordre, sire, quels qu'ils soient.

— Les Guises veulent ma mort. Il s'agit de me défaire de ces deux frères maudits avant Noël.

— J'ai compris, sire ; les Quarante-cinq aussi. Nous sommes entièrement dévoués au roi. Le piège sera parfait s'il est… imminent.

— Exécutez-le après-demain. Commencez par le Balafré. Soyez plusieurs. Il est retors, bon bretteur. Quant à son frère… quatre d'entre vous et un garrot suffiront.

— Nous savons comment faire. Nous y songeons depuis la fâcheuse assemblée des états généraux. Nous attendions le signal du roi. Après-demain, avant la réunion du Conseil, il ne se méfiera pas, ou si peu. Convoquez-le tôt. Nous serons là. Il sera pris entre la chambre et le corridor.

— Va, Laugnac ! Tu sauves la royauté et le roi ne l'oubliera pas.

22 décembre. Le froid a augmenté. Le cardinal se réjouit d'avoir un si beau feu alors que le roi, sa Maison – même la reine mère si malade – ménagent le bois.

— Ils font déjà leur soumission se rengorge le cardinal. Ce roitelet est vraiment pitoyable.

— Il m'a donné rendez-vous demain, fort tôt, dans la salle du Conseil. Il veut m'entretenir d'un ajustement possible.

— Bah ! Notre sœur s'en gausserait ! s'amuse le cardinal.

Le Balafré est moins optimiste. Il a dans sa poche une nouvelle « facture » de l'Espagne, fort claire si le roi de France met la main dessus. La Ligue coûte deux cent mille écus par mois à Philippe II, afin d'entretenir la guerre civile en France. La mettre à sa merci avec l'aide de son serviteur, Henri de Guise. Que risque-t-il à rencontrer celui qui prétend « l'aimer mieux qu'un frère » ? Il est armé, point seul. Ses hommes sont là. Paris l'attend, beaucoup l'attendent. L'Espagne le soutient.

Henri III s'est levé très tôt. Habillé seul et en silence.

— Dormez, m'amie, dit-il à Louise.

Elle ne dort pas, dans le lit jumeau logé sous un seul baldaquin à rideaux clos. Elle porte la même chemise longue que son époux et un bonnet.

Dans la nuit il s'est réfugié près d'elle. Il a tremblé et pleuré contre elle. Elle a caressé ses cheveux. C'est le pas des Guises, à l'étage en dessous, qui le rend si nerveux. On ne sait pas si Louise a su son plan criminel. On ne sait pas ; quoi qu'il fasse, elle est à ses côtés. Elle l'aime, du dévouement obtus dont sont capables et coupables les femmes. C'est cela. Un mariage qui fut presque blanc et un immense amour. Une autre personne, sous l'appartement des Guises, n'a pas dormi non plus cette nuit du 22 au 23 décembre 1588. La reine mère, *malade à en mourir,* guette chaque bruit. Elle devine et il est trop tard. Il fait trop sombre. Elle n'a plus de force. Elle n'est plus rien. Folle balbutie.

— Je vais monter à l'étage.

— Non, dit-elle ; restez près de moi.

La solitude et l'impuissance. Elle n'a plus que sa naine.

On ignore si elle a trempé dans les événements qui vont suivre. La veille, Henri est venu lui dire bonsoir. La respiration trop courte, elle l'a reçu sans discours. Une complicité dans le silence, par le silence ? L'impossibilité d'arrêter une si sombre machine. Le sentiment que tout accord avec les Guises est impossible. Catherine avait le visage terreux qui avait suivi l'attentat de Coligny. Ils se sont souhaité le « Bonsoir » et ce fut tout.

*

Henri de Guise s'est levé aussi tôt que le roi. Il n'est pas à l'aise. Un petit matin glacé, sans lumière. La toux de Catherine. Quel désert ; pas même une sentinelle, un valet.

Henri III a rejoint la chambre qui le sépare de celle du Conseil. Le Balafré est seul dans la salle à la si vaste cheminée.

Soudain, de derrière les tapisseries, surgissent une horde d'hommes, l'épée à la main. Il a compris. On veut l'assassiner. Plusieurs coups lui sont déjà portés, à la gorge, à la poitrine. Il se défend. Un monstre d'énergie. Debout, en dépit d'une vingtaine de blessures, il a dégainé. Il se bat, il va et vient de la salle au cabinet voisin, Blois est plein de recoins, il va et vient et les murs, les tapisseries sont de plus en plus rouges. Il a la force du cri :

— Quelle trahison !

Le roi se bouche les oreilles. Il remonte dans sa chambre. Il entend tout, là-haut. Un tumulte. Des meubles brisés. Des hurlements. Il a une crise de nerfs sur les genoux de Louise. Elle l'apaise d'une petite chanson à lèvres blêmes et closes… Une petite chanson qu'elle eût tant aimé offrir à un enfant de lui. L'enfant à calmer, c'est lui. Henri, l'enfant de Louise de Vaudémont.

En bas : une meute, des loups hargneux avec des crocs, des pattes onglées de fer, de pics, de pointes. Il ne sent pas encore la douleur. Il est dans les ultimes souffles de la survie. Cerné, frappé aussi dans le dos, seul au milieu de la chambre rouge, tout est rouge, est-ce la Saint-Barthélemy. On le perce sans répit, il est encore debout. Il trébuche du côté de Laugnac qui voit l'agonie dans son regard. Laugnac rit. Il s'amuse à le frapper avec mépris du fourreau de l'épée. Il est achevé ainsi, à terre. Le plancher, les tapis, rouges ; un flot, un torrent. Oui, c'est la Saint-Barthélemy.

Le ciel de Blois, de plus en plus rouge.

Henri de Guise est mort. Laugnac grimpe à l'étage du roi.

— C'est fait, sire.

Henri III descend. Il a tout entendu, même quand Louise posait ses mains sur ses oreilles à lui. Catherine aussi entendait. Folle disait : « Quel tapage, chez monsieur de Guise ! On déménage ses meubles ? » Henri regarde l'ennemi étendu, mort, sa drôle de moue boudeuse. Cela fait désordre. Et ce beau parquet, ce tapis gâchés… L'Histoire lui prête ces mots :

« *Il est plus grand mort que vivant.* »

Il est possible qu'il ait dit ces mots.

Il a fouillé ses poches et trouvé « la facture » du roi d'Espagne. La source du mal. Il lance un coup de pied au cadavre.

— Je ne veux plus le voir ! Débrouillez-vous ! piaille-t-il à ses Quarante-cinq qui n'étaient qu'une douzaine pour ce forfait.

Les spadassins s'amusent. Ils vont découper le cadavre telle une grande pièce de chasse. La tête, les membres, les pieds, les mains… Ils ont allumé un feu dans cette cheminée que le cardinal estimait capable de brûler un évêque. Ils lancent, en riant, à mesure, les morceaux de monsieur de Guise. Tout devient, dans une affreuse odeur, un magma de cendres sanguinolentes. On met tout cela dans un sac à grains, et on jette le sac dans la Loire.

Personne n'est monté à l'étage pendant ce grand mouvement.

— La cheminée crache une grosse fumée, murmure la voix des cuisines, des caves, des soupentes, des uns, des autres, des visibles et des invisibles.

— La reine mère a besoin de chaleur. Ils ont dû activer le feu. Ont-il brûlé quelque charogne ? Cette fumée empeste.

On a enfermé à clef le cardinal de Lorraine, fortement inquiet. Le lendemain, le 24 décembre, quatre reîtres se contentent de l'étrangler dans le corridor. On l'a un peu saigné, pour s'amuser de sa terreur. Il est à son tour dépecé, brûlé et réduit en cendres, restes d'os, de chair, dans la même cheminée. Un autre sac et, hop ! dans le fleuve. La Loire en a vu d'autres. Elle se referme sur ce que l'on appelle l'accolade entre les princes. Le pape Sixte Quint a commenté ainsi ce forfait : « Le roi de France a perdu un de ses capitaines ! »

Catherine, elle, murmure :

— Hélas, mon fils, je crains de tout cela plus de peines que d'avantages.

Il n'a jamais vu sa mère pleurer et tousser avec cette violence. Elle ajoute :

— Je souhaite, mon fils, établir mon testament, devant vous et d'autres témoins.

La chambre de Catherine. Soudain, du monde, dans cette chambre. Le roi a entendu, laissé copier par ses secrétaires les volontés de sa mère. Elle a signé : la reine mère donne à Louise le château de Chenonceaux, et des legs à son entourage. Une bague à Folle (qui pleure et ne survivra pas à Catherine). Elle donne une grande partie de ses biens, dont ses merveilleuses tapisseries de Florence à sa petite-fille aimée, Christine de Lorraine dont le mariage avec la maison de Savoie est conclu. Elle donne L'Auvergne, ses fiefs et ses citadelles [Usson ?] au bâtard de Charles IX, Charles de Valois [dit Angoulême]. À son fils, la moitié de ce qui lui reste.

Elle ne donne rien, absolument rien à Marguerite, dépouillée de tout.

Les dettes de la reine mère sont telles que ses dons ne couvrent aucun remboursement. Angoulême, le bâtard, seul, a quelque puissance avec cette Auvergne qui revenait, selon les lois du mariage, à la reine Margot.

Lugubre Noël, lugubre fin d'année, lugubre début d'année 1589…

Blois sent mauvais. Partout, le silence. La petite troupe armée des Guises a déguerpi de Paris.

À Paris, la clameur. La Montpensier a l'air d'une furie. Les Guises, affolés, effarés du double crime, sont prêts à toutes les vengeances. Déstabilisée, la Ligue s'éparpille déjà.

La reine mère est dans ses derniers jours. Sa pneumonie est mêlée de tuberculose. « Elle a une très grande fièvre, écrit l'ambassadeur de Toscane, les médecins ne semblent pas inquiets, excepté par son grand âge. »

Sa terrible lucidité est intacte. Encore un massacre à quelques mètres d'elle. Sa vie entière ; des massacres. La nuit du 4 janvier l'a tenue éveillée. Le vent soufflait par rafales, la fièvre l'accablait. Que reste-t-il de son labeur incessant, son envie d'alliances, de paix ? Que reste-t-il… Un chagrin s'ajoute aux autres : Folle ne bouge plus. Morte.

— Ne l'ôtez point encore, dit-elle. Inhumez-la en belle et bonne place.

On a fermé les rideaux autour du minuscule lit-coffre. On la jettera en quelque coin du cimetière.

On est le 5 janvier 1589. Son fils ne la quitte plus. Il y a Louise, seigneurs et dames, dont quelques rescapées, vieillies, confites en dévotion, de l'escadron volant. La fidèle madame de Sauve, devenue fort grosse. Les médecins baissent la tête. Catherine refuse encore, follement, la demande de « ses chers yeux ».

— Ma mère, acceptez les saints sacrements. Par pitié pour votre âme.

— Mon fils, je veux bien les recevoir, pour vous complaire mais mon heure, quoique proche, n'est pas venue. Nous sommes si loin de Saint-Germain !

Le roi fait un signe. Sort de l'ombre une ombre en soutane. Un jeune aumônier. Un visage triste et doux.

— Je ne vous ai jamais vu, dit-elle. Quel est votre nom ?

— Je suis Julien de Saint-Germain.

— Ah, je suis perdue, morte !

Une agonie épouvantée. Une existence et une mort épouvantées. Elle s'éteint vers quinze heures, *près de Saint-Germain.* Son fils égrène frénétiquement son chapelet à têtes de mort. Il sanglote. Lui aussi se sent perdu.

Les préparatifs du cadavre de Catherine.

L'autopsie révèle un poumon carbonisé et des tumeurs au cerveau. Catherine de Médicis, recousue à la hâte, toujours vêtue de noir, est couchée dans un triple cercueil de plomb et de bois divers. Une cérémonie furtive, lamentable, à celle qui fut épouse et mère de rois de France. Le cercueil est exposé dans l'église de Blois. Une bénédiction rapide. Impossible, impensable de ramener la dépouille dans Paris, à Saint-Denis. Le roi est haï depuis le décès des Guises. La Montpensier rumine la vengeance. Un mois après, le cercueil dégage une telle puanteur qu'on se décide à l'enterrer sans faste, derrière l'église. Vite, deux fossoyeurs, les pioches, les pelles, la terre. On ne ferait pas mieux pour enfouir une vieille bête. Catherine restera là, abandonnée de tous plus de vingt années... Marguerite, enfin libre, ne fera rien pour la retirer de sa punition posthume. Diane de France, fille bâtarde d'Henri II qu'il avait eue de lady Flaming, priera le Béarnais devenu Henri IV de ramener les restes de la reine mère à Saint-Denis.

— J'aime mieux la savoir là ! dira le Béarnais, dans le sens où, tout en l'admirant, il la préfère morte.

Les cendres des rois... La Révolution française se chargera de profaner tous ces tombeaux, de disperser à coups de pied les restes de ces rois, ces reines, dont la reine Margot. Tout finira à la voirie.

Il y a aussi le mystère et l'absurdité des choses. Louise de Vaudémont, veuve, réfugiée à Chenonceaux, s'en verra priée de le quitter par Henri IV et sa maîtresse Gabrielle d'Estrées. Elle voulait Chenonceaux. Lors de cette odieuse visite, elle avait sur elle les bijoux de la Couronne qu'avaient portés Louise et autrefois Catherine… Louise, pauvre, se réfugia au couvent de Moulins. Elle y mourut en 1600 et y fut inhumée. Ses restes émigrèrent, au fils du temps, jusqu'au Père Lachaise. Ils finirent enfin à Saint-Denis. Louise de Vaudémont est la seule dont les poussières gisent sous le catafalque en marbre conçu par la bâtisseuse italienne, Catherine de Médicis.

*

Henri III n'a plus le choix s'il veut rejoindre Paris. Le roi de Navarre est le seul avec qui il puisse tenter une alliance. Monsieur de Villeroy a raison. Henri III, lors de son pacte d'Union, avait envoyé une de ses dernières armées au Béarnais. Celui-ci avait ainsi pu enlever par « un temps épouvantable », la citadelle de Beauvoir-sur-Mer. Il s'occupe de bien marier sa sœur, Catherine de Bourbon, en l'offrant – en vain – au fils de Marie Stuart, Jacques VI d'Écosse, héritier du trône d'Angleterre. Catherine de Bourbon, éprise du comte de Soisson, se fâche contre son frère qui refuse ce mariage. Elle finira par épouser Henri de Lorraine, duc de Bar. Le Béarnais « baise un million de fois sa Corisande… », tout en lui confiant un bâtard, Gédéon, né d'une passion passagère, à La Rochelle, avec la jeune Esther Ymbert. Il en est là quand il apprend le crime de Blois et la mort de Catherine. Le sage Duplessis-Mornay est toute prudence, y compris au sujet de l'emprisonnement du fils d'Henri de Guise.

Et à Usson ? Les nouvelles sont arrivées en désordre.

Marguerite sanglote. Guise, son premier amour ! Elle ajoute une tête de mort en argent à sa ceinture de plus en plus élargie. La fin de sa mère lui est une grande secousse. L'ombre redoutée, dont elle a tant quêté l'amour, n'est plus. Le pire est son testament : elle ne lui a rien laissé, rien ! Quelle amertume, dans ce « rien ». Pas un denier, c'est-à-dire, pas un souffle de tendresse, pas même une insulte, au seuil de la mort. Sans la générosité d'Élisabeth, que deviendrait-elle ? Une mère qui la veut morte de famine entre ces murailles… Elle tremble. Tout se mélange. Le chagrin, la colère, un grand vide. La peur, aussi. Il est possible de la faire tuer. La Ligue, sans son chef, est délétère. Son frère, lié à son époux, quelle périlleuse alliance pour elle ! La Ligue s'est souvent battue autour d'Usson. Marguerite palpitait d'espoir à ces batailles. C'était pour elle, pour la libérer. Mais un jour, au printemps suivant le drame de Blois, des ligueurs, tenant Marguerite pour responsable de la mort des Guises, forcèrent, chose incroyable, Usson. Ils sont entrés, on se battait dans la première cour.

— Enlevons Marguerite de Valois !

Un otage à troquer avec ses véritables geôliers : les deux Henri. Un homme, armé, hirsute, a grimpé l'étage. Il est entré avec violence dans sa chambre. Elle a crié, lui aussi criait :

— Mort aux Valois !

Il a tiré sur elle. Un coup de pistolet. Les hommes de Canillac l'ont tué. La balle n'a fait que traverser le vertugadin. « Madame, vous n'avez rien ? » Elle était si pâle sous son fard.

Rien ; encore une fois la mort en face : Rien.

— Ils se battent à Issoire... L'Espagne abandonne la Ligue.

Elle a refermé les bras sur son visage. Le silence est revenu. Usson lui a semblé soudain son seul recours. Un cocon de pierre. Un ventre de pierre plus tendre que ne fut jamais celui de sa mère. Oui, elle aime mieux Usson que sa mère, ce frère qui n'en restera point là et cet époux au pouvoir qui augmente. Usson. La sécurité est qu'on l'oublie. Le temps qu'un vrai roi (?) domine ces partis déchirés. Elle ne sait pas. Elle divague un peu. Elle souffre d'engelures.

Les larmes aussi sont ces cercles concentriques qu'elle connaît bien... L'alliance du roi de Navarre avec son frère la fait frissonner.

— Du vin, demande-t-elle.

Duplessis-Mornay, Villeroy, Bellièvre, ont été habiles : allier les deux Henri. Le Béarnais voit approcher cette couronne qui, il le sait, l'oblige à se convertir à nouveau. Peu lui importe l'horreur d'Agrippa d'Aubigné, son plus fidèle écuyer, et la consternation de ses compagnons. Henry n'en est plus à une ruse près, un combat, un mensonge, une trahison, même envers un animal fidèle. Le Béarnais avait un épagneul qu'il adorait, qui le suivait partout, et veillait sur son maître. Il s'appelait Citron. Il l'encombra parce qu'il vieillissait. Il l'abandonna lors du siège de Paris. Citron périt de famine et d'errance, dans les rues. Il tira à la plume d'Aubigné ces vers admirables sur l'ingratitude des princes :

> D'où vient donc qu'il [le chien] endure
> La faim, le froid, les coups, les desdains et l'injure
> Payement coutumier du service des Roys.

Un jour, on dit à Henri devenu roi, qu'une pauvresse, quasi morte de faim, venue à pied de La Rochelle, demandait à le voir.

— Je suis Esther Ymbert. Le fils que m'a donné le roi se nomme Gédéon. Que le roi, au nom de notre religion, ait pitié de ma misère.

— Non, fit-il. Je ne la connais point.

Esther Ymbert, mère d'un bâtard royal, périt de faim dans les rues de Paris. Les mouches ont longtemps rôdé sur son cadavre.

« Un roi n'est responsable qu'à *Dieu seul et à sa conscience* », écrivit-il un jour au roi d'Angleterre Jacques Ier.

C'est la réponse à tous ses « crimes » d'État, qu'ils aient l'insignifiance d'un chien fidèle, d'une petite Esther, ou de faire décapiter le fils de son ami, le maréchal de Biron, qui complota contre lui.

Février 1589. Henri III a quitté Blois pour Tours.

Les magistrats de Paris sont venus à Tours pour négocier les alliances nouvelles. Les courriers vont et viennent. Le Béarnais, prudent, attend la permission royale de franchir la Loire.

La rencontre a lieu le dimanche 30 avril à Plessis-lès-Tours. Les deux Henri s'embrassent de grand cœur et les larmes aux yeux. Ils reprennent le ton de leur jeunesse. L'hypocrisie de ce tournant essentiel à ressourcer des forces. Henry, protocolaire, appelle le roi « sire » ou « mon maître » dans l'attente de sa victoire définitive. Il ne s'attendait pas à être salué avec un tel enthousiasme par la foule de Plessis. Il cache son ravissement, rien n'est encore fini. Il avait écrit au roi, sous la vigilance de Duplessis-Mornay : « Nous avons tous assez fait et souffert le mal. » Il acceptait et proposait ses services, son alliance « par pitié de cet État ».

Le ton de cette lettre annonce celui du futur souverain :

« J'appelle à cette heure tous les autres de cet État, qui sont restés spectateurs de nos folies ; j'appelle la noblesse, notre clergé, nos villes, notre peuple... »

Et ce fut le traité des deux Henri.

Monsieur de L'Estoile, présent aux retrouvailles, souligne, ironique, avec quelle émotion les deux adversaires s'embrassèrent : « amoureusement, avec des larmes d'une abondance extrême ».

Pas une seule fois, Marguerite n'est citée par les nouveaux alliés.

À Usson une crise de tristesse l'abat. Le marquis de Canillac a rejoint la Ligue dont le chef est désormais monsieur de Mayenne, le troisième frère des Guises. Le 13 mars 1589, la Ligue le nomme lieutenant général du royaume. Canillac est tué au combat de Saint-Ouen, fin avril de la même année.

Il n'est pas bon de coucher avec la reine Margot.

Le cœur en argent ajouté à sa si vaste ceinture fut pure coquetterie. Elle n'eut jamais de passion pour « Belle Fleur ». Il lui était utile et son corps réclamait quelque mâle. La marquise demanda à partir et on dit que Marguerite la pria sans ambages de quitter Usson. Elle détestait qu'elle se vantât d'avoir l'hôtel de Navarre.

L'argent d'Élisabeth lui permet d'améliorer son existence. Elle se maquille plus que de raison et au fil du temps, obtient des choses inutiles, luxueuses. Un invraisemblable carrosse bleu et or, doublé de satin azur. Un carrosse qui ne sert à rien mais la ravit. Ses promenades à Issoire, ses aumônes, et à mesure des années, ses visites aux châtelains voisins font d'elle « la dame d'Usson ». Elle est un peu moins enfermée, quoique toujours prisonnière. Elle est populaire ; elle est gentille ; elle est rieuse. Un rire de cristal et du ventre, qui enchante et trouble. Elle a toujours voulu une chorale. On fait venir de Moulins un groupe de jeunes gens dont le chef de chœur se nomme… Claude François. Fils de chaudronnier, blondinet féminin, il a dix-huit ans. Il lui rappelle son petit Aubiac. Les autres choristes sont aussi jeunes. La reine Margot n'attendra pas longtemps pour entraîner Claude François dans son lit.

— Dieu, que les jeunes gens sont donc charmants ! s'émerveille cette femme qui frôle la quarantaine, revigorée par les vocalises, les prouesses de son chef de chorale et, à mesure, de ses petits choristes.

Cela fait une dizaine de gentils amants pour Margot mais Claude est le préféré.

— Il a des charmants talents. Je suis fort aise que la chapelle et nos saints offices connaissent cette embellie, dit-elle à ses dames, moroses, percluses.

Tout cela pendant que l'Histoire continue sans elle son implacable rythme de fleuve où se mêlent la boue, les charognes, les trahisons.

*

Juillet est brûlant. Les « deux Henri » font le siège de Paris dominé par la Ligue.

Le 3 juillet, ils ont pris Étampes. Le mardi 1er août 1589, Henri III est à Saint-Cloud :

— M'amie, a-t-il dit à Louise, attendez-moi à Chinon. C'est plus sûr.

Ils se sont longtemps embrassés. Ils ne se sont jamais revus.

Il souffre de diarrhées et de tuberculose aggravée. Une foule de moines divers vont et viennent de Paris à Saint-Cloud. On ne sait plus qui est qui… mais le roi a la faiblesse d'aimer les moines. L'un d'eux, insignifiant, encapuchonné, payé par la duchesse de Montpensier, la tête faible, se nomme Jacques Clément. Il a été chargé par elle et les

Lorrains d'une « mission sacrée ». Venger les Guises en les débarrassant de ce roi digne des enfers. Empêcher l'hérésie d'être au pouvoir. Jacques Clément, petit, un peu torve, l'œil d'oiseau fou propre aux fanatiques, demande à la duchesse s'il risque l'affreux châtiment réservé aux régicides.

— Pour le Vrai Dieu, j'accepte tout ! fait sa grande voix exaltée.

Jacques Clément, ardent adepte de la Ligue, est l'instrument idéal pour frapper le dernier des Valois.

La Montpensier lui assure qu'il sera protégé. Elle lui confie un poignard au manche noir.

— Faites-vous recevoir à Saint-Cloud, personnellement, par le roi, comme porteur d'un Message du Ciel. Tenez, voici le message, scellé.

Il s'en va, avec force signes de croix.

Il est tard quand il pénètre à Saint-Cloud.

Il négocie son entrée près du roi avec moins de peine que prévu. Il a l'air si convaincant que l'on dit au roi « qu'un moine demande à lui parler ». Henri III est sur sa chaise percée, sous le dais somptueux, les chausses sur les genoux. Il hésite un peu et se décide.

— Faites entrer ce moine et qu'il me donne son message.

Il est, ce moine, de taille si médiocre, cerné de quatre gardes, que personne ne s'inquiète. Henri III a une nouvelle convulsion d'entrailles.

— J'ai à parler au roi à part, exige le moine.

— Approche, dit Henri, le derrière souillé, les cuisses découvertes.

L'écuyer du roi, Bellegarde, s'éloigne avec méfiance.

— J'ai une lettre pour le roi, répète le moine, au crâne osseux, à la maigreur singulière, les lèvres minces.

Il tend une lettre à Henri, qui, à demi penché, commence à lire. Le moine, à genoux, le frôle. Le roi grimace, sur sa chaise. Il ne sait pas d'où vient la fulgurante douleur « *au petit ventre* », sous son nombril. Une nouvelle diarrhée ? Mais pourquoi tout ce sang… Il regarde son ventre. Le moine lui a planté son poignard sous l'abdomen. Henri a la force d'arracher la lame, en donner un coup au sourcil droit de Jacques Clément et de s'écrier :

— Ha ! Le méchant moine, il m'a tué !

Il s'écroule, bousculant la chaise et son contenu. Le moine, sûr d'être protégé, qui sait, enlevé par les Anges, se tourne vers la fenêtre. Un curieux magistrat présent sur les lieux – payé par la Montpensier –, lui passe son épée à travers le corps. Pas de scandale, pas de procès, pas de crime de lèse-majesté : plus de roi. Plus de Valois.

Henry de Navarre est accouru près du roi. Il respire encore. On a bandé de charpie la blessure. Il demande son confesseur, les sacrements. Il embrasse le Béarnais devant la noblesse conviée dans sa chambre d'agonisant. Il le désigne et dit :

— Voici mon successeur, Henri de Bourbon. Soumettez-vous à lui, et vous, mon frère, soumettez-vous à notre église.

Il souffre beaucoup. Il a très soif. Il peut à peine parler. « Louise, murmure-t-il, Louise. »

Ce 2 août 1589, il meurt à trois heures du matin.

On pleure. On se demande quelle sera la France avec ce roi protestant, pauvre, toujours marié à une Valois, enfermée tel un animal dangereux.

Le 4 août, Henri de Bourbon et de Navarre fait à Saint-Cloud sa « Déclaration solennelle » : conserver et maintenir le catholicisme dans « Son royaume ».

Henry va traverser quatre années de combats multiples avant d'être enfin sacré roi de France. Sa pensée est très loin de Marguerite. Il est dans l'âpreté guerrière de « gagner » à jamais sa couronne que réclament déjà le duc de Savoie, le bâtard Angoulême poussé par le clan des Bouillon, et le vieux cardinal de Bourbon.

*

Marguerite a reçu la nouvelle de la mort de son frère. Elle oscille entre une foule de sentiments contradictoires. Le frère impur qui le premier avait osé « la mettre *au montoir* » : assassiné.

Il n'est pas bon de coucher avec la reine Margot.

« Je n'ai plus qu'un ennemi, pense-t-elle. Mon époux le roi de Navarre… et de France. Me hait-il encore ? »

Sa famille entière est morte, dispersée aux vents mauvais.

Usson.

Que va faire Henri de Bourbon de l'encombrante fille des Valois ?

La fera-t-il assassiner ? Le voilà tant occupé à gagner d'autres batailles, roi si pauvre qu'il s'est fait tailler un pourpoint violet dans celui du défunt roi… dont la dépouille a été déposée en un cortège furtif, lugubre, à Saint-Denis.

« Je ne suis pas même sûre de régner sur Usson, réfléchit Marguerite. Mon neveu Angoulême s'en pense le maître. Ma mère lui a donné l'Auvergne. »

Un pli amer fait trembler ses bajoues. Mais l'énergie la reprend et ses incroyables audaces :

« Je vais vendre une terre d'Auvergne sans son avis, on verra bien ce qu'il en ressortira. Peut-être une alliance avec lui… ou contre lui ? »

Reine, *mentalement reine,* elle agit en reine, n'ayant plus rien à perdre et peut-être beaucoup à gagner. Une année passe encore où le Béarnais gagne la bataille d'Ivry, et mène le siège de Paris. L'Espagne s'affaiblit, mortifiée et appauvrie d'avoir perdu sa flotte, l'Invincible Armada, vaincue par les Anglais. L'Espagne contraint Henry à lever le siège de Paris où règnent la famine et la terreur. Les papes vont se succéder, Urbain VII, Clément VIII, Grégoire XIV, Innocent IX… ce qui signifie pour Marguerite encore des années à Usson.

« On m'a oubliée à Usson. Qu'Usson soit mon arche de salut. »

Elle entend les grands coups de brosse des servantes qui lavent les sols. Le grondement d'une chambrière. Les braises trop chaudes du gros fer ont brûlé un jupon de la reine. La matrone, à la cuisine, découpe au hachoir quelque viande, d'une force de bourreau appliqué. Sur de grands cerceaux, les broderies des dames marquent la lenteur des heures. Marguerite se sent presque bien, une forme de sérénité. Est-ce cela, vieillir ? Une affreuse paix marquée par le rythme des servantes au ménage et des complies à la chapelle ? Elle frissonne et écrit à son cher Brantôme.

> Au sieur de Brantôme,
>
> J'ai su que comme moi vous avez choisi la vie tranquille, en laquelle j'estime heureux qui peut s'y maintenir, comme Dieu m'en a fait la grâce depuis cinq ans, m'ayant logée en une arche de salut… S'il me reste quelque moyen de servir à mes amis et à vous particulièrement, vous m'y trouverez entièrement disposée…
>
> M.

Montaigne lui a fait parvenir la publication du troisième livre de ses *Essais.*

Un matin, un cavalier tout chenu gravit les chemins vertigineux d'Usson. C'est Brantôme ! Ce fut un des derniers voyages de son amoureux fervent qui ne voit pas en elle cette femme déjà âgée, énorme, mais toujours « la perle des Valois », fleur unique de son herbier amoureux. Les soirées sont moins lentes. Brantôme distille les nouvelles.

— Le nouveau pape est Clément VIII. Le roi de Navarre est roi de France sous le titre de Henri IV. Le Parlement de Bordeaux l'a reconnu ainsi en janvier 1590… Le cardinal de Bourbon qui prétendait à la Couronne est mort. Il était fort gras, d'un esprit médiocre. La Ligue est furieuse. L'Espagne tracasse le nouveau roi de France, que rien ne décourage. Il promet d'abjurer sa foi. Lors de la bataille d'Ivry, il reçut un coup de couteau, qui n'a frôlé que sa lèvre. Le coup a été porté par un fanatique, un certain Jean Châtel. On l'a torturé puis écartelé place de Grève après lui avoir coupé le poing droit. Ses cendres ont été dispersées au vent. Agrippa d'Aubigné, outré que le roi ait songé à renier sa religion, lui a dit : « Sire, vous n'avez encore renoncé à Dieu que des lèvres, il s'est contenté de les percer, mais quand vous le renoncerez du cœur, il vous percera le cœur[1]. »

Prémonition du coup de poignard de Ravaillac ?

— Je suis heureuse des succès de mon époux, et je loue Dieu de l'avoir protégé, dit Marguerite. Je le nomme désormais, en ma correspondance, « Monseigneur et frère ». Au fond, nous eussions pu être fort liés. « La pique entre lui et moi vient davantage de la diversité de notre religion »... J'espère que sa bonté saura ménager celle qui est encore son épouse et consent à devenir son humble sujette et sœur.

— Ah, madame ! Quelle grâce quand vous dansiez « *le branle de la torche* » ! Le feu de vos yeux admirables suffisait « *à embraser toute la salle* »... Il serait si bon, pour la France, d'être gouvernée par vous... Pour moi, vous serez toujours « *nostre reyne Marguerite* » !

— Je tente de rédiger mes *Mémoires*. Je vous les adresse en particulier. Cet œuvre d'une après-disnée ira vers vous... en masse lourde et difforme comme des petits ours pour y recevoir sa formation. C'est un chaos duquel vous avez déjà tiré la lumière[2]...

Brantôme est si entiché de son idole qu'il admire plus qu'il n'envie son sérail de choristes. La graisse accentue encore son ventre, ses cuisses, les mollets, épargne les avant-bras « plus doux que l'ivoire ». Les petits amants vont et viennent du lit de la reine à la chapelle où ils chantent à gorge déployée. Se haïssent-ils, ou s'amusent-ils de leur bonne fortune ? Ou bien ces petits valets – c'est la première fois qu'elle couche avec des gens du peuple –, sont-ils révulsés de s'engouffrer en ce corps énorme, âgé, aux trop vertes ardeurs ? Jouent-ils ensemble, devant elle, ou entre eux, aux mêmes jeux ? On ne sait pas sauf que Marguerite se toque de Claude François. Il est volage ; il a remarqué des jeunes et jolies filles parmi les servantes de la sultane d'Usson. Quel profit à tirer d'être « la putain » d'une reine ! La jalousie mord la forte perle des Valois qui porte perruque bleue et reprend goût aux bains parfumés où est convié le chef de la chorale. Il ne se prive pas de monter chez les femmes de chambre ou descendre chez les lavandières. Ou chanter la

1. In *Les Tragiques*, Agrippa d'Aubigné, *op. cit.*
2. Cf. *Pierre de Bourdeille, seigneur de Brantôme*, Madeleine Lazard, Fayard, 1995.

romance, aux dames les plus jeunes de Marguerite. Peut-être la jolie madame de Birac, sœur du petit Aubiac ? Marguerite, jalouse, hors d'elle, d'une agilité étonnante, va jusqu'à chercher les coupables, à grands cris et à quatre pattes, sous les lits…

Les mois passent encore. Henry assiège Chartres et s'empare de Noyon, pendant qu'à Usson, le petit favori donne de la voix, et en gentil coq, assaille cette active montagne de chair parfumée…

Brantôme est reparti et ne reviendra plus. De plus en plus perclus, suite à une chute de cheval, retiré en son Périgord, il mourra en 1614, un an avant Marguerite. Il lui a dédicacé toute son œuvre. On ignore si elle l'a su.

Un autre visiteur est venu distraire Marguerite : Montaigne. Sa sage morosité s'enchante à la conversation de Marguerite. Elle lui lit *La Ruelle mal assortie* ou le *Dialogue entre Marguerite de Valois et sa beste de somme.* À cette époque, « la beste de somme » est Claude François.

> — Je prends plaisir à faire l'amour du bec… [Marguerite]
> — Non, pas toujours.
> — C'est donc pour satisfaire à vos brutaux désirs […]. Mon inclination ne tend qu'à ces petites voluptés qui proviennent des yeux et de la parole, qui sont, par comparaison, d'un goût plus savoureux… Que cet autre plaisir que nous avons de commun avec les bestes…
> — Je prends grand plaisir à faire la beste…
> — Vous avez raison, car c'est sans contrainte et sans prendre grande peine…

Voilà de quoi faire réfléchir, et peut-être rire, le trop sage Montaigne qui estimait dangereux pour la paix d'un ménage d'initier une épouse au plaisir. Aux maîtresses ou au giton les caresses, à l'épouse la gestion du ménage et des enfants. Les propos de Marguerite répondent à la question fondamentale de l'exigence sexuelle des femmes – si forte frayeur des hommes qu'il fut longtemps impensable d'établir la satisfaction sensuelle dans le mariage. Marguerite, la première, en avait pâti. Elle avait osé l'amour parfaitement libre, parfaitement « *Beste* »… D'où la désastreuse réputation qui flotte encore sur elle. La sensualité assumée est pour elle tout sauf péché. Le seul péché qu'elle déplore et a trop vu, est le sang versé. C'est une des répliques de Marguerite à *La beste de somme :* « Je blâme seulement l'affusion de sang de ceux qui sont gladiateurs à outrance. »

On verra Marguerite, dans les dernières années de sa captivité, quand la chorale fut dispersée, coucher avec tout mâle qui entrait à

Usson, dont le moindre ouvrier. À tous, peu de paroles ou bien celle-là :

— Approchez-vous donc. Car vous êtes mieux près que loin.

Elle se comporte telle une impératrice romaine sifflant un gladiateur.

Certains fuyaient, épouvantés.

*

Elle écrit à son époux, ce roi de France à qui elle est toujours légalement liée.

1593. Le duc de Mayenne réunit au Louvre les états généraux. Il est question de la loi salique... qui, votée, ferait de Marguerite la reine légitime de France !

Le Parlement déclare la loi salique inviolable. On ne veut pas d'une femme au pouvoir, surtout cette femme-là. Le 25 juillet 1593, Henri IV emporte la Couronne en abjurant, à Saint-Denis, sa religion – au désespoir d'Agrippa. Ainsi se crée une trêve de trois années avec le duc de Mayenne. Marguerite écrit à son époux, de ce ton nouveau, respectueux, subtilement affectueux. Elle ne veut pas se faire oublier. Elle engage ainsi sa dernière carte. Il faut bien son accord pour annuler son mariage. Il faut bien compter, encore, avec elle. Elle l'a deviné, quand, le 27 février 1594, Henry est sacré roi de France à Chartres – non à Reims, car la ville est aux mains de la Ligue. Il entre dans Paris enrichi de onze provinces à ses côtés. Marguerite est bel et bien *l'épouse* du roi... Bien sûr, il doit se marier, assurer sa descendance. Il a besoin de l'annulation du mariage. Mais la roue a tourné en la faveur de Marguerite – excepté, sait-on jamais, quelque discret assassinat camouflé en accident. Monsieur Duplessis-Mornay évitera qu'on la supprime ainsi. Cela nuirait au roi qui construit sa popularité. Marguerite reprend espoir. Elle n'est plus « la Dame des Chameaux » mais celle dont il faut ménager l'alliance.

À Usson, elle a changé d'attitude. Épouse du roi, elle tient à rétablir le protocole d'autrefois. On la sert désormais seule à table, ses dames debout, mêlées aux goûteurs et goûteuses. La dame la plus titrée lui tend sa serviette, un seigneur, la bassinoire... Le défilé des mâles à sa couche est sa fantaisie, rien d'autre. Elle est Marguerite de France. Le roi de France et de Navarre commence à la ménager en lui faisant parvenir des écus. Marguerite entame la stratégie de monnayer les avantages de son divorce.

Un nouvel événement inquiète et ralentit fortement ses affaires : le roi est amoureux. Il veut épouser sa nouvelle idole : Gabrielle d'Estrées.

Il a délaissé l'austère Corisande, follement épris de la belle et avide Gabrielle d'Estrées. Une beauté toute en blondeur, yeux bleus, teint de pêche, jeunesse, divine minceur, rondeurs là où il faut. Henry la veut ! Sully soupire ; la faiblesse du roi a toujours été là : amoureux, il ferait – presque – n'importe quoi. On ne demande guère son avis à Gabrielle. On la marie à un barbon, monsieur de Liancourt, choisi exprès pour son impuissance. Henry emmène d'autorité Gabrielle avec lui, jusque dans ses campagnes militaires. Il l'engrosse aussitôt. Elle accouche d'un César, légitimé duc de Vendôme, suivi d'un autre fils, Alexandre… Il confie ses rejetons, ses « petiots » et « petiotes » dont il raffole, à la nursery de Saint-Germain. Gabrielle exige de devenir reine de France. Elle est son grand amour. Il la couvre de cadeaux, d'honneurs. À Chartres, déjà, lors du sacre, elle tenait la place d'une reine. Il lui écrit « Mes chers amours. Je baise un million de fois vos belles mains. » Il est sincère. Il l'est toujours dans ses passions d'amour. Sully lui fait considérer la nécessité de négocier l'annulation de son mariage et de ne pas négliger un avantageux mariage avec la nièce du grand duc de Toscane. Margot a l'intelligence de le comprendre, de savoir en user. Elle fera traîner les choses jusqu'à obtenir biens et liberté.

L'entrée solennelle d'Henri IV à Paris, en mars 1594, est un grand événement. Un Bourbon *catholique* règne. Henry est un souverain de plus en plus incontournable. Sa popularité ne cesse de croître, en dépit du mécontentement des protestants et de la haine de la Ligue. Le Parlement de Paris a évincé les Jésuites, ce qui révulse l'Espagne. Le duc de Mayenne est obligé de se soumettre, Épernon aussi : ils ne sont rien sans la clémence du roi… qui veut à toute force épouser Gabrielle. Elle est à nouveau enceinte. Le pape, seul, peut dénouer ce que les noces vermeilles avaient noué. Sans l'accord de Marguerite, c'est impossible. Là est sa force. Voici le « style » des nouveaux rapports de Marguerite et son époux.

Au roy Mon Seigneur,

[d'Usson, ce 14 janvier 1595]

Monseigneur, après avoir rendu grâces à Dieu de ce qu'il lui a plu de préserver Votre Majesté du misérable et trop détestable attentat[1], qui a

1. Marguerite fait allusion au coup de couteau de Châtel à Ivry.

pensé apporter à toute la France et à moi particulièrement autant de préjudice comme chacun de ceux qui vous ont affectionnés et moi plus que toute autre… je requiers Dieu qu'il veuille, Monseigneur, conserver Votre Majesté et lui donner en toute félicité très heureuse et longue vie, votre très humble et très obéissante servante, femme et sujette,

Marguerite[1]

Elle rappelle avec discrétion qu'elle est toujours sa « femme ». Elle écrit à tout le monde. Elle écrit à ceux qui peuvent l'aider. Elle écrit à son neveu, Angoulême, à Sully, et même à Gabrielle d'Estrées qu'elle nomme « madame la marquise » titre que lui a offert Henry. Gabrielle, marquise de Montceaux, reçoit de surcroît le château de Montceaux, qui appartenait à Catherine de Médicis ! Henry la fera ensuite « duchesse de Beaufort ». En attendant qu'elle devienne reine de France. Marguerite pèse chaque mot :

À Madame la Marquise,

[D'Usson, ce 24 février 1597]

Madame la marquise, le commandement que j'ai reçu du Roi et votre recommandation ne pouvait être pour personne de qui j'affectionnasse davantage le bien que de monsieur de Roquelaure, pour savoir combien il est aimé du Roi et de vous, je bénis […] sa bonne grâce et… votre amitié, que si curieusement je rechercherai toujours à conserver […] je veux vous tenir pour ma sœur, et que, après le Roi, j'honore et estime le plus […] Il a plu à Dieu de… lui faire tenir le bien des Rois mes pères et frères, qu'il lui plaira aussi de me servir de frère…

Elle exprime ensuite ce qu'elle souhaite le plus : quitter Usson et rejoindre une de ses « maisons de France ».

Mes affaires ont grand besoin de ma présence. S'il plaît [au Roi]… Que j'aille en quelqu'une de mes maisons de France, la plus éloignée… que je pourrai choisir de la Cour, pour pouvoir donner ordre à mes affaires… je vous en aurai grande obligation… Pour en éternité me conserver votre très affectionnée et plus fidèle amie,

Marguerite

« *Bagasse !* » bougonne-t-elle, cachetant la lettre[2].

Elle sait, intense satisfaction, que le peuple déteste Gabrielle. Paris la surnomme « Méchante Putain » et « Duchesse d'ordure ». Elle a fait annuler son mariage avec monsieur de Liancourt en raison de son impuissance mais Henry doit obtenir l'annulation du sien. La « duchesse », accouchée une troisième fois, s'impatiente.

1. Rappel : toute la correspondance de Marguerite de Valois, y compris ses écrits personnels, a été consultée à l'additif de ses *Mémoires*.
2. Une « bagasse » est un juron provençal qui signifie : « putain ».

On est en 1598. Voilà douze années que Margot est à Usson. La duchesse est à nouveau grosse.

— Ma mie, dit le roi à Gabrielle, je vais préparer nos noces pour la fin de l'année. J'aurai d'ici là obtenu l'annulation de mon mariage.

Marguerite a quarante-trois ans. La jeunesse éclatante de Gabrielle, peinte nue, au bain, un téton pincé par sa sœur, la ravissante Julienne de Villars... Au miroir, Margot voit son menton rejoindre le cou, les perles glissées dans des ravines profondes. Combien d'années à grossir, finir, pourrir à Usson ? Elle continue ses lettres. Elle veut, elle va gagner.

Monsieur Duplessis-Mornay lui a écrit une missive pleine de tact pour accepter l'annulation du mariage. Il faut au roi de France un héritier légitime. Sully n'aime guère la dépensière Gabrielle. Il aimerait que son roi accepte d'épouser la nièce du grand duc de Toscane, la trop somptueuse inspiratrice du peintre Pierre Paul Rubens, la richissime Marie de Médicis. Il est difficile de raisonner Henry quand il est amoureux. Mais Sully sait qu'il aime l'argent et tient à son règne.

— Six cent mille écus de dot ! dit lentement Sully. Songez-y, sire. Nos dettes sont énormes. Laissez-moi continuer les pourparlers avec les Médicis, nos créditeurs...

— Vous avez toujours raison, Sully.

Henry veut Gabrielle et... l'argent de Marie de Médicis. Il ne cesse de guerroyer. En 1597, les Espagnols sont entrés dans Amiens : il les a chassés. Le 13 avril 1598 – unique bonne influence de Gabrielle –, il signe enfin ce que la France protestante attendait : l'édit de Nantes et le traité de Vervins. L'édit de Nantes, ce 13 avril est une date capitale qui donne, apparemment, la paix et la tolérance religieuses aux protestants. Précieux traité qu'annulera Louis XIV sous la désastreuse influence de l'aigre bigote madame de Maintenon. Paris et la France, à bout de souffle, de souffrances atroces, sont soulagés par l'édit de Nantes. Un vent neuf, roboratif, souffle de ce roi, dont la vaillance émerveille. Le dépit du roi d'Espagne est tel que Philippe II s'éteint la même année. Henry a nommé Sully, son cher Rosny, surintendant des Finances. Il lui fait entière confiance pour ses « affaires matrimoniales ».

— La nièce du grand duc, sire... Songez-y... L'or... Ménagez Marguerite de Valois, son accord pour annuler votre mariage est indispensable.

Marguerite répond à Sully avec courtoisie et habilité. Elle va dans le sens du sage ministre. Son hésitation, écrit-elle, vient du choix du roi. Elle supporte mal que la « bagasse » ose lui succéder et qu'elle n'ait pas daigné répondre à sa lettre. Marguerite fait donc traîner les choses et ses avantages. Au grand soulagement de Marguerite, de Sully et de Paris, au désespoir d'Henry, le 10 avril 1599, un samedi saint, Gabrielle meurt dans les affres d'une crise d'éclampsie. On a dû extirper, en lambeaux, à coups de tenailles, un enfant trop tôt venu. Fou de douleur, Henry offre à Gabrielle des funérailles princières. À la nursery royale, il a déjà cinq bâtards reconnus, en attendant le dauphin tant attendu.

Les négociations avec l'héritière du grand duc de Toscane ont repris. Marguerite s'empresse de répondre à l'intendant des Finances.

À Monsieur de Sully,

[À Usson, ce 29 juillet 1599]

Mon cousin, je commence à prendre bonne espérance de mes affaires, puisque [...] vous les voulez prendre en votre protection [...] J'en désire l'avancement pour [...] le contentement du Roi et celui de tous les bons Français que vous m'écrivez désirer de voir des enfants légitimes au Roi [...] Si j'ai usé de longueurs interposé des doutes et difficultés [c'est que je ne voulais pas] voir en ma place une telle décriée bagasse que j'estimais sujet indigne de le posséder... je ne doute point de la prudence du Roi et du sage conseil de ses bons serviteurs pour faire une bonne élection, lorsque je la verrai faire une sûreté à mes affaires, à mes titres et à ma condition et forme de vivre (car je veux achever le reste de mes jours en repos de corps et tranquillité d'esprit, en quoi le Roi et vous pouvez tout), [...] surtout assurez-moi ma pension et l'argent pour payer mes créanciers, afin qu'ils ne me tourmentent plus [...]. Prenez-en, donc assurance et me tenez pour votre plus affectionnée et fidèle cousine,

Marguerite.

L'espoir se mêle à un goût d'amertume. Le temps, le temps, qu'a-t-il fait d'elle ? Sa perruque lui tient chaud. Elle l'a ôtée. Un front chauve, et si peu de cheveux, çà et là... et ce fessier de jument.

— La nièce du grand duc... Mon époux est à nouveau engagé du côté d'une Médicis, une banquière, comme on disait de ma mère. Celle-là a six cent mille écus et sa mère est une Habsbourg.

Le miroir, mauvais conseiller quand la beauté et la jeunesse s'en vont. Sa peau a des plis, des replis. Quarante-quatre ans, quarante-cinq ans, quarante-six ans, davantage... Elle a peu à peu cessé de voir le sang du mois. Il lui arrive de grelotter et soudain de devenir fort rouge, le visage et le corps en sueur. Elle comble ses rides à la poudre de céruse. Elle a fait tailler dans un tissu bleu et argent une robe qui suit la mode de sa jeunesse.

— Ajustez une grande collerette, renforcez le vertugadin.

Il y avait François, Élisabeth, Claude, Charles, Henri, Hercule, sa mère, les nains charmants, les voyages, un jour, Henry de Navarre, une certaine nuit de noces où saignaient les escaliers du Louvre, il y avait les amants aimés, perdus, et aussi ce bel homme penché vers elle, elle sur ses genoux. Il y a longtemps. Ce bel homme. Henri II, son père.

Elle boit ; elle avance quelques pages de ses *Mémoires,* croque des dragées. Elle hésite à faire venir quelque « beste de somme ». Elle s'évente. Elle secoue la tête et demeure à son pupitre.

— Écrire, dit-elle. Le plaisir n'est que pauvre foudre à côté de celui-là.

Henry a choisi monsieur d'Érard, le maître de requête de Marguerite, pour accélérer l'annulation de son mariage. Le roi est ravi des bonnes dispositions de son épouse. On reprend les négociations avec le grand duc. Il n'a pas prévu son éternelle faiblesse. Deux mois après le décès de Gabrielle, il tombe amoureux d'une terrible ambitieuse, mince et piquante beauté brune, aux seins pulpeux : Henriette de Verneuil d'Entragues. Elle est la fille de Marie Touchet, ex-maîtresse de Charles IX, et de l'avide François d'Entragues. Les d'Entragues se mêlent de manière ignoble de la passion du roi. Ils négocient la virginité d'Henriette et arrachent une promesse de mariage, écrite et signée par Henri IV. Il l'épousera si elle accouche d'un garçon. Sully frémit, Henry signe. Bah ! Il a mené tant de batailles et de victoires, y compris amoureuses, que ce « papier » ne l'arrête guère... pas plus que de briguer la main de Marie de Médicis. Sa dot l'enchante, les seins d'Henriette aussi. Elle accouche d'un garçon mort-né, au soulagement de tous, sauf des d'Entragues. Ils ourdissent de fumeux complots autour du roi. Ils brandissent, Henriette aussi, « la promesse ». Henri se fâche et s'en moque. Les complots rebondissent, Henriette y trempe, et la reine d'Usson d'attendre l'heure de sa liberté bien monnayée...

— La nièce du grand duc de Toscane, fort catholique, a six cent mille écus de dot, répète Sully. Vous devez un million d'écus aux Médicis. Songez aussi, sire, à ce qu'une telle union amènerait comme apaisement avec Rome, l'Espagne et l'Italie ! Un portrait de Marie de Médicis vous est parvenu. Cette grave beauté blonde de vingt-deux ans est Junon, une vraie déesse de la fécondité ! Voyez ces hanches... Cette chaste poitrine semble gorgée du lait maternel. Une telle épouse promet une magnifique moisson au roi et à la France.

— Ah, Sully, je sacrifierais dix de mes maîtresses pour un serviteur tel que vous.

Henriette – cruelle, intéressée, mesquine – est liée à ses démons charnels. L'aime-t-il ? Ce n'est pas Gabrielle, personne ne sera plus jamais Gabrielle, mais il ne peut se passer du corps d'Henriette. Caresser « ses petits *guarsons* » – ses seins. Il ne peut se passer non plus d'un solide et grand mariage. Il a déjà quarante-cinq années. Le temps presse ; la France doit avoir son dauphin. Ses ministres dont monsieur de Villeroy, monsieur de Bellièvre appuient en ce sens. Henri IV reconstruit ce royaume, détruit, affamé, sa raison se rend aisément à ces arguments. Polygame dans l'âme, il gardera Henriette, *le corps d'Henriette,* voilà tout. Une *favorite,* des complots de laquelle il n'est pas dupe. Mais il épousera la fille du grand duc. À Usson, les courriers vont et viennent. Marguerite a écrit longuement au roi pour sa pension, de « *cinquante mille francs comme je les ai toujours eus des susdits mes frères* ». Henry répond à Margot en la nommant « M'amie », immense progrès de réconciliation. Le ton est revenu à la complicité – calculée – d'avant. « M'amie » et non plus « Madame » ou « Ivrognesse ». Les injures sont terminées, la bonne amitié est nécessaire. Henry vend une partie de ses terres pour accorder cette demande. Il escamote Usson. Usson, à la porte de l'Auvergne, est une place forte, militairement trop intéressante pour les protestants. Marguerite utilise une nouvelle carte : les complots d'Angoulême, son neveu haï, qui lui a volé ses biens et brigue la couronne. Marguerite sait le moment venu de dévoiler au roi ses manigances.

> Monseigneur, [voici] le mauvais dessein de mon mauvais neveu. [...] Mal conseillé, ce garçon tient plusieurs places en ce pays, des maisons qu'il m'usurpe du bien de la feue Reine ma mère, qui sont presque aussi fortes que celle-ci [Usson]... Châteaux, rochers, enceintes qui pour le bien de son service seront mieux par terre que debout... Il se vante [qu'Usson] lui a été promise quand j'en serai partie...

Autant démolir Usson que de voir la forteresse en de telles mains !

Elle est prête, dit-elle, à soutenir ses accusations – complot contre les biens et la personne du roi – devant le Parlement.

Henry est ombrageux, comme Gascon et comme roi, quand on ose usurper des places fortes, comploter contre lui, l'insulter en insultant ses attaches. Il a pour Marguerite une forme d'attachement. Il est attentif à ce complot où sont de mèche les d'Entragues et Henriette. Le neveu finira bouclé onze ans à la Bastille, les d'Entragues, et leur chantage, arrêtés, relégués dans leurs terres, à Malesherbes. On hésita à les faire décapiter. La disgrâce définitive d'Henriette eut lieu en 1606.

L'ultime argument de Margot – qui a consenti au divorce – achève de le convaincre d'aider Marguerite à reprendre ses biens :

> Monseigneur et mon frère, dès que je serai, grâce à votre aide, en juste et légitime possession de mes biens usurpés, je les léguerai dont l'Auvergne à votre fils, le futur dauphin.

Le sieur Érard va et vient entre les deux époux. Marguerite recevra dans un premier temps cinquante mille écus, le reste suivra. La missive comporte la grande clause : le consentement de Marguerite à demander à Rome l'annulation de son mariage. Henry signe en affirmant à quel point son amitié lui est chère, et il lui baise « humblement les mains ». « Je prierai Dieu, qu'Il vous ait, m'amie, en sa très sainte et digne garde. »

Le moment capital est arrivé : Marguerite, avec peut-être une pointe douloureuse entre les côtes, signe le document vierge que compléteront de données, plus ou moins spécieuses, le roi et ses ministres. Elles sont destinées à convaincre le pape Clément VIII. Il a besoin de l'alliance française.

Le sieur Érard emmène, en escorte bien gardée, la précieuse procuration, avec une lettre de Marguerite. Elle ose attirer l'attention sur ses biens et sa pension.

> Monseigneur, Votre Majesté aura, par monsieur Érard, entendu les manquements qui se sont trouvés en tout ce qu'il lui a plu me promettre, [...] je supplie [Votre Majesté] que, par cet acte, tant de mes biens que des bienfaits de Votre Majesté me soient assurés en sorte qu'il me reste moyen de vivre selon ma qualité.

Henry est enchanté que s'active une telle affaire. Il était bloqué sans l'accord de Marguerite. Il s'empresse de lui promettre « deux cent-cinquante mille écus », pour ses dettes, et « une rente viagère de douze mille écus ».

— Quatorze mille écus, réclame Marguerite, forte du rôle incontournable qui est devenu le sien.

— Je vous les baillerai, promet le roi.

— Cette rente n'est pas trop exigeante pour Votre Majesté et d'une grande importance pour moi...

L'or ; capital à ces princes, l'or, préoccupation essentielle de Marguerite d'Usson.

— L'or, c'est l'air pour respirer, dit-elle.

Force lui est de constater l'irrégularité des pensions promises. Et si on l'avait bernée ? Mais non, il faut encore attendre... Se taire... Elle a tant attendu... Henry envoie à Rome son ambassadeur monsieur Brûlard de Sillery. Il entre en arguments sans fin avec le pape.

— Votre Sainteté, j'ai ici la grande pièce de ce dossier. La demande de Marguerite de Valois elle-même pour annuler son mariage… qui eut lieu la veille de la fâcheuse Saint-Barthélemy.

— Nous allons, déclame Clément VIII, envoyer une délégation en France. Nous devons recueillir des témoignages, des arguments irrévocables. Une délégation se rendra également à Usson, interroger Marguerite de Valois. L'Église est très attentive et prudente au sujet de l'annulation d'un mariage.

Monsieur Brûlard de Sillery s'incline et baise son anneau.

Arrivent à Usson, en septembre 1599, deux personnages. L'archidiacre Bertrier et son gras protonotaire du nom de Rossignol. Le guetteur qui baye aux corneilles et se distrait en observant l'eau de gouttières, les a aperçus, peinant sur le si rude chemin. Marguerite est toute au théâtre de les recevoir. En noir, emperlée, sans la ceinture où dansent les cœurs des malheureux amants, elle est digne, fière et douce. Elle fait servir un repas copieux et du bon vin aux comparses du Vatican. Ses dames restent debout. La gaillarde chorale répète à la chapelle des œuvres fort pieuses avec l'ordre d'y demeurer. L'évêque, le protonotaire, Marguerite, deux secrétaires, se retirent dans son cabinet d'écriture et de lecture. Il y a une grande table, près du pupitre. Ils prennent place. Elle est attentive à leurs questions. Au palais abbatial de Saint-Germain-l'Auxerrois, les mêmes demandes sont posées au roi par le cardinal de Florence, l'archevêque de Toulouse et celui de Modène. L'onctueuse voix de l'Église susurre, simultanément, à Marguerite et à Henry :

— Le mariage a-t-il été consommé ?

On retrouve la réponse autrefois dite par les deux complices :

— Paillards et jeunes comme nous l'étions… c'était inévitable.

Mentir le moins possible, obtenir le plus possible.

L'évêque, fort rouge, a rougi encore et le protonotaire fait « Hem-hem ». À Usson et à Paris, on note tout frénétiquement.

À Marguerite est demandé « si elle a été contrainte d'épouser Henry de Navarre ».

— Oui. Ma mère m'a obligée à épouser le prince du Béarn, assurant qu'elle ferait de moi la personne la plus malheureuse du monde si je refusais.

— Y a-t-il eu contrainte physique ?

— Mon frère, le roi Charles IX, devant mon silence, à Notre-Dame, m'a donné un fort coup de poing sur la nuque, mon cri a passé pour un assentiment.

Habile, elle rappelle qu'elle aimait un autre seigneur, Henri de Guise.

— Mon désir était d'épouser un autre prince ; mais j'ai dû obéir.

Henry avance le pion « consanguinité ». Marguerite aussi. Bonne présomption de cassation.

— Nous sommes cousins issus de germains par nos aïeux, le roi François Ier et sa sœur de Navarre.

— Ya-t-il une autre forme de consanguinité ?

— Oui, dit Henry. D'ordre spirituel. Le roi Henri II, père de mon épouse, était mon parrain et de ce fait mon « père spirituel », donc Marguerite de Valois est ma sœur spirituelle.

— Nous aimerions entendre des témoins.

On y a songé et préparé avec soin un intéressant petit cheptel. Madame de Curton affirme les dires de Marguerite sur la violence de ce mariage sans son accord. L'évêque d'Auxerre assure :

— Il n'y avait « aucun consentement de religion » en ce mariage. La dispense du pape n'était jamais arrivée.

On va jusqu'à faire témoigner madame de Sauve, *« vérolée à l'extrême »*, discrètement bien payée... Y compris pour taire ses anciennes fredaines avec Henry. Elle confirme les graves menaces de la mère contre la fille.

Ces arguments sont plus ou moins boiteux, mais le pape s'en contente. Le 24 octobre 1599, il signe enfin la bulle d'annulation. Henry peut entrer libre dans le siècle nouveau. Et Marguerite ? Que fait-elle encore à Usson ? Elle a pourtant reçu une lettre des plus chaleureuses du roi. Il la nomme désormais : « Ma sœur ».

11 novembre 1599

Henry IV à la reine Marguerite

Ma sœur, les délégués de notre Saint Père pour juger de la nullité de notre mariage ayant enfin donné leur sentence à notre commun désir et contentement... si Dieu a permis que le lien de conjonction ait été dissous, Sa Justice divine l'a fait autant pour notre repos que pour le bien public du royaume. [...] je ne veux pas point vous chérir et aimer... avoir plus de soin de tout ce qui vous concerne que jamais [...] je ne veux pas être dorénavant votre frère que de nom... Dieu bénira le reste de nos jours d'une amitié fraternelle accompagnée d'une félicité publique. Consolez-vous donc, je vous prie, ma sœur, en l'attente de l'une et de l'autre...

Marguerite répond aussitôt. Elle a sans doute un inavoué fond de tristesse. Une autre sera reine à sa place sur ce trône, ainsi va la Fortune. Tallément de Réaux admirait en elle ce rare, puissant et souple instinct de survie : « Elle savait *s'accommoder au temps.* » Quelque chose du caractère de sa mère ? Réponse de la reine Marguerite, avec une pointe d'ironie :

> Monseigneur, Votre Majesté, à l'imitation des dieux, ne se contente pas de consoler ses créatures de biens et faveurs, mais daigne encore les regarder et les consoler en leur affliction. [...] car bien qu'il soit aisé de se consoler de la perte de quelque bien de fortune que ce soit, d'une qui pourtant a sa vie et sa naissance telle que je l'ai, le seul respect du mérite d'un Roi si parfait et si valeureux en doit retrancher par sa privation toute consolation ; et... changer ma plainte en louange...
>
> Votre très humble et très affectionnée servante, sœur et sujette,
>
> Marguerite.

Elle s'est rangée, écrit-elle aussi, signe un peu vif d'amertume, « à cette loi non pour vous contenter mais pour vous obéir... »

— Ah, bougonne Henry, elle a donc oublié ses déportements ?

Usson. Qu'il fait sombre ! Elle demande des flambeaux, que l'on attise le feu. Elle fait venir en sa chambre un des gentils choristes. Trop dur est l'hiver, son quinzième hiver en ces murs. Elle a besoin des baisers, ces baisers.

Elle a coupé à chacun de ses choristes, tous blondinets, une grosse mèche de cheveux. Elle se fait confectionner, avec ces pans de chevelures séchées sur l'herbe, une perruque, fâcheusement rouquine et haute « d'une aune ».

— Je la porterai en souvenir des rares et douces heures entre ces murailles.

Le 17 décembre 1599, à son déplaisir, l'annulation de son mariage a été placardée, solennellement et publiquement en l'église de Saint-Germain-l'Auxerrois. C'est la paroisse du Louvre, où Henry, bon catholique, mène ses dévotions. Henri IV aura changé de religion six fois en sa vie tumultueuse ! – son cœur est secrètement huguenot. Pour Noël, il veut offrir un cadeau « à sa sœur Marguerite » : le titre de duchesse de Valois, ainsi que la restitution d'une partie importante des biens ravis par le neveu. Marguerite est à nouveau riche de ses provinces, l'Agenais, le Rouergue.

Ah, que c'est bon, cette roue qui tourne enfin dans le bon sens !

1600. Le roi de France est « fiancé » à Marie de Médicis, en dépit des complots et des crises de nerfs d'Henriette d'Entragues. Le 5 octobre 1600, le roi épouse, par procuration, la nièce du grand duc. Le mariage a lieu, dans le dôme de Florence. Un luxe inouï. Henry est absent car il guerroie contre la Savoie et s'empare de Chambéry. L'imposante épouse, couverte d'or, de manches bouffantes, cernée d'une véhémence de bijoux, la collerette entourée de perles, et sur les boucles à profusion, d'un blond ardent, une couronne trop petite pour ce lourd visage carré, au menton signé Habsbourg, avance avec une lourde traîne. La musique d'un opéra de Jacopo Peri est créée et jouée à cette occasion. La nouvelle reine de France fait son entrée, telle autrefois Catherine de Médicis, à Marseille. Elle parle à peine français. Le 17 décembre 1600, elle est à Lyon, où Henry l'a rejointe. Elle n'est pas à une stupeur près. Ce petit homme – elle le dépasse aisément – à la barbe pointue et grise, laid, actif, demande à passer la nuit avec elle. Elle n'y entend rien. Elle rechigne à consommer les noces sans la cérémonie prévue à Notre-Dame.

— Allons, m'amie, je vous adore ! dit le Béarnais. Je ne puis plus longtemps languir de vous. Vous êtes ma femme, que diantre ! Soyez-le entièrement.

On traduit ; elle comprend un peu. Est-ce une mode française de consommer ce lien sacré sans que Dieu ait à nouveau été invité aux noces ? Elle est stupéfaite par bien des choses. Certes, Henry est adroit avec les femmes mais elle n'est pas amoureuse. Elle est révulsée par son odeur, ses gestes qu'elle prend d'abord pour une crise de folie obscène.

— Obéissez-lui en tout, mon enfant, a dit le grand duc, en guise d'adieu. Le roi de France ne veut que votre bonheur et un dauphin de vous, reine de France.

Elle comprend peu à peu, qu'en effet les enfants ne se font pas par les oreilles… D'autres surprises, étonnantes et fâcheuses, l'attendent au Louvre. Il y a une favorite, Henriette, traitée quasi en égale et qui ose ne pas la saluer. Il y a à Saint-Germain une nursery qui déborde de rejetons. Au Louvre, une foule des jolies femmes rôdent avec fruit autour du roi, dont Jacqueline du Bueil. Marie de Médicis est peut-être reine de France mais, hélas, à sa fureur, reine du harem d'Henri, incorrigible Vert Galant… qui vit ouvertement avec ses « femmes » ; il est incapable pour le moment de rompre avec Henriette.

Marguerite s'amuse avec sa « beste de somme », jusqu'au moment où pénètre dans le château, pour travaux divers, un joli garçon, fils d'un charpentier d'Arles. Elle le trouve si gentil qu'elle lui confie quelques travaux… en chambre.

— Madame de Vermont, dit-elle à sa dame d'honneur, ayez la bonté de garder ma porte que je verrouille. Je suis occupée avec ce petit.

Le jeune homme, dix-sept ans, est épouvanté de se trouver seul avec une reine, qui lui veut trop de bien. Une dame si épaisse, qui lui demande de défaire son corset. Elle baise et rebaise sa bouche, ses yeux, tout ce dont elle s'empare de lui, avec son brio habituel. Tout le monde à Usson, jusqu'au guetteur, est au courant.

« La reine est avec un nouveau petit caprice », dit-on.

Le Tonerino a quelque jalousie et enrage, y compris contre sa chorale qui chante soudain faux. Marguerite, ravie de la nouvelle « beste », éloigne Claude François en lui offrant une petite terre, un mariage avec une dame à modeste particule. Que faire du joli Provençal quand son engouement devient à son tour ce feu de paille ? Marguerite ne veut plus de drame, sa liberté exige plus de prudence. Elle met fin à son petit caprice en le mariant à une de ses filles de chambre.

Usson ne regorge pas de gens de cour et les choristes sont partis. Ils finissaient par l'assommer. Il y a la terrible exigence de ses sens. Les amants de la reine d'Usson sont désormais n'importe quel homme de peine. Un fermier, un charbonnier, le ramoneur, quelque puissant bûcheron. Un rapide assaut et il suffit. Elle dîne seule avec un grand protocole. Elle compense ses « bestes » avec quelque legs, des petits mariages. On ricane un peu de ses choix d'amour, où n'entre pas l'amour. Le sire de Bourdeille, Brantôme, indéfectible défenseur, réplique vertement à qui ose l'attaquer sur ce point :

— Un bon homme de guerre est bon à la guerre mais s'il ne sait rien faire au lit, un bon gros valet vaut autant qu'un gentilhomme lassé.

Marguerite occupe ainsi son temps, dont le meilleur est consacré à ses lectures. Elle traduit Plutarque, relit Horace, Ovide, Homère, Dante et, plus que jamais, écrit.

Quand sortira-t-elle enfin d'Usson ? Elle a gagné son procès contre Angoulême grâce à l'appui du roi. Le 27 septembre 1601, à Fontainebleau, est né le dauphin tant attendu : le futur Louis XIII. Fou de joie, Henry donne à Marie, à la fureur d'Henriette, le château de Montceaux. Henriette, engrossée en même temps, accouche d'un Gaston-Henri, légitimé. Les complots reprennent. La favorite veut à tout prix que son fils soit le « vrai » dauphin. La nursery royale compte maintenant sept enfants et à la fin de la vie du Béarnais, six enfants légitimes dont treize de ses favorites… Ce qui fait au roi dix-neuf « petiots » et l'enfer de sa vie conjugale et familiale.

Les querelles entre Marie de Médicis et Henriette d'Entragues sont un éclat permanent. Henriette, sûre de tenir son amant par les sens, ose hurler sur la reine :

— Grosse banquière !

— Putana ! rétorque la reine, saisissant la cravache à chiens.

Henry s'interpose et reçoit de sa majestueuse et solide épouse une claque magistrale. Sully doit les séparer. Elle a l'air d'une poissarde, le verbe haut, le geste violent. Henriette est échevelée, méchante, dangereuse. Infernale. Elle est l'enfer de ce couple qui, au fond, s'entend bien. Henry a peur des querelles de femmes. Il pense tout régler en couchant avec elles. Et la nursery de Saint-Germain de se remplir... C'est le vrai refuge du roi. Une joie et une forme de paix. Il confie à Sully que ses femmes ont souvent été « fort acariâtres ».

Il entend s'occuper lui-même de l'éducation de ses enfants, surtout du dauphin qui a un régime spécial, plus dur. Il l'a confié à une nurse énergique, madame de Montglat.

— Fouettez-le, s'il est insolent, ou trop mou, n'hésitez pas, dit-il. C'est le futur roi de France.

Il n'y eut jamais enfant plus fouetté que le futur Louis XIII. Il n'aimait pas les femmes.

Ses autres enfants sont élevés avec tendresse. Simplement. Il se met à quatre pattes pour faire le cheval et les hisser sur son dos.

Il eut de Marie de Médicis six enfants : Louis, en 1601, Élisabeth en 1602, qui sera reine d'Espagne, Christine en 1606, future duchesse de Savoie, Nicolas en 1607, Gaston Jean-Baptiste en 1608, Henriette-Marie en 1608, qui deviendra reine d'Angleterre. Sully avait raison. Son épouse est féconde, au fond, simple et gentille. Ils vivent de manière bourgeoise. On les trouve souvent au lit, quand il convoque Sully. Il est fier du ventre souvent gros de Marie. Il s'émerveille auprès de Sully de sa facilité à se relever si vite de son accouchement :

— Mon ami, il est impossible de croire comme ma femme se porte bien vu le mal qu'elle a eu. Elle se coiffe d'elle-même et parle déjà de se lever ; même elle va jusqu'à sa garde-robe. Elle a un naturel terriblement robuste et fort...

Il joue aux cartes avec elle. Ils dînent ensemble, simplement, avec plaisir, passent du temps avec leurs enfants. Il la nomme « Ma femme », en public et en privé, y compris quand il lui écrit. Il l'aime tendrement. Il signe ses lettres en « baisant un millier de fois votre jolie bouche ». Henriette le tient de manière torride, épuisante. Elle le tue, il la méprise et désire frénétiquement son corps. Elle en use pour comploter sombrement, faire du chantage. Le voir répudier sa « grosse banquière ». Sa bigamie, voire sa polygamie, est un enfer à sa paix conjugale. À cela il ne peut rien. L'amour – le sexe – le rend fou. Sully est du côté de la reine, tout le monde déteste Henriette et ses noires manœuvres.

Il est temps de songer à la liberté de Marguerite.

La châtelaine d'Usson, entrée ainsi dans le XVIIe siècle, toujours vêtue de manière ancienne, avait écrit une lettre respectueuse et fort aimable à Marie de Médicis. Marie, brave personne au fond, comprenait devoir aussi son mariage à la bonne volonté de l'ex-épouse.

> À la Reine Maric de Médicis,
>
> [D'Usson, ce 9 décembre 1600]
>
> Madame… je n'ai voulu manquer à ouvrir à Votre Majesté ce qui lui est acquis en moi, une volonté toute dédiée à la servir et l'honorer… l'honneur de lui appartenir… J'apporterai toujours, Madame, l'affection et la qualité digne de sa fidélité. Votre très humble, et très obéissante servante, sœur et sujette,
>
> Marguerite.

Marie de Médicis, aidée dans la traduction, la diplomatie et l'orthographe répondit. Un excellent signe envers « la duchesse de Valois ».

> [À Lyon, ce premier jour de janvier 1601]
>
> Ma sœur, j'ai très volontiers reçu les offres de votre bonne volonté que vous me faites par votre lettre et le porteur d'icelle, et vous prie prendre telle assurance de la mienne que mérite votre proximité et l'affection que je sais que le Roi mon seigneur vous porte… en attendant qu'il se présente l'occasion de vous témoigner […] le désir que j'ai d'être et de demeurer à jamais votre bien bonne sœur et vous servir.

Marguerite a légué tous ses biens reconquis, selon sa promesse, au dauphin Louis. Henry ne peut ni ne doit tergiverser trop longtemps. Ce serait mal. Sully le lui souffle. D'autant qu'elle a su dévoiler les manigances dangereuses – une véritable affaire d'État –, du bâtard et des d'Entragues, enfin châtiés et éloignés à jamais de la cour. Les enfants d'Henriette, seuls, resteront à la nursery.

Quatre années ont passé.

Le roi a aussi eu fort à faire avec le complot du maréchal de Biron, sa condamnation. La guerre commerciale avec l'Espagne. La création de « la paulette », taxe nouvelle, les naissances. Les nouvelles amours. C'est vrai, il avait un peu oublié sa « sœur » d'Usson.

En avril 1605, Marguerite reçoit enfin la nouvelle : on l'attend à Paris. Une escorte lui est envoyée. Elle est la bienvenue.

Le 7 mai 1605, elle convoque monsieur Portail, son notaire. Elle fait don d'aumônes diverses dans Usson et alentours. Elle fonde et signe « une donnerie perpétuelle », destinée aux vieillards d'Usson. D'autres dons sont offerts aux enfants, aux jeunes filles. On la voit quitter son nid d'aigle avec un vrai chagrin. On l'aimait. Cette terre, resplendissante et dure, en ce jour de mai, l'aimait. Ses « déportements », ici, lui attiraient l'indulgence. On comprend son nouveau « caprice », ce jeune gentilhomme de l'escorte, à cheval près de la portière de son incroyable carrosse azur : monsieur de Saint-Julien.

Marguerite, duchesse de Valois, quitte lentement son nid d'aigle. Elle a cru plus d'une fois y périr. Elle y a été malade, parfois très gaie.

Elle y a passé dix-neuf années. Une vie. C'est cela : une vie.

Elle porte la perruque faite des mèches de ses chères « bestes de somme ».

Au poids des ans, cinquante et un ans, s'est ajouté celui des chairs.

La reine Margot a pris quarante kilos depuis Nérac.

XXI

Marguerite de France

Longtemps, près du guetteur, madame de Vermont, ex-demoiselle de Béthune, a regardé partir le cortège. Une sourde inquiétude. Elle a quatre fils dont trois dans le Rouergue, demeure des Vermont. L'un d'eux, dix-sept ans, à Usson, un des pages de Marguerite, a été, une nuit ou deux, un petit favori. Madame de Vermont, qui souvent fit le guet devant la porte de la chambre close sur quelque « beste » dévouée à la reine d'Usson, s'est prise à rêver d'un beau sort pour son fils. Qu'il sache exploiter sa brève fortune. La situation de Marguerite s'améliorait à grand train. Le jour du départ, madame de Vermont regarda partir le cortège de la duchesse de Valois. Son fils se trouvait parmi les jeunes seigneurs autour du carrosse. L'inquiétude de madame de Vermont était fondée. Elle sait la fragilité de son fils, sa jalousie maladive. Son obsession d'amour. Il croit, naïf, devenir l'amant préféré et unique de la duchesse de Valois. Marguerite l'a depuis longtemps évincé. Elle est tout entière vouée au jeune et infatué Date de Saint-Julien. Vermont saura-t-il reconquérir Marguerite ? Madame de Vermont a le cœur serré. Elle connaît trop bien, outre la rancœur blessée de son fils, l'égoïsme de sa maîtresse quand l'exalte un caprice amoureux.

Marguerite n'a pas laissé Usson à l'abandon. Le roi tient à une telle citadelle, idéal nid d'aigle. Usson correspond aux intérêts de Marguerite qui mène sans défaillance son long procès contre le bâtard Angoulême, décidé à s'emparer d'Usson. Marguerite a écrit à Henri IV au sujet d'Usson :

> J'ai laissé votre château d'Usson en sûre garde entre les mains d'un vieux gentilhomme, mon maître d'hôtel [Rupereux], de tous mes Suisses et soldats qui m'y ont servie, le temps qu'il a plu à Dieu que j'y sois

restée, et j'ai laissé madame de Vermont pour les tenir tous sollicités en leur devoir.

Juillet écrase de chaleur les routes, les bourgs que l'on traverse, qui, comme tous les bourgs, comportent une halle pour vendre les légumes et le poisson, une esplanade avec une potence, des maisons basses, un moulin, une église, des greniers.

À Paris, la grande question, entre le roi et Sully qui n'aime guère la duchesse de Valois et craint ses « déportements », est l'endroit où la loger.

Où la faire gîter, dignement, sans que ne soient gênés l'existence du roi, ses goûts, ses femmes, sa politique. Henry a été parfois été agacé quand, dans ses lettres, elle se mêlait un peu trop des choses de l'État. Oser lui conseiller, par exemple « de jeter à terre » Usson, sans mesurer qu'une telle décision – même l'idée – ne peut venir que de lui. Son excès de missives au sujet des complots entre le bâtard et les d'Entragues l'embêtent :

— Elle sait si bien mélanger le vrai avec le faux, bougonne-t-il. Je ne tiens pas à la savoir trop près ; ses goûts pour les complots ont souvent mené à des dangereuses extravagances.

— Pourquoi, sire, ne pas établir la duchesse de Valois à Chenonceaux ? Le château est libre depuis le décès de la reine Louise de Lorraine. La duchesse de Mercœur qui l'occupe actuellement est prête à le lui céder…

Marguerite, quand on lui proposa Chenonceaux, s'était empressée de contrer cette forme déguisée d'exil. Chenonceaux est bien loin du Louvre, la vie à cette cour qu'elle veut tant retrouver.

> Je vais, avec la permission de Votre Majesté, en ma maison de Boulongne, pour y faire ma demeure en l'obéissance de ses commandements, et lorsqu'il plaira à Votre Majesté, je présenterai à monsieur le Dauphin ce que je lui ai dédié…
>
> Votre très humble et très obéissante servante, sœur et sujette.

« Boulongne » signifie le château de Madrid, à Boulogne-sur-Seine, près de Paris. On semble s'être mis d'accord sur « Boulongne », mais au long du lent voyage, Marguerite n'a aucune certitude qu'on lui réserve la château de Madrid. Elle est ravie d'être libre ; son optimisme et sa confiance la ramènent à la gaîté. Les gentilshommes auvergnats l'ont escortée jusqu'aux frontières de leur province. Voyage comme elle en connut si souvent, lent, fatiguant – le petit Vermont est devenu bien agaçant. Il chevauche trop près de sa voiture, cherche querelle, au flamboyant Saint-Julien.

Le roi a envoyé Sully à la rencontre de la duchesse de Valois. La jonction a lieu à Cercotets, près d'Orléans. Sully, pourtant averti que la reine Margot ait pris du poids, est obligé de dissimuler sa surprise. Sort de cette voiture que la route a poudrée, une énorme créature vêtue à l'ancienne mode, la gorge étonnante, sorte de compilation nourricière qui mène les mâles à baisser les yeux. On ne peut fixer de telles mamelles sans devenir lubrique, insolent, égaré malgré soi. Elle est perruquée très haut d'un échafaudage couleur de foin séché. La peau du décolleté est ravagée, celle du visage aussi, striée de couperose, aggravée d'un excès de poudre et de rouge. Il reconnaît son rire, sa voix, cette manière gracieuse de tendre la main, en dépit de son ampleur. Elle sourit. Ah ! elle n'a presque plus de dents, et d'un beau langage un peu trop ampoulé, dit à quel point elle se réjouit de le revoir.

— Madame, dit Sully avec lenteur, la bonté du roi vous accorde de demeurer au château de Madrid, à Boulongne, dans l'attente d'un hôtel à vous.

Le duc de Vendôme, fils bâtard de Gabrielle d'Estrées et du roi, âgé de onze ans, ira à sa rencontre à Boulogne. Boulogne ! La voilà rassurée, accueillie, à Étampes, par ce jeune prince de onze ans. Le roi n'est pas venu en personne mais elle sent qu'elle multiplie ses nouveaux avantages. Elle s'empresse d'écrire à Henry. Les mots de Marguerite ne manquent pas de quelque fine ironie, mais habile, elle ne griffe plus, se garde d'offenser le roi, et le flatte avec adresse. La moindre maladresse lui coûterait trop cher. Elle surveille ses mots, écrits, parlés. Son travail, maintenant, est d'acquérir la confiance de ce Bourbon encore méfiant.

> L'habitude que j'ai faite d'aimer le repos en un séjour de dix-neuf ans, ne me permet pas, ayant trouvé une demeure en bel air comme Boulongne, de désirer autre changement, très heureuse qu'elle soit en un lieu où mes actions puissent être reconnues, qui ne tendirent jamais qu'à servir et honorer Votre Majesté…

Le jeune prince de Vendôme l'a menée à Longjumeau où Diane de France, veuve du maréchal de Montmorency, demi-sœur de Marguerite, complète le bon accueil. Le cortège atteint Boulogne. Elle a traversé Paris avec une grande émotion. Nul ne l'ovationne ou ne la reconnaît. On la dit de retour, on l'a oubliée. Elle dissimule son humiliation. Elle ne sait que trop à quel point on tourne le dos à qui est tombé dans l'infortune. Les Parisiens aiment Henry, leur roi. Les Valois sont morts, laissant de détestables souvenirs. Marguerite de Valois ? Beaucoup, à sa secrète amertume, la croyaient morte.

Marguerite veut un avenir plus riant. Elle écrit et remercie le roi. Elle le flatte en ses plus chères tendresses : ses enfants ; dont le gracieux Vendôme né de « ses belles amours ». Le 20 juillet, Marguerite, du château de Madrid, écrit aussitôt ces mots :

> Monseigneur, toutes paroles sont au-dessous de ce que je ressens de l'honneur dont il a plu à Votre Majesté m'honorer par monsieur de Vendôme, digne effet d'une royale naissance, tant en corps parfait en beauté qu'en l'esprit qui surpasse son âge. Je crois, Monseigneur, que Dieu l'a donné à Votre Majesté pour en recevoir quelque grand service et contentement...

Marguerite ou l'art du langage, celui de la prouesse épistolaire. Une lettre consacrée à la beauté du petit Vendôme, « *ce petit ange tout délicat* ». Une page de louanges. Sa survie, son plaisir de vivre au mieux, tout sera lié à une bonne alliance non seulement avec le roi mais aussi sa famille. Qu'ils deviennent, ces Bourbons, bâtards et non bâtards, cette reine, tout ce monde moins bien né qu'elle, qu'ils deviennent sa nouvelle et définitive « famille » – puisque les siens sont morts... C'est cela : une famille. Le roi aimera lui déléguer ce rôle satellite, affectueux, important. Il ne demande pas mieux que de tenir un rôle de « frère », lui laisser celui de « tante », de « marraine ». Elle sera, cela dépend d'elle, la bienvenue chez la reine, en sa Maison. On ne sait jusqu'où va la sincérité de Marguerite en ce rôle de dame généreuse, gaie, aimante. Elle est rompue aux jeux des cours. Elle évitera les erreurs de jadis. Elle adore vivre et bien vivre. Il faudra, sans bassesse, faire quelque profil bas. Ne plus jamais miser sur les mauvais pions. Elle s'y emploie dès son arrivée. Le désir du roi est la paix entre ses femmes, ses enfants. La paix en cette France qu'il rebâtit avec un immense courage, entouré de gens de valeur. Que Marguerite soit une parente choyée (on verra), une sœur, c'est bien. C'est ce qu'il faut. Il l'aura, de toute manière, à l'œil. Il ne laissera personne altérer son œuvre. Elle a compris la rude leçon. Ce faux brave homme, ce très grand roi, n'a pas hésité à la claquemurer dix-neuf ans ni à faire décapiter Biron. Le temps est passé, où, ivre d'orgueil, elle osait la folle rébellion. Les personnages de l'échiquier ont changé. Elle le sait. Elle n'a pas l'âme de martyre de Marie Stuart. Élisabeth Ire est morte, le fils de Marie Stuart, Jacques Ier, lui a succédé. Henri IV a engagé avec lui un traité de commerce. Le duc de Bouillon, vaincu, est prêt à faire sa soumission. On ne badine plus avec Henri IV... Qui a fait condamner à mort – pour l'épouvanter – le père d'Henriette. Marguerite apprend vite ces nouvelles. L'ennemi d'hier doit devenir l'ami d'aujourd'hui. Machiavélienne et sybarite dans l'âme, amoureuse de la vie, de Saint-Julien, amusée par la jalousie du petit Vermont, elle est toute au charme de Boulogne, de sa forêt, des premières visites... Chacun renchérit de politesse. On se croirait à la cour des Valois en leurs fallacieux meilleurs jours. On feint d'ignorer la catastrophe physiologique qu'est devenue la reine Margot. « *Horriblement grosse* », selon Tallement des Réaux.

Il est temps au roi de rendre visite à son ex-épouse. Sully et sa voix prudente préparent Henry à la rencontre.

— Sire, la duchesse de Valois a quelque peu forci mais son esprit est toujours vif, ses manières et son langage, d'une grande grâce.

Le 26 juillet 1605, Henry se rend à Boulogne. Il a un choc et croit voir apparaître Madame Catherine.

— Ventre saint-gris ! marmonne-t-il, c'est feu la reine mère tout craché... en plus vaste. Ah ! elle a sauvegardé ses yeux... Mais quelles poches sous les paupières barbouillées de rose et grandement fripées !

D'un vif regard égayé, il a tout vu. Les profondes ravines au décolleté ouvert jusqu'aux tétons, avantageux, poudrés de mauve. Il se sent maigre devant elle, léger comme le plumet de son chapeau qu'il a ôté et qui balaie rapidement le sol. Ah, diantre, ces chevilles ont bonne taille de jambonneau... Quelle tour de chair, et ce rire, si femelle, qui descend bas, là où se situe ce tonneau qui doit être le ventre... Ah, malheureux Brantôme, est-il fol à ce point pour écrire encore qu'elle est « cette divine beauté ». Comment s'y prend l'éphèbe blondinet pour... assurer un si grand bonheur ? Elle ne peut déjà plus franchir certaines portes ou corridors. Il a fallu, vite, lui bâtir « une chaise » double. Il sied à Henry d'éviter la muflerie.

— Quelle belle mine, m'amie !

— Vingt ans au grand air, sire, m'ont grandement fortifiée. Quel plaisir, mon frère, de vous revoir !

Ils ont le même âge quoique chacun trouve l'autre bien plus vieux que lui. Ils ne s'étaient plus revus depuis vingt-trois ans.

— Vous avez, m'amie, déjà lancé la mode de la poudre ! Toutes les dames de la reine poudrent leur décolleté, moins somptueux que le vôtre.

Les deux ex-époux terribles se sont retrouvés. Elle a fait préparer une collation, du vin. Le ton est gai, Henry prolonge sa visite de trois heures. Ils parlent, ils rient. Ils éclatent de rire, ce qui secoue le menton triple de la duchesse. Ils s'aiment bien ; ils évoquent des souvenirs, les moins tristes. Nérac et les jolis moments là-bas, les fugues du Louvre.

— Ah, sire, que dire d'Alençon enfui dans une malle tenue par moi-même et mes femmes ?

Leur jeunesse. La jeunesse, celle pour laquelle on donnerait tout pour la ravoir. Ils ont aimé, ils aiment l'amour. Henriette d'Entragues, proche de la disgrâce, a bien tenté de rencontrer Marguerite, d'en jouer sans doute contre Henry. Marguerite s'empresse de le dire au roi. Elle se tiendra « à son unique désir » en ce domaine et tous les autres. Elle n'entrera en relation avec quiconque qu'avec son accord. Elle le consultera, en toutes ses démarches. Son vœu le plus cher est de connaître monsieur le dauphin, être présentée à la reine. Ce langage lui plaît. Elle file doux, cette énorme abeille qui butine des petits amants, flexibles tels de roseaux. Ma foi, ils se ressemblent assez. Un frère et une sœur, un jumelage épique, détonnant, qui faillit leur être mutuellement mortel et qui devient un agrément. Il le sent, ce fin Gascon qui a mené assez d'hommes, de femmes, de luttes, de trahisons, pour deviner l'adversaire. Les mensonges. Le roi a encore engrossé la reine et sa maîtresse. Quand la reine crie trop fort, Henry, d'une magnifique mauvaise foi, lui reproche son favori, le florentin Concino Concini, trop familier avec elle. Marguerite et Henry boivent, croquent des fruits confits.

— Vous verrez la reine, et le dauphin aussi. Je vous le promets.

Il la quitte ; elle l'accompagne à sa voiture.

— M'amie, permettez à un frère de donner quelques conseils de santé à une sœur affectionnée. Vous aimez trop la nuit et dormez le jour. Vos collations sont prises avec excès. Réduisez tout cela pour votre bien-être et l'amitié que je vous dois.

— Monseigneur et cher frère, j'ai pris à Usson d'autres habitudes, dont celles, en effet, de prendre la nuit pour le jour. J'ai toujours aimé les belles et bonnes choses, le dieu vin, cela me sera difficile.

— Modérez aussi les dépenses. Nous savons que vous songez, belle idée, à l'hôtel de Sens. Le château de Madrid est prisé par la reine, nos enfants et moi-même pour son bon air. Les biens qui vous reviendront suite à ce procès d'héritage méritent d'être ménagés. Pas trop de luxe, songez à l'avenir.

— Il m'est difficile de ne pas dépenser, mon ami. Mon éducation n'a point été faite en ce sens. Mes frères les rois jetaient l'or par les fenêtres. Ma mère bâtissait sans compter. Je n'en promets pas moins à Votre Majesté de faire tous les efforts pour lui plaire.

Ils rient encore. Allons, l'avoir fait revenir n'est pas si mauvaise chose, même s'il convient de lui verser les pensions promises et lui fournir un beau train de vie. Sully soupire et ajuste pour cela un impôt sur le vin.

Qu'a donc accompli Henry, ce petit homme à l'œil vif, familier et bon enfant en son accueil ? Marguerite se doute-t-elle totalement de l'infinie puissance de ses œuvres ?

Soucieux de l'amélioration en tout, le roi a dépensé pour Paris et la France. Il a voulu et réussi un Louvre modernisé, assaini. Pillé, lacéré, il s'écroulait à la manière de la chute des Valois. Un Louvre, véritable cité de l'État, du roi. Tout l'espace a été exploité : on y loge sur place les artisans. Du côté des anciennes écuries, une foule de gens d'armes. La grande galerie sert à recevoir les ambassadeurs, à négocier les traités. Au-dessus, une magnifique salle pour les bals et spectacles. La « Monnaie » est au rez-de-chaussée. Le faste est inséparable de l'utile. Henry a fait agrandir l'aile sud de la cour Lescot, dont quatre cents mètres de galerie le long de la Seine, pour rejoindre aisément les Tuileries – alors un faubourg. Les jardins y sont exploités avec le plus grand soin, dont l'élevage des mûriers nécessaires à l'industrie de la soie. Le parc du château de Madrid comporte aussi des mûriers. Toutes ces œuvres sont encouragées par monsieur Laffemas, contrôleur général du commerce. Laffemas développe une quarantaine de manufactures, textiles, cristaux, tapisseries, dentelles, toiles fines… Olivier de Serres, grand agronome, prisé du roi, encourage ces structures. Le roi aime à se faire lire son traité *Le Théâtre d'agriculture et mesnage des champs*. Que de surprises attendent Marguerite ! Il s'occupe de tout, Henry, y compris de l'art, du « style » nouveau qui tourne le dos aux boursouflures grandioses de la Renaissance. En peinture, il aime le réalisme, la ressemblance. La précision des frères Bunel, dont l'aîné est son valet de chambre. Il préfère les statues. Franqueville réussit de lui une statue de marbre blanc. Henry debout, en tenue de roi et de guerre, l'œil vif, le visage autoritaire et bienveillant. Cette statue est au château de Pau mais, achevée, elle fut scellée au Pont-Neuf. On est loin du Paris et du Louvre dont Marguerite, reine maltraitée, admirée, adorée, en danger, a conservé tant d'images brouillées d'or et de sang. Henry semble avoir voulu biffer tout ce qui fut Valois. Il travaille à mettre en place la sobriété. L'annonce du classicisme. Quelle immense besogne de roi a mené cet ex-petit prince du Béarn que Marguerite méprisait au jour de ses noces détestées ! Il fait agrandir l'île de la Cité, créer la place Dauphine, la place Royale, aménager la place des Vosges où logent ses ministres et ses hommes d'affaires. Bâtir des hôpitaux fut une de ses plus nobles ambitions. L'hôpital Saint-Louis, destiné aux maladies contagieuses – la peste – pour désencombrer l'Hôtel-Dieu. L'intelligence, pour Henry, compte bien plus que la naissance. Passionné par les sciences, les techniques nouvelles, il fait appel au grand mathématicien François Viète, du collège de Navarre. Ce précurseur de l'algèbre, de la géométrie, met sa science au service de l'État. L'algèbre permet de déchiffrer les missives codées de l'ennemi, l'Espagne. Henry édifie un grand royaume. La géographie le passionne. Il eut de bons géographes pour établir ces cartes, excellents indicateurs en cas de guerre. Henry eut le projet – il n'en eut pas le temps –, d'établir au Louvre un musée de géographie, d'hydrographie et de nouvelles machines. On est loin, très loin des Valois. Une France « moderne » que Marguerite n'entend pas entièrement. Fini l'aberrante censure. On s'exprime, on imprime sans crainte du bûcher ou de sévices. Plus de maltraitance si quelque pamphlet le caricature. Pas de sang versé pour rien et des riens : le bien-être de tous. Il n'hésite pas à faire consolider et embellir les églises maltraitées par les guerres civiles. Il veille à la tolérance religieuse. Il est devenu le roi le plus populaire que jamais – hors Louis IX – la France n'eût osé espérer. Marguerite est bel et bien devant l'échec de sa famille, et le sien. Mais elle saura abolir tout ressassement inutile, puiser un avenir aimable dans ces fraîches forces créatives.

La première surprise de Marguerite est de pénétrer en ce Louvre quitté depuis des années.

Le roi lui a dit en baisant sa main :

— Mon cœur, je vous recevrai moi-même après-demain dans la cour du Louvre.

Il est fier, au fond, de montrer ce qu'un Bourbon a su faire. Forte revanche de mener vers ses triomphes cette Valois qui le regardait de haut, se moquait jadis de son accent et de la pauvreté de sa mise. Il en avait peut-être un secret complexe. La meilleure des revanches est la réussite. C'est son cas. Il est roi, absolument roi. C'est lui qui décide, dont la réception de Marguerite au Louvre, le 28 juillet – n'en déplaise à la reine et à ses dames. Marguerite, en voiture, de Boulogne au Louvre, s'émerveille des embellissements de Paris. Le Pont-Neuf, désengorgé, est bordé de belles allées et de trottoirs. Une machine qui pompe de l'eau, la samaritaine, arrose les jardins du Louvre et des Tuileries.

— Voyez, madame, on est en train de percer le quartier insalubre du Marais, des rues nouvelles y sont prévues. La rue de Saintonge…

— Le roi est-il entouré de gens de lettres ?

— Oui, madame.

Outre son ami Agrippa d'Aubigné tout entier dans une œuvre engagée, *Les Tragiques,* le roi prise fort François de Malherbe. Il a écrit une belle ode : *Bienvenue à la reine Marie de Médicis.* Le voici poète officiel de la cour. Le roi aime, chez cet ancien juriste, sa sobriété. Il travaille à une juste cadence de la versification et à la césure du vers. Monsieur de Montaigne est aussi fort apprécié.

— Le roi a toujours eu du goût, dit Marguerite. Monsieur de Montaigne m'honore de son amitié.

Son cœur s'essouffle sous les sangles du corset lié au vertugadin. Agrippa, son ennemi, ce Malherbe qui méprise ce qu'elle aime tant : l'élan baroque du langage, autre chose que cette « césure », cette... « cassure ». Quelque chose en elle, dans la cour du Louvre, vaste et claire, l'oppresse. Il faut dissimuler. Dissimuler un si vieux chagrin qui ne périt pas, le bas-fond sombre des méchants souvenirs. Ses morts ; les amants morts. Cette forme d'exclusion de ce qui fut, après tout, « sa » demeure.

Henry est là, dans la cour, et, aussitôt, elle sourit.

— Bonjour, mon cœur.

Elle a fait toilette, c'est-à-dire changé de perruque, aggravé son décolleté, surchargé sa taille de son plus désastreux vertugadin, celui où est accroché la ceinture des « cœurs » de ses amours défuntes. La ceinture est suspendue chaque soir à une chaîne d'or avec un cadenas, contre le vertugadin. Elle est vêtue de bleu, ce bleu des filles de France, poudrée à l'extrême. Henry la mène par la main au grand escalier d'honneur. Il se repaît de sa surprise. En haut des marches, droite, habitée de secrète insécurité, Marie de Médicis est là. Elle est déjà grasse mais encore belle, écrasée d'une robe surbrodée. Elle attend, olympienne, que l'honore l'ex-épouse... Elle se méfie, frémissant aux injures affreuses d'Henriette qui, hélas, fait encore partie du harem. Elle s'attend à tout « des femmes » de son époux. La réputation sulfureuse de Marguerite lui est parvenue par Agrippa et bien d'autres. Elle a du mal à y croire quand elle voit venir cette masse de chair, ce visage défait sous une perruque rose. La reine est entourée de ses dames, Marguerite monte « ce grand degré », la main sur le poing du roi. C'est une épreuve. Le souffle court, elle ne doit pas flancher. Elle monte et la reine, les dames, ont ce vif et âpre regard féminin qui jauge les défauts d'une autre femme. Elle est affreuse, démodée, cette « perle des Valois ». Il n'y a guère à craindre mais va-t-elle refuser de saluer bien bas la reine ?

— Sire murmure Marguerite, pardonnez-moi, mais j'ai du mal à franchir ces marches. Il y a quelque humiliation à tous ces regards envers celle qui fut la fille et la sœur des rois. Celle qui eut l'honneur, autrefois, d'avoir été votre épouse.

Henry la gourmande et l'entraîne d'un poing sans réplique.

— Allons, ma sœur, soyez simple et tout ira au mieux. La reine est bonne. Elle a été touchée de votre aide lors notre divorce. Le temps des querelles n'est plus.

— J'ai tant souffert, en effet, sire, qu'il me reste peu de fierté. Prenez mes propos pour de la crainte et non de l'orgueil.

— De la crainte, mon cœur, quand je suis là ?

À très haute voix, il désigne la reine à Marguerite :

— Madame la duchesse de Valois, voici la reine ma femme. La mère du dauphin et de mes enfants.

Marguerite voit tout. Le teint éclatant de Marie de Médicis, non une parfaite beauté, mais éblouissante de jeunesse, de maternité heureuse. Sa toilette est somptueuse, le cou cerné au plus près d'un rang de perles assorti aux pendentifs. Elle a toutes ses dents. Des épaules et des bras vigoureux mais de belle forme. L'éclat de l'or tel celui de ses boucles abondantes, ornées de diamants. Les dames alentour, si jeunes, certaines si belles… Non loin, un somptueux fauve femelle, cette brune, à l'œil de feu, mince et bien faite, est Henriette. Quoique le procès contre les d'Entragues aille grand train, que son père soit à la Bastille, leur bannissement si proche, le roi a du mal à se séparer de cette plante vénéneuse qui l'enivre encore.

Marguerite, dont le sort eût été celui de cette reine, si elle avait été plus habile, bien conseillée, les sens froids, et le ventre fécond, est obligée, inclinée, de saluer Marie de Médicis. Elle le fait avec une grande douceur, une politesse exquise. On est frappé par sa voix mélodieuse qui fait oublier ses disgrâces. La reine n'est point méchante. Un peu sotte, jalouse banalement, influençable. Concino Concini et les siens en jouent déjà. La voilà contente de sentir que l'ex-épouse du roi, après tout une « Médicis », lui témoigne une si gracieuse soumission. Elle sourit et rend grâce à Marguerite. Le roi, Sully et ses alliés sont soulagés. Marguerite a ce don de s'attirer des amitiés. Marie de Médicis est émue par sa simplicité, l'ampleur de ses malheurs, l'hommage que cette supérieure, par sa naissance et ce qui a précédé, lui a rendu. On est loin des basses injures d'Henriette d'Entragues. Un courant chaleureux est passé entre les deux femmes.

Marguerite s'en retourne, rassurée, pensive, à Boulogne. À elle d'exploiter finement cet avantage. Elle est, en effet, depuis ce premier contact, souvent invitée au Louvre, de manière familiale et privée. Elle a atteint ce but difficile, dont rêve une foule de courtisans. Partager « la vie de famille » de la famille royale. À mesure du temps, Marguerite est devenue une parente, la « sœur » du roi, une marraine, une tante pour ses enfants… et une amie de la reine. Le sang italien et allemand de Marie de Médicis aime cette paix familiale. Il est chose trop rare en la vie des souveraines, surtout celle de Marie de Médicis, où l'époux court le guilledou et lui inflige ses maîtresses, d'avoir confiance en quelque dame. Marguerite, ravisseuse de tant d'hommes, est la seule qui puisse établir un lien de paix et de sécurité avec la reine. De cela, Henry, point aveugle, est reconnaissant. Il est vrai que Marguerite est âgée, fortement enlaidie et à l'abri – depuis toujours – de cette menace : le désir royal. Elle a gagné une belle manche. La porte gracieusement ouverte à l'intimité du couple et de leurs enfants.

On lui accorde la visite tant attendue. Le dauphin, à Saint-Germain.

Une belle et bonne visite. Le dauphin, bientôt cinq ans, éduqué par l'énergique madame de Montglat, voit cette grosse dame lui tendre les bras. Elle embaume l'essence de violette. Il ferme les yeux. Elle lui rappelle sa nourrice préférée qui sentait si bon la violette et contre laquelle il aimait tant dormir. Cette dame à la poitrine si confortable est peut-être sa nouvelle nourrice ? Il l'aime immédiatement et s'exclame, en lui rendant ses baisers :

— Maman ma fille !

Elle en a les larmes aux yeux, et se prend d'une sincère passion pour lui.

« Maman, ma fille ! » Le mot fait le tour de la cour et amuse le roi. Jean Héroard, médecin de monsieur le Dauphin, dépeint en son journal ces curieuses alliances. Héroard note un tableau charmant. Marguerite, à genoux dans la ruelle du lit de Marie de Médicis, le roi assis sur le lit, jouant avec le dauphin… Marguerite offre au dauphin de somptueux cadeaux dont un Cupidon assis sur un dauphin, et une barrette en diamants qu'elle a payée cent mille écus.

— Merci, maman ma fille !

Elle emprunte joyeusement. Il lui faut le luxe, l'amour, les belles-lettres, la table abondante, la soie en son lit, encore un lit. Quel bonheur ces merveilleuses manufactures, tant d'artistes et de si bons orfèvres. Marguerite convoite une nouvelle vaisselle en vermeil, une autre en étain. Elle est tout attention aux équipées guerrières du roi. À sa moindre absence de Paris, elle lui écrit. Sa hantise, son travail le plus important, est de ne jamais se faire oublier. Montrer son amitié, son admiration. Le roi est en Limousin où a explosé une révolte de croquants. Malherbe sue sur « la césure de vers » avec *La Prière pour le roi Henri le Grand allant en Limousin,* et Marguerite lui envoie force missives. Elle lui assure à quel point, à la cour, on se languit de lui. Henry gère ces révoltes, châtie sans outrance et s'informe au plus près des manques de son peuple, ce qui a entraîné ce désordre, dont celui des *gauthiers*, ou « croquants », du Périgord. Il écoute leurs plaintes. Il visite des fermes, des masures. Il parle à chacun. On l'adore de plus en plus. Il ajuste avec Sully des nouvelles lois. L'allégeance de la taille, de la gabelle. Interdire la chasse pendant les semailles et les moissons. Le monde paysan compose les trois quarts de la France. Il est indispensable de compter avec eux, d'améliorer leur quotidien. Plus de disette, ni de ruines infamantes.

— Ah, dit-il à Sully, il faut aider les campagnes. Si Dieu me donne encore de la vie, je ferai qu'il n'y aura pas de laboureur en mon royaume qui n'ait moyen d'avoir une poule dans son pot...

Cela ne l'empêche pas d'apprécier que ses « femmes », dont Marguerite, se languissent de son retour. Elle lui confie bien des choses, y compris ses maux intestinaux. « Une cruelle dysenterie [m'a] arrêtée quatorze jours [à Bonneval]. »

Elle n'oublie pas, habile, au dernier jour de l'année 1605, d'insister sur la restitution de son héritage, détourné vers le bâtard.

> La succession de la Reine ma mère, je suis curieuse de la conserver avec tous mes biens... seulement pour monsieur le Dauphin... Car je me soucie... uniquement des bonnes grâces de Vos Majestés...

Cette missive, forme de testament légal, la rapproche plus que jamais de la famille royale. Elle abandonne de bonne grâce le château de Madrid dont le bon air est précieux au dauphin... et aux mûriers nécessaires à la soie.

Marguerite quitte Boulogne pour Paris.

Quel plaisir, une demeure à Paris et à son goût. La princesse de la Renaissance, en elle, n'a jamais renoncé au baroque et luxueux décor d'autrefois. Les longues années à Usson ont décuplé cet appétit, dont celui d'amoureuse de son svelte Saint-Julien. L'agaçant petit Vermont boude et s'exaspère. Elle le convie dans sa chambre pour le morigéner.

— Allons, petit, ne vous faites pas renvoyer chez votre mère après que je vous fasse donner le fouet ! dit-elle en riant.

Elle n'observe pas assez l'inquiétant regard de l'ex-favori ainsi humilié devant Saint-Julien. Saint-Julien croque des dragées, torse nu dans le lit de Marguerite.

— Je t'aime, Margot ! hurle Vermont, congédié.

*

Marguerite est tout à l'installation de l'hôtel de Sens.

Le roi, comme toujours, a rondement mené les choses. Paris est un évêché. L'hôtel appartient à monsieur de Baune, archevêque de Sens puis évêque à Paris.

— Monsieur de Baune, déclare Henri IV à l'archevêque plié en salutations sans fin, auriez-vous la complaisance, à ma satisfaction et à celle de la duchesse de Valois, de lui céder votre hôtel ?

Il est impensable à Renaud de Baune de refuser la demande du roi.

— Nous saurons vous en remercier. Un grand évêché, des écus, une nouvelle dispense de jeûnes.

Monsieur de Baune a du mal à se relever. Il est si gourmand qu'il dévore toutes les heures. Son poids est supérieur à celui de Marguerite. Incapable du jeûne, une dispense du pape pour « maladie » lui a été octroyée. Le roi tient à son riche et énorme prélat. À son hôtel, surtout. Il sait que jamais un pasteur n'eût cédé au faste et à une telle demande. Il méprise ce lourd prélat et lui fait un excellent visage.

— Monsieur de Baune, Sa Sainteté m'accorde votre dispense du jeûne. Sa Sainteté est la bonté même et comprend votre étrange maladie. Vous dépérissez si votre estomac n'est pas rempli toutes les heures. Dieu, dans son infinie sagesse, bâtit comme il lui sied ses créatures… Vous pouvez aller et manger en paix.

Le prélat sue et salue, soutenu par ses valets. Ils le portent en chaise jusqu'à sa voiture. Marguerite, enchantée, se retrouve à l'hôtel de Sens, qu'elle connaît bien.

Une demeure de style Renaissance mêlé de gothique. Cet hôtel date de loin. Il fut embelli par François Ier et par le cardinal du Prat. « Château » convient mieux que « demeure » à cette splendeur, sise près de la Seine, rue du Figuier. Portail, tours et donjons, fenêtres à vitraux – c'est aujourd'hui la bibliothèque Forney, consacrée aux arts graphiques. Le nom de la rue est lié à un figuier qui poussait du temps de Marguerite. Elle le fit ôter. Il gênait la déambulation de son carrosse. On en planta un autre. Une main injurieuse placarda un pamphlet qui traitait de « pute », celle qui se disait « unique héritière de la race des Valois ». « À une pute », continuait la main arrogante, à l'intense satisfaction d'Agrippa et de Malherbe qui, aigre, la méprisait, « convient fort bien la demeure d'un prélat ». Marguerite haussa ses lourdes épaules, ne fit point chercher les coupables. Pas d'histoires, le moins d'histoires possibles. Elle a trop connu l'angoisse, les désillusions. Cernée de la curiosité des Parisiens, surpris au spectacle de l'arrivée de cette énorme ex-reine. Elle créa vite sa cour, subtile revanche envers celle de la reine, qu'elle estime vulgaire. Elle s'entoura d'artistes et de « beaux esprits ». Des versificateurs au style ampoulé qu'elle aimait autant que leurs manières désuètes. Sa cour la suivit jusqu'à la fin de sa vie. Elle compta la fille spirituelle de Montaigne, mademoiselle de Gournay. Des poètes mineurs, loin du génie de Ronsard mais qui s'en inspiraient. Philippe Desportes, François Maynard, Mathurin Régnier, Philippe de Viau. L'admirateur d'autrefois, le président Étienne Pasquier, bien reçu, est ravi de constater, qu'elle n'a jamais renoncé à vivre « *à la franche Marguerite* ». Marguerite perpétue, avec son cercle de gentils poètes, les belles heures révolues de la cour des Valois. Elle se fait servir suivant un grand protocole. Il lui faut, bien sûr, une nouvelle chorale, des musiciens. Elle adore le luth, la viole, le violon, les belles voix. Elle se lève en musique, soupe en musique et quand le beau Saint-Julien va à sa couche, on joue encore pour elle. Partout, la musique. La duchesse de Valois ne met pas longtemps à devenir une figure « à la mode ». Il y a le va-et-vient des amies d'autrefois, Henriette de Nevers, mère d'un turbulent duc de Nevers, les unes, les autres, les vieilles, les jeunes. La visite, parfois, de la reine. Elle écrit souvent au roi, dès que quiconque franchit sa demeure. Elle se fait une règle de ne jamais recevoir qui lui déplaît. À mesure du temps, le ton des lettres atteint une réelle sincérité. Il est son « frère » et peut-être, le personnage principal de sa vie. Son alliance est désormais sans défaillance.

> Monseigneur, à vous seul, comme à mon supérieur, j'ai tout cédé ; à mes inférieurs, je ne cède rien. J'ai cédé à Votre Majesté ce qui entre les humains est estimé de meilleur qui est la grandeur, non par faute de courage et de connaissance, mais par la très grande affection que j'ai de son État.

Balayés, d'une certaine façon, les amants tant aimés, les amitiés qui défaillent, balayées les mauvaises heures, dont celles dues à ce roi devenu sa fondamentale « famille ». Un lien étrange, puissant, qu'il ressent aussi, une consanguinité de l'âme. Il y a, dans cette missive, autre chose que la prudence liée à sa paix. Elle « est », elle a atteint envers le roi, cet état d'esprit.

Un autre visiteur est bien reçu par Marguerite, toujours dévote, généreuse aux maux d'autrui. Monsieur Paul, aumônier auprès des galériens, futur saint Vincent de Paul. Elle n'hésite pas ouvrir sa bourse au service de ses œuvres. Michel de Montaigne, estimé fortement du roi, est reçu par Marguerite avec le plus grand soin.

La mode change. Le corps des femmes s'amincit. Les lignes pures s'ébauchent. Plus de collerettes extravagantes, comme celles de

Margot, si vastes qu'elle a du mal à manger proprement. Les hommes – le roi – ont un simple bouillonné blanc autour du cou, les femmes des cols plats, en dentelles, assortis aux manchettes du corsage. Les manches sont élégamment gonflées. La taille, sa minceur, devient primordiale. L'équilibre du visage, son expression. Les femmes vont en promenade aux jardins des Tuileries. On épie les défauts, on tâtonne vers une esthétique plus exigeante. La beauté est hiérarchisée. À la cour, les tissus sont d'une grande richesse. Fini le vertugadin – sauf pour Marguerite –, mais des jupons. La soie tourterelle est prisée, la coiffure boucle toujours, mais de chaque côté du visage. Le fard se raffine encore. Poudres, eaux de talc, huiles, pommades et onguents soulignent la bouche, les joues... On adore toujours les perles dont on use autrement. Plus grosses, elles forment un collier simple, alliées aux pendants d'oreille. On en coud sur la robe de la reine. Marie, en vraie Médicis, raffole des bijoux et des dentelles en excès, des tissus surbrodés. Cela sied à sa fraîcheur, à sa blondeur de feu, à ses formes de Junon magnifiées par Rubens. Marguerite symbolise le passé de la Renaissance et des Valois. Sa position auprès du roi et de la cour a pris une grande importance. On parle et on écrit, certes d'un style souvent ampoulé, mais Malherbe veille à la sobriété de la langue « classique » qui peu à peu se met en place. Le roi continue ses conquêtes sur tous les plans, sur son cheval blanc, en culotte souvent blanche et un grand panache blanc à son chapeau... le blanc du lys royal... Le blanc entre en scène avec le siècle nouveau.

Marguerite embellit son bel hôtel. « Modérez les dépenses », a dit le roi, influencé par la prudente avarice de Sully, lui-même magnifiquement logé à l'Arsenal. Elle ne modère rien. Voilà presque une année qu'elle est revenue d'Usson. Elle a fait venir à l'hôtel de Sens des tapis turcs, d'une rare beauté, sa nouvelle vaisselle à son chiffre. Des coffres sculptés où les servantes surveillent le bon compte des draps en soie. Elle a plusieurs voitures, des chevaux de race. Une garde à elle, la livrée de sa Maison, bleu azur. Sully soupire mais la duchesse de Valois est « un monument » que le roi a fiché en sa ville. Il a prouvé ainsi sa grandeur. Il y faut un prix et ne pas oublier qu'elle a légué tous ses biens au dauphin.

Le roi est à Sedan. Une révolte menée par son ex-compagnon, Turenne, qui a osé s'emparer de la ville. Henry a vaincu Turenne et, magnanime, lui pardonne. Marguerite, attentive au succès du roi, le complimente aussitôt... le comparant à Jules César.

5 avril, 1606,

Monseigneur, un courrier de Votre Majesté apporta hier une si bonne nouvelle, assurant que Sedan était en la puissance de Votre Majesté qui réjouit tous vos serviteurs, et moi plus que tout autre… Car Votre Majesté peut dire comme César « Je suis venu, j'ai vu, j'ai vaincu ».

Elle se réjouit de son retour, n'oubliant pas au passage, d'évoquer la nécessité d'accélérer ce qu'on lui doit – dans l'intérêt de monsieur le Dauphin.

Je supplie très humblement Votre Majesté m'accorder une lettre de sa main à monsieur le maréchal de Fervaques… pour la vérification de l'édit des vicomtés qu'il a plu à Votre Majesté de m'accorder… Et commander à monsieur de Loménie… qu'il m'expédie toutes autres choses qui me sont nécessaires…

Elle mène toujours ses folles nuits avec son Saint-Julien, fasciné par son énorme butineuse, son aînée de trente-deux ans. La jalousie de Vermont a empiré. Les deux coquelets s'empoignent souvent au collet. Marguerite les sépare à coups de cravache.

— Je vous aime, piaule Vermont, je n'aime que vous !

Le jour de la victoire de Sedan, le drame – toujours à cause du sexe –, éclate à nouveau dans la vie de Marguerite.

Ce 5 avril 1606, Marguerite est allée à la messe des Célestins avec Saint-Julien. Installée dans toute son ampleur au fond du carrosse, le mince amant en face d'elle, elle lui roucoule quelque litanie amoureuse.

— Mon petit sanglier, ma gentille bête préférée, amour parmi les amours.

Vermont, à cheval, à la portière, contre la fenêtre ouverte, entend tout cela. Marguerite a une robe noire, filetée d'argent, sa ceinture de « cœurs ». Vermont est blême. Soudain, un coup de pistolet est tiré par la portière. Il atteint l'amant qui s'écroule en sang sur la poitrine de Marguerite. Elle hurle. Saint-Julien a été touché à la tête. Le sang – ah, toujours ce sang – coule en abondance. La robe de Marguerite en est trempée. Le sang a une odeur. Une odeur de fer, de sel, de sueur.

Saint-Julien est mort. La garde met aussitôt la main sur le jeune assassin qui sanglote à la duchesse congestionnée :

— Je vous aime ! Je vous aime !

Désespérée, ivre de colère, d'effroi, toute portière ouverte, l'amant ensanglanté contre elle, elle hurle à la garde :

— Prenez mes jarretières ! Étranglez de suite ce misérable !

— Je t'aime ! Ô ma reine ! crie Vermont.

Marguerite a troussé, au vue et au sus de la garde, sa robe qui fait cerceau et laisse glisser sur le pavé le malheureux cadavre. On voit ses cuisses. Un tremblement de graisse pâle, le mouvement d'une gelée de confiture aux fruits rouges. Elle détache une jarretière où passerait aisément le corps d'un garde.

— Étranglez-le avec ça ! Tout de suite !... Aidez-moi, voyons ! s'époumonne-t-elle.

Une jarretière, puis l'autre, chefs-d'œuvre de passementerie. Point de calessons, on le sait, les gens d'armes ont du mal à détourner les yeux de ce... buisson responsable de tant de folles passions.

On a attaché Vermont. « Je t'aime, Margot ! Je t'aime ! » Il délire d'anathèmes et d'amour. Marguerite sanglote. On a allongé dans la voiture, en face d'elle, le corps de Saint-Julien. Elle le contemple, désespérée. Un grand trou dans ce visage un peu féminin, cette bouche, fontaine de délices...

Il ne fait pas bon coucher avec la reine Margot.

— Je ne regrette rien ! dit le petit Vermont, devenu fou, soudain très calme. Il est mort ! Mort ! Nul n'entravera notre amour.

— Misérable, crie-t-elle. Débarrassez ma vue de ce monstre. Je refuse de boire et de manger jusqu'à ce que justice soit faite. Vite !

On enferme Vermont. Il éclate de rire. Heureux ; fou de joie : fou.

Un courrier de Marguerite galope aussitôt à Sedan :

De Paris, le 5 avril 1606

> Monseigneur, il vient d'être fait un assassinat à la porte de mon logis, à ma vue, tout contre mon carrosse, par un fils de Vermont qui a tiré un coup de pistolet sur un de mes gentilshommes nommé Saint-Julien. Je supplie humblement Votre Majesté qu'il soit fait justice et n'en point vouloir donner grâce. Si cette méchanceté n'est point punie, il n'y a nul qui puisse vivre en sûreté...

Elle n'attend pas la réponse du roi, vaguement égarée, ne voulant pas jeûner trop longtemps. Oui, le roi approuvera son initiative. Le lendemain, Marguerite exige que soit décapité l'assassin à la porte de son hôtel de Sens. On a monté un échafaud. Elle assiste à l'exécution, là-haut, derrière une fenêtre. Monsieur de l'Estoile témoigne que Vermont alla fort gaiement au billot, ravi d'avoir tué son ennemi. Il chantait. Il riait. Il refusa de demander pardon « à la reine », qui, le visage affreusement contracté vit tomber la tête d'un tout jeune homme qui honora une fois ou deux sa couche... Elle s'évanouit.

Cette nuit du 6 avril 1606, le sang sur l'échafaud, mal lavé, la bouleversent. Marguerite est prise de violents sanglots, de cauchemars. Elle refuse de demeurer en cet endroit. Elle part à Issy, où elle possède ce que l'on nomme « une demeure de campagne », un château, en attendant de faire construire sa demeure définitive.

Une véhémente rancune l'empêche de dormir. Ce meurtre, cet affront, ont réveillé les griefs et les peurs anciens. Le fond vindicatif et violent de sa nature, héritage de ses frères, contenu depuis tant d'années, a éclaté. La mort de Vermont ne lui suffit pas. Elle veut châtier tous les Vermont dont l'innocente et désolée mère du jeune homme, sa fidèle dame de toujours.

— Qu'on les chasse tous à l'abbaye de Salvanes, dans le Rouergue. ils n'en doivent bouger sous peines corporelles.

Elle déroge quelque peu à sa promesse de ne pas prendre d'initiatives, mais Henry l'approuve. Il en parle avec Sully. Exiler durement les Vermont est, après tout, un exemple pour faire filer doux ses seigneurs trop éloignés. Il accorde ce bannissement. Ce ne sont pas des gens à ménager et il veut la paix. Il ne s'inquiète pas quant aux frasques futures de l'Insatiable qui prétend « mourir d'amour ».

— Bah ! dit-il à la reine et à Sully, pour la consoler nous lui trouverons une armée de pages et de grands valets... Sa nouvelle demeure coûte cher. Elle a acheté à l'université le petit Pré-aux-clers, sis dans le vaste Pré-aux-clers, planté de saules[1], fief de l'Université et de l'Église... Chaque nuit les étudiants se battent sur le quai. Nous étions si tranquilles de la savoir à l'hôtel de Sens...

— La duchesse lègue tout à monsieur le Dauphin, murmure Sully. La voilà riche de la succession de feu sa mère, la reine Catherine. La duchesse est à Issy le temps des travaux. Son futur hôtel est en face du Louvre. La Seine se charge de créer une petite frontière entre votre demeure et la sienne.

— La bougresse mettra à la mode la rive gauche. Son petit Pré-aux-clers est fichtre un bel espace, long d'un quart de lieue, large de près de cinq cents mètres, d'après monsieur Viète.

Aujourd'hui, la somptueuse demeure de la dernière héritière des Valois n'est plus. Cet espace, quai Malaquais, comporte l'actuelle rue de Bellechasse, la rue de l'Université, la rue Jacob, la rue Visconti, la rue de Lille, la rue de Seine. Ces rues étaient alors des allées dessinées et boisées selon le goût de Marguerite. Un parc merveilleux. Elle fit cerner de murs son immense enclos, qui butait contre la Seine. Elle fit édifier la chapelle des Louanges, qui se trouve dans la cour Bonaparte de l'école des Beaux-Arts, rue Bonaparte.

1. Le Pré-aux-clers est l'actuel quai Malaquais, comportant une partie du quartier de Saint-Germain-des-Prés (le sixième arrondissement) et du septième arrondissement.

Marguerite, à Issy, traverse un vrai désespoir. Elle est moins jeune pour endurer de telles choses qu'elle pensait à jamais écartées de sa vie aimable. Un malaise la fait trembler. Un point de côté, la fièvre. L'insomnie. Il lui est donc impossible d'aimer quiconque en paix et longtemps ? Sa petite cour de poètes lui rend visite à Issy. Elle a prié Maynard de trousser des vers en éloge de Saint-Julien. Des vers qui font ricaner Malherbe et d'Aubigné.

> Que les feux de mon cœur seront de ton tombeau
> les lumières funèbres.

Elle a fait embaumer le cœur de Saint-Julien. La ceinture est chargée du nouveau trophée, scellé dans du bel or. Elle travaille avec ses architectes et artisans, aux plans de son hôtel.

— Je veux trois pavillons dont un au centre avec un dôme à lanterne. J'espère m'y réfugier au plus vite.

— Madame, il faudra trois années pour l'achever mais le pavillon principal sera prêt au printemps qui vient.

Elle écoute avec peine. Un grand mal de tête, un flottement cotonneux. Elle est malade. Une bronchite, la respiration difficile. Sa lettre au roi est soignée. Il sied que « Monseigneur son frère » soit au courant de tout. Ses amours, ses affaires – elle lui a soumis son projet d'installation – et ses malaises. Novembre. La nuit est froide, l'après-midi si sombre. Elle ne peut bouger d'Issy. Vingt-deux jours de fièvre, de maux divers… Le roi et la reine lui envoient monsieur de Marillac afin de prendre de ses nouvelles. Elle sait qu'il est nécessaire de teinter d'humour sa missive. Le roi n'aime pas les trop longues plaintes.

> Au roi Monseigneur et Frère
>
> [d'Issy, ce 8 novembre 1606 et de ma maladie 22e]
>
> J'étais allée, il y a dimanche huit jours ouïr la messe aux Augustins où je sentis un si grand froid que dès lors je fus saisie d'une très grande fièvre et d'une pleurésie avec ses accidents ordinaires, une grande douleur de côté, courte haleine, et une extrême douleur de tête, qui me durèrent jusqu'au septième, auquel je perdis la douleur de côté, mais non encore la courte haleine, le mal de tête et la fièvre, que j'avais encore quand je vis le dit sieur de Marillac, mais la joie que je reçus de l'honneur qu'il plût à Vos Majestés de me faire par le dit sieur de Marillac, et Dieu bénissant la médecine qui me fut baillée, le lendemain elle m'emporta la pluspart de ses accidents […] je perdis hier au soir la fièvre […] ne me laissant que la faiblesse d'un mal si cruel pour lequel l'on m'a tiré tant de sang que je crois que quand j'aurai l'honneur de baiser les mains de Votre Majesté vous me prendrez pour une anatomie, ayant à cette heure le nez aussi long que le Roi mon grand-père…

Le roi lui a rendu visite à Issy. Il s'égaye fort de la voir consolée avec une nouvelle « beste ». Un certain Bajaumont, obscur, d'une incroyable bêtise, solidement bâti. L'a-t-elle trouvé à l'écurie ? Parmi ses jardiniers ? On ne sait pas grand-chose de lui, excepté que de jour, de nuit, Marguerite achève avec lui sa convalescence et oublie son chagrin inconsolable.

— Voici le dieu Priape de mon petit Olympe d'Issy, dit-elle à Henry très amusé, désignant, comme une chose, Bajaumont, à demi nu dans son lit, l'air épuisé.

— Il est tout pâle, ce dieu-là, s'amuse le roi. Il a à peine eu la force de me saluer. Êtes-vous sûre, m'amie, qu'il ne bouge plus de votre couche uniquement pour votre bonheur et le sien ?

À petite claques de nourrice ou de cavalière, elle flatte son torse, son flan, ses fesses.

— Eh bien, gentille beste aimée… Depuis quelques jours, il est en effet moins actif. Ô, il n'a jamais eu beaucoup de conversation, mais je vais le faire saigner et purger. Il a été si gentil quand j'étais malade, enfermée ici.

— Vous avez raison, soignez-le, il doit reprendre du service.

Bajaumont, en effet, est épuisé par les exigences de Marguerite, épuisé de trop faire l'amour. Le roi s'en va, fort gai d'Issy, et dit à Sully et à la reine :

— Prions pour la guérison de son Bajaumont, elle l'emmène en son nouvel hôtel. Elle y sera le 21 mars. Si Bajaumont périt d'épuisement, mordioux, il nous en coûterait encore une demeure !

Bajaumont disparut. Fugue, mort au lit de l'Inassouvie ? Tout est possible. Elle ne l'aimait pas, hors sa puissance virile. Il fléchit si vite qu'elle le trouva assommant. À son lit, effaré, exsangue, il n'arrivait désormais à rien, se prenait à crier aux exigences de cette goule qui l'épouvantait. Il courait pour lui échapper. Elle se mit à le battre. Le roi, égayé, l'écrivit à son épouse. Et Bajaumont de disparaître. Reprit-il sa fonction de palefrenier, garçon de ferme, jardinier ou encore de petit mercenaire ? Fut-il mort, discrètement enterré aux Saints-Innocents ? Nulle trace. Bajaumont apprit à son tour le mortel danger de coucher avec la reine Margot. Paris s'en amusa et on oublia Bajaumont… vite remplacé par son dernier amour : le chanteur et musicien Villars.

Un joli éphèbe de sa chorale, ce Villars, un ravissant blondinet. Une voix mi-ténor, mi-castrat, et si doué pour les « divines caresses »… Paris le surnomme « le roi Margot ». Éprise de sa jeunesse et du temps d'autrefois, ne craignant aucun ridicule, Marguerite l'a fait habiller à la mode de son frère Henri III. Culottes bouffantes, chausses, petite épée au côté, toque à plumet. Les pamphlets redoublent :

> N'étant plus Vénus qu'en luxure,
> Ni reine qu'en peinture,
> Et ne pouvant à son avis,
> Loger au Louvre comme reine,
> Comme Putain au bord de Seine...[1]

Elle s'en moque, heureuse avec son Villars et au sein du luxe inouï de sa demeure. Villars, entouré de choristes, chante autour du lit de la duchesse, qui boit son vin, croque ses bonbons. Villars chante les piètres vers de Maynard qui encensent la Marguerite d'autrefois.

> Je chante les amours
> de la reine Marguerite...
> Lalalère... lalalère...

Les choristes amplifient le chœur, qui à la viole, qui au violon, qui au luth, qui à la mandoline. Marguerite les évince et finit la nuit avec son Villars, auquel elle s'attache tendrement. Lui aussi l'aima tendrement.

Elle embellit autant l'intérieur que l'extérieur de son palais. Une merveille bien à elle, son « royaume », où elle se sent, se sait, se veut « Marguerite de France ». Une « reine », quand on la sert « à couverts fermés », en ce service en étain. Elle met l'étain à la mode. Un protocole « royal ». Le maître d'hôtel frappe du bâton imparti à sa charge, au chiffre de Marguerite. Il y a le défilé des porteurs de plats, des « goûteurs », des panetiers, des sommeliers. Un royaume de gourmandise, de musique, de chants, de belles-lettres. Un royaume où la chambre d'apparat peut rivaliser en beauté avec celle d'un sultan. Au sol ; parquet sombre et luisant, ses tapis de Turquie, aux murs lambrissés, les tapisseries d'Aubusson, de Florence. Un lit, encore un lit, large, aménagé de soie rouge, brodé d'or, fleurdelisé. Une chambre d'apparat, où brillent les cristaux, les flambeaux, les meubles sculptés, la soie, partout. Partout, des tableaux à son goût, du style d'autrefois. Les allégories, l'Antiquité, les saisons ; mais aussi des tableaux religieux car la duchesse de Valois a décuplé ses dévotions. Les douze apôtres, une descente du Christ. Bien en vue, dans cette chambre où elle se repose, fait l'amour, médite, écoute la musique et égrène ses prières : le portrait du roi. Liée à sa chambre, à sa chapelle privée et à son cabinet de lecture et d'écriture. Les murs sont tendus de toile

1. D'après *La Reine Margot*, André Castelot, Perrin, 1993, p. 259.

fine. Elle a récupéré et fait installer « sa librairie », la merveilleuse bibliothèque de Catherine de Médicis. Ces rares ouvrages où elle puise un pur bonheur. Elle a conçu une vaste salle de réception, pour les bals et spectacles. Des miroirs de Venise, des banquettes en velours, partout des balcons où jouent les musiciens. Aux étages au-dessus, les modestes appartements des musiciens, de son comptable et de ses secrétaires. Tout en haut, les galetas pour les femmes et valets à son service. Quoique immense, la demeure ne peut loger tous les pages et gentilshommes de sa suite. Ils louent les maisons alentours, dont les remises pour ses carrosses. Trente ouvriers travaillent sans relâche à son parc, conçu par elle. On a ouvert des portes au mur d'enceinte. Les allées, les arbustes, les fleurs, prennent modèle sur le jardin des Tuileries, œuvre de sa mère.

Le roi a été le premier convié à tout visiter. Il a remarqué, content, son portrait en bonne place.

— Peste, mon cœur, vous voilà bien logée !

— Tout cela est destiné à monsieur le Dauphin.

On entend chanter à gorge déployée.

— Voici ma nouvelle chorale, sire, et mon gentil Villars…

Devant Villars, en chausses d'autrefois, le roi ne cache pas sa gaieté.

— Ah, voilà un bon remède à bien des épreuves !

— J'ai appris avec bonheur que la reine est à nouveau grosse.

— J'en suis aise. Elle va me donner notre quatrième enfant. Elle accouche avec aisance.

— Je vais prier pour elle et sa belle fécondité, en ma chapelle privée. La chapelle des Louanges n'est pas achevée mais sied-il à Sa Majesté d'en visiter l'endroit et de considérer les plans conçus ?

On est loin de la prisonnière d'Usson qui aux premiers soirs de sa longue captivité, effarée, n'avait eu pour dîner qu'une soupe aux fèves, de l'eau et le dur pain des soldats…

Elle prit un soin particulier de la chapelle des Louanges, haussée d'une petite tour. La foi de Marguerite est extrême. Louanges, louanges à Dieu pour tout ce qu'il donne, reprend et donne encore ! Qu'Il soit loué pour des siècles et des siècles… Sur la première pierre de cette pieuse fondation, elle fit graver ceci : « Le 21 mars 1608, la reine Marguerite, duchesse de Valois, petite-fille du grand roi François, sœur de trois rois, et seule restée de la race des Valois, ayant été visitée et secourue par Dieu et Dieu l'ayant exaucée, elle a bâti et fondé ce monastère, pour tenir lieu de l'hôtel de Jacob où elle veut que perpétuellement soient rendues actions de grâces en reconnaissances de celles qu'elle a reçues de Sa divine bonté. »

La dernière lettre qu'écrivit Marguerite au roi est son compliment à la naissance du prince Nicolas, le 17 avril 1607. Naissance suivie de deux autres, une chaque année, Gaston Jean Baptiste (1608), et Henriette-Marie (1609).

Au roi Mon Seigneur et Frère

[de Paris, le 17 avril 1607]

Monseigneur, je tiens la faveur qu'il a plu à Votre Majesté de vouloir que j'aie reçu la première la bonne nouvelle de la naissance de monsieur d'Orléans, que je ne puis dire qu'elle est en moi plus grande joie [...] Monsieur de Loménie témoignera à Votre Majesté l'universelle joie de tout Paris [...] les chants redoublés ont duré tout le jour, et à cette heure, les feux de joie feront passer la nuit en même réjouissance. Ce sont effets, monsieur, de votre bonne fortune ; mais plutôt des particulières faveurs de Dieu qui vous traite en fils aimé [...].Pour moi, je suis si ravie en cette joie que je ne fais que le louer sans cesse et prier pour [...] qu'Il multiplie vos années en donnant à Votre Majesté très longue vie, et à moi, Monseigneur, l'honneur de vos bonnes grâces, comme à votre très humble et très obéissante servante, sœur et sujette.

Marguerite.

Une dernière lettre, alors que le roi est à Paris, en bouge moins, et que sa « voisine » est souvent invitée.

Y compris au couronnement de la reine, le 13 mai 1610. Villars :

— Pourquoi, ma tendre mie, ce visage si triste ? Que faites-vous, immobile à cette fenêtre, depuis si longtemps ? On voit en face briller la Seine, les lumières du Louvre.

— Je regarde, Amour... la demeure du roi.

— Le Louvre, cher cœur ?

— Oui, c'est cela, le Louvre.

Une tristesse infinie. En face, ses parents, ses frères, ses amours les plus ardentes. Le Louvre, la maison abominable et aimée, sa « Maison ». Sa rude et éblouissante jeunesse. En face, désormais, l'ex-prince du Béarn. Demain le couronnement de son épouse. Une épreuve. Mais de cela, cette peine, elle ne dira rien. Jamais.

Ces baisers à son cou, sur ses mains. Les baisers, ces baisers...

— Gentil Villars, il est bon à une aussi vieille femme d'être encore aimée.

Tout est obscur et c'est lui qui la mène par la main à la chambre au lit de soie.

— Aimez-moi, doux cœur, aimez-moi toujours.

— Je vous aime, répond-il. Je vous aime si fort que lors de votre maladie, j'ai promis, si vous guérissiez, de faire pèlerinage à pied à Notre-Dame de Senlis.

— Vous l'avez fait, doux cœur.

— Dormez, ma mie. Il vous faut le repos. Je vais chanter cette ballade composée pour vous.

Le portrait du roi disparaît dans l'ombre.

*

Henri IV est de mauvaise humeur. Il souffre de la goutte. D'une crise de mélancolie. Marguerite lui a trouvé mauvaise mine quand il est venu la prier d'assister au couronnement de son épouse. Elle le trouve vieilli. L'air sombre, la gaieté égarée. Certes, il travaille sans relâche. Il a réuni à la Couronne, en 1608, la Navarre et le Béarn. Il a apporté son soutien aux princes des Flandres contre l'Espagne. Il a encouragé Samuel Champlain à rejoindre « la nouvelle France » et à fonder, le 3 juillet 1609, le Québec. Mais il est tombé dans une violente passion, celle-là, sans espoir. Une petite beauté de quinze ans, Charlotte de Montmorency, fille du maréchal de Montmorency. La passion, ce désastre, envers cette enfant, frôle chez Henry la déraison. Sully, tout le monde, est inquiet. On dirait que le roi perd la tête. Il n'avait jamais égaré le contrôle de soi, ses volontés farouches, quelles que fussent ses amours. La petite a tout anéanti. Il l'a rencontrée, par hasard, lors de la répétition d'un ballet, à la mode des cours italiennes, dont raffole Marie de Médicis. Ses dames les plus jolies y dansent, dénudées en jeunes déesses, « grâces » expressives. Le roi a croisé, ce printemps 1609, la petite Charlotte, si belle sous ses voiles, la chevelure blonde déployée jusqu'aux pieds. On l'a surnommée du rôle qu'elle danse : Aurore. Un foudroiement amoureux : Henri en avait le goût, l'habitude, mais depuis Gabrielle, il ne s'était plus jamais senti « frappé » à ce point. Il a cinquante-cinq ans. Comment éloigner du roi la dangereuse petite idole ? Elle est chaste, douce, honnête. Elle éprouve à son tour, menace aggravée, une « passion d'amour toute spirituelle » pour cet homme déjà vieux. Elle fut la seule à ne lui avoir jamais rien demandé, ni château, ni diamants, ni titre. Rien que « l'amour pur ». Ce qui égare davantage le roi, malade d'amour. Ils s'écrivent. Il lui dit « mon bel amour », elle répond, « mon ange ». Charlotte est vite mariée au jeune prince de Condé plutôt qu'au vieux Bassompierre. Henry procède toujours ainsi pour capturer ses élues. Condé, qu'il nomme « mon neveu », ne lui semble pas dangereux et saura… accorder la petite, tout intacte, à son roi.

Charlotte aggrave les choses. La voilà éprise de son jeune époux qui l'aime à la folie. Il l'enlève en Bourgogne, puis au château des Murets, en Picardie, pour la dérober à la passion du roi. Henry est au bord de déclarer la guerre aux Pays-Bas, aux Habsbourg, pour ravoir sa tourterelle. Il en perd l'entendement, la santé. On nomme à nouveau ce tumulte « la guerre des amoureux ». Le dessein du roi est d'enlever Charlotte, quelles que soient les conséquences pour l'État. Sully frémit, la reine crie, Marguerite est inquiète. Le roi est-il devenu fou ? Henry confie à l'abbé des Préaux, son ambassadeur à Bruxelles où sont réfugiés les tourtereaux :

> [20 février 1610] J'écris à mon bel ange, faites-lui porter la lettre [...] je subis si fort mes angoisses que je n'ai plus que la peau et les os. Tout me déplaît ; je fuis les compagnies [...] elles achèvent de me tuer. À Dieu, Henry.

Henry, irritable, prend tout mal, dont la tentative de Marguerite d'éviter d'assister au sacre de la reine. Il est chez elle. Il ne tient pas en place. Quand il ne sourit pas, égare sa bienveillance, il a quelque chose d'effrayant. Le masque mortuaire d'un satyre. Une immense tristesse. Le poids des ans, de la fatigue. Elle ne l'avait jamais vu ainsi. Elle tente de le distraire, de louer sa nouvelle prouesse politique.

— Je suis heureuse que Sa Majesté ait signé le traité de Brusolo. Il scelle enfin l'alliance entre son pays et la Savoie contre la belliqueuse Espagne.

Il n'écoute pas. Il répète.

— Je compte sur votre présence à la cérémonie du couronnement de la reine.

— Cet honneur me touche vivement, cher sire, il y a votre bonheur mais pour moi de confus souvenirs.

— Je vous l'ordonne. Il n'y a pas à y revenir. Pensez-vous que je sois, de mon côté, à quelque fête ?

Il se moque bien de « ses confus souvenirs ». Qui a pitié de son seul bonheur obsédant : le frais visage et le corps si rose de la tendre Aurore, inconscient petit monstre qui le désespère... Il jette un œil sans bonté à Villars. Marguerite l'évince d'un geste discret. Henry va peut-être lui confier sa peine ? Non, se dit-elle ; il ne se fie, de fait, qu'à quelques hommes. Il s'agit de le ménager.

— J'y serai, monseigneur.

Elle l'a regardé s'en aller ; agité, les membres douloureux, un peu courbé, si sombre.

Le cœur lui serre.

La paix n'est jamais bien longue en ce monde.

— M'amie, dit Villars, un drôle de compère a demandé à vous voir. Il s'est fait chasser par les gardes du Louvre. Il voulait parler au roi. Il est roux, il dit venir d'Angoulême, porté par une mission divine.

— Quel est son nom ?

— François Ravaillac. Il a dit au portier être fervent catholique, et avoir fait partie de plusieurs ordres religieux, dont les Feuillants. Il a été aussi maître d'école. Dieu, dit-il, lui parle. Il a des visions qu'il souhaite communiquer au roi et à vous.

— Faites comme les gardes de Sa Majesté, chassez-le. Quelle présomption, ces fous de Dieu... sans parler du danger. Voyez celui qui a tué feu mon frère, le roi Henri III. Qu'on ne me dérange plus, je suis tout à l'organisation de ma toilette pour la cérémonie du couronnement.

Le roi avait tenu à voir ses atours.

— C'est bien. Vous êtes, après le roi, la reine et le dauphin, la personne royale la plus importante à ma cour.

Elle était vaguement triste.

*

Le 13 mai 1610, le temps est magnifique.

Henri IV a tenu à une grande cérémonie. Le couronnement de Marie de Médicis, dans la chapelle à Saint-Denis est aussi, pour le roi, un symbole fondamental. La consécration de la dynastie des Bourbons, dont ceux à venir.

Marguerite est vêtue de manière royale. Sa place dans le cortège est immédiatement après le dauphin. Elle porte le diadème royal. Un manteau de lys d'or. Une traîne lourde, rappel de celle de ses noces, portée par deux gentilshommes dont monsieur de La Rochefoucauld. Elle a dominé sa grave amertume. N'était-ce pas à elle de recevoir cette couronne comme on en ceint maintenant la chevelure étincelante de Marie de Médicis ? N'était-ce pas, à Marguerite, sa vraie place, ce trône, et non la dure obligation de s'incliner la première devant la reine de France ? La reine, la reine Margot...

Allons, il ne faut rien montrer, ne pas dire que le passé n'est jamais derrière soi, mais devant. Qu'à la moindre mise en scène qui répète les choses d'une vie, il est là, dévorant. Ironique. Mortel illusionniste qui décompte les heures et mortifie ses créatures.

Une si longue cérémonie. Le roi vêtu de blanc, les musiciens nombreux. On entend les hautbois, les trompettes. Les musiciens portent la livrée de l'entourage de la reine : pourpoint en satin blanc, chausses de velours bleu.

Après la cérémonie, dans la nuit, Marguerite rejoint Issy avec Villars. La solitude de la campagne l'apaise, l'encourage à admettre, que, ce 14 mai 1610, elle a cinquante-sept ans.

Un courrier arrive ventre à terre.

Elle chancelle à la terrible annonce : le roi a été assassiné, par François Ravillac, rue de la Ferronnerie.

Elle pousse un cri d'horreur, de terreur.

Il ne fait vraiment pas bon avoir couché avec la reine Margot.

Paris ; bouleversé, en effervescence. Au Louvre, les pleurs de la reine et du dauphin âgé de neuf ans, à genoux près du corps du roi. L'ombre de Concino Concini. Les uns, les autres. Sully, livide.

Une tragédie.

Le matin du 14 mai, Henri s'était réveillé nerveux, indécis, fatigué, incohérent. Sully était souffrant, chez lui, à l'Arsenal. Le roi veut absolument lui rendre visite.

— Reposez-vous, mon époux, dit la reine, devant ce désordre assez rare chez lui.

Est-ce un regain de la douleur de son amour contrarié, cette maudite petite Condé ? Un pressentiment ? Marie de Médicis croit aux pressentiments. A-t-il une fièvre du cerveau ?

— Mon Dieu, dit-il à la reine, je ne sais ce que j'ai. Je n'arrive pas à quitter le Louvre. Quelque chose me trouble, là, profondément...

Il se frappe le front. Marie, insiste pour qu'il se repose.

Il va, il vient, il descend, il remonte. À 16 heures, il fait atteler.

— Je vais décidément chez Sully, je le sais alité. Hier, il tenait à peine debout. Je dois bien une visite à un si bon serviteur.

Marie hausse les épaules et se détourne. Il n'y a rien à faire avec une volonté comme la sienne. Elle n'est pas fâchée de recevoir Concino. Il la regarde d'un œil si amoureux. Elle l'invite à sa table de jeu.

Le roi a voulu une petite escorte. Sa voiture la plus simple, dont on a relevé les rideaux. Il fait chaud. Il s'installe au fond, avec le marquis de La Force.

La reine est irritée de cette inconscience. Elle parle sans ambages devant Concino Concini et sa petite cour.

— Le roi s'en est allé tel un simple gentilhomme. Sept valets, une petite poignée d'hommes, c'est de l'inconscience ! Il ne manque pas d'ennemis avec sa folie amoureuse ! Déclarer la guerre aux Habsbourg... Ma mère était une Habsbourg... Il est moins populaire à cause de tout cela.

— Sans compter, madame, murmure la voix veloutée du favori, poussant un pion au jeu d'échecs, les catholiques trop zélés, pour qui il est toujours un hérétique.

La reine, irritée, avance un cavalier en ivoire blanc.

— Il y a aussi les alliés de la putain d'Henriette d'Entragues, dont le sire d'Épernon. L'affaire Vermont a mécontenté la petite noblesse.

Concino joue avec adresse, d'une main sûre, le verbe insinuant. Les dames sont debout, écoutent du mieux qu'elles le peuvent.

— Les espions espagnols pullulent, on vous a même accusée, vous, belle reine, d'être de mèche avec eux.

Vite encolérée, Marie, distraite, perd la dame. Concino a gagné.

— Et mon époux le roi s'en va ainsi, à peine armé, par les rues, le lendemain de mon sacre, le sacre des Bourbons !

La colère enfièvre ses joues roses, fortement poudrées. Elle a envie de voir ses enfants, de boire du sirop et de croquer des massepains.

Un homme a suivi la petite troupe du roi depuis le Louvre : Ravaillac. Il va, le carrosse sans éclat. À l'entrée de la rue de la Ferronnerie, un embouteillage de voitures, de tonneaux, le bloque et oblige la modeste garde à s'écarter. Henri s'impatiente. La voiture est isolée. Le pied sur une borne, l'autre sur la roue arrière, Ravaillac a bondi. Les échoppes qui rétrécissent encore la rue déjà étroite favorisent son geste. Il avait dérobé, dans une taverne rue Saint-Honoré, un long poignard. Les yeux fous, il enfonce par deux fois la lame dans la poitrine du roi. Le premier coup n'est pas mortel, le second touche à l'aorte. Monsieur de La Force jette une couverture sur le roi évanoui ou mort et crie :

— Sire, souvenez-vous de Dieu !

On a tôt fait d'arrêter le misérable. Il ne demande que ça : un procès et une mort éclatante. Le Guêt le mène rudement à la Bastille. La foule est proche du lynchage. Le triste équipage revient au Louvre. C'est un moment terrible pour ses alliés et pour la reine quand on étend le roi, mort, en sang, dans le cabinet de Marie. Il n'y a rien à faire. Les chirurgiens ont un regard navré. On a aussitôt mené le dauphin, futur roi de neuf ans, à son chevet. Sully est là. Marguerite aussi. Les pleurs sont sincères. Le grand navire de France a perdu son capitaine. Concino Concini dissimule un méchant sourire.

L'organisation de la chapelle ardente a lieu suite à l'autopsie d'usage. On a revêtu le roi de satin blanc. Ses entrailles vont à Saint-Denis, et son cœur, selon sa demande, à la chapelle des Jésuites de La Flèche. La dépouille, vêtue de satin blanc, est exposée dix-huit jours dans la chambre de parade. Le défilé des gentilshommes, des dames, est constant. Les pleurs ; les pleurs et un affreux silence. Le 29 juin, la grande cérémonie a lieu à Notre-Dame. Le 1er juillet, le roi est inhumé à Saint-Denis.

Pendant ces longs jours, le conseil des magistrats a nommé régente du roi trop jeune sa mère, Marie de Médicis. Elle s'empresse, mal conseillée par les Concini, de renvoyer les précieux ministres du roi. Défaire son œuvre, entrer en lutte contre son fils... mais ceci est une autre histoire. Celle du roi Louis XIII, père du futur Louis XIV.

Paris est inconsolable. Jamais, il n'avait autant aimé un roi. Marguerite sanglote. Que d'assassinats, au long de sa vie, et maintenant cet homme-là, ce protecteur, cet ami, ce frère. Le 22 mai, elle fait chanter un service funèbre en sa chapelle. Quelque chose en elle meurt aussi ce 14 mai 1610. Que lui importe l'atroce châtiment de Ravaillac, place de Grève. Elle y assiste, près de la reine, du jeune roi et de la cour. Le procès a été bref. On a tenté de savoir si Ravaillac était à la solde de l'Espagne ou de quelque complot. « Mes visions m'ont demandé de convaincre le roi de chasser les hérétiques, » répète-t-il, l'œil fixe, brillant. « Les Feuillants m'ont chassé, car ils étaient jaloux que Dieu me parle. »

Ravaillac est un fou, une tête plus que faible mais on aimerait avoir des noms, des gens à se défaire. Le supplice a lieu le 27 mai. Ravaillac a été torturé longtemps avant son supplice. On a broyé ses jambes aux brodequins. On a brûlé au tenailles rougies et à la poix sa main et son bras, celui qui tenait le poignard. On a versé du plomb fondu dans ses plaies. La foule en redemande. Les bourreaux perdent la placidité besogneuse de leur rôle. Il y a de la haine dans leur acharnement. Il faut plus d'une heure pour que les chevaux arrivent à le démembrer. Ils ont attelé, exprès, un cheval fatigué que l'on change au milieu du supplice. Une jambe, un bras sont à demi arrachés. Ravaillac a crié pendant trois heures. On découpe à la hache ce qui reste des membres, du corps. Un fer rougi au feu intervient en même temps. Entièrement démembré, découpé, les restes sont brûlés, les cendres lancées au vent. La fureur de la foule est intacte, ce n'est pas suffisant. On veut plus, plus. Les dames les plus raffinées aussi. On ne se fait pas à la disparition du roi. Chacun est intimement « écartelé » d'un manque profond. Marguerite en tombe malade. Elle s'enferme en sa demeure et porte longtemps le deuil. Il est mieux de se faire oublier du Louvre. Elle a perdu son immense protecteur. Elle n'aime pas l'entourage de la reine, devenue intrigante, influençable et aux consternantes initiatives.

Le temps, le temps… Elle tousse souvent. Elle a renoncé à ses bains. Villars est toujours là. Elle dit à ses amis les poètes :

— Je ne me suis pas lavé les mains depuis une semaine !

Elle tient sa promesse de « bonne marraine » auprès du dauphin. La reine la prie d'être la marraine au baptême de son dernier-né, Gaston d'Orléans. On la verra présenter le futur roi à sa confirmation.

1613. Ce fut sa dernière et brillante apparition en public. Une robe de drap d'argent, parsemée de roses et de diamants, les manches ouvertes sur la dentelle, les bijoux étincelants, le diadème fermé. Les dames tentent de « copier » cette robe. « C'est vous qui faites la mode », disait sa mère. On l'invite aussi aux fiançailles d'Élisabeth de France avec le futur roi d'Espagne. On cessa de la voir à cette cour qu'elle n'aimait plus.

Une envie de paix l'enferme de plus en plus. À Issy, et en sa demeure parisienne. En la chapelle des Louanges, avec Villars, l'ami fidèle, ou ses poètes. Elle est lasse, parle parfois toute seule. Elle n'a pas maigri, elle a soixante ans, soixante et un ans. Elle est un peu folle, toujours vêtue à l'ancienne. Elle s'égare dans les chaos d'autrefois. L'assassinat du roi la réveille la nuit, agite les effrayantes images de ses noces vermeilles.

— Villars, crie-t-elle, Villars !

— Je suis là, mon cœur.

Elle tremble, boit du vin, exige, la nuit, un flambeau allumé.

La peur de la mort ? L'assassinat, ou à nouveau quelque prison ? Elle est reprise de la névrose du poison. On a beau tout goûter devant elle, cette crise perdure. Elle rechute dans la bronchite, lot familial sans doute compliqué de tuberculose. Son palais, sa chambre, tout se referme sur elle, ultime coque secourable. La peur. Les rêves lourds, véhéments, compliqués de ce rouge, cet incarnadin qui fut à sa plus belle robe, ses plus beaux moments où elle était « la perle des Valois ». On l'a quasi oubliée. Le Louvre lui fait peur. Le Louvre, un incessant tombeau.

Elle vieillit encore, on vieillit si vite. Elle mesure la vieillesse à cette méfiance, cette mélancolie, cette indifférence, ce goût de l'immobilisme, des petites habitudes – ces rechutes dans la maladie.

*

L'hiver 1614-1615 est rude. Elle est, en mars, en son hôtel, à Paris. Elle atteint soixante-deux ans. Elle a encore pris froid. Le point de côté, le mal de tête, la fièvre, le souffle court. Une pneumonie plus dure que d'habitude. L'impuissance des médecins. « Le même mal que ma mère, la mort de ma mère. *Je veux qu'elle m'aime.* » Elle tousse, elle suffoque. L'évêque de Boucicaut, son ami, lui demande doucement d'accepter les sacrements. Elle dit :

— Oui, bien sûr. Vous êtes un véritable ami de songer à mon âme et de me le dire. Laissez-moi vous offrir toute mon argenterie...

La journée du 27 mars 1615 a été si longue, si dure. Il est si long si dur d'étouffer. De mourir.

Les sacrements ou l'extrême-onction. Une table nappée de blanc. Un crucifix en or. Entre les mains de Marguerite, son chapelet de nacre et d'or. Un vase d'eau bénite avec un rameau béni. L'huile sainte. Une coupe d'eau pour que le prélat puisse se laver les mains. L'évêque a fait une onction d'huile sacrée sur les yeux, les mains, les oreilles, les narines, les lèvres, les pieds,

— Que par cette onction, Marguerite de France, duchesse de Valois, fille et sœur de rois, que Dieu vous pardonne tous les péchés que vous avez commis par les yeux... par les oreilles... par les lèvres... par les mains... par les pieds... Aie confiance, Créature de Dieu et abandonne-toi, à la Miséricorde divine... Qu'Il te pardonne tes péchés. Seigneur, donnez à tous ceux qui paraîtront aujourd'hui devant Vous, la grâce de la pieuse réception des derniers sacrements.

Autour du lit, il y a du monde et en latin la prière des agonisants. *Pater Noster, Salve Mater, Tantum Ergo*... On entend sangloter Villars.

Où est Marguerite ? Quelles images convulsent par moments son visage ? C'est dur d'étouffer, ce sont les pendus à Amboise, les noyés dans la Seine, les victimes percées sur les marches du Louvre. Que c'est dur ces coups de hache, ces cordes, ces pieux, ces chevaux qui écartèlent... Le feu des bourreaux, des bûchers dans sa poitrine. Où sont-ils allés, ses morts, dont les Bien-Aimés ? Ils sont intacts, corps glorieux, plus beaux et si légers.

Elle, maintenant, redevient belle et si légère.

— La paix se répand sur les traits de Marguerite de France. Elle a cessé de suffoquer.

Elle abandonne à la terre les derniers liens, ces cordes et ce garrot qui la supplicient. La Vie vivante. L'air. La légèreté des Infinis. La légèreté quand elle danse, au grand bal des Infinis, seule, légère, en cette robe.

À l'allée des cyprès, à Nérac, il y avait, légers, les papillons, le délice du romarin, de la sauge, la myrte et la lavande. Les eaux vives. Qui désaltèrent.

Marguerite de France n'est plus. Il est onze heures du soir, en ce 27 mars de l'an 1615.

Le service funèbre, à Notre-Dame, l'éloquence de l'évêque de Boucicaut.

« Morte, Marguerite de France ! Adieu les délices de la France, le paradis des plaisirs de la cour, le brillant de nos jours, le jour des beautés… »

On déposa le cercueil dans la chapelle Saint-Augustin. Un an plus tard, on la porta, sans nul faste, à Saint-Denis, dans la chapelle érigée par Catherine de Médicis.

*

Au mystère de l'agonie, il y eut un moment parfait où, si petite, légère, tout en boucles noires, elle est sur les genoux d'un bel homme aimant. Elle reconnaît les bottes du cavalier, la barbe du roi son père, son œil sombre, si tendre quand il s'agit d'elle.

— Marguerite, ma fille, voulez-vous épouser le prince du Béarn ?

— *Obé*, dit-elle en gascon.

Il l'embrasse ; les baisers, ces baisers.

Elle n'a jamais été vieille.

Paris 2006 - Chicoutimi,
Québec, 2007 et 2008, Trouville 2009.

Bibliographie

Les extraits de correspondances, de réflexions précises sont écrits en italique ou entre parenthèses. Ils s'injectent aussi de manière naturelle dans les dialogues. Les références ont été consignées en notes infrapaginales. Elles ont été consultées sur les sources imprimées ainsi que sur les ouvrages consacrés à la bibliographie ou à l'époque de Marguerite de Valois, dont la liste est ici établie.

Biographies sur Marguerite de Valois dite « la reine Margot »

CASTADÈRE J., *La Triple Vie de la reine Margot*, Paris, France-Empire, 1992.

CASTELNEAU J., *La Reine Margot*, Paris, Payot, 1981.

CASTELOT, A., *La Reine Margot*, Paris, Perrin, 1993.

DUMAS A., *La Reine Margot*, préface, documents et études établis par Schopp C., Paris, Robert Laffont, 2002, « Bouquins ».

ERLANGER Ph., *La Reine Margot ou La Rébellion*, Paris, Presses-Pocket, 1984.

GARRISSON J., *Marguerite de Valois*, Paris, Fayard, 2003.

PEDRON F., *La Reine Margot : l'amour et la gloire*, Paris, Robert Laffont, 1985.

VIENNOT E., *Marguerite de Valois, histoire d'une femme, histoire d'un mythe*, Paris, Payot, 1993.

Correspondances, littératures au temps de Marguerite de Valois

D'AUBIGNÉ, Agrippa, *Les Tragiques*, préface J. Baillé, Paris, Garnier-Flammarion, 1968.

BABELON J.-P., *Henri IV, Lettres d'amour et Écrits politiques*, Paris, Fayard, 1988.

BRANTÔME, Pierre de Bourdeille, seigneur de :

– *Vies des dames illustres, françaises et étrangères,* introduction et notes de Louis Morand, Paris, Garnier Frères Libraires-Éditeurs, 1873.

– *Les Dames galantes, Amour et Guerre au temps des Valois*, Paris, Albin Michel, 1986.

CAZAUX Y., *Mémoires de Marguerite de Valois, la reine Margot*, suivi d'autres écrits d'elle, dont *La Ruelle mal assortie* ou *Dialogue d'amour entre Marguerite de Valois et sa bête de somme*, *Mémoire justificatif*, pour Henri de Bourbon, roi de Navarre, *Lettres à ma Sibille* (la duchesse d'Uzès), *Lettres à mon beau cœur* (Jacques de Harlay, seigneur de Champvallon), *Lettres des temps d'Épreuves*, *Lettres au Roy monseigneur et frère* (Henri IV après l'annulation de leur mariage), Introduction, et notes par Yves Cazaux, Paris, Mercure de France, 1971, réimpression 2004, coll. « Le temps retrouvé ».

DU BELLAY, J., *Les Regrets,* étude de Vianey J., Paris, Librairie Nizet, 1967, coll. « Les grands événements littéraires ».

DU BELLAY, J., *Poésies,* « Les Regrets », précédé de « Les Antiquités de Rome » et suivi de « La défense et illustration de la langue française », préface de Borel J., édition établie par S. de Sacy, Paris, le Livre de poche, 1967.

ÉRASME, *Éloge de la folie, Adages, Colloques, Réflexions sur l'art, l'Éducation, La Religion, La Guerre, La Philosophie, correspondance,* édition établie par Blum, C., Godin, A., Margolin, J.C., et Ménagé, A., Paris, Robert Laffont, 1992, « Bouquins ».

LESTOILE, P. (de), *Journal... pour le règne de Henri III* (1574-1589), Paris, Gallimard, 1943.

LUTHER, Martin, *La Confession d'Augsbourg,* (traduction française publiée par l'Alliance nationale des Églises luthériennes de France), traduction Jundt P., postface Mgr le Bourgeois, A., Paris, Le Centurion et Fides, 1979.

MACHIAVEL, *Le Prince et autres textes,* préface de Veyne P., Paris, Folio classique, 1999.

MONTAIGNE, Michel (de), *Essais* : Livre I, Livre II, Livre III, chronologie et introduction par Micha A., Paris, Garnier-Flammarion, 1969

RONSARD, Pierre (de), *Œuvres complètes* en deux parties :

– Pemière partie : « Les œuvres (1584-1597) », éd. critique par Laumonier, P., révisée et complétée par Silver et R. Lebègue, Paris, Librairie Marcel Didier 1967, Société des textes de français modernes,

– Deuxième partie : Pièces attribuées, lettres, vers et prose en latin (mêmes auteurs et éditeur).

TALLEMENT des RÉAUX, G., *Historiettes,* Paris, Gallimard, 1960, coll. « Bibliothèque de la Pléiade ».

SHAKESPEARE, W., *Peines d'amours perdues,* Paris, Gallimard, 1959, coll. « Bibliothèque de la Pléiade », t. I.

Biographies concernant les gens du XVIe siècle et les Valois

BABELON Jean-Pierre, *Henri IV*, Paris, Fayard, 1997.

BERTIÈRE Simone, *Les Reines de France au temps des Valois*, Paris, De Fallois, 1994.

– *1. Le Beau XVIe siècle*, Paris, le Livre de poche, 2002.

– *2. Les Années sansglantes*, Paris, le Livre de poche, 2003.

CALVIN Jean, 1509-1564, *Un christianisme réinventé, Religions et Histoire,* H.S. N° 1, 2009.

CHEVALLIER Pierre, *Henri III*, Paris, Fayard, 1985.

CHEVALLIER Pierre, *Louis XIII*, Paris, Fayard, 1979.

CLOULAS Ivan, *Catherine de Médicis*, Paris, Fayard, 1979.

CLOULAS Yvan, *Philippe II*, Paris, Fayard, 2001.

CRÉTÉ Liliane, *Coligny*, Paris, Fayard, 1985.

DUFOUR Hortense, *Marie Stuart*, Paris, Éditions du Rocher, 2007.

JACQUART Jean, *François Ier*, Paris, Fayard, 1981.

LAZARD Madeleine, *Pierre de Bourdeille seigneur de Brantôme*, Paris, Fayard, 1995.

LE FUR Didier, *Henri II*, Paris, Tallandier, 2009.

LEVERGEOIS Bertrand, *Giordano Bruno*, Paris, Fayard, 1995.

ORIEUX Jean, *Catherine de Médicis*, Paris, Flamamrion, 1986.

SIMONIN Michel, *Charles IX*, Paris, Fayard, 1995.

Approfondissements

BRAUDEL Fernand, *Civilisation matérielle, Économie et Capitalisme, XVe-XVIIIe siècle* :

Tome 2 : Les Jeux de l'échange,

Tome 3 : Le Temps du monde, Paris, Armand Colin, 1986.

Le ROY LADURIE, E., *L'État royal, 1460-1610,* Paris, Hachette, 1987, coll. « Histoire de France ».

MICHELET Jules, *Renaissance et Réforme, Histoire de France au XVIe siècle,* préface de Mettra C., chronologie Bedin V. Paris, Robert Laffont, 1998, coll. « Bouquins ».

Madame de LA FAYETTE, *La Princesse de Clèves*, préface de Pingaud B., Paris, Folio, 1993.

GARRISSON J., *Les Protestants au XVIe siècle*, Paris, Fayard, 1988.

GARRISSON J., *Catherine de Médicis, L'Impossible Harmonie*, Paris, Payot, 2002

GREINER A., *Martin Luther*, Essai biographique, Genève, Labor et Fides 1970.

Les Châteaux de la Loire au temps de La Renaissance, collectif, Paris, Hachette, 1999, coll. « La vie quotidienne ».

Daniel-Rops, de l'Académie française, *L'Église de la Renaissance et de la Réforme, une révolution religieuse : la Réforme protestante*, Paris, Librairie A. Fayard, 1955, coll. « Les grandes études historiques ».
MUCHEMBLED Robert, *Passions de femmes au temps de la reine Margot, 1553-1615*, Paris, Seuil, 2003.
STENDHAL, *Chroniques italiennes*, préface de D. Fernandez, Paris, Gallimard, 1973, « Folio ».
VIGARELLO Georges, *Histoire de la beauté : le corps et l'art de l'embellir de la Renaissance à nos jours*, Seuil, Paris, 2004, coll. « L'univers historique ».
VIGNAUX Georges, *L'Aventure du corps, Des mystères de l'Antiquité aux découvertes actuelles*, Paris, Pygmalion, 2009.
YOURCENAR Marguerite, *Sous bénéfice d'inventaire*, Paris, Gallimard, 1979.
YOURCENAR Marguerite, *L'Œuvre au noir*, Gallimard, Paris, 1979, « Folio ».

Inspirations littéraires et cinématographiques

Le personnage de la reine Margot a inspiré à Alexandre Dumas, outre son roman, une pièce de théâtre, *La Reine Margot* (1854). Le roman de Dumas a été adapté plusieurs fois au théâtre et au cinéma.

– 1910 : *La Reine Margot*, film réalisé par Camille de Morthon.
– 1914 : *La Reine Margot*, film français réalisé par Henri Desfontaines.
– 1935 : *Margot*, pièce de théâtre d'Édouard Bourdet créée au théâtre Marigny avec Pierre Bourdet et Yvonne Printemps (mise en scène Pierre Fresnay).
– Musique Francis Poulenc.
– 1954 : *La Reine Margot*, film français réalisé par Jean Dréville.
– 1961 : *La Reine Margot*, téléfilm réalisé par René Lucot.
– 1994 : *La Reine Margot*, film réalisé par Patrice Chéreau (Isabelle Adjani dans le rôle de Margot).
– 2004 : *La Reine Margot*, film norvégien réalisé par Ruben Alexander Claassens.

Table des matières

CINQUIÈME PARTIE
Les offenses

SIXIÈME PARTIE
Les épreuves et les jours

BIBLIOGRAPHIE

Composition et mise en page

NORD COMPO
multimédia

CET OUVRAGE
A ÉTÉ ACHEVÉ D'IMPRIMER
SUR ROTO-PAGE
PAR L'IMPRIMERIE FLOCH
À MAYENNE EN MARS 2010

N° d'édition : L.01ELKN000117.N001. N° d'impression : 75996
Dépôt légal : mars 2010
Imprimé en France